D1730286

Karl May (März 1892)

DIETER SUDHOFF
HANS-DIETER STEINMETZ

KARL-MAY-CHRONIK

BAND I
1842–1896

KARL-MAY-VERLAG
BAMBERG · RADEBEUL

KARL-MAY-CHRONIK

Band I: 1842 – 1896

Band II: 1897 – 1901

Band III: 1902 – 1905

Band IV: 1906 – 1909

Band V: 1910 – 1912

Begleitbuch mit Sigleverzeichnis

Redaktionsschluss Juli 2005

Bildnachweis:
Gerhard Klußmeier, Hainer Plaul, Karl-May-Verlag

Herausgegeben von Lothar und Bernhard Schmid

Druck: Fuldaer Verlagsanstalt

ISBN 3-7802-0171-2

Einleitung

Karl May (1842–1912) ist ein Phänomen. Würde sich der Rang eines Autors nach der Intensität und der Dauer seiner Publikumswirkung oder auch nur nach der Auflagenhöhe seiner Werke bestimmen, so dürfte er als der bedeutendste deutsche Schriftsteller aller Zeiten gelten. Seit dem ersten Auftreten seiner Helden Kara Ben Nemsi und Hadschi Halef Omar im Januar 1881 in der Familienzeitschrift "Deutscher Hausschatz" ist Karl Mays Erfolg bei den Lesern, von seinen letzten Lebensjahren allenfalls abgesehen, fast ungebrochen. Bereits im Januar 1892 durfte er es erleben, dass seine bis dahin überwiegend für Zeitungen und Zeitschriften geschriebenen Arbeiten in einer eigenen Buchreihe, zunächst als "Gesammelte Reiseromane", ab 1896 als "Gesammelte Reiseerzählungen" (33 Bände bis 1910; Reprint des Karl-May-Verlags 1982-84), zu erscheinen begannen. Durch diese Werkausgabe im Freiburger Verlag von Friedrich Ernst Fehsenfeld, der noch zu Lebzeiten des Autors ab 1907 im selben Verlag eine zweite, illustrierte Ausgabe (30 Bände bis 1912) folgte, wurde Karl May innerhalb kürzester Zeit wohlhabend und berühmt, und auch der bis dahin unbekannte Verleger profitierte so sehr von seinem Autor, dass er es sich leisten konnte, sich in seinem Verlagsprogramm im wesentlichen auf diese eine Edition zu beschränken. Vor diesem Hintergrund erstaunt es nicht, dass ein anderer Verleger, Adalbert Fischer, 1899 den Dresdner Verlag von Heinrich Gotthold Münchmeyer nur deshalb aufkaufte, um die Rechte an den dort zwischen 1882 und 1887 überwiegend anonym erschienenen Kolportageromanen Karl Mays zu erwerben, die er dann ab 1901 in einer weiteren, vom Autor nicht gebilligten Ausgabe als "Illustrierte Werke" (25 Bände) veröffentlichte.

Die Auseinandersetzungen um die Münchmeyer-Romane hatten eine Lawine von Prozessen und Presseangriffen zur Folge, die den Autor und mit ihm seinen Verleger Fehsenfeld schließlich überrollte und die dazu führte, dass bei Mays Tod der Eindruck entstehen konnte, mit ihm sei auch sein Werk gestorben. Vor allem dem Engagement von Euchar Albrecht Schmid, der 1913 gemeinsam mit Fehsenfeld und Mays Witwe Klara in Radebeul den eigens diesem Autor gewidmeten Verlag der Karl-May-Stiftung (seit 1915 Karl-May-Verlag) gründete, ist es zu verdanken, dass sich diese Ansicht als Irrtum erwies und Mays Nachruhm im Gegenteil schon bald alle Erwartungen übertraf. Durch die Integration zunächst der für die Jugend geschriebenen Romane des Stuttgarter Union-Verlags, dann auch der im angenommenen Sinne Karl Mays bearbeiteten Kolportageromane des Münchmeyer-Verlags, konnte die von Schmid begründete Reihe der "Gesammelten Werke" in Radebeul bis 1945 auf 65 Bände erweitert werden. Für mehrere Generationen von Lesern etablierte sie das Bild des "Volksschriftstellers" Karl May, das auch Heinz Stolte 1936 in der ersten und für lange Zeit einzigen Dissertation über Karl May propagierte. Nach dem Zweiten Weltkrieg (offiziell 1960) musste der Karl-May-Verlag seinen Sitz in den Westen verlegen. Seither erscheint die Reihe der "Gesammelten Werke" in Bamberg, wo sie mittlerweile auf 86 Bände angewachsen ist und einschließlich verschiedener Parallel- und Lizenzausgaben eine Gesamtauflage von über 80 Millionen Exemplaren erreicht hat. Und noch immer präsentiert sie sich im wohlvertrauten grün-goldenen Gewand mit farbigem Deckelbild, das einst von Fehsenfeld und seinem Drucker Felix Krais entwickelt worden war.

Neben der bekannten Ausgabe des Karl-May-Verlags existieren inzwischen zahlreiche weitere Werkeditionen, darunter auch eine anspruchsvolle, ihrem Namen aber noch nicht wirklich gerecht gewordene historisch-kritische Ausgabe. Insgesamt ergibt sich hierdurch eine geschätzte Gesamtauflage der Werke Karl Mays von rund 100 Millionen Exemplaren, wobei die Übersetzungen in zahlreiche Fremdsprachen noch gar nicht mitgerechnet sind. Ohne Übertreibung lässt sich daher sagen, dass Karl May der meistgelesene deutsche Autor überhaupt ist.

Die Popularität Karl Mays, die sich überdies durch Verfilmungen, Bühneninszenierungen oder Hörspiele noch weiter steigerte, hat freilich auch ihre Schattenseiten. Brachte sie dem Autor zu Lebzeiten Neider und Feinde ein, die ihm seinen Lebensabend verdüsterten, so führte sie später dazu, dass seine Bücher zum Teil als Lesefutter für Kinder und Jugendliche abgewertet wurden. Ein Rezeptionswandel setzte erst in den 1960er Jahren ein, paradoxerweise zur selben Zeit, in der seine Popularisierung durch wenig werknahe Verfilmungen einen kaum noch zu steigernden Höhepunkt erreichte. Ursächlich hierfür war zum einen ein erweiterter Literaturbegriff der universitären Germanistik, die nun auch und gerade die sogenannte "Trivialliteratur" abseits ästhetischer Kategorien als erkenntnisstiftenden Gegenstand mentalitätsgeschichtlicher Forschungen entdeckte, zum anderen aber sehr im Gegensatz dazu die Initiative des Schriftstellers Arno Schmidt, der zumindest Mays symbolistisches Spätwerk in die Regionen der Hochliteratur erhoben wissen wollte. Dass dann ausgerechnet Schmidts umstrittene Studie "Sitara und der Weg dorthin" (1963), in der er May fälschlich eine latente homosexuelle Neigung unterstellte, zur Initialzündung der neueren May-Forschung wurde, ist indes nicht ohne Ironie. Noch im selben Jahr bildete sich, anfangs noch unter dem Patronat des Karl-May-Verlags (dessen durch Aufsätze bereicherte Edition der Selbstbiographie *Mein Leben und Streben* im Band "Ich" jahrzehntelang die einzige biographische Quelle gewesen war), eine "Arbeitsgemeinschaft Karl-May-Biographie", deren Mitglieder sich zur "Ehrenrettung" herausgefordert fühlten. Um den Vorwürfen zu begegnen, formierten sie ihre Kräfte, und bereits 1969 bildete sich aus der lockeren Interessengemeinschaft die internationale Karl-May-Gesellschaft, die schon 1970 ihr erstes von mittlerweile 35 Jahrbüchern herausgeben konnte. Heute gehört sie mit rund 2000 Mitgliedern zu den größten literarischen Gesellschaften in Deutschland.

Obwohl es auch sonst zahlreiche Initiativen um Karl May gibt – beispielhaft genannt seien die beiden Karl-May-Museen in Hohenstein-Ernstthal und in Radebeul, welche auch eigene Schriftenreihen ("Karl-May-Haus Information" resp. "Der Beobachter an der Elbe") herausgeben, die "Karl-May-Studien" des Igel Verlags und das eher populäre Magazin "Karl May & Co." –, bietet die Karl-May-Gesellschaft mit ihren Jahrbüchern, Reprints, Mitteilungsheften und Sonderpublikationen wie auch mit ihren regelmäßigen Symposien der Karl-May-Forschung noch immer ein zentrales Forum. Nicht zuletzt ihr ist es zu verdanken, dass das Schrifttum um Karl May mittlerweile um ein Vielfaches den Umfang seines Werkes überstiegen hat und selbst für Fachleute kaum noch zu überschauen ist. Die überwältigende Quantität der Publikationen und ihre Multiplizierung durch die Möglichkeiten des Internets haben bisweilen sogar die Ansicht aufkommen lassen, allmählich sei alles Wissenswerte über das Leben und das Werk des Autors erforscht und die Beschäftigung gelange in absehbarer Zukunft an ein natürliches Ende. Nichts könnte falscher sein. Die Karl-May-Forschung steht noch immer vor großen Aufgaben.

Obwohl die Manuskripte des Spätwerks fast vollständig und einige der berühmten Reiseerzählungen zumindest teilweise im Nachlass Karl Mays erhalten sind, hat es erst wenige textgetreue Veröffentlichungen nach der Handschrift gegeben. Selbst die bisher erschienenen Bände der sogenannten historisch-kritischen Ausgabe basieren überwiegend nur auf gedruckten, zum Teil nicht einmal autorisierten Textzeugen. Mit der textkritischen Edition des bedeutenden Altersromans *Ardistan und Dschinnistan* durch Hans Wollschläger im Karl-May-Verlag (2005/06) wird hier ein wesentlicher Anfang gemacht, der hoffentlich seine Fortsetzung findet. Überdies gibt es im Nachlass Mays aber auch manche kleinere Erzähltexte und vor allem zahlreiche Gedichte, Aphorismen und Notizhefte, die bis heute überhaupt nicht publiziert sind.

Obwohl es bereits seit 1988 eine umfassende, wenn auch naturgemäß nicht vollständige Karl-May-Bibliographie von Hainer Plaul gibt, sind noch immer ungezählte dort verzeichnete Texte, vor allem Flugblätter, Presseartikel und andere Selbstauskünfte des Schriftstellers, bis heute nicht wieder veröffentlicht worden.

Obwohl im Nachlass Mays große Teile seiner Korrespondenz mit Verlegern, Freunden und Lesern überliefert sind, fehlt bis heute noch eine zuverlässige Briefausgabe. Allein Mays Briefwechsel mit seinem Verleger Fehsenfeld, der höchst aufschlussreich für die Entstehungsgeschichte vor allem der Reiseerzählungen, aber etwa auch für die Wandlungen seines literarischen Selbstverständnisses ist, wird in der demnächst erscheinenden Edition des Karl-May-Verlags zwei Bände ergeben. Das Konvolut der Leserbriefe ist so groß, dass hier wohl nur eine Auswahlausgabe in Frage käme. Zum Verständnis der zeitgenössischen Rezeption ist auch eine solche Edition unerlässlich.

Obwohl es inzwischen eine Flut von Literatur über Karl May gibt, sind große Teile seines Werkes noch immer nicht zum Gegenstand monographischer Darstellungen geworden. Die "Studien"-Bände etwa zu *Im Reiche des silbernen Löwen* und *Ardistan und Dschinnistan*, so substantiell die darin enthaltenen Beiträge auch sein mögen, können nicht darüber hinwegtäuschen, dass diese beiden literarästhetisch zweifellos bedeutsamsten Werke Karl Mays bis heute keinen Interpreten gefunden haben, der sich der Mühe unterzogen hätte, sie in all ihren Sinn- und Bedeutungsdimensionen zu erschließen. Auch die meisten der Jugenderzählungen und Kolportageromane warten noch darauf, endlich als Objekt literaturwissenschaftlicher Betrachtung ernst genommen zu werden. Übergreifende Fragestellungen schließlich, etwa nach Mays Umgang mit den Quellen seiner Bücher oder seiner Stellung im literarhistorischen Kontext, bewegen sich auf einem Feld, dessen Horizonte noch gar nicht absehbar sind.

Wie aber steht es mit der "wissenschaftlich objektiven und dokumentarisch abgesicherten Biographie Karl Mays", von der Heinz Stolte 1963 im ersten Heft der "Mitteilungen der Arbeitsgemeinschaft 'Karl-May-Biographie'" (mit Blick auf Arno Schmidts "Sitara"-Buch) meinte, sie entspräche einem "dringenden Bedürfnis", um "Verzerrungen der historischen Gestalt dieses Schriftstellers" erfolgreich widerlegen zu können? Die projektierte "Großbiographie", die gemeinsam von mehreren Forschern erarbeitet werden sollte, ist nie erschienen. Dafür entschädigte 1965 Hans Wollschlägers Darstellung in der Monographien-Reihe des Rowohlt-Verlags, die unter dem Titel "Karl May. Grundriß eines gebrochenen Lebens" noch mehrere, wenig veränderte Auflagen in anderen Verlagen erfuhr und inzwischen auch in der Gesamtausgabe des Autors vorliegt. Obwohl es seither zahlreiche weitere Biographien Karl Mays gegeben hat, ist Wollschlägers in der Erstausgabe nur gut 150-seitige Kurzfassung eines 70-jährigen, ereignisreichen Lebens bis heute nicht nur die literarisch anspruchsvollste Arbeit geblieben, sondern auch die einzige, die sich darauf berufen kann, wichtige Teile des umfangreichen May-Nachlasses ausgewertet zu haben. Geschehen ist dies freilich bereits 1955 in Radebeul, und natürlich konnten kaum mehr als einige Briefzitate eingearbeitet werden. Dass Wollschlägers Biographie noch heute als Grundlagenwerk gelten kann, auf das sich alle anderen Biographen ständig beziehen, dokumentiert eindrücklich den trotz der Masse biographischer Monographien immer noch ungenügenden Stand der Forschung zum Leben Karl Mays.

Neben Wollschlägers "Grundriß" verdient besonders Christian Heermanns "Karl-May-Biografie" "Winnetous Blutsbruder" (2002) Beachtung. Zwar greift auch sie, von einigen Material-Inseln abgesehen, nicht direkt auf Mays Nachlass zurück, doch sind in ihr immerhin die umfangreichen handschriftlichen Aufzeichnungen des frühen May-Forschers Ludwig Patsch aus den Jahren 1934-45 berücksichtigt, die ihrerseits auf eine akribische Nachlass-Sichtung in Vorbereitung einer leider nie vollendeten Biographie zurückgehen. Zudem hat Heermann all jene oft überraschend neuen Ergebnisse eingearbeitet, die seit 1996 an eher entlegener Stelle in den "Karl-May-Haus Informationen" der Hohenstein-Ernstthaler Forschungsgruppe vorgelegt worden sind. Seine Biographie konnte daher seit der Arbeit Wollschlägers erstmals wirkliche Neuigkeiten bieten.

Mit der Ambition, nun tatsächlich das bereits 1963 projektierte "Großwerk" einer umfassenden "Karl May Biographie" zu liefern, trat 1994 erstmals der katholische Pfarrer Hermann Wohlgschaft hervor. Auf über 800 Seiten bietet seine Biographie in erster Linie eine durchaus verdienstvolle Zusammenfassung der bis dahin, vor allem in den Schriften der Karl-May-Gesellschaft, veröffentlichten Forschungsliteratur zu Mays Leben und Werk, verbunden mit der damals innovativen Intention, May als verkannten "Theologen" zu "rehabilitieren". Eine stark überarbeitete und aktualisierte, nun sogar dreibändige Neufassung der Biographie ("Karl May – Leben und Werk") ließ Wohlgschaft 2005 im Rahmen der historisch-kritischen Ausgabe folgen. Über Wert oder Unwert dieser beiden Biographien soll hier nicht diskutiert werden. Festzustellen ist jedoch, dass Wohlgschaft anscheinend auch für die Zweitfassung seiner Arbeit nur in begrenztem Umfang eigene biographische Recherchen durchführen konnte und dass sein theologischer Ansatz nicht unproblematisch ist, da er notwendig den Blickwinkel subjektiv verengt. Aus diesem gegebenen Anlass, aber auch aus allgemeinen Gründen, ist es geboten, einige Binsenwahrheiten anzuführen.

Unbestreitbar ist eine umfassende und zuverlässige Biographie im Falle Karl Mays eine unabdingbare Voraussetzung auch zum Verständnis seines Werkes. Bei kaum einem anderen Schriftsteller sind Leben und Werk derart eng miteinander verbunden wie bei ihm: Das Schreiben verhalf May äußerlich zum sozialen Aufstieg vom Proletariersohn und Sträfling zu einem angesehenen bürgerlichen Erfolgsschriftsteller; innerlich diente es ihm zeitlebens zur Kompensation persönlicher Defiziterfahrungen. Karl Mays außerordentlicher Erfolg erlaubt somit Rückschlüsse auf psychosoziale Befindlichkeiten eines Massenpublikums. Zugleich hat May, auch dies in ungewöhnlichem Ausmaß, seine eigene Biographie und deren Beschädigungen in verschlüsselter Form selbst zum Thema seiner nur vordergründig handlungsorientierten Werke gemacht. Die enge Bindung des Werks an die persönliche Biographie reicht hin bis zur völligen Identifikation des Autor-Ichs mit dem Erzähler-Ich. Mehr als sonst in der Literaturwissenschaft gilt daher die Prämisse, dass zum vollständigen Verständnis des Werkes, seiner Epochentypik und seiner Resonanz auch die Kenntnis der biographischen Entstehungsbedingungen notwendig ist. Die Karl-May-Forschung hat dies denn auch früh erkannt. Nicht zufällig finden sich gerade in den ersten Jahrbüchern der Karl-May-Gesellschaft umfangreiche Detailuntersuchungen etwa zu Mays Straftaten, seinen Selbstinszenierungen in der Öffentlichkeit oder seiner Orientreise. Vieles davon wurde von ostdeutschen Forschern geleistet, denen Archive zugänglich waren, die bis zur Wiedervereinigung westlichen Interessenten weitestgehend verschlossen bleiben mussten. Darüber hinaus erschienen am selben Ort mehrere, in öffentlichen oder privaten Archiven erhaltene Briefkonvolute (u. a. die Korrespondenz mit dem bayerischen Königshaus oder mit der Familie Einsle), und vom Karl-May-Verlag wurden z. B. Briefwechsel mit Mays Malerfreund Sascha Schneider oder seiner jungen Verehrerin Marie Hannes veröffentlicht.

Die genannten Quellen sind Primärzeugen jeder Lebensdarstellung Karl Mays. Da sie veröffentlicht sind, stehen sie jedem May-Forscher zur Verfügung. Sie machen aber nur einen kleinen Teil des Materials aus, das zu sichten ist, wenn ein Autor mit dem Anspruch auftreten will, eine umfassende Lebensdarstellung zu liefern. Die allererste Voraussetzung hierfür ist selbstverständlich die Sichtung und Erschließung des schriftlichen Nachlasses von Karl May. Ludwig Patsch hat dies vor vielen Jahrzehnten geleistet, ohne seine Ergebnisse dann vorlegen zu können. Und Hans Wollschläger hat seine Biographie immerhin in Kenntnis wichtiger Teile des Nachlasses schreiben können. Aus Gründen, die mit dem Charakter eines Privatarchives zusammenhängen, war der Nachlass Karl Mays seither bis in die jüngere Vergangenheit nur in begrenztem Umfang zugänglich. Die Situation hat sich jedoch inzwischen geändert. Wenngleich eine wünschenswerte allgemeine Zugänglichkeit noch immer nicht erreicht ist, da sie voraussetzt, dass die öffentliche Hand willens und in der Lage wäre, die damit notwendig verbundenen Kosten zu tragen, hat sich das Archiv doch schon seit einigen Jahren für konkrete Forschungsprojekte geöffnet, und dies ist erst der Anfang gewesen.

In dieser Situation in völliger Unkenntnis des unveröffentlichten Nachlasses mit einer Biographie hervorzutreten, die den Anspruch eines enzyklopädischen Grundlagenwerks der May-Forschung erhebt, muss wohl als fahrlässig bezeichnet werden. Wenn dies dennoch geschieht und auch noch positive Resonanz findet, lässt sich eigentlich nur der Schluss ziehen, dass man der Ansicht ist, der Nachlass Karl Mays sei nur von begrenztem Wert und daher bei einer biographischen Darstellung entbehrlich oder doch zumindest vernachlässigenswert, und überdies seien alle relevanten Ereignisse im Leben des Schriftstellers, die irgendwo in Zeitungen und Archiven überliefert sind, der Forschung längst durch die Publikationen namentlich der Karl-May-Gesellschaft bekannt. Beides ist nicht nur unrichtig, sondern auch schädlich. Die Einsicht in den Nachlass Karl Mays und weitere Archivrecherchen konnten bestätigen, dass über kaum einen anderen Schriftsteller so viele ständig weiterkolportierte Irrtümer kursieren wie über ihn und dass es kaum einen anderen Schriftsteller gibt, über den wir angesichts des Wissensmöglichen so wenig tatsächlich wissen.

Methodische Grundvoraussetzung jeder Biographie ist die vollständige Sichtung des gesamten vorhandenen Materials. Im Falle Karl Mays heißt dies:

1) Erschließung und Auswertung des in Privatbesitz befindlichen Nachlasses. Dass dieser Nachlass nicht nur fast vollständig erhalten ist (mit Ausnahme von Teilen der Leserkorrespondenz, die im Auftrag Klara Mays vernichtet wurden), sondern nach Mays Tod auch noch durch Ankäufe und Schenkungen wesentlich erweitert wurde, ist ein Glücksfall für die Karl-May-Forschung und vor allem dem Verleger Euchar Albrecht Schmid und seinen Söhnen zu verdanken.

2) Recherchen in allen relevanten öffentlichen und privaten Archiven. Diese haben zuerst der Suche nach weiteren Primär-

quellen (Korrespondenzen, Lebensdokumente, Aktenmaterial) zu dienen, darüber hinaus gilt es aber auch, weitere Informationen über Personen und Ereignisse aus dem Umfeld Mays zu gewinnen.

3) Auswertung aller May-bezüglichen Druckschriften. Die Publikationen der Karl-May-Forschung, die inzwischen in einer Flut von (teils durch Register erschlossenen) Monographien, Aufsätzen und Schriftenreihen vorliegen, repräsentieren ein zentrales Wissensarchiv. Das Erkenntnisinteresse darf sich aber nicht darauf beschränken, und die Zuverlässigkeit der mitgeteilten Fakten ist stets zu hinterfragen. Dort, wo es sinnvoll und möglich ist, müssen Zitate an den Originalquellen überprüft werden. Vor allem aber sind, teils systematisch, teils gezielt, die zeitgenössischen Zeitungsartikel zu sichten, die bis heute einen weitgehend brachliegenden Wissensfundus darstellen.

Neben der gründlichen Materialsichtung ist die Objektivität der Darstellung eine unabdingbare Notwendigkeit jeder Biographie. Sie kann nur dann erreicht werden, wenn der Biograph keinerlei subjektive Interessen verfolgt und sich möglichst jeder eigenen, zumal wertenden Interpretation enthält. In einer beschreibenden Biographie, in die der Autor zwangsläufig seine eigenen Kenntnisse und Interessen, sei es als Literaturwissenschaftler, Pädagoge, Psychologe oder Theologe, einbringen wird, ist dies kaum zu erreichen. Zudem ist die Tendenz, einem menschlichen Leben, wie irrläufig es auch immer verlaufen sein mag, nachträglich eine lineare Kausalität zuzuschreiben, jeder erzählenden Beschreibung zwangsläufig immanent, und die pragmatisch nötige Auswahl unter einer Vielzahl von Lebensdokumenten kann letztlich nur subjektiv getroffen werden. Dasselbe Leben, von zwei verschieden interessierten Autoren beschrieben, kann bis zur Unkenntlichkeit differieren.

Um zumindest einen höchstmöglichen Grad an Objektivität zu erreichen, ist es notwendig, dass der Autor einer Biographie sich weitestgehend zurücknimmt und stattdessen die Lebenszeugnisse selber sprechen lässt. Im Falle Karl Mays kommt hinzu, dass viele Dokumente seines Lebens, Briefe, Notizen, Akten, Artikel etc., überhaupt noch gar nicht bekannt sind, eine solche Biographie also Grundlagenarbeit leisten kann und soll, die bei anderen Autoren längst durch Briefausgaben oder andere Dokumentationen getan ist.

Die genannten Überlegungen haben zu der Entscheidung geführt, Karl Mays Biographie in der Form einer Chronik darzustellen, die nicht nur genretypisch Namen, Daten und Fakten chronologisch aneinanderreiht, sondern weit darüber hinausgehend auch durch teils ausführliche, authentische Zitate dokumentiert.

Die vorliegende dokumentarische "Karl-May-Chronik" in fünf Bänden unterscheidet sich wesensmäßig von allen bisherigen Biographien und auch von der nur nominell verwandten Arbeit Volker Grieses ("Karl May. Chronik seines Lebens", 2001). Selbst außerhalb des Karl-May-Kosmos dürfte es wenig Vergleichbares geben. Sie ist Biographie, Chronik und Dokumentation zugleich. In der Zusammenführung des sehr heterogenen, zu einem großen Teil bisher unbekannten Materials eröffnet sie nicht nur unerwartet neue Perspektiven, sondern revidiert und erweitert auch in substantieller Weise das bisher in der Forschung kursierende Bild Karl Mays. Im Vordergrund stehen die direkten Lebenszeugnisse; die Ereignisschilderungen bleiben objektiv und verzichten auf jede Wertung. Widersprüchliche Zeugnisse, die gerade bei Karl May häufig sind, da er bis zuletzt ein Außenbild von sich zu entwerfen bemüht war, das der tatsächlichen eigenen Identität nur wenig entsprach, werden nicht nivelliert oder einseitig entschieden, sondern in der Gegenüberstellung von Faktum und Aussage gerade sichtbar gemacht. Die offenbar werdende Gleichzeitigkeit unterschiedlichster Erlebnisse macht eine Vita nachvollziehbar, die keineswegs so gradlinig von der Tiefe in die Höhe führte, wie May selbst es in seiner Autobiographie suggerierte und manche seiner Interpreten noch heute meinen. Nicht zuletzt erhalten zahlreiche bisher nur isoliert bekannte Fakten erst in der Kombination mit neuen Materialfunden ihren eigentlichen Sinn.

Als Grundlage der Chronik diente, wie oben angeführt, das nahezu gesamte überlieferte schriftliche Material zu Karl May und seiner Biographie. Die Auswertung führte naturgemäß zu einer sehr unterschiedlichen Jahresverteilung auf die einzelnen Bände. Während die ersten 50 Jahre im Leben Mays bis zum Erscheinen der Fehsenfeld-Ausgabe aus verschiedenen Gründen dokumentarisch unterrepräsentiert sind, einerseits, weil May in dieser Zeit noch nicht die spätere Bekanntheit als öffentliche Person erlangt hatte, andererseits aber auch, weil Archivverluste und gezielte Vernichtungsaktionen Klara Mays zu beklagen sind, erreicht das Material ab 1893 eine Dichte, die es geboten sein ließ, durch die Einfügung der Sonntagsdaten die Wochenstruktur sichtbar zu machen. Nach der Jahrhundertwende steigerte sich die Materialdichte überdies noch durch die zahlreichen Prozesse und Pressefehden. In der Endverteilung umfasst Band I 54 Jahre (1842-96), Band II 5 Jahre (1897-1901), Band III 4 Jahre (1902-05), Band IV ebenfalls 4 Jahre (1906-09) und Band V nur noch 3 Jahre (1910-12).

Sämtliches Schrifttum zu May wurde sorgfältig gesichtet; verwertet wurden daraus naturgemäß jedoch nur jene Informationen, die biographisch relevant sind, also etwa keine reinen Werkinterpretationen. Die benutzte Literatur wird im Text durch Siglen mit anschließender Seitenzahl nachgewiesen. Das Sigle-Verzeichnis hierzu befindet sich in einem zugehörigen Begleitbuch (2006), das außerdem eine Bibliographie der wichtigen biographischen Sekundärtexte und ein Personenregister enthält. Durch dieses Register und natürlich durch die Tageschronologie ist die Chronik, die in erster Linie dem Nachvollzug eines Lebens mit all seinen Irrungen und Widersprüchen dienen soll, auch als Nachschlagewerk geeignet.

Recherchen in öffentlichen und privaten Archiven erfolgten in allen wichtigen Fällen (Sichtung von Primärquellen) persönlich, ansonsten (etwa bei der Suche nach Lebensdaten von Personen aus Mays Umfeld) auch durch schriftliche oder telefonische Kontakte und Bereitstellung von Kopien. Ein Einzelnachweis ist bei weit über tausend Anfragen nicht sinnvoll. In der anschließenden Danksagungsliste, die vielleicht einen ungefähren Eindruck vermitteln kann, konnten nur jene Personen und Institutionen genannt werden, deren Informationen tatsächlich und oft wiederholt für die Chronik genutzt wurden. Manche Anfragen blieben naturgemäß ergebnislos, da vermutbares Material nicht oder nicht mehr vorhanden war. Ein allgemeiner Dank gilt aber auch jenen Personen und Institutionen, die sich hier vergeblich um Hilfe bemühten.

Die zweifellos sowohl vom Umfang wie auch von der Bedeutung her wichtigste Materialquelle war der schriftliche Nachlass Karl Mays. Mit dem Tode seiner Witwe Klara May am 31.12.1944 ging dieser Nachlass in das Eigentum der damals in Radebeul ansässigen Familie Schmid über. Bis 1960 wurden alle Unterlagen nach Bamberg überführt und damit vor dem wahrscheinlichen Schicksal bewahrt, zwangsweise verstaatlicht, aufgelöst und devisenbringend verkauft zu werden. Welche Bedeutung für die Nachwelt dieser Nachlass darstellt, demonstriert seine Erschließung und Auswertung für die vorliegende Chronik aufs nachdrücklichste. So bietet etwa Mays Briefwechsel mit seinem Verleger Fehsenfeld, der im Projektrahmen naturgemäß nur in biographisch relevanten Auszügen präsentiert werden kann, höchst aufschlussreiche, bisher weitgehend unbekannte Informationen nicht nur über die Entstehungszeiten seiner Werke, sondern auch über sein literarisches Selbstverständnis, seine Pläne und Intentionen und nicht zuletzt über konkrete Verlagsstrategien, die wesentlich zum Erfolg des Schriftstellers und seines Verlegers beitrugen. Mays Nachlass konnte bei regelmäßigen Arbeitsaufenthalten in Bamberg nahezu vollständig erschlossen und für die Chronik ausgewertet werden. Für die Möglichkeit hierzu, aber auch für die Schaffung optimaler Arbeitsbedingungen, ist Herrn Lothar Schmid als derzeitigem Nachlassverwalter herzlich zu danken.

Ein weiterer besonderer Dank gebührt der Deutschen Forschungsgemeinschaft in Bonn, ihren Gutachtern und Mitarbeitern. Ohne die Unterstützung der DFG, die mir ein zweijähriges Forschungsstipendium gewährte und es mir dadurch erlaubte, mich in jenem Zeitraum ganz auf dieses arbeitsintensive Projekt zu konzentrieren, wäre die vorliegende Chronik nicht möglich gewesen.

In meinen persönlichen Dank einschließen möchte ich auch meinen Freund Hans-Dieter Steinmetz, der in großem Maße zum Gelingen des Projekts beigetragen hat. Zwar ist die Textfassung der Chronik allein von mir zu verantworten, doch hat er nicht nur das umfangreiche Forschungsmaterial vorgesichtet, sondern auch grundlegende Archivarbeiten, vor allem in ostdeutschen Bibliotheken und Archiven, geleistet, mich während meiner Forschungsreisen unterstützt, wesentliche eigene Recherchen zur Ergänzung des ausgewerteten Materials eingebracht und nicht zuletzt die schwierige Redaktions- und Lektoratsarbeit der Schlussphase mitgetragen, sodass er mit uneingeschränktem Recht als zweiter Autor der Chronik gelten darf.

Am Schluss, aber nicht zuletzt, gilt unser gemeinsamer Dank dem Karl-May-Verlag und Herrn Bernhard Schmid mit seinen Mitarbeitern Roderich Haug und Falk Klinnert für die sorgfältige Betreuung des Projekts.

Dieter Sudhoff,
im Juni 2005

Danksagung

Neben den bereits in der Einleitung Genannten ist für vielfältige Unterstützung zahlreichen weiteren Personen und Institutionen zu danken. Namentlich genannt seien:

Gregor Ackermann, Aachen; Herbert Allinger, Krems (Österreich); Andreas Barth, Kuhschnappel; Ekkehard Bartsch, Bad Segeberg; Horst und Irene Blaich, Melbourne (Australien); Ralf Bosse, Warendorf; Prof. Dr. Wilhelm Brauneder, Baden (Österreich); Dr. Hans Buchwitz, Taucha; Monika Degenhard, Düsseldorf; Klaus Eggert, Stuttgart; Elmar Elbs, Luzern (Schweiz); Ermanno Filippi, Bolzano (Bozen, Italien); Nicolas Finke, Köln; Jenny Florstedt, Leipzig; Ruprecht Gammler, Bonn; Dr. Ingrid Ganster, Wien (Österreich); Dr. Albrecht Götz von Olenhusen, Freiburg i. Br.; Hans Grunert, Dresden; Hanswilhelm Haefs, Azerath (Belgien); Eberhard Hahn, Stuttgart; Anton Haider, Innsbruck (Österreich); Wolfgang Hallmann, Hohenstein-Ernstthal; Dr. Hellmut Hannes, Beedenbostel; Romy Hartmann, Dresden; Hansotto Hatzig †, Oftersheim; Dr. Christian Heermann, Leipzig; Dr. Hubert Heilemann, Arnsdorf; Wolfgang Hermesmeier, Berlin; Klaus-Peter Heuer, Berlin; Erzabt Theodor Hogg OSB, Beuron; Ilse Honymus †, Dresden; PD Dr. Ralf-Dietrich Kahlke, Weimar; Gerhard Klußmeier, Rosengarten; Brigitte Kneher, Kirchheim unter Teck; Dr. Eckehard Koch, Essen; Elisabeth Kolb, Wien (Österreich); P. Dr. Placidus Kuhlkamp OSB, Beuron; Dr. Werner Lauterbach, Freiberg/Sachsen; Dr. Marina Lienert, Radebeul; Dr. Martin Lowsky, Kiel; Prof. Dr. Franz Mailer, Waidhofen (Österreich); Barbara Marget, Müllheim; Herbert Anthony Mehlhorn Ph. D., Lexington, Mass. (USA); Peter Michel, Bönigen; Wolfgang Möller, Deidesheim; Mikuláš Moravec, Praha (Tschechische Republik); Serena Müller, Bamberg; Hans-Jürgen Müller-Kuckelberg, Dresden; André Neubert, Hohenstein-Ernstthal; Herta Nitsche, Passau; Walter Olma, Büren; Tereza Pavlíčková, Olomouc (Olmütz, Tschechische Republik); Dr. Christiane Pfanz-

Sponagel, Freiburg i. Br.; Dr. Hainer Plaul, Lommatzsch; Jens Pompe, Glauchau; Sepp Rees, Reutlingen; Albrecht Reuther, Hohenstein-Ernstthal; Hans-Gerd Röder, Dreieich; Wolfgang Sämmer, Würzburg; Günter Scheidemann, Berlin; Dr. Ulrich Scheinhammer-Schmid, Neu-Ulm; Dr. Stefan Peter Schmatz, Göttingen; Hartmut Schmidt, Berlin; Berthold Schnabel, Deidesheim; Ralf Schönbach, Hennef; Alfred Schupp, Hörbranz (Österreich); Helmer Smidt, Hannover; Teresa Spiegel, Potsdam; Friedhelm Spürkel, Düsseldorf; Adolf Stärz †, Hohenstein-Ernstthal; Elfriede Steinkellner, Wien; Dorit Steinmetz, Dresden; Kerstin Steinmetz, Dresden; Winni Steinmetz, Dresden; Elisabeth Sudhoff, Paderborn; Fabian Sudhoff, Paderborn; Johanna Karoline Sudhoff, Paderborn; Ursula Sudhoff, Paderborn; Hans-Ulrich Thieme, Dresden; Dr. Ulrich Freiherr von Thüna, Bonn; Prof. Corinna Treitel Ph. D., Cambridge, Mass. (USA); Hannelore Unger, Stuttgart; Prof. Dr. Hartmut Vollmer, Paderborn; René Wagner, Dresden; Klaus Wendschuh, Lemgo; Gottfried Werner, Radebeul; Herbert Wieser, München; Dr. Wolfgang Willmann, Iserlohn; Dr. h. c. Hans Wollschläger, Königsberg; Sabine Wunglück, Dresden; Dr. Johannes Zeilinger, Berlin.

Standesamt Altenburg; Thüringisches Staatsarchiv, Altenburg; Stadtarchiv Amberg; Andover Historical Society, Andover, Mass. (USA); Stadtarchiv Annaberg-Buchholz; Stadt- und Stiftsarchiv Aschaffenburg; Hessing-Stiftung, Augsburg; Staats- und Stadtbibliothek Augsburg; Stadtarchiv Augsburg; Standesamt Bad Driburg; Standesamt Bad Salzuflen; Ev.-Luth. Pfarramt Bad Schandau-Porschdorf; Standesamt Bad Schandau; Stadtarchiv Bad Tölz; Stadtarchiv Baden-Baden; Stadtarchiv Bamberg; Staatsarchiv des Kantons Basel-Stadt, Basel (Schweiz); Auswärtiges Amt, Berlin; Bundesarchiv, Berlin; Friedhofsamt Berlin-Neukölln; Kulturabteilung der Italienischen Botschaft, Berlin; Landesarchiv, Berlin; Niederländische Botschaft, Berlin; Standesamt Berlin-Charlottenburg; Universitätsarchiv der Humboldt-Universität, Berlin; Verlag Felix Bloch Erben, Ber-

lin; Erzabtei St. Martin zu Beuron; Heimatverein und Dorfmuseum Bönigen (Schweiz); Stadtarchiv Bonn; Archivio Storico di Bolzano (Stadtarchiv Bozen, Italien); Staatsarchiv Bremen; Moravský zemský archiv v Brně (Mährisches Landesarchiv Brünn, Tschechische Republik); Sächsisches Staatsarchiv, Chemnitz; Stadtarchiv Chemnitz; Standesamt Chemnitz; Ev.-Luth. Johanneskirchgemeinde, Chemnitz-Reichenbrand; The Chicago Public Library, Chicago (USA); Standesamt Coburg; Standesamt Colditz; Kath. Pfarramt St. Ulrich, Deidesheim; Stadtarchiv Dessau; Stadtarchiv Döbeln; Standesamt Döbeln; Institut für Zeitungsforschung, Dortmund; Archiv der Hochschule für Bildende Künste, Dresden; Archiv der Kreuzschule, Dresden; Bibliothek des Landeskirchenamtes der Ev.-Luth. Landeskirche Sachsens, Dresden; Ev.-Luth. Pfarramt Heilig-Geist-Kirche, Dresden; Ev.-Luth. Pfarramt Loschwitz, Dresden; Ev.-Luth. Pfarramt Thomaskirche, Dresden; Friedhofsverwaltung des Johannisfriedhofes, Dresden; Grundbuchamt des Amtsgerichtes Dresden; Kath. Dompfarramt Kathedrale Ss. Trinitatis, Dresden; Kath. Pfarrei St. Franziskus Xaverius, Dresden; Kirchenbuchamt des Ev.-Luth. Kirchgemeindeverbandes Dresden; Kunstbibliothek der Staatlichen Kunstsammlungen Dresden; Sächsische Landesbibliothek – Staats- und Universitätsbibliothek, Dresden; Sächsisches Hauptstaatsarchiv, Dresden; Stadtarchiv Dresden; Standesamt Dresden; Universitätsarchiv Dresden; Stadt- und Kreisarchiv Düren; Stadtarchiv Düsseldorf; Standesamt Düsseldorf; Universitäts- und Landesbibliothek, Düsseldorf; Standesamt Duisburg; Stadtarchiv Eisenberg; Standesamt Eppendorf; Stadtarchiv Essen; Standesamt Essen; Deutsche Bibliothek, Frankfurt a. M.; Institut für Stadtgeschichte, Frankfurt a. M.; Stadtarchiv Freiburg i. Br.; Universitätsbibliothek Freiburg i. Br.; Archives de l'Etat, Fribourg (Staatsarchiv, Freiburg, Schweiz); Kantons- und Universitätsbibliothek, Fribourg (Freiburg, Schweiz); Stadtarchiv Freilassing; Stadtarchiv Freising; Standesamt Freital; Stadtarchiv Friedberg/ Hessen; Samtgemeinde Gartow; Stadtgemeinde Gföhl (Österreich); Ev. Kirchengemeindeverband Gießen; Stadtarchiv Gie-

ßen; Standesamt Gießen; Kreisarchiv Chemnitzer Land, Glauchau; Standesamt Glauchau; Ev. Kirchenkreisverband Schlesische Oberlausitz, Görlitz; Schlesisches Museum, Görlitz; Niedersächsische Staats- und Universitätsbibliothek, Göttingen; Stadtarchiv Göttingen; Standesamt Göttingen; Universitätsarchiv Göttingen; Kreisarchiv Gotha; Stadtarchiv Graz (Österreich); Kath. Probsteigemeinde Greifswald; Stadtarchiv Greifswald; Standesamt Greifswald; Standesamt Großenhain; Stadtarchiv Halle/Saale; Universitätsarchiv Halle/Saale; Universitäts- und Landesbibliothek Sachsen-Anhalt, Halle/Saale; Staatsarchiv Hamburg; Staats- und Universitätsbibliothek Hamburg; Ev.-Ref. Kirchgemeinde Hannover; Hauptstaatsarchiv Hannover; Kath. Gesamtverband Hannover; Stadtarchiv Hannover; Stadtbibliothek Hannover; Stiftung Martin-Opitz-Bibliothek, Herne; Stadtarchiv Hildburghausen; Kath. Pfarramt St. Nicolai, Höxter; Stadtarchiv Höxter; Ev.-Luth. Kirchgemeinde St. Christophori, Hohenstein-Ernstthal; Ev.-Luth. Kirchgemeinde St. Trinitatis, Hohenstein-Ernstthal; Karl-May-Haus, Hohenstein-Ernstthal; Standesamt Hohenstein-Ernstthal; Stadtarchiv Hohenstein-Ernstthal; Stadtarchiv Ilmenau; Stadtarchiv Innsbruck (Österreich); Tiroler Landesmuseum Ferdinandeum, Innsbruck; Universitätsbibliothek Innsbruck; Ev.-Luth. Kirchengemeinde Jena; Stadtarchiv Jena; Thüringische Universitäts- und Landesbibliothek, Jena; Universitätsarchiv Jena; Gemeindearchiv Jüchen; Stadtarchiv Kaiserslautern; Stadtarchiv Karlsruhe; Bundesarchiv, Koblenz; Stadtarchiv Koblenz; Historisches Archiv der Stadt Köln; Standesamt Königstein/Sächs. Schweiz; Stadtarchiv Königswinter; Státní okresní archiv Chomutov, Kadaň (Staatliches Kreisarchiv Komotau, Kaaden, Tschechische Republik); Det Kongelike Bibliotek, København (Königliche Bibliothek, Kopenhagen, Dänemark); Friedhofsverwaltung Stadtgemeinde Krems (Österreich); Universitätsarchiv Lausanne (Schweiz); Deutsche Bibliothek, Leipzig; Universitätsarchiv Leipzig; Universitätsbibliothek "Bibliotheca Albertina" Leipzig; Stadtarchiv Leisnig; Stadtgemeinde Leoben (Österreich); Oberösterreichisches Landesarchiv, Linz (Österreich);

Narodna in univerzitetna knjižnica, Ljubljana (National- und Universitätsbibliothek Laibach, Slowenien); The British Library, London (Großbritannien); Státní okresní archiv Litoměřice, Lovosice (Staatliches Kreisarchiv Leitmeritz, Lobositz, Tschechische Republik); Stadtarchiv Ludwigshafen; Deutsches Literaturarchiv, Marbach am Neckar; Hessisches Staatsarchiv, Marburg an der Lahn; Ev.-Luth. St.-Martins-Kirchgemeinde, Meerane; Kommunalarchiv Minden; Standesamt Minden; Verwaltung des Ev. Kirchenkreises Minden; Stadtarchiv Meißen; Missionshaus St. Gabriel, Mödling (Österreich); Státní okresní archiv Most (Staatliches Kreisarchiv Brüx, Tschechische Republik); Stadtarchiv Mühlhausen/Thüringen; Mannesmann-Archiv, Mülheim an der Ruhr; Ev.-Luth. Pfarramt Mülsen St. Jakob; Bayerische Staatsbibliothek, München; Stadtarchiv München; Standesamt Münster; Universitäts- und Landesbibliothek Münster; Standesamt Neustadt/Sachsen; Stadtarchiv Nürnberg; Ev.-Luth. Kirchgemeinde St. Martin, Oberlungwitz; Stadtarchiv Oberlungwitz; Niedersächsisches Staatsarchiv, Osnabrück; Stadtarchiv Passau; Stadtarchiv Pirna; Stadtmuseum Pirna; Stadtarchiv Plauen; Literární archív památniku národního písemnictví (Museum der tschechischen Literatur, Literaturarchiv), Praha (Tschechische Republik); Nachlassarchiv Jaroslav Moravec, Praha; Národní knihovna České republiky (Nationalbibliothek der Tschechischen Republik), Praha; Bauarchiv Radebeul; Ev.-Luth. Pfarramt Friedenskirche Kötzschenbroda, Radebeul; Ev.-Luth. Pfarramt und Friedhofsverwaltung der Lutherkirchgemeinde, Radebeul; Karl-May-Museum, Radebeul; Karl-May-Stiftung, Radebeul; Stadtarchiv Radebeul; Standesamt Radebeul; Stadtarchiv Radolfzell; Stadtarchiv Regensburg; Landesarchiv Salzburg (Österreich); Stadtarchiv Salzburg (Österreich); Stadtarchiv Salzwedel; Stadtarchiv Schkeuditz; Standesamt Schweich; Staatsarchiv Sigmaringen; Stadtarchiv Soest; Bistumsarchiv Speyer; Stadtarchiv St. Pölten (Österreich); Stadtarchiv Stade; Kungl. Biblioteket (Königliche Bibliothek), Stockholm (Schweden); Archives de la Ville et de la Communauté urbaine, Strasbourg (Stadtarchiv Straßburg,

Frankreich); Archiv der Tempelgesellschaft, Stuttgart; Stadtarchiv Stuttgart; Württembergische Landesbibliothek, Stuttgart; Státní okresní archiv Teplice (Staatliches Kreisarchiv Teplitz, Tschechische Republik); Stadtarchiv Trier; Stadtarchiv Überlingen; Státní okresní archiv Uherské Hradiště (Staatliches Kreisarchiv Ungarisch Hradisch, Tschechische Republik); Archiv města Ústí nad Labem (Stadtarchiv Aussig, Tschechische Republik); Heimat- und Geschichtsverein Vacha; Muzeum w Wałbrzychu (Stadtmuseum Waldenburg, Polen); Goethe-Schiller-Archiv, Weimar; Stadtarchiv Weimar; Stadtbücherei Weimar; Ev.-Luth. Pfarramt Wermsdorf; Archiv des Burgtheaters, Wien (Österreich); Österreichische Nationalbibliothek, Wien; Stadt- und Landesarchiv Wien; Universitätsarchiv Wien; Stadtarchiv Wiesbaden; Standesamt Wiesbaden; Archiwum Państwowe we Wrocławiu, Wrocław (Staatsarchiv Breslau, Polen); Biblioteka Uniwersytecka, Wrocław (Universitätsbibliothek, Breslau, Polen); Zeitungsarchiv der Karl-May-Gesellschaft, Würzburg; Stadtarchiv Zeitz; Ratsschulbibliothek, Zwickau.

1842

02.25. Freitag. 22 Uhr. Carl (Karl) Friedrich May wird in ärmlichen Verhältnissen als fünftes von vierzehn Kindern des Ernstthaler Leinewebergesellen Heinrich August May (18.9.1810–6.9.1888) und seiner aus dem benachbarten Hohenstein stammenden Frau (Trauung 1.5.1836 in Hohenstein, St. Christophori) Christiane Wilhelmine geb. Weise (11.4.1817–15.4.1885) in Ernstthal (seit 1.1.1898 Hohenstein-Ernstthal) geboren (plaul2; woll 14; jbkmg 1979, 32; frö 4). Ernstthal ist eine Kleinstadt am Rande des sächsischen Erzgebirges mit ca. 2.700 Einwohnern, die bis 1878 zur Grafschaft Schönburg-Hinterglauchau gehört (heer3 176f.). *Leben und Streben* 8: *Ich bin im niedrigsten, tiefsten Ardistan geboren, ein Lieblingskind der Not, der Sorge, des Kummers.* – Von den älteren Geschwistern lebt nur noch die 4-jährige Schwester Auguste Wilhelmine (1.12.1837–27.5.1880), ab 1861 Frau Hoppe; die anderen drei sind früh verstorben: Heinrich August (22.7.1836–9.4.1837), Christiane Friedericke (2.5.1839–26.4.1841), Friedrich Wilhelm (15.11.1840–11.1.1841) (plaul2; heer1 34). – Die Familie wohnt seit April 1838 im schmalen, drei Stockwerke hohen Haus Niedergasse 111 (Cat.-Nr. 122, später Bahnstraße 27, ab Februar 1932 Karl-May-Straße 54, Karl-May-Haus, Gedenktafel seit 26.5.1929, Museum seit 12.3.1985; rich 8-11; frö 13f., 16f.; hall 109-111; kmh 5-17), das die Mutter laut Testament vom 4.8.1836 (frö 15; kmh 6) von ihrer am 2.12.1837 verstorbenen Großtante ("Kreutertante") Maria Rosine Klemm geb. Bäumler (1761–1837) geerbt hat, verbunden mit einer Hypothek und belastenden Fronabgaben an die Grafschaft Schönburg-Hinterglauchau (ued 71; plet 18; mkmg 119, 43-45). – Im Haus wohnt auch (spätestens seit Anfang 1844) die Mutter des Vaters, Karls *Märchengroßmutter* Johanne Christiane Kretzschmar (15.9.1780–19.9.1865), die in erster Ehe (1.5.1803–1818) mit dem Webergesellen Christian Friedrich May (2.12.1779–4.2.1818) und in zweiter Ehe (3.2.1822–1826) mit dem Weber Christian

Traugott Vogel (14.3.1783–14.3.1826) verheiratet war. Heinrich August ist ihr außereheliches Kind; der Vater ist möglicherweise ein Oberförster (Forsthaus Hainholz; rich 54f.), dem Johanne Christiane zeitweilig den Haushalt geführt hat. Ihr einziges eheliches Kind ist die Tochter Christiane Wilhelmine (1.10.1803–30.12.1861), ab 1849 Frau Heidner (jbkmg 1979, 20, 42; ued 70; plaul2). – *Leben und Streben* 9-11: *Meine Mutter war eine Märtyrerin, eine Heilige, immer still, unendlich fleißig, trotz unserer eigenen Armut stets opferbereit für andere, vielleicht noch ärmere Leute. Nie, niemals habe ich ein ungutes Wort aus ihrem Mund gehört. Sie war ein Segen für jeden, mit dem sie verkehrte, vor allen Dingen ein Segen für uns, ihre Kinder. Sie konnte noch so schwer leiden, kein Mensch erfuhr davon. Doch des Abends, wenn sie, die Stricknadeln emsig rührend, beim kleinen, qualmenden Oellämpchen saß und sich unbeachtet wähnte, da kam es vor, daß ihr eine Träne in das Auge trat und, um schneller, als sie gekommen war, zu verschwinden, ihr über die Wange lief. Mit einer Bewegung der Fingerspitze wurde die Leidesspur sofort verwischt. Mein Vater war ein Mensch mit zwei Seelen. Die eine Seele unendlich weich, die andere tyrannisch, voll Uebermaß im Zorn, unfähig, sich zu beherrschen. Er besaß hervorragende Talente, die aber alle unentwickelt geblieben waren, der großen Armut wegen. Er hatte nie eine Schule besucht, doch aus eigenem Fleiße fließend lesen und sehr gut schreiben gelernt. Er besaß zu allem, was nötig war, ein angeborenes Geschick. Was seine Augen sahen, das machten seine Hände nach. Obgleich nur Weber, war er doch im stande, sich Rock und Hose selbst zu schneidern und seine Stiefel selbst zu besohlen. Er schnitzte und bildhauerte gern, und was er da fertigbrachte, das hatte Schick und war gar nicht so übel.* [...] *Vater war gern fleißig, doch befand sich sein Fleiß stets in Eile. Wozu ein anderer Weber vierzehn Stunden brauchte, dazu brauchte er nur zehn; die übrigen vier verwendete er dann zu Dingen, die ihm lieber waren. Während dieser zehn angestrengten Stunden war nicht mit ihm auszukommen; alles hatte zu schweigen; niemand durfte sich regen.*

Da waren wir in steter Angst, ihn zu erzürnen. Dann wehe uns! Am Webstuhl hing ein dreifach geflochtener Strick, der blaue Striemen hinterließ, und hinter dem Ofen steckte der wohlbekannte "birkene Hans", vor dem wir Kinder uns besonders scheuten, weil Vater es liebte, ihn vor der Züchtigung im großen "Ofentopfe" einzuweichen, um ihn elastischer und also eindringlicher zu machen. Uebrigens, wenn die zehn Stunden vorüber waren, so hatten wir nichts mehr zu befürchten; wir atmeten alle auf, und Vaters andere Seele lächelte uns an. Er konnte dann geradezu herzgewinnend sein, doch hatten wir selbst in den heitersten und friedlichsten Augenblicken das Gefühl, daß wir auf vulkanischem Boden standen und von Moment zu Moment einen Ausbruch erwarten konnten. Dann bekam man den Strick oder den "Hans" so lange, bis Vater nicht mehr konnte. Unsere älteste Schwester, ein hochbegabtes, liebes, heiteres, fleißiges Mädchen, wurde sogar noch als Braut mit Ohrfeigen gezüchtigt, weil sie von einem Spaziergange mit ihrem Bräutigam etwas später nach Hause kam, als ihr erlaubt worden war. – "Vater war scharf aber auch gleich wieder gut, aber Mutter war zu gut, weich und voller Liebe, sie war überhaupt eine stille ruhige Frau" (Karoline Selbmann an Adolph Hanemann 13.2.1918).

02.26. Samstag. Taufe in der evangelisch-lutherischen Kirche St. Trinitatis zu Ernstthal (Neumarkt) durch Pfarrer Carl Traugott Schmidt (1780–1853). Paten sind der Weber Carl Gottlob Planer (1792–1859), Christiane Friedericke Esche (Verlobte des Strumpfwirkers Johann Gottlob Heinze) und der Schmiedegeselle Christian Friedrich Weißpflog (1819–1894). Das Pfarramt ist im Eckhaus Markt 187 (Neumarkt 20) untergebracht, dem Geburtshaus des Philosophen Karl Heinrich Ludwig Pölitz (1772–1838). Unterhalb der Kirche (Südseite) erinnert heute eine am 25.2.1992 eingeweihte May-Büste von Wilfried Fitzenreiter an den Schriftsteller (masch 10; jbkmg 1979, 31; rich 14, 16f.; frö 4; hall 78, 111f.; kmhi 6, 10f.; kmhi 18, 5).

03. Vermutlich aufgrund mangelnder Körperhygiene und unzureichender Versorgung mit Vitamin A als Folge einer anhaltenden Dürre erblindet das Kind (jbkmg 1979, 33; mkmg 119, 46-50; mkmg 123, 5-16; mkmg 124, 16-23; Mays frühkindliche Blindheit, zu der es außer seinen eigenen Angaben keine Nachweise gibt, wird angezweifelt; zumindest eine Augeninfektion oder Xerophthalmie ist jedoch wahrscheinlich: jbkmg 2000, 179-194; zeil 19-30; mkmg 127, 13-23). *Leben und Streben* 16, 31: *Ich war weder blind geboren noch mit irgendeinem vererbten körperlichen Fehler behaftet. Vater und Mutter waren durchaus kräftige, gesunde Naturen. Sie sind bis zu ihrem Tode niemals krank gewesen.* [...] *Daß ich kurz nach der Geburt sehr schwer erkrankte, das Augenlicht verlor und volle vier Jahre siechte, war nicht eine Folge der Vererbung, sondern der rein örtlichen Verhältnisse, der Armut, des Unverstandes und der verderblichen Medikasterei, der ich zum Opfer fiel.* [...] *Eigentlich war in dieser meiner frühen Knabenzeit jedes lebendige Wesen nur Seele, nichts als Seele. Ich sah nichts. Es gab für mich weder Gestalten noch Formen, noch Farben, weder Orte noch Ortsveränderungen. Ich konnte die Personen und Gegenstände wohl fühlen, hören, auch riechen; aber das genügte nicht, sie mir wahr und plastisch darzustellen. Ich konnte sie mir nur denken. Wie ein Mensch, ein Hund, ein Tisch aussieht, das wußte ich nicht; ich konnte mir nur innerlich ein Bild davon machen, und dieses Bild war seelisch. Wenn jemand sprach, hörte ich nicht seinen Körper, sondern seine Seele. Nicht sein Aeußeres, sondern sein Inneres trat mir näher. Es gab für mich nur Seelen, nichts als Seelen.*

07.08. Sonnenfinsternis.

1842. Kirchenbuch Hohenstein-Ernstthal: "Das Jahr war reich an außergewöhnlichen Naturereignissen und Unglücksfällen, denn eine ungewöhnlich langanhaltende Dürre des Erdreichs, herbeigeführt durch glühende Sonnenhitze und Mangel an Regen, brachte Mangel an Viehfutter und unerhörte Feuersbrünste" (mkmg 127, 7).

1843

02.15. Die Hypothek auf das Haus Niedergasse 111 kann samt Zinsen an die Kirchenkasse zu Ernstthal zurückgezahlt werden. Im Amt Hinterglauchau wird sie in Anwesenheit von Mays Mutter und des Kirchenvorstehers Johann Gottlob Friedrich gelöscht. Damit wird das Grundstück schuldenfrei, und an jährlichen Abgaben müssen nur noch die feudalen Lehnsgelder aufgebracht werden (plaul3 334; jbkmg 1979, 30). *Leben und Streben* 13f.: *Freilich war das Haus nur drei schmale Fenster breit und sehr aus Holz gebaut, dafür aber war es drei Stockwerke hoch und hatte ganz oben unter dem First einen Taubenschlag, was bei andern Häusern bekanntlich nicht immer der Fall zu sein pflegt. Großmutter, die Mutter meines Vaters, zog in das Parterre, wo es nur eine Stube mit zwei Fenstern und die Haustür gab. Dahinter lag ein Raum mit einer alten Wäscherolle, die für zwei Pfennige pro Stunde an andere Leute vermietet wurde.* [...] *Im ersten Stock wohnten die Eltern mit uns. Da stand der Webstuhl mit dem Spulrad. Im zweiten Stock schliefen wir mit einer Kolonie von Mäusen und einigen größeren Nagetieren, die eigentlich im Taubenschlage wohnten und des Nachts nur kamen, uns zu besuchen. Es gab auch einen Keller, doch war er immer leer.* [...] *Der Hof war grad so groß, daß wir fünf Kinder uns aufstellen konnten, ohne einander zu stoßen. Hieran grenzte der Garten, in dem es einen Hollunderstrauch, einen Apfel-, einen Pflaumenbaum und einen Wassertümpel gab, den wir als "Teich" bezeichneten. Der Hollunder lieferte uns den Tee zum Schwitzen, wenn wir uns erkältet hatten, hielt aber nicht sehr lange vor, denn wenn das Eine sich erkältete, fingen auch alle Andern an, zu husten, und wollten mit ihm schwitzen. Der Apfelbaum blühte immer sehr schön und sehr reichlich; da wir aber nur zu wohl wußten, daß die Aepfel gleich nach der Blüte am besten schmecken, so war er meist schon Anfang Juni abgeerntet. Die Pflaumen aber waren uns heilig. Großmutter aß sie gar zu gern. Sie wurden täglich* *gezählt, und niemand wagte es, sich an ihnen zu vergreifen. Wir Kinder bekamen doch mehr, viel mehr davon, als uns eigentlich zustand. Was den "Teich" betrifft, so war er sehr reich belebt, doch leider nicht mit Fischen, sondern mit Fröschen.*

02.25. Karl Mays erster Geburtstag. In der Familie werden "keine Geburtstage gefeiert", "wir waren zu arm dazu" (Karoline Selbmann an Adolph Hanemann 13.2.1918). Karls Namenstag (der in der protestantischen Familie ebenfalls nicht gefeiert wird) ist der 28.1. (Karl der Große, 747–814).

1844

02. Ernstthal. Heinrich August Mays Mutter Johanne Christiane Kretzschmar erhält von der Gemeinde eine einmalige finanzielle Unterstützung in Höhe von 3 Neugroschen, später hin und wieder kleinere Brot-Almosen (jbkmg 1979, 51).

02.25. Karl Mays zweiter Geburtstag.

05.28. Geburt der zweiten (überlebenden) Schwester Christiane Wilhelmine ("Milly"), ab 1869 Frau Schöne (†30.4.1932; kmw VIII.6, 904f.) (plaul2). Die Aufmerksamkeit der Mutter gilt nun der Neugeborenen. Karl kommt in die Obhut seiner Großmutter Johanne Christiane Kretzschmar. Eine ständige Bedrohung im Leben des blinden oder zumindest sehbehinderten Jungen entfällt damit: Da die Großmutter im Parterrezimmer wohnt, kann Karl nicht mehr die steile hölzerne Stiege, die von den oberen Räumen der Eltern nach unten führt, hinunterfallen. Von weit größerer Bedeutung ist jedoch die prägende Wirkung, die seine enge Beziehung zur *Märchengroßmutter* haben wird (jbkmg 1979, 33f.; plet 18).

1844. Aus einem Bittgesuch: "Ja es sind neuerdings in der That Fälle hier vorgekommen, daß Menschen, die sich zu betteln schämten, buchstäblich verhungert sind. Denn es ist, besonders in kinderreichen Familien, gar nicht selten, daß oft mehrere Tage lang kein Bissen Brod zu zehren ist und einige Kartoffeln in Maßen gekocht und mit Salz genossen, machen oft das einzige Nahrungsmittel dieser Unglücklichen aus. Aber in gar vielen Familien sind auch die Kartoffeln schon aufgezehrt, oder gehen auf die Neige, und dann ist völliges Hungerleiden und Betteln unvermeidlich" (jbkmg 1979, 50). Klara May, "Das Geburtshaus meines Mannes": "Die Kartoffeln wurden gezählt, und die Schalen fand man genau so schmackhaft wie die köstliche Frucht, und wenn sie auch noch so viel Faulflecke hatte. Als Zuspeise wurde in reicher Zeit für die ganze Familie ein

Hering gegeben, dem man das Salz nicht abstreifte, in dem er behaglich geruht. Die Kartoffeln wurden mit dem zugeteilten Stück in Berührung gebracht, damit sie etwas von dem Aroma des Fisches annahmen, und erst mit der letzten Frucht wanderte die Beilage in den Magen. So blieb die Einbildung, daß man Hering und Kartoffeln gegessen hatte. Aber so lukullische Genüsse gab es nicht oft" (kmjb 1919, 331; vgl. mayk 140).

1845

02.25. Karl Mays dritter Geburtstag.

1845. In Ernstthal gibt es zwei Wehmütter, von denen eine jedoch schwer erkrankt ist und am 24.4. stirbt. Christiane Wilhelmine May wendet sich an den Stadtrichter, den Webermeister Friedrich Wilhelm Layritz (1792–1874, Neumarkt 6), der bereits nach einem geeigneten Ersatz für die vakant werdende Stelle sucht. Nach einem Gespräch mit Layritz legt die Mutter noch eine spezielle Eignungsprüfung ab, in der festgestellt werden soll, ob sie "körperlich", "geistig" und "charakterlich" in der Lage ist, die Hebammenausbildung durchzustehen. Mays Mutter erfüllt alle Anforderungen (jbkmg 1979, 53; plet 20).

04.15. Mays Eltern verkaufen das Haus in der Niedergasse für 515 Reichstaler bar an den begüterten Webermeister Wilhelm August Friedrich Stiezel (1812–1871), um die Ausbildung der Mutter Christiane Wilhelmine zur Hebamme zu finanzieren, und ziehen zur Miete in das Haus des Webermeisters Carl August Knobloch (1778–1851) am Markt 183 (Neumarkt 16, 1898 bei einem Großfeuer abgebrannt), links neben dem Gasthaus Zur Stadt Glauchau (Nr. 184, Neumarkt 17, 1898 abgebrannt; Wirtin Christiane Friederike Ebersbach verw. Lippold geb. Bohne) (woll 19; jbkmg 1979, 51, 66f.; rich 12f.; hall 101, 105, 110; kmh 7).

08.15. Christiane Wilhelmine May besucht das zur Chirurgisch-medizinischen Akademie (Kurländer Palais, Zeughausplatz 3, später Tzschirnerplatz; mkmg 84, 1f.; rich 190-192; hall 63) gehörende Hebammen-Institut in Dresden. Die Ausbildung dauert sechs Monate (woll 18; jbkmg 1979, 53). Mays Mutter erweist sich als eifrige Schülerin des am 1.8. zum neuen Direktor ernannten Geburtshelfers und Professors der Gynäkologie Woldemar Ludwig Grenser (1812–1872) (kluß2 18; jbkmg 1979, 53; plet 20).

1845-1846. Ernstthal. Die Zeit ohne Mutter wird zur schweren Belastungsprobe für die Familie May. *Leben und Streben* 19: *Während ihrer Abwesenheit führte Vater mit Großmutter das Haus. Das war eine schwere Zeit, eine Leidenszeit für uns alle. Die Blattern brachen aus. Wir Kinder lagen alle krank. Großmutter tat fast über Menschenkraft. Vater aber auch. Bei einer der Schwestern* [Christiane Wilhelmine] *hatte sich der blatternkranke Kopf in einen unförmlichen Klumpen verwandelt. Stirn, Ohren, Augen, Nase, Mund und Kinn waren vollständig verschwunden. Der Arzt mußte durch Messerschnitte nach den Lippen suchen, um der Kranken wenigstens ein wenig Milch einflößen zu können.* [...] *Diese schwere Zeit war, als Mutter wieder kam, noch nicht ganz vorüber.* – Auch die finanzielle Lage der Familie hat sich so verschlechtert, dass Johanne Christiane Kretzschmar auf Antrag ihres Sohnes Armenunterstützung erhält. Sie ist in dieser Zeit Karls wichtigste Bezugsperson und hat wesentlichen Einfluss auf seine erzählerische Begabung (plet 20f.). *Leben und Streben* 20, 29f.: Sie *war ein ganz eigenartiges, tiefgründiges, edles und, fast möchte ich sagen, geheimnisvolles Wesen. Sie war mir von Jugend auf ein herzliebes, beglückendes Rätsel, aus dessen Tiefen ich schöpfen durfte, ohne es jemals ausschöpfen zu können.* [...] *Großmutter erzählte eigentlich nicht, sondern sie schuf; sie zeichnete; sie malte; sie formte. Jeder, auch der widerstrebendste Stoff gewann Gestalt und Kolorit auf ihren Lippen. Und wenn zwanzig ihr zuhörten, so hatte jeder einzelne von den zwanzig den Eindruck, daß sie das, was sie erzählte, ganz nur für ihn allein erzählte. Und das haftete; das blieb. Mochte sie aus der Bibel oder aus ihrer reichen Märchenwelt berichten, stets ergab sich am Schluß der innige Zusammenhang zwischen Himmel und Erde, der Sieg des Guten über das Böse und die Mahnung, daß Alles auf Erden nur ein Gleichnis sei, weil der Ursprung aller Wahrheit nicht im niedrigen sondern nur im höheren Leben liege.* – "Er hockte mit Vorliebe bei unsrer alten Großmutter, deren Abgott Er auch war" (Karoline Selbmann an Adolph Hanemann 13.2.1918).

1846

02.13. Dresden. Christiane Wilhelmine May besteht vor der Chirurgisch-medizinischen Akademie (Vorsitz Johann Ludwig Choulant, 1791–1861) die Prüfung zur Hebamme mit der Bestnote "vorzüglich gut" (woll 18; jbkmg 1979, 57; kmh 21; heer3 113f.).

02.25. Karl Mays vierter Geburtstag.

02.26. Ernstthal. Über die Frage der Anstellung einer zweiten Hebamme findet eine gemeinsame Plenarsitzung des Verwaltungsrates und der Stadtverordneten statt, bei der Christiane Wilhelmine May wegen ihrer besseren Benotung den Vorzug vor der zweiten Bewerberin Christiane Wilhelmine Richter (*1813) erhält (jbkmg 1979, 58f.; heer3 114f.).

02.27. Der Ernstthaler Gemeinderat benachrichtigt Christiane Wilhelmine May von der Wahl zur Hebamme und verlangt die Beibringung des Abschlusszeugnisses. Auf Drängen der Stadtverwaltung verspricht das Ehepaar May in dieser Zeit mündlich, künftig keine Forderungen mehr an die städtischen Unterstützungskassen (z. B. Armenunterstützung) zu richten (jbkmg 1979, 59, 61).

03.16. Der Ernstthaler Gemeinderat bittet das zuständige Gräflich Schönburgische Justizamt Hinterglauchau um Bestätigung der Anstellung Christiane Wilhelmine Mays als Hebamme (heer3 115).

03. In der Dresdner Klinik, in der die Mutter ihre Ausbildung zur Hebamme absolvierte (Kurländer Palais), wird Karl (nach eigener späterer Aussage) durch die Professoren Carl Friedrich Haase (1788–1865, bis 30.6.1845 Direktor des Entbindungsinstituts) und Woldemar Ludwig Grenser von seiner Augenkrankheit geheilt (jbkmg 1979, 66; zeil 18). *Leben und Streben* 20: *Sie war aufgefordert worden, mich nach Dresden zu brin-*

gen, um von den beiden Herren behandelt zu werden. Das geschah nun jetzt, und zwar mit ganz überraschendem Erfolge. Ich lernte sehen und kehrte, auch im übrigen gesundend, heim.

03.19. Glauchau. Christiane Wilhelmine May wird vom Gräflich Schönburgischen Justizamt Hinterglauchau (Justizamtmann Dr. Friedrich Wilhelm Uhlig) offiziell zur Hebamme der Stadt Ernstthal bestellt und erhält nach Eidablegung ihren Verpflichtungsschein (jbkmg 1979, 60; heer3 116f.).

1847

02.25. Karl Mays fünfter Geburtstag.

1847. *Leben und Streben* 34f.: *Nachdem wir zu Miete gezogen waren, wohnten wir am Marktplatze, auf dessen Mitte die Kirche stand. Dieser Platz war der Lieblingsspielplatz der Kinder. Gegen Abend versammelten sich die älteren Schulknaben unter dem Kirchentore zum Geschichtenerzählen. Das war eine höchst exklusive Gesellschaft. Es durfte nicht jeder hin. Kam einer, den man nicht wollte, so machte man keinen "Summs"; der wurde fortgeprügelt und kehrte gewiß nicht wieder. Ich aber kam nicht, und ich bat auch nicht, sondern ich wurde geholt, obgleich ich erst fünf Jahre alt war, die Andern aber dreizehn und vierzehn Jahre. Welch eine Ehre! So etwas war noch niemals dagewesen! Das hatte ich der Großmutter und ihren Erzählungen zu verdanken! Zunächst verhielt ich mich still und machte den Zuhörer, bis ich alle Erzählungen kannte, die hier im Schwange waren. Man nahm mir das nicht übel, denn ich hatte erst vor Kurzem sehen gelernt, hielt die Augen noch halb verbunden und wurde von Allen geschont. Dann aber, als das vorüber war, wurde ich herangezogen. Alle Tage ein anderes Märchen, eine andere Geschichte, eine andere Erzählung. Das war viel, sehr viel verlangt; aber ich leistete es, und zwar mit Vergnügen. Großmutter arbeitete mit. Was ich in der Dämmerstunde zu erzählen hatte, das arbeiteten wir am frühen Morgen, noch ehe wir unsere Morgensuppe aßen, durch. Dann war ich, wenn ich an das Kirchtor kam, wohlvorbereitet.*

06.02. Geburt der dritten Schwester Ernestine Pauline (†29.4. 1872) (plaul2).

08.02. Ernstthal. Eine im letzten Jahr vorausgegangene große Missernte und der Ausbruch einer allgemeinen Handels- und Industriekrise haben zu einer Verteuerung der wichtigsten Grundnahrungsmittel um rund 100 % geführt. Hungerrevolten eskalieren, als die aufgebrachten Weber die Geschäfte der Stadt plündern und die Besitzer zwingen, ihre Lebensmittel weit unter Preis zu verkaufen ("Brotkrawalle"). In der Familie May wird der Lebensunterhalt jetzt fast ausschließlich von der Mutter bestritten, wobei es auch hier zu ernsthaften Schwierigkeiten kommt, da wegen der allgemeinen Armut nun auch im krisenunempfindlichen Hebammenberuf Einkommensverluste auftreten (jbkmg 1979, 61). *Leben und Streben* 39: *Es waren damals schlimme Zeiten* [...]. *Es mangelte uns an fast Allem, was zu des Leibes Nahrung und Notdurft gehört. Wir baten uns von unserm Nachbar, dem Gastwirt "Zur Stadt Glauchau", des Mittags die Kartoffelschalen aus, um die wenigen Brocken, die vielleicht noch daran hingen, zu einer Hungersuppe zu verwenden. Wir gingen nach der "roten Mühle" und ließen uns einige Handvoll Beutelstaub und Spelzenabfall schenken, um irgend etwas Nahrungsmittelähnliches daraus zu machen.* Die Rote Mühle, am Nordhang der Lungwitzer Höhe, wird für May später auch ein romantisches Ziel werden: Anna Uhlig, die Tochter des Müllers Carl Heinrich Uhlig (1818–1887), der die Mühle 1858 übernimmt, gehört in den 70er Jahren zu seinem Freundeskreis (rich 34f.; frö 12; hall 118-120).

1848

02.25. Karl Mays sechster Geburtstag.

03.18. Unruhen und Straßenkämpfe in Berlin.

04.05. Waldenburg. Sturm auf die Residenz des (abwesenden) Fürsten Otto Viktor von Schönburg-Waldenburg (1785–1859; kluß2 26), an dem auch viele Weber und Strumpfwirker der Umgebung (darunter möglicherweise Heinrich August May) teilnehmen. Vorausgegangen ist eine der größten Volksversammlungen zu Beginn der zweiten Etappe der Revolution. Das Schloss brennt nieder; ein Neuaufbau erfolgt erst 1856-59 (jbkmg 1979, 75f.; klußß2 20; hall 240f.; heer4 54-56).

04.06. Eine Volksversammlung im Hof des Schlosskomplexes Glauchau verläuft friedlich (heer4 56).

04.23./24. Ostern.

04.27. Donnerstag. Amtlicher Schulbeginn nach den Osterferien (17.–26.4.). Karl Mays erster Schultag in der Elementarschule (kmhi 9, 10f.; weitere Angaben zu Schulterminen, wenn nicht anders angegeben, nach den "Protocollen über die Schulbesuche des Local-Schul-Inspectors (1790-1873)", Pfarrarchiv St. Trinitatis, Hohenstein-Ernstthal).

1848-1856. Besuch der Volksschule in Ernstthal. Die Schule teilt sich organisatorisch auf in eine gemischte Elementarschule (zweite und erste Elementarklasse, auch als vierte und dritte Klasse der Knaben- bzw. der Mädchenschule bezeichnet), eine Knaben- und eine Mädchenschule (zweite und erste Klasse). Die Kinder gehen jeweils in vier Klassen, wobei jede Klasse zwei Schuljahre durchläuft. Zur Zeit von Mays Einschulung sind vier Lehrer angestellt, die etwa 600 Kinder zu betreuen haben. Rektor und erster Knabenlehrer (bis 20.12.1849) ist Dr. Friedrich Wilhelm Herz (1820–1892), erster Mädchenlehrer (bis 1850) Kantor Samuel Friedrich Strauch (1788–1860), zweiter Knabenlehrer Friedrich Wilhelm Schulze (1815–1877) und zweiter Mädchenlehrer (bis Ostern 1854) Friedrich August Müller (1810–1878). Ein festes Schulhaus gibt es nicht; der Unterricht wird in verschiedenen Gebäuden erteilt. In den Schuljahren 1848/49 und 1849/50 besucht May die Elementarschule im Erdgeschoss des ehemaligen Webermeisterhauses in der Marktstraße 1 (1898 abgebrannt) (hall 84, 122). *Leben und Streben* 35: *Ich lernte sehr schnell lesen und schreiben, denn Vater und Großmutter halfen dabei, und dann, als ich das konnte, glaubte Vater die Zeit gekommen, das, was er mit mir vorhatte, zu beginnen.* May fällt seinem Lehrer Friedrich Wilhelm Schulze durch besondere Begabung und Vielwisserei auf, die ihm zu Hause durch harten Lern- und wahllosen Lesezwang vom Vater eingebläut wird (wohl 749; plaul3 345). Die Klassenstärke liegt zwischen 62 und 88 Schülern, 1855/56 sind es sogar 99 Schüler (hall 84).

05.18. Nationalversammlung in Frankfurt a. M., Paulskirche.

06.10.-14. Pfingstferien.

07.31.-08.12. Ernteferien (Sommerferien).

09.25.-30. Kartoffelferien (Herbstferien).

10. Christiane Wilhelmine May wendet sich unter Umgehung der zuständigen Ernstthaler Verwaltungsbehörde (wahrscheinlich mündlich) an das Justizamt Hinterglauchau, um einen Mindestlohn und Entschädigung bei Verdienstausfall ("nothdürftigen Unterhalt") einzufordern (jbkmg 1979, 63; heer3 117).

10.06. Das Justizamt Hinterglauchau schreibt dem Ernstthaler Gemeinderat, man solle bis zum 13.10. mitteilen, worin die Einkünfte der Hebamme May bestünden (jbkmg 1979, 63; heer3 117).

10.11. Der Ernstthaler Bürgermeister, Arzt und Geburtshelfer Dr. Constantin Ottomar Kühn (1813–1875) teilt dem Justizamt Hinterglauchau mit, es ergebe sich "für jede der hiesigen Hebammen außer andern Emolumenten [Nebenbezügen] eine Einnahme von 93 Tl. 10 ngr. was doch zum mehr als nothdürftigen Unterhalte für eine solche Frau ausreichend sein möchte" (jbkmg 1979, 63; heer3 117).

1848.12.23.-1849.01.01. Weihnachtsferien.

1849

1849. Besuch der vierten Klasse der Ernstthaler Knabenschule (gemischte zweite Elementarklasse, auch Nachmittagsklasse).

01.19. Christiane Wilhelmine May wendet sich erneut nach Glauchau. Sie verweist auf die angespannte finanzielle Lage ihrer Familie, die vor allem durch die Arbeitslosigkeit ihres Mannes hervorgerufen werde, und beschwert sich über die hohe Steuerbelastung. Das Justizamt befragt daraufhin wieder den Ernstthaler Gemeinderat (jbkmg 1979, 63f.; heer3 118).

02.05. Bürgermeister Constantin Ottomar Kühn teilt dem Justizamt Hinterglauchau mit, der "nothdürftige Unterhalt der Hebammen" betreffe nur diese selbst, nicht ihre Familie. Wenn die Hebamme May nicht auf die für den Unterhalt nötige Zahl der Entbindungen komme, liege das "gewiß bloß an ihr selbst, da sie auch durch ihr jetziges Drängen um Entschädigungen sich nichts weniger als beliebt macht". Statt eine erhoffte Entschädigung zu erhalten, werden nun auch noch die ohnehin kärglichen Almosenzuwendungen an die Großmutter Johanne Christiane Kretzschmar gestrichen (heer3 118f.).

02.25. Karl Mays siebter Geburtstag.

02. Heinrich August May beteiligt sich an der Gründung des Ernstthaler Vaterlandsvereins, einer revolutionären linksdemokratischen Gruppe, und engagiert sich für deren Ziele, indem er als Diskussionsredner auftritt und Unterschriften für eine Petition gegen den schönburgisch-sächsischen Erläuterungsrezess von 1835 sammelt (jbkmg 1979, 77-79; hall 82; heer4 56).

03.26./27./29. Schulprüfungen (Osterexamina) durch Pfarrer und Lokalschulinspektor Carl Traugott Schmidt (Sup Glau 113a-116a).

03.27. 15.30–16.30 Uhr. Schulprüfung der vierten Knabenklasse (Friedrich Wilhelm Schulze). Bericht Pfarrer Schmidt 21.4.:

"Mit den hier gegenw. Schülern wurde zuerst das Lesen einzelner an die große Wandtafel geschriebener Worte und Sätze vorgenommen und geübt. Dann wurden mehrere kleine an der Wandtafel von dem Lehrer vorgeschriebene Wörter und Sätze von den Schülern auf Schiefertafeln abgeschrieben, und endlich einige ihrer Faßungskraft angemessene Denkübungen mit denselben angestellt. Es zeigte sich hinsichtlich der letzteren unter den Schülern eine lobenswerthe sehr rege Thätigkeit; auch offenbarten sich bey einzelnen Schülern dieser Klaße merkliche zeither gemachte Fortschritte im Lernen" (Sup Glau 115a-b).

04.02.-12. Osterferien.

04.08./9. Ostern.

04.21. Pfarrer Carl Traugott Schmidt berichtet der Superintendentur Glauchau (Distriktsschulinspektor Dr. Ernst Volkmar Kohlschütter, 1812–1889) über die Schulprüfungen (Sup Glau 113a-116a).

05. Vermutlich in dieser Zeit, im Zusammenhang mit dem Dresdner Maiaufstand (3.-9.5.) gegen König Friedrich August II. (1797–1854), zu dem vom Dresdner Vaterlandsverein aufgerufen wurde, übt der ehemalige Gefreite der Ernstthaler Bürgergarde (von der Gründung 1834 bis maximal 1843) Heinrich August May sich im *höheren Kommando*, indem er Offizier spielt und seinen kleinen Sohn Karl exerzieren lässt (jbkmg 1979, 72, 79). *Leben und Streben* 43f.: *Vater war bald Leutnant, bald Hauptmann, bald Oberst, bald General; ich aber war die sächsische Armee. Ich wurde erst als "Zug", dann als ganze Kompagnie einexerziert. Hierauf wurde ich Bataillon, Regiment, Brigade und Division. Ich mußte bald reiten, bald laufen, bald vor und bald zurück, bald nach rechts und bald nach links, bald angreifen und bald retirieren.* [...] *Auch ließ der Lohn nicht auf sich warten. Als Vater Vizekommandant geworden war, sagte er zu mir: "Junge, dazu hast du viel geholfen. Ich baue dir eine Trommel. Du sollst Tambour werden!" Wie das mich freute!* – "Der Vater hatte einen Narren gefressen an seinem einzigen Sohn [...]. Der Junge mußte alles lernen, alles können, der Vater hatte Karl unter Anderen auch eine Trommel gebaut, weiß nicht mehr was für eine Haut oder Fell dazu sein mußte um richtig klanghaft zu machen [...], kann mich aber noch erinnern wie Vater gelaufen, sich abgemüht und wie lange er darüber, bis es richtig klang, zugebracht hat" (Karoline Selbmann an Adolph Hanemann 13.2.1918).

05.07. Es ist möglich, dass Heinrich August May sich am zweiten Freischarenzug gegen Dresden beteiligt, dem auch die Ernstthaler Webergesellen angehören. Noch vor dem Erreichen Dresdens kommt jedoch die Nachricht von der Niederschlagung des Aufstands (kmjb 1978, 79).

06.09. Geburt der vierten Schwester Karoline Wilhelmine (†1.12.1945), ab 1872 Frau Selbmann, die später wie ihre Mutter Hebamme wird (plaul2).

08.05.-18. Ernteferien.

10.08.-13. Kartoffelferien.

10.31. Mays Tante Christiane Wilhelmine, die Halbschwester seines Vaters, heiratet den verwitweten Weber Carl Friedrich Heidner (1801–1883) (plaul2).

12.20. Letzter Schultag des Rektors Friedrich Wilhelm Herz.

1849.12.24.-1850.01.01. Weihnachtsferien.

1850

1850. Bis Ostern besucht May die vierte Klasse der Ernstthaler Knabenschule (zweite Elementarklasse).

01.03. Rektor Friedrich Wilhelm Herz zieht von Ernstthal weg.

02.25. Karl Mays achter Geburtstag.

03.20. Nachfolger von Friedrich Wilhelm Herz als Rektor und erster Knabenlehrer der Ernstthaler Schule wird Christian Gentzsch (1811–1852) (strel).

03.31./04.01. Ostern.

04.03. Nach den Osterferien besucht May die dritte Klasse der Knabenschule (erste Elementarklasse, auch Oberklasse), die zusammen mit der vierten Klasse in einem Erdgeschossraum des Kantorats St. Trinitatis (Markt 186, Neumarkt 19) untergebracht ist (rich 23; hall 84, 108f.; Sup Glau 117b, 120a). *Leben und Streben* 52f.: Die Lehrer *gingen von der anspruchslosen Erwägung aus, daß ein Knabe, den man in seiner Klasse nichts mehr lehren kann, ganz einfach und trotz seiner Jugend in die nächst höhere Klasse zu versetzen ist. Diese Herren waren alle mehr oder weniger mit meinem Vater befreundet, und so drückte sogar der Herr Lokalschulinspektor* [Pfarrer Schmidt] *ein Auge darüber zu, daß ich als acht- oder neunjähriger Knabe schon bei den elf- und zwölfjährigen saß. In Beziehung auf meine geistigen Fortschritte, zu denen in einer Elementarschule freilich nicht viel gehörte, war dies allerdings wohl richtig; seelisch aber bedeutete es einen großen, schmerzlichen Diebstahl, den man an mir beging.* [...] *Ich saß nicht unter Altersgenossen. Ich wurde als Eindringling betrachtet und schwebte mit meinen kleinen, warmen, kindlich-seelischen Bedürfnissen in der Luft. Mit einem Worte, ich war gleich von Anfang an klassenfremd gewesen und wurde von Jahr zu Jahr klassenfremder. Die Kameraden, welche hinter mir lagen, hatte ich* *verloren, ohne die, bei denen ich mich befand, zu gewinnen.* [...] *Das, was man als "Jugend" bezeichnet, habe ich nie gehabt. Ein echter, wirklicher Schulkamerad und Jugendfreund ist mir nie beschieden gewesen.*

04.04. Wilhelm Breitung (*1827), der auch Kantorsubstitut und Organist ist, ersetzt als zweiter Mädchenlehrer den emeritierten Samuel Friedrich Strauch, der fortan nur Ernstthaler Kantor ist, aber noch mehrfach Vertretungsunterricht übernimmt (strel).

04.25./26. Schulprüfungen durch Pfarrer und Lokalschulinspektor Carl Traugott Schmidt (Sup Glau 122a-124a).

04.26. 9–10 Uhr. Schulprüfung der dritten und vierten Knabenklasse (Friedrich Wilhelm Schulze) im Kantorat. Bericht Pfarrer Schmidt 31.5.: "Mit einem kurzen Morgenliede wurde begonnen und von dem Lehrer ein kurzes Gebet gesprochen. Ich übertrug letzterm eine Katechisation mit den Kindern zu halten über P. 104, V. 24. Herr, wie sind deine [Werke so groß und viel!]. Die Antworten der letztern waren ziemlich befriedigend. Dann wurden von den Schülern an der Wandtafel Sätze gebildet und ergänzt, auch einzelnen Hauptwörtern gewiße Eigenschaften beigefügt, im Chor und von Einzelnen laut gelesen, vor und rückwärts gezählt und endlich mit Anstimmung eines kurzen Liedes beschloßen" (Sup Glau 123b).

05.31. Pfarrer Carl Traugott Schmidt berichtet der Superintendentur Glauchau (Kohlschütter) über die Schulprüfungen (Sup Glau 122a-124a).

08.04.-17. Ernteferien.

08.29. (Alljährlich stattfindendes) Schulfest.

10.07.-12. Kartoffelferien.

12. Weihnachtsferien (genaue Daten nicht bekannt).

1851

1851. Besuch der dritten Klasse der Ernstthaler Knabenschule (erste Elementarklasse). *Leben und Streben* 53-55: *Das, was ich nach Vaters Ansicht zu lernen hatte, beschränkte sich keineswegs auf den Schulunterricht und auf die Schularbeiten. Er holte allen möglichen sogenannten Lehrstoff zusammen, ohne zu einer Auswahl befähigt zu sein oder eine geordnete Reihenfolge bestimmen zu können. Er brachte Alles, was er fand, herbei. Ich mußte es lesen oder gar abschreiben, weil er meinte, daß ich es dadurch besser behalten könne. Was hatte ich da Alles durchzumachen! Alte Gebetbücher, Rechenbücher, Naturgeschichten, gelehrte Abhandlungen, von denen ich kein Wort verstand. Eine Geographie Deutschlands aus dem Jahre 1802, über 500 Seiten stark, mußte ich ganz abschreiben, um mir die Ziffern leichter einzuprägen. Die stimmten natürlich längst nicht mehr! Ich saß ganze Tage und halbe Nächte lang, um mir dieses wüste, unnötige Zeug in den Kopf zu packen. Es war eine Verfütterung und Ueberfütterung sondergleichen.* [...] *Vater pflegte* [...] *keinen Spaziergang und keinen Weg über Land zu machen, ohne mich mitzunehmen. Er pflegte hieran nur eine Bedingung zu knüpfen, nämlich die, daß kein Augenblick der Schulzeit dabei versäumt wurde. Die Spaziergänge durch Wald und Hain waren wegen seiner reichen Pflanzenkenntnisse immer hochinteressant. Aber es wurde auch eingekehrt. Es gab bestimmte Tage und bestimmte Restaurationen. Da kamen der Herr Lehrer* [Friedrich Wilhelm] *Schulze, der Herr Rektor* [Christian Gentzsch], *der reiche* [Webermeister und Händler Christian Gottlob] *Wetzel* [1795–1853], *der Herr Kämmerer* [Johann Gottfried] *Thiele* [1805–1866], *der Kaufmann* [Friedrich August] *Vogel* [1806–1857], *der Schützenhauptmann* [Johann Gotthilf] *Lippold* [1813–1872] *und andere, um Kegel zu schieben oder einen Skat zu spielen. Vater war stets dabei und ich mit, denn ich mußte. Er meinte, ich gehöre zu ihm. Er sah mich nicht gern mit anderen Knaben zusammen, weil ich da* *ohne Aufsicht sei. Daß ich bei ihm, in der Gesellschaft erwachsener Männer, gewiß auch nicht besser aufgehoben war, dafür hatte er kein Verständnis. Ich konnte da Dinge hören, und Beobachtungen machen, welche der Jugend am besten vorenthalten blieben. Uebrigens war Vater selbst in der angeregtesten Gesellschaft außerordentlich mäßig. Ich habe ihn niemals betrunken gesehen. Wenn er einkehrte, so war sein regelmäßiges Quantum ein Glas einfaches Bier für sieben Pfennige und ein Glas Kümmel oder Doppelwacholder für sechs Pfennige; davon durfte auch ich mit trinken. Bei besonderen Veranlassungen teilte er ein Stückchen Kuchen für sechs Pfennige mit mir.*

02.25. Karl Mays neunter Geburtstag.

1851.(?) In *Mein Leben und Streben* (55) berichtet May, dass er mit kaum neun Jahren zusammen mit der Großmutter im Webermeisterhaus (Lungwitzer Straße 39, ab 1865 Gerichtsamt) an zwei Abenden die Puppenspiele "Das Müllerröschen oder die Schlacht bei Jena" und "Dr. Faust oder Gott, Mensch und Teufel" (wahrscheinlich Aufführungen des Puppenspielers Heinrich Lißner aus Frankenberg, 1788–1863, mit seinem "Marionetten-, Welt- und Metamorphosen-Theater") gesehen habe. Ein weiterer Höhepunkt seiner Kindheit sei später die Mitwirkung an einer Aufführung von Pius Alexander Wolffs (1782–1828) Volksstück "Preziosa" (1820 vertont von Carl Maria von Weber, 1786–1826) gewesen (plet 27). *Leben und Streben* 58f.: *Kurze Zeit darauf lernte ich auch Stücke kennen, die nicht von der Volksseele, sondern von Dichtern für das Theater geschrieben worden waren, und das ist der Punkt, an dem ich auf meine Trommel zurückzukommen habe. Es ließ sich eine Schauspielertruppe für einige Zeit in Ernstthal nieder. Es handelte sich also nicht um ein Puppen-, sondern um ein wirkliches Theater.* [...] *Die "Künstler" fielen in Schulden. Dem Herrn Direktor wurde himmelangst. Schon konnte er die Saalmiete* [im Gasthof zum grauen Wolf, heute Stadt Chemnitz, Pölitzstraße 16; rich 26f.] *nicht mehr bezahlen; da erschien ihm ein Retter, und dieser Retter war – – – ich. Er hatte beim Spazierengehen mei-*

nen Vater getroffen und ihm seine Not geklagt. Beide berieten. Das Resultat war, daß Vater schleunigst nach Hause kam und zu mir sagte: "Karl, hole deine Trommel herunter; wir müssen sie putzen! [...] *Du bist der Tambour und bekommst blanke Knöpfe und einen Hut mit weißer Feder. Das zieht Zuschauer herbei."* – "Nun mußte Karl seine Kunst zeigen, auch mit allen möglichen Anderen. So mußte Karl auch ans Theater, das z. Zeit dort weilte. Karl war eben Vaters Gold-Sohn. Was hat Vater alles mit dem Jungen angegeben, er schleppte ihn überall mit hinn und ließ ihn bewundern, denn der Junge war auch unglaublich gescheid u. geistreich, er brauchte blos zu sehen oder zu hören, so konnte ers" (Karoline Selbmann an Adolph Hanemann 13.2.1918).

04.07. Geburt des Bruders Heinrich Wilhelm (plaul2).

04.10./11. Schulprüfungen durch Pfarrer und Lokalschulinspektor Carl Traugott Schmidt (Sup Glau 125a-127a).

04.11. 9–10 Uhr. Schulprüfung der dritten Knabenklasse (Friedrich Wilhelm Schulze) im Kantorat. Bericht Pfarrer Schmidt 9.5.: "H. Knabenlehrer Schulze begann mit den Schülern eine Unterredung 'über das Stehlen' [...]. Sodann ließ der Lehrer aus Valtin's Elementarlehrb. ["Fibel. Uebungen für Anfänger im Lesen" von Friedrich Valtin] einen Aufsatz, die Fabel vom Wolf-Schöps und Reh enthaltend, laut vorlesen und suchte zur Erklärung der Fabel mancherlei Fragen und Belehrungen für die Schüler anzuknüpfen. Dem folgten einzelne leichte Aufgaben im Rechnen, und im lauten Hersagen einzelner Denkverse und Bibelsprüche wurden die Prüfungen diese Stunde beendigt" (Sup Glau 126b-127a).

04.20./21. Ostern.

05.09. Pfarrer Carl Traugott Schmidt berichtet der Superintendentur Glauchau (Kohlschütter) über die Schulprüfungen (Sup Glau 125a-127a).

06.07.-11. Pfingstferien.

07.29. Vogelschießen (schulfrei).

08.18.-30. Ernteferien.

09.20. Ernstthal. Tod des Bruders Heinrich Wilhelm (plaul2).

10.06.-11. Kartoffelferien.

11.30. Hohenstein. Tod der Großmutter mütterlicherseits, Christiane Friederike Weise geb. Günther (eig. Klaus, *21.11.1788) (plaul2). *Leben und Streben* 9: *Sie war eine gute, fleißige, schweigsame Frau, die niemals klagte. Sie starb, wie man sagte, aus Altersschwäche. Die eigentliche Ursache ihres Todes aber war wohl das, was man gegenwärtig diskret als "Unterernährung" zu bezeichnen pflegt.* Im Begräbnisbuch wird als Todesursache der Verstorbenen "Geschwulst" angegeben. Ihr Mann, der Weber Christian Friedrich Weise (*4.1.1788), hat sich am 20.6.1832 "aus Trunkenheit und Verzweiflung" erhängt (plaul3 328, 325).

12. Weihnachtsferien.

1852

1852. Bis Ostern besucht May die dritte Klasse der Ernstthaler Knabenschule (erste Elementarklasse).

02.20. Nach kurzer Krankheit stirbt Rektor Christian Gentzsch. Vorerst unterrichtet provisorisch wieder Kantor Samuel Friedrich Strauch; dennoch kommt es in den folgenden Monaten zu erheblichen Störungen im Schulbetrieb.

02.25. Karl Mays 10. Geburtstag.

04.01. Schulprüfungen durch Pfarrer und Lokalschulinspektor Carl Traugott Schmidt (Sup Glau 130a-132a). Da ein großer Teil der Ernstthaler Kinder erkrankt ist, finden die Prüfungen an nur einem Tag statt. – 10–12 Uhr. Die Schüler der dritten und vierten Knabenklasse (Friedrich Wilhelm Schulze) werden im Schullokal des Mädchenlehrers Friedrich August Müller geprüft. Sie lesen eine moralische Erzählung aus Valtins Fibel und sprechen über den Inhalt des gelesenen Pensums (Sup Glau 130a-131a).

04.11./12. Ostern.

04. Nach den Osterferien besucht May die zweite Klasse der Ernstthaler Knabenschule. Der Unterricht der höheren Klassen, der zeitweilig vermutlich wegen Lehrermangels zusammengelegt ist, wird im Gebäude der sogenannten Rektoratsschule, der "Seidelschen Bleiche", erteilt (1904 abgerissen, Neubau Pestalozzi-Schule) (strel; hall 84; kmhi 9, 8; kmh 22).

05.04. Pfarrer Carl Traugott Schmidt berichtet der Superintendentur Glauchau (Kohlschütter) über die Schulprüfungen (Sup Glau 130a-132a).

08.03.-16. Ernteferien.

08.16. Geburt der Schwester Anna Henriette (plaul2).

09.04. Tod der Schwester Anna Henriette (plaul2).

09.29. Beginn achttägiger Kartoffelferien.

11.08. Interimsweise übernimmt Magister Christian Wilhelm Ludwig (1823–1896) die Nachfolge von Gentzsch als Rektor und erster Knabenlehrer der Ernstthaler Schule (bis Ende März 1853) (strel).

1852.12.24.-1853.01.01. Weihnachtsferien.

1853

1853. Besuch der zweiten Klasse der Ernstthaler Knabenschule.

02.25. Karl Mays 11. Geburtstag.

03.17./18. Schulprüfungen durch Pfarrer und Lokalschulinspektor Carl Traugott Schmidt (Sup Glau 134a-135b).

03.17. 10 Uhr. Schulprüfung der zweiten Knabenklasse (Christian Wilhelm Ludwig?). Laut dem Bericht Pfarrer Schmidts vom 13.4. beginnen die Prüfungen "1.) mit lautem Herlesen von 1. Joh: 1. V. 1. & folg. Sodann stellte der Lehrer 2.) eine kurze Unterredung mit d. Schülern über mehrere wichtige Stellen über die bekannte Bergpredigt Jesu nach Matth. 5, V. 8 & folg. an; 3.) beschäftigte derselbe die genannten mit Rechnen in Additions-, Multipl. u. Divisions, Bruch-Exempeln; 4.) ließ sich der Lehrer einige Fragen in der Geographie von Europa und mehreren dahin gehörigen Ländern von den Schülern beantworten. Sie beantworteten dies mit vieler Fertigkeit" (Sup Glau 134b).

03.27./28. Ostern.

04.07. Einweisung von Karl Hermann Schmidt (1826–1901) als Nachfolger von Christian Wilhelm Ludwig in das Amt des Rektors und ersten Knabenlehrers (bis 3.6.1854) (strel; kluß2 28). Er beginnt seinen Unterricht am 11.4.

04.13. Pfarrer Carl Traugott Schmidt berichtet der Superintendentur Glauchau (Kohlschütter) über die Schulprüfungen (Sup Glau 134a-135b).

05.04. Letzte Schulhospitation Pfarrer Carl Traugott Schmidts, der erkrankt. Die Vertretung wird Pastor Alban Gumprecht aus Oberlungwitz übernehmen.

08.27. Tod des Pfarrers Carl Traugott Schmidt (heer3 153). Sein Nachfolger wird im Juni 1854 Karl Hermann Schmidt (hall 84).

12. Weihnachtsferien.

1854

1854. Bis Ostern besucht May die zweite Klasse der Ernstthaler Knabenschule.

02.25. Karl Mays 12. Geburtstag.

04. In der Osterwoche verlässt Mädchenlehrer Friedrich August Müller Ernstthal, weil seine Bewerbung um das frei werdende Rektorenamt abgelehnt worden ist. Seine Vertretung übernimmt u. a. Kantor Samuel Friedrich Strauch.

04.16./17. Ostern.

04. Nach den Osterferien besucht May die erste Klasse der Ernstthaler Knabenschule.

1854. Spätestens jetzt wird May von dem bis ins Alter hochverehrten Kantor Samuel Friedrich Strauch in dessen Wohnung (erster Stock des Kantorats) kostenlos im Geigen-, Klavier- und Orgelspiel unterrichtet (hall 198; plet 22; kmlpz 24, 2f.). *Leben und Streben* 10: *Als ich eine Geige haben mußte und* [*mein Vater*] *kein Geld auch zu dem Bogen hatte, fertigte er schnell selbst einen. Dem fehlte es zwar ein wenig an schöner Schweifung und Eleganz, aber er genügte vollständig, seine Bestimmung zu erfüllen.* Während seiner Volksschulzeit spielt May nicht nur an der Schramm-Orgel (I/14) der Ernstthaler Kirche St. Trinitatis, sondern auch an der doppelt so großen Wagner-Orgel (II/28) der Hohensteiner Kirche St. Christophori, angeleitet entweder von Strauch oder dem dortigen Kantor Carl Ferdinand Werner (kmlpz 24, 2f., 7).

05.05. Geburt des Bruders Karl Hermann (plaul2).

05.16. Nach dem Weggang Friedrich August Müllers wird als erster Mädchenlehrer Ernst Gotthilf Kittel (*1826) bestellt. Kittel wird am 28.1.1860 wegen unsittlichen Umgangs mit Schulmädchen suspendiert, am 26.2.1860 entlassen und zu vier Wochen Gefängnis verurteilt werden (strel).

06.03.-07. Pfingstferien.

06.04. Pfingstsonntag. Karl Hermann Schmidt tritt sein Amt als neuer Ernstthaler Ortspfarrer an.

06.06. Einweisung von Julius Eduard Fickelscherer (1816–1880) als Nachfolger von Karl Hermann Schmidt in das Rektorenamt der Ernstthaler Schule (klußž 21; hall 84). Weiterhin unterrichten Ernst Gotthilf Kittel, Friedrich Wilhelm Schulze und Wilhelm Breitung.

06. Etwa 90 Einwohner aus Ernstthal und Hohenstein verlassen ihre Heimat, um nach Amerika auszuwandern. May nimmt an der Vorbereitung dieses Auswandererzuges teil und erhält von Rektor Fickelscherer und Pfarrer Schmidt zusätzlichen Unterricht in Fremdsprachen (Englisch und Französisch). Zur Finanzierung arbeitet er als Kegeljunge im Kegelschub (Karlstraße) der Hohensteiner Schankwirtschaft Engelhardt (später Stadt Dresden, Dresdner Straße 57; rich 34-36; frö 20; hall 120; heer1 53). Der hart arbeitende und ständig übermüdete Junge bekommt dafür ein paar Groschen und gelegentlich ein zusammengekipptes Bier. In der Wirtschaft ist auch die Hohensteiner Leihbibliothek (1850 über 1540 Bände) untergebracht, die von Johanne Christiane Engelhardt (1799–1876), der Frau des Wirtes Christian Friedrich Engelhardt (1805–1878), betreut wird. Sie enthält die bekanntesten Unterhaltungsromane des 18. und 19. Jahrhunderts, u. a. "Die Geheimnisse von Paris" von Eugène Sue (1804–1857) und "Der Graf von Monte Christo" von Alexandre Dumas (père, 1802–1870). Hier liest May auch den dreibändigen Roman "Rinaldo Rinaldini" von Goethes (1749–1832) Schwager Christian August Vulpius (1762–1827). Rückblickend wird May in seinem Aufenthalt in der Schankwirtschaft resp. der Leihbibliothek eine wesentliche Ursache für seine spätere Lebensmisere sehen (plet 30). *Leben und Streben* 72-74: *Und doch gab es in dieser Schankwirt-*

schaft ein noch viel schlimmeres Gift als Bier und Branntwein und ähnliche böse Sachen, nämlich eine Leihbibliothek, und zwar was für eine! Niemals habe ich eine so schmutzige, innerlich und äußerlich geradezu ruppige, äußerst gefährliche Büchersammlung, wie diese war, nochmals gesehen! [...] *Wenn ich zum Kegelaufsetzen kam und noch keine Spieler da waren, gab mir der Wirt eines dieser Bücher, einstweilen darin zu lesen. Später sagte er mir, ich könne sie alle lesen, ohne dafür bezahlen zu müssen. Und ich las sie; ich verschlang sie; ich las sie drei- und viermal durch! Ich nahm sie mit nach Haus. Ich saß ganze Nächte lang, glühenden Auges über sie gebeugt. Vater hatte nichts dagegen. Niemand warnte mich, auch die nicht, die gar wohl verpflichtet gewesen wären, mich zu warnen. Sie wußten gar wohl, was ich las; ich machte kein Hehl daraus. Und welche Wirkung das hatte! Ich ahnte nicht, was dabei in mir geschah. Was da alles in mir zusammenbrach. Daß die wenigen Stützen, die ich, der seelisch in der Luft schwebende Knabe, noch hatte, nun auch noch fielen, eine einzige ausgenommen, nämlich mein Glaube an Gott und mein Vertrauen zu ihm.*

08.09. Der kinderlose, an Depressionen leidende sächsische König Friedrich August II. stirbt bei einem Kutschunfall in Österreich. Angeblich handelt es sich um Selbstmord.

08.10. Neuer sächsischer König wird Friedrich Augusts Bruder Johann von Sachsen (1801–1873).

08.10.-23. Ernteferien.

08.15. Tod des Bruders Karl Hermann (plaul2).

09.22. Der Glauchauer Superintendent, Konsistorialrat Dr. Ernst Volkmar Kohlschütter, inspiziert die Ernstthaler Schule.

09.25.-30. Kartoffelferien.

11.07. Pfarrer und Lokalschulinspektor Karl Hermann Schmidt berichtet der Superintendentur Glauchau (Kohlschütter) über das Schulwesen zu Ernstthal: "Daß die hiesige Schule auf einer sehr mittleren Stufe steht, ist Ew. Hochwürden genugsam bekannt." Hauptursachen seien: "1.) der Mangel an hinreichenden Lehrkräften: 4 Lehrer sollten im Jahre 1852 für 655 Kinder genügen, 1853 für 647, und im laufenden Jahre für 654 Kinder, von welchen 356 auf die beiden Knabenlehrer kommen; 2.) die Armuth der Aeltern: – ohngefähr ¾ der Kinder müssen angestrengt nach Brod arbeiten: darüber versäumen sie die Schule oft, können sehr wenig im Hause für die Schule arbeiten und kommen ermattet und erschlafft in den Unterricht; und endlich 3.) der Mangel an Zucht und Ordnung im älterlichen Hause, der hier entsetzlich eingerissen ist" (Sup Glau 138a-141a).

1854.12.23.-1855.01.01. Weihnachtsferien.

1855

1855. Besuch der ersten Klasse der Ernstthaler Knabenschule.

01.01. Der zweite Mädchenlehrer Wilhelm Breitung verlässt die Schule und wird bis Mai u. a. von Kantor Strauch vertreten.

01.19. Bei einem Schulbesuch vermahnt und degradiert Pfarrer und Lokalschulinspektor Karl Hermann Schmidt Mays Mitschüler Christian Volkmar Schöngarth (1842–1929) "wegen böswilliger Verleumdung Anderer, Lügenhaftigkeit u. Verführung [...] zu unziemlichen Vergnügungen".

02.23. Bei einem Schulbesuch bemerkt Pfarrer Schmidt Disziplinschwierigkeiten in Mays Klasse.

02.25. Karl Mays 13. Geburtstag.

03.26. Schulprüfung der Knabenschule durch Pfarrer Karl Hermann Schmidt.

03.27. Schulprüfung der Mädchenschule. Die Jungen haben frei.

04.04.-11. Osterferien.

04.08./09. Ostern.

05.26.-30. Pfingstferien.

07.03. Geburt des Bruders Karl Heinrich (plaul2).

07.17. Wilhelm Breitung wird durch den vikarisch schon seit dem 14.5. tätigen Kantorsubstituten, Organisten und zweiten Mädchenlehrer Gotthilf Ferdinand Eger (1834–1896) ersetzt. Die Kinder haben ab 9 Uhr frei.

09.23. 300-jährige Gedächtnis- und Jubelfeier des Augsburger Religionsfriedens. Um 13 Uhr versammeln sich die Ernstthaler Schulkinder in ihren Klassen, gegen 13.30 Uhr ziehen sie "unter dem Läuten der Glocken und dem Gesange des Liedes 'Ach bleib mit deiner Gnade' in das Gotteshaus", wo in einem zweiten Festgottesdienst "Predigt und ein kurzes Examen über die Geschichte und die Bedeutung des Augsburger Religionsfriedens gehalten werden"; an "einige arme würdige Kinder" werden Bibeln verteilt ("Wochenblatt und Anzeiger für Hohenstein, Ernstthal und Umgebung" 22.9.).

10.30. Tod des Bruders Karl Heinrich (plaul2).

11.11. Im Ernstthaler Webermeisterhaus führt der Puppenspieler Heinrich Lißner mit seinem "Marionetten-, Welt- und Metamorphosen-Theater" das Lustspiel "Die Zauberprinzessin" auf ("Wochenblatt und Anzeiger für Hohenstein, Ernstthal und Umgebung" 10.11.).

11.12. Lißner führt das Lustspiel "Fanny und Turrmann oder das übereilte Urtheil" auf ("Wochenblatt und Anzeiger für Hohenstein, Ernstthal und Umgebung" 10.11.).

11.18. Lißner führt um 15 Uhr das Kinderstück "Der verlorne Sohn" und um 20 Uhr das Volksstück "Faust" (neu bearbeitet) auf, das May möglicherweise bereits 1851 erstmals gesehen hat ("Wochenblatt und Anzeiger für Hohenstein, Ernstthal und Umgebung" 17.11.).

11.19. Lißner führt das Stück "Judith und Holofernes, oder: Die Belagerung der Stadt Bethulia" auf ("Wochenblatt und Anzeiger für Hohenstein, Ernstthal und Umgebung" 17.11.).

11.21. Lißner führt "mit vollständig besetztem Orchester" die Oper "Der Freischütz" von Carl Maria von Weber auf ("Wochenblatt und Anzeiger für Hohenstein, Ernstthal und Umgebung" 17.11.).

1855. Das Elend der Familie May ist unbeschreiblich. Der 13-jährige Karl flüchtet aus dem tristen Alltag in seine Phantasiewelt, die von edlen Räubern beherrscht wird, die den Reichen nehmen und den Armen geben. Er verschlingt weiterhin die Bücher der Leihbibliothek und findet nach der Erinnerung eines Klassenkameraden auch für sein eigenes Erzähltalent ein Publikum: "Als begabter Junge war Karl May wegen seiner gern gehörten Unterhaltungen bei der Schuljugend sehr beliebt, da er schon von Jugend auf, jedenfalls durch Lesen von Büchern, im Erzählen von Räubergeschichten ein besonderes Geschick bekundete." May selbst hat seine erzählerische Begabung vor allem auf seine *Märchengroßmutter* zurückgeführt, maßgeblichen Einfluss dürfte aber auch sein weitgereister Taufpate Christian Friedrich Weißpflog ausgeübt haben; der Ernstthaler Schmiedemeister berichtete dem Jungen seit dessen frühester Kindheit von seinen zahlreichen Reisen und weckte damit seine Phantasie und sein Fernweh (woll 16f.; plaul3 343). May in der "Tremonia" 27.9.1899: *Ich hatte einen Pathen, welcher als Wanderbursche weit in der Welt herumgekommen war. Der nahm mich in der Dämmerstunde und an Feiertagen, wenn er nicht arbeitete, gern zwischen seine Kniee, um mir und den rundum sitzenden Knaben von seinen Fahrten und Erlebnissen zu berichten. Er war ein kleines, schwächliches Männlein, mit weißen Locken, aber in unseren Augen ein gar gewaltiger Erzähler, voll übersprudelnder, mit in das Alter hinüber geretteter Jugendlust und Menschenliebe. Alles, was er berichtete, lebte und wirkte fort in uns, er besaß ein ganz eigenes Geschick, seine Gestalten gerade das sagen zu lassen, was uns gut und heilsam war, und in seine Erlebnisse Szenen zu verflechten, welche so unwiderstehlich belehrend, aneifernd oder warnend auf uns wirkten. Wir lauschten athemlos, und was kein strenger Lehrer, kein strafender Vater bei uns erreichte, das erreichte er so spielend leicht durch die Erzählungen von seiner Wanderschaft. Er hat seine letzte Wanderung schon längst vollendet; ich aber erzähle an seiner Stelle weiter* (jbkmg 1974, 132f.).

1855. Im Hinblick auf Karls künftige Schulausbildung bittet seine Mutter den Kaufmann Friedrich Wilhelm Layritz (1823–1908, Neumarkt 2, nicht zu verwechseln mit dem gleichnamigen Stadtrichter) um eine Anleihe von 5 Talern, wird aber abgewiesen (*Leben und Streben* 78).

Ende 1855/Anfang 1856. Ein nächtlicher Fluchtversuch Karls über Lichtenstein nach Spanien, wo er bei *edlen Räubern Hilfe* für die verarmte Familie holen will, endet noch am selben Tag bei Verwandten in Zwickau, wo ihn der Vater abholt. *Leben und Streben* 93: *Als wir nach Hause kamen, mußte ich mich niederlegen, denn ich kleiner Kerl war zehn Stunden lang gelaufen und außerordentlich müde. Von meinem Ausflug nach Spanien wurde nie ein Wort gesprochen; aber das Kegelaufsetzen und das Lesen jener verderblichen Romane hörte auf.*

1856

1856. Bis Ostern (Schulabschluss) besucht May die erste Klasse der Ernstthaler Knabenschule.

01. Beginn des Konfirmationsunterrichts für die Oster-Erstlinge.

02.11. Der Vater Heinrich August May legt mit 46 Jahren die Webermeisterprüfung ab (jbkmg 1979, 69).

02.25. Karl Mays 14. Geburtstag.

03.10./11. Schulprüfungen (Sup Glau 147a-154a).

03.10. 8 Uhr. Schulprüfung der ersten Knabenklasse (Julius Eduard Fickelscherer). Nach Eröffnung durch Pfarrer Karl Hermann Schmidt und nach Gesang und Gebet werden die Schüler von Fickelscherer geprüft. Bericht Pfarrer Schmidts an die Superintendentur Glauchau (Carl Wilhelm Otto): "Die Gegenstände der Prüfung waren: a.) Religion: 'der 2te Artikel des apostolischen Glaubensbekenntnisses mit besonderem Eingehen auf das stellvertretende Leiden und Sterben des Herrn Jesu Christi'. Eine einfache Worterklärung des ganzen Artikels mit Begründung aus der heiligen Schrift wurde gegeben, in Anschluß an die Passionszeit des Herrn die Geschichte seines Leidens kurz abgefragt, das stellvertretende Verdienst desselben aber und das Ergreifen desselben durch den Glauben eingehender behandelt. – Die Lehre war völlig schrift- und bekenntnißtreu, die Behandlung ruhig und klar fortschreitend. Die Kinder bewiesen durch ihre Antworten, daß sie gewöhnt sind, die gebotene Lehre selbstthätig aufzunehmen und auf Grund der Schrift Rechenschaft zu geben. Eine wohlthuende Stille bei Lehrer und Kindern während der Behandlung des Gegenstandes ist als ein Fortschritt gegen früher hervorzuheben. b.) Lesen: – Luc. cap: 22. u. 23.: – in der technischen Lesefertigkeit sind die Kinder völliger geworden, Ausdruck und

Deutlichkeit der Aussprache aber bedarf noch sehr der Besserung. Consequentes Achten auf die einzelnen Ungenauigkeiten und Unrichtigkeiten beim Lesen der Kinder von Seiten des Lehrers würde auch diesen Mangel bald ergänzen. c.) Deutsche Sprache: – ein kurzer Brief wurde dictirt und von je einem Knaben der Reihe nach an der Wandtafel und von den übrigen auf der Schiefertafel nachgeschrieben. Letzteres geschah von den meisten Schülern der Classe mit ziemlicher Gewandtheit, allein von nur einigen orthographisch richtig. Ueber das Dictat wurde eine Besprechung die Orthographie betr. angestellt. – Die Methode des Lehrers ist zweckmäßig und fördernd zur Rechtschreibung. Entsprechen die Kinder in derselben dennoch nicht den gerechten Anforderungen an die erste Classe einer Stadtschule, so liegt die Schuld hievon nicht am Lehrer, sondern an dem geringen Maaße der Zeit, die in den Classen der hiesigen Schule auf den Unterricht in der deutschen Sprache verwendet werden kann, und an der übergroßen Menge der Kinder, (193), welche dem einen Lehrer aufgebürdet sind. d.) Rechnen: – Exempel nach der einfachen Regeldetri wurden von den Kindern frei im Kopfe rasch und richtig gelöset, freilich nach mechanischer Methode. e.) Naturgeschichte: – Eintheilung derselben in die Geschichte des Mineral-, Pflanzen- und Thierreichs mit speciellerem Eingehen auf das Mineral- und Pflanzenreich. Bei der kurzen Zeit, welche auf den Unterricht auch in diesem Lehrgegenstand verwendet werden kann (wöchentlich 1 Stunde), zeigten sich die Kinder in der Kenntniß des Wissenswerthesten wohlgefördert. Doch machte sich bei der Prüfung über das genannte Lehrstück der Uebelstand sehr bemerklich, daß die Fragen wohl an einzelne Kinder gerichtet, aber gewöhnlich von mehreren zugleich laut beantwortet wurden. Mehr oder weniger zieht sich dieser Uebelstand durch den gesammten Unterricht des Herrn Rector hindurch. [...] Zum Schluße der Prüfung jeder Classe hielt der Localschulinspector eine kurze Ansprache an die Kinder, in welcher je nach dem Resultate der Prüfung und nach den Mittheilungen des Classenlehrers über die einzelnen Kinder in den vorliegenden Classen- und Censurtabellen die Säumigen und Untreuen herzlich gewarnet, einige auch ernstlich gestrafet, die treuen und braven Kinder aber anerkennend aufgemuntert und zur Beharrlichkeit um des Herrn willen gemahnt wurden. Schließlich wurden die Kinder, Lehrer und Gäste zu freudigem Danke gegen den Herrn für die im verflossenen Jahre gnädig gewährte Wohlthat der Schule aufgefordert, Vers 1 oder 3 des Liedes 'Nun danket alle Gott' gesungen und von dem Localschulinspector ein Gebet gesprochen und die Kinder mit dem Segensgruße entlassen" (Sup Glau 147a-154a). – Mit dem Osterexamen verlässt May die Knabenschule, die er ohne Beanstandung durchlaufen hat. Im Abgangszeugnis erhält er als Hauptzensur "in Kenntnissen und Fertigkeiten" die Note II, "in Sitten" die Note I (kmhi 9, 10f.). Er träumt davon, Arzt zu werden, doch reichen die finanziellen Mittel der Familie dafür nicht aus. Stattdessen soll er das Schullehrerseminar im 12 km entfernten Waldenburg besuchen.

03.16. Palmsonntag. Konfirmation in Ernstthal, St. Trinitatis. Mays Konfirmationsspruch lautet: "Halte an dem Vorbilde heilsamer Worte, die du von mir gehört hast, im Glauben und in der Liebe in Christo Jesu" (2 Tim 1, 13). Pfarrer Karl Hermann Schmidt hat May in den Akten bescheinigt: "Befähigung vorzüglich" ("Ich" 85).

03.20. Gründonnerstag. St. Trinitatis. May nimmt erstmals am Heiligen Abendmahl teil. *Leben und Streben* 65: *Die Konfirmanden, welche am Palmsonntag eingesegnet worden waren, beteiligten sich am darauffolgenden grünen Donnerstag zum ersten Male in ihrem Leben an der heiligen Kommunion. Nur während dieser einen Abendmahlsdarreichung, sonst während des ganzen Jahres nicht, standen die ersten vier Kurrendaner je zwei und zwei zu beiden Seiten des Altares, um Handreichung zu tun. Sie waren genau wie Pfarrer gekleidet, Priesterrock, Bäffchen und weißes Halstuch. Sie standen zwischen dem Geistlichen und den paarweise herantretenden Kommunikanten und hielten schwarze, goldgeränderte Schutztücher empor,* *damit ja nichts von der dargereichten heiligen Speise verloren gehe. Da ich sehr jung zur Kurrende gekommen war, hatte ich dieses Amtes mehrere Male zu walten, ehe ich selbst zur Einsegnung kam. Diese frommen, gottesgläubigen Augenblicke vor dem Altare wirken noch heute, nach so vielen Jahren, in mir fort.*

03.23./24. Ostern.

06.29. Sonntag. Ernstthal. May nimmt am Abendmahlsgottesdienst (Beichte) in der Kirche St. Trinitatis teil.

07.24. Das Fürstlich und Gräflich Schönburgische Gesamtkonsistorium in Glauchau (Kanzleirat Friedrich Emil Petzoldt) gibt auf Antrag des Waldenburger Seminardirektors Dr. Friedrich Wilhelm Schütze (1807–1888; klußß2 27) vom 21.7. bekannt ("Leipziger Zeitung" 30.7., "Neuer Schönburg'scher Anzeiger" 9.8.), dass die Gesuche zur Aufnahme in das Schullehrerseminar oder Proseminar zu Waldenburg bis zum 31.8. an den Seminardirektor zu richten seien; beizufügen sind ein Lebenslauf, der Geburtsschein und die Zeugnisse (lud 12-14; kmhi 11, 9f.).

08.31. Das Pfarramt Ernstthal stellt May für die Bewerbung einen Geburtsschein aus (jbkmg 1979, 32). Ob May tatsächlich bis zum letzten Tag der Bewerbungsfrist gewartet hat oder den Geburtsschein lediglich nachreicht, ist unklar.

09.06. Die Prüfungskommission beim Schullehrerseminar zu Waldenburg (Seminardirektor Schütze und Superintendent Dr. Gottlob Eduard Leo, 1803–1881) reicht beim Gesamtkonsistorium Glauchau die Listen der Antragsteller für das Proseminar bzw. Hauptseminar ein; genannt ist unter den Antragstellern für das Hauptseminar auch "Carl Friedrich Mai aus Ernstthal, 14 7/12 J. alt". Nach den Bestimmungen soll die Aufnahme in das Hauptseminar in der Regel nicht vor Erfüllung des 16. Lebensjahres erfolgen, über eine Aufnahme vor dem 15. Lebensjahr kann nur das sächsische Kultusministerium in Dresden entscheiden (kmhi 11, 10f.).

09.13. Das Gesamtkonsistorium Glauchau (Kanzleidirektor Friedrich Wilhelm Neumann, 1799–1880) teilt der Prüfungskommission in Waldenburg mit, dass wegen Mays "Aufnahme Vortrag an das Königliche Ministerium des Cultus und öffentlichen Unterrichts zu erstatten sei" (kmhi 11, 11f.).

09.17. Die Prüfungskommission Waldenburg teilt May mit, dass er zur Prüfung am 25.9. zugelassen sei, "wegen wirklicher Aufnahme in's Seminar" jedoch nach erfolgreicher Prüfung "erst noch die Genehmigung des hohen Ministerii des Cultus und öffentlichen Unterrichts" einzuholen sei, da bei ihm "das gesetzliche Alter noch nicht erfüllt ist" (lud 23f.; kmhi 11, 12).

09.25. Gut zweistündiger Fußmarsch am frühen Morgen von Ernstthal nach Waldenburg. Der Weg führt über Hohenstein den Badberg hinauf, vorbei am Mineralbad, das Gasthaus Zur Katze links liegenlassend, weiter die Waldenburger Chaussee hinunter bis nach Callenberg, dort vorbei am Rittergut, dann weiter den Callenberger Berg talwärts, bis die Altstadt Waldenburg erreicht ist; von dort geht es über die Zwickauer Mulde in die Mittelstadt und durch die Oberstadt bis zum Seminar (hall 233). Um 6.30 Uhr beginnen unter dem Vorsitz des Superintendenten Gottlob Eduard Leo die Aufnahmeprüfungen für das Schullehrerseminar. May fehlen die Voraussetzungen für die von ihm gewünschte Aufnahme in das Hauptseminar, doch genügt er völlig den an Proseminaraspiranten gestellten Anforderungen (kmhi 11, 13; lud 23f.).

09.29. Michaelis. Als Proseminarist wird May in das Fürstlich Schönburgische Schullehrerseminar zu Waldenburg aufgenommen, eine Stiftung des Fürsten Otto Viktor von Schönburg-Waldenburg (woll 24f.; rich 61, 64f.; hall 236f.; heerl 63). Er wohnt im angeschlossenen Internat, das ebenso wie das Proseminar im Haupthaus untergebracht ist (plet 32; kmhi 11, 14). *Leben und Streben* 94: *Wie stolz ich war, als ich zum ersten Male die grüne Mütze trug! Wie stolz auch meine Eltern und Geschwister!* Um Karls Ausbildung zu finanzieren, muss sich die Familie einschränken; so müssen alle einen Teil ihres Wochenverdienstes abgeben, damit seine Stiefel neu besohlt oder Bücher angeschafft werden können ("Ich" 112).

1856.09.29.-1860.01.28. Waldenburg. Vorbereitung auf den Lehrerberuf, bis September 1857 im Proseminar. – Da die Zöglinge Waldenburg nur an Feiertagen verlassen dürfen, macht Mays Lieblingsschwester Christiane Wilhelmine sich jede Woche auf den langen Fußweg (insgesamt 24 km), um ihrem Bruder frische Wäsche zu bringen und die Schmutzwäsche zum Waschen abzuholen; häufig bringt sie ihr Schulbrot mit und teilt es mit Karl (mkmg 66, 5). – Den Seminarunterricht, besonders die Religionsstunden, empfindet May als phantasielos und kalt. *Leben und Streben* 95-97: *Es gab täglich Morgen- und Abendandachten, an denen jeder Schüler unweigerlich teilnehmen mußte. Das war ganz richtig. Wir wurden sonn- und feiertäglich in corpore in die Kirche* [Stadtkirche St. Bartholomäus; hall 239f.] *geführt. Das war ebenso richtig. Es gab außerdem bestimmte Feierlichkeiten für Missions- und ähnliche Zwecke. Auch das war gut und zweckentsprechend. Und es gab für sämtliche Seminarklassen einen wohldurchdachten, sehr reichlich ausfallenden Unterricht in Religions-, Bibel- und Gesangbuchslehre. Das war ganz selbstverständlich. Aber es gab bei alledem Eines nicht, nämlich grad das, was in allen religiösen Dingen die Hauptsache ist; nämlich es gab keine Liebe, keine Milde, keine Demut, keine Versöhnlichkeit. Der Unterricht war kalt, streng, hart. Es fehlte ihm jede Spur von Poesie. Anstatt zu beglücken, zu begeistern, stieß er ab. Die Religionsstunden waren diejenigen Stunden, für welche man sich am allerwenigsten zu erwärmen vermochte.* [...] *Ich vereinsamte auch hier, und zwar mehr, viel mehr als daheim. Und ich wurde hier noch klassenfremder, als ich es dort gewesen war. Das lag teils in den Verhältnissen, teils aber auch an mir selbst. Ich wußte viel mehr als meine Mitschüler.* [...] *Wenn ich mir ja einmal von dieser meiner unfruchtbaren Vielwisserei etwas merken ließ, sah man mich staunend an und lächelte darüber.*

Man fühlte instinktiv heraus, daß ich weniger beneidens- als vielmehr beklagenswert sei. Die andern, meist Lehrersöhne, hatten zwar nicht so viel gelernt, aber das, was sie gelernt hatten, lag wohlaufgespeichert und wohlgeordnet in den Kammern ihres Gedächtnisses, stets bereit, benutzt zu werden. Ich fühlte, daß ich gegen sie sehr im Nachteil stand, und sträubte mich doch, dies mir und ihnen einzugestehen. Meine stille und fleißige Hauptarbeit war, vor allen Dingen Ordnung in meinem armen Kopf zu schaffen, und das ging leider nicht so schnell, wie ich es wünschte. [...] *Und dabei gab es einen Gegensatz, der sich absolut nicht beseitigen lassen wollte. Nämlich den Gegensatz zwischen meiner außerordentlich fruchtbaren Phantasie und der Trockenheit und absoluten Poesielosigkeit des hiesigen Unterrichts.*

10.01. Waldenburg. Der Leipziger Kandidat der Theologie Carl Heinrich Reinhold Engelmann (1835–1907; kluß2 38) wird als Adjunkt (Gehilfe) eingestellt und für den Proseminarunterricht eingesetzt. Er unterrichtet May in Religion, Geographie und Geschichte. Die übrigen Lehrfächer sind auf die Hilfslehrer Karl Ferdinand Frenzel (1834–1916) und Otto Vieweg (1838–1860) verteilt (kmhi 11, 14).

11.03. Heinrich August May, durch Karls Wechsel nach Waldenburg finanziell zusätzlich belastet, stellt zum wiederholten Mal einen Antrag an das Ernstthaler Armenkomitee, seiner 76-jährigen Mutter ein monatliches Almosen zu gewähren (jbkmg 1979, 80f.; kmhi 9, 17).

11.14. Heinrich August Mays Bittgesuch vom 3.11. wird vom Armenkomitee abgelehnt (jbkmg 1979, 81; kmhi 9, 17).

11.22. In Hohenstein wird Mays spätere erste Frau Emma Lina Pollmer (†13.12.1917) als uneheliche Tochter von Emma Ernestine Pollmer (*17.6.1830) geboren; der Vater, über den nichts weiter bekannt ist, soll ein Barbiergeselle aus Zittau namens Michael Zimmermann sein (masch 3). *Frau Pollmer* 804: *Die Tochter* [des Barbiers Christian Gotthilf Pollmer und seiner

Frau Christiane Wilhelmine Ernestine geb. Stegner], *ein geradezu wonnig schönes Mädchen, brachte es trotzdem nur zur Verlobung mit einem Schneidergesellen, aber nicht zur Hochzeit. Der Schneider war ein arbeitsamer, ehrlicher Mensch; aber das war ihr nicht genug; er wurde von ihr betrogen. Während der Brave Tag und Nacht arbeitete, um ihr ein ehrliches Heim bereiten zu können, gab sie sich hinter seinem Rücken mit einem czechischen Barbiergesellen ab, einem vollständig verwahrlosten, perversen Menschen, der, als sich die Folgen dieser Sinnlichkeit zeigten, sich sofort aus dem Staube machte und nie wieder von sich hören lies. Der brave Schneider verzichtete natürlich auf den Besitz der Mutter eines fremden, unehelichen Kindes. Sie starb, indem sie gebar. Das Kind dieser verbuhlten Barbierstochter und des verlogenen, leichtfertigen, lüsternen Czechen aber wurde später – – – meine Frau! – An die 4. Strafkammer* 53: *Sie hat ihre Eltern nicht gekannt; sie ist ein Kind der Liebe.*

12.04. Hohenstein. Emma Ernestine Pollmer stirbt am Kindbettfieber (masch 3).

12.06. Hohenstein. Beerdigung von Emma Ernestine Pollmer (plaul3 398). *Leben und Streben* 187f.: *als ich, vierzehn Jahre alt, Proseminarist in Waldenburg war, ging ich eines Novembertages* [sic] *von dort nach Ernstthal zu den Eltern, um meine Wäsche zu holen. Auf dem Rückwege kam ich über den Hohensteiner Markt. Da wurde gesungen. Die Kurrende stand vor einem Hause. Es war da eine Leiche, die beerdigt werden sollte. Ich kannte das Haus. Unten wohnte ein Mehlhändler und oben eine von fremdher zugezogene Persönlichkeit, die man bald als Barbier, bald als Feldscher, Chirurg oder Arzt bezeichnete. Er barbierte nicht jedermann, und es war bekannt, daß er noch weit mehr konnte als das. Sein Name war* [Christian Gotthilf] *Pollmer.* [*An die 4. Strafkammer* 53: Pollmer *kam aus einem obererzgebirgischen Dorfe* [Königswalde bei Annaberg] *als Barbier nach Hohenstein, trieb daselbst sein Gewerbe und verlegte sich später nebenbei mit auf den Verkauf homöopathi-*

scher Tropfen, Kügelchen und Pulver.] *Er hatte eine Tochter, die man für das schönste Mädchen der beiden Städte hielt; das wußte ich. Die sollte jetzt begraben werden. Darum blieb ich stehen. Zwei Frauen, die auch zuhören und zusehen wollten, stellten sich hinter mich. Eine dritte kam hinzu, die war vom Dorfe, sie fragte, was das für eine Leiche sei. "Pollmers Tochter", antwortete eine der beiden ersten Frauen. "Ach?! Dem Zahndoktor seine? Woran ist denn die gestorben?" "An ihrem eigenen Kinde. Besser wäre es, dieses wäre tot, sie aber lebte noch. Auf so einem Kinde, an dem die Mutter stirbt, kann niemals Segen ruhen; das bringt jedermann nur Unheil." "Was ist denn der Vater?" "Der? Es hat ja keinen!" "Du lieber Gott! Auch das noch? Da wäre es freilich besser, der Nickel könnte gleich mitbegraben werden!" Jetzt hörte der Gesang auf. Man brachte den Sarg heraus. Der Leichenzug bildete sich. Droben am offenen Fenster der Wohnstube erschien eine weibliche Person, welche etwas auf den Armen trug. Das war das Kind, der "Nickel", der seine eigene Mutter getötet hatte und jedermann Unheil brachte! Ich verstand von dem allem nichts. Was weiß ein vierzehnjähriger Junge von den Vorurteilen dieser Art von Menschen! Aber als der Leichenzug an mir vorüber war, und ich meinen Weg fortsetzte, nahm ich Etwas mit, was mich später noch oft beschäftigte, nämlich die Frage, warum man sich vor einem Kinde, welches keinen Vater hat und schuld an dem Tode seiner Mutter ist, in Acht nehmen muß. Ich glaubte infolge meiner Jugend und Unerfahrenheit an das, was die alten Weiber gesagt hatten, und fühlte eine Art von Grauen, so oft ich an dieses Leichenbegräbnis und an den unglückseligen "Nickel" dachte.*

12.08. Hohenstein. Emma Lina Pollmer wird in der Pfarrkirche St. Christophori getauft. Paten sind Christiane Caroline Güthe, der Großvater Christian Gotthilf Pollmer und der Onkel Emil Eduard Pollmer. Das Kind wächst bei den Großeltern, Hohensteiner Markt 243 (Altmarkt 33, Pollmer-Haus; rich 38f., 43; hall 106-108), auf.

1857

1857. May besucht bis September das Proseminar des Schullehrerseminars zu Waldenburg.

02.25. Karl Mays 15. Geburtstag.

08.05. Bekanntgabe der Prüfungstermine des Waldenburger Schullehrerseminars in der "Leipziger Zeitung", erneut am 19.8. (kmhi 18, 76).

09.14. Waldenburg. Laut Mitteilung Direktor Friedrich Wilhelm Schützes an das Gesamtkonsistorium Glauchau hat May sich zur Aufnahmeprüfung für das Hauptseminar am 30.9. angemeldet. Die Unterlagen muss er bis zum 31.8. eingereicht haben (lud 25-27; kmhi 11, 15; "Leipziger Zeitung" 5. u. 19.8.).

09.17. Das Gesamtkonsistorium Glauchau genehmigt nach Zeugnisdurchsicht die Zulassung Mays zur Aufnahmeprüfung (Eingang 23.9.) (lud 28-30; kmhi 11, 15).

09.30. Waldenburg. May besteht die Aufnahmeprüfung und steigt aus dem Proseminar in die vierte Klasse des Hauptseminars auf, dem er bis zur zweiten Klasse (September bis Dezember 1859) angehört (woll 24; kmhi 11, 16). In den "Jahrescensuren für die Proseminaristen" werden ihm überwiegend "gute" Leistungen bescheinigt (Biblische Geschichte, Katechismus, Weltgeschichte, Geographie, Naturgeschichte, Deutsche Sprache, Rechnen, Schreiben, Lesen, Zeichnen, Deutsche Aufsätze, Gesang; "sehr gut" in Spruchkenntnis, Fleiß und Betragen; "ziemlich gut" in Orgel-, Klavier- und Violinspiel) (lud 33-35; kmhi 11, 19). May unterschreibt eine Verpflichtungserklärung und nimmt an der Abendmahlfeier in der Kirche St. Bartholomäus teil (kmhi 11, 16). – Mit dem Eintritt in das Hauptseminar bekommt May teilweise neue Lehrer: Oberlehrer Carl Gottlob Mertig (1827–1906; klußß2 27) unterrichtet ihn in Naturkunde, Deutscher Sprachlehre und Gesang; Johann Heinrich Anton Naumann (1816–1886) im Schreiben und Violinspiel; Karl Gotthelf Preusker (1820–1900) im Zeichnen. Nach dem Weggang von Otto Vieweg wird Gottlieb Albrecht Grüttner (1838–1924) als zweiter Hilfslehrer eingestellt (kmhi 11, 16f.). – Spätestens nach Absolvierung des Proseminars erhält May eine jährliche Unterstützung von 20 Talern des Grafen Heinrich Gottlob Otto Ernst von Schönburg-Hinterglauchau (1794–1881), des Kirchenpatrons der Parochie (Pfarrbezirk) (kluß2 19; kmhi 9, 15; kmhi 11, 13).

11.21. Ernstthal. Geburt der Schwester Maria Lina (plaul2).

12.13. Tod der Schwester Maria Lina (plaul2).

1858

1858. May besucht das Hauptseminar des Schullehrerseminars zu Waldenburg.

01.07. *Meine erste Liebe. (A. P. 7ten Januar)* (*Repertorium C. May*; jbkmg 1971, 134). Die Notiz von 1868 bezieht sich auf Anna Juliane Rosalie Preßler ("Preßler-Anne") aus Hohenstein, die am 17.1.1842 als Tochter des Schwarz- und Schönfärbers August Gottlieb Markus Preßler und dessen Frau Juliane Friederike geb. Leuschel geboren ist und mit ihrer Schwester Laura in der Herrenstraße 53 (Herrmannstraße 53; rich 32f.) wohnt. May verehrt beide Schwestern, die 1847 ihre Mutter verloren haben und als Schneiderinnen arbeiten, besonders aber die jüngere Anna, die er in den Ferien fast täglich besucht und mit selbstgedichteten und -komponierten Liedern zur Gitarre umwirbt (*Von dir zu lassen, vermag ich nicht, / weil du mein Alles, mein Leben bist*) (patsch; woll 25; mkmb 106; jbkmg 1975, 262; kmjb 1979, 190). Auch Anna besucht May in den Ferien bei seinen Eltern. Karoline Selbmann an Adolph Hanemann 13.2.1918: "Als wir noch kl. Schulkinder waren, spielte Karl so sehr gern auf seiner Guidare [...]. Karl war vom Seminarferien [...] da, und wie früher allabendlich, saßen wir auf den Sofa, früher Kanabee genannt, Karl natürlich spielte Guidarre und wir kl. Geschwister sangen [...] dazu."

01. Waldenburg. Hilfslehrer Karl Ferdinand Frenzel wird versetzt, ohne dass die Stelle wegen des Lehrermangels in Sachsen sofort neu besetzt wird. Seine Unterrichtsstunden können nur teilweise von Kollegen übernommen werden. Der Schulalltag ist durch Improvisationen geprägt (kmhi 11, 16f.).

02.18. Waldenburg. Lehrer Johann Heinrich Anton Naumann wird versetzt (kmhi 11, 17f.).

02.25. Karl Mays 16. Geburtstag.

04.06. Waldenburg. Direktor Friedrich Wilhelm Schütze an das Kultusministerium: "Da die Lehrkräfte hier ohnehin nicht zu reichlich gewährt sind, so läßt sich leichtlich ermessen, wie groß unser Nothstand zur Zeit sein müsse. Ich mußte nothgedrungen eine Anzahl Stunden in der Schule übernehmen, während die übrigen Seminaristen [Heinrich Eduard Göhler, Carl Bernhard Lohmann, Friedrich Oskar Prüfer] übertragen wurden" (kmhi 11, 16f.).

06. Waldenburg. Die Stelle Naumanns wird mit dem Lehrer Alfred Camillo Jacob (1835–1897) besetzt (kmhi 11, 17f.).

1858. May übersendet der 1853 von Ernst Keil (1816–1878) gegründeten liberalen Leipziger Wochenzeitschrift "Die Gartenlaube" seine erste Indianergeschichte und erhält einen abschlägigen Bescheid (kmlpz 29, 3; beob 3, 4). *Leben und Streben* 99f.: *Ich lernte sehr leicht und hatte demzufolge viel Zeit übrig. So dichtete ich im Stillen; ja, ich komponierte. Die paar Pfennige, die ich erübrigte, wurden in Schreibpapier angelegt. Aber was ich schrieb, das sollte keine Schülerarbeit werden, sondern etwas Brauchbares, etwas wirklich Gutes. Und was schrieb ich da? Ganz selbstverständlich eine Indianergeschichte! Wozu? Ganz selbstverständlich, um gedruckt zu werden! Von wem? Ganz selbstverständlich von der "Gartenlaube", die vor einigen Jahren gegründet worden war, aber schon von Jedermann gelesen wurde. Da war ich sechzehn Jahre alt. Ich schickte das Manuskript ein. Als sich eine ganze Woche lang nichts hierauf ereignete, bat ich um Antwort. Es kam keine. Darum schrieb ich nach weiteren vierzehn Tagen in einem strengeren Tone, und nach weiteren zwei Wochen verlangte ich mein Manuskript zurück, um es an eine andere Redaktion zu senden. Es kam. Dazu ein Brief von Ernst Keil selbst geschrieben, vier große Quartseiten lang. Ich war fern davon, dies so zu schätzen, wie es zu schätzen war. Er kanzelte mich zunächst ganz tüchtig herunter, so daß ich mich wirklich aufrichtig schämte, denn er zählte mir höchst gewissenhaft alle Missetaten auf, die ich, natürlich ohne es zu ahnen, in der Erzählung* *begangen hatte. Gegen den Schluß hin milderten sich die Vorwürfe, und am Ende reichte er mir, dem dummen Jungen, vergnügt die Hand und sagte mir, daß er nicht übermäßig entsetzt sein werde, wenn sich nach vier oder fünf Jahren wieder eine Indianergeschichte von mir bei ihm einstellen sollte. Er hat keine bekommen; aber daran trage nicht ich die Schuld, sondern die Verhältnisse gestatteten es nicht. Das war der erste literarische Erfolg, den ich zu verzeichnen habe. Damals freilich hielt ich es für einen absoluten Mißerfolg und fühlte mich sehr unglücklich darüber.* Angeblich hat May die Indianergeschichte vor allem deshalb geschrieben, um sich von dem Honorar einen Anzug zu kaufen, in dem er sich Anna Preßler präsentieren wollte.

07. Ernstthal. Erste große Enttäuschung: Mays *erste Liebe* Anna Preßler heiratet im Alter von 16 Jahren den Hohensteiner Schnittwarenhändler Carl Hermann Zacharias (†1913), von dem sie ein Kind erwartet (Scheidung 1871) (patsch; woll 25; mkmb 106; jbkmg 1975, 262; kmjb 1979, 190).

09.29. Michaelis. Waldenburg. May steigt in die dritte Klasse des Hauptseminars auf (plaul3 366). In den "Jahrescensuren für die Seminaristen" werden ihm "gute" Leistungen bescheinigt in Biblischer Geschichte, Spruch- und Liedkenntnis, in Geographie, Naturkunde, Rechnen, Lesen, Zeichnen und Generalbass, "ziemlich gute" in Deutscher Sprachlehre und Gesang, "recht gute" im Schreiben, in Fleiß und Betragen und nur "leidliche" in Schriftlichen Aufsätzen, im Orgel-, Klavier- und Violinspiel (lud 37-41; kmhi 11, 20). – Auf Empfehlung Direktor Schützes wird der Absolvent Friedrich Oskar Prüfer, der schon als Seminarist ausgeholfen hat, als Hilfslehrer eingestellt. Adjunkt Reinhold Engelmann hat das Seminar verlassen und wird 1859 Diakon in Glauchau; seine Stelle wird vom Kandidaten der Theologie Carl Moritz Eckardt übernommen (kmhi 11, 17f.).

10.23. Waldenburg. Seminardirektor Friedrich Wilhelm Schütze an Fürst Otto Viktor von Schönburg-Waldenburg: "Mai ist sehr bedürftig. Im vorigen Jahre haben seine Erlaucht der Herr Graf Heinrich von Schönburg-Glauchau geruht, ihm eine gnädige Unterstützung zu gewähren. Dahin will ich mich, um Ew. Durchlaucht nicht mit zu vielen Bitten beschwerlich zu werden, für ihn unterthänigst verwenden, zumal er ein hintergräflich Schönburg'scher Unterthan ist" (lud 48-51; kmhi 9, 13-15). – Schütze an Graf Heinrich von Schönburg-Glauchau: "Auf hiesigem Seminar befindet sich der Zögling Carl May aus Ernstthal, ein Unterthan Ew. Erlaucht. Wegen großer Armuth hat sich derselbe um Verleihung einer halben Freistelle bei Sr. Durchlaucht unserm gnädigen Herrn Fürsten mit beworben. Leider waren aber nur 3 halbe Freistellen vacant geworden [...]. Es ging darum der arme Zögling May noch einmal leer aus, was ich sehr bedaure. Nun haben Ew. Erlaucht [...] geruhet, gedachtem Zögling May auf das vorige Jahr ein gnädiges Benefiz zu gewähren. Ich wage daher die ganz unterthänigste Bitte: Ew. Erlaucht möchten [...] geruhen wollen, dem Seminarist Carl May auf das Schuljahr 1858/59 ein Benefiz von unmaßgeblich 20 Th., vielleicht in zwei Raten von je 10 Th. auszahlbar, gnädigst zu gewähren." Die Unterstützung wird erneut bewilligt (lud 53-55; kmhi 9, 15f.; kmhi 11, 31f.).

11.15. Hohenstein. Eröffnung der seit 1855 gebauten Eisenbahnlinie Chemnitz–Zwickau. Erst 1869 folgt der Anschluss nach Dresden (hall 99f.).

1859

1859. May besucht das Hauptseminar des Schullehrerseminars zu Waldenburg.

1859. May bleibt unerlaubt dem Nachmittagsgottesdienst fern, leugnet gegenüber dem die Tagesinspektion führenden Lehrer anfänglich sein Fehlen und benennt Mitschüler, neben denen er in der Kirche gesessen haben will. Dem Direktor Friedrich Wilhelm Schütze gesteht er dann jedoch sein Fernbleiben und bittet um Verzeihung, die ihm vom Lehrerkollegium auch gewährt wird.

02. Lehrer Carl Moritz Eckardt, der Weihnachten 1858 wegen einer Kehlkopf-Erkrankung ausgefallen ist, kündigt seine Stelle. Erneuter Unterrichtsausfall (kmhi 11, 17).

02.16. Waldenburg. Tod des Fürsten Otto Viktor von Schönburg-Waldenburg. An seinem Begräbnis werden auch die Seminaristen teilnehmen.

02.25. Karl Mays 17. Geburtstag.

04.23. Das Kultusministerium genehmigt eine dritte ständige Lehrerstelle in Waldenburg, die Direktor Schütze bereits seit Jahren gefordert hat (kmhi 11, 17).

09.29. Michaelis. May steigt in die zweite Klasse des Waldenburger Hauptseminars auf (plaul3 366). In den "Jahrescensuren der Seminaristen" werden ihm "gute" Leistungen bescheinigt in Biblischer Geschichte, Rechnen, Geometrie, Naturkunde, Aufsatz, Schreiben und Generalbass, "ziemlich gute" in Pädagogik, Geschichte, Orgel-, Klavier- und Violinspiel sowie Gesang, "recht gute" im Zeichnen und Fleiß, im Betragen dagegen ein einschränkendes "im Ganzen zieml. gut" (lud 43-47; kmhi 11, 20). – Hilfslehrer Gottlieb Albrecht Grüttner wird versetzt (kmhi 11, 18).

10.03. Die im April genehmigte dritte ständige Lehrerstelle wird durch Oberlehrer Johann Heinrich Nebel (1833–1904) besetzt, der u. a. den seit Ende 1857 am Seminar ruhenden Turnunterricht weiterführt (kmhi 11, 17f.).

10.30. Seminardirektor Schütze teilt dem neuen Fürsten Otto Friedrich von Schönburg-Waldenburg (1819–1893) mit, der Seminarist May genieße "bereits eine Unterstützung von Seiten des Erlauchten Herrn Grafen Heinrich" (kmhi 9, 16; lud 56-60).

11. Waldenburg. Als "Lichtwochner", der die Leuchter zu reinigen und neue Talglichter aufzustecken hat, bringt May sechs Kerzen beiseite und versteckt sie in seinem Koffer in der Rumpelkammer. Vermutlich will er sie in den Weihnachtsferien mit nach Hause nehmen, um den armen Angehörigen damit eine Freude zu bereiten. Die Kerzen werden jedoch nach etwa zwei Wochen von den Schülern der ersten Seminarklasse Gustav Adolph Ilisch und Erwin Hildegartus Maximilian Illing (1841–1907) entdeckt und dem fungierenden Lichtwochner übergeben. Auf eine Anzeige verzichten die Schüler zunächst.

12.21. Dem Proseminaristen Karl Friedrich Schäffler sind aus einer Lade zwei Taler entwendet worden. Eine Untersuchung der Lehrerkonferenz (Direktor Friedrich Wilhelm Schütze, Oberlehrer Carl Gottlob Mertig, Oberlehrer Johann Heinrich Nebel, Lehrer Alfred Camillo Jacob) ergibt keine konkreten Verdachtsmomente. Konferenzprotokoll 21./22.12.: "Auf die Nachfrage, ob auch anderen Zöglingen Geld abhanden gekommen sei, wurde von dem Seminaristen [Ernst August] Haupt mitgeteilt, daß ihm aus seiner Beinkleidtasche während der Nacht das Portemonnaie samt dem darin befindlichen Gelde von ca. 15 Gr. abhanden gekommen sei. Der Umstand, daß Haupt die Beinkleider in den Schlafrock sorgfältig eingewickelt gehabt, sie aber früh auf dem Fußboden liegend gefunden, mußte der Vermutung Raum geben, daß auch hier eine Entwendung stattgefunden habe. Da sich jedoch nach keiner

Seite hin ein bestimmter Verdacht ergab, so wurde der Seminarcötus versammelt und wurde vom Direktor jedem Zögling zur Ehren- und Gewissenssache gemacht, zur Ausmittlung des Hausdiebes auf alle Weise mitzuwirken. In Folge dieser Aufforderung kamen am Abend des 21. Dezembers zwei Schüler der ersten Klasse, Ilisch und Illing, zum Direktor, und teilten mit, daß der Seminarist May in der Zeit des Lichtwochneramtes sechs ganze Lichte behalten und in seinem Koffer über 14 Tage verborgen gehalten habe. Hier hätten sie sie, weil besagter Koffer unverschlossen gewesen, zufällig gefunden. Sie hätten diese Lichte weggenommen und dem fungierenden Lichtwochner übergeben. Unter den Mitschülern sei der Fall besprochen worden, eine Anzeige hätten sie aber um deswillen unterlassen, weil sie deren traurige Folgen für May und dessen arme Eltern gefürchtet hätten." Wegen "Verheimlichung dieses Falles" wird beiden Schülern ein Verweis erteilt. Die Gelddiebstähle werden unaufgeklärt bleiben.

12.22. Konferenzprotokoll (vgl. auch Schützes Bericht an das Gesamtkonsistorium Glauchau 28.12.; lud 61-64): "Die Seminarlehrer traten nun Tags darauf wieder in Conferenz. May konnte hier das Factum [der Kerzenentwendung] nicht ableugnen, gestand aber die böse Absicht nicht zu, behauptete vielmehr, er habe die Rückgabe der Lichte nur vergessen. Hiergegen mußte ihm bemerkt werden, daß er bei Ausrichtung seines Lichtwochneramtes gar keine Veranlassung gehabt habe, mit so viel Lichten in die entlegene Rumpelkammer oder auch nur in deren Nähe zu kommen; wenn er in jener Kammer gleichwohl sechs Lichte abgelegt, eingewickelt und wochenlang verheimlicht habe, so zeuge das alles nicht für, sondern gegen ihn. Bei Beurteilung dieses Falles vergegenwärtigten sich die Lehrer auch die seitherige Aufführung des May. Man hat an ihm bereits hie und da arge Lügenhaftigkeit und sonst rüdes Wesen wahrzunehmen gehabt. Für die Schwäche seines religiösen Gefühls sprach unter Anderm, daß er, als die Anstalt vor bald einem Jahre zum heiligen Abendmahl gewesen, sich [...] von dem angeordneten Besuch des Nachmittagsgottesdienstes absentiert hatte. [...] Der Fall war [...] ganz dazu angetan, daß man dem May die Verdorbenheit seines Gemütes offen darlegen konnte. [...] Bei einem Verhör der ersten und zweiten Seminarklasse sprach sich allgemein die moralische Überzeugung aus, daß May nicht bloß in Betracht des vorliegenden Falles, sondern auch sonst im Verdachte der Unehrlichkeit bei ihnen stehe, obwohl sie ihn wegen eines einzelnen Falles nicht zu überführen vermöchten. Wurden nun auch alle diese Äußerungen beachtet, so gaben sie doch immer noch keine eigentlichen Beweismittel wider den Beschuldigten an die Hand. Auch fand sich keine Spur, daß May die dem Proseminaristen Schäffler abhandengekommenen zwei Taler an sich genommen habe. Denn daß er, wie einige Zöglinge wissen wollten, einen Schlüssel besitze, der Schäfflers Handlade schließe, bestätigte die Untersuchung nicht; wohl aber fand man bei ihm ein neues Cigarren-Pfeifchen, das er geschenkt bekommen haben wollte und angeblich wieder verschenken wollte. Es wurde so nebenher mitentdeckt, daß May wider ausdrückliches Verbot zu Zeiten Tabak rauche." Die Konferenz beschließt "nach reiflicher Überlegung", Mays Delikt über das Gesamtkonsistorium Glauchau dem Kultusministerium zu melden. *Leben und Streben* 102: *Der Herr Direktor kam in eigener Person, den "Diebstahl" zu untersuchen. Ich gestand sehr ruhig ein, was ich getan hatte, und gab den "Raub", den ich begangen hatte, zurück. Ich dachte wahrhaftig nichts Arges. Er aber nannte mich einen "infernalischen Charakter" und rief die Lehrerkonferenz zusammen, über mich und meine Strafe zu entscheiden. Schon nach einer halben Stunde wurde sie mir verkündet. Ich war aus dem Seminar entlassen und konnte gehen, wohin es mir beliebte. Ich ging gleich mit der Schwester – – – in die heiligen Christferien – – – ohne Talg für die Weihnachtsengel – – – es waren das sehr trübe, dunkle Weihnachtsfeiertage.*

12.23. Beginn der Weihnachtsferien.

12.28. Seminardirektor Schütze übergibt die Angelegenheit an das Gesamtkonsistorium Glauchau und bittet dieses, seinen Bericht an das Kultusministerium weiterzuleiten, das darüber entscheiden möge, "ob und in welcher Weise der Zögling [...] aus dem Seminar entlassen werden solle": "Es bedarf kaum der Bemerkung, daß der hier berichtete Vorfall die Seminarlehrer tief betrübt hat" (lud 61-64; kmhi 10, 1).

1860

1860. Spätestens in diesem Jahr zieht die Familie May in das Haus des Webermeisters Karl Heinrich Selbmann am Markt 185 (Neumarkt 18, 1898 abgebrannt, 1900 als Gemeindehaus neu aufgebaut), zwischen dem Gasthaus Zur Stadt Glauchau und dem Kantorat (kluß2 66; rich 12f.; hall 105).

1860. *Humoresken schrieb ich von 1860 an*, heißt es in einer Nachlassnotiz Mays, die wenig glaubhaft ist (woll 32).

01.02. Glauchau. Bericht des Gesamtkonsistoriums an das Kultusministerium (jbkmg 1976, 98; plet 37).

01.17. Das sächsische Kultusministerium (Kultusminister Johann Paul Freiherr von Falkenstein, 1801–1882; kluß2 28) verfügt mit einer Verordnung an das Gesamtkonsistorium Glauchau Mays Entfernung aus dem Seminar: "Das Ministerium des Cultus und öffentlichen Unterrichts hat auf den Bericht des Gesammt-Consistoriums zu Glauchau vom 2. d. M. beschlossen, den Zögling der zweiten Classe des Schullehrerseminars zu Waldenburg, Karl Friedrich May aus Ernstthal bei Hohenstein, wegen sittlicher Unwürdigkeit für seinen Beruf [...] aus dem Seminar auszuweisen [...]. Hiernach ist nämlich, da sich bei dem Angeschuldigten seither schon arge Lügenhaftigkeit, ein rüdes Wesen, Mangel an religiösem Sinn bemerklich gemacht und er auch sonst bei seinen Mitschülern in dem Verdachte der Unehrlichkeit steht, das Vorhandensein der Haupteigenschaften, die zu dem Berufe eines Lehrers befähigen, bei ihm nicht anzunehmen, und es wird dadurch seine Entfernung aus dem Seminar zur Nothwendigkeit" (jbkmg 1976, 98).

01.24. Das Gesamtkonsistorium Glauchau (Friedrich Wilhelm Neumann) teilt Seminardirektor Schütze in Waldenburg die Verordnung des Kultusministeriums mit und fordert ihn auf, dem Zögling May den Beschluss bekannt zu geben und "die

Ausweisung desselben in Vollzug zu setzen" (mkmg 110, 17f.; lud 66-68; kmhi 10, 1-5).

01.26. Das Gesamtkonsistorium Glauchau informiert den Waldenburger Superintendenten Gottlob Eduard Leo unter Beilage einer Abschrift des Briefes an Direktor Schütze über den Beschluss des Kultusministeriums (kmhi 10, 1-5).

01.28. Waldenburg. Nach Erhalt des Schreibens des Gesamtkonsistoriums Glauchau verweist Direktor Schütze May aus dem Seminar: "In Gemäßheit der Hohen Ministerialentschließung ist der seitherige Seminarist C. F. May s. Ernstthal heute vor versammeltem Lehrercollegio aus der Anstalt entlaßen worden" (woll 27; jbkmg 1976, 100; lud 66f., 70f., 163; kmhi 10, 4; jbkmg 2002, 283).

02.10. Kantor Samuel Friedrich Strauch stirbt in Ernstthal. Sein Nachlass, darunter eigene Kompositionen, wird von der Witwe Friederike Wilhelmine Concordia Strauch geb. Layritz (1803–1887) makuliert (plaul3 351). Seine Nachfolge übernimmt der bisherige Mädchenlehrer Gotthilf Ferdinand Eger.

02.13. Beisetzung des Kantors Strauch auf dem Ernstthaler Friedhof.

02.19. Sonntag. Ernstthal. May nimmt am Abendmahlsgottesdienst in der Kirche St. Trinitatis teil. Der verstorbene Kantor Strauch wird in die Fürbitten eingeschlossen.

02.25. Karl Mays 18. Geburtstag.

03.04. Ernstthal. Geburt der Schwester Emma Maria (plaul2).

03.06. Ernstthal. Mit der Unterstützung von Pfarrer Karl Hermann Schmidt verfasst May ein Gnadengesuch an das sächsische Kultusministerium: *Diese Strafe muß ich als ganz gerecht und dem Vergehen gemäß anerkennen, wage aber doch, dem Hohen Ministerio die unterthänigste Versicherung zu geben, daß auf meine früheren Fehler eine aufrichtige Reue gefolgt ist und späterhin in Betreff der Lichte keineswegs der Wille zu ei-*

ner Veruntreuung vorlag, sondern daß es nachlässige Säumigkeit von mir war, sie nicht rechtzeitig an den gehörigen Platz zu legen. In Folge dieser That ist meine Vorbereitung zu dem Berufe unterbrochen worden, welchem mich ganz hinzugeben, ich mir zur Lebensaufgabe gemacht hatte. Zwar ist mir von mehreren Seiten der Rath erteilt worden, einen anderen Beruf zu ergreifen, jedoch ist die Vorliebe für den Lehrerberuf bei mir so groß, daß es mir unmöglich ist, denselben aufzugeben. So wage ich es denn, einem Hohen Königlichen Ministerio die ganz unterthänigste Bitte vorzulegen "Hochdasselbe wolle in Gnaden geruhen, mir zu gestatten, daß ich mich entweder auf der Anstalt zu Waldenburg oder auf einem anderen Seminare des Landes fortbilden lassen dürfe, damit ich als gehorsamer Schüler und einst als treuer Lehrer im Weinberge des Herrn die That vergessen machen könne, deren Folgen so schwer auf mir und meinen Aeltern ruhen!" (woll 27; jbkmg 1976, 101f.)

03.10. Ernstthal. Pfarrer Schmidt schickt Mays Gnadengesuch an das Kultusministerium in Dresden und bestärkt es "nach genommener Rücksprache" mit Seminardirektor Schütze und "eingehendsten seelsorgerischen Besprechungen" mit May durch ein eigenes Schreiben, in dem er betont, dessen Leben sei bisher "in Sitten untadelig" gewesen und die "fraglichen Verirrungen" stünden "hiernach in seinem Leben vereinzelt da" (jbkmg 1976, 102f.; lud 177).

03.15. Das Kultusministerium (Falkenstein, Bearbeiter Ministerialrat Dr. Robert Otto Gilbert, 1808–1891) teilt dem Gesamtkonsistorium Glauchau mit, May dürfe sein Studium an einem anderen Lehrerseminar fortsetzen, "dafern dem Gesammtconsistorium ein solchenfalls anzuzeigendes Bedenken dagegen nicht beigeht" (lud 178; kmhi 10, 43; kmhi 13, 66f.). *Leben und Streben* 102f.: *Glücklicherweise zeigte sich das Ministerium des Kultus und öffentlichen Unterrichtes, an welches ich mich wendete, verständiger und humaner als die Seminardirektion. Ich erlangte ohne weiteres die Genehmigung, meine* *unterbrochenen Studien auf dem Seminar in Plauen fortzusetzen.*

03.21. Das Gesamtkonsistorium Glauchau teilt in Abschrift dem Glauchauer Superintendenten Carl Wilhelm Otto (1812–1890; klußZ 39) die Verordnung des Kultusministeriums mit und erklärt, es gebe keine Bedenken gegen eine Wiederzulassung Mays auf ein anderes Lehrerseminar (lud 179-181).

04.02. Superintendent Otto schickt die Erklärung des Gesamtkonsistoriums Glauchau an Pfarrer Schmidt in Ernstthal (lud 179-181).

04.03. Ernstthal. Pfarrer Schmidt teilt May persönlich die Erklärung des Gesamtkonsistoriums Glauchau mit (lud 179-181).

04.07. May schreibt eine Bewerbung an Seminardirektor Johann Gottfried Wild (1802–1878; klußZ 33; erste überlieferte Handschrift), Lehrerseminar Plauen: *Da ich wegen einer Unvorsichtigkeit, welche ich jetzt schwer bereue, aus der Anstalt zu Waldenburg entlaßen worden bin, mir aber von Einem Hohen Königlichen Ministerio des Cultus und öffentlichen Unterrichtes die Erlaubniß geworden ist, mich auf einer andern Anstalt fortbilden zu können, ich von mehreren Seiten auf das Seminar zu Plauen aufmerksam gemacht worden bin und es der Wille meiner Eltern ist, so wage ich es, die herzliche Bitte auszusprechen, "Ew. Wohlgeboren wolle gütigst erlauben, daß ich als Schüler in die Anstalt, welche unter Ihrer Leitung steht, eintreten dürfe!" Da ich auf dem Seminare zu Waldenburg Schüler der zweiten Claße war, so würde mir es lieb sein, wenn ich nicht zurückzubleiben genöthigt sein würde. Meine Unvorsichtigkeit, über welche Ihnen Herr Director Schütz eine baldige Mittheilung machen wird, vergeßen zu machen, sollte mein eifrigstes Streben sein, wenn ich so glücklich wäre, in genannte Anstalt eintreten zu dürfen* (mkmg 110, 19; lud 182-185; klußZ 29f.; kmhi 17, 2; jbkmg 2004, 12).

05.01. Da May noch keine Antwort aus Plauen erhalten hat, hat er Seminardirektor Schütze in Waldenburg "dringend gebeten", "für ihn ein gut Wort einzulegen". Schütze an den "Collegen" Wild: "Ich will gern hoffen, daß die ernsten Folgen einer – zum mindesten leichtsinnigen That, eine heilsame Frucht aufrichtiger Beßerung wirken werden, und möchte ich Sie daher recht herzlich ersuchen, Sich des nun allerdings hart Geschlagenen in christlicher Liebe anzunehmen" (mkmg 110, 18; lud 186f.).

05.02. Seminardirektor Wild teilt May mit, für die Aufnahme in das Lehrerseminar Plauen sei die Zustimmung der Kreisdirektion Zwickau nötig: "Ob die Erlaubniß zu Ihrer Aufnahme erfolgen werde, ist bei der gegenwärtigen Überfüllung des hiesigen Seminars mindestens zweifelhaft" (lud 192f.).

05.04. Ernstthal. May bittet die Kreisdirektion Zwickau, *"Hochdieselbe wolle geruhen, mich als Schüler in obenerwähntes Seminar* [Plauen] *eintreten zu laßen"*: *Es würde mein eifrigstes Streben sein, durch anhaltenden Fleiß stets die Zufriedenheit meiner Lehrer zu erwerben* (lud 194-196).

05.12. Seminardirektor Schütze befürwortet Mays Aufnahme in das Seminar zu Plauen bei der Kreisdirektion Zwickau (lud 188-191; kmhi 13, 63).

05.16. Die Kreisdirektion Zwickau teilt der Seminardirektion Plauen mit, man sei mit der Aufnahme Mays in das dortige Seminar einverstanden, derselbe sei "jedoch bei der Aufnahme ernstlich zu ermahnen und bezüglich seines Verhaltens sorgfältig zu überwachen" (lud 197-199).

05.24. Seminardirektor Wild teilt May mit, seine Aufnahme in das Plauener Seminar sei von der Kreisdirektion Zwickau bewilligt worden. Sein Eintritt könne sofort nach den Pfingstferien, am 4.6., erfolgen; im Seminargebäude sei jedoch keine Wohnung für ihn frei, er müsse sich daher ein Logis in einem Privathaus suchen. Am 2.6. habe er sich zu einer Prüfung einzufinden (woll 27; lud 200f.; kmhi 17, 2; jbkmg 2004, 12).

05.28. Abtei Oberlungwitz. Der für May später noch bedeutsame Kolporteur Heinrich Gotthold Münchmeyer heiratet die Strumpfwirkerstochter und Dienstmagd Ida Paulina (Pauline) Ey (14.6.1840 Grüna – 17.5.1928 Dresden).

06.02. Plauen im Vogtland. Anreise mit der Bahn über Zwickau (hall 247-252). 8 Uhr. May besteht die Aufnahmeprüfung für das Lehrerseminar. Er hat einen Aufsatz über den Tod Johannes des Täufers zu schreiben, Bibel- und Katechismuskenntnisse nachzuweisen, arithmetische Aufgaben zu lösen und Proben in Gesang und Generalbass zu geben. "Obschon die Antworten auf die aus der Religion vorgelegten Fragen manches zu wünschen übrig blieb, so trug man doch kein Bedenken, May in die 2te Cl. zu versetzen, insbesondere, da er in den übrigen Gegenständen größere Sicherheit zeigte. Dies wird May bekannt gemacht u. zugleich zu Fleiß u. gutem sittlichen Verhalten gemahnt, mit dem Hinzufügen, daß, wenn Widriges gegen ihn vorkomme, dies bei der hohen vorgesetzten Behörde zur Anzeige kommen werde" (woll 27; lud 202f.; kmhi 17, 3; jbkmg 2004, 13). May kehrt nach Ernstthal zurück, um von dort Kleidung, Bettzeug, Kamm, Bürsten, evtl. Violine, Bücher und Lehrmittel zu holen (kmhi 17, 3; jbkmg 2004, 13f.).

06.04. Nach Ablauf der Pfingstferien setzt May seine Ausbildung in der zweiten Klasse des Hauptseminars zu Plauen fort (woll 27; lud 200f.; gus 164).

1860.06.04.-1861.09.13. Lehrerausbildung am Vogtländischen Schul-Lehrer-Seminarium zu Plauen, Seminarstraße 4 (seit 28. 4.1999 Gedenktafel von Hannes Schulze; kmhi 17, 38; may& co 77, 45; jbkmg 2004, Frontispiz, 62). May wohnt zunächst im Gebäude der Freimaurerloge "Zur Pyramide" (Schustergasse 9, mit Blick auf die Gottesackerkirche; seit 1884 Gasthaus, 1945 durch Luftangriffe zerstört), in einer bescheidenen Dachkammer, die zur Wohnung des Logenkastellans, des Floßamts-Expedienten Wilhelm Franz Pappermann (1820–1897), gehört. Erst im April 1861 wird er in das Internat des Seminars aufgenommen. Bis dahin führt ihn sein Weg durch die schmalen Gassen der Innenstadt, vorbei am Neundorfer Tor und der Bartholomäuskirche, die Neundorfer Straße entlang, bis links die Seminarstraße abzweigt (kmhi 2/3, 33; klußß2 32; rich 66f.; hall 249-252; kmhi 17, 4f., 19; jbkmg 2004, 14-16). Zu den wenigen den Seminaristen erlaubten Lokalen gehört das von May häufig besuchte, nur einen Steinwurf vom Logenhaus entfernte Restaurant zum Tunnel (Ernst Anders), neben dem Nonnenturm (1945 zerstört; mkmg 88, 57; hall 249, 251f.; gus 165; kmhi 2/3, 32f.; kmhi 17, 9f.; jbkmg 2004, 23). – Seminardirektor Johann Gottfried Wild unterweist May in den Fächern Katechismus, Bibellesen, Kirchengeschichte und Pädagogik; Vizedirektor August Wilhelm Kühn (1826–1895) ist (bis Mai 1861) zuständig für Katechetik, Deutsch, Predigtlesen und Geographie; Oberlehrer Carl Gotthold Schulze (1812–1887) für Generalbasslehre, Violin- und Orgelspiel, Singen und Naturlehre; Seminarlehrer Rudolph Samuel Böhringer (1828–1902) unterrichtet (bis April 1861) im Klavierspiel, im Schreiben und (während des Sommerhalbjahrs 1860) im Turnen; Kenntnisse in den Fächern Rechnen, Geometrie und Zeichnen erwirbt May bei Oberlehrer Carl Rudolf Kell (1814–1882) (kluß2 33-35; kmhi 17, 39; jbkmg 2004, 63).

06.16.-08. Seminardirektor Wild ist aus Gesundheitsgründen beurlaubt und wird durch Oberlehrer Kühn vertreten (lud 279).

07.07. Seminarkonferenz in Plauen (StA Plauen SA62a, 227).

07.13.-08.05. Sommerferien (StA Plauen SA62a, 227a).

08.05. 10 Uhr. Ernstthal. Tod der Schwester Emma Maria an Hirnschlag (Totenbuch Ernstthal 1851-77, Nr. 1860/67, 152).

08.06. Wiederbeginn des Unterrichts in Plauen (StA Plauen SA62a, 227a).

08.08. Beisetzung der Schwester Emma Maria "in aller Stille" auf dem Ernstthaler Friedhof, vermutlich in Mays Abwesenheit

(Totenbuch Ernstthal 1851-77, Nr. 1860/67, 152; kmhi 17, 25; jbkmg 2004, 46).

08.26. Im Auftrag der Kreisdirektion Zwickau begibt sich der Zwickauer Kirchen- und Schulrat Dr. Gotthilf Ferdinand Döhner (1790–1866) nach Plauen, "um über die durch den Bezirksarzt Dr. [Emil Richard] Pfaff [1827–1871] daselbst [im Artikel "Das Internat in öffentlichen Schulanstalten von medicinalpolizeilichem Standpunkte aus betrachtet", veröffentlicht im März in der Berliner "Monatsschrift für exacte Forschung auf dem Gebiete der Sanitäts-Polizei"] zur Sprache gekommene Seuche der Onanie im dortigen Seminar genaue Erörterungen in möglichst vorsichtiger Weise anzustellen" (jbkmg 1998, 84-90; lud 256-265; kmhi 17, 24, 26; jbkmg 2004, 46).

08.27. Weitere Erörterungen Döhners in Plauen. Der nur für einen Tag aus dem Urlaub zurückgekehrte Direktor Wild ist wieder abgereist, nachdem er über das Nötigste informiert wurde, und wird durch Oberlehrer Kühn vertreten. Von Dr. Pfaff erfährt Döhner morgens, "daß das fragliche Übel in höchst beklagenswerther Weise unter einer großen Menge der Seminaristen herrschend sein solle". Zusammen mit Oberlehrer Kühn untersucht Döhner die Betten im Schlafsaal und findet einige "befleckt". In einer Seminarkonferenz wird das Thema ausgiebig behandelt; außerdem befragt Döhner den Seminaristen Karl August Ferdinand Hantsche (1843–1898) aus Mays Klasse (der vermutlich auch die Quelle des Bezirksarztes Pfaff gewesen ist) und erfährt von ihm, "daß wohl an die Hälfte [...] des Seminars der Onanie verfallen wären". Von Strafe wird abgesehen, Oberlehrer Kühn jedoch aufgefordert, "unter Zuziehung der beßeren und unbefleckt gebliebenen Zöglinge so viel als irgend möglich auf die Rettung der Onanisten bis zur Rückkehr des Directors hin zu wirken" (jbkmg 1998, 88-90; lud 256-265; kmhi 17, 26; jbkmg 2004, 46f.).

08.28. Dr. Döhner erstattet der Kreisdirektion Zwickau Bericht über seinen Besuch in Plauen (lud 256-265).

09.03. Die Kreisdirektion Zwickau (Bernhard Uhde, Dr. Gotthilf Ferdinand Döhner, Dr. Friedrich Wilhelm Francke) erstattet dem Kultusministerium Bericht über die Veröffentlichung Dr. Pfaffs und die Erörterungen zu den "sexuellen Verirrungen" der Seminaristen in Plauen. Anlagen sind Döhners Schreiben vom 28.8. und eine Liste des Plauener Seminarcötus, aus der indirekt hervorgeht, dass auch May zu den "Onanisten" gehört hat. Unter der Überschrift "Welche das Laster schon bei ihrer Aufnahme an sich hatten, u. es im Seminar länger oder kürzer forttrieben" (12 von 63) findet sich die Eintragung: "aus der Schule zu Ernstthal u. dem Seminar zu Waldenburg: 1" (jbkmg 1998, 91; lud 266-277; kmhi 17, 26f.; jbkmg 2004, 47).

09.09. Plauen. In der Stadtkirche St. Johannis findet eine Aufführung des Oratoriums "Elias" von Felix Mendelssohn Bartholdy unter der Leitung des Kantors und Musikdirektors Friedrich Moritz Gast (1821–1889) statt. Da alle Seminaristen verpflichtet sind, dem Singchor beizutreten und sich dem Chordienst unbeschränkt zu unterziehen, ist eine Mitwirkung Mays wahrscheinlich (kmhi 17, 10f.; jbkmg 2004, 24).

09.22. Plauen. Protokoll der Seminarkonferenz: "May läßt sich Mancherlei gegen die Ordnung des Seminars zu Schulden kommen, scheint auch eine außerordentliche Neigung zur Lüge zu haben. Es wird ihm [...] angedroht, daß zwar diesmal noch, aus Rücksicht auf seine Aeltern, von der betr. Anzeige [an die Kreisdirektion Zwickau] abgesehen werden solle, daß dißelbe aber gewiß erfolgen werde, wenn noch irgend etwas Widriges vorkomme. Als Schulstrafe wird ihm zuerkannt, daß er morgen, und morgen über 8 Tage von 2–6 Uhr nm im Seminar arbeiten solle, die Aufgaben werden ihm von dem Unterzeichneten [Kühn] u. von dem Director gegeben werden" (lud 204f.; jbkmg 2004, 16f.).

09.23. Von 14 bis 16 Uhr Strafarbeiten (lud 204f.).

09.30. Von 14 bis 16 Uhr Strafarbeiten (lud 204f.).

10.10. Die Kreisdirektion Zwickau teilt der Seminardirektion Plauen wegen der "vorgekommenen sexuellen Verirrungen" mit, das Kultusministerium wolle zwar zur Zeit "von allen und jeden Strafmaßregeln gegen die Gefallenen" absehen, ordne aber im Einvernehmen mit der Kreisdirektion an, "der Gefallenen fernerweit [...] seelsorglich und sonst beiräthig und helfend sich anzunehmen, überhaupt aber der sorgfältigsten Beaufsichtigung aller Zöglinge in der fraglichen Hinsicht und sonst sich zu unterziehen, damit der traurigen Verirrung nachhaltig begegnet und die sittliche Unbescholtenheit der Besseren gewahrt bleibe" (lud 206-209; kmhi 17, 27; jbkmg 2004, 48).

10.20. Plauen. Protokoll der Seminarkonferenz: "Der Director trägt eine Verordnung der Königl. Kreisdirection vor, die hier vorgekommenen sexuellen Verirrungen betr. Das Lehrercollegium versichert Alles, was in seinen Kräften steht, thun zu wollen, um diesen Verirrungen vorzubeugen, und den Gefallenen wieder aufzuhelfen. Der Director hat die Betr. bereits schon vorgenommen, theils soll es noch geschehen, u. hat in ernster, väterlicher Weise über diese Sünde und ihre Folgen mit ihnen geredet; auch haben dieselben ihm versichert, daß sie gegenwärtig die betr. Sünde nicht mehr trieben" (StA Plauen SA62a, 272b; kmhi 17, 27; jbkmg 2004, 48).

11.22. Protokoll der Seminarkonferenz: "Der Director befragt das Collegium, welche Wahrnehmungen dasselbe bezüglich der sexuellen Verirrungen gemacht habe; das Collegium erklärt, daß, soweit menschliche Augen sehen, es besser geworden sein müßte und daß sich nur bei einzelnen noch aus momentaner Geistesabwesenheit in den Lectionen ein Schluß auf das Vorhandensein der Sünde machen lasse. Die meisten Lehrer haben nicht nur während des Unterrichts häufig der Sache Erwähnung gethan, sondern auch die Verdächtigen durch Einzelgespräche zur Vermeidung der Sünde zu bestimmen gesucht" (StA Plauen SA62a, 273; kmhi 17, 27; jbkmg 2004, 48).

12.12. Plauen. Feier des Geburtstages Sr. Majestät des Königs Johann von Sachsen. Oberlehrer Kühn hält eine Festrede; Seminaristen der ersten Klasse sprechen und musizieren, anschließend gibt es ein kostenloses Mittagessen (kmhi 17, 27f.; jbkmg 2004, 49).

12.15. Protokoll der Seminarkonferenz: "Bezüglich der sexuellen Verirrungen hat man in der letzten Zeit keine bezügl. Wahrnehmungen gemacht und ist zu der Ueberzeugung gekommen, daß die Mehrzahl von der betr. Verirrung zurückgekommen sei" (lud 210-212).

12.22. Beginn der Weihnachtsferien (lud 210-212).

12.27. Plauen. Direktor Wild verfasst einen Jahresbericht für die Kreisdirektion Zwickau, in dem er auch noch einmal auf die "sexuellen Verirrungen" und die pädagogischen Maßnahmen eingeht: "Der gehorsamst Unterzeichnete hat nicht nur durch fortgesetzte Beobachtung und sorgfältige Beaufsichtigung der Zöglinge, sowie durch mehrmalige Erinnerung an die Heiligkeit des 6. Gebotes und durch eindringliche Warnungen vor der fraglichen Versündigung der Verirrung zu begegnen gesucht, sondern auch der Verirrten seelsorgerlich sich angenommen. Er ließ Alle, welche dem Oberlehrer Kühn die Sünde eingestanden hatten, nach und nach einzeln, manche zu wiederholten Malen, zu sich kommen, führte ihnen mit väterlichem Ernste die Unsittlichkeit und Verderblichkeit der Verirrung zu Gemüthe und forderte sie unter Bezeugung warmer Theilnahme auf, über ihr gegenwärtiges Verhalten in fraglicher Beziehung ein wahrheitsgetreues, offenes Bekenntnis abzulegen. Mehrere erklärten, daß sie wohl früher, aber im Seminar nie in dieser Beziehung sich vergangen hätten; die Andern betheuerten, daß sie, seitdem sie zur Erkenntniß der Verwerflichkeit und Schädlichkeit der Verirrung gekommen seien, sich fest vorgenommen hätten, sich nie wieder in der Art zu versündigen, und daß sie diesem Vorsatze bisher treu geblieben seien. Nachdem sie dieser Erklärung auf die Erinnerung, daß sie dieselbe als im Angesichte Gottes gegeben ansehen sollten, wiederholt und mit ihres Namens Unterschrift bekräftigt hatten, wurden sie eindringlich ermahnt, ohne Unterlaß zu wachen und zu beten, um nicht wieder auf den Weg des Verderbens zu gerathen" (lud 278-289; kmhi 17, 27; jbkmg 2004, 48f.).

1861

1861. May besucht bis zum Abschluss im September das Hauptseminar des Schullehrerseminars zu Plauen.

01.02. Schloss Sanssouci bei Potsdam. Tod König Friedrich Wilhelms IV. von Preußen (*1795, Regent seit 1840, seit 1857 geistig umnachtet). Sein Nachfolger wird der jüngere Bruder Wilhelm I. (1797–1888), der bereits seit 1858 die tatsächliche Regentschaft führt. – Wiederbeginn des Unterrichts in Plauen (lud 210-212).

01.07. Bericht der Kreisdirektion Zwickau an das Kultusministerium: "Als höchst erfreulich muß [...] hervorgehoben werden, daß Wild und Kühn gleich eifrig bemüht gewesen sind, die der Onanie verfallenen Zöglinge zu retten und daß sie hoffen dürfen, die Mehrzahl der Verirrten sittlich gekräftigt zu haben" (lud 290-294; kmhi 17, 27; jbkmg 2004, 49).

02.10. Ernstthal. Mays ältere Schwester Auguste Wilhelmine heiratet (in Mays Abwesenheit) den Webermeister Friedrich August Hoppe (12.4.1835–21.10.1889) (plaul2; kmhi 17, 28; jbkmg 2004, 49).

02.21. Plauen. Beginn der zur Hauptprüfung erforderlichen Arbeiten. Oberlehrer Kühn stellt der zweiten Klasse für den stilistischen Aufsatz das Thema: "Gott grüßt wohl, wenn der Mensch nur dankte" (StA Plauen SA24, 275a; kmhi 17, 28; jbkmg 2004, 49).

02.23. Plauen. May und drei weitere Schüler werden vor die Seminarkonferenz gefordert, "theils weil sie musikalische Uebungen versäumt haben, theils Unterrichtsstunden. Jeder von ihnen [muß] ein Stück Noten abschreiben" (lud 218f.; jbkmg 2004, 17).

02.25. Karl Mays 19. Geburtstag.

02.28. Plauen. Katechetische Arbeit; zur Auswahl steht auch "Luc. 15, 11-32 der verlorne Sohn" (StA Plauen SA24, 275a; lud 218f.; kmhi 17, 28; jbkmg 2004, 49).

03.05. Plauen. Mathematische Arbeiten, Geometrie und Arithmetik (StA Plauen SA24, 275a-b; lud 218f.; kmhi 17, 28; jbkmg 2004, 50; kmhi 18, 51f.).

03.09. Plauen. Musikalische Arbeit zum Choral "Großer Prophet, mein Herze begehrt" (StA Plauen SA24, 275b; lud 218f.; kmhi 17, 28; jbkmg 2004, 50).

03.12. Seminardirektor Wild lädt im "Voigtländischen Anzeiger" zu den öffentlichen Prüfungen am 14.3. (Schullehrerseminar) und 15.3. (Seminar-Übungsschule) ein (kmhi 17, 28; jbkmg 2004, 50).

03.14. 8–12 Uhr. Plauen. Unter dem Vorsitz des Kirchen- und Schulrats Dr. Gotthilf Ferdinand Döhner wird die mündliche wissenschaftliche Prüfung der Seminaristen durchgeführt. Wild prüft über das IV. Hauptstück von Martin Luthers (1483–1546) "Kleinem Katechismus" und die Grundbegriffe der Psychologie, Kühn über die Geographie von Europa und Katechetik, Kell über Drei- und Vierecke sowie Mineralogie. Zum Schluss werden Kirchenlieder rezitiert. Nachmittags 14–17 Uhr findet die musikalische Prüfung (Violine, Generalbass, Klavier und Orgel) statt. Abschließend werden einige Choräle und Motetten gesungen (StA Plauen SA62a, 276a-b; kmhi 17, 28; jbkmg 2004, 50f.).

03.20. Plauen. Die Seminarkonferenz beschließt, May in die erste Klasse aufrücken zu lassen (lud 220-222; kmhi 17, 29; jbkmg 2004, 51). Seine Zensuren für die zweite Klasse bewegen sich von 1 bis 2b, Hauptzensur IIa: Anlagen 2a, Sitten 1b, Fleiß und Aufmerksamkeit 1b; Religion 2a, Bibelkenntnis 2a, Kirchengeschichte 2a, Deutsch 1b, Geographie 2b, Naturlehre 1b, Geometrie 2a, Rechnen 1, Schreiben 1b, Zeichnen 2a, Turnen 2a, Pädagogik 2a, Katechetik 2a, Generalbass 1b, Orgelspiel 2, Klavierspiel 2, Violinspiel 2, Singen 2a, Katechetische Geschicklichkeit 2a (lud 223-225; kmhi 17, 45; jbkmg 2004, 91).

03.26. Beginn der Osterferien (kmhi 17, 29; jbkmg 2004, 51).

04.08. Plauen. Nach den Osterferien rückt May in die erste Klasse des Hauptseminars auf und wechselt von seiner Privatunterkunft im Logenhaus in das Internat des Seminars ("Alumneum"), im Dachgeschoss des Seminargebäudes, Seminarstraße 4, wo bereits seine Mitschüler Karl August Ferdinand Hantsche, Franz August Kramer (1842–1914), Hermann Valtin (1843–1925), Friedrich Wilhelm Wild (1842–1911) und Karl August Ziegner (1842–1911) wohnen. Er muss sich jetzt streng an die "Haus- und Lebensordnung für das Schullehrerseminar" halten (plaul3 369; kmhi 17, 6-11, 23; jbkmg 2004, 17-24). – In der Nachfolge Rudolph Samuel Böhringers unterrichtet Seminarlehrer Louis Eduard Lohse (1822–1907) May im Klavierspiel. Hilfslehrer Ernst Eduard Lohse (1841–1904) übernimmt den Unterricht im Schreiben, Karl Friedrich Wilhelm Schubert (1832–1907) im Turnen (klub2 35; kmhi 17, 29, 39; jbkmg 2004, 51f.).

05.17.-30. May ist während der Pfingstferien zu Hause (jbkmg 2004, 53).

05.30. Plauen. Seminarkonferenz: "Auf die Anfrage des Herrn Vorsitzenden [Döhner], ob neuerdings sich wieder Spuren heimlicher Sünden unter den Seminarzöglingen gezeigt haben, wird von dem Lehrercollegium versichert, daß Nichts entdeckt worden sei, was zu der Vermuthung berechtigen könne, daß dieses Laster noch in der Anstalt verbreitet sei, und daß höchstens Einzelnen in dieser Beziehung noch nicht ganz getraut werden könne" (StA Plauen SA24, 258a-259b; jbkmg 2004, 49).

06.03. Plauen. Als Nachfolger August Wilhelm Kühns unterrichtet der neue Vizedirektor Wilhelm Leopold Große (1828–1911) May in Katechetik, Deutsch und Predigtlesen. Den Geographieunterricht übernimmt Hilfslehrer Ernst Eduard Lohse (kluß2 34f.; kmhi 17, 29; jbkmg 2004, 52).

07.20.-8.10. Während der Sommerferien ist May zu Hause (jbkmg 2004, 53).

08.17. Plauen. Die Seminarkonferenz beschließt, sämtliche Schüler der ersten Klasse der Kreisdirektion Zwickau als Kandidaten für eine wegen des Lehrermangels in Sachsen notwendig gewordene vorzeitige "außerordentliche Abgangsprüfung" zu melden. Die Klasse wird vor die Konferenz geladen; die Schüler erklären, die Prüfung bestehen zu wollen. Hinsichtlich der Sitten soll May die zweite Zensur erhalten, vorausgesetzt, dass bis zur Prüfung "nichts vorkomme" (woll 27; lud 226f.; kmhi 17, 29, 31; jbkmg 2004, 54).

08.23. Seminardirektor Wild meldet die erste Klasse bei der Zwickauer Kreisdirektion zur außerordentlichen Schulamtskandidatenprüfung an (woll 27; lud 228-230).

09.09. Montag. Erster Tag der außerordentlichen Schulamtskandidatenprüfung vor der Kgl. Prüfungskommission (Döhner, Wild, Große, Schulze, Kell, Louis Lohse, Ernst Lohse). Morgens gibt der vorsitzende Kirchen- und Schulrat Dr. Gotthilf Ferdinand Döhner den Kandidaten zur schriftlichen Bearbeitung das Thema: "Was spricht für und gegen die Schulpflichtigkeit der Kinder von ihrem 7. Lebensjahre an?" Nachmittags schreiben die Examinanden Entwürfe zu den für die praktische Prüfung erforderlichen Katechesen und Probevorträgen und lösen einige Rechnungsaufgaben (lud 236-244; kmhi 17, 31; jbkmg 2004, 54).

09.10. Dienstag. Zweiter Tag der Schulamtskandidatenprüfung. Die mündliche Prüfung findet in zwei Abteilungen statt. May gehört zur zweiten Gruppe, die erst am Donnerstag geprüft wird. Dafür absolviert seine Gruppe – Christian Rudolph Költzsch (1843–1919), Hermann August Moritz Löhnert (1843–1917), Friedrich Robert Hertel (*1842), Hermann Valtin

– jetzt das musikalische Examen. May muß den Choral "Himmel, Erde, Luft und Meer" zur Hälfte nach angegebenem bezifferten Bass, zur anderen Hälfte nach zu suchendem bezifferten Bass aussetzen und dazu ein Präludium komponieren. Danach wird er im Klavier- und Orgelspiel und in der Harmonielehre geprüft (lud 236-244; kmhi 17, 31; jbkmg 2004, 54). – In der "Leipziger Zeitung" wird eine "Offne Lehrerstelle" (Anmeldungen bei Superintendent Robert Kohl zu Chemnitz) angezeigt: "Für eine Fabrikschule in der Nähe der Stadt Chemnitz [Altchemnitz] wird zu Michaelis dieses Jahres ein tüchtiger Lehrer gesucht". Obwohl die Anzeige am 18.9. erneut erscheint, melden sich nur zwei Bewerber, von denen einer als untüchtig abgewiesen wird, der andere seine Bewerbung wieder zurückzieht (kmhi 10, 10).

09.11. Mittwoch. Prüfungsvorbereitungen.

09.12. Donnerstag. Dritter Tag der Schulamtskandidatenprüfung. Nach der Eröffnung der mündlichen wissenschaftlichen Prüfung durch den Vorsitzenden Dr. Döhner um 8 Uhr examiniert Seminardirektor Wild die Kandidaten in Religion (Vorbereitungen auf das Erlösungswerk: Paulus-Briefe und messianische Weissagungen) und pädagogischen Fragen, Döhner in Schulkunde (u. a. Bestimmungen des Besserungsverfahrens gegen unwürdige Lehrer), Vizedirektor Große in Weltgeschichte (Danielsche Gesichte, Überblick über die vier Weltreiche); Seminarlehrer Lohse lässt sich ausgezeichnete Industriestädte Sachsens nennen, Seminarlehrer Kell prüft in Geometrie (Flächen, Dreieck, arithmetische Aufgaben). Nachmittags um 14 Uhr beginnen die Probekatechisationen, bei denen May über Joh. 4, 24 ("Gott ist Geist") katechisiert. Im freien Vortrag muss er über das Eigenschaftswort sprechen. Danach singt jeder Examinand mit den anwesenden Schulknaben einen Choral und liest zum Schluss eine Predigt aus Ludwig Hofackers (1798–1828) "Predigten für alle Sonn-, Fest- und Feiertage" (Stuttgart 1857) vor (lud 236-244; kmhi 17, 31; jbkmg 2004, 54, 56). In der Konferenz wird beschlossen, dass Hertel und

Valtin die Prüfung wiederholen müssen, die übrigen drei werden von der Prüfungskommission "als würdig befunden, das gesetzliche Zeugnis ihrer Candidatur zu erhalten", und bekommen die "Verhaltungsregeln für Schulamtscandidaten im Königreiche Sachsen" (Zwickau 1856) ausgehändigt. May besteht die Prüfung mit der Gesamtnote "gut". Seine Einzelnoten bewegen sich zwischen 1b und 2b. Sein "sittliches Verhalten" wird "nach dem Zeugnisse des Seminardirektor Wild" nur "zur Zufriedenheit" eingeschätzt, während die übrigen Schüler sich meist "zur besonderen Zufriedenheit" des Anstaltsleiters verhalten haben (kmjb 1925, 32f., 37, bei 112; lud 231-235, 246-249; kluß2 36; heer1 66; kmhi 17, 31-34, 46; jbkmg 2004, 56-58, 92f.).

09.13. Plauen. May bekommt in einer Feierstunde ein "Prüfungs-Zeugniss" und ein "Zeugniß über die musikalische Prüfung", unterzeichnet von Döhner und Wild, ausgehändigt, die ihn zum Kandidaten für das Schulamt machen ("Ich", Bildteil 7f.; woll 27; kmjb 1925, bei 144; lud 387-389; kmhi 17, 32-35; jbkmg 2004, 55-57). *Leben und Streben* 103: *Das Examen hatte einen Frackanzug erfordert, für unsere Verhältnisse eine kostspielige Sache.* – Direktor Wild verfasst einen Prüfungsbericht für die Kreisdirektion Zwickau (StA Plauen SA204a, 22-23a). – Vorerst darf May nur Hilfslehrerstellen annehmen. Um Anspruch auf eine feste Anstellung im Schuldienst zu erwerben, muss er eine gesetzlich befristete Kandidatenzeit von durchschnittlich zwei Jahren und eine Wahlfähigkeitsprüfung absolvieren. Dazu wird es nicht kommen (plaul3 369).

09.-10. Aufenthalt bei den Eltern in Ernstthal (kmhi 10, 5).

10.05. May spricht wegen einer Hilfslehrerstelle in der Superintendentur Glauchau (Kirchplatz 5; hall 245, 247) vor und wird sofort angenommen (kmhi 10, 5; kmhi 12, 18). Superintendent Dr. Carl Wilhelm Otto vermerkt in den Schulakten: "Herr Carl Friedrich May geb. in Ernstthal d. 25 Febr. 1842, ausgebildet im Seminar zu Waldenburg v. Mich[aelis] 1857 bis Ende 1859 und zu Plauen v. 1ten Juni 60 bis Mich. 1861, abgegangen mit d. Zeugniß 2, wird als Hülfslehrer an den hiesigen Schulanstalten angenommen und verspricht durch Handschlag, die [...] angegebenen Bedingungen zu erfüllen" (woll 27; mkmg 119, 42; jbkmg 1979, 342f.; kmhi 12, 17f.; hoff2 10; lud 298f.). Zu diesen Bedingungen gehört es, "in betreff der Wohnung dieselbe sich in natura gefallen zu lassen, wann und wo ihm dieselbe angewiesen wird". May erhält noch am gleichen Tag Wohnung und Kost bei dem Materialwarenhändler Ernst Theodor Meinhold (1835–1890) in der Großen Färbergasse 17 (hall 247; jbkmg 1979, 344; kmhi 12, 18f.). – Superintendent Otto an den Glauchauer Lokalschulinspektor, Diakon Carl Heinrich Reinhold Engelmann: "Euer Hochehrwürden erhalten hiedurch Auftrag, den Schulamtscandidaten Carl Friedrich May aus Ernstthal, welcher unter den gewöhnlichen Bedingungen auf sein Ansuchen als Hilfslehrer an den hiesigen Schulanstalten angenommen worden ist, in das ihm bestimmte Amt einzuweisen, auch für Zahlung des üblichen Hilfslehrergehaltes an ihn besorgt zu sein" (kmhi 12, 18f.; lud 300f.).

10.06. Glauchau. May nutzt den Sonntag vermutlich dazu, die ihm nicht ganz fremde Stadt weiter kennen zu lernen. Möglicherweise besucht er auch erstmals den Gottesdienst in der Kirche St. Georgen (kmhi 12, 16, 19f.; rich 68f.; hall 241-247).

10.07. Erste Anstellung als Hilfslehrer der vierten Klasse in der Armenschule zu Glauchau. Morgens 10 Uhr wird May vom zuständigen Lokalschulinspektor Reinhold Engelmann (der May aus seiner Lehrtätigkeit in Waldenburg kennt) mit einer kurzen Ansprache eingewiesen (jbkmg 1979, 344; kmhi 12, 19; lud 304f.). Er hat im Gebäude der Mädchenschule (Kirchplatz 4, 1892 abgerissen; hall 245f.) 58 Kinder in 12 Wochenstunden zu unterrichten; das Gehalt beläuft sich auf 175 Taler im Jahr, nebst 25 Taler Logisgeld (kmhi 12, 16, 19f.). – Am 8.10. erstattet Lokalschulinspektor Engelmann "Hochwürden" Otto "schuldigen Bericht, daß ich Ihrer Verordnung vom 5. h. m. gemäß gestern, als am 7. October, Vormittags 10 Uhr den Schulamtscandidat Herrn Carl Friedrich May aus Ernstthal in das

Amt eines Hülfslehrers an den hiesigen Schulanstalten in Cl. IV. der Armenschule eingewiesen, auch durch den Herrn Vorsitzenden des Schulvorstandes an den Schulcassenverwalter [Büttner] Anweisung zur Zahlung des Hülfslehrer-Gehaltes habe gelangen lassen" (mkmg 119, 42; kmhi 12, 19f.; lud 302f.).

10. Glauchau. May gibt der jungen Frau Henriette Christiane geb. Geißler (1842–1891) seines Vermieters Ernst Theodor Meinhold Klavierunterricht. Eben erst der klösterlichen Seminarzucht entkommen, beginnt er mit der Gleichaltrigen eine Liebesaffäre, die vom Ehemann entdeckt wird (jbkmg 1979, 346; ued 77).

10.13. Sonntag. Glauchau. Möglicherweise besucht May in weiblicher Begleitung den Gottesdienst in der St. Georgen-Kirche und nimmt am Abendmahl teil (hall 244; kmhi 12, 20f.).

10.17. Glauchau. Ernst Theodor Meinhold, der seine Frau und May bei einem Kuss überrascht hat, meldet dem Superintendenten Carl Wilhelm Otto, sein Mieter habe sich "in der unwürdigsten Weise durch Lügen und Entstellungen aller Art" bemüht, "die Ehefrau von ihm abwendig und seinen schändlichen Absichten geneigt zu machen". "Die Spezialitäten [...] sollen erforderlichen Falls ausführlich erörtert und eidlich bestärkt werden, und zwar sowohl durch den Kläger selbst, als durch dessen in allen Stücken unschuldige Ehefrau". Außerdem führt Meinhold an, May habe "ohne sein Vorwissen den Lehrling verführt [...], ihm aus der Ladencaße 1 rt 5 ngr zu borgen": "Wenn nun auch letztere Summe zurückgegeben sei, so fand er dennoch das Verfahren des May mit einem jungen, unerfahrenen Menschen unverantwortlich, da er als Lehrer einen solchen in seiner Pflichttreue zu befestigen, nicht aber irre zu machen habe" (jbkmg 1979, 347; lud 308f.; kmhi 10, 5; kmhi 12, 21f.).

10.18. Glauchau. Am Morgen soll May zur Untersuchung vorgeladen werden, wird jedoch vom Ephoralboten nicht in seiner Wohnung angetroffen, da er sie in der Nacht (mit Hinterlegung eines Zettels mit den Worten: *ein unglückliches Opfer der Verkennung*) verlassen hat (lud 310f.; kmhi 10, 6f.). – Superintendent Otto teilt dem Ernstthaler Pfarrer Karl Hermann Schmidt "in großer Eile" die Ereignisse mit und kündigt an, "daß May entlassen werden muß, zumal die Meinholdschen Eheleute ihre Aussagen eidlich bestärken wollen". Hinsichtlich des Zettels ist Otto überzeugt, "daß nichts weiter beabsichtigt worden ist, als den Meinhold durch einen knabenhaften Streich zu erschrecken", doch bittet er seinen "Amtsbruder" dennoch, "den Vater des jungen Menschen sofort von der Sachlage in Kenntnis zu setzen" (lud 310f.; kmhi 10, 6f.; kmhi 12, 22). – Im Laufe des Tages doch noch in seine Wohnung zurückgekehrt, erfährt May von der Vorladung und kommt ihr unverzüglich nach. Superintendent Otto entlässt ihn nach der Vernehmung, bei der dieser "Annäherungen an die Ehefrau des p. Meinhold" gestanden hat, "die als ungehörig, ja als unsittlich bezeichnet werden müssen" (Otto an den Chemnitzer Superintendenten Robert Kohl 14.11.; lud 344-348), mit einer "ernsten Verwarnung" fristlos aus seiner Glauchauer Anstellung (lud 312f.). – Nach einem Aktenvermerk Engelmanns geht May, "nachdem ihm sein Schulamt vom Gl[auchauer] Sup[erintendenten] entzogen war, von hier fort" (lud 304f.; kmhi 12, 23).

10.19. Superintendent Otto an Lokalschulinspektor Engelmann: "Euer Hochehrwürden erhalten hiedurch Nachricht, daß ich mich leider veranlaßt gesehen habe, dem Schulamtscandidaten Karl May aus Ernstthal die Hilfslehrerstelle, welche ihm an der hiesigen Allgemeinen Bürgerschule anvertraut worden war, wieder zu entziehen. Sie wollen hievon dem Herrn Schuldirector [Karl Christian] Pötzsch [1808–1862] Kenntniß geben, auch den Herrn Schulcassenverwalter anweisen, dem p. May etwas Mehreres, als einen halben Monatsgehalt nicht auszuzahlen" (lud 312f.; kmhi 12, 23f.).

10.26. Chemnitz. May bewirbt sich persönlich bei dem zuständigen Superintendenten Robert Kohl (1813–1881; klußz 40), Pfarrer an der Kirche St. Nicolai, um eine Lehrerstelle in Heimatnähe und erhält sie an den Fabrikschulen der Spinnereien Clauß und Solbrig in Altchemnitz. Kohl an die Kreisdirektion Zwickau, mit Mays Zeugnissen: "Es hat [...] der Schulamtscandidat Carl Friedrich May [...] um seine Verwendung als Hilfslehrer oder Vicar in nicht zu weiter Entfernung von seinem Heimathsorte nachgesucht. In Betracht nun der Dringlichkeit der Umstände hat ihn der ehrfurchtsvoll Unterzeichnete für die mit 200 rt. jährlichem Gehalt und freier Wohnung dotirten Fabrikschulen von Solbrig und Claus in Altchemnitz bestimmt" (woll 28; lud 327-329; kmhi 10, 11).

10.29. Im Auftrag des Kirchen- und Schulrats Dr. Döhner erkundigt sich die Kreisdirektion Zwickau bei Seminardirektor Wild in Plauen, "ob über May bereits verfügt worden ist" (lud 250f.; kmhi 10, 11).

10.30. Seminardirektor Wild an die Kreisdirektion Zwickau: "Ob über den Schulamtscandidaten Karl Friedrich May verfügt worden ist, weiß ich nicht. Aber so viel mir erinnerlich ist, hat der Herr Kirchenrath pp. Dr. Döhner bei seiner letzten Anwesenheit in Plauen dem Pastor Schmidt in Ernstthal, welcher brieflich um einen Hilfslehrer gebeten hatte, geantwortet, daß May seiner Vaterstadt Ernstthal zur Verwendung als Vicar überlaßen werde" (jbkmg 1979, 340; lud 252f., 330f.; kmhi 10, 11).

11.01. Kreisdirektion Zwickau an Superintendentur Chemnitz: "Der Verwendung des Schulamtscandidaten May in Ernstthal als Fabrikschullehrer in Altchemnitz steht für den Fall, daß er aus seiner zeitherigen Stellung nicht eigenmächtig herauszutreten gemeint gewesen ist, was annoch zu erörtern ist, ein Bedenken nicht entgegen" (lud 332-335; kmhi 10, 12).

11.04. Superintendent Kohl fordert May auf, "schriftl. anher anzuzeigen, ob er in einer Stellg. seit seinem Examen gewesen sey" (lud 334f.; kmhi 10, 12).

11.06. Spätestens an diesem Tag Anstellung als Fabrikschullehrer in Altchemnitz, wo May drei Klassen zu betreuen hat, und zwar zwei in der Fabrikschule der an der Würschnitz gelegenen Baumwollspinnerei von Julius Friedrich Clauß (1816–1873), an der Ortsgrenze zu Harthau, und eine Klasse in der am Chemnitz-Fluss gelegenen Fabrikschule der Kammgarnspinnerei von Carl Friedrich Solbrig (1807–1872), Dorfstraße 14 (später Paul-Gruner-Straße), am entgegengesetzten, unteren Ende des Dorfes, nahe der Stadtgrenze zu Chemnitz. Die Unterrichtung der von der Fabrikarbeit erschöpften 10- bis 14-jährigen Kinder gilt als schwere Aufgabe, die kaum ein Lehrer übernehmen will (woll 28; plaul3 370; rich 74f.; hall 28, 32f.). Mays Unterkunft befindet sich in Harthau, auf dem Claußschen Werksgelände (Brd.-Cat.-Nr. 3), das sich über die Ortsgrenze von Altchemnitz nach Harthau erstreckt, und ist fast eine halbe Stunde von der unteren Schule entfernt. Sein Zimmer im Wohngebäude der Familien Clauß und Mittländer (Carl Christian Mittländer, 1789–1874, Schwiegervater von Clauß) muss er sich mit dem Expedienten Herrmann Julius Scheunpflug (*1820) teilen (Ermittlung Hainer Plaul). *Leben und Streben* 103f.: *Ich beschränkte mich auf das äußerste und verzichtete auf jede Ausgabe, die nicht absolut notwendig war. Ich besaß nicht einmal eine Uhr, die doch für einen Lehrer, der sich nach Minuten zu richten hat, fast unentbehrlich ist. Der Fabrikherr* [Clauß], *dessen Schule mir anvertraut worden war, hatte kontraktlich für Logis für mich zu sorgen. Er machte sich das leicht. Einer seiner Buchhalter* [Scheunpflug] *besaß auch freies Logis, Stube mit Schlafstube. Er hatte bisher beides allein besessen, nun wurde ich zu ihm einquartiert; er mußte mit mir teilen. Hierdurch verlor er seine Selbständigkeit und seine Bequemlichkeit; ich genierte ihn an allen Ecken und Enden, und so läßt es sich gar wohl begreifen, daß ich ihm nicht sonderlich willkommen war und ihm der Gedanke nahelag, sich auf irgendeine Weise von dieser Störung zu befreien.* – Diakon und Lokalschulinspektor Eduard Otto Pfützner (1822–1912; kluß2 42) führt eine Revision in der Clauß'schen Fabrikschule durch, bei der er (laut Revisionsbericht vom 7.11.) "mit dem neu eingetretnen Lehrer Mai Rücksprache über seine frühere

Amtirung in Glauchau und über sein plötzliches Aufgeben jener Stellung" nimmt: "Er gab darauf an, daß er nur 14 Tage in Glauchau als Hilfslehrer gewesen sei. Er habe dort das Unglück gehabt bei einem dem Trunke ergebnen Wirthe zu wohnen. Bei einem Streite nun, in den er deshalb mit diesem Manne gerathen sei, habe er unverholen demselben sein schändliches Treiben aufgedeckt. Darüber sei nun jener Mann in großen Zorn gerathen und habe ihn nicht nur bei dem Herrn Consistorialrath und Superintendenten Dr. Otto verklagt, sondern auch andern Leuten gegenüber verunglimpft. Weil nun diese unangenehme Sache seinem Rufe in Glauchau geschadet habe, so sei er nach dem Rathe des Herrn Dr. Otto wieder von Glauchau weggegangen und habe sich eine andere Stellung gesucht und dieselbe durch die Vermittlung des Herrn Superintendenten Kohl an den Fabrikschulen zu Altchemnitz gefunden" (mkmg 119, 43; lud 336-338; kmhi 10, 12f.).

11.07. Revisionsbericht Eduard Otto Pfützners an die Superintendentur Chemnitz (mkmg 119, 43; lud 336f.; kmhi 10, 12f.).

11.07.-12.06. Altchemnitz. May führt das "Lectionsbuch der Solbrigschen Fabrikschule" (kmhi 9, 18-21; kmhi 10, 20-37; jbkmg 1999, 11-43; lud 341-343).

11.07.-08. Altchemnitz. "Lectionsbuch": Religion: *Repetition*; Biblische Geschichte: *Repetition*; Deutsche Sprache: *Repetition*; Rechnen Schreiben Lesen: *Repetition*; Realien Rezitation Singen: *Repetition* (jbkmg 1999, 13-16).

11.08. Superintendent Kohl fragt bei der Superintendentur Glauchau nach, ob die "Angaben Mai's" über seine Glauchauer Stellung und Entlassung "vollkommen in Wahrheit beruhen" (lud 336-340; kmhi 10, 13).

11.10. Sonntag. Als Schulamtskandidat ist May verpflichtet, regelmäßig den Gottesdienst in der Kirche St. Nicolai zu besuchen (hall 35).

11.11.-15. Altchemnitz. "Lectionsbuch": Religion: *Christus als König, Hoher-Priester und Prophet. Seine Menschheit. "Der mich verlornen – von allen Sünden"*; Biblische Geschichte: *2 Mos. 17.18. – 2 Mos. 19.32.33 – Mtth. 25.31-46*; Deutsche Sprache: *Substantivum*; Rechnen: *Div. benannt*; Schreiben: *Vorschriften*; Lesen: *L.III pag. 341* ["Lebensbilder III. Lesebuch für Oberklassen deutscher Volksschulen", Leipzig 1859: "Ludwig der Bayer und Friedrich der Schöne von Oesterreich"] – *L.III pag. 343. pag. 344*; Realien Rezitation Singen: *Wie reizend – Komm, Du werthes. – Sachsen: Gebirge* (jbkmg 1999, 13-16).

11.14. Superintendentur Glauchau (Otto) an Superintendent Kohl: "In Folge des sehr geehrten Schreibens vom 8ten November [...] sieht sich die unterzeichnete Superintendentur leider dazu veranlaßt, den Bericht des p. Mai über die Ursache seiner Entlassung aus der ihm in Glauchau anvertrauten Hilfslehrerstelle als falsch zu bezeichnen. Der p. Mai ist von seinem Wirthe, dem hiesigen Materialwaarenhändler Meinhold beschuldigt worden, daß er Versuche gewagt habe, sein Weib zu verführen. [...] Die Superintendentur war nicht in der Lage, gegen den p. Mai eine Disciplinaruntersuchung einzuleiten [...], denn dazu reichten die Zugeständniße nicht aus; überdieß war der Ruf einer achtbaren Familie möglichst zu schonen. [...] Die Superintendentur ist der Ansicht, daß der p. Mai für seinen Beruf begabt ist, hält ferner nicht dafür, daß aus den hiesigen Vorgängen ein andres Verfahren gegen ihn wird begründet werden können, als das bereits eingehaltene – die Superintendentur möchte hoffen, daß der junge Mensch an einer andern Stelle zur Besinnung komme und mit seiner Gabe Segen schaffen könnte. Leider giebt die Lüge, mit welcher der p. Mai sein hiesiges Verhalten zu bemänteln versucht hat, den Beweis, daß der Lügengeist, dem der junge Mensch, wie die Superintendentur anderweitig weiß, sich ergeben hat, von ihm noch nicht gewichen ist. Sollte daher beabsichtigt sein, dem p. Mai eine dauernde Stellung an der Fabrikschule zu geben, so kann die Superintendentur nur rathen, den jungen Menschen zuvor einer sorgfältigen Überwachung und einer längeren, scharfen Prüfung zu unterwerfen" (lud 344-348; kmhi 10, 9, 14).

11.15. Altchemnitz. Nach Erhalt des Schreibens aus Glauchau beschließt Kohl, "Mai auf die Superintendentur z. citiren" (lud 344-348; kmhi 10, 15).

11.16. Altchemnitz. May muss dem Superintendenten Kohl Rede und Antwort stehen. Er wird wegen seiner gegenüber Kohl und Pfützner gemachten "unwahren Angaben" verwarnt; es wird ihm eröffnet, "daß er nur provisorisch und unter speciellster Controlle sein Amt als Fabriklehrer zu Altchemnitz verwalten könne, und daß er bey der geringsten Veranlaßung zu Unzufriedenheit mit ihm in Lehre, Lebens-Wandel seiner Stellung wieder werde entlassen werden" (lud 344-348; kmhi 10, 15).

11.18.-22. Altchemnitz. "Lectionsbuch": Religion: *"Vom Tode und von der Gewalt des Teufels, auf daß ich sein Eigen sei*; Biblische Geschichte: *2 Mos. 32.33. – Mtth. 24.15-28*; Deutsche Sprache: *Adjectivum*; Rechnen: *Div. benannten Zahl*; Schreiben: *Vorschriften*; Lesen: *L.III pag. 268* [Karl August Engelhardt (1768–1834): "Das Erzgebirge"] – *L.III pag. 270* [B.: "Die sächsische Schweiz"]; Realien Rezitation Singen: *"Freude, schöner pp. – w.o. V. 2.3 – Flüße v. Sachsen* (jbkmg 1999, 13-16).

11.18. Superintendent Kohl gibt Diakon Pfützner die Anweisung, May nicht aus den Augen zu lassen, und meldet der Kreisdirektion Zwickau, "daß May nicht eigenmächtig aus seiner Stellung als Hilfslehrer zu Glauchau geschieden, sondern aus seiner Hilfsarbeit entlaßen worden ist. Dem May ist hierauf die Fabriklehrerstelle zu Altchemnitz einstweilen und unter speciellster Aufsicht des betreffenden Localschulinspectors übertragen worden" (lud 344-351).

11.25.-29. Altchemnitz. "Lectionsbuch": Religion: *Und in seinem Reiche bis – Ende – Ueberleitung zu Art III – Person des heil. Geistes*; Biblische Geschichte: *3 Mos. 19.26. – 4 Mos. 11.13.18*; Deutsche Sprache: *Beschreibung des Winters*; Rechnen: *Div. w.o.*; Schreiben: *Vorschriften*; Lesen: *L.III pag. 19* [Lorenz Kellner (1811–1892) und Friedrich Adolf Krummacher (1767–1845): "Der Winter"] – *L.III pag. 200* [Johann Peter Hebel (1760–1826): "Die Erde"]; Realien Rezitation Singen: *Singen. Tonleiter gebunden und gestoßen. Dreiklang: cresc. und decresc. – Flüße von Sachsen* (kmhi 9, 20; jbkmg 1999, 13-16).

12.02.-06. "Lectionsbuch": Religion: *Geschichtliches über den heiligen Geist*; Lesen: *L.III pag. 320* [Eduard Duller: "Hermann, der Befreier Deutschlands"] (jbkmg 1999, 13-16).

12.10. 16 Uhr. Altchemnitz. Superintendent Kohl führt eine Revision in der Clauß'schen Fabrikschule durch und stellt May ein ungünstiges Zeugnis ("unzufrieden") aus: "Der noch sehr junge Lehrer hat kein übles Lehrgeschick aber ist noch sehr haltlos. Die Disciplin ist nicht energisch genug, selbst in der Religionsstunde sitzen die Kinder schlecht und zeigen nicht Aufmerksamkeit genug. Der Lehrer sollte katechisiren über die Worte des II. Artikels, 'der mich verlornen und verdammten Menschen erlöset hat pp.' Er kam leider vom Hundertsten in das Tausendste und löste die Aufgabe eigentlich nicht. Die Art der Unterredung hatte nichts Erweckliches und ebenso wenig Klärendes. Von selbst erlebter Gnade war noch keine Spur, obwohl davon geredet wurde. Die Repetition in der biblischen Geschichte (Abrahams Verheißung) zeigte, daß der Lehrer Geschick im Abfragen des Stoffes hat. Die Kinder aber sind ohne alle Haltung, die Hände aufgehoben, der Körper schlaff, kurz sie gewährten einen jammervollen Anblick. Die aus dem Kopfe niedergeschriebene biblische Geschichte war nur bei Einigen einigermaßen befriedigend ausgefallen, die Meisten haben keinen Begriff von Styl und Orthographie. [...] Die vorliegenden Neujahrswünsche, die schön geschrieben sein sollten, zeigten, wie so wenig diese Schule leistet. Dazu waren sie orthographisch ganz falsch. Die Leistungen im Rechnen ebenfalls sehr mangelhaft. [...] [May] scheint auch etwas leichtfertig zu sein" (woll 28; kmhi 10, 34f.; jbkmg 1999, 23-25; lud 355-359).

12.11. Diakon Pfützner an Superintendent Kohl: "Als ich am gestrigen Tage, Dienstag den 10 December die Fabrikschule des Herrn Solbrig revidiren wollte, fand ich weder Lehrer, noch Schüler. Es hieß, der Lehrer halte heute keine Schule. Allein der Fabriklehrer Mai hat mir durchaus keine Anzeige über irgend einen Behinderungsgrund gemacht. Solch ein Benehmen und solch eine Untreue widerstreitet so sehr aller gesetzlichen Ordnung, daß ich diesen Fall sogleich zur Cognition [...] bringe und um Vernehmung und respective ernstliche Verwarnung des Fabriklehrers Mai bitte" (lud 360f.; kmhi 10, 15-17).

12.14. Spätestens jetzt teilt Kohl Diakon Pfützner mit, dass May am 10.12. entschuldigt war, weil eine Revision in der Clauß'schen Fabrikschule stattfand (lud 360f.; kmhi 10, 15f.).

12.24. Heiligabend. Altchemnitz. 14–16 Uhr: May erteilt den letzten Unterricht vor den Weihnachtsferien in der einklassigen Fabrikschule von Solbrig. Angeblich fährt er anschließend sofort nach Ernstthal, ohne erst in die eine halbe Stunde entfernt liegende Wohnung bei Clauß zurückzukehren. Tatsächlich fährt der nächste Zug jedoch erst nach 18 Uhr von der Eisenbahn-Haltestelle Nicolaivorstadt ab (Abfahrt vom Chemnitzer Bahnhof um 18.25 Uhr, Ankunft in Hohenstein gegen 18.50 Uhr; Ermittlung Hainer Plaul). Bei sich führt May eine Taschenuhr, eine Tabakspfeife und eine Zigarrenspitze, die seinem Stubengenossen Herrmann Julius Scheunpflug gehören. Obwohl dieser May angeblich schon öfters seine Zweituhr für den Unterricht ausgeliehen hat, zeigt er ihn wegen Diebstahls an, vermutlich nur, um das Logis wieder für sich allein zu haben (ued 77, plaul3 370f.; jbkmg 1989, 55). *Leben und Streben* 104f.: *Da kam Weihnacht. Ich teilte* [Scheunpflug] *mit, daß ich die Feiertage bei den Eltern zubringen würde, und verabschiedete mich* *von ihm, weil ich nach Schluß der Schule gleich abreisen wollte, ohne erst in die Wohnung zurückzukehren. Als die letzte Schulstunde vorüber war, fuhr ich nach Ernstthal, nur eine Bahnstunde lang, also gar nicht weit. Die Uhr zurückzulassen, daran hatte ich in meiner Ferienfreude nicht gedacht. Als ich bemerkte; daß sie sich in meiner Tasche befand, war mir das sehr gleichgültig. Ich war mir ja nicht der geringsten unlautern Absicht bewußt. Dieser Abend bei den Eltern war ein so glücklicher. Ich hatte die Schülerzeit hinter mir; ich besaß ein Amt; ich bekam Gehalt. Der Anfang zum Aufstieg war da.* [...] *Der Vater schwärmte mit. Die Mutter war stillglücklich. Großmutters alte, treue Augen strahlten. Als wir endlich zur Ruhe gegangen waren, lag ich noch lange Zeit wach im Bette und hielt Rechenschaft über mich.*

12.25. Erster Weihnachtstag. Hohenstein. May wird im Gasthof zu den drei Schwanen (Markt 176/8, Altmarkt 19, Carl Friedrich Selbmann; gus 100; mkmg 121, 70; rich 40, 42; hall 101-103) beim Billardspielen von einem Chemnitzer Gendarm verhaftet, zum Hohensteiner Wachtmeister im gegenüberliegenden Rathaus (Markt 256/7, Altmarkt 41; rich 48f.; hall 116f.; gus 99) gebracht und dort wegen Diebstahls vernommen. Aus Furcht vor strafrechtlicher Verfolgung leugnet er den Besitz der Gegenstände, die aber bei einer Leibesvisitation gefunden werden. Daraufhin wird er in Chemnitz in Untersuchungshaft genommen (ued 77). Nach Mays (falscher) Angabe in der Selbstbiographie wird er bereits am 24.12. kurz vor Mittag auf dem Hohensteiner Christmarkt von einem Gendarmen angesprochen und aufgefordert, nach dem Rathaus zu kommen, wo die Polizei eine Befragung an ihn habe. *Leben und Streben* 106f.: *Ich ging mit, vollständig ahnungslos. Ich wurde zunächst in die Wohnstube geführt, nicht in das Bureau. Da saß eine Frau* [die Frau des Wachtmeisters] *und nähte.* [...] *Sie war eine gute Bekannte meiner Mutter, eine Schulkameradin von ihr, und sah mich mit angstvollen Augen an. Der Gendarm gebot mir, mich niederzusetzen, und ging für kurze Zeit hinaus, seine*

Meldung zu machen. Das benutzte die Frau, mich hastig zu fragen: "Sie sind arretiert! Wissen Sie das?" "Nein", antwortete ich, tödlich erschrocken. "Warum?" "Sie sollen Ihrem Mietkameraden seine Taschenuhr gestohlen haben! Wenn man sie bei Ihnen findet, bekommen Sie Gefängnis und werden als Lehrer abgesetzt!" Mir flimmerten die Augen. Ich hatte das Gefühl, als habe mich jemand mit einer Keule auf den Kopf geschlagen. Ich dachte an den gestrigen Abend, an meine Gedanken vor dem Einschlafen, und nun plötzlich Absetzung und Gefängnis! "Aber die ist ja gar nicht gestohlen, sondern nur geborgt!" stammelte ich, indem ich sie aus der Tasche zog. "Das glaubt man Ihnen nicht! Weg damit! Geben Sie sie ihm heimlich wieder, doch lassen Sie sie jetzt nicht sehen! Schnell, schnell!" Meine Bestürzung war unbeschreiblich. Ein einziger klarer, ruhiger Gedanke hätte mich gerettet, aber er blieb aus. Ich brauchte die Uhr einfach nur vorzuzeigen und die Wahrheit zu sagen, so war alles gut; aber ich stand vor Schreck wie im Fieber und handelte wie im Fieber. Die Uhr verschwand, nicht wieder in der Tasche, sondern im Anzuge, wohin sie nicht gehörte, und kaum war dies geschehen, so kehrte der Gendarm zurück, um mich abzuholen. [Aussage 6.4.1908: Die Frau *nahm mir die Uhr selbst aus der Tasche und ließ sie in meine Unterhose gleiten. Diesen Vorgang habe ich* [...] *bei meiner Verteidigung nicht miterwähnt und zwar, weil ich nicht wollte, daß der Wachtmeister wegen dieser Unvorsichtigkeit seiner Frau seine Stellung verlöre* (leb 120).] *Mache ich es mit dem, was nun geschah, so kurz wie möglich! Ich beging den Wahnsinn, den Besitz der Uhr in Abrede zu stellen; sie wurde aber, als man nach ihr suchte, gefunden. So vernichtete mich also die Lüge, anstatt daß sie mich rettete; das tut sie ja immer; ich war ein – – – Dieb! Ich wurde nach Chemnitz vor den Untersuchungsrichter geschafft, brachte die Weihnachtsfeiertage anstatt bei den Eltern hinter Schloß und Riegel zu und wurde zu sechs Wochen Gefängnis verurteilt.* May geschieht seiner Meinung nach schweres Unrecht. Dieses Schock-Erlebnis wird, wie schon die Entlassung aus dem Seminar zu Waldenburg, zum Trauma, das er nie ganz überwindet (wohl 750). *Leben und Streben* 109f.: *Die* [...] *Begebenheit hatte wie ein Schlag auf mich gewirkt, wie ein Schlag über den Kopf, unter dessen Wucht man in sich selbst zusammenbricht! Und ich brach zusammen! Ich stand zwar wieder auf, doch nur äußerlich; innerlich blieb ich in dumpfer Betäubung liegen; wochenlang, ja monatelang. Daß es grad zur Weihnachtszeit geschehen war, hatte die Wirkung verdoppelt.*

12.26. Zweiter Weihnachtstag. Heinrich August May schreibt an Karls Vorgesetzten, Superintendent Kohl: "Daß Vorgekommene versetzt mich, sowie meine ganze Familie in den tiefsten Kummer, da wir durchaus gar nicht wißen, wie sich eigentlich die Sache verhällt. Ich kann kaum glauben, daß mein Sohn die Uhr, in der Absicht an sich genommen hat, um einen Diebstahl begehen zu wollen, ich glaube vielmehr, daß er es gethan hat, besagte Uhr während der Feiertags-Ferien zu benutzen und sie dann stillschweigend, wieder an den Ort ihrer Bestimmung hinzubringen. Sollte es sich so verhalten, wende ich mich im Vertrauen auf Ihre Güte, mit der unterthänigsten Bitte an Sie, falls Sie etwas zum Schutze meines Sohnes beitragen könnten, daßselbe geneigt thun zu wollen, da ich [nicht] weiß, wohin, oder zu wem ich mich wenden soll. Sollte die kaum begonnene Laufbahn meines Sohnes, schon eine andere werden, und vielleicht eine solche, welche mit der größten Ungewißheit umgeben ist, welch ein unüberwindlicher Schmerz würde daß für uns alle werden" (woll 30; lud 362f.; kmhi 10, 17).

12.27. Das Gerichtsamt Chemnitz (Moritz Leberecht Friedrich) meldet an die dortige Superintendentur: "Der Fabrikschullehrer Mai in Altchemnitz befindet sich wegen Diebstahls hier in Haft, und hat die Ansichnahme einer Uhr, einer Tabakspfeife und einer Cigarrenspitze, seinem Stubengenossen gehörend, eingeräumt, wiewohl er läugnet, dieß in gewinnsüchtiger Absicht gethan zu haben" (lud 364-366; kmhi 10, 17f.).

12.28. Superintendent Kohl zeigt der Kreisdirektion Zwickau "in tiefer Betrübniß" an, "daß der vor Kurzem an der Solbrigschen und Claus'schen Fabrikschule zu Altchemnitz angestellte Fabriklehrer Mai aus Ernstthal nach heute anher ergangener Gerichtsamtlicher Mittheilung wegen Entwendung einer Uhr, einer Tabakspfeife und einer Cigarrenspitze, seinem Stubennachbar zugehörig, zur Haft gebracht worden ist. Er leugnet allerdings, dies in gewinnsüchtiger Absicht gethan zu haben, soll aber doch nach mündlicher Mittheilung des Gerichtsamtmann Friedrich besonders gravirt erscheinen" (lud 367-372; kmhi 10, 18f.).

12.30. Mays Tante Christiane Wilhelmine Heidner, die seit einem Sturz verkrüppelte Halbschwester des Vaters, stirbt in Ernstthal (plaul2).

12.31. Silvester. Die Kreisdirektion Zwickau verfügt: "Uebrigens hat die Superintendentur [Chemnitz] den Ausgang der wider den Fabrikschullehrer Mai eingeleiteten Untersuchung seiner Zeit anzuzeigen." Durch eine schwere Erkrankung Kohls im Februar 1862 gerät der Fall jedoch vorerst aus dem Behördenblick (kmhi 10, 39).

1862

02. Obwohl May behauptet, die Gegenstände (Taschenuhr, Tabakspfeife und Zigarrenspitze) nur entliehen zu haben, um sie nach den Weihnachtsferien zurückzubringen, wird er vom Gerichtsamt Chemnitz zu sechs Wochen Gefängnis verurteilt (vermutlich nur wegen "widerrechtlicher Benutzung fremder Sachen"). Eine Berufung wird später abgewiesen. Auch zwei Gnadengesuche von May selbst und von den Eltern bleiben erfolglos und verzögern nur den Strafantritt bis September (ued 78; jbkmg 2002, 283f.).

02.25. Karl Mays 20. Geburtstag.

09.08.-10.20. Chemnitz. Im Bretturm, dem Gerichtsgefängnis der Stadt, verbüßt May eine sechswöchige Haft. Anschließende Bemühungen zur Wiedererlangung einer Lehrerstelle schlagen fehl (woll 31; jbkmg 1971, 110; rich 76f.; hall 32). *Leben und Streben* 110: *Ob ich mich an einen Rechtsanwalt wendete, ob ich Berufung eingelegt, appelliert oder sonst irgendein Rechtsmittel ergriffen habe, das weiß ich nicht. Ich weiß nur noch, daß ich sechs Wochen lang in einer Zelle wohnte, zwei andere Männer mit mir. Sie waren Untersuchungsgefangene. Man schien mich also für ungefährlich zu halten, sonst hätte man mich nicht mit Personen zusammengesperrt, die noch nicht abgeurteilt waren. Der Eine war ein Bankbeamter, der Andere ein Hotelier. Weshalb sie in Untersuchung saßen, das kümmerte mich nicht. Sie zeigten sich lieb zu mir und gaben sich Mühe, mich aus dem Zustande innerlicher Versteinerung, in dem ich mich befand, emporzuheben, doch vergeblich. Ich verließ die Zelle nach Beendigung meiner Haft mit derselben Empfindungslosigkeit, in der ich sie betreten hatte. Ich ging heim, zu den Eltern. Weder dem Vater noch der Mutter noch der Großmutter noch den Schwestern fiel es ein, mir Vorwürfe zu machen. Und das war geradezu entsetzlich!*

09.23. Otto Eduard Leopold von Bismarck (1815–1898) wird preußischer Ministerpräsident.

1862. Aussage 17.3.1870: *Nach verbüsster Strafe habe ich mich teils durch Privatunterricht, teils durch Schriftstellerei erhalten* (heer3 263).

1862-1864. Ernstthal. May lebt von kärglichen Einkünften als Privatlehrer (vermutlich nur bis März 1863) und Musikant. Er ist Mitglied, 1863/64 angeblich sogar Leiter des "Gesangvereins Lyra zu Ernstthal" (Vereinslokal Niedergasse 119, später Bahnstraße 19, heute Karl-May-Straße 38; rich 24f.; hall 121f.) und komponiert eigene Lieder. Möglicherweise ist er in diesen Jahren schon schriftstellerisch tätig; Publikationen sind aber nicht bekannt (woll 32). *Leben und Streben* 113: *Ich arbeitete. Ich gab Unterricht in Musik und fremden Sprachen. Ich dichtete, ich komponierte. Ich bildete mir eine kleine Instrumentalkapelle, um das, was ich komponierte, einzuüben, und auszuführen.* [...] *Ich wurde Direktor eines Gesangvereins, mit dem ich öffentliche Konzerte gab, trotz meiner Jugend. Und ich begann, zu schriftstellern.*

11.01. Wegen der anstehenden Musterung ("Recrutenaushebung") meldet May sich persönlich beim Stadtrat von Ernstthal (jbkmg 1971, 149).

11.08. Im "Neuen Schönburg'schen Anzeiger" werden die Aushebungstermine für die Militärpflichtigen des Jahrgangs 1842 bekannt gegeben. May und seine Ernstthaler Altersgenossen haben sich am 6.12. in Begleitung eines Mitglieds des Stadtrats in Hahn's Restauration zu Glauchau einzufinden.

12.06. 8.30 Uhr. Glauchau. Restauration Hahn (Quergasse 1; hall 245f.). May wird vom Bataillonsarzt Dr. Alexander Eduard Horn (1819–1873) für den Militärdienst gemustert und (möglicherweise wegen Folgeschäden einer Rachitis) für "untüchtig" befunden, was ihn vor einem 8-jährigen Militärdienst bewahrt (jbkmg 1971, 149; ued 79; jbkmg 2000, 211).

12. Ernstthal. Jetzt oder im Januar 1863 findet ein "Vocalconzert der 'Lyra'-Sänger gemeinsam mit dem Gesangsverein 'Liederkranz'" statt; der Erlös wird am 11.1.1863 als "Christbescheerung für arme Schulkinder" gespendet (hall 88).

1863

01.25. Ernstthal. Mitwirkung an einer musikalisch-deklamatorischen Abendunterhaltung in der Schießhaus-Restauration (Schützenhaus, Pölitzstraße 87; hall 120f.). Geboten wird u. a. ein *Terzett v. Mai* (jbkmg 1971, 151).

02.07. Hohenstein. Gastspiel der Leipziger Theater- und Ballett-Gruppe H. Jerwitz. Möglicherweise knüpft May Beziehungen zu einer Tänzerin (jbkmg 1975, 261). Karoline Selbmann wird sich noch im Alter daran erinnern, dass ihr Bruder "mit einer Künstlerin Geld verpulverte" (patsch).

02.12. Das Ernstthaler Lehrerkollegium beschwert sich bei Pfarrer Karl Hermann Schmidt darüber, dass May unbefugten Privatunterricht erteilt (lud 375f.; kmhi 9, 22; kmhi 10, 38).

02.15. Hohenstein. Erneuter Auftritt der Theater- und Ballett-Gruppe H. Jerwitz (jbkmg 1975, 261).

02.25. Karl Mays 21. Geburtstag.

03.08. Hohenstein. Mitwirkung an einer musikalisch-deklamatorischen Abendunterhaltung im Rathaus. *Piéçe aus Pretiosa, vorg. v. May* (jbkmg 1971, 151; klußl2 44).

03.20. Pfarrer Schmidt übersendet der für Ernstthal zuständigen Schulinspektion Glauchau "die Anzeige des hiesigen Lehrercollegii v. 12 Feb. a. c., – das unbefugte Ertheilen v. Privatunterricht seitens des gewes. Hilfslehrers K. Fr. May von hier betrf.": "Nach eigner Beobachtung u. anderweit eingezogener Erkundigung muß der ergebenst Unterzeichnete die in der beregten Anzeige beigebrachten Klage- u. Beschwerdepunkte wider den besagten May bestätigen, u. sieht deßhalb veranlasst, das Gesuch der Herren Lehrer zu unterstützen u. die geehrte Kircheninspection [...] ergebenst zu ersuchen, dem mehrgenannten May d. Ertheilung v. Privatunterricht geneigtest zu untersagen" (kmhi 9, 22f.; lud 375f.).

03.25. Hohenstein. Musikalisch-deklamatorische Abendunterhaltung im Gasthof zu den drei Schwanen. *Das eigne Herz v. May. Dekl.* (jbkmg 1971, 111).

04.07./08. Hohenstein. Ein nächtliches Großfeuer zerstört 20 Wohnhäuser mit ihren Nebengebäuden (jbkmg 1977, 160f.).

04.26. Sonntag. Ernstthal. May nimmt am Abendmahlsgottesdienst in der Kirche St. Trinitatis teil (jbkmg 1971, 152).

05.03. Ernstthal. Der Barbier Karl Ludwig Ferdinand Pfefferkorn (1841–1916), der mit May die Ernstthaler Knabenschule besucht hat, heiratet Ida Amalie Schulze (1840–1885). Pfefferkorn ist 1855 mit seinem Vater Carl Ludwig Ferdinand Pfefferkorn (1808–1891), einem Weber und Musikanten, dessen zweiter Frau Auguste Wilhelmine geb. Bachmann (1837–1855, gestorben auf der Überfahrt; das Todesdatum der ersten Frau Christiane Wilhelmine, der Mutter Ferdinands, ist unbekannt) und sechs (Halb-)Geschwistern nach Amerika ausgewandert (Textilarbeit in Lawrence, Mass.), jedoch um 1858 mit dem Vater und fünf Geschwistern vorübergehend in seine Heimat zurückgekehrt, wo er sich dann für einige Jahre als Barbier in Oberlungwitz niederließ. 1866 wird Pfefferkorn endgültig nach Amerika auswandern, zunächst weiterhin als Barbier ("hairdresser", Manchester, N. H. und Lawrence, Mass.) und ab 1883 als homöopathischer Arzt ("physician", zeitweise in Philadelphia und Lowell, ab 1886 in Lawrence) arbeiten. Nach langen Jahren kinderreicher, aber unglücklicher Ehe wird er sich scheiden lassen und um 1884 seine zweite Frau Therese Johanna (verw. oder gesch.) Drescher geb. Oeser (1845–1919) heiraten. Auch Pfefferkorns Vater, der am 13.1.1861 in Ernstthal ein drittes Mal geheiratet hat (Ernestine Friedericke gesch. Franke geb. Walther), und seine Geschwister emigrieren Ende der 60er Jahre erneut.

05.18. Superintendent Robert Kohl erkundigt sich nach seiner Genesung beim Gerichtsamt Chemnitz, "welches Ende die Untersuchung gegen den früheren Fabriklehrer Karl Friedrich Mai in Altchemnitz genommen hat, ob derselbe Strafe erhalten u. seine Strafe verbüßt hat" (woll 30; lud 377f.; kmhi 10, 39f.).

05.20. Das Gerichtsamt Chemnitz teilt Kohl mit, "daß der Fabrikschullehrer Carl Friedrich Mai zu Altchemnitz durch den in zweiter Instanz bestätigten Bescheid des unterzeichneten Gerichtsamtes wegen Diebstahls zu 6 Wochen Gefängniß verurtheilt worden ist und nach Abschlagung der von ihm und bez. seinen Eltern angebrachten Gnadengesuche diese Strafe vom 8ten September bis 20ten October 1862 verbüßt hat" (lud 379-381; kmhi 10, 40).

05.23. Superintendent Kohl informiert die Kreisdirektion Zwickau "unter Einsendung zweier Zeugniße" ("Prüfungs-Zeugniss" und "Zeugniß über die musikalische Prüfung", 13.9.1861) über Mays Haftstrafe (lud 379-381; kmhi 10, 40f.).

06.04. Die Kreisdirektion Zwickau (Kirchen- und Schulrat Dr. Döhner) informiert das sächsische Kultusministerium über Mays Haftstrafe und übersendet seine Prüfungszeugnisse "behufs deren Cassation" "unter Streichung Mais aus der Candidatenliste" (lud 383-389; kmhi 9, 24f.; kmhi 10, 42).

06.20. Das Kultusministerium in Dresden (Falkenstein, Bearbeiter Dr. Robert Otto Gilbert) teilt der Kreisdirektion Zwickau mit, dass May aufgrund des Vortrags vom 4.6. aus der Schulamtskandidatenliste gestrichen sei, seine Zeugnisse "cassirt" wurden, und dass darüber auch die übrigen Kreisdirektionen und das Gesamtkonsistorium Glauchau zu informieren seien. Mays Lehrertätigkeit ist damit endgültig beendet (woll 32; lud 390f.; kmhi 9, 25; kmhi 10, 43f.).

07.05. Sonntag. Ernstthal. May nimmt am Abendmahlsgottesdienst in der Kirche St. Trinitatis teil (mkmg 6, 15; jbkmg 1971, 155f.).

07.09. Das Gesamtkonsistorium Glauchau (Friedrich Wilhelm Neumann) benachrichtigt die Superintendentur Waldenburg über Mays Streichung aus der Kandidatenliste (kmhi 10, 44f.).

1864

1864. Mit *1864/1* ist Mays Liedkomposition für den "Gesangverein Lyra" *An die Sterne* (für vierstimmigen Männerchor; *Süße kleine Sternenaugen*) datiert. Weitere erhaltene Kompositionen aus der "Lyra"-Zeit sind *Ave Maria der Gondolieri am Traghetto della Salute* (für zwei Männerchöre; Text Ida von Düringsfeld, 1815–1876: "Wir bringen dir Kerzen"), *Nottourne* (Soloquartett für vier Männerstimmen; *Ich will dich auf den Händen tragen*; kmjb 1919 [*Liebe*], 329), *Wanderlied* (für vierstimmigen Männerchor; Text Uffo Horn, 1817–1860: "Ei wie geht so flink der Knabe"; kmhi 2/3, 28), *Serenade* (für vierstimmigen Männerchor, Melodie Wilhelm Heiser, Satz May; Texter unbekannt: "Zieht im Herbst die Lerche fort"), *Warnung* (Motette für vierstimmigen Männerchor; *O gräme nie ein Menschenherz*), *Ständchen* (für vierstimmigen Männerchor und Streichquartett; *Deine hellen klaren Augen*; frö 24; hall 89) und mehrere Chöre und Couplets (*Eingangs-Chor*, *Schlächtercouplet*, *Aennchens Lied*, *Der Jesuit*) sowie Textfragmente für *Die Pantoffelmühle. Original-Posse mit Gesang und Tanz.* Nicht eindeutig zu datieren sind eine *Oster-Cantate* (für zwei vierstimmige Männerchöre; *Auf Golgatha ans Kreuz geschlagen*) und ein *Vaterunser* (für drei Chöre; *Herr, deinem Thron nah'n anbetend wir*) (küh 14f., 73-123, 148-150, 162-176, 180-195, 200-206, 222-241).

02.13. Christiane Friederike Ebersbach, die Wirtin des Gasthauses Zur Stadt Glauchau, stirbt mit 49 Jahren an Leberkrebs; sie wird das Vorbild für Rosalie Ebersbach im 1892/93 entstandenen Jugendroman *Der Oelprinz* (patsch).

02.25. Karl Mays 22. Geburtstag.

04.24. Ernstthal. Mögliche Teilnahme an einer Abendunterhaltung in der Schießhaus-Restauration (hall 121).

07.04. In Dessau an der Mulde, Poststraße 8, wird Auguste Wilhelmine Klara Beibler (†31.12.1944) geboren, die am 30. 3.1903 Mays zweite Ehefrau werden wird; ihre (erst seit dem 19.4. verheirateten) Eltern sind der Kastellan der Amalienstiftung Johann Ludwig Heinrich Beibler (4.10.1789–25.3.1880; kmw VIII.6, 672f.) und seine wesentlich jüngere zweite Frau Wilhelmine geb. Höhne (31.7.1837–27.6.1909) (plaul2; heer2 81-85).

1864.07.-1865.03. Erste Vagantenzeit. May beginnt, vielleicht aufgrund einer psychischen Erkrankung, eine kriminelle Karriere. Drei kuriose Eigentumsdelikte, die er pseudonym (als "Dr. med. Heilig", "Seminarlehrer Lohse" und "Noten- und Formenstecher Hermin") begeht, werden bekannt. "Ich" (*Meine Beichte*) 18: *Der Gedanke an die mir widerfahrene Schande und an das Herzeleid meiner armen Eltern und Geschwister bohrte sich so tief und so vernichtend in meine Seele ein, daß sie schwer und gefährlich erkrankte.* [...] *Ich sann auf Rache, und zwar auf eine fürchterliche Rache, auf etwas noch niemals Dagewesenes. Diese Rache sollte darin bestehen, daß ich, der durch die Bestrafung unter die Verbrecher Geworfene, nun wirklich auch Verbrechen beging.*

07.09. Penig an der Zwickauer Mulde, 30 km nördlich von Ernstthal. Als Augenarzt "Dr. med. Heilig aus Rochlitz" nimmt May in einem Gasthaus (Zum goldenen Stern?) ein Zimmer und lässt sich bei einem Schneidermeister (vermutlich in der Brückenstraße) fünf Kleidungsstücke (einen Überzieher von schwarzem schweren Winterbuckskin, einen Rock von schwarzem feinen schweren Buckskin, ein Paar Hosen von schwarzem feinen schweren Buckskin, ein Paar Hosen aus feinem schwerem Winterbuckskin und eine Weste aus schwarzem feinen leichten Sommerbuckskin) anmessen (woll 33; jbkmg 1971, 158; hall 37f.).

07.16. Penig. May nimmt die bestellten Kleidungsstücke in Empfang und untersucht bei dieser Gelegenheit auf Bitten des

Schneiders einen im selben Haus wohnenden augenkranken jungen Mann, dem er ein echt wirkendes lateinisches Rezept ausstellt. Unter einem Vorwand entschwindet er unter Mitnahme der Sachen, ohne zu bezahlen (ued 79f.). "Leipziger Tageblatt und Anzeiger" 10.6.1865: "May war [...] nach Penig gekommen, hatte sich ein Zimmer in einem dortigen Gasthause anweisen lassen und sodann einem Schneidermeister in der Absicht, Kleider von ihm zu entnehmen, seine Aufwartung gemacht; da die ihm zur Auswahl vorgelegten Kleidungsstücke aber die Probe nicht bestanden, hatte der Herr Dr. med. Heilig aus Rochlitz, als welchen er sich dem Verkäufer gegenüber ausgab, fünf dergleichen im Gesammtwerthe von 39 Thlr. 9 Ngr. sich anmessen lassen, auch solche nach Verlauf von acht Tagen in Empfang genommen. Bevor jedoch letzteres geschah, hatte er auf Ansuchen des Schneidermeisters einen in demselben Hause wohnhaften augenkranken jungen Mann auscultirt, ihm auch ein Recept geschrieben. Hiermit war, wenn je ein Verdacht an seiner ärztlichen Qualität in dem Schneider vorher aufgetaucht gewesen sein sollte, dieser sofort mit einem Schlage beseitigt. Der 'Herr Doctor' eilte sodann, angeblich um ein Instrument behufs genauerer Untersuchung des Ortes der Krankheit aus seinem Zimmer herbeizuholen, unter Mitnahme der Sachen in das Gasthaus zurück und verließ darauf eiligst die Stadt, ohne an die versprochene Zahlung zu denken" (kmhi 11, 46). Laut Aussage vom 27.3.1865 wird May die Hosen und den Rock einige Zeit tragen und dann für 5 Taler an einen Trödler in Chemnitz verkaufen (leb 11; kmhi 11, 42).

07.20. Das Gerichtsamt Penig fahndet steckbrieflich nach einem "Unbekannten Betrüger" ("Königl. Sächs. Gendarmerieblatt" 23.7., ähnlich in der "Leipziger Zeitung", kmhi 18, 77): "angebl. ein Arzt aus Rochlitz. Alter: 21 bis 23 J.; Größe: 68–69"; Statur: mittel u. schwach; Gesicht: länglich, blaß; Haare: dunkelbraun; Nase u. Mund: proport.; Stirn: hoch und frei; Kleidung: schwarzer Tuchrock mit sehr schmutzigem Kragen, dunkle Bukskinhosen, lichte Bukskinweste, schrzseidene Mütze u. Schnürstiefeln. Er hat eine Brille mit Argentangestell u. an einem Finger der rechten Hand 1 Ring getragen; von freundlichem, gewandtem und einschmeichelnden Benehmen, hat sich der Betrüger, welcher übrigens den in hiesiger Gegend üblichen Dialect gesprochen, auch noch den Anstrich einer wissenschaftlichen Bildung zu geben gewußt. Aus einem von ihm geschriebenen, zur Ansicht an Amtsstelle bereit liegenden Recepte läßt sich, da die darauf vorkommenden lateinischen Worte fast ohne Ausnahme correct geschrieben sind, recht wohl schließen, daß der Betrüger eine mehr als gewöhnliche Schulbildung erhalten haben mag. Am 16. d. Ms. hat in einem Kleidermagazine allhier die vorbeschriebene Mannsperson, welche sich für einen Arzt aus Rochlitz ausgegeben, folgende durchweg ganz neue Kleidungsstücke, als: 1 schrzen Bukskinüberziehrock, 1 schrzen Stoffrock, 1 Pr. schrze Bukskinhosen, 1 Pr. lichte Bukskinhosen u. 1 schrze Stoffweste betrügerischer Weise an sich gebracht. Der Betrüger ist zu ermitteln u. zu Wiedererlangung der bezeichn. Kleidungstücke ist mitzuwirken" (klußZ 46).

08.12. Erneute steckbriefliche Fahndung des Gerichtsamts Penig ("Königl. Sächs. Gendarmerieblatt" 20.8.) nach dem "Unbekannten Betrüger", "angebl. Dr. med., Augenarzt und früher Militär aus Rochlitz Namens Heilig": "Da der Betrüger wahrscheinlich seine alten Kleider sehr bald nach Erschwindelung der neuen [...] irgendwo veräußert haben wird, so werden die Polizeiorgane insbesondere darauf hingewiesen, daß namentlich auch sorgfältige Nachfrage bei den Trödlern zur Entdeckung des Unbekannten führen kann. Uebrigens hat derselbe einmal Stiefeln mit Sporen, das andere Mal Schnürstiefeln getragen u. sein dkelbrns Haar ist glatt anliegend u. etwas unordentlich lang gewachsen. Seine Haltung war steif u. linkisch, sein Benehmen freundl. u. gewandt" (klußZ 46). Ein ausführlicherer Steckbrief erscheint am 20.8. in der "Leipziger Zeitung" (kmhi 18, 77f.).

11.(?) Vermutlicher Aufenthalt Mays in der Gegend von Lößnitz im Erzgebirge und in Dresden (jbkmg 1971, 159f.).

11. Beim Gerichtsamt Dresden ist eine Untersuchung gegen May anhängig, bei der trotz der Vernehmung eines gewissen Eidner vor dem Justizamt Lößnitz nichts herauskommt (jbkmg 1971, 160).

12.16. Chemnitz. May mietet im Gasthof Zum goldenen Anker, Neue Dresdner Straße 27 (Theodor Hermann Clauß; rich 76f.; hall 33f.), zwei Zimmer. Möglicherweise ist er schon einige Tage zuvor aus Richtung Dresden gekommen und hat eine Wohnung genommen. Als "Seminarlehrer Ferdinand Lohse aus Plauen" sucht er den Kürschner und Pelzwarenhändler Oskar Bernhard Nappe (1839–1918) in der Bretgasse 10 auf und lässt sich zwei Bisampelze und zwei Damenpelzkragen (im Wert von über 100 Talern) in den Gasthof bringen, die er angeblich im Auftrag seines kranken Direktors erwerben will. Mit der Behauptung, er werde die Waren seinem Dienstherrn im Nebenzimmer zeigen, nimmt er dem Lehrling die Pelzwaren ab und entschwindet (woll 33; jbkmg 1972/73, 195f.; hall 35). – Telegramm der Stadtpolizeibehörde Chemnitz an die Polizeibehörde Leipzig: "Heute hat hier ein Mann, vorgeblich Ferdinand Lohse Seminarlehrer in Plauen, zwei Bisampelze mit Klappkragen und zwei große Bisamkragen in Cartons, Firma Oskar Nappe, erschwindelt. Der Betrüger, 26 Jahr, 72 Zoll, blondes Haar, kurzen dünnen Backenbart, Stahlbrille, ist Nachmittag mit Leipzigerbahn flüchtig geworden. Trägt kurzen dunklen Überzieher, seidene Mütze, türkisches Shawltuch, lederne Umhängetasche. Bitte um Aufgreifung und Nachricht" (kmhi 11, 43). Tatsächlich hat May die Polizei getäuscht und wendet sich vermutlich zu Fuß in Richtung Dresden. Die beiden Pelzpelerinen wird er (laut Aussage vom 27.3.1865) in Freiberg "an ein ihm unbekanntes Frauenzimmer" für 6 Taler verkaufen, den neuen Pelz für 20 Taler an den Gutsbesitzer Johann Gotthelf Fickler in Naußlitz bei Dresden veräußern und den älteren Pelz für 15 Taler in Dresden bei dem Pfandleiher F. Hermann Bitterlich in der Schössergasse 19 versetzen (jbkmg 1972/73, 197f.; kmhi 11, 42).

12.19. Die Stadtpolizeibehörde Chemnitz fahndet nach einem "Unbekannten" ("Königl. Sächs. Gendarmerieblatt" 21.12.): "Alter: ca. 26 J.; Größe: 72″, Haare: blond; Bart: kurzer dünner Backenbart; Gesicht: hager, länglich; Kleidung: dunkler kurzer Ueberzieher, seidne Mütze u. türkisches Shawltuch. Derselbe, welcher eine Stahlbrille getragen hat, hat am 16. huj. in einer hiesigen Pelzhandlung sich betrügerischer Weise die unten näher beschriebenen Pelze und Pelzkragen [...] erschwindelt. – Der eine Pelz, bereits etwas getragen, von naturellem Bisam mit russisch-grünem Tuche überzogen, am Kragen etwas fettig, inwendig mit einer Seitentasche versehen, in welcher mit gelber Seide sich zwei halbe Buchstaben eingenäht befinden; der andere Pelz, gleichfalls von naturellem Bisam und mit russisch-grünem Ueberzuge, ist vollständig neu, hat inwendig eine mit schwarzem Kattun gefütterte Seitentasche, Schnurenhenkel zum Zuknöpfen u. ist auf der rechten Vorderseite mit 2 Knöpfen versehen. Die beiden Frauenpelzkragen sind ebenfalls von naturellem Bisam, elffellig gesteppt u. haben braunes Futter. – Wir bemerken, daß sich der Schwindler am 16. h. m. mit dem um 3 Uhr nach Leipzig gehenden Eisenbahnzuge von hier entfernt hat, und bitten um thunlichste Mitwirkung zur Entdeckung des Diebes u. Wiedererlangung der Pelze" (kluß2 47). – Der Leipziger Polizeikommissar Gustav Theodor Kneschke notiert: "Der angebliche Ferdinand Lohse ist hier nicht vorgekommen" (jbkmg 1972/73, 198; kmhi 11, 32f., 43).

12. May hält sich spätestens seit den Vorweihnachtstagen für mehrere Wochen (maximal bis Ende Februar 1865) im Dorf Naußlitz verborgen und unternimmt von hier aus mehrfach kürzere Reisen in das nahe Dresden (jbkmg 1972/73, 198-200).

1865

01.-02. Aufenthalt in Naußlitz, wo May vom Ortsgericht ein Verhaltschein ausgestellt worden ist (jbkmg 1972/73, 198-200).

02.25. Karl Mays 23. Geburtstag.

02.28. Ankunft in Gohlis bei Leipzig, aus Richtung Dresden (Naußlitz) kommend. Zimmeranmietung als "Noten- und Formenstecher Hermin" bei dem Hausbesitzer Ernst Wilhelm Damm in der Möckernschen Straße 28b (nicht mehr existent), später wohnhaft bei dem Stahlstecher Schule im selben Haus, 1. Stock (leb 10; jbkmg 1972/73, 204; hall 141). In der Nähe (Menckestraße 42) liegt das Schillerhaus, in dem der Dichter (1759–1805) von Mai bis September 1785 wohnte, am "Don Carlos" arbeitete und die Erstfassung seines Liedes "An die Freude" schrieb (gus 131).

03.20. Leipzig. Inserat im "Leipziger Tageblatt und Anzeiger": "Eine gut ausmeublirte Stube nebst Alkoven ist an einen anständigen Herrn sofort zu vermiethen Thomaskirchhof 12, 3 Treppen" (kmhi 11, 38). Anmietung eines zweiten Zimmers bei der verwitweten Essigfabrikantin Johanne Rosine Hennig am Thomaskirchhof 12, gegenüber der Thomaskirche (Wirkungsstätte von Johann Sebastian Bach, 1685–1750), im Haus der von Dr. Willmar Schwabe (1839–1917) verwalteten "Homöopathischen Dispensieranstalt der vereinigten Apotheken zu Leipzig", unter dem Namen "Noten- und Formenstecher Hermin" (woll 33; kmlpz 2, 2f.; hall 132, 139f.). Anzeige des Sohnes Hermann Hennig am Abend desselben Tages vor dem Polizeiamt (Reichsstraße), Kommissar Gustav Theodor Kneschke: "Nachmittags gegen 3 Uhr sei zu seiner Mutter ein junger Mann, c. 25 Jahre alt, mit blassem Gesicht, blondem halblangem Haar, ohne Bart, c. 73 Zoll groß, u. von schlanker Statur, bekleidet mit brauner Tuchtwine, grauen Hosen u. einer Deckelmütze gekommen u. habe sich mit derselben sofort über eine Wohnung, die dieselbe zu vermiethen gehabt u. heute im Tageblatt annoncirt habe, geeinigt. Kurz darauf sei der junge Mann [...] wieder weggegangen u. habe eine Geldtasche, die er umhängen gehabt, in den Kleiderschrank gehangen. Weitere Effekten habe derselbe nicht bei sich geführt" (kmhi 11, 38). – Pelzcoup bei der Firma des Kürschnermeisters und Pelzwarenhändlers Johann Friedrich Gottlob Erler am Brühl 73, Gasthaus Stadt Freiberg (hall 138; heerl 78; gus 132). Aussage des Sohnes Otto Erler, der zusammen mit Hermann Hennig vor dem Polizeiamt erschienen ist: "Derselbe sei heute Nachmittags in das Geschäftslocal, wo nur seine Mutter [Friederike Erler geb. Krummbach] anwesend gewesen, Brühl No. 73, gekommen, habe einen Biberpelz mit Biberfutter u. desgl. Aufschlag u. schwarzem Tuchüberzug für 72 Taler gekauft u. ihm den Auftrag gegeben, denselben in seine Wohnung bei Frau Hennig im Sack zu tragen. Dies habe er auch gethan, habe den angeblichen Hermes angetroffen u. demselben den Pelz übergeben u. nun auf die Zahlung gewartet. Hermes sei damit zur Stube hinaus gegangen, um den Pelz seinen Wirthsleuten zu zeigen, sei jedoch nicht wiedergekommen. Nach einer halben Stunde habe er mit Herrn Hennig den angeblichen Hermes gesucht, derselbe sei jedoch aus der Hennigschen Wohnung verschwunden gewesen. [...] Die Geldtasche, die der Fremde in den Kleiderschrank der Frau Hennig gehangen, hat derselbe [...] wieder an sich und mit fort genommen" (kmhi 11, 39). Anzeige Hermann Hennig: "C. ¾ 5 Uhr sei der angebliche Hermin wieder nach Hause gekommen, u. kurz darauf habe ein Kürschnerbursche einen Biberpelz gebracht. Der Kürschnerbursche sei mit in die von Hermin gemiethete Stube gegangen u. habe nach ungefähr ½ Stunde [...] ihn gefragt, wo der Käufer des Pelzes sich aufhalte, der ihn schon eine geraume Zeit habe warten lassen. Man habe nun den Hermin, der sich bei dem Verkäufer des Pelzes [...] Hermes genannt habe, gesucht, denselben jedoch nicht gefunden. Augenscheinlich sei derselbe mit dem Pelze, den er seinen Wirthsleuten zu zeigen vorgegeben, fort u. zur Treppe herunter gelaufen, habe auch die Stube nur zu dem Zwecke gemiethet, um den Betrug mit dem Pelze ausführen zu können" (kmhi 11, 38). Kommissar Kneschke lässt durch Korporal Johann Carl Gottfried Lindner das Leihhaus (Packkammergebäude zwischen Tröndlinring, Nord- und Packhofstraße; hall 138) und die Pfandleihen benachrichtigen. Zu diesem Zeitpunkt hat May den Pelz, den er vergeblich dem Meubleur Friedrich August Brock (Burgstraße 11) für 40 Taler angeboten hat, bereits an eine Frau Bayer, Hallesche Straße 5, Frau des Barbiergehilfen Wilhelm Bayer, gegeben, die ihn an seiner Stelle im Leihhaus versetzen soll. (Vermutlich hat er eine Annonce Frau Bayers gelesen: "Pfänder versetzen, prolongieren u. einlösen wird schnell und verschwiegen besorgt"; heer4 94). Am Morgen des 21.3. gibt Frau Bayer an, "daß gestern Nachmittags nach 5 Uhr ein junger Mann, einige 20 Jahr alt, schlank, ohne Bart, mit blassem Gesicht, bekleidet mit schwarzem Rock u. schwarzseidener Mütze, der im Halstuche 2 Stecknadeln getragen, zu ihr gekommen sei, ihr den fragl. Pelz zum Versatze auf dem Leihhause überbracht, u. da sie ihm gesagt, daß sie den Versatz erst am nächstfolgenden Tage vornehmen könne, vorläufige Zahlung von 10 Talern verlangt habe. Diese Summe habe sie dem Fremden, der sich Friedrich genannt, nach Rücksprache mit ihrem Ehemann auch gegeben, worauf sich der angebliche Friedrich entfernt u. am folgenden Tage das übrige Geld Vormittags 9 Uhr abholen zu wollen erklärt habe" (kmhi 11, 39).

03.21. Nach 8 Uhr. Das Leihhaus meldet, dass ein Biberpelz von Frau Bayer zum Versatz gebracht worden sei. Der Pelz wird konfisziert, nachdem Erler ihn identifiziert hat; Frau Bayer wird angehalten und von Kommissar Kneschke vernommen. "Korporal Lindner hat sich sofort mit Diener [Friedrich Moritz] Krug in die Wohnung der Beyer verfügt, um den Fremden, wenn er sich einfinden würde, in Beschlag zu nehmen. Der Fremde hat sich jedoch weder um 9 Uhr noch später bei Frau Beyer wieder sehen lassen" (kmhi 11, 39). Vermutlich hat May das Leihhaus beobachtet und bemerkt, dass die Sache nicht nach seinem Plan verläuft. Nach einigen Tagen wird er einen Gepäckträger beauftragen, bei Frau Bayer nach dem Erlös zu forschen (heer4 94, 96).

03.26. Sonntag. 15 Uhr. Frau Bayer meldet dem Polizeiamt, "daß ein Packträger soeben [...] Zahlung desjenigen Betrags verlangt hat, welchen sie nach Gewährung der 10 Taler von dem beim Leihhause verlangten Pfandschilling für den Pelz noch übrig habe, sowie daß der Packträger [Carl Heinrich Müller, Thomaskirchhof 10, 1824–1883] in ihrer Wohnung warte. Die sofort dahin abgegangenen Diener [Ernst Adolph Hermann] Beutner [*1830] und [Friedrich Ernst] Wolf haben den Packträger in d. Beyerschen Wohnung nicht mehr angetroffen u. von F[rau] Beyer erfahren, daß ihr Mann mit demselben in das Rosenthal [ein parkähnliches Gelände zwischen Leipzig und Gohlis; hall 138f.; gus 133] gegangen sei, um denjenigen, der dem Packträger den Auftrag zur Abholung des Geldes gegeben habe u. an gedachtem Platze auf Rückkunft seines Boten habe warten wollen, festzuhalten. Die Diener Beutner u. Wolf haben sich nun eiligst in das Rosenthal begeben, sind dort kurz nach dem Packträger u. H[er]rn Beyer eingetroffen u. haben einen fremden Mann, mit dem der Packträger, nachdem er von jenem zur Abgabe des Geldes in das Gebüsch gerufen worden ist, gerungen hat, ergriffen u. nachher mittels eines Fiacers hierher transportirt. Bei dem Ringen mit dem Packträger, der anfänglich sich gestellt hat, als ob er das Geld bringe, u. so dem Fremden ganz nahe gekommen ist u. ihn nun gepackt hat, ist dem Fremden ein Beil, welches derselbe bei sich geführt hat, unter dem Rock vorgeglitten. Der Arretirte ist anfänglich ganz regungslos u. anscheinend leblos gewesen, hat auch, nachdem der Hr. Pol[izei] Arzt herzugerufen worden ist, nicht gesprochen u. erst später angegeben, daß er Carl Friedrich May heiße" (kmhi 11, 40f.). Untersuchungshaft in einer Arrestzelle des Polizeiamts in der Reichsstraße (Komplex 1906 abgebrochen) (leb 9f.; kmlpz 29, 3).

03.27. Polizeiamt Leipzig. May wird am Morgen von Polizeikommissar Kneschke verhört und mit den Zeugen Hermann Hennig und Friederike Erler konfrontiert. Er ist geständig und gibt auch die Strafdelikte in Penig und Chemnitz zu. Dagegen leugnet er, seinem Logiswirt Damm zwei Stück Shirting entwendet zu haben. Das Beil, das dem Stahlstecher Schule gehört, will er bei sich getragen haben, "um es [sonntags!] in Leipzig schärfen zu lassen" (leb 10f.; kmhi 11, 41f.). *Leben und Streben* 119: *Das dunkle Wesen führte mich an der Hand. Es ging immerfort am Abgrund hin. Bald sollte ich dies, bald jenes tun, was doch verboten war. Ich wehrte mich zuletzt nur noch wie im Traum. Hätte ich den Eltern oder doch wenigstens Großmutter gesagt, wie es um mich stand, so wäre der tiefe Sturz, dem ich entgegentrieb, gewißlich unterblieben. Und er kam, nicht daheim in der Heimat, sondern in Leipzig, wohin mich eine Theaterangelegenheit führte. Dort habe ich, der ich gar nichts Derartiges brauchte, Rauchwaren gekauft und bin mit ihnen verschwunden, ohne zu bezahlen. Wie ich es angefangen habe, dies fertigzubringen, das kann ich nicht mehr sagen; ich habe es wahrscheinlich auch schon damals nicht gewußt. Denn für mich ist es sicher und gewiß, daß ich ganz unmöglich bei klarem Bewußtsein gehandelt haben kann.* Einlieferung zur Untersuchungshaft in das Bezirksgericht Leipzig (Peterssteinweg / Kleine Burggasse, heute Beethovenstraße, 1879 abgebrochen). Vernehmung durch Untersuchungsrichter Bernhard Friedrich Rudolph Holke (kmhi 11, 42f.; hall 137f.).

06.08. Verurteilung in öffentlicher Hauptverhandlung durch das Bezirksgericht Leipzig unter Vorsitz von Gerichtsrat Hermann Gareis (Anklagevertreter ist Staatsanwalt Karl Theodor Hoffmann, Verteidiger der Advokat Gustav Ludwig Simon) zu vier Jahren und einem Monat Arbeitshaus (der zweitschwersten Sanktion zwischen Zuchthaus und Gefängnis) "wegen mehrfachen Betruges" in Penig, Chemnitz und Leipzig (woll 34; jbkmg 1972/73, 209f.; jbkmg 2002, 284). "Leipziger Tageblatt und Anzeiger" 10.6.: "Es hinterläßt erfahrungsmäßig stets einen betrübenden Eindruck, wenn man Personen, bei denen man ihrer äußern Stellung vorzugsweise Rechtskenntniß voraussetzen muß, oder solche, welche den Erwachsenen durch Lehre und That ein nachahmenswerthes Beispiel geben sollen, oder dazu berufen sind, den noch zarten Kinderherzen die ersten Grundbegriffe über das Mein und Dein einzuprägen, unter Nichtachtung der vom Staate behufs eines ordnungsmäßigen Lebens gezogenen Schranken straucheln und den Ort besteigen sieht, der in der Regel den Uebergangspunct von der persönlichen Freiheit zur zeitweisen, gesetzlich als Strafe aufzufassenden Unfreiheit bildet" (kmhi 11, 45f.). "Chemnitzer Tageblatt und Anzeiger" 13.6. (u. ö.): "Vom Leipziger Bezirksgericht wurde am 8. Juni, also gerade am Tage nach der [15. Deutschen] Lehrerversammlung, ein unwürdiges Glied des Lehrerstandes, Karl Friedrich May aus Ernstthal, wegen Betrügereien, die er namentlich in Penig, in Chemnitz und in Leipzig verübte, zu 4 Jahren Haft, 1 Monat Arbeitshausstrafe verurtheilt" (jbkmg 1971, 113). *Leben und Streben* 119f.: *Ich weiß von der* [...] *Gerichtsverhandlung gar nichts mehr, weder im einzelnen noch im ganzen. Ich kann mich auch nicht auf den Wortlaut des Urteils besinnen. Ich habe bis jetzt geglaubt, daß die Strafe vier Jahre Gefängnis betragen habe; nach dem aber, was jetzt hierüber in den Zeitungen steht, ist es noch ein Monat darüber gewesen. Doch das ist Nebensache. Hauptsache ist, daß der Abgrund nicht vergeblich für mich offengestanden hatte. Ich war hinabgestürzt; ich wurde in das Landesgefängnis Zwickau eingeliefert.*

06.14. Leipzig. Transport des Gefangenen vom Bayrischen Bahnhof mit Personenzug nach Zwickau (kmlpz 29, 3; hall 137). Einlieferung als "Sträfling Nr. 171" in das zum Arbeitshaus umgebaute Schloss Osterstein in Zwickau (woll 34; jbkmg 1975, 128; rich 104-128; hall 271-278). Einstufung in die II. Disziplinarklasse und Untersuchung durch den Anstaltsarzt Dr. Emil Friedrich Heinrich Saxe (*1827) (jbkmg 1975, 142). *Leben und Streben*126: *Ich fand bei meiner Einlieferung in die*

Strafanstalt eine ernste, aber keineswegs verletzende Aufnahme. Wer höflich ist, sich den Hausgesetzen fügt und nicht dummerweise immerfort seine Unschuld beteuert, wird nie über Härte zu klagen haben.

1865.06.14.-1868.11.02. Haftzeit in Zwickau, Arbeitshaus Schloss Osterstein (jbkmg 1975, 127-199).

1865-1866. Zwickau, Schloss Osterstein. May kommt zunächst in Kollektivhaft; während der Nacht werden alle Sträflinge, soweit es die Räumlichkeiten zulassen, isoliert (jbkmg 1975, 143). Als gebildeter Häftling wird May zuerst der Schreibstube zugeteilt; er versagt jedoch. *Leben und Streben* 126: *Was die Beschäftigung betrifft, die man für mich auswählte, so wurde ich der Schreibstube zugeteilt. Man kann hieraus ersehen, wie fürsorglich die Verhältnisse der Gefangenen von der Direktion berücksichtigt werden. Leider aber hatte diese Fürsorge in meinem Falle nicht den erwarteten Erfolg. Nämlich ich versagte als Schreiber so vollständig, daß ich als unbrauchbar erfunden wurde. Ich hatte als Neueingetretener das Leichteste zu tun, was es gab; aber auch das brachte ich nicht fertig. Das fiel auf. Man sagte sich, daß es mit mir eine ganz besondere Bewandtnis haben müsse, denn schreiben mußte ich doch können!* – Daraufhin bekommt May eine Aufgabe als Portefeuillearbeiter zugewiesen. *Leben und Streben* 126f.: *Man gab mir andere Arbeit, und zwar die anständigste Handarbeit, die man hatte. Ich kam in den Saal der Portefeuillearbeiter und wurde Mitglied einer Riege, in welcher feine Geld- und Zigarrentaschen gefertigt wurden. Diese Riege bestand mit mir aus vier Personen, nämlich einem Kaufmann aus Prag, einem Lehrer aus Leipzig, und was der vierte war, das konnte ich nicht erfahren; er sprach niemals davon. Diese drei Mitarbeiter waren liebe, gute Menschen. Sie arbeiteten schon seit längerer Zeit zusammen, standen bei den Vorgesetzten in gutem Ansehen und gaben sich alle mögliche Mühe, mir die Lehrzeit und überhaupt die schwere Zeit so leicht wie möglich zu machen. Nie ist ein unschönes oder gar verbotenes Wort zwischen uns gefallen.*

Unser Arbeitssaal faßte siebzig bis achtzig Menschen. Ich habe unter ihnen nicht einen einzigen bemerkt, dessen Verhalten an die Behauptung erinnert hätte, daß das Gefängnis die hohe Schule der Verbrecher sei. Im Gegenteil! Jeder einzelne war unausgesetzt bemüht, einen möglichst guten Eindruck auf seine Vorgesetzten und Mitgefangenen zu machen. Vom Schmieden schlimmer Pläne für die Zukunft habe ich während meiner ganzen Gefangenschaft niemals etwas gehört. Hätte irgendeiner gewagt, so etwas zu verlautbaren, so wäre er, wenn nicht angezeigt, so doch auf das energischste zurückgewiesen worden. Der Aufseher dieses Saales oder, wie es dort genannt wurde, dieser Visitation hieß [Friedrich Eduard] *Göhler. Ich nenne seinen Namen mit großer, aufrichtiger Dankbarkeit. Er hatte mich zu beobachten und kam, obwohl er von Psychologie nicht das geringste verstand, nur infolge seiner Humanität und seiner reichen Erfahrung meinem inneren Wesen derart auf die Spur, daß seine Berichte über mich, wie sich später herausstellte, die Wahrheit fast erreichten.* – Der Strafvollzug in Zwickau ist einer der humansten in Deutschland. Eugène d'Alinge (1819–1894), der Direktor der Anstalt (1850-86), erklärt in seiner Schrift "Bessrung auf dem Wege der Individualisirung" (Leipzig 1865): "Der Gefangne muss die Mittel zur Bessrung kennen und anwenden lernen, die gerade ihm vor jedem Andern heilsam sind. [...] Deshalb haben wir an der Hand der Praxis das Princip für die Verwaltung einer jeden Strafanstalt dahin erweitern müssen, dass wir sagen, wir wollen Bessrung auf dem Wege der Individualisirung." In der Praxis bedeutet das für die Gefangenen die Integrierung in ein ausgebautes Erziehungs- und Unterrichtssystem, wobei unter Erziehung vor allem Erziehung zur Arbeit verstanden wird. Daneben gibt es aber auch Unterricht im Zeichnen, Schreiben, Rechnen etc., und die Gefangenen können sich autodidaktisch in der speziellen Gefangenen-Bibliothek weiterbilden, die vom ersten Katecheten und Organisten Carl Leberecht Reinhold Hohlfeld (1826–1904) verwaltet wird (jbkmg 1975, 131, 169; plet 44).

07.27. Redaktion des "Königl. Sächs. Gendarmerieblatts" (veröffentlicht 29.7.): "Unbekannter Betrüger in Penig, angeblich Heilig, Dr. med. [...] ist nach einer Anzeige des Obergendarmen [Karl Gottlob Prasser, 1815–1874] s. Rochlitz in der Person des vormaligen Schullehrers zu Schloßchemnitz, Namens Ernst May s. Ernstthal ermittelt und in Leipzig zur Haft gebracht worden."

08.14. Hohenstein. Tod der Großmutter Emma Pollmers, Christiane Wilhelmine Ernestine Pollmer (*17.4.1804, Tochter von Friedrich Wilhelm Stegner, 1775–1835, und Maria Magdalena geb. Kyper, 1778–1842). *Frau Pollmer* 805f.: *Unglücklicher Weise starb Pollmers Frau. Als Stegersche Tochter hatte zwar auch sie eine große Portion von Eigendünkel und Eigenwillen besessen, pervers aber war sie nicht. Pollmer ersetzte sie sehr schnell durch eine sogenannte Haushälterin* [Rosalie Friebe], *mit der er aber im innigsten Concubinate lebte. Sie war ein ganz gewöhnliches, ordinäres Arbeitermädchen, aber äußerst üppig gebaut* [...]. *Diese Vettel wurde die Mutter und Erzieherin des Kindes.*

09.15. Ernstthal. Mays *Märchengroßmutter* begeht ihren 85. und letzten Geburtstag.

09.19. Ernstthal. Mays Großmutter Johanne Christiane verw. May verw. Vogel geb. Kretzschmar stirbt im Alter von 85 Jahren an "Altersschwäche". May wird dies erst nach seiner Haftentlassung 1868 erfahren (kmjb 1932, 41).

10.09. In Ernstthal gründet sich unter dem Vorsitz des Kaufmanns Johann August Stiegler ein Dramatischer Verein, der sich jeden Montagabend im Gasthof zum grauen Wolf trifft. Zweck des Vereins ist es laut der Statuten (eingereicht beim Gerichtsamt Hohenstein-Ernstthal am 24.1.1866), "durch dramatische Darstellungen für Unterhaltung, Bildung und Moral zu wirken".

1866

1866. Haft in Zwickau, Arbeitshaus Schloss Osterstein.

02.25. Karl Mays 24. Geburtstag.

06.15.-07.26. Deutsch-Österreichischer Krieg (Krieg um die Vorherrschaft in Deutschland).

07.03. Schlacht bei Königgrätz.

07.26. Vorfrieden von Nikolsburg.

08.23. Friede von Prag.

1867

1867. Haft in Zwickau, Arbeitshaus Schloss Osterstein.

1867. May, der die Gunst des Aufsehers Friedrich Eduard Göhler (1824–1890) gewonnen hat, avanciert zum Posaunenbläser und Mitglied des Gefängnis-Kirchenchors; er darf Musikstücke arrangieren und rückt in die oberste (I.) der drei Disziplinarklassen auf, die manche Vergünstigungen bietet und nur von wenigen Strafgefangenen erreicht wird (jbkmg 1975, 149). *Leben und Streben* 128: Göhler *hatte, wie wohl alle diese Aufseher, früher beim Militär gestanden, und zwar bei der Kapelle als erster Pistonbläser. Darum war ihm das Musik- und Bläserkorps der Gefangenen anvertraut. Er gab des Sonntags in den Visitationen und Gefängnishöfen Konzerte, die er sehr gut dirigierte. Auch hatte er bei Kirchenmusik die Sänger mit seiner Instrumentalmusik zu begleiten. Leider aber besaß weder er noch der Katechet* [Carl Leberecht Reinhold Hohlfeld], *dem das Kirchenkorps unterstand, die nötigen theoretischen Kenntnisse, die Stücke, welche gegeben werden sollten, für die vorhandenen Kräfte umzuarbeiten oder, wie der fachmännische Ausdruck heißt, zu arrangieren. Darum hatten beide Herren schon längst nach einem Gefangenen gesucht, der diese Lücke auszufüllen vermochte; es war aber keiner vorhanden gewesen. Jetzt nun kam der Aufseher Göhler infolge seiner Beobachtung meines seelischen Zustandes auf die Idee, mich in sein Bläserkorps aufzunehmen, um zu sehen, ob das vielleicht von guter Wirkung auf mich sei. Er fragte bei der Direktion an und bekam die Erlaubnis. Dann fragte er mich, und ich sagte ganz selbstverständlich auch nicht nein. Ich hatte noch nie ein Althorn in den Händen gehabt, blies aber schon bald ganz wacker mit. Der Aufseher freute sich darüber. Er freute sich noch mehr, als er erfuhr, daß ich Kompositionslehre getrieben habe und Musikstücke arrangieren könne. Er meldete das sofort dem Katecheten, und dieser nahm mich unter die Kirchensänger auf.*

Nun war ich also Mitglied sowohl des Bläser- als auch des Kirchenkorps und beschäftigte mich damit, die vorhandenen Musikstücke durchzusehen und neue zu arrangieren. Die Konzerte und Kirchenaufführungen bekamen von jetzt an ein ganz anderes Gepräge.

02.12. Graf Otto von Bismarck wird Kanzler des Norddeutschen Bundes unter Führung Preußens.

02.25. Karl Mays 25. Geburtstag.

12. Wahrscheinliche Entstehungszeit des Gedichts *Weihnachtsabend* (*"Ich verkünde große Freude, / Die Euch widerfahren ist; / Denn geboren wurde heute / Euer Heiland Jesus Christ!"*) und der *Weihnachts-Cantate* (für zwei vierstimmige Männerchöre; *Siehe ich verkündige euch große Freude, die allem Volk widerfahren wird, / denn euch ist heute der Heiland geboren, welcher ist Christus, Christus der Herr*) (küh 124-147, 196-199; XXIV A1-A23).

1868

1868. Spätestens jetzt erhält May die seit seiner Inhaftierung gewünschte Einzelzelle im Zellenhaus, die er bis zum Tag seiner Entlassung behalten darf (jbkmg 1975, 155). *Leben und Streben* 129: *Erst nun, da man über mich zu einem psychologisch abgeschlossenen Resultate kam, wurde ich in das Isolierhaus versetzt und unmittelbar neben dem Arbeitsraume des Inspektors desselben einquartiert.* Zugleich wird May *besonderer Schreiber* des Gefängnisinspektors Karl August Alexander Krell (1827–1896), dem er bei seinen statistischen und literarischen Arbeiten über den Strafvollzug in Zwickau zur Hand geht (jbkmg 1975, 152f.). Mays Aufgabe ist es u. a., bei Krells "Jahresbericht über Zustände und Ergebnisse bei der Strafanstalt Zwickau mit der Hilfsanstalt Voigtsberg während des Jahres 1867" (Zwickau 1869) und seinen Berichten über "Das Zellenhaus bei der Strafanstalt Zwickau. Erfahrungen und Beobachtungen über die Einzelhaft" (Zwickau 1869) behilflich zu sein (jbkmg 1975, 152). *Leben und Streben* 129f.: *Das war eine Stelle, die es bis dahin noch nicht gegeben hatte. Ich mache hier auf den psychologisch bedeutungsvollen Umstand aufmerksam, daß ich zur Zeit meiner Einlieferung vollständig unfähig gewesen war, Schreiber zu sein, nun aber für fähig gehalten wurde, eine Schreiberstelle zu bekleiden, welche große geistige Einsicht erforderte und die höchste Vertrauensstelle war, die es in der ganzen Anstalt gab.* [...] *Meine Aufgabe war, die statistischen Ziffern zu ermitteln, sie auf ihre Zuverlässigkeit zu untersuchen, sie zusammenzustellen, zu vergleichen und dann die Resultate aus ihnen zu ziehen. Das war an und für sich eine sehr schwere, anstrengende und scheinbar langweilige Beschäftigung mit leblosem Ziffernwerk; aber diese Ziffern zu Gestalten zusammenzusetzen und diesen Gestalten Leben und Seele einzuhauchen, ihnen Sprache zu verleihen, das war im höchsten Grade interessant, und ich darf wohl sagen, daß ich da viel, sehr viel gelernt habe und daß mich diese Arbeiten in stiller,* *einsamer Zelle in Beziehung auf Menschheitspsychologie viel weiter vorwärts gebracht haben, als ich ohne diese Gefangenschaft jemals gekommen wäre.*

1868. In der Gefangenen-Bibliothek (ca. 4000 Bände) liest May belletristische, historische und populärwissenschaftliche Bücher (jbkmg 1975, 166f.). *Leben und Streben* 131: *So verwandelte sich für mich die Strafzeit in eine Studienzeit, zu der mir größere Sammlung und größere Vertiefungsmöglichkeit geboten war, als ein Hochschüler jemals in der Freiheit findet.* – Eigene literarische Entwürfe entstehen (*Offene Briefe eines Gefangenen*, *Repertorium C. May* [Werkpläne, u. a. *Mensch und Teufel. Socialer Roman in 6 Bänden*; kmjb 1919, neben 64, 173-175; jbkmg 1971, 127f., 132-143; gwb 79, 272-289; ued 490f.; kmh 29). *Leben und Streben* 152: *Ich stellte sogar ein Verzeichnis über die Titel und den Inhalt aller Reiseerzählungen auf, die ich bringen wollte. Ich bin zwar dann nicht genau nach diesen Verzeichnissen gegangen, aber es hat mir doch viel genützt, und ich zehre noch heut von Sujets, die schon damals in mir entstanden. Auch schriftstellerte ich fleißig; ich schrieb Manuskripte, um gleich nach meiner Entlassung möglichst viel Stoff zur Veröffentlichung zu haben. Kurz, ich war begeistert für mein Vorhaben und fühlte mich, obgleich ich Gefangener war, unendlich glücklich in der Aussicht auf eine Zukunft, die, wie ich wohl hoffen durfte, keine ganz gewöhnliche zu werden versprach.* – Trotz der dramatischen Umstände, die zu seiner Inhaftierung führten, wird May sich später positiv über seine Zeit im Arbeitshaus äußern (plet 45). *Leben und Streben* 121: *Ich habe während meiner Gefangenschaft nicht einen einzigen Oberbeamten oder Aufseher kennen gelernt, der mir in Beziehung auf Gerechtigkeit und Humanität Grund zu irgend einem Tadel gegeben hätte. Ich behaupte sogar, daß die Aufseher die Strenge des Dienstes viel stärker empfinden als der Gefangene selbst. Ich habe hunderte von Malen eine Güte, eine Geduld und Langmut bewundert, welche mir unmöglich gewesen wäre.*

02.25. Karl Mays 26. Geburtstag.

11.02. Zwickau, Schloss Osterstein. Auf Antrag der Direktion wird der "Sträfling Nr. 171" vorzeitig wegen guter Führung begnadigt und mit einem besonderen Vertrauenszeugnis (das ihn der Polizeiaufsicht enthebt) "in Folge Allerhöchster Gnade" (also wohl dank eines Gnadenaktes des Königs Johann von Sachsen) entlassen; seine normale Strafzeit hätte bis zum 13.7. 1869 gedauert und verkürzt sich also um 253 Tage. May hat davon vermutlich erst Ende Oktober erfahren. Die Entlassung wird dem Leipziger Polizeiamt mitgeteilt (woll 35; jbkmg 1972/ 73, 215; jbkmg 1975, 160-163; plaul3 382; kmhi 11, 33f.). *Leben und Streben* 153: *Ich wurde begnadigt. Die Direktion hatte für mich ein Gnadengesuch eingereicht, auf welches ich ein volles Jahr meiner Strafzeit erlassen bekam. Ich stand in der ersten Disziplinarklasse und erhielt ein Vertrauenszeugnis ausgestellt, welches mir den Rückweg in das Leben glättete und mich aller polizeilichen Scherereien überhob.* [...] *Es war ein schöner, warmer Sonnentag, als ich die Anstalt verließ, zum Kampfe gegen des Lebens Widerstand mit meinen Manuskripten bewaffnet. Ich hatte nach Hause geschrieben, um die Meinigen von meiner Heimkehr zu benachrichtigen. Wie freute ich mich auf das Wiedersehen.* [...] *Ich ging von Zwickau nach Ernstthal, also genau denselben Weg, den ich damals als Knabe gegangen war, um in Spanien nach Hilfe zu suchen. Es läßt sich denken, was für Gedanken mich auf diesem Weg begleiteten.* – Daheim steht May ein schwerer Schlag bevor: Er erfährt von dem bisher vor ihm geheim gehaltenen Tod seiner geliebten *Märchengroßmutter* (plet 46). *Leben und Streben* 154f.: *Ich kam eher, als man mich erwartete. Meine Eltern wohnten noch im ersten Stock desselben Hauses. Ich stieg die Treppe empor und dann gleich noch eine zweite hinauf nach dem Bodenraume, wo Großmutter sich immer am liebsten aufgehalten hatte. Ich wollte zunächst zu ihr und dann erst zu Vater, Mutter und Geschwistern. Da sah ich die wenigen Sachen, die sie besessen hatte; sie selbst aber war nicht da. Da stand ihre Lade, mit* *blauen und gelben Blumen bemalt. Sie war verschlossen, der Schlüssel abgezogen. Und da stand ihre Bettstelle; sie war leer. Ich eilte hinab in die Wohnstube. Da saßen die Eltern. Die Schwestern fehlten. Das war Zartgefühl. Sie hatten gemeint, die Eltern gingen vor. Ich grüßte gar nicht und fragte, wo Großmutter sei. "Tot – – – gestorben!" lautete die Antwort. "Wann?" "Schon voriges Jahr." Da sank ich auf den Stuhl und legte Kopf und Arme auf den Tisch. Sie lebte nicht mehr! Man hatte es mir verschwiegen, um mich zu schonen, um mir die Gefangenschaft nicht noch zu erschweren. Das war ja recht gut gedacht; nun aber traf es mich um so wuchtiger. Sie war nicht eigentlich krank gewesen; sie war nur so hingeschwunden, vor Gram und Leid um – – – mich!*

1868.11.-1869.03. May wohnt bei seinen Eltern in Ernstthal, ist aber arbeitslos und öfters abwesend. Mehrmals fährt er nach Dresden (angeblich in literarischen Angelegenheiten: laut Aussage vom 3.7.1869 liefert er bereits in dieser Zeit *litterarische Arbeiten* für den *Dresdner Buchhändler Münchmeier*) und nach Raschau bei Schwarzenberg im sächsischen Erzgebirge (hall 157-159), wo er das Dienstmädchen Auguste Friederike Gräßler (1848–1894) besucht, das nach späteren polizeilichen Mitteilungen seine Geliebte ist (jbkmg 1972/73, 216). Auguste ist die Schwester des aus Raschau stammenden Ernstthaler Schmiedemeisters Carl August Gräßler (1838–1921), in dessen Wohnung Neumarkt 11 (hall 122, 158) er sie vermutlich kennen gelernt hat (kmhi 12, 8; kmhi 15, 1f.). – In Ernstthal begegnen die Nachbarn dem entlassenen Sträfling mit großem Misstrauen, und bei jeder kriminellen Handlung vermutet man in ihm den Schuldigen. Mays finanzielle Lage ist äußerst prekär. Seine 13 Taler "Überverdienst" aus dem Arbeitshaus Zwickau sind schnell aufgebraucht, und auch der "Verein zur Fürsorge für entlassene Sträflinge im Königreich Sachsen" lässt ihm keine Unterstützung zukommen. Es ist nur eine Frage der Zeit, wann er rückfällig wird (jbkmg 1972/73, 215; plet 46). *Leben und Streben* 158-167: *Indessen besuchte ich einige Ver-*

leger [...] Hierbei stellte es sich heraus, daß während dieser meiner Abwesenheit die inneren Stimmen um so mehr verstummten, je weiter ich mich von der Heimat entfernte, und wieder um so deutlicher wurden, je mehr ich mich ihr wieder näherte. [...] Ich kassierte meine Honorare ein und machte eine längere Auslandsreise. [...] Ich kehrte heim, und kaum war ich dort, so stürzte sich Alles [...] wieder auf mich. Die Anfechtungen begannen von neuem. Ich vernahm unausgesetzt den inneren Befehl, an der menschlichen Gesellschaft Rache zu nehmen, und zwar dadurch Rache, daß ich mich an ihren Gesetzen vergriff. [...] Ich arbeitete fleißig, fast Tag und Nacht [...]. Man kaufte meine Sachen gern. Ich litt also keineswegs Not, zumal ich bei den Eltern wohnte, die sich jetzt auch besser standen als früher. Ich hätte vollständig zu leben gehabt, auch wenn ich mir nichts verdiente. [...] Ich hatte mich so sehr darauf gefreut, Großmutter meine Arbeitspläne vorzulegen; nun war sie tot. Ich sprach hierüber [...] mit den Eltern und Geschwistern. Vater hatte jetzt anderes zu denken. Er war in einer Art sozialer Mauserung begriffen und darum für mich nicht zu haben, zumal er des Abends nie daheim blieb. Auch die Schwestern hatten andere Interessen. Mein ganzer Gedankenkreis war ihnen fremd. So blieb mir nur die Mutter. [...] Aber auch sie verstand mich nicht. [...] Ich aber fühlte mich einsam, einsam wie immer. Denn auch im ganzen Orte gab es keinen einzigen Menschen, der mich hätte verstehen wollen oder gar verstehen können. Und diese Einsamkeit war mir, grad mir, dem innerlich so schwer Angefochtenen im höchsten Grade gefährlich. [...] Und mitten in dieser Schutzlosigkeit wurde ich nun auch von andern Feinden gepackt, die, obgleich sie keine inneren, sondern äußerliche waren, doch ebensowenig mit den Händen gefaßt werden konnten. Meine Mutter hatte infolge ihres Berufes unausgesetzt in andern Familien zu verkehren. [...] Sie erfuhr Alles, was im Städtchen und in der Umgegend geschah. Es hatte irgendwo einen Einbruch gegeben. Jedermann sprach von ihm. Der Täter war entkommen. Bald gab es wieder einen, in derselben Weise ausgeführt. Dazu kamen einige Schwindeleien, wahrscheinlich von herabgekommenen Handwerksburschen in Szene gesetzt. Ich hörte gar nicht hin, als man es erzählte, bemerkte aber nach einiger Zeit, daß Mutter noch ernster als gewöhnlich war und mich, wenn sie glaubte, unbeobachtet zu sein, so eigentümlich mitleidig betrachtete. Ich blieb anfänglich still, glaubte aber sehr bald, sie nach dem Grunde fragen zu müssen. Sie wollte nicht antworten; ich bat aber so lange, bis sie es tat. Es zirkulierte ein Gerücht, ein unfaßbares Gerücht, daß ich jener Einbrecher sei. Wem sollte man es zutrauen, als mir, dem entlassenen Gefangenen? Ich lachte äußerlich dazu, innerlich aber war ich empört, und es gab einige schwere Nächte. Es brüllte vom Abend bis zum Morgen in meinem Innern. Die Stimmen schrien mir zu: "Wehre dich, wie du willst, wir geben dich nicht los! Du gehörst zu uns! Wir zwingen dich, dich zu rächen! Du bist vor der Welt ein Schurke und mußt ein Schurke bleiben, wenn du Ruhe haben willst!" So klang es bei Nacht. Wenn ich am Tage arbeiten wollte, brachte ich nichts fertig. Ich konnte nicht essen. Mutter hatte es auch dem Vater gesagt. Beide baten mich, mir die Sache nicht zu Herzen zu nehmen. Sie konnten für mich eintreten. Sie wußten ja genau, daß ich in den betreffenden Zeiten nicht aus dem Haus gekommen war. [...] *Aber es kam schlimmer. Die heimatliche Polizei wollte mir nicht wohl. Ich war mit Vertrauenszeugnis entlassen worden und darum ihrer Aufsicht entgangen. Jetzt glaubte sie, Veranlassung zu haben, sich mit mir zu beschäftigen. Es kamen einige neue Schelmenstreiche vor, deren Täter ganz unbedingt mit einer gewissen Intelligenz behaftet waren. Man glaubte, dies auf mich deuten zu müssen.* [...] *Der Herr Wachtmeister erkundigte sich unter der Hand, wo ich an dem und dem Tag, zu der und der Zeit gewesen sei. Die Augen hingen an mir, wo ich mich sehen ließ; aber sobald ich diese Blicke wiedergab, schaute man schnell hinweg. Da kam ein armer Wurm, aber ein guter Kerl, ein Schulkamerad, der mich immer liebgehabt hatte und auch jetzt noch an mir hing.* [...] *Er kam zu mir und erzählte mir auf Handschlag und Schweigepflicht Alles, was gegen mich im Schwange ging.* [...] *Das war ein schwerer, ein unglückseliger Tag. Es trieb mich fort, hinaus. Ich lief im Wald herum und kam spät abends todmüde heim und legte mich nieder, ohne gegessen zu haben. Trotz der Müdigkeit fand ich keinen Schlaf. Zehn, fünfzig, ja hundert Stimmen verhöhnten mich in meinem Innern mit unaufhörlichem Gelächter. Ich sprang vom Lager auf und rannte wieder fort, in die Nacht hinein; wohin, wohin, das beachtete ich gar nicht.* [...] *Als die Sonne aufging, fand ich mich im Innern eines tiefen, steilen Steinbruchs emporkletternd. Ich hatte mich verstiegen; ich konnte nicht weiter. Da hatten sie mich fest, und da ließen sie mich nicht wieder hinab. Da klebte ich zwischen Himmel und Erde, bis die Arbeiter kamen und mich mit Hilfe einiger Leitern herunterholten. Dann ging es weiter, immer weiter, weiter, den ganzen Tag, die ganze nächste Nacht; dann brach ich zusammen und schlief ein.* [...] *Es war auf einem Raine, zwischen zwei eng zusammenstehenden Roggenfeldern. Ein Donner weckte mich. Es war wieder Nacht, und der Gewitterregen floß in Strömen herab. Ich eilte fort und kam an ein Rübenfeld. Ich hatte Hunger und zog eine Rübe heraus. Mit der kam ich in den Wald, kroch unter die dicht bewachsenen Bäume und aß. Hierauf schlief ich wieder ein.* [...] *Als der Morgen anbrach, holte ich mir eine zweite Rübe, kehrte in den Wald zurück und aß. Dann suchte ich mir eine lichte Stelle auf und ließ mich von der Sonne bescheinen, um trocken zu werden. Die Stimmen schwiegen hier; das gab mir Ruhe. Ich fand einen langen, wenn auch nur oberflächlichen Schlaf, während dessen Dauer ich mich immer von einer Seite auf die andere warf, und von kurzen, aufregenden Traumbildern gequält wurde* [...]. *Dieser Schlaf ermüdete mich nur noch mehr, statt daß er mich stärkte. Ich entwand mich ihm, als der Abend anbrach, und verließ den Wald. Indem ich unter den Bäumen hervortrat, sah ich den Himmel blutigrot; ein Qualm stieg zu ihm auf. Sicherlich war da ein Feuer. Das war von einer ganz eigenen Wirkung auf mich. Ich wußte nicht, wo ich war; aber es zog mich fort, das Feuer zu betrachten. Ich erreichte eine Halde, die mir bekannt vorkam. Dort setzte ich mich auf einen Stein und starrte in die Glut. Zwar brannte ein*

Haus, aber das Feuer war in mir. Und der Rauch, dieser dicke, erstickende Rauch! Der war nicht da drüben beim Feuer, sondern hier bei mir. [...] *Ich fiel in mir zusammen, wie das brennende Haus da drüben zusammenfiel, als die Flammen niedriger und niedriger wurden und endlich erloschen. Da raffte ich mich auf und ging. In mir war auch Alles erloschen. Ich war dumm, vollständig dumm. Mein Kopf war wie von einer dicken Schicht von Lehm und Häcksel umhüllt. Ich fand keinen Gedanken. Ich suchte auch gar nicht danach. Ich wankte beim Gehen. Ich lief irr. Ich torkelte weiter, bis ich endlich einen Ort erreichte, an dessen Kirchhof die Straße, auf der ich mich befand, vorüberführte. Ich lehnte mich an die Mauer des Gottesackers und weinte.* [...] *Der Morgen graute. Ich ging den Leichenweg hinab, über den Markt hinüber und öffnete leise die Tür unseres Hauses, stieg ebenso leise die Treppe hinauf nach der Wohnung und setzte mich dort an den Tisch. Das tat ich ohne Absicht, ohne Willen, wie eine Puppe, die man am Faden zieht. Nach einiger Zeit öffnete sich die Schlafkammertür. Mutter trat heraus.* [...] *"Wie siehst du aus! Schnell wieder fort, fort, fort! Nach Amerika hinüber! Daß man dich nicht erwischt! Wenn man dich wieder einsperrt, das überlebe ich nicht!* [...] *Man hat dich gesehen! Im Steinbruch – – im Walde – – auf dem Felde – – und gestern auch bei dem Haus, bevor es niederbrannte!"* [...] *Sie huschte wieder in die Kammer hinaus, ohne mich berührt zu haben und ohne auf ein ferneres Wort von mir zu warten. Ich war allein und griff mir mit beiden Händen nach dem Kopfe. Ich fühlte da ganz deutlich die dicke Lehm- und Häckselschicht. Dieser Mensch, der da stand, war doch nicht etwa ich? An den die eigene Mutter nicht mehr glaubte? Wer war der Kerl, der in seiner schmutzigen, verknitterten Kleidung aussah wie ein Vagabund? Hinaus mit ihm, hinaus! Fort, fort! Ich habe noch soviel Verstand gehabt, den Kleiderschrank zu öffnen und einen andern, saubern Anzug anzulegen. Dann bin ich fortgegangen. Wohin? Die Erinnerung läßt mich im Stich.*

1869

02.25. Karl Mays 27. Geburtstag.

03.-07. Zweite Vagantenzeit. May kann seine literarischen Pläne aus inneren und äußeren Gründen nicht verwirklichen. Er begeht eine Serie von skurrilen, die Obrigkeit verhöhnenden Betrugsdelikten, die eine defekte Psyche vermuten lassen, aber auch eine schöpferische (später in Literatur umgesetzte) Phantasie andeuten. Der materielle Gewinn steht in keinem Verhältnis zum szenarischen Aufwand (wohl 751).

03.27. Wiederau bei Mittweida, 22 km von Ernstthal (hall 160-162). May wird erstmals im Ort gesehen (jbkmg 1972/73, 217).

03.29. Ostermontag. Wiederau. Als "Polizeilieutenant von Wolframsdorf aus Leipzig" begibt May sich morgens zum Materialwarenhändler und Strumpfwirker Carl Friedrich Reimann (1830–1877), der am Wiederbach im Oberdorf die Gastwirtschaft Zum Hirsch, Hauptstraße 169 (hall 162), betreibt, um bei ihm nach angeblichem Falschgeld zu fahnden. Er erschwindelt einen Kassenschein im Wert von 10 Talern und eine angeblich gestohlene goldene Taschenuhr im Wert von 8 Talern. Dann gibt er vor, Reimann nach der Gendarmerie im 7 km entfernten Claußnitz bringen zu wollen, weist ihn dort in einen Gasthof, "bis er werde gerufen werden", und entschwindet. Die Uhr wird er verkaufen (leb 13; woll 36; jbkmg 1972/73, 217f.). "Mittweidaer Wochenblatt" 7.4.: "Ein arger Schwindel ist an dem Krämer in Wiederau ausgeführt worden. Zu demselben kommt ein Mann in anständiger Kleidung, welcher sich für einen Leipziger Polizeimann ausgiebt, und theilt dem Krämer mit, er hätte Auftrag bei ihm Nachsuchung zu halten, weil man Verdacht schöpfte, er gehöre einer Falschmünzerbande an, und verlangt, das Papiergeld des Krämers zu sehen. Derselbe erklärt, weiter nichts, als einen 10-Thalerschein zu haben, und holt diesen herbei; der Fremde prüft den Schein genau und behauptet, er sei falsch, er müsse ihn wegnehmen. Eine an der Wand hängende Taschenuhr will er auch als gestohlen erkennen, verlangt auch, das Silbergeld zu sehen, weil auch falsche Thaler in Umlauf wären; auf Vorzeigen dessen steckt er einige davon zu sich mit dem Bemerken: 'das sind auch falsche', und nun macht er dem Krämer bekannt, daß er ihn mit nach Klausnitz nehmen müßte, wo ein Verhör stattfinden solle, weil in Klausnitz ebenfalls einige der Falschmünzerei verdächtige Leute wohnten. In Klausnitz angekommen, bezeichnet er dem Krämer auch das Haus, wo das Verhör stattfinden soll, und bedeutet ihn, er solle einstweilen in den Gasthof gehen, er würde gerufen werden, wenn es nöthig sei. Es vergehen nahe an zwei Stunden, es kommt Niemand, da wird dem Wartenden doch die Zeit zu lang, und er fragt im Gasthof, ob Jemand von dem fraglichen Verhör etwas wisse, aber leider mußte der arme Wiederauer nun erfahren, daß er ein Geprellter sei, denn der angebliche Leipziger Polizeimann war mit 10-Thalerschein, Uhr und einigen Silberthalern verschwunden" (heer3 264f.). Aussage 15.3.1870: *Ich gestehe hiermit ausdrücklich zu* [...] *am 29. März 1869 den Krämer in Wiederau durch die Vorspiegelung, dass ich Polizeibeamter und mit Recherchen wegen des vielfach kursierenden falschen Papiergeldes beauftragt sei, zur Ueberlassung eines als vorgeblich falsch in Beschlag genommenen Zehnthalerscheines sowie einer von mir fälschlicherweise als gestohlen bezeichneten silbernen Cylinderuhr, mit welchen Gegenständen ich mich nachher aus dem Staube gemacht habe, vermocht zu haben* (heer3 255).

04.01. Mittweida. Staatsanwalt Ephraim Oskar Taube (1829–1888) erlässt einen Steckbrief ("Königl. Sächs. Gendarmerieblatt" 2.4.): "Unbekannter, 28–32 J. alt, ca. 72″ lang, schmächtig, blasser Gesichtsfarbe, dunkelbraunen Haares, ohne Bart, bekleidet mit Rock, Weste und Hosen von braunem gelblich schimmernden Stoffe, die Hosen mit schwarzem Gallon versehen, ferner braunen spitzen Filzhut, Siegelring und knotigen Stock tragend, ist am 2. Osterfeiertag bei einem Krämer in

Wiederau erschienen, hat sich für den Polizeilieutenant von Wolframsdorf aus Leipzig ausgegeben, behauptet, daß er Recherchen wegen falschen Papiergeldes anzustellen habe, auch aus der Kasse des Krämers 1 Zehnthalerschein als angeblich unächt und 1 vergoldete Cylinderuhr als angeblich gestohlen in Beschlag genommen und ist damit verschwunden. Wird zum Zwecke der Ermittelung des Betrügers bekannt gemacht" (kluß2 53).

04.06. Staatsanwalt Taube ergänzt den Steckbrief vom 1.4. durch die Bekanntmachung ("Königl. Sächs. Gendarmerieblatt" 9.4.), "daß der angebliche von W. kurz verschnittenes Haupthaar, längliches Gesicht und Nase, gelbe Gesichtsfarbe gehabt, daß er blauseidenen Shlips und umgeschlagenen Handkragen getragen. Er ist bereits am Sonnabend vor den Osterfeiertagen in Wiederau gesehen worden, scheint sich also mehrere Tage in dortiger Gegend aufgehalten zu haben. Die Uhr, welche er u. a. erschwindelt, ist eine vergoldete Cylinderuhr mit Secundenzeiger, doppeltem Deckel, auf der Rückseite ist ein Pferd eingraviert, auf dem inneren Deckel befindet sich ein kleiner Compaß unter Glas, das Zifferblatt ist weiß mit blauem Ringe in der Mitte, die Weiser schwarz und doppelarmig".

04.10. Ponitz bei Meerane, Herzogtum Sachsen-Altenburg, 20 km von Ernstthal. Als "Mitglied der geheimen Polizei" fahndet May im Hause des Seilermeisters Karl Friedrich August Krause (1828–1896), Gößnitzer Straße 4 (rich 91; hall 155-157), nach Falschgeld und konfisziert 23 Taler Courantbillets und mindestens 7 Taler bar. Auf dem Weg nach Crimmitschau, wohin ihm der Seilermeister aufs Gericht folgen soll, setzt sich May vor Frankenhausen "unter dem Vorgeben, ein natürliches Bedürfnis befriedigen zu müssen", querfeldein ab, wird aber von Krause und einem zu Hilfe gerufenen Dritten (Feistel) verfolgt. Unter Zuhilfenahme eines vermutlich ungeladenen "Doppel-Terzerols" gelingt ihm die Flucht. Das konfiszierte Geld hat er vorher von sich geworfen (leb 13f.; woll 37; jbkmg 1972/73, 219). Aussage 15.3.1870: *Ich gestehe* [...] *zu, am 10. April*

1869 den Seiler Krause in Ponitz [...] *um die Summe von 30 Thalern 25 Groschen betrogen, auch später, von Krause und Feistel verfolgt, meiner Verhaftung und Festnahme durch Bedrohung mit den Worten "Ich schiesse" mich widersetzt zu haben. Ich habe zwar meinen Verfolgern mit diesen Worten ein doppelläufiges Pistol vorgehalten. Dies geschah aber bloss in der Absicht, um mich nicht festnehmen zu lassen. Es geschah die Bedrohung nicht etwa, um mich im Besitz des durch Betrug erlangten Geldes zu behaupten, sondern zu dem Zwecke, um die Verfolger vom weiteren Verfolgen abzuschrecken. Das Pistol war gar nicht geladen, daher konnte ich eine Tötung nicht beabsichtigen. Das Geld hatte ich vor der Drohung schon weggeworfen* (heer3 256). – Das Gerichtsamt Crimmitschau erlässt einen Steckbrief ("Königl. Sächs. Gendarmerieblatt" 13.4.): "Unbekannter. Größe: mittel; Haare: braun, lang; Bart: brauner dünner Schnurbart; Kleidung: breitkrämpiger hellbrauner Filzhut, hellbrauner Rock u. Weste, Beinkleider von gleicher Farbe mit schwarzen Galons. Derselbe hat in hies. Gegend einen Betrug in der Weise ausgeführt, daß er sich als Mitglied der geheimen Polizei ausgegeben, welches Recherchen nach falschem Papiergeld anzustellen habe, sich unter diesem Vorwand in Besitz von circa 30 Thlr Geld gesetzt hat u. mit diesem geflohen ist. Auf der Flucht hat er die Nacheilenden durch Vorhalten eines Pistols an seiner Arretur verhindert. Der Betrüger ist jedenfalls identisch mit dem unterm 1. l. Ms. von der K. Staatsanwaltschaft Mittweida Verfolgten [...]. Auf der Flucht ist demselben eine kleine Marke von Pappe entfallen, auf welcher mit blauem Stempel die Namen 'Julius Metzner Oberlungwitz' [Biergroßhändler, 1836–1920] aufgedrückt sind." Da Oberlungwitz in der Nähe von Ernstthal liegt und auch die Signalements übereinstimmen, vermuten der Leipziger Kreisobergendarm Friedrich Schwarzenberg und Obergendarm Karl Gottlob Prasser aus Rochlitz in dem Täter den vormaligen Schullehrer und entlassenen Sträfling Karl Friedrich May (kluß2 53; jbkmg 1972/73, 220).

04.12. Ernstthal. Obergendarm Prasser verhört Mays Eltern, die über den Aufenthalt ihres Sohnes jedoch nichts aussagen können. Bericht Prasser: "May hält sich bei seinen Eltern in Ernstthal auf. Entschuldigt sich angeblich mit litterarischen Arbeiten, verreist zeitweilig" (jbkmg 1977/73, 216, 220f.).

04.13.(?) Ernstthal. In der Nacht heimlicher Besuch im Elternhaus. May hinterlässt einen Zettel, dass er bis Mittwoch (14.4.) nach Dresden wolle und voraussichtlich am 20.4. zurückkehre (jbkmg 1972/73, 220).

04.17. Staatsanwalt Taube erwirkt einen Haftbefehl gegen Karl Friedrich May ("Königl. Sächs. Gendarmerieblatt" 20.4.): "Da der Verdacht sich mehrt, daß der an mehreren Orten als Polizeibeamter aufgetretene unbekannte Betrüger der May gewesen sei, und des letzteren Aufenthalt unbekannt ist, so wird gebeten, auf denselben allerorts zu invigiliren und ihn im Betretungsfalle zu verhaften" (jbkmg 1972/73, 221). – "Zwickauer Wochenblatt": "Das Gerichtsamt Crimmitschau verfolgt einen Betrüger, der sich in dortiger Gegend 'als Mitglied der geheimen Polizei' ausgegeben, welches Recherchen nach falschem Papiergeld anzustellen habe, sich unter diesem Vorwand im Besitz von 30 Thaler Geld gesetzt hat und mit diesem geflohen ist. In der Gegend von Mittweida ist bekanntlich Aehnliches vorgekommen."

04.18./19. May fährt nach Schwarzenberg und übernachtet dort heimlich bei seiner Geliebten, dem Dienstmädchen Auguste Gräßler (woll 38; jbkmg 1972/73, 221).

04.19. Schwarzenberg. Bei einem Ausflug in das nahe Bad Ottenstein (hall 160) lernt May nach eigener Angabe zwei Amerikaner aus Pittsburg, Penn. kennen, Vater und Sohn Burton, die sich auf einer Geschäfts- und Vergnügungsreise befinden (jbkmg 1972/73, 221). Eine Eintragung in "Ludwig Albert's englisch-amerikanischem Dollmetscher" ("Anleitung, die englische Sprache in kurzer Zeit ohne Lehrer zu lernen", Aufl.

1865, in Mays Bibliothek) bestätigt die Begegnung: *Burton's Amerik. Dolmetscher* (beob 3, 15).

04.20. Angeblich in Leipzig schreibt May einen durch Boten überbrachten Brief an seine Eltern, der vermutlich als Irreführung der Polizei gedacht ist: *Als ich zum letzten Male bei Euch war, fand ich gar Niemanden zu Hause und schrieb darum in der Eile auf den Tisch, daß ich bis Mittwoch nach Dresden wolle, weil ich den Zug nicht versehen durfte. So bin ich ohne Abschied von Euch fortgegangen. Sonntag schon bin ich nach Schwarzenberg gefahren und habe da auf dem Ottenstein eine recht glückliche Bekanntschaft gemacht. Ich traf nämlich zwei nordamerikanische Herren, Vater und Sohn, welche von einer Vergnügungs- und wohl auch halb und halb Geschäftsreise kamen und über Leipzig, Frankfurt, Amsterdam nach Hause wollten. In Prag hatten sie ihren Hofmeister zurückgelassen und machten mir den annehmbaren Vorschlag, an dessen Stelle zu treten, mit nach Pittsburg zu gehen und dort die jüngeren Geschwister zu unterrichten, ev. sie auf ihren Reisen zu begleiten. Ein guter Schriftsteller muß die Welt kennen, muß Erfahrungen gesammelt, muß seine Anschauungen erweitert und berichtigt haben, und da ich zudem kein Mensch bin, der an seinem bißchen Scholle klebt, so griff ich natürlich mit beiden Händen zu. Bei der Eile, welche die beiden Herren haben, ist es natürlich nicht möglich, heute nach Hause zu kommen, wie ich Euch versprochen hatte. Ich bin gestern erst mit ihnen zusammengetroffen, heute sind wir in Leipzig, bis Sonnabend in Amsterdam und dann in 9–10 Tagen in Pittsburg. Paßscheerereien, wie sie bei uns in Deutschland an der Tagesordnung sind, habe ich auch nicht zu befürchten, da auf dem Passe des Mr. Burton die einfache Bemerkung steht: "Reist mit Sohn und Gesellschafter", und so kann ich gleich mitreisen, ohne mir erst Papiere holen zu müssen. Ihr werdet wohl mit meinem Schritte einverstanden sein, der mir richtige Aussicht auf etwas mehr Glück bietet, als ich bisher gehabt habe. Überdies kann es gar nichts schaden, wenn ich auf einige Zeit Sachsen verlasse, in* *welchem meine Vergangenheit mir immerhin einigermaßen bedrohlich werden kann. So sollte ich zum Beispiel in einer hiesigen Restauration partout festgenommen werden, weil kürzlich ein Mensch, der ganz genau so gegangen war wie ich, und mir auch sehr ähnlich gesehen hatte, seine Zeche geschwänzt hatte. Es durfte hier nur ein größeres Vergehen vorliegen, so würde ich auf diese ominöse Ähnlichkeit hin festgenommen, und mein Aufenthalt in Zwickau wäre noch ein Grund mehr gewesen, mich für den Thäter zu halten und streng zu verfahren. Ich reise ab; man wird meine Vergangenheit vergessen und verzeihen, und als ein neuer Mensch mit einer besseren Zukunft komme ich wieder. Ihr bekommt diesen Brief nicht durch die Post, sondern durch einen Geschäftsfreund von mir, der Euch aufsuchen wird, um einige schriftstellerische Arbeiten abzuholen, die er verwerthen soll. Es ist der alte Colporteur Müller, von dem wir früher viel gelesen haben. Gebt ihm alles, was ich zu Hause habe; ich traue ihm. Und nun lebt wohl, grüßt mir meine Geschwister und erwartet recht bald einen neuen Brief von Eurem dankbaren Karl* (woll 38; jbkmg 1972/73, 221f.). – Laut Aussage vom 3.7. reist May tatsächlich mit den Amerikanern ab, kommt aber infolge von Passschwierigkeiten nur bis Bremen und wendet sich wieder nach Sachsen (jbkmg 1972/73, 222). Nach dieser Episode könnte das Gedicht *Gerechter Tadel* entstanden sein: *Natur, du gute Mutter, / Verzeih', ich tadle dich. / Anstatt zum Wandervogel, / Schufst du zum Menschen mich, / Als der ich ja beim Wandern / Durch Gottes schöne Welt / Die Freiheit hab' von Nöthen, / 'nen Paß und – kleines Geld* (*Ein wohlgemeintes Wort* 33; gus 37).

05.03.-05. Jöhstadt, 18 km von Schwarzenberg. Das "Königl. Sächs. Gendarmerieblatt" meldet am 14.5. über den "vormal. Schullehrer" Karl Friedrich May: "hat sich lt. Anzeige [vom 7.5.] des Gend. Gruppenf. [Heinrich Hermann] Grundig [1820–1907] in Hohenstein, wie diesem glaubh. mitgetheilt worden, vom 4. bis 5. d. Ms. in Jöhstadt umhergetrieben, seiner in Falken bei Hohenstein erschwind. Kleider (Rock, Hosen u. Weste) sich entledigt und trägt gegenwärtig wahrscheinl. grauen Turneranzug und braunes, kleines Hütchen." Bei dem "Kleiderschwindel" in Falken (Hauptstraße 49) handelt es sich um keine Straftat: Ein Bruder seines Schwagers Friedrich August Hoppe, der Schneider Johann Ferdinand Hoppe (1821–1894), hat May freiwillig mit neuer Kleidung versorgt und dann nur deshalb angezeigt, um nicht in den Verdacht der Begünstigung zu geraten; eine Stoffprobe der Kleider wird nach Mays Verhaftung am 2.7. zur Identifizierung beitragen (kluß2 56; jbkmg 1972/73, 226; hall 122f.; kmhi 5, 9-11).

05.03. Jöhstadt. Anzeige Grundig 7.5.: "May war am Montag den 3. 5. in Jöhstadt Abends im Theater. Er soll viel Geld bei sich gehabt haben" (patsch; jbkmg 1972/73, 222).

05.16./17. Pfingsten. Schwarzenberg. May weilt zum letzten Mal bei Auguste Gräßler (woll 39; jbkmg 1972/73, 226; kmhi 15, 3).

05.20. Auguste Gräßler tritt eine neue Stelle in Chemnitz an, die aber bereits am 22.5. wieder gekündigt wird (kmhi 15, 3).

05.24. Datum einer gefälschten Legitimation (Dresden, G. D. Burton, Heinrich von Sybel, Vereinigtes deutsch-amerikanisches Consulat) (woll 41).

05.27./28. Ernstthal. May verbirgt sich in der Mietwohnung seiner Schwester Auguste Wilhelmine und seines Schwagers Friedrich August Hoppe im Haus seines Taufpaten Christian Friedrich Weißpflog am Markt, Mittelstraße 1 (hall 106). Weißpflog schlägt ihm als Zufluchtsort die beiden Eisenhöhlen im Oberwald (heute Karl-May-Höhle; rich 58f.; frö 18f.; hall 124-126; kmv 75, 33-48) nördlich von Hohenstein und Ernstthal vor, aufgelassene Versuchsstollen eines beabsichtigten Eisenbergwerks aus dem 17. Jahrhundert. Im Volksmund heißen sie "Räuberhöhlen", weil um 1772 hier der Räuberhauptmann Christian Friedrich Harnisch (1744–1795) mit seiner Bande hauste. Vermutlich mit der Erlaubnis von Weißpflog und dessen Frau Emilie geb. Günther nimmt May allerlei geringwertige Gegenstände mit (laut "Königl. Sächs. Gendarmerieblatt" vom 8.6. "1 Kinderwagen mit schwarzgrauem Korb und Hängefedern, an dessen einem Rade ein neuer Reifen aufgezogen war; 1 schwarzlederne Geldtasche in Buchform mit Stahlbügel, in welcher sich 2 Thaler Silbermünzen in 1/6 Thalerstücken befanden; 1 Schirmlampe mit Porzellanfuß, genärbtem Milchschirm und dergleichen Kugel; 1 Brieftasche, außen von braunem, innen von grauem Leder, mit eingeheftetem Notizbuch, in welchem sich eine auf den Glaser Kühnert in St. Egidien lautende Rechnung für gelieferte Fensterbeschläge im Betrage von 21 Thalern 10 Neugr. und einigen Pfennigen und einige Notizen über Außenstände bei Personen in Glauchau, St. Egidien und Callenberg befanden; 1 neue stählerne Brille mit schwarzem Futteral; 1 Geldtäschchen von violettem Leder mit genärbtem Stahlbügel; 13 Pfennige in einzelnen Kupfermünzen; 1/4 Pfund gewöhnliche Waschseife und 60 bis 70 Stück Dittriche in verschiedenen Formen") und bezieht in der Nacht zum 28.5. sein neues Domizil. Der Pate zeigt den vermeintlichen Diebstahl einige Tage später an, um nicht in den Verdacht der Beihilfe und Begünstigung zu geraten. Aussage 15.3.1870: *Ich habe den Diebstahl bei Weissflog verübt. Ich erkenne die Aussagen Weissflogs als richtig an mit Ausnahme aber des Umstandes, dass ich mich in das Haus weder vor Eintritt der Nachtzeit eingeschlichen noch dass ich die Haustüre mittelst Nachschlüssels geöffnet habe. Vielmehr stand die Haustüre offen. Ich habe kein verschlossenes Behältnis gewaltsam oder mittels Nachschlüssel geöffnet.* Aussage 17.3.1870: *Von einer Brieftasche und von Waschseife* [*weiß ich*] *nichts. Kinderwagen und Schirmlampe habe ich verkauft. Die Brille mit Futteral, die beiden Geldtäschchen und die Dietriche sind unter meinen Effecten.* Von den Eisenhöhlen aus nimmt May seine kriminelle Tätigkeit wieder auf, indem er recht befremdliche Diebstähle verübt (leb 14; woll 39; jbkmg 1972/73, 226f.; heer3 259f.).

1869. In "Kochs Hütte" ("Turm bei Falken"), in einem einsamen Waldstück auf dicht bewaldeter Höhe in der Gemarkung der Gemeinde Falken gelegen, erwartet May den Schneidermeister Johann Ferdinand Hoppe aus Falken, den Bruder seines Schwagers Friedrich August Hoppe, und angeblich auch seinen Vater Heinrich August May, die ihn während seines Höhlenaufenthalts mit Lebensmitteln versorgen. Die Hütte liegt auf halbem Weg zwischen Falken und den Eisenhöhlen (mkmg 95, 44f.; hall 123; kmhi 5, 10f.; kmhi 7, 29).

05.31. Limbach, 4 km entfernt von den Eisenhöhlen. May betritt frühmorgens die noch nicht geöffnete Gaststube (Markt 3; hall 151f.) des Restaurateurs Victor Reinhard Wünschmann (1820–1908), in der aber nur das mit Aufräumen beschäftigte Schankmädchen Minna Clara Fiedler anwesend ist. Er verlangt von ihr ein Glas Wein und entfernt sich unbemerkt mit einem Satz von fünf Billardkugeln im Wert von 20 Talern. Er begibt sich nach Chemnitz, wo er die Kugeln durch einen Dienstmann für 5 Taler an einen Drechslermeister verkauft. Nur mit Mühe entkommt er zwei Polizeidienern, denen er verdächtig erscheint und die ihn auffordern, sich auszuweisen (leb 14f.; jbkmg 1972/73, 227). Aussage 15.3.1870: *Ich gestehe zu, am 31. Mai v. J. in der alten Brauerei zu Limbach einen Satz Billardbälle entwendet und in Chemnitz verkauft zu haben* (heer3 257).

06.02. Möglicher Aufenthalt in der Altstadt Waldenburg, bei Frau Schurich (heer3 252). – Auguste Gräßler beginnt ein neues Dienstverhältnis in Chemnitz (kmhi 15, 3).

06.03. Das Gerichtsamt Hohenstein-Ernstthal meldet den vermeintlichen Diebstahl im Haus des Ernstthaler Schmiedes Weißpflog ("Königl. Sächs. Gendarmerieblatt" 8.6.) (kluß2 56; jbkmg 1972/73, 227). – Bräunsdorf, 8 km nördlich von Hohenstein, zwischen Limbach und Waldenburg. Gegen 14 Uhr kehrt May in der am Dorfende gelegenen Erbschenke, Hopfenweg 10, ein (hall 149f.). Der Gasthausbesitzer Johann Gottlieb Schreyer (1823–1892) ist abwesend; seine Frau Rosine Johanne geb.

Winkler (1827–1910) befindet sich im Grützegarten. In der Gaststube trifft May nur den Sohn Wilhelm (*1855) und die Semmelfrau Beate Rosine Vogel geb. Löffler (1813–1880) an. Er lässt sich vom Gastwirtssohn ein Glas Nordhäuser Schnaps geben, spricht mit der Semmelfrau und entfernt sich nach kurzer Zeit wieder in Richtung Limbach. Aussage Rosine Johanne Schreyer 26.7.: "Ich habe mir den Fremden nicht weiter angesehen und kann nur sagen, dass er einen braunen Rock anhatte und anständig gekleidet war, sowie dass er eine kleine Ruthe bei sich hatte, mit der [er] öfter wedelte." Aussage Beate Rosine Vogel 26.7.: "Der Mann erzählte mir, dass er den vorigen Morgen bei der Schurich (wer das ist, weiss ich nicht) in Altstadt Waldenburg gewesen sei und auch den nächsten Morgen wieder zu derselben gehen wolle. Zugleich fragte er mich nach dem Wege nach Limbach und äusserte, er wolle zum Musikdirektor [Carl Salomo] Richter [*1810]. Deshalb dachte ich mir, es sei ein Musiker. Der Fremde entschuldigte seine Kleidung damit, dass er 12 Wochen auf Reisen sei. Er ging gleichwohl nicht schlecht angezogen." In der Nacht kehrt May heimlich zurück und entwendet aus dem unverschlossenen Stall der Erbschenke ein Pferd (Brauner mit weißem Streifen auf der Stirn und weißen Hinterfüßen) samt Trense, Reitpeitsche und Halsriemen; später gerichtlich festgestellter Gesamtwert 66 Taler, 15 Neugroschen (leb 15; woll 40; jbkmg 1972/73, 228; hall 147-149; heer3 249-252).

06.04. Bräunsdorf. Gastwirt Schreyer bemerkt gegen 4 Uhr, als das Pferd gefüttert werden soll, den Diebstahl (sowie die zurückgelassene Rute), verfolgt vergeblich die Spur bis zum Holz und zeigt den Fall daraufhin in Penig der Gendarmerie an. Aussage Schreyer 26.7.: "Von dem Kutscher Friedrich in dem Gasthof zum Zeisig bei Penig erfuhren wir, dass dieser dem Diebe mit meinem Pferde bei Waldenburg begegnet war [auch der Einnehmer in Jerisau bei Glauchau will den Dieb auf dem Pferd reitend gesehen haben]. Ferner erfuhren wir, dass der Dieb das Pferd in Remse an den Pächter hat verkaufen wollen und in Höckendorf [bei Glauchau] ermittelten wir, dass es beim Pferdeschlächter Voigt stehe [an den May es für 15 Taler verkauft hat]. Dort kamen wir gegen 5 Uhr Nachm. [...] an und trafen auch unser Pferd an. Ich nahm mein Pferd mit Einwilligung Voigts, der dasselbe noch nicht bezahlt hatte, wieder an mich [...]. Der Dieb hatte sich, ohne die Bezahlung abzuwarten, entfernt" (heer3 249f., 258). Aussage 17.3.1870: *Voigt hatte mich noch nicht bezahlt. Ich machte mich schnell aus dem Staube, weil ich mich verfolgt wusste* (heer3 262).

06.08. Im "Königl. Sächs. Gendarmerieblatt" wird (mit Datum 7.6.) nach dem unbekannten Pferdedieb gefahndet: "Alter: ca. 25 J.; Statur: schmächtig, ca. 70″; Gesicht: länglich, blaß; Haare: dunkel, lang; Bart: kleines dunkles Schnurbärtchen u. Lippenbärtchen (sogen. Fliege); Sprache: im Dial. der Glauchauer Gegend; Kleidung: brne Joppe, dergl. Hosen mit schrzem Gallon, dkle viertheil. Mütze, oben mit 1 Knopf. Derselbe hat nach Anzeige des Gend. [Franz Hermann] Ernst s. Penig u. des Gend.-Gruppenf. Grundig s. Hohenstein dem Gasthofsbes. Schreier in Bräunsdorf aus unverschloss. Stall in der Nacht des 3./4. huj ein Pferd im Werthe von 200 Thlrn u. 1 Fischbein-Reitpeitsche mit gelblichbraunem Ledergeflecht gestohlen. Das Pferd wurde in Höckendorf bei Meerane, wo es der Unbekannte hatte verkaufen wollen, wieder erlangt, letzterer ist aber nach Schindmaas zu geflüchtet und nicht zu erlangen gewesen." Gendarm Grundig "glaubt an die Möglichkeit der Identität des Diebes mit dem steckbrieflich verfolgten" Handarbeiter Johann Gottlieb Franke aus Dänkritz (klußž2 57).

06.15. Mülsen St. Jacob bei Glauchau (hall 152-155). Als "Expedient des [historischen] Advocaten Dr. [Wilhelm Michael] Schaffrath [1814–1893] in Dresden" erscheint May morgens bei dem Bäckermeister und Weber Christian Anton Wappler (1816–1879) (Bachgasse 4, 1989/90 abgerissen; rich 99; hall 155; kmhi 7, 29) und fordert ihn auf, sich zwecks einer großen amerikanischen Erbschaft sofort mit seinen drei Söhnen Friedrich Anton (*1843), Otto Julius (*1845) und Oskar Hermann

(*1853) nach Glauchau zu Dr. Schaffrath in Dingelstedt's Hotel (Johann Christoph Dingelstedt, Markt 22; hall 244) zu begeben. Er selbst müsse zunächst in einer anderen Angelegenheit nach Zwickau gehen. Als sich die Männer auf den Weg gemacht haben, kehrt May zurück und eröffnet der Frau Christiane Friederike und ihrer Schwiegertochter Ernestine Henriette geb. Sonntag, er sei in Wahrheit ein höherer Beamter der geheimen Polizei und habe nach Falschgeld zu fahnden. Von der daraufhin herbeigeholten Barschaft der Wapplers zieht er 28 Taler als angeblich falsche Münzen ein (leb 15f.; woll 40; kluß2 58; jbkmg 1972/73, 229f.). Bei seinem Geständnis am 15.3.1870 wird May einer Aussage der Wapplers widersprechen: *Ich gestehe* [...] *zu, was die Wapplerschen Eheleute ausgesagt haben. Sie haben die Wahrheit mit Ausnahme des Umstandes angegeben, dass ich mich durch den gegen sie verübten Betrug nicht in den Besitz von 40–50 Thalern gesetzt habe, sondern dass die auf betrügerische Weise von der verehe. Wappler erlangte Summe nur 28 Thaler betragen hat* (heer3 256f.). Später wird man bei May eine gefälschte Legitimation finden, angeblich unterzeichnet vom "amerikanischen General-Consul" G. D. Burton und dem "sächsischen General-Consul" Heinrich von Sybel, nach der er im Auftrag des Advokaten Schaffrath nach den unbekannten Erben eines angeblich in Cincinatti verstorbenen vermögenden Particuliers recherchieren soll (kluß2 59; jbkmg 1972/73, 229). "Zwickauer Wochenblatt" 22.6.: In Mülsen St. Jacob kam "ein junger Mann zu einem Bäcker und spiegelte dem letzteren vor, daß er beauftragt sei, ihn, den Bäcker, und seine drei Söhne in das Gericht nach Glauchau zu bestellen, woselbst sie Geld aus dem Nachlasse eines Verwandten in Empfang nehmen sollten. Der Bäcker und seine Söhne schenkten dieser frohen Botschaft ohne Weiteres vollen Glauben und begaben sich ohne Verzug selbander auf den Weg nach Glauchau. Nunmehr stellte sich der Fremde der allein zurückgebliebenen Bäckersfrau als einen Beamten der höheren geheimen Polizei vor, der beauftragt sei, nach falschem Gelde zu recherchiren. Er verlangte das Geld der Bäckersfrau zu sehen, diese brachte ihre Baarschaft auch gutwillig herbei und nachdem der Herr Polizeibeamte 40 Thaler zu sich gesteckt und die Bäckersfrau in die Kammer, in der sie sich befand, eingeschlossen hatte, machte er sich schleunigst aus dem Staube. Der aus Glauchau zurückkehrende Bäcker wird seiner Ehefrau keine großen Vorwürfe darüber, daß sie sich so plump hatte täuschen lassen, gemacht haben, da er sich ja auch selbst hatte betrügen lassen, denn daß man bei dem Gerichte in Glauchau von Geldern, die er und seine Söhne geerbt haben sollten, nichts wußte, das brauchen wir nicht erst hinzuzufügen."

06.18. Steckbrief, "Königl. Sächs. Gendarmerieblatt": "Unbekannter. Alter: ca. 26 J.; Größe: mittel; Statur: mehr schwach; Gesicht: oval, gesundfarb.; Haare: blond, lang; Kleid.: brauner Rock mit breiter schwarzer Bordeneinfassung, Mütze von spitzer Form, Hosen mit schrzem Galon, roth- und schwarzcarr. Shawl; trug über dem Arm 1 Rock. Dieser [...] Mensch ist lt. Anz. des Gend. [Karl Gottfried] Bahr s. Mülsen St. Jacob [...] am 15. huj. Vormitt. auch in Mülsen St. Jacob aufgetreten: Er hat dort [...] als angebl. höherer Beamter der geheimen Polizei, der nach falschem Gelde zu recherchiren habe, die Ehefrau des Bäckers Wappler zu Herbeischaffung ihres Geldes veranlaßt und ist mit den darauf von dieser herzugeholten 40 Thlrn., nachdem er die Wappler in eine Kammer eingeschlossen, wahrscheinlich nach Chemnitz zu entflohen. Den Ehemann der Wappler und dessen 3 Söhne hatte der Unbekannte vorher durch Vorspiegelung aus der Wapplerschen Wohnung zu entfernen gewußt, daß er sie zu Empfangnahme von Geld aus dem Nachlasse eines Verwandten nach Glauchau zu laden beauftragt sei. Jedenfalls ist dieser Gauner der [...] May, Carl Friedr., vorm. Schullehrer s. Ernstthal [...], welchen Obergend. [Ernst Martin] Franke [*1817] s. Glauchau auch für den unbekannten Pferdedieb in Bräunsdorf [...] hält" (kluß2 58; jbkmg 1972/73, 230).

06.19. Datum einer gefälschten Legitimation (Dresden, Dr. Schwarze, Generalstaatsanwalt) (woll 41).

06. Hohenstein. May steigt durch ein Schiebefenster in den verschlossenen Kegelschub der Gastwirtschaft Engelhardt ein, um ihn mehrere Nächte als Schlafstätte zu benutzen (leb 16; woll 40f.; jbkmg 1972/73, 231).

07.02. Hohenstein. Nachts um 3 Uhr wird May im Kegelschub schlafend vom Restaurateur Christian Friedrich Engelhardt entdeckt, von diesem und dessen Schwiegersohn Friedrich Wilhelm Gündel "nach kurzem Kampfe überwältigt" und bis zum Eintreffen des herbeigerufenen Polizeiwachtmeisters Dankegott Lauckner festgehalten. May wird verhaftet und zur Identifizierung ins Gerichtsamt Hohenstein-Ernstthal (Lungwitzer Straße 39) gebracht. Noch am selben Tag wird er nach Mittweida ins Bezirksgerichtsgefängnis (Rochlitzer Straße 1; hall 147; seit 16.6.1997 Gedenktafel im Hof, gestiftet von Erich Loest; kmhi 11, 74f.; may&co 70, 33) überführt. Ein geladenes Doppel-Terzerol ist sichergestellt worden, tatsächliche Gewaltanwendung ist May aber nicht nachzuweisen. Aussage 15.3. 1870: *Ich* [*habe*] *beide* [Engelhardt und Gündel] *keinesfalls mit Mord bedroht oder bedrohen wollen, wenn ich schon zugeben muss, dass das bei mir gehabte Pistol geladen und mit Zündhütchen versehen gewesen ist.* [...] *Ich stelle* [...] *nicht in Abrede, zu Gündeln geäussert zu haben: "Wenn Sie auch Ihrer zwei sind, ich käme doch fort, wenn ich wollte." Aber ich meinte damit nur: "wenn ich von meiner – versteckten – Pistole Gebrauch machen wollte, so wollte ich mich auch frei machen." Ich hatte gar nicht die Absicht, mich der Waffe zu bedienen zur Befreiung. Als ich die Pistole hervorbrachte, wollte ich nicht damit schiessen, sondern sie nur weglegen zu den anderen Sachen. Ich wollte mich ihrer entledigen, damit sie nicht etwa unfreiwillig losginge und kein Unglück passieren sollte. Gündel griff nur falsch zu, deshalb hielt ich sie fest, als er sie mir entriss. Sie hätte leicht losgehen können. Das wollte ich vermeiden, deshalb habe ich festgehalten* (woll 41; jbkmg 1972/73,

232f.; heer3 258f.). Bei Engelhardt hat May ein Handtuch (Eigentum Engelhardt) und eine Zigarrenpfeife (Eigentum des Schwiegersohnes Karl Heinrich Barth, *1844, verheiratet mit Auguste Wilhelmine geb. Engelhardt, 1840–1883) entwendet, vermutlich nur zur vorübergehenden Benutzung, doch wird ihm auch dies als Diebstahl angelastet. Bei der Festnahme trägt er zwei gefälschte Legitimationen mit sich, eine angeblich von dem sächsischen Generalstaatsanwalt Dr. Ludwig Friedrich Oskar Schwarze (1816–1886; kluß2 59) ausgestellte polizeiliche Vollmacht zur Falschgeldfahndung (datiert Dresden 19.6.; Aussage 15.3.1870: *Ich stelle nicht in Abrede, dass ich diese polizeiliche Legitimation selbst angefertigt habe, um mich ihrer zu rechtswidrigen Zwecken zu bedienen; aber ich habe keinen Gebrauch davon gemacht*) und einen angeblich vom "amerikanischen General-Consul" G. D. Burton (vermutlich fiktiv) und dem "sächsischen General-Consul" Heinrich von Sybel (1817–1895, Historiker, Professor in Bonn) unterzeichneten Ausweis des (nicht existenten) "Vereinigten Deutsch-Amerikanischen Consulats" in Dresden (datiert Dresden 24.5.; Aussage 15.3. 1870: *Diese Urkunde habe ich in rechtswidriger Absicht gefälscht. Ich habe aber keinen Gebrauch davon gemacht*), der zu Erbschaftsermittlungen berechtigen soll; auch diese Fälschungen werden im späteren Urteil gegen May berücksichtigt (leb 16; woll 41; jbkmg 1972/73, 228f; heer3 255-257). "Zwickauer Wochenblatt" 10.7.: "Heute Morgen 3 Uhr ist es endlich gelungen diesen Industrieritter zu verhaften. Der Restaurateur Engelhardt fand ihn in seinem Kegelschub, wo er nach kurzem Kampf überwältigt wurde. An das dortige Gerichtsamt abgeliefert, wurde in ihm der ehemalige Lehrer May aus Ernstthal, ein längst berüchtigtes und verfolgtes Subject, erkannt. Außer einer scharf geladenen Pistole und einem Bund Dittriche war er auch im Besitz eines gefälschten Passes, auf den Namen eines hohen Staatsbeamten in Dresden lautend."

07.03. Bezirksgerichtsamt Mittweida, am Markt 32 (hall 145f.). Bei seiner Vernehmung durch den Staatsanwalt und leitenden

Untersuchungsrichter Ephraim Oskar Taube leugnet May alle ihm zur Last gelegten Beschuldigungen. Bis Pfingsten habe er bei seinen Eltern gewohnt und literarische Arbeiten für den Kolporteur Heinrich Gotthold Münchmeyer geliefert; dann sei er auf Reisen gegangen. Er habe nach Amerika auswandern wollen, in Bremen aber wieder umkehren müssen. Von seinen Eltern habe er Unterstützung erhalten, außerdem 13 Taler aus Zwickau mitgebracht. In den folgenden Wochen wird May vom Bahnhof Mittweida (hall 145) aus hin- und hertransportiert, um den Opfern seiner Taten gegenübergestellt zu werden (patsch; jbkmg 1972/73, 233). *Leben und Streben* 167: *Man hatte mich festgenommen, und wo Etwas geschehen war, da transportierte man mich als "hoffentlichen Täter" hin.*

07.05. Lokaltermin in Wiederau. Der Materialwarenhändler und Strumpfwirker Carl Friedrich Reimann begrüßt den arretierten May mit den Worten: "Da sind Sie ja, Herr Polizeileutnant!" May kalt: "Ich kenne Sie nicht!" Die Gegenüberstellung mit den anderen Familienmitgliedern straft May Lügen. Reimann sagt aus, May habe damit renommiert, dass er vor kurzem einen mit unterschlagenem Geld flüchtig gewordenen Bankier bis nach Amerika verfolgt und dort verhaftet habe, wofür er eine Belohnung von 5000 Talern erhalten habe (patsch; woll 41; jbkmg 1972/73, 233).

07.06. Notiz über Mays Festnahme durch Polizeiwachtmeister Lauckner im "Königl. Sächs. Gendarmerieblatt". – Die Polizei vermutet, dass Mays Geliebte Auguste Gräßler Einzelheiten über seine Straftaten weiß und einige der gestohlenen Gegenstände in Besitz genommen hat. Nachdem sie weder in Raschau noch in Schwarzenberg angetroffen wurde, berichtet Wachtmeister Lauckner, sie halte sich gegenwärtig als Dienstmädchen in Chemnitz auf (jbkmg 1972/73, 233).

07.10. Chemnitz. Eine Haussuchung bei Auguste Gräßler bleibt ergebnislos. Sie will May seit Pfingsten nicht mehr gesehen haben und weiß vermutlich nichts von seinen Straftaten (jbkmg

1972/73, 233; kmhi 15, 3). Am 20.7.1873 wird Auguste Gräßler den Fabrikarbeiter Valentin Kuhfuß (1847–1935) heiraten, mit dem sie im April 1877 nach Altenburg zieht (kmhi 15, 4).

07.15. Lokaltermin in Mülsen St. Jacob. May wird dem Bäckermeister Christian Anton Wappler und dessen Familie gegenübergestellt. Er leugnet (jbkmg 1972/73, 233). – Gendarm Karl Gottlob Prasser reicht Mays Brief an die Eltern vom 20.4. zu den Akten (jbkmg 1972/73, 221).

07. Lokaltermin in Limbach. May leugnet in der Wünschmannschen Schenke vor Zeugen den Billarddiebstahl (jbkmg 1972/73, 233).

07.26. May soll wegen des Pferdediebstahls Zeugen in Bräunsdorf, danach in Remse und Höckendorf gegenübergestellt werden. Unter der Bewachung des unbewaffneten Beifrohns Joseph Clemens Posselt (*1838) soll er im Auftrag des Bezirksgerichts Mittweida "mit der Eisenbahn bis St. Egidien und von da zu Fuss nach Bräunsdorf" transportiert werden, während Staatsanwalt Taube mit einem Wagen voraus fährt und dort noch vor dem geplanten Eintreffen Mays das Gastwirtsehepaar Johann Gottlieb und Rosine Johanne Schreyer und die Semmelfrau Beate Rosine Vogel verhört. May und sein Bewacher Posselt fahren mit dem Personenzug von Mittweida nach Chemnitz (vermutlich von 6 bis 6.35 Uhr) und steigen dort in einen Eilzug Richtung Zwickau (vermutliche Abfahrt 6.50 Uhr) um. Gegen 7.30 Uhr "Sonderhalt" in St. Egidien, eine Station hinter Hohenstein-Ernstthal. Auf dem Weg vom Bahnhof St. Egidien nach Bräunsdorf gelingt es May nach etwa 800 Metern, noch vor dem nahen Ort Kuhschnappel, "plötzlich durch einen gewaltsamen Ruck die eiserne Brezel" (Bericht Taube) zu zerbrechen. Er entflieht "sofort in den an die Strasse grenzenden Wald" (Forst um den Heidelberg) und erreicht über das Hainholz den Oberwald, wo er sich vermutlich in den Eisenhöhlen verbirgt. Die Fessel lässt er sich später wahrscheinlich durch den Schmied Weißpflog abnehmen. Beifrohn Posselt trifft erst gegen 14 Uhr in Bräunsdorf ein, nachdem er mehrere Stunden vergeblich versucht hat, Mays "mit Hilfe herzugerufener Feldarbeiter wieder habhaft zu werden". Posselt wird nach diesem Vorfall aus dem Gerichtsdienst entlassen werden und als Beischaffner an der Eisenbahn arbeiten (woll 41; jbkmg 1972/73, 233f.; heer3 231-233, 249-253). *Leben und Streben* 68: *Ich zerbrach während eines Transportes meine Fesseln und verschwand.* – Staatsanwalt Taube fährt von Bräunsdorf "ohne Aufenthalt" nach Hohenstein und benachrichtigt von dort aus telegraphisch die Redaktion des "Königl. Sächs. Gendarmerieblatts", den Kreisobergendarm Schwarzenberg und die "Gendarmerie der nächsten grösseren Städte" über Mays Flucht. Auf dem Postweg schickt er dem "Gendarmerieblatt" Mays Steckbrief (heer3 237, 253). "Zwickauer Wochenblatt" 29.7.: "Man brachte vor Kurzem die Notiz, daß man endlich den berüchtigten ehemaligen Lehrer May in Haft gebracht hatte. Heute ist dieser höchst gefährliche Mensch wieder entsprungen und zwar auf dem Transport von Mittweida über Bräunsdorf nach Höckendorf bei Glauchau, woselbst er wegen eines früher verübten Pferdediebstahls recognoscirt werden sollte." – In den folgenden Monaten wird May vergeblich gejagt und steckbrieflich verfolgt. Aussage Mays 15.3.1870: *Ich bin seit meiner Flucht nicht in Sachsen gewesen* (heer3 260).

07.27. Der von Staatsanwalt Taube am 26.7. in Hohenstein erlassene Steckbrief des Flüchtigen erscheint als Spitzenmeldung im "Königl. Sächs. Gendarmerieblatt": "May, Carl Friedrich, vormal. Schullehrer aus Ernstthal [...], welcher sich wegen zahlreicher Verbrechen in Mittweida in Untersuchung befindet, ist heute auf dem Transport von St. Egydien nach Bräunsdorf unter Zerbrechung der Fessel entsprungen. Es ist Alles zu seiner Wiedererlangung aufzubieten. M. ist 72 Zoll lang, schlank, hat längl. Gesicht und Nase, dunkel blondes nach hinten gekämmtes Haar, schwachen Bartwuchs (trägt auch falsche Bärte), graue Augen, starren stechenden Blick, krumme Beine. Er spricht langsam, in gewählten Ausdrücken, verzieht beim

Reden den Mund, hat auch häufig ein Lächeln um den Mund. Er ist mit Tripperkrankheit behaftet. Bei der Entweichung trug er schwarzseidenes rund-deckliges Sommerhütchen, braunen, ins Gilbliche schillernden jupenartigen Rock mit breiter schwarzer Borde besetzt, braune Weste und dergl. Hosen mit breitem schwarzen Streifen" (jbkmg 1972/73, 234; kmhi 13, 77; hoff2 11; hall 143; heer1 91; heer4 113).

07.28. Der von Taube erlassene Steckbrief erscheint in "Eberhardt's Allgemeinem Polizeianzeiger" in Dresden (heer3 237). – Die Mittweidaer Staatsanwaltschaft erbittet dringend Nachricht von Mays Verhaftung ("Königl. Sächs. Gendarmerieblatt" 3.8.) (jbkmg 1972/73, 234).

07.31. Ein vom zuständigen Untersuchungsrichter Heinrich Paul Scheuffler (1841–1909; klußz 59) am 28.7. in Mittweida erlassener Steckbrief erscheint in der "Leipziger Zeitung": "Der [...] vormalige Schullehrer Karl Friedrich May aus Ernstthal, wider welchen wegen zahlreicher Eigenthumsverbrechen hier Voruntersuchung eingeleitet worden ist, ist unterm 26. d. M. auf dem Transport von St. Egidien nach Bräunsdorf unter Zerbrechung der Fesseln entsprungen, und werden alle Behörden ersucht, May'n im Betretungsfalle zu verhaften und Nachricht davon anher gelangen zu lassen" (kluß2 59; jbkmg 1972/73, 234; heer3 237, 246).

08.06./07. Erfolglose nächtliche Suchaktion nach dem Flüchtigen in den Wäldern durch Gendarmerie und Feuerwehr. "Wochenblatt für Limbach und Umgebung" 12.8.: "Gestern Nacht [6.8.] rückten hier gegen 25 Gensdarmen, die Polizeimannschaften der Umgegend und die Steiger-Section der Ernstthaler Turnfeuerwehr aus, um in den Hohensteiner Wäldern dem berüchtigten, wegen einer Menge von Diebstählen und Betrügereien inhaftirt gewesenen May auf die Spur zu kommen. Derselbe ist zwischen Rußdorf und Bräunsdorf seinem Transporteur, einem Diener aus dem Königlichen Bezirksgerichte Mittweida, entsprungen, und mehrmals in genannten Wäldern hier und da gesehen worden, muß sich aber wohl in eine andere Gegend gezogen haben, da bei der genauesten Durchsuchung der Hölzer keine Spur von ihm zu finden war. Hoffentlich gelingt es bald, diesen schlauen und raffinirten Freibeuter zu ergreifen" (jbkmg 1971, 117f.; kmh 29).

08.(09.?) Vermutlicher Unterschlupf bei Malwine Rosalie Elmira Wadenbach (*1819) und ihrer erwachsenen Tochter Alwine (oder Alma) auf dem bei Halle gelegenen Rittergut Siegelsdorf (heute Teil von Schrenz; hall 141), wo Malwine als Wirtschafterin bei dem Oberamtmann Theodor Herrmann Puppel (1811–1883; Ermittlung Hainer Plaul) arbeitet. Bei einer Vernehmung sagt Malwine Wadenbach im Januar 1870 aus, May habe sich ihr gegenüber als "Schriftsteller Heichel aus Dresden", dann als einen "natürlichen Sohn des Prinzen von Waldenburg" ausgegeben (jbkmg 1972/73, 238, 240, 243). Aussage 15.3.1870: *Seit meiner Flucht habe ich kein Verbrechen begangen. Ich bin zwar nie in Arbeit seitdem gewesen, aber durch gutwillige freiwillige Gaben guter Leute habe ich mich erhalten. Weder Diebstahl noch Betrügereien habe ich seitdem verübt* (heer3 260).

09.(10.?) Vermutlicher Aufenthalt in Ellersleben bei Cölleda, Großherzogtum Sachsen-Weimar-Eisenach, wo May dem Bauern Johann Andreas Emil Wettig (*1841), Dorfstraße 71, begegnet (jbkmg 1972/73, 239f., 243).

10.17. Ernstthal. Heirat der zweiten Schwester Christiane Wilhelmine mit dem in erster Ehe verwitweten, in zweiter Ehe geschiedenen früheren Weber und jetzigen Fleischer und Viehhändler Julius Ferdinand Schöne (16.6.1832–12.4.1897), einem zurückgekehrten Amerika-Auswanderer (plaul2; jbkmg 1977, 186; Datum nach Traubuch, in der Literatur 24.10.).

11. Wahrscheinlich wieder bei den Wadenbachs, diesmal auf dem Rittergut Plößnitz (heute Braschwitz), zwischen Halle und Niemberg, 6 km von Siegelsdorf entfernt. Vermutlich bittet

May Malwine um Hilfe und erhält von ihr ein letztes Mal Geld (woll 43; jbkmg 1972/73, 240, 244; hall 141).

11.27. "Tetschen-Bodenbacher Anzeiger": "Schneeflocken haben sich bereits gezeigt und auch schon breit gemacht", der "Winter hat seine Herrschaft angetreten" (mkmg 108, 21).

12. Es ist ein bitterkalter und schneereicher Winter (mkmg 108, 21f.). May reist durch das Fürstentum Coburg-Gotha und hält sich zeitweise in Coburg auf. Er wandert dann weiter durch Bayern nach Böhmen (Eger, Falkenau, Karlsbad, Teplitz, Aussig, Tetschen, Bensen) (jbkmg 1972/73, 237, 244f.). Aussage 15.3.1870: *Im December 1869 war ich in Bayern* (heer3 260).

12.31. Silvester. Der "Tetschen-Bodenbacher Anzeiger" meldet, dass "Ströme und Flüsse schweres Treibeis tragen und ein kühler Wind über Felder und Städte zieht". "Über Nacht hat der Winter seine Herrschaft in voller Strenge angetreten [...]. Viel Schnee" (mkmg 108, 21).

1870

01.03./04. (Nieder-)Algersdorf (Valkeřice) bei Bensen (Nordböhmen). Als ausweisloser Fremder wird May nachts von der Polizei schlafend auf dem Dachboden des Hauses Nr. 95 (nach anderen Angaben: in einer Scheune) "unter verdächtigen Umständen [...], offenbar um zu stehlen", aufgegriffen. Seine ersten Worte bei der Verhaftung sind: *Ich wollte im Dachboden nur ausruhen, vor Erschöpfung schlief ich ein und erwachte erst früh* (woll 42; jbkmg 1972/73, 237f.; mkmg 71, 2).

01.04. May wird von Algersdorf nach Bensen am Polzenfluß (Benešov nad Ploučnici) gebracht und vor dem dortigen Bezirksgericht (am Marktplatz) ausgiebig zur Person befragt. Er kann das Gericht weitgehend davon überzeugen, dass er nur "ein ausweisloser Fremder" sei; das Strafverfahren wegen Diebstahls wird eingestellt (jbkmg 1972/73, 236-238; mkmg 71, 2).

01.05. Zur Ermittlung seiner Identität wird May an die Bezirkshauptmannschaft Tetschen (Děčín) weitergegeben. Er gibt an, Albin Wadenbach zu heißen, 22 Jahre alt und ledig zu sein und in Orby auf der westindischen Insel Martinique, wo er geboren sei, eine vom Vater Heinrich ererbte Plantage (Tabak-, Vanille- und Hanfpflanzungen) zu besitzen. Er habe nach dem Tod seiner Eltern die Besitzung einem Freund zur Besorgung übergeben und sei mit seinem jüngeren Bruder Franz Friedrich im Spätsommer 1869 (Ankunft 2.9.) nach Europa gereist, um in Deutschland verschiedene Verwandte väterlicher und mütterlicher Seite (u. a. den Bürgerschullehrer Hermann Eduard Wadenbach [1814–1878] in Chemnitz) zu besuchen. Als sie sich in Coburg getrennt hätten, um nach den drei Tanten (eine Kantorswitwe in Wendisch-Oßa bei Görlitz, eine Frau Rittergutsbesitzer Ulrich bei Görlitz, die Wirtschafterin Malwine Wadenbach auf dem Rittergutsbesitz Puppel bei Halle) zu suchen, habe der Bruder aus Versehen die Ausweispapiere und das meiste Geld mitgenommen. Deshalb habe er sich zu Fuß auf den Weg nach Görlitz machen müssen. May gelingt es vier Wochen lang, die Beamten über seine wahre Identität zu täuschen, weil Anfragen bei den sächsischen und preußischen Behörden ergebnislos bleiben (jbkmg 1972/73, 236-238).

01. Malwine Wadenbach, eine der angeblichen Tanten Albin Wadenbachs, wird vom Landratsamt Halle vernommen und gibt u. a. an, der angebliche Wadenbach habe sich ihr gegenüber als "Schriftsteller Heichel aus Dresden" ausgegeben (jbkmg 1972/73, 238). Am 24.2. wird Malwine Wadenbach in Plößnitz den 12 Jahre jüngeren Sirupfabrikanten Johann Gottfried Steineck (*1831) heiraten (patsch).

01.28. Aufgrund des Hinweises, bei dem angeblichen Albin Wadenbach könne es sich um einen Dresdner Schriftsteller handeln, bittet die Bezirkshauptmannschaft Tetschen die Polizeidirektion Dresden um Unterstützung und erlässt einen Aufruf in "Eberhardt's Allgemeinem Polizeianzeiger" (erschienen 2.2.), unter Bekanntgabe aller Einzelheiten und mit dem Bemerken: "Da nun dieses Individuum zu keiner anderen Auskunft [...] zu vermögen ist, so bitte ich, falls über den angeblichen Wadenbach etwas bekannt sein sollte, um baldiggefälligste Mitteilung und füge noch bei, daß derselbe 22 Jahre alt, mittlerer Größe, schlanken Körperbaus ist, dunkelblonde Haare, blaugraue Augen und als besonderes Kennzeichen an der unteren Seite des Kinns eine von einem Geschwür herrührende Narbe hat" (woll 43; jbkmg 1972/73, 238). Es ist jene Narbe, die laut dem ersten *Winnetou*-Band von einem Messerstich des Apachen stammen soll.

01.31. Die Bezirkshauptmannschaft Tetschen sendet ein (vermutlich in Leitmeritz angefertigtes) Foto des angeblichen Plantagenbesitzer Albin Wadenbach an die Dresdner Polizeidirektion (woll 43; jbkmg 1972/73, 239).

02.02. In "Eberhardt's Allgemeinem Polizeianzeiger" erscheint der Aufruf der Bezirkshauptmannschaft Tetschen. Die Redaktion ergänzt: "Eine Photographie des angeblichen Wadenbach befindet sich bei der Redaktion und kann auf Verlangen zur Ansicht übermittelt werden." Die Chemnitzer Polizei identifiziert den angeblichen Wadenbach mit Hilfe des Lichtbildes als den steckbrieflich gesuchten Karl Friedrich May. Die Staatsanwaltschaft (Dresden oder Mittweida) telegraphiert daraufhin an die Bezirkshauptmannschaft Tetschen: "Der dort zur Haft gebrachte angebliche Alwin Wadenbach aus Orby, welcher identisch mit dem entsprungenen Karl Friedrich May, ehemaligen Schullehrer, und ein sehr gefährlicher Verbrecher ist, soll dort sofort aufgehalten werden" (leb 17; woll 43; jbkmg 1972/73, 239; braun 43).

02.04. Das "Königl. Sächs. Gendarmerieblatt" meldet, der gesuchte May sei "eingegangenen Nachrichten zufolge [...] bereits am 4. vor. Monats in Tetschen aufgegriffen worden".

02.09. Um weiteres Material zur Voruntersuchung zu sammeln, lässt die Bezirkshauptmannschaft Tetschen in Absprache mit der Mittweidaer Staatsanwaltschaft May darüber im unklaren, dass seine Hochstapelei entdeckt ist. Er wird aufgefordert, Verbindung zu seinem Bruder Friedrich aufzunehmen, und schreibt Briefe, die ohne sein Wissen gleich zu den Akten gelegt werden (jbkmg 1972/73, 239). – Wadenbach alias May an das Banquierhaus Plaut & Comp. (Jacob Plaut) in Leipzig, Katharinenstraße 13: *Meine erste Bitte an Sie ist um Verzeihung, daß ich Sie mit einem Schreiben von meinem gegenwärtigen unfreiwilligen Aufenthalt incommodire; aber, bitte werfen Sie die Schuld auf meine unangenehme Lage. Ich habe ohne Legitimation Böhmen durchreist, um meine Verwandten in der Lausitz zu besuchen, bin von der Polizei aufgegriffen worden und muß mich ausweißen, um meine Freiheit wieder zu erhalten. Diese Ausweißung kann nur durch meinen Bruder Frederico Wadenbach, Kaufmann aus Orby auf Martinique, geschehen, welcher bei unserer Trennung die betreffenden Legitimationspapiere bei sich behalten hat. Da nun derselbe einen Wechsel zur Präsentation auf Ihr Haus bei sich führte, sich Ihnen jedenfalls schon vorgestellt hat, so wage ich es, an Sie die ergebene*

Bitte auszusprechen, ihm umgehend Nachricht von meiner Lage zu geben und ihn zu veranlassen, mich durch seine Gegenwart und Vorzeigung der betreffenden Papiere zu erlösen (jbkmg 1971, 119; braun 46). – Wadenbach alias May an den *Oeconom* Emil Wettig, Ellersleben bei Cölleda: *Entschuldigen Sie gefälligst, wenn ich Sie mit Gegenwärtigem auch einmal von einem europäischen Orte aus ennuyire. Ich bin nämlich auf meiner Reise zu meinen Verwandten begriffen und befinde mich hier in Haft, weil ich die Unvorsichtigkeit begangen habe, dem Bruder unsere Legitimationspapiere zu lassen. Jetzt muß ich mich ausweißen und muß mich deshalb an Sie wenden. Mein Bruder Friedrich ist bei Ihnen gewesen, um mit Ihnen die amerikanischen Verhältnisse zu besprechen, welche die Mündel Ihres Herrn Vater berühren. Sie stehen deshalb mit ihm in brieflichem oder wohl gar in persönlichem Verkehr, und deshalb spreche ich die ergebenste Bitte aus, ihn sofort von meiner Lage zu benachrichtigen, damit er mit den nöthigen Papieren und Geldmitteln komme und mich aus meiner unangenehmen Lage erlöße* (jbkmg 1971, 119f.; braun 46f.). – "Eberhardt's Allgemeiner Polizeianzeiger" meldet, der angebliche Wadenbach sei "nach einer gefälligen Mitteilung des Herrn Grenzpolizei-Kommissars [Josef Kurt] von Krecker-Drostmar in Bodenbach identisch mit dem der öffentlichen Sicherheit höchst gefährlichen, von der K. Staatsanwaltschaft zu Mittweida steckbrieflich verfolgten" vormaligen Schullehrer May. Dieser sei "um so gefährlicher, als ihm eine mehr als gewöhnliche Bildung, wie einige wissenschaftliche Kenntnisse den Eintritt in bessere Zirkel der Gesellschaft erleichtern" (heer3 238f.).

02.11. Das "Chemnitzer Tageblatt" meldet: "Jetzt endlich ist an die sächsische Behörde die Mittheilung gekommen, daß May bei dem K. K. Bezirksamt in Tetschen zur Haft gekommen sei, und infolgedessen ist die Abholung des Verbrechers nach Mittweida angeordnet worden" (braun 47).

02.25. Karl Mays 28. Geburtstag.

03.14. May wird unter strenger Bewachung aus Tetschen abgeholt und in das Bezirksgerichtsgefängnis zu Mittweida gebracht; den Transport leitet der Bezirksgerichtswachtmeister und Arresthaus-Inspektor Johann Christian Gentzsch (*1817). Vom Übergangsort Bodenbach meldet der Grenzpolizei-Kommissar Josef Kurt von Krecker-Drostmar ("Eberhardt's Allgemeiner Polizeianzeiger" 16.3.): "May [...] ist heute durch den Bezirksgerichtswachtmeister Gentzsch aus Mittweida von Tetschen abgeholt worden [...]. Die Identität Mays mit dem angeblichen Wadenbach [...] ist vollständig sichergestellt" (woll 43; jbkmg 1972/73, 241; braun 47). Gegen 18 Uhr trifft Gentzsch mit dem Untersuchungshäftling nach einer Bahnfahrt über Dresden und Chemnitz in Mittweida ein (heer3 239, 254).

03.14.-05.03. Untersuchungshaft im Bezirksgerichtsgefängnis zu Mittweida. Vermutlich in dieser Zeit verfasst May, z. T. in französischer Sprache, das vom Atheismus Ludwig Feuerbachs (1804–1872) inspirierte Textfragment *Ange et Diable* (jbkmg 1971, 128-132; ued 488f.).

03.15. Mittweida. Bei der Eingangsuntersuchung stellt der Gefängnisarzt fest, dass May zwar "hautrein", doch ein "schlanker, dürftiger Mensch" sei, "förmlich heruntergekommen und unterernährt". Er erhält täglich 1 Pfund Brot zusätzlich (jbkmg 1972/73, 241). – 15 Uhr. Bei seiner Vernehmung durch den Untersuchungsrichter Christian Gottlob Reichenbach legt May ein umfassendes Geständnis ab (jbkmg 1972/73, 241; heer3 239, 254-260).

03.17. Mittweida. Fortsetzung des Verhörs durch Reichenbach und Abschluss der Voruntersuchung. Zur Person sagt May aus: *Ich bin am 25. Februar 1842 in Ernstthal geboren, bin daher z. Zt. 28 Jahre alt. Evangelisch-lutherisch. In Ernstthal heimatsberechtigt. Mein Vater ist Weber in Ernstthal, ohne Vermögen. Die Mutter lebt noch. Ich habe 4 lebende Schwestern, von denen 2 verheiratet sind. In Ernstthal bin ich in die Schule gegangen. Ich bin von 1856 bis 1859 auf dem Seminar in Wal-*

denburg und von 1859–1861 auf dem Seminar in Plauen gewesen. Ich habe das Schulkandidatenexamen in Plauen gemacht und bestanden im Jahre 1861 zu Michaelis. Ich kam im selbigen Jahre noch als Hilfslehrer an die Stadtschule zu Glauchau mit 250 Thaler jährl. Gehalt. Ich war dort bloss 6 Wochen. Ich bekam dann eine bessere Stelle in Alt-Chemnitz, wo ich als Lehrer an der Fabrikschule mit 300 Thalern jährl. Gehalt angestellt worden bin. Dies dauerte nur bis Weihnachten 1861. Dann geschah meine erste Bestrafung, beim Gerichtsamt Chemnitz. Ich kam wegen Diebstahls in Untersuchung und wurde zu 6 Wochen Gefängnisstrafe verurteilt, welche ich verbüsst habe. Infolgedessen wurde ich als Lehrer suspendirt. Nach verbüsster Strafe habe ich mich teils durch Privatunterricht, teils durch Schriftstellerei erhalten. Im Jahre 1864 [recte 1865] *kam ich wegen eines in diesem Jahre verübten Betruges beim Kgl. Bezirksgericht Leipzig in Untersuchung und wurde zur Arbeitshausstrafe in der Dauer von 4 Jahren 1 Monate verurteilt. Ich habe davon vom 14. Juni 1865 an 3 Jahre 4 Monate verbüsst. Die übrige Strafe wurde mir im Gnadenwege erlassen. Sonst bin ich noch nicht bestraft worden. Vermögen habe ich nichts, auch keines zu erwarten* (heer3 241, 260-264).

04.13. Der geständige May wird in der öffentlichen Hauptverhandlung vor dem Bezirksgericht Mittweida (Richter Direktor Georg Hermann Wirthgen, Gerichtsrat Robert Alexander Lincke, [Ferdinand Alfred?] Leonhardt) "wegen einfachen Diebstahls, ausgezeichneten Diebstahls, Betruges, und Betruges unter erschwerenden Umständen, Widersetzung gegen erlaubte Selbsthilfe und Fälschung bez. mit Rücksicht auf seine Rückfälligkeit [...] mit Zuchthausstrafe in der Dauer von 4 Jahren" belegt und hat die Untersuchungskosten zu tragen (leb 12; woll 43; jbkmg 1972/73, 241; jbkmg 2002, 284f.). "Mittweidaer Wochenblatt" 26.4.: "Am 13. April 1870 fand Hauptverhandlung statt in der Untersuchungssache wider Carl Friedrich Mai. Derselbe, geboren am 25. Februar 1842 zu Ernstthal, Sohn eines daselbst noch lebenden Webers, hat eine nicht gewöhnliche

Erziehung genossen, sondern ist auf den Seminarien zu Waldenburg und später zu Plauen zum Lehrer gebildet worden, ist nach beendigtem Cursus und bestandener Prüfung als Schulamtscandidat gegen Ende des Jahres 1861 als Hilfslehrer in Glauchau und bald darauf als Lehrer an der Fabrikschule zu Altchemnitz angestellt worden, welcher Stelle derselbe aber infolge eines gemeinen Diebstahls, wegen dessen eine ihm vom Gerichtsamte Chemnitz zuerkannte sechswöchige Gefängnisstrafe, die er vom 6. September bis 20. October 1862 verbüßt hat, verlustig geworden. Im Jahre 1865 ist derselbe wegen im Jahre 1864 unter erschwerenden Umständen verübten, gemeinen Betrugs bei dem Königl. Bezirksgericht zu Leipzig zur Untersuchung gezogen und in Berücksichtigung seiner Rückfälligkeit mit Arbeitshausstrafe in der Dauer von vier Jahren ein Monat belegt worden, die er vom 14. Juni 1865 ab in Folge eingetretener Begnadigung bis 2. November 1868 verbüßt hat. Nach seiner Rückkehr aus der Strafanstalt hat May seine verbrecherische Thätigkeit wieder begonnen, indem er am 29. März 1869 bei dem Krämer Reimann in Wiederau einen Betrug nach Höhe von 18 Thlrn., am 10. April bei dem Stellmacher Krause in Ponitz einen dergleichen in Höhe von 30 Thlrn., am 28. Mai bei dem Schmiedemeister Weißfloh [sic] in Ernstthal einen dergleichen nach Höhe von 10 Thlr. 1 Ngr. 8 Pf., am 31. Mai einen dergleichen bei dem Restaurateur Wünschmann in Limbach eines Diebstahls nach Höhe von 20 Thlrn., am 4. Juli [recte Juni] 1869 bei dem Gasthofsbesitzer Schreier in Bräunsdorf eines dergleichen nach Höhe von 66 Thlrn. 15 Ngr., am 15. Juni 1869 bei dem Bäcker Wappler in Mülsen St. Jacob eines Betrugs nach Höhe von 28 Thlrn., am 2. Juli 1869 bei dem Restaurateur Engelhardt in Hohenstein und endlich eines Betrugsversuchs sich schuldig gemacht. Derselbe, des ihm Beigemessenen geständig, wurde wegen einfachen und ausgezeichneten Diebstahls, Betrugs und Betrugs unter erschwerenden Umständen, sowie wegen Widersetzung gegen erlaubte Selbsthilfe und Fälschung mit Berücksichtigung seiner Rückfälligkeit mit Zuchthausstrafe in der Dauer von vier Jahren belegt und in die Untersuchungskosten verurtheilt" (heer3 266f.).

04.30. Ein Gnadengesuch Mays wird vom Justizministerium in Dresden abgelehnt.

05.02. Im Einlieferungsschreiben an die Direktion des Zuchthauses Waldheim weist das Bezirksgericht Mittweida ausdrücklich auf Mays "Gefährlichkeit" hin (jbkmg 1972/73, 242).

05.03. Haftantritt im Zuchthaus zu Waldheim (ued 84). Zum "geistlichen Willkomm" muss May ein "Gebet beim Eintritt in die Strafanstalt" absolvieren (jbkmg 1976, 125f.).

1870.05.03.-1874.05.02. May verbüßt als "Züchtling 402" seine Strafe im Zuchthaus zu Waldheim (woll 44; rich 130-143; hall 253-260). *Mein Leben und Streben* 169: *Meine Strafe war schwer und lang.*

05.16. Das Sächsische Oberappellationsgericht Dresden (Vice-Präsident Ernst Otto Schumann) weist eine Berufung Mays zurück und bestätigt das erstinstanzliche Urteil (jbkmg 1972/73, 242f.).

05.17. Mays Pflichtverteidiger, der überforderte oder uninteressierte Advokat Karl Hugo Haase aus Hainichen (1827–1873), reicht ein Berufungsschreiben ein, das wenig hilfreich ist: "Die dem Angeklagten in erstinstanzlicher Erkenntniß zuerkannte Strafe halte ich nur deßwillen für zu hoch, weil nicht sowohl Schlechtigkeit und Böswilligkeit den Angeklagten zu den Verbrechen getrieben zu haben scheinen, als vielmehr grenzenloser Leichtsinn und die angeborene Kunst, den Leuten etwas vorzumachen und daraus Gewinn zu ziehen. Die ganze Persönlichkeit des Angeklagten machte in der Hauptverhandlung den Eindruck eines komischen Menschen, der gewissermaßen aus Übermuth auf der Anklagebank zu sitzen schien. Und auch in den Acten kennzeichnen sich die meisten seiner Verbrechen in ihrer Ausführung mehr als leichtsinnige Streiche wie als böswillige Verbrechen, wennschon ich anerkenne, daß der Angeklagte ein gemeinschädliches Individuum ist [...]. Hiermit glaube ich, das wenige, was für den Angeklagten spricht, herangezogen zu haben" (woll 44; jbkmg 1972/73, 242). *Leben und Streben* 168f.: Haase *hat mich nicht verteidigt, sondern belastet, und zwar in der schlimmsten Weise. Er bildete sich ein, bei dieser billigen Gelegenheit Kriminalpsychologie treiben zu können oder treiben zu sollen, und doch fehlte ihm nicht mehr als Alles, was nötig ist, um eine solche Aufgabe auch nur einigermaßen zu lösen. Ich hätte gar wohl leugnen können, gab aber Alles, dessen man mich beschuldigte, glattweg zu. Das tat ich, um die Sache um jeden Preis los zu werden und so wenig wie möglich Zeitverlust zu erleiden. Dieser Advokat war unfähig, mich oder überhaupt ein nicht ganz alltägliches Seelenleben zu begreifen.* Haase wird in der Heilanstalt Sonnenstein bei Pirna an "Gehirnerweichung" sterben.

1870-1871. Zuchthaus Waldheim. Die Lebens- und Arbeitsbedingungen in der von Hugo Schilling (1818–1886) geleiteten Anstalt sind äußerst hart (mindestens 13 Arbeitsstunden täglich, Schweigegebot). Dazu kommt May als Rückfalltater in die unterste (III.) Disziplinarklasse und wird nach einem Verstoß gegen die Anstaltsordnung bald "wegen Verdachts des Entweichens und Neigung zu grobem Unfug, Widersetzlichkeit und Gewaltthaten" in Isolierhaft genommen (maximal ein Jahr lang) (jbkmg 1976, 113, 120, 127f.). – May wird in der Zigarren-Fabrikation eingesetzt. *Leben und Streben* 170: *Man teilte mich derjenigen Beschäftigung zu, in der grad Arbeiter gebraucht wurden. Ich wurde Zigarrenmacher. Ich bat, isoliert zu werden; man gestattete es mir* [recte eine Disziplinarmaßnahme]. *Ich habe viele Jahre lang dieselbe Zelle bewohnt* [nein] *und denke noch heut mit jener eigenartigen, dankbaren Rührung an sie zurück, welche man stillen, nicht grausamen Leidensstätten schuldet. Auch die Arbeit wurde mir lieb. Sie war mir hochinteressant. Ich lernte alle Arten von Tabak kennen und alle Sorten von Zigarren fertigen, von der billigsten bis zur teuersten. Das tägliche Pensum war nicht zu hoch gestellt. Es* *kam auf die Sorte, auf den guten Willen und auf die Geschicklichkeit an. Als ich einmal eingeübt war, brachte ich mein Pensum spielend fertig und hatte auch noch stunden- und halbe Tage lang übrige Zeit.* – Tatsächlich führt Mays Isolierung (strengste Kontrolle, absolutes Schweigegebot, fast völlige Abgeschiedenheit im Isolierhaus, monotone Arbeit, geistige Abschirmung) im ersten Jahr zu einer Haftpsychose (jbkmg 1976, 134f.).

06.11. Das deutsche Urheberrechtsgesetz tritt in Kraft und stärkt künftig die Position der Schriftsteller.

07.13. "Emser Depesche".

07.19. Beginn des Deutsch-Französischen Krieges.

09.02. Demission des französischen Kaisers Napoleon III. (1808–1873) nach der Schlacht bei Sedan.

1871

1871. Haft im Zuchthaus Waldheim.

01.18. Proklamation des Deutschen Reiches in Versailles. König Wilhelm I. von Preußen wird zum Deutschen Kaiser ausgerufen. Reichskanzler (bis 1890) wird Fürst Otto von Bismarck.

02.15. Zuchthaus Waldheim. Gottlob Friedrich Tunger (*1829), der Inspektor des Männertraktes, vermerkt, dass May wegen eines Vergehens in Isolierhaft sitzt (jbkmg 1976, 127, 163).

02.25. Karl Mays 29. Geburtstag.

02.26. Vorfriede von Versailles.

05.10. Frieden von Frankfurt a. M.

05.15. Ernstthal. Carl Wilhelm Reinhold (1838–1890) erhält die Konzession, in seinem Haus Ecke Braugasse / Herrmannstraße eine bayrische Bierstube mit Delikatessengeschäft einzurichten; 1874 wird er die Erweiterung seiner Konzession zum Schnapsausschank und zur Speisewirtschaft beantragen. Im Restaurant Zur Schmiede, das 1888 als "Lügenschmiede" bekannt wird (rich 32f.; frö 28; hall 117f.), werden die Stammgäste später auch über May Gerüchte verbreiten.

Jahresmitte. Zuchthaus Waldheim. Versetzung von der Isolierhaft in die Kollektivhaft, Visitation XI, 3. Stock (jbkmg 1976, 128, 144). Mays psychischer Zustand beginnt sich zu stabilisieren. Er selbst führt das später vor allem auf den Einfluss des katholischen Anstaltskatecheten Johannes Kochta (eig. Johann Peter Kochte, 1824–1886) zurück, der ihm nicht nur wesentliche Hafterleichterungen verschafft, sondern auch in Gesprächen verstehend auf ihn eingeht (ued 84). *Leben und Streben* 172f.: *Er war nur Lehrer, ohne akademischen Hintergrund, aber ein Ehrenmann in jeder Beziehung, human wie selten Einer und von einer so reichen erzieherischen, psychologischen*

Erfahrung, daß das, was er meinte, einen viel größern Wert für mich besaß, als ganze Stöße von gelehrten Büchern. – Auch der Umstand, dass May, der Protestant, vermutlich schon gegen Ende der Isolierhaft als Organist im katholischen Gottesdienst der Schloss- und Anstaltskirche (hall 259) beschäftigt wird, hilft seinem Selbstbewusstsein und dient seinem Ansehen in der Anstalt (ued 84). *Leben und Streben* 171: *Der Katechet kam in meine Zelle, unterhielt sich eine Weile mit mir und ging dann fort, ohne mir etwas zu sagen. Einige Tage später kam auch der katholische Geistliche. Auch er entfernte sich nach kurzer Zeit, ohne daß er sich über den Grund seines Besuches äußerte. Aber am nächsten Tage wurde ich in die Kirche geführt, an die Orgel* [von Friedrich Nicolaus Jahn, II/25; kmlpz 24, 3] *gesetzt, bekam Noten vorgelegt und mußte spielen. Die Herren Beamten saßen unten im Schiff der Kirche so, daß ich sie nicht sah. Bei mir war nur der Katechet, der mir die Aufgaben vorlegte. Ich bestand die Prüfung und mußte vor dem Direktor* [Schilling] *erscheinen, der mir eröffnete, daß ich zum Organisten bestellt sei und mich also sehr gut zu führen habe, um dieses Vertrauens würdig zu sein.*

1872

1872. Haft im Zuchthaus Waldheim.

Frühjahr. Spätestens jetzt Versetzung in die II. Disziplinarklasse (jbkmg 1976, 143).

02.25. Karl Mays 30. Geburtstag.

04.29. Ernstthal. Mays dritte, ledige Schwester Ernestine Pauline stirbt mit erst 24 Jahren (plaul2).

04.30. Ein vermutlich im März (anlässlich eines Besuchs des Generalstaatsanwalts Ludwig Friedrich Oskar Schwarze in Waldheim) gestelltes Gnadengesuch Mays, zu dem ihn wohl Kochta ermutigt hat, wird vom Justizministerium in Dresden (Ministerialrat Christian Wilhelm Ludwig Abeken) im Namen des Kronprinzen Friedrich August Albert (1828–1902, ab 1873 König von Sachsen) abgelehnt (jbkmg 1972/73, 243; jbkmg 1976, 145f.; heer3 230).

08. Zuchthaus Waldheim. Als zweiter Anstaltsarzt kommt Adolf Emil Knecht (1846–1915) nach Waldheim. Dank seines Interesses für praktische Psychiatrie gelingt es Knecht, Mays Psyche weiter zu stabilisieren (jbkmg 1976, 137, 146; kluß2 61).

08.04. Ernstthal. Mays vierte Schwester Karoline Wilhelmine heiratet gegen ihren Willen den seit dem 17.12.1871 verwitweten Webermeister und Hauswirt Karl Heinrich Selbmann (11.6. 1832–25.1.1902) (plaul2, Geburtsdatum nach Melderegister). Selbmann bringt aus seiner Ehe mit Caroline Wilhelmine geb. Thiele (1835–1871) vier Kinder mit, Karoline Wilhelmine wird noch fünf eigene Kinder bekommen, den früh verstorbenen Sohn Max Otto (1877–1882) und die Töchter Auguste Anna (1873–1953), Auguste Martha (1874–1945), Clara Johanna (1882–1969) und Magdalene Elisabeth (1884–1960). An Klara May schreibt sie am 27.2.1904, sie habe "keine Jugend genossen, später als folgsames Kind unserer lieben seligen Mutter einen Mann mit 4 Kindern geheirathet, den ich weder lieben noch achten konnte, habe dann selbst 5 Kinder von Ihm bekommen, wo mir mein einziger Junge mit sechs Jahren [an Scharlachfieber] starb; habe 8 Kinder und den Mann ernähren müssen, habe dabei rechtschaffen gelebt und dabei manches Jahr, nicht manchen Tag, gedarbt u. gehungert". Auch die Eltern wohnen weiterhin im Selbmann-Haus.

09. Die ersten nachweisbaren Veröffentlichungen Mays (gez. C. M. bzw. C. May) erscheinen im "Neuen deutschen Reichsboten" (drei Ausgaben und bis 1879 verschiedene Titelvarianten: "Norddeutscher Haus- u. Historien-Kalender", "Stolpner Chroniken u. Historien-Kalender", "Stolpner Kalender", "Allgemeiner Haus-Freund") für 1873 in der ostsächsischen Kleinstadt Stolpen (Verlag Oskar Schneider, Inhaber und Herausgeber Julius Heinrich Hanzsch, 1851–1920). Es handelt sich um die (vermutlich bei einem Preisausschreiben eingereichten) Gedichte *Meine einstige Grabschrift*, *Mein Liebchen* und *Gerechter Tadel*, die möglicherweise bereits im Frühjahr 1869 entstanden sind (*Ein wohlgemeintes Wort* 14, 31-33; may&co 96, 59f.; weh 12, 24): *Ich war ein Dichter, ernst und heiter, / Das Schicksal spielte mit mir frech; / Mein ganzes Leben war nichts weiter, / Als nur ein großer – Klumpen Pech!* (*Meine einstige Grabschrift*).

1873

1873. Haft im Zuchthaus Waldheim.

02.25. Karl Mays 31. Geburtstag.

1873. Zuchthaus Waldheim. May wird in das Bläserkorps des Aufsehers Carl August Leistner (*1818) aufgenommen, dem er später während seiner Tätigkeit im Münchmeyer-Verlag wieder begegnen wird (jbkmg 1976, 144f.). *Leben und Streben* 172: *Der Aufseher unserer Visitation war ein stiller, ernster Mann, der mir sehr wohl gefiel* [...]. *Bald stellte sich zu meiner freudigen Ueberraschung heraus, daß mein Aufseher der Dirigent des Bläserkorps war. Ich erzählte ihm von meiner musikalischen Beschäftigung in Zwickau. Da brachte er mir schleunigst Noten, um mir eine Probeaufgabe zu erteilen. Ich bestand auch diese Prüfung, und von nun an war dafür gesorgt, daß ich nicht verhindert wurde, in meiner freien Zeit nach meinen Zielen zu streben. Dieser Aufseher ist mir ein lieber, väterlicher Freund gewesen, und wir haben, als er später pensioniert war und nach Dresden zog, noch lange in lieber, achtungsvoller Weise miteinander verkehrt.*

10.29. In Pillnitz stirbt König Johann von Sachsen. Sein Nachfolger wird Kronprinz Friedrich August Albert (Albert von Sachsen).

1874

1874. Bis Anfang Mai Haft im Zuchthaus Waldheim.

Jahresanfang. Zuchthaus Waldheim. May erhält (vermutlich dank der Fürsprache Kochtas) eine Möglichkeit zur Mitarbeit in der vom protestantischen Katecheten und Organisten August Leopold Barth (1823–1884) verwalteten Gefangenen-Bibliothek (jbkmg 1976, 147f.; plet 54). *Leben und Streben* 132: *Ein Leser in Freiheit und ein Leser in Haft, das sind zwei ganz verschiedene Gestalten. Bei dem Letzteren kann das Lesen geradezu zum seelischen Existenzbedürfnisse werden. Sein Wesen wendet sich, es kehrt sich um.*

02.25. Karl Mays 32. Geburtstag.

03.01. Zuchthaus Waldheim. Der "Züchtling No. 153, Hering, 11. Vis." bringt ein "neues Buch beschmutzt" zurück (jbkmg 1976, 148).

03.03. Zuchthaus Waldheim. Bei der Durchsicht und Rückordnung der abgegebenen Bände wird in der Gefangenen-Bibliothek der Schaden an dem von Karl Julius Hering (*1839) entliehenen Buch bemerkt. Katechet Barth meldet den Vorfall dem zuständigen Inventarienverwalter. Es erfolgt eine Anhörung des Benutzers, der angibt, das Buch im ordnungsgemäßen Zustand erhalten und so auch wieder zurückgegeben zu haben (jbkmg 1976, 148).

03.04. Der zuständige Bibliotheksgehilfe May wird befragt. "Züchtling No. 402 Mai giebt an, daß das Buch bereits schmutzig gewesen sei, wie es pp. Hering erhalten habe." Diese Antwort, die der Entlastung des Mitgefangenen dienen soll, wird May zum Verhängnis. Man schenkt den Worten Herings mehr Glauben und entlässt May aus dem Amt: "Züch. No. 402 ist fernerweit nicht mehr mit dem Austheilen der Bücher zu beschäftigen" (jbkmg 1976, 148f.). Der erste protestantische Anstaltsgeistliche Christian Gottlob Fischer (1815–1893), der die Oberaufsicht über die Bibliothek führt, wird den "einmal bestraften" May wohl auch wegen dieses Vorfalls am 15.4. im Abgangszeugnis "kalt, gleichgiltig, glatt, hochmüthig" nennen. Doch kann diese ungerechte Behandlung May jetzt nicht mehr zurückwerfen (kluß2 63; jbkmg 1976, 149, 151; ued 84; hall 257).

04.15. Ein Abgangszeugnis wird erstellt. Dr. Knecht beurteilt May als "etwas entkräftet, sonst arbeitsfähig". May hat angegeben, "nach Amerika auswandern" zu wollen (hall 257).

04.25. Die Kreisdirektion Leipzig als höhere Landespolizeibehörde verfügt nach vorheriger Anhörung der Waldheimer Zuchthausverwaltung über das Betragen Mays während der Haft und über erforderlich gewesene Straf- und Disziplinarmaßnahmen, ihn auf die Dauer von zwei Jahren unter Polizeiaufsicht zu stellen (jbkmg 1976, 152; plaul3 386; kmhi 11, 33).

05.01. Vor Mays Entlassung aus dem Zuchthaus wird noch einmal sein Signalement aufgenommen (mkmg 41/42, Inform 6). – Die Waldheimer Anstaltsdirektion teilt dem Ernstthaler Pfarramt und dem Leipziger Polizeiamt Mays Entlassung mit (kluß2 64; kmhi 11, 33).

05.02. Entlassung aus dem Zuchthaus Waldheim. Der aus Ernstthal stammende Aufseher Karl Wilhelm Müller (1836–1926), der May seine Zivilkleider aushändigt, erinnert sich 1926, beim Abschied scherzhaft zu ihm gesagt zu haben: "Na, ich bin neugierig, wann wir dich hier wiedersehn!" Da sei May ganz ernst geworden, habe ihm die Hand auf die Schulter gelegt, ihm tief ins Auge gesehen und langsam, jedes Wort betonend, geantwortet: "Herr Schließer, mich sehen Sie hier niemals wieder!" (woll 46; jbkmg 1976, 154; kmv 75, 30f.) *Leben und Streben* 178: *Es war ausgestanden. Ich kehrte heim. Es war ein stürmischer Frühlingstag, es regnete und schneite. Vater kam mir entgegen. Es fiel ihm auch dieses Mal nicht ein, mir Vorwürfe zu machen.* – Nach seiner Entlassung sucht May auch seine Schwester Christiane Wilhelmine auf, die zu dieser Zeit (bis August 1874) in Langenberg wohnt (hall 126).

05.04. Laut Verfügung der Waldheimer Anstaltsdirektion muss May spätestens an diesem Tag in seinem Heimatort Ernstthal eintreffen. Er steht seit dem 3.5. unter der Aufsicht des Ratspolizeiwachtmeisters Christian Friedrich Dost (1828–1902) (plaul3 389; heer3 154).

05. Ernstthal. May beantragt beim Bürgermeister vergeblich einen Auslandspass (*Leben und Streben* 179).

1874.05.-1875.03. Ernstthal. May wohnt bei seinen Eltern, der Schwester Karoline und ihrem Mann Heinrich im Selbmann-Haus am Markt 185. Er ist schriftstellerisch tätig, kann aber zunächst nur wenig publizieren und lebt von der Unterstützung der Eltern (wohl 752; kluß2 66). Aussage vom 6.4.1908: *Nach Verbüssung meiner letzten Strafe im Jahre 1874 bin ich wieder nach Ernstthal gegangen, habe dort bei meinen Eltern gewohnt, und bin ebenfalls wieder schriftstellerisch für mehrere Zeitungen tätig geworden* (leb 120). Vermutlich entsteht in dieser Zeit das Fragment *Hinter den Mauern. Licht- und Schattenbilder aus dem Leben der Vervehmten*, das über den Anfang des ersten Kapitels *Ein Mörder* nicht hinauskommt (ued 489f.; jbkmg 1977, 127f.). Zu Mays Schreiborten gehört ein Eckfensterplatz im Gasthaus Zur Stadt Glauchau (patsch).

05.07. Ein reichseinheitliches Pressegesetz tritt in Kraft und führt zu einer starken Zunahme deutscher Periodika.

09.02. Laut Mitteilungen Mays an Hans von Laßberg (2.1898, jbkmg 1983, 77) und Sophie von Stieber (21.3.1899, gwb 80, 479f.) der Todestag des Apachenhäuptlings Winnetou, der 1840 geboren sein soll. Im Widerspruch dazu steht eine mündliche Angabe, nach der Winnetou an einem 21.2. gestorben sein soll (kmjb 1919, 252), und eine Mitteilung an Carl Jung vom 2.11. 1894, nach der er bei seinem Tode *32 Jahre alt* war (mkmg 52, 36, 39).

09. Im Stolpener "Allgemeinen Haus-Freund" für 1875 (Julius Hanzsch) erscheinen die Gedichte *Liebeslied-Recept* und *Wandergrüße* (may&co 96, 57, 60; mkmg 141, 31-36).

09.16. Heinrich Gotthold Münchmeyers erotisches Lieferungswerk "Die Geheimnisse der Venustempel aller Zeiten und Völker oder Die Sinnenlust und ihre Priesterinnen. Geschichte der Prostitution und ihrer Entstehung, sowie die Darlegung ihrer Folgen auf die Entwickelung der Menschheit" (Plagiat des 1870 bei Dr. Langmann & Co. in Berlin erschienenen Werks "Die Sinnenlust und ihre Opfer. Geschichte der Prostitution aller Zeiten und Völker") wird in Preußen verboten. Das Verbot betrifft wahrscheinlich auch das medizinische Aufklärungsbuch "Die Geschlechtskrankheiten des Menschen und ihre Heilung. Mit besonderer Berücksichtigung der Syphilis, ihrer Entstehung und Folgen", da beide Heftausgaben gemischt ausgeliefert wurden (*Buch der Liebe* 10, 12-15, 17, 63-153, 155-185, 191-216).

11.(?) In der "Deutschen Novellen-Flora" des Verlags Hermann Oeser in Neusalza im Lausitzer Gebirge erscheint Mays historische Heimaterzählung *Die Rose von Ernstthal. Eine Geschichte aus der Mitte des vorigen Jahrhunderts*, die lange Zeit als seine erste Veröffentlichung galt. Die bisherige Datierung auf April/Mai 1875 ist vermutlich falsch (plaul1 15; ued 371-373; *Unter den Werbern* 302-305; beob 1, 8f.).

12.16. Münchmeyers Lieferungswerke "Die Geheimnisse der Venustempel aller Zeiten und Völker" und "Die Geschlechtskrankheiten des Menschen und ihre Heilung" werden in Österreich verboten (*Buch der Liebe* 10, 17, 59, 61).

1875

02.25. Karl Mays 33. Geburtstag.

03.(6. oder 7.) Der Tag, von dem May 1905 schreiben wird, er habe ihn *ganz unbedingt als meinen verhängnisvollsten zu bezeichnen* [...], *weil er mich verführte, das mir von der Vorsehung zugewiesene, eigenartige Milieu zu verlassen und mich einer Atmosphäre zuzuwenden, die ich gewiss gemieden hätte, wenn sie mir nicht so völlig unbekannt gewesen wäre* (*Schundverlag 05*, 277). Der aus Lauterbach bei Stolpen stammende Kolportageverleger Heinrich Gotthold Münchmeyer (29.6.1836 – 6.4.1892 Davos), ein früherer Zimmergeselle und Dorfmusikant, der danach Kolporteur in Oberlungwitz war, einem Nachbarort von Hohenstein und Ernstthal, und seit Herbst 1862 einen Verlagsbuchhandel in Dresden (seit Ostern 1874 im Jagdweg 14) betreibt, erscheint mit seinem Bruder und Geschäftsführer Friedrich Louis Münchmeyer (1829–1897) in Ernstthal und bietet May, der ihm wahrscheinlich Manuskripte vorgelegt und vermutlich schon früher mit ihm in Verbindung gestanden hat, eine Anstellung als Redakteur der seit 1873 von Carl Julius Otto Freitag (1839–1899) betreuten Zeitschrift "Der Beobachter an der Elbe. Unterhaltungsblätter für Jedermann" an. Freitag hat sich von Münchmeyer getrennt, um selber Verleger zu werden. May sagt zu: Die 600 Taler Jahresgehalt (mit Aussicht auf baldige Verdoppelung) sichern ihm zum ersten Mal in seinem Leben ein einigermaßen ausreichendes Einkommen (ued 86; plaul3 388; *Beobachter an der Elbe* 5; beob 1, 7-9). *Leben und Streben* 175f., 180-182: Münchmeyer *war Zimmergesell gewesen, hatte bei Tanzmusiken auf dem Dorfe das Klappenhorn geblasen und war dann Kolporteur geworden. In dieser Eigenschaft kam er auch nach Hohenstein-Ernstthal und lernte in einem benachbarten Dorfe eine Dienstmagd kennen, die er heiratete. Das fesselte ihn an die Gegend. Er wurde da bekannt und erfuhr auch von mir. Was er da Tolles hörte, schien ihm* *außerordentlich passend für seine Kolportage. Er suchte meinen Vater auf und machte sich vertraut mit ihm. So kamen ihm meine Manuskripte in die Hand. Er las sie. Einiges war ihm zu hoch. Anderes aber gefiel ihm so, daß es ihn, wie er sagte, entzückte. Er bat, es drucken zu dürfen, und bekam die Erlaubnis dazu. Er wollte sofort bezahlen und legte das Geld auf den Tisch. Vater aber nahm es nicht. Er schob es zurück und forderte ihn auf, es mir persönlich zu geben, wenn ich entlassen sei. Hierauf ging Münchmeyer sehr gern ein. Er versicherte, ich sei der Mann, den er gebrauchen könne; er werde mich nach meiner Heimkehr aufsuchen und alles Nähere mit mir besprechen.* [...] *später erschien er wieder, und zwar nicht allein, sondern mit seinem Bruder.* [...] [*Schundverlag 05*, 280: *Ich sass damals am Fenster und schrieb. Da standen draussen auf dem Markte zwei Männer, die mich anschauten. Ich kannte sie nicht. Es war H. G. Münchmeyer und sein Bruder Fritz. Sie hatten von mir gelesen und gehört und waren nur gekommen, mich persönlich zu sehen, hundert Kilometer weit, von Dresden her. Sie kamen herein in die Wohnung und brachten ihr Anliegen vor.* Rudolf Bernstein (recte May) an das Amtsgericht Dresden 7.10.1904: *Es wurde* [...] *behauptet,* [May] *habe sich in Not befunden und sei zu Münchmeyer gekommen, um ihn um Hülfe zu bitten. Die Wahrheit aber ist, dass er bei seinen Eltern wohnte, die sich wirtschaftlich so standen, dass sein Vater nicht mehr zu arbeiten brauchte. Die Schriftstellerei brachte ihm ganz gute Honorare, und H. G. Münchmeyer kam mit seinem Bruder Fritz ganz unaufgefordert und eine fast vier Stunden lange Eisenbahnfahrt zu ihm, um ihn zu fragen, ob er seine Redaction annehmen wolle.*] *Sein Bruder war Schneider gewesen und dann auch Kolporteur geworden. Das Geschäft war bisher gutgegangen, sogar außerordentlich gut; nun aber stand es in Gefahr, ganz plötzlich zusammenzubrechen. Man brauchte einen Retter, und der sollte ich sein, ausgerechnet ich! Das war mir unbegreiflich, weil ich mit Münchmeyer noch nie etwas zu tun gehabt hatte, auch gar nichts mit ihm zu tun haben wollte und weder ihn noch seine Lage kannte. Er erklär-*

te sie mir. Er war ein klug berechnender, sehr beredter Mann, und sein Bruder sekundierte ihm in so trefflicher Weise, daß ich beide nicht kurzerhand abwies, sondern sie aussprechen ließ. Aber als sie das getan hatten, war ich – – – eingefangen [...]. *Für heut* [...] *handle es sich um ein Wochenblatt, welches er unter dem Titel "Der Beobachter an der Elbe" herausgebe. Gründer und Redakteur dieses Blattes sei ein aus Berlin stammender Schriftsteller namens Otto Freytag, ein sehr geschickter, tatkräftiger, aber in geschäftlicher Beziehung höchst gefährlicher Mensch. Dieser habe sich mit ihm überworfen, sei plötzlich aus der Redaktion gelaufen, habe alle Manuskripte mitgenommen und wolle nun ein ganz ähnliches Blatt wie den "Beobachter an der Elbe" herausgeben, um ihn tot zu machen. "Wenn ich nicht sofort einen anderen Redakteur bekomme, der diesem Menschen über ist und es mit ihm aufzunehmen versteht, bin ich verloren!" schloß Münchmeyer seinen Bericht.* [...] [*Schundverlag 05*, 280: *Ich war zu seinem Nachfolger ausersehen, sollte aber schon morgen in Dresden sein, um die Redaktion anzutreten, weil bei der Gewandtheit und Energie dieses Mannes jeder Verzug von grösstem Schaden werden könne.*] Das *Gehalt, das Münchmeyer mir zahlen konnte, war zwar nicht bedeutend* [*Schundverlag 05*, 280: *Auch das geringe Gehalt von 1800 Mark störte mich nicht.*], *aber es flossen mir ja außerdem derartige Honorare zu, daß ich es eigentlich gar nicht brauchte. Und ich war gar nicht gebunden. Er bot mir vierteljährige Kündigung an. Ich konnte also alle drei Monate gehen, wenn es mir nicht gefiel.* [*Schundverlag 05*, 280f.: *Als ich ihn mit meinem curriculum vitae bekannt machen wollte, sagte er, das sei nicht nötig, denn er habe sich nach mir erkundigt, ehe er zu mir gekommen sei. Leute wie ich seien ihm überhaupt sympathisch, man könne mit ihnen getrost über alles reden. Hierauf fuhren die beiden Brüder nach Dresden zurück, sehr vergnügt, ihren Zweck erreicht zu haben.*]

03.08. May reist ohne Wissen der Ernstthaler Ortspolizeibehörde nach Dresden, um seine neue Arbeit als Redakteur aufzunehmen. Er wohnt laut eigener Angabe in der Wilsdruffer Vorstadt *privatim am Jagdweg bei einer Frau verw. Vogel*, in der Nähe des Münchmeyerschen Geschäftslokals (Jagdweg 14). Als Vermieterinnen kommen die Ingenieurswitwe Auguste Ernestine Vogel (Annenstraße 14^{II}, noch 1875 Poliergasse 13) und die Apothekerswitwe Emma Rosalie Vogel (Engelapotheke, Annenstraße 33, ca. ab Ostern Falkenstraße 4) in Frage. Vermutet wird auch, dass May zunächst ein Quartier im Jagdweg 6 (3 Treppen, Eigentümer Strohgeflechte-Färber Gustav Emil Heyde) bezieht und erst im August bei einer der Witwen wohnt (leb 121; woll 48; rich 146f.; hall 66f.; beob 1, 14f.). Mit einer Ausnahme (Sommerstraße 7) werden alle Dresdner Wohnsitze Mays den Bomben des Zweiten Weltkriegs zum Opfer fallen. *Leben und Streben* 183: *Als ich nach Dresden kam, nahm ich mir zunächst ein möbliertes Logis.* – *Schundverlag 05*, 304: *In meinem Logis* [*wurde*] *ich von meiner Wirtin, einer Witwe, bedient.* – Rudolf Bernstein (May) an das Amtsgericht Dresden 7.10.1904: *May hat sich sofort ein grosses, geräumiges, schön ausgestattetes Logis gemietet, über welches Münchmeyers nicht die geringste Bestimmung hatten.* – *Schundverlag 05*, 281-287: *Als ich in Dresden ankam, war es um die Mittagszeit, und die Familie Münchmeyer sass beim "Kartoffelbrei". Dieser war so dick, dass ich ihn bis heute noch nicht vergessen habe. Ich wurde aber nicht eingeladen, mitzutun, sondern Münchmeyer sagte mir, dass wir heute Abend ausgehen und etwas besseres mit einander essen würden. Er zeigte mir die Geschäftsräume, und dann ging ich, um mir eine Wohnung zu mieten. Ich fand eine passende, die in derselben Strasse lag.* [...] *Hierauf trat ich* [...] *sofort meine Stelle an, mit guten Hoffnungen und noch besseren Absichten. Der Beginn war eines derartigen Geschäftes würdig. Mein Vorgänger hatte die für das Münchmeyersche Blatt bestimmten Manuskripte mitgenommen. Münchmeyer hatte Angst vor ihm und bat mich, zu ihm zu gehen und sie mir geben zu lassen. Ich tat es mit Begeisterung, wurde aber von Herrn Otto Freitag zum Ruhme Heinrich Münchmeyers mit noch grösserer Begeisterung zur Tür "her-*

ausgeschmissen". [...] Natürlich liess ich mir nun vor allen Dingen das Blatt vorlegen, dessen neuer Redakteur zu sein, ich die Ehre hatte. Als ich es sah und seinen Inhalt überflog, erschrak ich. Es war ein Unterhaltungsblatt höchst niedrigen Ranges, für Kolportageleser, à la "Hexe von Dresden" oder "Die Windmühle auf dem Galgenberge". [...] *Am Abend dieses ersten Tages erklärte mir Münchmeyer, dass wir* [...] *von jetzt an allabendlich ausgehen würden, um, meist mit seinem Bruder Fritz, eine Partie Billard oder Skat zu spielen. Ich willigte ein. Wir gingen nach der Ammonstraße* [56]. *Dort gab es, wo er früher gewohnt hatte* [Nr. 57], *eine kleine Wirtschaft mit Billard* [Zum Rheinfall, Schankwirtschaft von Michael Hermann Wiedemar]. *Als wir in die Stube traten, stellte er mich den anwesenden Gästen, die meist Handwerker waren, mit den Worten vor: "Meine Herren, mein neuer Redakteur, Herr Doktor Karl May!" Es wurde zunächst gespielt. Dann hielt der "Heinrich" Wort: Wir assen etwas besseres als Kartoffelbrei mit einander; er bestellte drei Rumpsteaks, sein Lieblingsessen, eins für den "Heinrich" eins für den "Fritz" und eins für mich. Jeder durfte das seinige essen und dann auch bezahlen.* [...] *Auf dem Nachhauseweg fragte ich Münchmeyer, wie er dazu gekommen sei, mich Doktor zu nennen. Das sei so Sitte, sagte er. Jeder bessere Schriftsteller, besonders aber jeder Redakteur sei so zu nennen.* [...] *Ich war also gezwungen, mich gleich an meinem ersten Abend in Dresden mit dieser ganz unverhofften, "nicht anstudierten" Würde schlafen zu legen. Ich wurde infolgedessen von Jedermann Doktor genannt, auch von Frau Münchmeyer und ihren Töchtern* [Anna Marie (Maria) (1860–1908), später Frau Jäger; Anna (Alma) Veronika (1862–1952), später Frau Heubner; Ida Pauline (1864–1917), später Frau Schiller; Elsa Flora (1873–1961), später Frau Böhler], *sofern ich mit ihnen sprach.* Frau Münchmeyer *hiess Pauline und war eine geborene Ey* [Vater Carl August Friedrich Ey, 1816–1848], *genau so wie ihre Schwester, die aber Minna hiess. Die Mutter dieser Töchter* [Christiane Eleonore Reuter verw. Ey geb. Heim, 1811–1897] *lebte noch, der Stiefvater auch. Dieser hiess "Der alte Reuter"* [Schmuckfeder-Fabrikant Carl Heinrich Rudolf Reuter, 1823–1882]. *Ich habe ihn sehr geachtet. Er war ein ausserordentlich braver Mann, der sich seiner Stieftöchter weit mehr annahm, als er eigentlich verpflichtet war. Er wohnte, als ich die Redaktion übernahm, mit der Frau und der unverheirateten, aber bereits sehr ältlichen Tochter im Münchmeyerschen Seitengebäude und war zu jeder, auch der schlechtesten Arbeit willig.* [Rudolf Bernstein (May) an das Amtsgericht Dresden 7. 10.1904: Pauline Münchmeyers *eigener Vater, allerdings Stiefvater, aber ein äusserst gutmütiger Mann, klagte* [...]*: "Ich und meine Frau, wir haben für die Pauline und den Heinrich unser Häuschen verkauft und das Geld davon hergegeben und nun spucken sie mir dafür ins Gesicht!" Und dabei hatte der alte, mehr als 70jährige Mann gegen Frau Münchmeyer noch viel mehr als blos seine Pflicht getan, denn er erzählte wiederholt und äußerst aufrichtig: "Als ich meine Frau heiratete, habe ich ihre Töchter, die Pauline und die Minna, erst ganz gehörig* <u>*ablausen*</u> *müssen."*] [...] [Der Buchdrucker Friedrich Wilhelm Gleißner (1827–1891)] *war die Seele des Geschäfts. Er konnte alles, entdeckte stets neues, war vorsichtig, doch unternehmend und wusste überall Rat.* [...] *Was ich bei Münchmeyer durchsetzte, erreichte ich nur dadurch, dass ich mich mit Gleissner verständigte.* [...] *Vor allen Dingen bemerkte ich, dass es keine Buchführung gab. Es stand zwar einer da, dessen Arbeit es war, gewisse Einträge zu machen* [...]. *Er hiess* [Hermann Rudolf] *Jäger* [1853–1900], *heiratete* [am 1.12.1883] *Münchmeyers älteste Tochter* [Anna Marie], *als diese sich von der Bühne verabschiedete, wurde nachmals angeblich Münchmeyerscher Prokurist und Firmenleiter* [der Berliner Filiale], *worauf er aber bald in einem Asyl für Trinker an Gehirnerweichung starb. – Schundverlag 09,* 85: *Sobald ich bei* [Münchmeyer] *eingetreten war, machte ich die Erfahrung, dass er es liebte, entlassene Strafgefangene bei sich anzustellen. Er sagte, er tue das aus Humanität. Später erkannte ich den eigentlichen Grund. Er drückte sich in unvorsichtigen Augenblicken folgendermassen aus: "Solche Leute hat man im Sacke. Sie müssen tun, was* *man will, damit man ihre Vergangenheit nicht erfährt. So ein bestrafter Schriftsteller schreibt gern um den geringsten Preis, wenn man ihm nur verspricht, zu schweigen!" Weil man diese seine Gewohnheit kannte, entwickelte sich bald ebenso über mich das Gerücht, auch der neue Redakteur sei vorbestraft. Und da er früher Lehrer gewesen sei und man die Gründe, weshalb Lehrer bestraft zu werden pflegen, sehr wohl kenne, so sei mit Sicherheit anzunehmen, dass ich wegen unsittlichen Umganges mit Schulmädchen bestraft worden sei. Diese Nachrede wurde überallhin verbreitet. Ich nehme an, dass Münchmeyers sich hieran zunächst nicht beteiligt haben. Ich selbst hatte keine Ahnung von dem, was man über mich sagte.*

03.12. Dresden. Wegen ungemeldeter Entfernung wird der unter zweijähriger Polizeiaufsicht stehende frischgebackene Redakteur vom Hohensteiner Gendarm-Brigadier Friedrich Julius Frenzel (1833–1912) pflichtgemäß bei der Dresdner Kriminalpolizei angezeigt, wobei Frenzel fälschlich von einer nur einjährigen Aufsicht ausgeht. Der Gendarm vermutet, dass der "bestrafte Gauner und frühere Schullehrer" in Dresden neben der Redakteurstätigkeit "auch seine frühere verbrecherische Laufbahn theilweise wieder betreten dürfte" (kmjb 1920, 201; woll 48; jbkmg 1977, 147f.; *Feierstunden* 3).

03.15. May wird aufgrund der Anzeige Frenzels von der Kriminalpolizei aus Dresden ausgewiesen, da es mit Rücksicht auf seine Vorstrafen bedenklich sei, ihm den Aufenthalt zu gestatten (kmjb 1920, 201; woll 48).

03.16. Im "Börsenblatt für den Deutschen Buchhandel" (Leipzig) veröffentlicht H. G. Münchmeyer (vermutlich May) in Vorbereitung der Zeitschrift "Schacht und Hütte" eine Suchanzeige: *Zu kaufen gesucht wird auf antiquarischem Wege eine Anzahl das Berg-, Hütten- und Maschinenwesen behandelnder Bücher und Zeitschriften* (plaul1 13; jbkmg 1977, 154; beob 3, 12). – Dresden. Erfolglos reicht May bei der Polizeidirektion ein Gesuch um Aufenthaltsbewilligung ein: *Nach* *langem Irren ist mir endlich eine Stellung gebothen, welche mich von Sorgen befreit und mir Gelegenheit biethet, das Vergangene wieder gut zu machen und den Beweis zu führen, daß der Weg meines Lebens nie wieder sich einem "dunklen Hause" nähern werde. Wer da weiß, wie schwer es dem entlassenen Strafgefangenen wird, sich aus dem Schmutze emporzuarbeiten, der wird begreiflich finden, daß ich mit innigster Freude und Genugthuung dem Rufe gefolgt und in die gebothene Stellung eingetreten bin. In den wenigen Tagen meines Hierseins habe ich das vollständige Vertrauen meines Chefs erlangt, und ich hegte die freudige Hoffnung, daß ich die Vergangenheit hinter mich werfen und mit unbeirrtem Eifer vorwärts streben könne.* May bittet darum, die Polizeidirektion *wolle in Rücksicht darauf, daß meine Stellung eine fixirte und sichere ist und mir nach Verlauf von fünf Wochen der Aufenthalt in Dresden doch gestattet sein würde, einmal gütige Nachsicht hegen und mich durch die Domicil-Verweigerung nicht in Not und neue Schande stürzen!* (kmjb 1920, 202f.; woll 48f.; plaul3 391; jbkmg 1977, 149f.)

03.24. Trotz günstiger polizeilicher Ermittlungen (Münchmeyer bestätigt, dass er May gegen ein jährliches Gehalt von 600 Talern fest angestellt habe, und erklärt, dass er mit seinen Leistungen sehr zufrieden sei) wird May endgültig angewiesen, "binnen drei Tagen Dresden zu verlassen" (kmjb 1920, 203; woll 49; plaul3 391; jbkmg 1977, 151).

03.27. Spätestens an diesem Tag Rückkehr nach Ernstthal. May führt von dort aus seine Geschäfte als Redakteur des Dresdner Münchmeyer-Verlags. Zugleich verfasst er eigene Manuskripte (woll 49; jbkmg 1977, 151). Nach einer Erinnerung der Schwester Karoline Selbmann zieht May möglicherweise aus dem Elternhaus aus, wo er wegen der Enge und des Webstuhllärms nicht arbeiten kann, und mietet eine Wohnung im Haus Am Markt (Altmarkt) 2 in Hohenstein, im selben Haus, in das er im Oktober 1880 mit seiner Frau Emma Pollmer einziehen wird (patsch).

1875. Hermann Waldemar Otto, "Wie ich Karl May sah": "Das Städtchen Ernstthal hatte mit Hohenstein zusammen ein kleines Postamt, das im Bahnhofsgebäude lag. Beinahe jeden Tag, wenn ich Knirps den vielfach gewundenen Weg zur Volksschule hinaufkraxelte, begegnete ich einem schlanken jungen Mann, einen Schlapphut auf dem wehenden Haar, der einen Doppelbrief zur Post brachte. Das war Karl May, der bei einer Petroleumfunzel bis zum Morgengrauen an Manuskripten für einen Dresdner Verlag schrieb. An den Nachmittagen streifte er planlos durch die dicht an das Städtchen grenzenden Wälder, neuen Stoff für neue Erzählungen sammelnd" (kmjb 1932, 47).

04.24. In der Wochenschrift "Der Kamerad", dem "Officiellen Central-Organ für sämtliche Militär- & Krieger-Vereine in Sachsen und der Königl. Sächs. Invaliden-Stiftung" (Pirna, Friedrich Wilhelm Staub), erscheint ein 19-strophiges Huldigungsgedicht Mays für den sächsischen König Albert: *Rückblicke eines Veteranen am Geburtstage* [23.4.] *Sr. Majestät des Königs Albert von Sachsen* (plaul1 14; masch 21, 153-155; jbkmg 1977, 129; jbkmg 1981, 41f., 56f.).

05.21. Dresden. Öffentliche Sitzung des Landgerichts im Strafverfahren gegen Johann Schumann, der "wegen Beleidigung Carl May's [vom Gerichtsamt Dresden] zu 15 Mark Strafe verurtheilt" worden ist und Einspruch erhoben hat (*Buch der Liebe* 49; jbkmg 2002, 285).

05.22. Dresden. Schumanns Einspruch wird in öffentlicher Gerichtssitzung abgewiesen (*Buch der Liebe* 49).

05.25. Die "Dresdner Nachrichten" melden den Ausgang des Schumann-Verfahrens (*Buch der Liebe* 49).

05.-07. Im "Beobachter an der Elbe" erscheint die Novelle *Wanda* (plaul1 15f.; ued 395-397; *Beobachter an der Elbe* 7f., 12; beob 1, 9). *Schundverlag 05*, 279: *Ich war bereits seit Anfang der sechziger Jahre Schriftsteller. Aus jener Zeit stammt z. B. die* [...] *Novelle "Wanda", die ich später Münchmeyer für* *nur einen Abdruck überliess.* Tatsächlich ist der Titel *"Wanda"* bereits im *Repertorium C. May* genannt (jbkmg 1971, 135).

08. May erreicht in Dresden die Revision seiner Ausweisung. Spätestens jetzt nimmt er für kurze Zeit Logis bei einer der (inzwischen umgezogenen) Witwen Vogel, vermutlich bei der Apothekerswitwe Emma Rosalie Vogel geb. Wustlich (1817–1880) in der Falkenstraße 4[II]. Im dritten Stock dieses Hauses wohnt Julie Hünerfürst, die Witwe des Musikdirektors und Komponisten Hugo Hünerfürst (1827–1867), den May im Roman *Der Weg zum Glück* (kmw II.26, 251) erwähnt (beob 1, 15). Die Polizeidirektion eröffnet ihm, dass er bis zum 2.5. 1876 weiterhin unter Polizeiaufsicht stehe (kmjb 1920, 205; plaul3 391).

08.17. Sagan (heute Polen). Der vielgelesene Schriftsteller Ludwig Habicht (1830–1908) schreibt an den "Redacteur des Beobachters an der Elbe" und teilt ihm auf Anfrage mit, dass er zur Mitarbeit bereit sei.

08. Im "Beobachter an der Elbe" erscheint die Erzählung *Der Gitano. Ein Abenteuer unter den Carlisten* (plaul1 19; ued 342f.; *Beobachter an der Elbe* 8f., 13); der Titel erscheint bereits im *Repertorium C. May* (jbkmg 1971, 132), eine Entstehung Ende der sechziger Jahre ist denkbar.

08. May lässt den "Beobachter an der Elbe" auslaufen und gründet stattdessen "zur Unterhaltung für Jedermann" ein "Deutsches Familienblatt" ("Wochenschrift für Geist und Gemüth") und "Schacht und Hütte", ein Blatt "zur Unterhaltung und Belehrung für Berg- Hütten- und Maschinenarbeiter". *Leben und Streben* 183f.: *Was den "Beobachter an der Elbe" betrifft* [...], *so sah ich gleich mit dem ersten Blick, daß er verschwinden müsse. Münchmeyer war so vernünftig, dies zuzugeben. Wir ließen das Blatt eingehen, und ich gründete drei andere an seiner Stelle, nämlich zwei anständige Unterhaltungsblätter, welche "Deutsches Familienblatt" und "Feierstunden" betitelt waren, und ein Fach- und Unterhaltungsblatt für Berg-, Hütten-*

und Eisenarbeiter, dem ich die Ueberschrift "Schacht und Hütte" gab. Diese drei Blätter waren darauf berechnet, besonders die seelischen Bedürfnisse der Leser zu befriedigen und Sonnenschein in ihre Häuser und Herzen zu bringen. – Rudolf Bernstein (May) an das Amtsgericht Dresden 7.10.1904: *Der monatlich auszuzahlende Gehalt betrug 1800 Mark, ganz genug für einen unverheirateten Schriftsteller, der ausserdem noch seine guten Honorare bezieht. Ueberdies bezog sich dieser Gehalt nur auf die eine Zeitung, der er vorstand und* [die er] *schnell eingehen liess, weil sie nichts taugte. Er gründete dafür drei andere und hätte also auch den dreifachen Gehalt zu beziehen gehabt, 5400 Mark; er schenkte das aber Münchmeyer, weil ihm dieser versicherte, dass er nicht in der Lage sei, die zu bezahlen. Das wurde in der freundschaftlichsten Weise unter vier Augen abgemacht, denn Karl May ist nie der Mann gewesen, der dem Einen wissen lässt, was der Andere nicht zu leisten vermag.* – *Schundverlag 05*, 297f.: *Ich war der Ansicht, dass eines der beiden neuen Blätter ein unterhaltendes sein müsse, vielleicht mit dem Titel "Feierstunden" oder "Deutsches Familienblatt". Das andere aber habe ein belehrendes zu sein. Es fehle ein billiges Blatt für den gewöhnlichen Arbeiter, ein religiös und sittlich unanfechtbares Blatt, welches ihm einen innern Halt verleihe und ihn bewahre, in unzufriedene, demokratische oder überhaupt illoyale Hände zu fallen. Mein Augenmerk sei dabei besonders auf Berg-, Hütten-, Eisenarbeiter und dem verwandte Fächer gerichtet. Davon gebe es ja viele Hunderttausende, und wenn die Sache richtig angegriffen werde, so habe man einen nicht nur lohnenden, sondern auch rühmlichen Erfolg zu erwarten. Als passenden Titel schlage ich da "Schacht und Hütte" vor.* [...] *Ich schrieb* [...] *an eine Reihe hervorragender Schriftsteller und Schriftstellerinnen; sie sagten alle zu. Es waren berühmte Namen dabei, sogar eine Baronin* [Laura Loudon], *auch eine Gräfin* [Valeska] *von Gallwitz* [...]. *Aber es ereignete sich das Wunder, dass diese Gräfin nach Dresden kam, um ihr Manuskript persönlich mit mir zu besprechen. Sie lud mich ein, im "Hotel Kronprinz"* [Hauptstraße; rich 166f.], *wo sie abgestiegen war, mit mir zu speisen. Ich akzeptierte unter der Bedingung, dass auch Herr Heinrich Münchmeyer mitkommen dürfe. Sie erlaubte es. Als der "Heinrich" dann daheim erzählte, was alles aufgetragen, gegessen und getrunken worden war und dass ihm das keinen einzigen Pfennig gekostet hätte, da floss sogar der "Pauline" das Herz dermassen über, dass sie nicht mehr auf den "Beobachter" bestand, der allerdings "für Gräfinnen nicht gut passte".* Tatsächlich kommt es erst im März 1876 zur Begegnung mit der Gräfin Gallwitz.

1875-1876. Zu Beginn seiner literarischen Laufbahn verfasst May, seine vielseitigen Talente erprobend, sehr verschiedenartige Texte. In "Schacht und Hütte" veröffentlicht er neben volkswirtschaftlichen Nachrichten und populärwissenschaftlichen Aufsätzen seine *Geographische Predigten*, religiöse Naturbetrachtungen, die über seine geistige Entwicklung Aufschluss geben. Gleichzeitig erscheinen von ihm verfasste Teile des von Münchmeyer anonym publizierten "Buches der Liebe". Im "Deutschen Familienblatt" bringt er Heimatgeschichten, Humoresken und Wildwest-Erzählungen (ued 460f.; wohl 752f.).

08.(?) May unternimmt mit Probenummern der von ihm gegründeten und redigierten Zeitschrift "Schacht und Hütte" zu Reklamezwecken eine Rundreise zu führenden Montanunternehmen, die ihn u. a. nach Chemnitz (Richard Hartmann, 1809–1878; hall 36), Essen (Alfred Krupp, 1812–1887) und Berlin (August Borsig jr., 1829–1878; sokmg 33, 10), vielleicht auch nach Dortmund (Maschinenfabrik Deutschland, mitbegründet von Borsig), führt (jbkmg 1977, 164; beob 3, 10-14). Angeblich reist May auch nach Österreich, wo er u. a. die Buchhandlung von Christoph Friedrich Krüger (1827–1881) in Aussig als Verlag gewinnt. *Leben und Streben* 184: *In Beziehung auf "Schacht und Hütte" bereiste ich Deutschland und Oesterreich, um die großen Firmen z. B. Hartmann, Krupp, Borsig u.s.w. dafür zu interessieren, und da ein solches Blatt damals Bedürfnis war, so erzielte ich Erfolge, über die ich selbst erstaunte. –*

Schundverlag 05, 298f.: *Ich wünschte, dass "Schacht und Hütte" mit einem einzigen Schlage durch ganz Deutschland und Oesterreich erscheine. Darum stellte ich die fünf ersten Nummern vollständig fertig zusammen, liess sie drucken und trat mit ihnen eine Rundreise an, um sie* [...] *den Königen, Fürsten und Baronen der Berg-, Hütten- und Eisenindustrie persönlich vorzulegen. Ich meine da Leute wie Krupp, Hartmann, Borsig und andere. Diese Reise dauerte mehrere Monate. Wohin ich kam, wurde ich gut aufgenommen. Ueberall sagte man mir, dass man ein derartiges, gegen den Unglauben und die Bestrebungen der Sozialdemokratie gerichtetes Blatt mit Freuden begrüsse und seine Verbreitung warm befürworten werde. Es gab Fabrikcentren, wo in Folge dieser Befürwortung von oben herab die Buchhändler gleich mehrere oder gar viele tausend Nummern bestellten. Ich kehrte schliesslich infolgedessen mit einem Erfolge von über 200 000* [!] *festen Lesern nach Dresden zurück; wie jeder Kenner zugeben wird, etwas noch niemals Dagewesenes.* In Berlin hat May wahrscheinlich auch die gerade eingerichtete, von Rudolf Jäger geleitete Filiale Münchmeyers in der Ruppinerstraße 44 besucht (hall 18).

09. Dresden. May zieht in das Hintergebäude des Münchmeyer-Verlags, Jagdweg 14[I] (nicht mehr existent). *Leben und Streben* 183: Münchmeyer *stellte mir* [...] *sehr bald mehrere Zimmer als Redaktionswohnung zur Verfügung, und ich kaufte mir die Möbel dazu.* Aussage 6.4.1908: *Als ich* [...] *bei Münchmeyers im Hinterhaus* [...] *wohnte, wurde gerade das Vorderhaus gebaut* (leb 121). *Schundverlag 05*, 303f.: *Mein bisheriges Logis genügte mir vollständig. Es war da still; ich wurde nicht gestört. Bei Münchmeyers aber wohnten diese mit Gleissners und Reuters im Seitengebäude; das Vorderhaus stand im Bau; dazu der ununterbrochene Lärm der Fabrik; ich sah keinen Grund, meine ruhige Wohnung mit einer so unruhigen zu vertauschen! Aber der "Heinrich" erklärte, seinen Redakteur in der Nähe haben zu müssen; die "Pauline" stimmte bei, und so zog ich denn um* [...]. *Es war eine ganz hübsche Wohnung für* *mich leer geworden; ein junger Kaufmann* [Architekt Franz Richard Dröher] *war soeben ausgezogen. Sie bestand aus Vorsaal, Wohn- und Schlafzimmer, zudem auch noch ein separater Keller. Das war doch wohl genug für einen unverheirateten Mann.* [...] *Ich kaufte mir die nötigen Möbels, mit Federbett und was sonst noch Alles dazu gehörte. Der Fritz war dabei. Er unterschrieb als Zeuge, dass "der Herr Redakteur Karl May" diese Sachen gekauft und sofort bar bezahlt habe.*

09.01. May kauft zusammen mit Friedrich Louis Münchmeyer Möbel bei dem Buchhändler Max Hugo Dröher und lässt sich von Dröher und Münchmeyer bestätigen, *daß alle von Herrn Redacteur Karl May hier von ihm gekauften Meubles, Betten und sonstigen Wirthschaftsgegenstände sofort baar bezahlt worden sind.* Wahrscheinlich handelt es sich um Möbel des mit Hugo Dröher verwandten Vormieters Franz Richard Dröher.

1875. Durch das enge Zusammenleben am Jagdweg gewinnt May Einblicke in die problematische Ehe der Münchmeyers. Rudolf Bernstein (May) an das Amtsgericht Dresden 7.10.1904, über Pauline Münchmeyer: *Verstecken des ihrem Ehemann entwendeten Geldes in den Kohlenkeller. Ihr Vater, der alte Reuter, ist dabei gewesen. Das Geld war einmal so schwer, dass das Schürzenband abriss und alles auf den Boden rollte.* [...] [Münchmeyer] *war stets in Geldnot. Er hatte stets Angst, wenn ein Wechsel kam, ob das Geld dazu noch da sein werde. Darum freute er sich ausserordentlich, als er endlich einen "Feuerfesten" hatte.* [...] *Münchmeyer stand sich fortwährend in Folge des Verhaltens seiner Frau so, dass Gleissner stets mit Wechseln herumlaufen musste, um sie discontiren zu lassen.* [...] *Um diese Zeit war es, dass* [...] [Christian Ehregott] *Voigtländer* [Inhaber der Restauration Diana-Saal, Jagdweg 3, Freund Münchmeyers] *Münchmeyer einmal fragte, woher er denn das Geld zu seinem Vordergebäude nehme. "Borgen tue ichs", antwortete er. "Ich kann ja nichts verlieren, denn ich habe nichts!"* [...] [Heinrich und Fritz Münchmeyer] *haben erzählt, dass* [Pauline] *ihre Kinder jetzt abtreibe und die Hebammen nicht dafür* *bezahlt habe.* [...] [Sie] *wollte keine Kinder mehr haben, darum musste ihr Mann stets in abgelegenen Kammern wohnen und schlafen.* [...] *"Denn er macht die Betten und die Möbel dreckig", sagte sie.* [...] *"Beide lebten wie Hund und Katze"* [...] *Sie erzählte: "Mein Mann frisst wie ein Schwein!" Er durfte nur in die Küche, in den Salon gar nicht. Im Contor nannten sie einander freundlich Mama und Papa; aber drüben in der Wohnung hauten sie einander die Teller an den Kopf. "Das Frauenzimmer, das Frauenzimmer, was die mich ärgert und chicanirt!" sagte Münchmeyer von ihr.* [...] *Dadurch stiess sie ihn ab und zu anderen Frauen hin, von denen er dachte, dass sie es ehrlicher mit ihm meinten.* [...] *Alles fürchtete sich vor ihr. Heinrich musste zuweilen auf sie einhauen.* [...] *Münchmeyer hatte überhaupt kein Verhältnis, sondern nur Verhältnisse. Er lebte mit seiner Frau schlecht: das wusste der ganze Jagdweg.* [...] *Münchmeyers Schwiegervater warf ihm einmal diese seine Liebschaften vor. Da antwortete Heinrich zornig: "Wer mich in meiner Liebe stört, den erschiesse ich!" Da hat der alte Reuter eine solche Angst gekriegt, dass er die Pauline warnte: "Du, lass ihn gehen, der schiesst!"* [...] *Karl May hatte schon kurz nach Antritt seiner Redakteurstelle gehört, dass Frau Münchmeyer ihren Mann resp. das Geschäft bestehle und das Geld heimlich in den Kohlenkeller schaffe. Er glaubte aber nicht daran, zumal er nichts bemerkte, obgleich im Kohlenkeller die ihm gehörige Abteilung ganz nahe an der Münchmeyerschen lag. Er wurde aber von Frau Münchmeyer selbst bald eines Andern belehrt. Sie trat nämlich eines Tages sehr aufgeregt in seine Wohnung und jammerte, dass sie das viele, viele Geld unmöglich verlieren könne und dass er der Einzige sei, der sie retten könne, denn er sei nicht nur klüger als andere Leute, sondern auch verschwiegen. Auf seine Frage, um was es sich handle und sie solle sich doch zunächst beruhigen, berichtete sie, sich immer mehr aufregend, sie habe heimlich Geld verborgt, gegen Wechsel, nicht etwa wenig, sondern Tausende. Bei einem dieser Schuldner sei heute der Wechsel fällig; den habe sie aber vor ihrem Manne so gut versteckt, dass sie ihn nun selbst nicht finden könne. Sie sei aber trotzdem zu dem Manne gegangen, um das Geld zu holen (gegen einstweilige Quittung natürlich). Als er aber hörte, dass der Wechsel verloren sei, habe er die ganze Schuld rundweg abgeleugnet und glatt behauptet, dass er niemals Geld gegen Wechsel geborgt habe und übrigens eine solche hohe Summe erst recht gar nicht besitze. Dabei sei er geblieben; er könne das beschwören. Nun gebe es nur Einen, der sie und ihr Geld retten könne, nämlich der Herr Redakteur Karl May. Dieser aber riet ihr, sich doch an Herrn Münchmeyer zu wenden; sie dürfe ihn nicht länger betrügen und solle ihm Alles gestehen; das sei sie ihm doch schuldig. Da kreischte sie voller Angst und auch zugleich entrüstet auf und schrie: "Ich? Das meinem Mann sagen? Dass ich ihn heimlich bemause? Sind Sie verrückt? Der schlüg mich doch auf der Stelle tot!" Sie versprach Herrn May eine grosse Belohnung, die sie ihm sofort und sehr gern zahlen werde, sobald sie das abgeleugnete Geld doch noch erhalte, und jammerte so lange, bis der Redakteur weich wurde und ihr sagte, dass er zu dem Manne gehen werde, und zwar gleich jetzt. Er tat es. Der Schuldner leugnete zwar auch ihm gegenüber, wurde aber so in die Enge getrieben, dass er die Schuld endlich zugab und einen neuen, drei Monate hinausgeschobenen Wechsel unterschrieb. Der alte fand sich dann in der schmutzigen Wäsche; Frau Münchmeyer bekam die ganze, hohe Summe am nächsten Verfalltag ausgezahlt, Herr May aber von der versprochenen grossen Belohnung keinen Pfennig.*

09. Mays erste Indianererzählung *Inn-nu-woh, der Indianerhäuptling* (*Aus der Mappe eines Vielgereisten, Nr. 1*) erscheint im "Deutschen Familienblatt" und etabliert einen reisenden Ich-Erzähler, der hier seinen ersten fiktiven Amerikaaufenthalt (in New Orleans und auf einem Mississippi-Dampfer) beschreibt (plaul1 20; ued 397-399; *Old Firehand* 11f.).

09. Die Humoreske *Ein Stücklein vom alten Dessauer*, die erste von neun Geschichten bis 1884 um den Fürsten Leopold I. von

Anhalt-Dessau, erscheint im "Deutschen Familienblatt" (plaul1 20; ued 361-363; *Old Firehand* 13f.).

09. Die Aufsätze *Schätze und Schatzgräber*, *Mit Dampf um den Erdball* und *Vertheidigung eines Vielverkannten* erscheinen in "Schacht und Hütte" (plaul1 21f.; ued 461f.).

1875.09.-1876.08. Im "Deutschen Familienblatt" erscheint als Titelgeschichte in 50 Folgen der von May redaktionell betreute Roman "Fürst und Junker" des Wiener Schriftstellers Friedrich Axmann (1843–1876), ein "Historischer Roman aus der Jugendzeit des Hauses Hohenzollern" (jbkmg 1991, 253; heer4 156). In "Schacht und Hütte" ist Axmann mit dem "Wiener Kriminal-Roman" "Geheime Gewalten" vertreten. May hat Axmann, der schon vor seiner Zeit für den "Beobachter an der Elbe" geschrieben hat, vermutlich auch persönlich kennen gelernt (*Beobachter an der Elbe* 10; *Feierstunden* 7; may&co 66, 4f.).

09. Die Humoreske *Im Seegerkasten* erscheint anonym im Stolpener "Neuen deutschen Reichsboten" (Julius Hanzsch) für 1876 (*Ein wohlgemeintes Wort* 15; ued 349-351). Ebenso wie die Humoreske *Im Wasserständer*, die im September 1876 am selben Ort erscheinen wird, könnte der Text schon einige Jahre früher entstanden sein, da beide Titel bereits im *Repertorium C. May* unter der offenbar einen geplanten Humoreskenzyklus bezeichnenden Überschrift *Im Alten Neste. Aus dem Leben kleiner Städte* angeführt sind. Eine weitere, im *Repertorium* an letzter Stelle genannte Humoreske *In den Eiern*, in der es um die Heilung einer Ehefrau vom "Katzenfieber" geht, ist nur als beschädigtes Manuskriptfragment überliefert. Gemeinsam ist allen drei Texten eine mundartliche Gesprächssituation (jbkmg 1971, 135f.).

09.-10. Die Humoreske *Die Fastnachtsnarren* erscheint im "Deutschen Familienblatt" (plaul1 22; ued 342).

09. Die Aufsätze *Bete und arbeite!* und *Die Helden des Dampfes* erscheinen in "Schacht und Hütte" (plaul1 22; ued 461f.).

09.-10. Der Aufsatz *Die Helden des Dampfes. James Watt* und das Gedicht *Der blinde Bergmann* erscheinen in "Schacht und Hütte" (plaul1 22f.; ued 461f.).

1875.09.-1876.02.(?) Karl May beteiligt sich an Münchmeyers "Buch der Liebe", dessen Hauptteil ("Die Liebe nach ihren geschlechtlichen Folgen. Geschlechts-, Frauen- und Kinderkrankheiten, Wochenbett und Anleitung zur Selbstheilung") das 1874 verbotene und von ihm nur leicht überarbeitete Aufklärungsbuch "Die Geschlechtskrankheiten des Menschen und ihre Heilung. Mit besonderer Berücksichtigung der Syphilis, ihrer Entstehung und Folgen" bildet (plaul1 28; ued 458-460; beob 1, 10). Als Verleger ist nicht Heinrich Gotthold, sondern Friedrich Louis (F. L.) Münchmeyer genannt. Von May stammt die erste Abteilung, in der die Liebe nach ihrem Wesen und ihrer Bestimmung behandelt wird, und die abschließende "Dritte Abtheilung" ("Die Liebe nach ihrer Geschichte. Darstellung des Einflusses der Liebe und ihrer Negationen auf die Entwickelung der menschlichen Gesellschaft"), in der auch Teile des ebenfalls 1874 verbotenen Lieferungswerks "Die Geheimnisse der Venustempel aller Zeiten und Völker oder Die Sinnenlust und ihre Priesterinnen. Geschichte der Prostitution und ihrer Entstehung, sowie die Darlegung ihrer Folgen auf die Entwickelung der Menschheit" eingearbeitet sind. *Schundverlag 05*, 295: *Der "Venustempel", später auch noch "Buch der Liebe" genannt, war ein Buch, welches auf die allergemeinste Sinnenlust spekulierte. Die jedem Hefte beigegebenen phrynischen Buntdruckbilder waren nackt und frech im höchsten Grade. Hunderte von Textzeichnungen illustrierten die Begattung und ihren Verlauf in jeder, sogar der unnatürlichsten Weise. – Frau Pollmer* 807: *Nie in meinem Leben habe ich etwas so schandbar Gemeines gesehen! Aber Münchmeyer las es, seine Frau las es und seine Kinder lasen es und freuten sich über die nacktgemalten Geschlechtstheile und Brüste. Frau Münchmeyer sagte: "Das ist unser bestes Buch; das bringt massenhaftes Geld!"*

10. Die Aufsätze *Ein königlicher Proletarier*, *Deutsche Sprüchwörter* (*"Des Menschen Wille ist sein Himmelreich"*, *"Ehrlich währt am Längsten"*), *Blumen deutscher Kirchenlieder*, *Herbstgedanken*, *Die Helden des Dampfes. Robert Fulton*, *Haus- und Familienreden 1* sowie die Gedichte *Ade!* und *Trost* erscheinen in "Schacht und Hütte" (plaul1 23-25; ued 461f.).

10.-12. Die Indianererzählung *Old Firehand* (*Aus der Mappe eines Vielgereisten, Nr. 2*) erscheint im "Deutschen Familienblatt". Zum ersten Mal tritt Winnetou auf, hier noch als wilder Skalpjäger. Der erstmals aktive, anonyme Ich-Erzähler (der bereits den Henrystutzen trägt) sagt von sich: *das Leben war mir bisher Nichts gewesen als ein Kampf mit Hindernissen und Schwierigkeiten; ich war einsam und allein meinen Weg gegangen, unbeachtet, unverstanden und ungeliebt* (plaul1 24f., zu einer noch nicht ermittelten Voredition 21; *Old Firehand* 15-21, 51).

11. Die Aufsätze *Deutsche Sprüchwörter* (*"Freunde in der Noth / Gehn hundert auf ein Loth"*), *Ein Lichtspender* und *Ein jetzt Vielgenannter* sowie das Gedicht *Die wilde Rose* erscheinen in "Schacht und Hütte" (plaul1 26; ued 461f.).

11.-12. Der Aufsatz *Mit dem Dampfrosse* erscheint in "Schacht und Hütte" (ued 461f.).

12. Die Aufsätze *Der Kanal von Suez* und *Haus- und Familienreden 2* erscheinen in "Schacht und Hütte" (plaul1 26; ued 461f.).

1875.12.-1876.07. In "Schacht und Hütte" erscheinen die *Geographischen Predigten* (plaul1 26f.; ued 460f.).

12. *Leben und Streben* 184: *Unsere Blätter stiegen so, daß Münchmeyer mir zu Weihnachten ein Klavier schenkte.* – *Schundverlag 05*, 302f.: *Das Geschenk war ein Klavier, ein sogar tafelförmiges und gelbes.* [...] *Ich nahm* [*die Weihnachtsgabe*], *ihrem Alter entsprechend, höchst ehrfurchtsvoll entgegen und stellte sie in meinem Wohnzimmer auf, etwas entfernt* *vom irdischen Verkehr, damit ja Niemand daran stosse.* – Rudolf Bernstein (May) an das Amtsgericht Dresden 7.10.1904: *Münchmeyers Kinder bekamen ein besseres Instrument, weil der alte, tafelförmige Kasten vollständig totgeklimpert worden war. Zu Weihnacht fasste man die Idee, dem Herrn Redakteur durch ein festliches Geschenk zu zeigen, dass die Familie Münchmeyer unendlich dankbar zu sein verstehe. Er bekam also den Kasten an das Herz gelegt, und da er ihn partout nicht abweisen durfte, so liess er ihn in sein Wohnzimmer stellen und entlockte ihm dann nach und nach die letzten Atemzüge.*

1876

01.22. Breslau. Laura Baronin Loudon geb. Homann dankt dem "Vielgereisten" für einen Brief und kündigt den Schluss Ihrer (unter ihrem Mädchennamen veröffentlichten) "Russischen Nebelbilder" für das "Deutsche Familienblatt" an.

01.23. Breslau. Valeska von Gallwitz geb. von Tempsky (1833–1888) hat erfahren, dass May ihr Manuskript "Editha" für das "Deutsche Familienblatt" erworben hat, und bittet darum, die Arbeit unter dem Namen "Eugen Valeski" erscheinen zu lassen.

02.23. Am Vormittag findet im Münchmeyer-Verlag eine polizeiliche Haussuchung statt; sie gilt dem verbotenen Lieferungswerk "Die Geheimnisse der Venustempel aller Zeiten und Völker", doch werden auch Exemplare des "Buches der Liebe" konfisziert, dessen Mitarbeiter May ist (*Buch der Liebe* 35f.). *Schundverlag 05*, 293f.: *Eines Tages veranlasste mich Münchmeyer, in die Stadt zu gehen und einige Aufträge für ihn zu besorgen. Er hatte das sehr eilig, obgleich es sich um gar nichts wichtiges handelte. Das fiel mir auf. Es schien, als ob er mich für einige Stunden aus dem Geschäft zu entfernen wünsche. Ich spioniere nie, beeilte mich also keineswegs, hielt mich aber auch nicht länger auf, als nötig war, und kam darum weit eher heim, als er erwartet hatte. Er geriet dadurch in hohe Verlegenheit, denn es gab da eine Menge Polizisten, die nach etwas suchten, was sie nicht finden sollten. Er hatte* [...] *erfahren, dass heute bei ihm der berüchtigte "Venustempel" konfisziert werden sollte. Er kannte sogar die Zeit, in welcher die Polizei kommen würde, um hauszusuchen, und hatte seine Vorkehrungen getroffen. Vor mir schämte er sich über diese sittenpolizeiliche Massnahme gegen ihn. Ich sollte nichts davon wissen, sollte es wenigstens erst dann erfahren, wenn es vorüber sei. Darum hatte er mir die Aufträge gegeben, um mich fernzuhalten. Ausserdem traute er weder meinen Augen, noch meiner*

Ehrlichkeit. Nämlich, wenn er mich nicht veranlasste, fortzugehen, so hätte ich bemerken müssen, was in den Räumen hier für Veränderungen vorgenommen worden waren, um die gesuchten "Venustempel" zu verstecken. Er war überzeugt, dass ich die Polizei auf keinen Fall belügen würde, wenn sie auf den Gedanken käme, sich bei mir zu erkundigen. Ich war ihm also so gefährlich, dass er mich unbedingt wieder zu entfernen hatte. Er kam, als er mich eintreten sah, auf mich zugeeilt und bat mich, wieder fortzugehen; er werde mir später sagen, warum; jetzt habe er keine Zeit. Ich ging und erfuhr dann erst am Abend, um was es sich gehandelt hatte. Doch teilte man mir das nur so im allgemeinen mit. Ausführliches erfuhr ich erst später, als ich die "Minna" heiraten und also der Schwager des "Heinrich" und der "Pauline" werden sollte. Da glaubte man, mich in das Vertrauen ziehen zu müssen; ich erfuhr nach und nach alles, was andere Leute nicht wussten, und wurde auch in die so glücklich überstandene Venustempelaffäre eingeweiht, wenn auch erst nachträglich. – Rudolf Bernstein (May) an das Amtsgericht Dresden 7.10.1904: *Das war ein Buch, welches auf ganz besonderen Wunsch Münchmeyers schon längst vor Karl Mays Zeiten von einem ganz andern Verfasser geschrieben wurde* [...] [und] *nur den Zweck verfolgte, durch die ausführlichste Behandlung der Kloakenvenus mit entsprechenden Illustrationen und Buntdrucknacktheiten viel Geld zu verdienen. May hatte keine Ahnung von diesem Werke und wurde erst dadurch darauf aufmerksam, als die Polizei sich höchst zahlreich einstellte, um es zu confisciren. Sie fand nur wenige Exemplare.* [...] [May] *frug nach dieser Sache, konnte aber nichts Genaues erfahren. Erst später, als man glaubte, gegen den angehenden "Schwager" offener sein zu dürfen, sah er das Buch bei Frau Münchmeyer. Ihre Kinder, die noch Schulmädchen waren, ergötzten sich an den schönen Bildern dieser Hefte. Ueber diese Art der Frauen- und Kinderlecture im höchsten Grade erstaunt, hörte er von Frau Münchmeyer: "Das ist unser bestes Werk", "das ist schön und bringt das meiste Geld!"* [...] *Münchmeyers hatten "Wind bekommen", dass der Venustempel confiscirt werden solle, und sofort wurden alle Hände in Tätigkeit gesetzt, die vorhandenen Vorräte dieser einträglichen Venus zu verbergen. Man versteckte sie in den Geschäftsräumen, hinter anderen Bücherstössen, in den verschlossenen Fahrstuhl, mit Hülfe von Vexier-Riegeln, die nur der Eingeweihte öffnen konnte. Aber auch in den Privatwohnungen, und Frau Münchmeyer half mit rührender Emsigkeit mit, der Königlich Sächsischen Polizei der Haupt- und Residenzstadt Dresden eine Nase im Gewicht von einigen Tausend Venustempeln anzudrehen. Und es gelang! Denn sogar in und unter die Kinderbetten der Buchdrucker Gleissner'schen Familie wurde das Haupt- und Lieblingswerk des Münchmeyerschen Geschäftes gerettet, und die ganze Familie jubelte auf, als die Herren von der "Sittlichkeitswache" mit so fast leeren Händen um die Ecke der Rosen- und der Freibergerstrasse verschwanden.*

02.24. Die "Dresdner Nachrichten" berichten über die Durchsuchung bei Münchmeyer: "Dieselbe galt [...] einem im Verlage jener Buchhandlung erschienenen Werke, [...] welches schon seit einigen Jahren in ganz Deutschland massenhaft im Colportagewege verbreitet worden sein soll, ohne daß man dasselbe früher beanstandet hat" (*Buch der Liebe* 35).

02.25. Karl Mays 34. Geburtstag. – Die "Dresdner Nachrichten" bringen Einzelheiten über die "polizeiliche Confiscation" des "Venustempels", der "zur Täuschung über den Inhalt" auch Titel wie "Das Buch der Liebe", "Der Hausdoctor", "Der Familienarzt" oder "Das Buch des kranken Menschen" trage (*Buch der Liebe* 36).

02.26. Notiz über die Haussuchung bei Münchmeyer im "Dresdner Anzeiger" (nach einer Meldung der "Neuen Reichs-Zeitung" vom 25.2.) (*Buch der Liebe* 50).

03.04. Breslau. Baronin Laura Loudon dankt May für die ersten beiden Nummern des "Deutschen Familienblatts" mit ihren "Russischen Nebelbildern". Sie hat 199 Fehler entdeckt und bittet May, Korrektur zu lesen.

03.18. Breslau. Im Beisein Münchmeyers hat May im Dresdner Hotel Kronprinz mit Valeska von Gallwitz über ihr Manuskript "Editha" gesprochen, für das er einen Buchverlag finden soll. Die Gräfin mahnt eine Antwort an: "mit meinem Manuscript in der Tasche, hatten Sie die Schreiberin vergeßen, während Sie die Treppe im Hôtel hinab stiegen". May ist nach Breslau eingeladen: "Sie wohnen bei mir, und sollen wie ein Prinz bedient werden."

03.25. May bietet der Dresdner Schriftstellerin Clara Schnackenburg (C. Wittburg, *1845) Honorar für eine Novelle an: *Eigenthumsrechte beanspruche ich nur für den ersten Abdruck.*

03.26. 6.30 Uhr. Hohenstein. Die Strumpfwirkerstochter und Kartonarbeiterin Marie Thekla Vogel (1856–1929), Carlstraße 70, die vermutlich bei Münchmeyer gearbeitet und nebenher Mays Zimmer in Ordnung gehalten hat, bekommt ein uneheliches Kind; nach verschiedenen Hypothesen ist Helene Ottilie Vogel (†1952) eine Tochter Mays (mkmg 40, 13; heer4 409; *Unter den Werbern* 304f.). Auch sonst hat May in den ersten beiden Jahren nach seiner Entlassung aus Waldheim nähere Beziehungen zu verschiedenen Frauen unterhalten; so soll die Ernstthaler Schneiderstochter Anna Elisabeth Schlott (*1860) zeitweise seine Geliebte gewesen sein, seinetwegen ihre Webstelle verloren und dann Schreibarbeiten für ihn erledigt haben (ued 88; kmjb 1979, 209). *Schundverlag 05*, 304: *Ich engagierte eine unserer Punktiererinnen, die sehr arme Eltern hatte und darum gerne noch einige weitere Mark pro Woche verdiente.*

1876. Münchmeyer ist mit dem Engagement und der Leistung seines Redakteurs sehr zufrieden und möchte ihn unter keinen Umständen verlieren. Seine Frau Pauline hat die Idee, May enger an die Familie zu binden. Als Mittel dazu soll ihre Schwester Minna Ey (1843–1918) dienen, die ihm auf ziemlich offensichtliche Weise angeboten wird (woll 52; plet 56f.). *Leben und Streben* 186: *Man machte mir* [...], *um mich an die Firma zu binden, den Vorschlag, die Schwester der Frau Münchmeyer* *zu heiraten. Man lud, um dies zu erreichen, meinen Vater nach Dresden ein. Er durfte zwei Wochen lang als Gast bei Münchmeyers wohnen und bekam vom Vater der Frau Münchmeyer* [Carl Heinrich Rudolf Reuter] *die Brüderschaft angetragen. Das bewirkte grad das Gegenteil. – Schundverlag 05*, 302: *Mein Vater schrieb mir* [...], *dass er nach Dresden kommen werde, mich zu besuchen. Ich hatte in meiner Wohnung ganz reichlich Platz für ihn. Da aber kam Frau Münchmeyer aus höchst eigener Initiative, mir zu erklären, dass sie ihn sich als Gast ausbitte; er solle in ihrem Fremdenzimmer wohnen.* [...] *Mein Vater wohnte volle zwei Wochen bei der "Pauline". Sie kochte besser für ihn, als sie sonst zu kochen pflegte. Sie gab sich alle Mühe, ihm zu Gefallen zu sein. Sie ging sogar wiederholt mit, wenn ich mit ihm ausging* [...]. *Auch ihr Vater, ihre Mutter und ihre Schwester nahmen sich des Gastes in einer Weise an, die beinahe auffällig war. Der "alte Reuter" machte bereits am zweiten Tage Brüderschaft mit ihm, und die "Minna" nannte ihn nicht anders als nur erst "Papa May" und dann ganz einfach "Papa".* – Rudolf Bernstein (May) an das Amtsgericht Dresden 7.10.1904: *Der Wunsch, dass* [May] *dieses Mädchen heirathen möge, war von Münchmeyerscher Seite so stark, dass ihm ein ganz außergewöhnlicher Nachdruck gegeben wurde. Dieser Nachdruck hatte eine so grosse Aehnlichkeit mit direktem Zwange, dass er sogar ganz unbeteiligten Personen auffallen musste. Herr May sollte sich nur mit der ihm bestimmten "Minna" beschäftigen. Er wurde beaufsichtigt, festgehalten, hereingezogen. Wenn er entschlüpfte, so schickte man ihm den "alten Reuter" nach, um ihn zu suchen und nach Hause zu bringen. Der alte Mann ging dann von Kneipe zu Kneipe und fragte laut nach dem Gewünschten, er solle zu "seiner Minna" kommen. May bat, ihn doch nicht derart zu blamiren; es half nichts.* [...] [May] *hatte zwar eine Aufwartung, aber Minna* [...] *liess diesem Wesen nur die niedere Arbeit und nahm die Aufsicht über Wohnung, Bett und Wäsche ganz allein auf sich. Dagegen war nichts zu machen!* [...] *Herr Münchmeyer hatte sich nur in den Nebenräumen herumzudrücken, als aber einmal der alte Vater May, bekanntlich ein einfacher Webermeister, nach Dresden kam, um seinen Sohn zu besuchen, wurde ihm die Ehre zuteil, beinahe zwei Wochen lang der Gast von Frau Münchmeyer zu sein und von ihr gepflegt zu werden, wie wohl kaum ihr eigener Vater. Dieser letztere, ihr Vater, bot ihm sogar die Brüderschaft an und stichelte dabei vergnügt: "Dein Sohn und meine Tochter!" – Schundverlag 05*, 304-306: *Wie erstaunt war ich, als* [...] *die Schwester der Frau Münchmeyer, also die "Minna", bei mir erschien und mir mitteilte, dass sie beauftragt sei, sich meiner Wohnung anzunehmen. Also nur der Wohnung; das konnte gehen! Aber bald kam auch das Andere alles dazu, sogar die Leib- und Bettwäsche und das Essen. Man litt es nicht, dass ich noch weiter in der Restauration speiste. Die Mutter der Frau Münchmeyer kochte für mich. Erst ass ich bei mir, also allein; dann lud man mich zur Familie; ich musste zu Reuters, mit andern Worten, zur – – Minna. Erst nur Mittags, dann auch Abends. Hierauf ging ich fort, mit dem "Heinrich" und dem "Fritz", so regelmässig wie bisher.* [...] *Ich konnte still beobachten, wie man Schritt vor Schritt immer weiter ging und das Netz immer mehr zusammenzog. Gefährlich war es für mich nicht; darum liess ich es mir gefallen, so lange es mir nicht lästig wurde. Dann aber stellten sich Forderungen ein, denen ich mich entziehen musste. Ich sollte nicht nur auch des Abends mit Reuters essen, sondern sodann nach dem Essen bei ihnen und ihrer Tochter bleiben. Ich wendete ein, dass ich doch täglich mit Herrn Münchmeyer auszugehen habe; das sei stets so gewesen und müsse auch so bleiben. Da aber geschah es, dass der "Heinrich", wenn ich kam, ihn abzuholen, immer schon fortgegangen war, und zwar ohne zu sagen, wohin. Ging ich nach, so fand ich ihn nicht. Also ein Komplott gegen mich; aber ein liebes, süsses Komplott, welches mit einer Hochzeit enden sollte! Da verzichtete ich zwar noch nicht darauf, bei Reuters zu essen, denn ich wollte ihnen nicht so öffentlich und mit einem Male wehe tun; aber ich gewöhnte es mir nun ebenso an wie der "Heinrich", allein auszugehen. Doch wo ich auch hinging, wenn es in der Nähe war, um mein Glas Bier zu trinken, so trat ganz unfehlbar bald darauf der "alte Reuter" herein, setzte sich zu mir, um mich von den andern Gästen abzusondern und mutete mir dann zu, mit ihm nach hause zu "seiner Minna" zu gehen. Es blieb mir also nichts übrig, als mich so weit wie möglich vom Schuss zu entfernen. Ich wanderte viele Strassen weit und fand dann endlich Ruhe, aber auch nur des Abends, denn am nächsten Morgen stellte sich bald der, bald die mit Vorwürfen ein, die ich zwar erst höflich, dann aber immer entschiedener von mir wies.* [...] *Es war bestimmt, dass ich der Schwager von Frau Pauline Münchmeyer werden, also ihre Schwester, die "Minna", heiraten sollte. Man setzte alle Hebel in Bewegung, dies zu erreichen. Gelang es, so hatte man eine Arbeitskraft gewonnen, die man mit der Schraube der Verwandtschaft auspressen konnte, ohne sie so teuer bezahlen zu müssen, wie eine fremde. Man war überzeugt, dass ich es als Schriftsteller zu etwas bringen werde, und daran konnte man durch diese Heirat auf die allerbilligste Weise participieren. Es war im höchsten Falle ein kleines Hochzeitsgeschenk von zwei- oder dreihundert Mark daranzuspenden. Dafür kam die Kolportagefabrik in den Besitz eines Leibeigenen, der tanzen musste, wie die "Pauline" pfiff.* Im August 1879 wird Minna Ey den Dresdner Eisenmöbelfabrikanten Friedrich Tittel (1826–1897) heiraten, mit dem sie dann in Ilmenau lebt (plaul3 397).

05.02. Aufhebung der Polizeiaufsicht.

05. Ernstthal. Mays Mutter Christiane Wilhelmine wird zu der Webersfrau Pauline Gläser zur Entbindung gerufen. Das bereits im Mutterleib gestorbene Kind kann nur mit dem Kopf entbunden werden. Der aus Hohenstein herbeigerufene Arzt Dr. Jahn erscheint erst nach fast einem Tag, beschimpft die Hebamme und erklärt, er könne hier vorläufig nichts tun. Obwohl Jahn Mays Mutter warnt, das tote Kind zu berühren, da sie sich durch Leichengift den Tod holen könne, wacht diese zwei Nächte und einen Tag bei der leidenden Frau und entbindet sie schließlich "mit Auferbietung aller ihrer Kräfte" (heer3 119f.).

06.29. Dresden. Heinrich Gotthold Münchmeyer feiert seinen 40. Geburtstag.

07. Das Gedicht *Wenn um die Berge von Befour...* erscheint in "Schacht und Hütte" (plaul1 28).

07. In "Schacht und Hütte" erscheint eine Briefkastenantwort an *Herrn Fritz* [Friedrich Paul] *Rother* [Glasermeister, 1847–1905] *in H*[ohenstein]: *Besten Dank für den Gruß. Die ledernen Hosen scheinen sehr fest in Ihrer Erinnerung hängen geblieben zu sein. Schreiber dieses sieht noch nach langen Jahren Ihren Herrn Papa* [Nagelschmiedemeister Christian Friedrich Rother, 1817–1877] *mit der Kugel in der Hand. Alle Neune!* (*Schacht und Hütte* 360; mkmg 47, 23; kmh 23)

07.03. 200. Geburtstag des Fürsten Leopold I. von Anhalt-Dessau, des "alten Dessauers" (1676 Dessau – 1747 Dessau).

1876. Dessau. Zwei Wochen verbringt May in der Stadt *zu Studienzwecken* über den "alten Dessauer", die ihn u. a. in das Stadtschloss, in die Schlosskirche St. Marien und in die Herzogliche Hofkammer-Bibliothek führen (gus 46; hall 42, 45f.; heer2 35-40; heer4 150f.).

1876. Aussage 6.4.1908: *Von Dresden aus bin ich sehr oft besuchsweise nach Ernstthal zu meinen Eltern und meiner Schwester Wilhelmine Schöne geb. May gefahren* (jbkmg 1977, 185).

Sommer. May lernt bei einem seiner Besuche in der Heimat, bei denen er im Hause seiner Schwester Christiane Wilhelmine und seines Schwagers Julius Ferdinand Schöne in Hohenstein (Lichtensteiner Straße 211, heute Nr. 9; rich 44f.; frö 23; hall 108) wohnt, die 19-jährige Emma Lina Pollmer (1856–1917), seine zukünftige Frau, kennen. Besitzer des Hauses, das Schönes von Juni 1876 bis Januar 1878 bewohnen, ist Ernst Friedrich Schöniger (1819–1877). *An die 4. Strafkammer* 55: *Sie war so still, so zurückhaltend, so bedachtsam, außerordentlich sympathisch, dazu schön, wie man sich eine Frau nur wünschen kann. – Frau Pollmer* 806: *Als ich sie zum ersten Male* *sah, wurde sie genau von einem halben Dutzend, also sechs Anbetern umschwärmt.* Als Vollwaise aufgewachsen, lebt Emma bei ihrem Großvater, dem seit 1865 verwitweten Barbier und Bader Christian Gotthilf Pollmer (4.6.1807–26.5.1880), in der bei der Witwe Bertha Hermine Heymann geb. Metzner gemieteten ersten Etage des Hauses Altmarkt 33 (woll 50; frö 24; hall 107). Durch Stickereien trägt sie zum bescheidenen Haushalt bei (patsch). *Frau Pollmer* 808-810: *Ich wohnte da stets bei einer Schwester, die mir ein eigenes Zimmer geben konnte. Mein Schwager wurde von Pollmer barbiert. Bei diesen Gelegenheiten ließ auch ich mich von ihm rasiren.* [...] *Ich* [...] *hatte nicht die Absicht, mich an eine Frau zu binden.* [...] *Aber sehen wollte ich dieses Wunder doch einmal! Sonderbarer Weise brauchte ich zur Erfüllung dieses Wunsches gar nicht selbst einen Schritt zu thun. Sie hatte mich gesehen, denn so oft ich ging oder kam, mußte ich an ihrem Fenster vorüber. Ihr Vater hatte sie neugierig gemacht.* [...] *Sie veranlaßte ein altes Ehepaar, bei dem sie mit ihren Freundinnen verkehrte, mich für einen bestimmten Abend einzuladen. Das geschah. Ich kam. Ich war der einzige geladene Mann unter lauter jungen Mädchen, aber man amusirte sich ungeheuer, und als man nach Hause ging, führte ich "Fräulein Pollmer" heim, brauchte das aber nie wieder zu thun, denn schon von morgen an kam sie täglich abends zu mir, anstatt ich zu ihr, sobald Pollmer schlafen gegangen war, heimlich, leise, durch meine Hinterthür, die für sie offen stand.* – *Leben und Streben* 186f., 189f.: *Ich wohnte einige Tage bei* [*meiner Schwester*] *und lernte da ein Mädchen kennen, welches einen ganz eigenartigen Eindruck auf mich machte.* [...] *Und nun ich jetzt bei meiner Schwester wohnte, wurden mir bei einer ihrer Freundinnen einige junge Mädchen vorgestellt, unter denen sich auch ein "Fräulein Pollmer" befand. Das war der "Nickel"; aber er sah ganz anders aus als früher. Er saß so still und bescheiden am Tisch, beschäftigte sich sehr eifrig mit einer Häkelei und sprach fast gar kein Wort. Das gefiel mir. Dieses Gesicht errötete leicht. Es hatte einen ganz eigenartigen, geheimnisvollen Augenaufschlag. Und wenn ein Wort über die Lippen kam, so klang es vorsichtig, erwägend, gar nicht wie bei andern Mädchen, die Alles grad so herausschwatzen, wie es ihnen auf die Zunge läuft. Das gefiel mir sehr. Ich erfuhr, daß ihr Großvater, nämlich Pollmer, meine "Geographischen Predigten" gelesen hatte und sie immer wieder las. Das gefiel mir noch mehr. Sie erschien mir von ihren Freundinnen ganz verschieden.* [...] *Am nächsten Tage kam ihr Großvater zu mir. Sie hatte ihm von mir erzählt und in ihm den Wunsch erweckt, mich nach der Lektüre meiner "Predigten" nun auch persönlich kennenzulernen. Er schien von mir befriedigt zu sein, denn er forderte mich auf, nun auch ihn zu besuchen. Ich tat es. Es entwickelte sich ein Verkehr zwischen uns, der dann, als ich meinen Besuch beendet hatte und wieder nach Dresden ging, sich aus einem persönlichen in einen schriftlichen verwandelte. Aber Pollmer schrieb nicht gern. Die Briefe, die ich bekam, waren von der Hand seiner Enkeltochter.* [...] *Ihre Zuschriften machten einen außerordentlich guten Eindruck. Sie sprach da von meinem "schönen, hochwichtigen Beruf", von meinen "herrlichen Aufgaben", von meinen "edlen Zielen und Idealen". Sie zitierte Stellen aus meinen "Geographischen Predigten" und knüpfte Gedanken daran, deren Trefflichkeit mich erstaunte. Welch eine Veranlagung zur Schriftstellersfrau! – Frau Pollmer* 813: *ich war entzückt und kam sehr oft nach Hohenstein, um mich von Abends 10 Uhr an von ihr besuchen zu lassen.* [...] *Daß sie inzwischen nach wie vorher zu Tanze ging, sich nach Hause führen ließ, mit Andern verkehrte und von ihnen Briefe empfing, das wußte ich nicht.*

07.26. May hat die Humoresken *Ausgeräuchert* und *Im Wollteufel* an den Stuttgarter Verlag von Hermann Schönlein (1833–1908) gesandt und erklärt sich mit den Verlagsbedingungen einverstanden.

08.16. May wird (von Unbekannt) um Mitarbeit gebeten (kmhi 14, 16). – Hermann Schönlein überweist May 64,25 Mark für die Humoreske *Ausgeräuchert* und schickt ihm die Humoreske *Im Wollteufel* als "nicht geeignet" zurück.

08. In der "Illustrirten Chronik der Zeit" (Stuttgart, Hermann Schönlein) erscheint die Humoreske *Ausgeräuchert* (plaul1 29; ued 345; *Unter den Werbern* 184f.).

08.-09. Die Humoreske *Auf den Nußbäumen* erscheint im "Deutschen Familienblatt" (plaul1 29; ued 344; *Old Firehand* 21f.).

08. Im "Deutschen Familienblatt" wird eine Fortsetzung des Romans "Fürst und Junker" von Friedrich Axmann mit dem Titel "Dietrichs von Quitzow letzte Fahrten" in den "Feierstunden am häuslichen Heerde" angekündigt (*Feierstunden* 12).

09.07. May an die angehende Diakonisse und spätere Schriftstellerin Marie Sophie Meyer (1851–1928) in Berlin: *Kirchenvater Augustin* [354–430] *sagt: Des Menschen Herz ist ruhelos, bis es ruhet in Gott! u. ebenso der Psalmist: Meine Seele ist stille in Gott! Es sind dies herrliche Worte, aber ich habe viel über sie gedacht, gesonnen und geträumt, – ehe ich sie verstehen konnte – Hosiannah, ich habe jene Ruhe in Gott; aber sie kann nie nie gefunden werden in dem Gotte, dessen Diener die Welt ein Jammerthal nennen, nie in dem Gotte, dessen Willen die Menschen in die Form eines hochmüthigen Dogma drängen, nein, – fort mit euren theologischen Farbentöpfen* [...]. *Wer unter Eure Pinsel fällt, der hofft, harrt u. wartet, findet weder Rast Ruhe noch Frieden, verzehrt sich selbst u. seine besten Kräfte, sehnt sich nach einem beglückenden Thun, u. gelangt doch nur zur Entsagung, u. wenn am Grab die Gestalt seines Lebens sich vor ihm erhebt, so ist sie beklagt und besudelt von dem schmutzigen Wischwasch einer Lehre, welche den Geist in Banden schlägt – dem Herzen das Verständnis seines Glückes raubt – und für ein ganzes Leben voll Ringen und Hasten keinen anderen Lohn hat als den – der Enttäuschung. Ich habe viele ungläubige Leute gesehen: sie gingen an ihrem eigenen Hochmuth unter. Ich habe viele fromme Leute gesehen: sie gehen an ihrer süßen Demuth zu Grunde. Ich bedaure Beide!!! – Diejenige Frömmigkeit, welche dem Pfarrer das Wort vom Munde saugt, hat schon viel verschuldet, das Weib ist ihr* *vorzugsweise ergeben – und doch giebt es kein Glück, keine Ruhe, keinen Segen dabei! Meine Mutter war eine sehr fromme Frau und – unglücklich dabei, jetzt ist sie eine glückliche Matrone, aber, aber – nicht mehr fromm. Wie wenige Menschen giebt es doch, die kräftig genug sind, sich bis zur rechten richtigen Frömmigkeit durchzuarbeiten! Nur dann gibt's Ruhe.* May will Marie Sophie Meyer davon abbringen, Diakonissin zu werden. Zur einzigen persönlichen Begegnung wird es erst im Sommer 1911 kommen.

09.19. Berlin. Marie Sophie Meyer an May: "Ich habe [mich] wohl in m[einen] Briefen zu sehr gehen lassen, w[ie] es wohl einem 24jährigen Mädchen einem jungen Herrn gegenüber nicht ziemt. Aber – ja lachen Sie nur! – Sie dürfen nicht zürnen, mir ist es gleich, ob Sie ein junger hübscher Mann von 30 Jahren oder ein alter häßlicher von 70 J. [sind] – den Denker, der große Geist in Ihnen ist es – den ich liebe – verehre – bewundere."

09. Im vorletzten Heft von "Schacht und Hütte" veröffentlicht May das Gedicht "Mutter, bewache Deines Kindes Schritte" von Marie Sophie Meyer (*Schacht und Hütte* 408; mkmg 67, 13). Im selben Heft erscheint eine Briefkastenantwort an *Herrn Fritz R*[other] *in H*[ohenstein]: *Bravo! Solche kleine Versuche machen im Kreise der Familie Spaß, wenn sie auch dem Publikum nicht geboten werden dürfen. Wir werden von Reimereien förmlich überfluthet, weil Jeder, welcher Gerippe und Xantippe glücklich zusammenleimt, sich für einen großen Dichter hält. Der Reim ist die äußere Gewandung eines Gedichtes, nichts weiter, und wer einen Reim fertig bringt, der gleicht dem Schneider, welcher einen Rock machen kann; aber er wird es wohl bleiben lassen, auch Schöpfer des Menschen zu sein, für welchen dieser Rock bestimmt ist – und das Gedicht ist eine Schöpfung. Wir haben uns daher über Ihr richtiges Gefühl, "sich nicht für einen Hans Sachs* [1494–1576] *zu halten", gefreut* (*Schacht und Hütte* 408; mkmg 47, 23).

09. Dresden. May ersetzt "Schacht und Hütte" durch eine dritte Neugründung, das belletristische Unterhaltungsblatt "Feierstunden am häuslichen Heerde" (woll 51).

09. Die Humoreske *Im Wasserständer* erscheint im Stolpener "Neuen deutschen Reichsboten" für 1877 (*Ein wohlgemeintes Wort* 15; ued 348f.; may&co 96, 65f.; vgl. *Unter den Werbern* 202-205). In den Jahrgängen 1878 bis 1887 des "Reichsboten" wird Julius Hanzsch (vermutlich ohne Wissen Münchmeyers) zahlreiche weitere, überwiegend nicht von May stammende Texte aus "Schacht und Hütte" übernehmen, was die Vermutung nahe legt, dass May ihm Ende 1876 oder Anfang 1877 auf der Grundlage einer besonderen Vereinbarung ein Exemplar der von ihm redigierten Zeitschrift überlassen hat (mkmg 105, 50-56; weh 25f.).

09. Der zweite Jahrgang des "Deutschen Familienblatts" beginnt mit dem Axmann-Roman "Das Testament des Großen Kurfürsten" (*Feierstunden* 12; *Unter den Werbern* 125).

09.-10. Im "Deutschen Familienblatt" erscheint *Unter den Werbern. Humoristische Episode aus dem Leben des alten Dessauer* (plaul1 29f.; ued 346-348; *Unter den Werbern* 121-123).

09.-10. In den "Feierstunden am häuslichen Heerde" veröffentlicht May unter dem Pseudonym M. Gisela seine erste Orientnovelle *Leïlet*, die durch Wilhelm Hauffs (1802–1827) Märchen "Die Errettung Fatme's" und Alfred Brehms (1829–1884) "Eine Rose des Morgenlandes" angeregt ist (plaul1 30; *Feierstunden* 4, 297-304).

10.(?) Beim Gerichtsamt Dresden kommt es im Zusammenhang mit der Haussuchung vom 23.2. wegen der "Veröffentlichung unsittlicher Bücher durch Münchmeyer" (u. a. "Buch der Liebe") zu einem Verfahren gegen Friedrich Louis Münchmeyer und Genossen (u. a. May). May wird wahrscheinlich bereits in erster Instanz freigesprochen, weil er nachweisen kann, dass er am "Venustempel" nicht beteiligt war und auch für das inkriminierte "Buch der Liebe" keine einzige unsittliche Stelle geschrieben hat; Friedrich Louis Münchmeyer und der Drucker Friedrich Wilhelm Gleißner werden "wegen Vergehen gegen die Sittlichkeit" zu Geldstrafen von je 200 Mark verurteilt und erheben gegen dieses Urteil Einspruch beim Landgericht (*Buch der Liebe* 29, 35; jbkmg 1980, 140; heer3 218; grie1 28f.; jbkmg 2002, 286). 1905 wird Adalbert Fischer das (später makulierte) Urteil finden, "worin Karl May als Mitarbeiter bzw. Redakteur des Venustempels usw. angeklagt ist, des unsittlichsten Buches, was je im Verlage H. G. Münchmeyer erschien! Er wird aber schließlich freigesprochen, weil er einige Stellen gemildert hat" (*Buch der Liebe* 227).

1876. Auseinandersetzung mit Pauline Münchmeyer. *Schundverlag 05*, 307: *Ich wohnte grad unter Münchmeyers. Noch kaum eine Viertelstunde nach dieser Unterredung* [mit Heinrich Münchmeyer, dem May gesagt hat, er wolle nicht sein Schwager werden] *bemerkte ich ein eiliges, heftiges Treppenlaufen auf und ab. Dann ertönten über mir sehr laute, zornige Stimmen. Füsse stampften. Nach längerem Kreischen, Zetern und Brüllen wurde es oben still; aber es kam die Treppe herunter* [...]. *Die Frau war rot vor Zorn, im höchsten Grade aufgeregt und derart grob, dass ich die Szene ganz unmöglich wiedergeben kann. Ich blieb ruhig, liess sie ausreden, führte sie hinaus und kündigte dann sofort meine Stelle.*

10.(?) Dresden. May kündigt aus privaten Gründen (weil er Minna Ey heiraten soll, sich aber in Emma Pollmer verliebt hat) und wegen des schlechten Rufs des Kolportageverlags (polizeiliche Haussuchungen, Verfahren beim Gerichtsamt Dresden) zum nächsten Quartalsende seine Mitarbeit bei Münchmeyer auf. Noch vor seiner Kündigung hat er sich bereit erklärt, in den "Feierstunden" den Roman "Fürst und Junker" des unerwartet verstorbenen Friedrich Axmann fortzusetzen: unter dem Titel *Der beiden Quitzows letzte Fahrten. Historischer Roman aus der Jugendzeit des Hauses Hohenzollern*. Es bleibt

Mays einzige Erzählung aus dem mittelalterlichen Rittermilieu (kmw I.4, 677f.).

1876. *Schundverlag 05*, 307f.: *Münchmeyer war der Hoffnung, dass ich mich bereden lassen werde, die Kündigung wieder zurückzunehmen. Aber er musste* [...] *von Tag zu Tag mehr einsehen, dass dies unmöglich sei. Die Frauen, besonders aber die "Pauline", verhielten sich in einer Weise zu mir, dass es gar nicht auszuhalten gewesen wäre, wenn sich nicht das sämtliche Personal* [...] *gegen sie auf meine Seite gestellt hätte.* [...] *Leider wurde mir während der letzten drei Monate von der weiblichen Feindseligkeit so viel in den Weg gelegt, dass es mir ganz unmöglich war, die drei von mir gegründeten Blätter mit derselben Sorgfalt zu behandeln wie bisher.*

10.22. Hohenstein. Marie Thekla Vogel heiratet den Strumpfwirker und Bleicher Friedrich Hermann Albani (1854–1902), der erst fünf Jahre später seinen Familiennamen auf Maries Tochter Helene überträgt (mkmg 40, 15; heer4 410).

10.-11. Die Humoreske *Im Wollteufel* erscheint in den "Feierstunden am häuslichen Heerde" (plaul1 30; ued 346; *Feierstunden* 5). Die im Anschluss erschienene, ihm verschiedentlich zugeschriebene anonyme Polizei-Geschichte "Ein Fang" stammt vermutlich nicht von May.

1876.11.-1877.03. Mays Roman *Der beiden Quitzows letzte Fahrten* erscheint in den "Feierstunden am häuslichen Heerde". Grundlegendes Quellenwerk ist Karl Friedrich von Klödens (1786–1856) vierbändiges Werk "Die Mark Brandenburg unter Kaiser Karl IV." (Berlin 1836/38) (plaul1 30f.; ued 301-304; *Feierstunden* 5-28).

11.22. Emma Pollmers 20. Geburtstag.

12.02. Ernstthal. Auf Befragen berichtet Christiane Wilhelmine May über die schwere Entbindung im Mai. In der Folge kommt es zur Anstellung eines Arztes und Geburtshelfers; seit dem Tod Constantin Ottomar Kühns am 17.12.1875 ist Ernstthal ohne Arzt, in Hohenstein gibt es nur einen (Jahn), der auch Geburtshelfer ist (heer3 119f.).

12.08. 9 Uhr. In geheimer Sitzung kommt es vor dem Landgericht Dresden zur Revisionsverhandlung "wider Friedrich Louis Münchmeyer u. Genossen wegen Vergehen gegen die Sittlichkeit" ("Dresdner Nachrichten" 8.12.): "Der hiesige Verlagsbuchhändler Friedrich Louis Münchmeyer und Friedrich Wilhelm Gleißner hier waren in erster Instanz wegen des Verkaufs von Büchern, deren Inhalt gegen die Sittlichkeit verstieß, zu Geldstrafen von je 200 Mark verurtheilt worden. Beide erhoben Einspruch, der in geheimer Sitzung verhandelt wurde und nach einer erfolgreichen Vertheidigung durch Herrn Adv. Dr. [Theodor] Kunath mit der völligen Freisprechung endete" ("Dresdner Nachrichten" 16.12.; *Buch der Liebe* 34f.).

12.(?) Nach Ablauf der Kündigungsfrist verlässt May den Münchmeyer-Verlag. *Schundverlag 05*, 313f.: *Am letzten Abende, als die drei Monate vorüber waren, gesellte sich, als wir drei* [May und die Brüder Münchmeyer] *zum letzten Male mit einander aus gingen, auch der "Wilhelm"* [Gleißner] *zu uns.* [...] *Es geschah, um Abschied zu nehmen. Der "Heinrich" war sehr still; es ging ihm nahe. Auch Gleissner sprach wenig.* [...] *Umso lebhafter zeigte sich der Fritz. Er war einfach wütend.* [...] *Wenn die Pauline das, was er sagte, hätte hören können!* [...] *Mein Abschied von dem Münchmeyerschen Seitengebäude ging sehr still von statten; um so lauter aber geschah der Abmarsch des Klavieres.* [...] *Ich liess einen Händler kommen. Der bot mir erst zwanzig, dann nach langem Ueberlegen fünfundzwanzig Mark, jeder weitere Pfennig sei geradezu eine Sünde.* [...] Ich *beeilte mich, die Treppe hinab und über den Hof hinüber zu kommen. Es gelang; aber hinter mir erscholl eine laute, weibliche Stimme.* Rudolf Bernstein (May) an das Amtsgericht Dresden 7.10.1904: *Nur eine einzige Person der Münchmeyerschen Familie betrachtete den so ganz unbeabsichtigten Abgang des Redakteurs zwar nicht ganz ohne Aerger, aber doch von einer mehr vernünftigen Seite, nämlich H. G. Münchmeyer* *selbst. Als dieser von* [Christian Voigtländer] *befragt wurde, ob er denn nun nicht mit May verfeindet sei, weil dieser die ihm angebotene Verwandtschaft zurückgewiesen und die Stellung weggeworfen habe, antwortete er: "Da wäre ich doch dumm. Die Weiber mögen wütend sein. Mir aber fällt es gar nicht ein, mir so einen Mann zum Feind zu machen!"* [...] *Es war auch nur diese verständige Selbstbeherrschung, durch welche er es erreichte, sechs Jahre später von Karl May* [...] *Romane geschrieben zu bekommen.* [...] *Als sich* [...] *herausstellte, dass* [May] *nicht die Absicht habe, Frau Münchmeyers Schwager zu werden, stellte diese sich persönlich in seiner Wohnung ein und verlangte ihr "Instrument" zurück, denn sie habe es ihm nicht etwa geschenkt, sondern nur geborgt. Die augenblickliche Wirkung war, dass Herr May einen Händler kommen liess. Dieser bot ihm für das "festliche Geschenk" ganze 25 Mark und bekam es auch dafür. Hoffentlich hat er es nicht allzu bitter bereut.*

12. Weihnachten. Ernstthal. May verbringt glückliche Feiertage bei seiner Schwester Christiane Wilhelmine Schöne und auch mit Emma Pollmer (masch 6). *Leben und Streben* 191: *Meine Schwester* [...] *floß vom Lobe "Fräulein Pollmers" über und lud mich für die Weihnachtsferien ein, sie wieder zu besuchen. Ich tat es.* [...] *Diese Weihnacht entschied über mich, wenn ich mich auch nicht sofort verlobte.*

12.31. Silvester. Ein an den Redakteur des "Deutschen Familienblatts" (Jagdweg 14) gerichteter Brief der Baronin Laura Loudon erreicht May nicht mehr.

1877

01. Dresden. May zieht in die Pillnitzer Straße 72[I] (nicht mehr existent), wo er zur Untermiete bei der Witwe Amalie Wilhelmine Groh (1819–1880) wohnt. *Frau Pollmer* 808: *Ich hatte auf dem Jagdweg gewohnt und zog von da nach der Pillnitzer Straße zu einer alten, reichen Dame, der Wittfrau Groh.* – *Leben und Streben* 186: *Als das Vierteljahr vorüber war, zog ich von Münchmeyers fort, doch nicht von Dresden. Die Trennung von der Kolportage tat mir nicht im geringsten wehe. Ich war wieder frei, schrieb einige notwendige Manuskripte und ging sodann auf Reisen. Hierbei meine Vaterstadt berührend, wurde ich als Zeuge auf das dortige Amtsgericht geladen und erfuhr, daß Freytag, der Verfasser, und Münchmeyer, der Verleger des "Venustempels", wegen dieses Schandwerkes kürzlich bestraft worden seien. Das hatte man mir verschwiegen. Wie froh war ich, nicht in den Bezirk dieses Venustempels hineingeheiratet zu haben!* – Den *Quitzow*-Roman für die "Feierstunden am häuslichen Heerde" hat May abgebrochen; die Fortsetzung (März bis etwa Ende Juni/Anfang Juli) schreibt stattdessen der Dresdner Schriftsteller Dr. Heinrich Goldmann (1841–1877), von dem auch die Fortführung des Axmann-Romans "Das Testament des großen Kurfürsten" (ab Dezember 1876) stammt (jbkmg 1991, 281; mkmg 74, 39-46; *Feierstunden* 28; kmw I.4, 679). – Inzwischen hat May Kontakte mit anderen Verlagen geknüpft. Er veröffentlicht dort diverse Novellen und erzgebirgische Dorfgeschichten, z. T. auch Nachdrucke früherer, schon bei Münchmeyer erschienener Erzählungen (wohl 753).

1877.(?) Wohl in dieser Zeit entsteht ein fragmentarisches Manuskript *Der verlorene Sohn* (ohne Bezug zum Kolportageroman *Der verlorne Sohn*), in dem die heimliche Rückkehr eines zu Unrecht des Mordes beschuldigten "Fremden" nach zwanzig Jahren in seinen Heimatort Hohenberg geschildert wird; in den nicht ausgeführten Teilen sollte vermutlich die Entlarvung des eigentlichen Täters, des "Zechenmolchs", und die Erlösung des Zigeunermädchens Paula mit der Hilfe des alten Kohlenbrenners Hoppe ("Posaunenhoppe") berichtet werden. Eine Liebesbeziehung deutet sich an mit der Tochter des "Tannenmüllers"; deren Name (Emma) macht eine Entstehung nach der Begegnung mit Emma Pollmer wahrscheinlich.

02.20. Hamburg. Baronin Laura Loudon hat May am 31.12. 1876 eine aus dem Russischen übersetzte Erzählung für das "Deutsche Familienblatt" geschickt und ist ohne Antwort geblieben. Ihr Mahnbrief wird May an seine neue Adresse (Pillnitzer Straße) nachgesandt.

02.23. Briefentwurf Mays an Kaspar Braun (1807–1877), Redakteur der Münchener "Fliegenden Blätter" (rückseitig Gedicht *In Deines Auges reinem Blau*): *Gestatten Sie mir gütigst, Ihnen beifolgende humoristische Arbeit* [*Die verwünschte Ziege*], *deren Sujet ein aus dem wirklichen Leben gegriffenes ist, zur freundlichen Entscheidung, ob dieselbe sich für das von Ihnen redigirte Unternehmen eignet, zu unterbreiten* (kma 3, 3-6; *Frohe Stunden* 7f.). – Hamburg. Baronin Loudon bedauert, dass May die Redaktion des "Deutschen Familienblatts" niedergelegt hat.

02.25. Karl Mays 35. Geburtstag.

04.10. Hohenstein. May an *Herrn Friedrich Rother hier*: *Hiermit sende ich Ihnen das mir so freundlich überlassene Buch mit meinem besten Danke retour. Sind Sie vielleicht so gütig gewesen, sich nach den betreffenden Kalendern umzuschauen? Die Uebersendung derselben würde mich Ihnen zu neuer Dankbarkeit verpflichten* (mkmg 47, 24).

05.05. Emma Pollmer hat sich entschlossen, ihren Großvater zu verlassen, und meldet sich polizeilich nach Chemnitz ab (woll 52). Ihr Großvater, der seine Enkelin nicht an einen mittellosen Mann verheiraten will, soll nicht erfahren, dass sie zu May nach Dresden will.

05.09. Dresden. Unerwarteter Tod Heinrich Goldmanns. Den Abschluss des *Quitzow*-Romans, der somit vier Autoren hat, schreibt ein unbekannter Verfasser (mkmg 74, 40). – Das "Buch der Liebe" wird in Österreich verboten (*Buch der Liebe* 28, 61).

05.11. Emma Pollmer lässt sich vom Hohensteiner Pfarramt als Legitimationspapier eine Geburtsurkunde ausstellen (Standesamt Hohenstein-Ernstthal).

05.20./21. Pfingsten. May ist zu Besuch bei seiner Schwester Christiane Wilhelmine Schöne in Hohenstein. Heftige Aussprache mit dem alten Pollmer über Emma (*Leben und Streben* 191-193; woll 52). *Frau Pollmer* 813f.: *Ich entschloß mich, das herrliche, großartige Geschöpf zu meiner Frau zu machen, und als der alte Pollmer eines Vormittages zu meinem Schwager kam, um mich zum Mittagessen zu sich einzuladen,* [...] *sagte ich ihm ganz offen heraus, daß ich sehr gern kommen werde, wenn er mir erlaube, nicht nur seinetwegen, sondern auch seiner Enkeltochter wegen zu kommen. Der Mann war starr vor Staunen; er verlor zunächst die Sprache; dann aber krachte er um so lauter und drohender los:* [...] *Seine Tochter habe ich mir aus dem Sinn zu schlagen; das sei eine Traube, die viel zu hoch für Leute hänge, welche sich von weiter nichts als nur von der Feder ernähren!* [...] *Ich ließ mich vom Zorne fortreißen, ihm zu sagen, daß ich mir von ihm nicht befehlen lassen könne, wen ich zu heirathen habe und wen nicht. Hier habe nicht er, sondern seine Tochter zu entscheiden; aber das Eine wolle ich ihm versprechen, daß ich noch heut wieder nach Dresden reisen und sie nicht eher heirathen werde, als bis er persönlich zu mir komme und mich darum bitte. – An die 4. Strafkammer* 57: *Nach jener Szene mit Pollmer schrieb ich seiner Enkeltochter: "Entscheide zwischen mir und Deinem Großvater. Wählst Du ihn, so bleib; wählst Du mich, so komm sofort nach Dresden!" Ohne auf ihre Antwort zu warten, reiste ich ab. Sie wählte mich; sie kam.*

05.26. Auf Mays Wunsch und gegen den Willen des Großvaters zieht Emma Pollmer nach der Pirnaischen Vorstadt von Dresden-Altstadt, in die Mathildenstraße 18^{II}, wo sie (in unmittelbarer Nachbarschaft zu Mays Wohnung in der Pillnitzer Straße 72) als Dienstmädchen bei der Pfarrerswitwe Auguste Ernestine Petzold geb. Tannert (1802–1891) und ihren beiden unverheirateten Töchtern, den Lehrerinnen Appollonia Ernestine Adelheid (*1832) und Hildegart Albine Tugendreich Charitas (*1834), arbeitet (woll 52; plaul3 399; masch 11f.; jbkmg 1977, 197). *Leben und Streben* 193: *Sie verließ den, der sie erzogen hatte und dessen einziges Gut sie war. Das schmeichelte mir. Ich fühlte mich als Sieger. Ich tat sie zu einer Pfarrerswitwe, die zwei erwachsene, hochgebildete Töchter besaß. Durch den Umgang mit diesen Damen wurde es ihr möglich, sich Alles, was sie noch nicht besaß, spielend anzueignen. Von da aus bekam sie Gelegenheit, eine selbständige Wirtschaft führen zu können. – Frau Pollmer* 814f.: *Ich miethete sie bei einer sehr ehrenwerthen, alten Pfarrerswittwe ein, damit sie eine anständige Wirthschaft führen lerne. Ich hatte sie auszustatten, ihr Kleider zu kaufen, sogar auch Leibwäsche, Hemden etc., denn sie besaß hiervon nur das äußerst Nothwendige. Ich war zu jedem Opfer bereit. Auch die Frau Pfarrerin gab sich alle Mühe, aber leider vergebens.*

07.01. Dresden-Altstadt. Der Schank- und Speisenwirt Hermann Louis Vogel (1846–1927), Freiberger Straße 32 (Ecke Jagdweg), ein Jugendbekannter aus Hohenstein, gewährt May ein Darlehen in Höhe von 50 Mark; der Wechsel wird am 1.10. fällig (masch 11; jbkmg 1977, 198).

07.12. Verbindung mit dem steirischen Dichter Peter Rosegger (1843–1918), der seit 1876 in Graz die Monatsschrift "Heimgarten" herausgibt. Rosegger an Robert Hamerling (1830–1889): "Vor kurzem erhielt ich von einem Herrn Karl May, Redakteur in Dresden, eine Erzählung: 'Die Rose von Kahira, ein Abenteuer aus Egypten'. Diese Geschichte ist so geistvoll und spannend geschrieben, daß ich mir einerseits gratuliere, andererseits

Zweifel habe, ob das Manuskript wohl auch Original ist. Hätten Sie, Herr Professor, vielleicht zufällig den Namen Karl May schon gehört oder wüßten, welches Blatt er redigiert? Seiner ganzen Schreibweise nach halte ich ihn für einen vielerfahrenen Mann, der lange Zeit im Orient gelebt haben muß. Ich gedenke, die 'Rose von Kahira' mit dem Oktoberheft zu beginnen – sie dürfte 4 Hefte lang laufen" (jbkmg 1975, 228).

1877. Dresden. May findet nach finanziell schwierigen Monaten als freier Schriftsteller eine Anstellung als Redakteur bei dem Verlagsbuchhändler Bruno Hieronymus Radelli (1849–1911), Eckhaus Badergasse (Große Frohngasse) 29/30, Große Kirchgasse (Weiße Gasse) 1, einem Konkurrenten Münchmeyers (kluß2 74; *Frohe Stunden* 9, 12). Im Erdgeschoss des Verlagsgebäudes, das in unmittelbarer Nähe zur Kreuzkirche liegt, befindet sich die Restauration Kaiser-Tunnel. May redigiert das im zweiten Jahrgang erscheinende Wochenblatt "Frohe Stunden. Unterhaltungsblätter für Jedermann" (Dresden, Leipzig) und bringt dort ab dem zehnten Heft wenigstens zwölf eigene Beiträge, sieben davon unter dem Pseudonym Emma Pollmer. Später wird er fast alle diese Erzählungen (acht von ihnen sind exotische Abenteuergeschichten) erweitern und neu publizieren. *Auf der See gefangen* z. B. (nach den *Quitzows* Mays zweiter Roman) wird er für *Old Surehand II* (1895) verwenden (woll 53; *Frohe Stunden* 12-15, 22).

08. In der "Bibliothek der Unterhaltung und des Wissens" (Stuttgart, Hermann Schönlein) erscheint *Der Dukatenhof. Eine Erzählung aus dem Erzgebirge* (plaul1 32; ued 373-376; *Unter den Werbern* 258-260).

08. In "Trewendt's Volks-Kalender" für 1878 (Breslau, Eduard Trewendt, 1817–1868) erscheint die Humoreske *Die verhängnißvolle Neujahrsnacht*, mit Illustrationen von Eduard Ade (†1896) (plaul1 32; ued 354f.; *Unter den Werbern* 206). Möglicherweise ist die Erzählung wesentlich früher entstanden und eine der ersten Arbeiten Mays überhaupt. Ein früherer Abdruck ist möglich. Die Holzstich-Vignetten Ades sind die frühesten bisher bekannten Illustrationen eines May-Textes.

09. Die Humoreske *Die beiden Nachtwächter*, eine Variante von *Die verhängnißvolle Neujahrsnacht*, und das Gedicht *Mein Elysium* erscheinen im Stolpener "Neuen deutschen Reichsboten" für 1878 (*Ein wohlgemeintes Wort* 16f.).

09. Dresden. Münchmeyer stellt das "Deutsche Familienblatt" und die "Feierstunden am häuslichen Heerde" ein (ued 87). Er beginnt dafür mit der Herausgabe des "Deutschen Wanderers", in dem 1883-85 Mays Kolportageroman *Die Liebe des Ulanen* erscheinen wird (plaul3 396).

09. In den von May redigierten "Frohen Stunden" erscheint *Der Oelprinz. Ein Abenteuer aus den Vereinigten Staaten von Nordamerika* (*Frohe Stunden* 22).

09. In den "Frohen Stunden" erscheint *Die Gum. Ein Abenteuer aus der Sahara* (*Frohe Stunden* 22). Der anonyme Ich-Erzähler trägt neben dem Henrystutzen erstmals auch den Bärentöter.

09.-10. In den "Frohen Stunden" erscheint *Ein Abenteuer auf Ceylon* (*Frohe Stunden* 22).

09. May eröffnet in den "Frohen Stunden" die neue Rubrik "Allerlei", mit kurzen Wissensartikeln, Anekdoten, Rätseln und einem Briefkasten. Er verfasst die Leserantworten, vermutlich auch viele der Kurztexte: *Mancher junge Ehemann hat darüber zu klagen, daß seine holde Gefährtin nicht nur ein sehr einnehmendes, sondern auch ein sehr ausgebendes Wesen besitzt* (*Frohe Stunden* 69).

10.01. Dresden. May ist nicht in der Lage, den am 1.7. unterschriebenen Wechsel Louis Vogels einzulösen (masch 12).

10.-11. In den "Frohen Stunden" erscheint unter dem Pseudonym E. Pollmer *Die Kriegskasse. Eine kleine Episode aus einer großen Zeit* (*Frohe Stunden* 22; ued 357f.).

10.-12. In Peter Roseggers "Heimgarten" (Leykam-Josefsthal) erscheint *Die Rose von Kahira. Eine morgenländische Erzählung*, ein Nachdruck der Novelle *Leïlet* (plaul1 33f.).

10. Rosegger bringt im "Heimgarten" eine Briefkastenantwort an mehrere Adressaten, u. a. an "K. M. in Dresden": "Treffliche Arbeiten, mit Vergnügen acceptirt." May hat eine unbekannte Dorfgeschichte und die Humoreske *Die falschen Excellenzen* eingesandt, von denen nur letztere angenommen wird (jbkmg 1977, 193f.).

11.07. Peter Rosegger an May: "Da wir mit Dorfgeschichten allzureichlich versehen sind, so gebe ich die Ihre, die als solche sehr gut ist, dankend zurück" (jbkmg 1975, 228).

11. In der "Illustrirten Familien-Zeitung zur Unterhaltung und Belehrung" "Das Buch für Alle" (Stuttgart, Hermann Schönlein) erscheint *Der "Samiel". Eine Erzählung aus dem Erzgebirge* (plaul1 34; ued 379-381).

11.-12. In den "Frohen Stunden" erscheint unter dem Pseudonym Emma Pollmer *Aqua benedetta. Ein geschichtliches Räthsel* (*Frohe Stunden* 22; ued 360f.).

1877.11.-1878.07. In den "Frohen Stunden" erscheint *Auf der See gefangen. Criminalroman*, in der ersten Folge mit dem Titel *Auf hoher See gefangen* (*Frohe Stunden* 22, 97; ued 304f.).

11.(?) Umzug nach Neustrießen bei Dresden, Straße 4, Nr. 2, Villa "Forsthaus", drei Zimmer Parterre (später Tittmannstraße 2, 1945 zerstört; rich 150). Eigentümerin ist die Privata Franziska Wilhelmine Wirth. Emma Pollmer zieht zu ihrem Geliebten und führt ihm den Haushalt. May bezeichnet Emma, auch öffentlich und vor Gericht, als seine Frau (masch 13). *Frau Pollmer* 815: *Schon nach wenigen Monaten bat mich die Frau Pfarrerin, sie ihr um Gotteswillen wiederabzunehmen; sie sei faul, lüderlich, vergnügungssüchtig, vor allen Dingen aber auch eigenwillig und herzlos sondergleichen.* [...] *Ich glaubte nicht Alles. Ich zog mit ihr nach Strießen in ein kleines, nettes, aller-*

liebst ausgestattetes Parterre. Hier wohnten wir nun endlich beisammen. Aussage Emma Pollmer 11.12.1907: "Mein Mann hatte damals, als ich ihm die Wirtschaft führte, in Striesen ein möbliertes Parterre in einer Villa gemietet. Die Wohnung lag gegenüber dem Restaurant 'Baubörse'. Es war nur ein kleines Parterre von drei Zimmern. [...] Eigentlich wollten wir uns damals schon heiraten; mein Großvater [...] wollte dies aber wegen der schweren Vorstrafen meines späteren Ehemannes nicht zugeben. Die Wirtschaft habe ich May damals nur ungefähr 5 oder 6 Monate geführt" (leb 44).

1877. Neustrießen. Von einer Frau Wolf leiht May sich 400 Mark, die er (zuzüglich 44 Mark Zinsen) erst 1898 zurückzahlen wird (patsch).

11. In der Rubrik "Allerlei" der "Frohen Stunden" erscheint ein "Räthsel" in Versen "von Fräulein Emma Pollmer in Strießen", Lösung: "Die Cigarre" (*Frohe Stunden* 111, 138).

11.22. Emma Pollmers 21. Geburtstag.

12. In der "Illustrirten Chronik der Zeit" (Stuttgart, Hermann Schönlein) erscheint die erzgebirgische Dorfgeschichte *Der Kaiserbauer* (plaul1 35; ued 376f.; *Unter den Werbern* 244f.).

12.15. Peter Rosegger an May: "'Im fernen Westen' gebe ich Ihnen dankend zurück. Diese Erzählung ist etwas zu umfangreich [...]. Für die 'Falschen Exzellenzen' kann ich nur 15 F. ö. W. bieten" (jbkmg 1975, 229).

1877.12.-1878.02. In den "Frohen Stunden" erscheint *Ein Selfman. Authentischen Schilderungen nacherzählt von Emma Pollmer* (*Frohe Stunden* 22).

12. Im "Briefkasten" der "Frohen Stunden" empfiehlt K. M. einem Leser aus Wien und *jedem Freunde wahrhaft gediegener Lectüre* Roseggers Zeitschrift "Heimgarten". Auf derselben Seite ein "Arithmogriph" von "Karl May in Strießen-Dresden", Lösung: "Frohe Stunden" (*Frohe Stunden* 138, 162)

1878

01.-02. Im "Illustrirten Familien-Blatt" "Weltspiegel" (Dresden, Adolph Wolf; Redaktion Karl Heinrich Adolf Söndermann, 1834–1892) erscheint die Humoreske *Das Ducatennest* (plaul1 36; *Old Firehand* 126).

01. In der Rubrik "Allerlei" der "Frohen Stunden" erscheint ein "Arithmogriph" von "Herrn Karl May in Neustrießen", Lösung: "Jeanne d'Arc" (*Frohe Stunden* 175, 221).

01.17. May lässt sich vom Ernstthaler Pfarramt (Alwill Emil Laube) einen Geburtsschein ausstellen (Standesamt Hohenstein-Ernstthal).

01.25./26. Niederwürschnitz bei Stollberg, in der Nähe von Hohenstein (hall 222-225). Emmas Onkel Emil Eduard (*1828), der einzige Sohn des alten Pollmer und ein heruntergekommener Friseur, gerät im Anschluss an eine nächtliche Wirtshausrauferei betrunken unter ein Fuhrwerk und stirbt im Pferdestall des Gasthofs Zum braven Bergmann an den Folgen des Unfalls. Gerüchte besagen, er sei erschlagen worden (jbkmg 1976, 178f.). *Frau Pollmer* 804: *Der Sohn wurde wieder Barbier, weil es geistig und pecuniär zu nichts weiter reichte. Man richtete ihm in Chemnitz einen Friseurladen ein. Die Kundschaft flog ihm zu, seines gewinnenden Äußeren wegen; aber er verjubelte Alles mit lüsternen Dirnen und ging, als jeder Rettungsversuch sich als sinnlos erwiesen hatte, als Vagabund zigeunern und ist dann nach langen Betteljahren in der Scheune eines Dorfwirthshauses elend verendet.* – *An die 4. Strafkammer* 53: Pollmers *Sohn wollte ein armes aber braves, fleißiges Mädchen heiraten, aber er durfte nicht. Er konnte das nicht verwinden, ging fort, sank zum Vagabunden herab und ist einsam und elend in einer Dorfscheune zugrunde gegangen.*

01.29. Das "Amtsblatt für das Königliche Gerichtsamt und den Stadtrath zu Stollberg" meldet, dass "am vorigen Sonnabend früh [...] der Barbier Pollmer aus Hohenstein in dem Pferdestall des Gasthofs Zum Braven Bergmann in Niederwürschnitz todt aufgefunden" wurde; es seien "Untersuchungen über seinen plötzlichen Tod im Gange" (gegen "Böhme und Genossen"). In der nächsten Ausgabe wird ergänzt, "daß Pollmer auf dem Wege [...] von einem Geschirre überfahren worden ist, sich aber noch bis zum genannten Gasthofe geschleppt hat, woselbst er dann an den erlittenen Verletzungen" verstarb (hall 223).

01.31. Auch die "Dresdner Nachrichten" melden den Vorfall in Niederwürschnitz (masch Bildtafel 17).

02. Neustrießen. May erhält von Emmas Großvater Christian Gotthilf Pollmer die schriftliche Nachricht, dass der in Niederwürschnitz getötete Barbier sein Sohn Emil ist (masch 150).

02.-03. In Roseggers "Heimgarten" erscheint die Humoreske *Die falschen Excellenzen* (plaul1 36; ued 353f.; *Unter den Werbern* 215f.).

02.-03. In den "Frohen Stunden" erscheint *Husarenstreiche. Ein Schwank aus dem Jugendleben des alten "Feldmarschall Vorwärts"* (*Frohe Stunden* 22; ued 351f.).

02. In der Rubrik "Allerlei" der "Frohen Stunden" erscheint eine "Leseaufgabe" von "Herrn Karl May in Strießen-Dresden", Lösung: "Die Maus ist in das Bett gekrochen und knistert leise mit den Strohhalmen" (*Frohe Stunden* 182, 237).

02. In der Rubrik "Allerlei" der "Frohen Stunden" erscheint ein "Arithmogriph" von "Herrn Karl May in Strießen-Dresden", Lösung: "Maria Theresia". Eine richtige Lösung zu einem anderen Rätsel hat "Frau Emma May [...] in Strießen" gefunden (*Frohe Stunden* 190, 253).

02.-03. In den "Frohen Stunden" erscheint unter dem Pseudonym Emma Pollmer *Der Africander. Ein Abenteuer aus Südafrika* (*Frohe Stunden* 22).

02.25. Karl Mays 36. Geburtstag.

03. Im "Weltspiegel" (Dresden, Adolph Wolf) erscheint *Der Teufelsbauer. Originalerzählung aus dem Erzgebirge* (plaul1 36f.; ued 377-379).

03.-04. In den "Frohen Stunden" erscheint unter dem Pseudonym Emma Pollmer *Vom Tode erstanden. Ein Abenteuer aus Californien* (*Frohe Stunden* 22).

04.-05. In den "Frohen Stunden" erscheint unter dem Pseudonym Emma Pollmer *Die Rache des Ehri. Ein Abenteuer aus dem südöstlichen Polynesien* (*Frohe Stunden* 22; plaul1 48).

04.21./22. Ostern. Bei einem Besuch Mays und Emmas in Hohenstein bittet ihn der alte Pollmer, der durch die Gerüchte beunruhigt ist und von den angeblichen Mordzeugen Hesse (einem Schleifer in Hohenstein) und Hübsch (Ökonom in Lungwitz) aufgehetzt wurde, die Todesumstände seines Sohnes Emil klären zu helfen. Die Polizei hat den Fall schon vor Wochen zu den Akten gelegt, als sich herausstellte, dass Emil Pollmer ein notorischer Trinker war (masch 150).

04.25. Niederwürschnitz und Neuoelsnitz. May leistet dem Großvater seiner zukünftigen Frau einen Gefallen und recherchiert in Gasthöfen, um die Umstände des Todes von Emil Pollmer zu klären. In Niederwürschnitz, Gasthof Zum braven Bergmann (später Sächsischer Hof, Lichtensteiner Straße 50, 1982 abgerissen; hall 224f.), beteuert ihm der Wirt Karl Eduard Huth, dem gegenüber er sich richtig als Redakteur einer Dresdner Zeitung ausgibt, der Betrunkene sei nicht erschlagen, sondern überfahren worden. Da May diese Auskunft nicht genügt, wandert er mittags weiter zur wenige Minuten entfernten Restauration Gute Quelle des Materialwarenhändlers Gottfried Friedrich Sonntag in Neuoelsnitz (Sonntagsche Schenke, Äußere Stollberger Straße 86; hall 225-228) und trifft dort mehrere junge Leute (darunter Ludwig Kossuth Jähn und die Brüder Ernst Ferdinand und Friedrich August John), mit denen er den Vorfall bespricht. Als der Wirt ihn fragt, "wer er wäre", antwortet May, er sei "von der Regierung eingesetzt und etwas höheres, wie der Staatsanwalt". Einen bestimmten Titel legt er sich nicht bei, doch lässt er auch sonst durchblicken, dass er eine hochgestellte Persönlichkeit sei und sogar den Staatsanwalt "einstecken" lassen könne (woll 54; masch 131, 139-143; jbkmg 1976, 175, 180f.).

04.-05. Im "Weltspiegel" (Dresden, Adolph Wolf) erscheint unter dem Pseudonym Emma Pollmer *Die drei Feldmarschalls. Bisher noch unbekannte Episode aus dem Leben des "alten Dessauer"* (plaul1 38; ued 355-357).

05.10. Vermutliche Rückkehr aus Hohenstein nach Neustrießen (masch 139f.).

05.15. Der Oelsnitzer Gendarm Ernst Oswald, der von dem Vorfall in der Restauration Sonntag erfahren hat und in dem Unbekannten, den ihm die Dorfbewohner als ungefähr 40 Jahre alt, ziemlich gut gekleidet mit gewandtem Benehmen beschrieben haben, nach einigen Recherchen den "schon vielfach bestraften" Schullehrer Karl Friedrich May ermitteln konnte, erstattet bei der Staatsanwaltschaft in Chemnitz Anzeige wegen Amtsanmaßung. Gestützt auf Auskünfte des Ernstthaler Wachtmeisters Christian Friedrich Dost und des Hohensteiner Gendarm-Brigadiers Friedrich Julius Frenzel, denunziert er May außerdem als "Socialdemocrat durch und durch", der "gegenwärtig Schriftsteller der Socialdemocratischen Blätter" sei (woll 54; masch 139f.; heer3 154f., 174).

05.17. Die Staatsanwaltschaft Chemnitz (Assessor Carl Wilhelm Eduard Richard Brettschneider, *1847) bittet das Gerichtsamt Stollberg um die Befragung der von Oswald genannten Zeugen Ludwig Kossuth Jähn und Ernst Ferdinand John aus Neuoelsnitz sowie Friedrich August John und Gastwirt Huth aus Niederwürschnitz (masch 140).

05.23. Gastwirt Karl Eduard Huth sagt vor dem Gerichtsamt Stollberg (Referendar Johann Georg Winkler) aus, kann aber nichts wirklich Belastendes beibringen, außer dass May einen falschen Namen benutzt habe (masch 141).

05.27. Der Schuhmacher Ludwig Kossuth Jähn sagt vor dem Gerichtsamt Stollberg aus, May habe im Lokal Sonntags u. a. geäußert: "Wenn der Staatsanwalt nicht richtig gehandelt hat, laß ich ihn einstecken – zu was sind denn die Kerle da?!", und: "Er sei von der Regierung eingesetzt und etwas höheres, wie der Staatsanwalt". Auch habe er sich "dahin geäußert, er wolle den Leichnam [Emil Pollmers] wieder ausgraben lassen". Der Bergarbeiter Ernst Ferdinand John bestätigt diese Aussage und ergänzt, May habe vor Verlassen des Lokals beim Bezahlen des Bieres gesagt: "das Glaß Bier bezahle ich nicht aus meiner Tasche, das muß der Staat bezahlen". Die Aussage des Bergarbeiters Friedrich August John stimmt im wesentlichen mit der seines Bruders Ernst Ferdinand überein; außerdem habe May dem Wirt Sonntag noch gesagt, er sei mit dem Advokaten Schrager verwandt (masch 142f.; jbkmg 1976, 181f.).

05.28. Das Gerichtsamt Stollberg schickt die Zeugenaussagen an die Staatsanwaltschaft Chemnitz (masch 144).

05.29. Die Staatsanwaltschaft Chemnitz bittet das Gerichtsamt Dresden, "den Bezüchtigten Karl Friedrich May in Neustrießen zur Person u. Sache eingehend zu vernehmen" (masch 144).

05.-07. In den "Frohen Stunden" erscheint unter dem Pseudonym Emma Pollmer die Erzählung *Nach Sibirien* (*Frohe Stunden* 22; plaul1 49; ued 399f.).

06. Im "Weltspiegel" (Dresden, Adolph Wolf) erscheint *Die verwünschte Ziege. Ein Schwank aus dem wirklichen Leben* (plaul1 41; ued 358f.).

06.11. May wird vor dem Gerichtsamt Dresden von Untersuchungsrichter Assessor Carl Heinrich August Haase zur Anzeige aus Oelsnitz vernommen. Er bestreitet die Anschuldigungen und verwahrt sich außerdem gegen die Verdächtigung, Sozialdemokrat zu sein. Die Zeugenaussage wird noch am selben Tag an die Staatsanwaltschaft in Chemnitz geschickt (masch 144-148).

06.20. Die Staatsanwaltschaft Chemnitz stellt beim dortigen Bezirksgericht den Antrag, die Einleitung eines Verfahrens wegen "Ausübung eines öffentlichen Amtes" zu beschließen und die Sache, da eine mehr als viermonatige Haftstrafe nicht zu erwarten sei, zur Aburteilung im schriftlichen Verfahren an das Gerichtsamt Stollberg zu verweisen (masch 148). – Neustrießen. May verzichtet auf einen Anwalt und beschränkt sich auf die Vorlage einer ausführlichen Verteidigungsschrift (*Defension*), der er die Ausgabe der Zeitschrift "Der Kamerad" vom 24. 4.1875 mit seinem Huldigungsgedicht *Rückblicke eines Veteranen am Geburtstage Sr. Majestät des Königs Albert von Sachsen* beilegt. Im Begleitschreiben an den Dresdner Untersuchungsrichter Assessor Carl Heinrich August Haase schreibt er: *Die Gewissenhaftigkeit, mit welcher ich sowohl mich von jeder Ungesetzlichkeit fern zu halten strebe und auch über mein und das Wohl der Meinigen zu wachen habe, gebietet mir, den gegebenen Fall so sorgfältig wie möglich zu behandeln. Ich bin mir nicht der geringsten Schuld bewußt, und wenn meine Eingabe auch vielleicht nichts wesentlich Neues bringt, so dürfte sie doch die betr. Begebenheiten in durchaus wahrer Darstellung etwas ausführlicher beleuchten, als es in dem* [...] *Protokolle* [vom 11.6.] *möglich war.* In der *Defension* weist er erneut jede Schuld von sich und behauptet, die ihm vorgeworfenen Ausdrücke stammten von dem Schleifer Hesse und seien von ihm selbst nur gesprächsweise erwähnt worden. Seinen loyalen Untertanengeist beteuert er durch den Hinweis auf das beiliegende Gedicht und indem er entschieden seine *Einreihung unter die unverbesserlichen Weltverbesserer* zurückweist: *Ich habe nie eine sozialistische Versammlung besucht und nie ein Wort zu Gunsten des Demokratismus gesprochen oder geschrieben. Ich kann aus meinen wissenschaftlichen und belletristischen Werken den Beweis ziehen, daß ich auf dem festen Boden des göttlichen und staatlichen Gesetzes stehe, und na-*

mentlich sind meine so viel gelesenen "Geschichten aus dem Erzgebirge" nur geschrieben, um Frömmigkeit und Patriotismus zu verbreiten (masch 149-155).

06.24. Das Bezirksgericht Chemnitz entspricht dem Antrag zur Einleitung eines Verfahrens wegen "Ausübung eines öffentlichen Amtes" und verweist die Untersuchung an das Gerichtsamt Stollberg (woll 54f.; masch 155).

06.25. Mays *Defension* vom 20.6. wird vom Gerichtsamt Dresden an die Staatsanwaltschaft Chemnitz gesendet (masch 150).

06.28. Mays *Defension* wird von der Staatsanwaltschaft Chemnitz an das Gerichtsamt Stollberg gesendet (masch 149).

06.(07.?) May gibt seine Tätigkeit bei Radelli auf oder wird gekündigt, nachdem die letzten Hefte der "Frohen Stunden" nur noch unregelmäßig erschienen sind, und arbeitet fortan bis zu seinem Lebensende als freier Schriftsteller (*Frohe Stunden* 17, 19). Seine wichtigsten Partner sind zunächst die Verlage Adolph Wolf, Dresden ("Weltspiegel / Deutsche Boten", 1878 – April 1879) und Göltz & Rühling, Stuttgart ("All-Deutschland! / Für alle Welt!", Dezember 1878 – April 1882) (ued 90).

07. Emma Pollmer kehrt von Neustrießen nach Hohenstein zu ihrem allein lebenden, halbwegs versöhnten Großvater zurück, der dringend ihre Hilfe benötigt. May folgt ihr und wohnt zunächst bei seinen Eltern in Ernstthal. Die enge Beziehung zwischen Emma und Karl bleibt bestehen. Wegen literarischer Geschäfte reist May öfters nach Dresden (ued 89). *Schundverlag 05*, 325: *es stellte sich heraus, dass die Residenz für die Arbeiten, die ich vorhatte, zu bewegt war. Ich kehrte nach meiner Heimat zurück, in die Ruhe der Kleinstadt, wo ich mein schweres Lebenswerk überlegen und wohl vorbereiten konnte.* – *Leben und Streben* 194: Pollmer *schrieb* [...] *an seine Tochter. Er verzieh ihr, daß sie ihn um meinetwillen verlassen hatte, und forderte sie auf, nach Hohenstein zu kommen, ihn zu besuchen, mich aber mitzubringen. Sie erfüllte ihm diesen Wunsch, und* *ich begleitete sie. Aber ich ging nicht zu ihm, sondern nach Ernstthal zu meinen Eltern.* [...] [Aussage 6.4.1908: *Ich brachte sie selbst zurück, weil ich sie los sein wollte* (leb 122)] *Uebrigens bat er sie, bis zu unserer Verheiratung bei ihm in Hohenstein zu bleiben. Ich hatte nichts dagegen und gab mein Logis in Dresden auf, um bei den Eltern in Ernstthal zu wohnen. – Frau Pollmer* 819f.: Pollmer *forderte sie auf, zu ihm nach Hohenstein zu kommen, ob für immer oder nur auf Besuch, das solle ihre Sache sein; er fühle sich nicht wohl. Natürlich ergriff ich diese willkommene Gelegenheit sogleich mit beiden Händen; aber allein wollte sie nicht hin; ich mußte mit, und so reisten wir ohne Verweilen ab, auf Besuch, sie zu ihrem Vater in Hohenstein und ich zu meinen Eltern in Ernstthal. Als wir uns am dortigen Bahnhofe trennten, sagte ich ihr, sie solle ihren Großvater an mein Ultimatum erinnern; ich werde sie nicht eher bei ihm besuchen, als bis er persönlich zu mir und meinen Eltern gekommen sei, um mich zu bitten, seine Enkeltochter zu heirathen. Ihre dämonische Macht bewährte sich leider auch hier. Er ließ sich von ihr bereden. Er kam; er bat.* [...] *Ich verkehrte also bei ihm, doch nicht täglich. Ich arbeitete fleißig und unternahm dazwischen hinein Studienreisen.* Aussage Emma Pollmer 11.12.1907: "Ich bin dann nach Hohenstein-Ernstthal zurück, um meinem Großvater die Wirtschaft zu führen" (leb 44).

07.09. Der Ernstthaler Gendarm Friedrich Theodor Backmann (1845–1904) teilt seinem Kollegen Ernst Oswald in Oelsnitz mit, dass der "Ihnen bekannte Schwindler und fortgejagte Schulmeister Carl Mai" sich jetzt vorübergehend in Ernstthal aufhalte, und fordert ihn auf, die Zeugen zu schicken, "um den Urian zu recognosciren" (masch 161).

07.10. Ernst Oswald teilt der Staatsanwalt Chemnitz Mays momentanen Aufenthalt in Ernstthal mit (masch 160, 181). – Das Gerichtsamt Stollberg ersucht das Gerichtsamt Dresden, May den Verweisungsbeschluss vom 24.6. mitzuteilen und ihn erneut richterlich zu vernehmen. Dieser entzieht sich in der Folge mehreren Vorladungen (masch 134, 156).

07.12. Das Gerichtsamt Stollberg erhält aus Chemnitz die Schreiben der Gendarme Backmann und Oswald und ermahnt Backmann, sich jeglicher "Maßregeln wider den vormaligen Lehrer Mai" zu enthalten (masch 160).

07.29. Gerichtsamt Dresden. Trotz mündlicher Bestellung erscheint May nicht zur Vernehmung (masch 156).

07.31. May wird vom Gerichtsamt Dresden schriftlich vorgeladen und soll am 8.8. um 9.30 Uhr an der Amtsstelle, Rampische Straße 19a^{III}, erscheinen. Der Gerichtsbote Hauswald trifft den Adressaten in Neustrießen jedoch nicht an und kann nur melden, May sei "seit kurzer Zeit von Striesen ohne jede Abmeldung weggezogen, angeblich nach Hohenstein-Ernstthal" (masch 156f.; *Frohe Stunden* 16).

08.08. Das Gerichtsamt Dresden schickt die Akten an das Gerichtsamt Stollberg zurück (masch 157).

08.12. Das Gerichtsamt Stollberg sendet die Akten an das Gerichtsamt Hohenstein-Ernstthal "mit dem ergebensten Ersuchen, dem angeblich in Hohenstein oder Ernstthal aufhältlichen Angeschuldigten Mai von Neustrießen den Verweisungsbeschluß [...] zu eröffnen und ihn anderweit zu vernehmen" (masch 157).

08.15. Dem Gerichtsamt Stollberg wird beschieden, May sei "bereits seit 4–5 Wochen von Hohenstein wieder weg. Nach Angabe seines Schwiegervaters Pollmer hat er sich damals nach Berlin gewendet" (masch 158; sokmg 33, 11).

08.27. May wird vom Gerichtsamt Stollberg mit Datum vom 21.8. durch Anzeigen im "Königl. Sächs. Gendarmerieblatt" und in der "Leipziger Zeitung" gesucht: "Da der gegenwärtige Aufenthaltsort May's hier unbekannt ist, so wird derselbe geladen, den 19. September a. c. vormittags 10 Uhr an unterzeichneter Gerichtsamtsstelle persönlich zu erscheinen oder bis dahin von seinem Aufenthaltsorte Kenntniß anher zu geben" (masch 158f.; *Frohe Stunden* 16).

08. May zieht nach Hohenstein zu Emma Pollmer und ihrem Großvater.

08.29. Der Hohensteiner Gendarm-Brigadier Friedrich Frenzel meldet dem Gerichtsamt Stollberg: "Der im Gendarmerieblatt [...] vorgeladene Redacteur Carl Friedrich May aus Neustrießen, (geb. aus Ernstthal) wohnt gegenwärtig bei seinem Schwiegervater, dem Barbier Christian Gotthilf Pollmer in Hohenstein (Markt Nr. 243.)" (masch 159).

09. Im Stolpener "Neuen deutschen Reichsboten" für 1879 erscheint *Ziege und Bock*, eine *Humoristische Episode aus dem Leben des "alten Knasters"* Prinz Otto Victor von Schönberg-Wildauen (*Ein wohlgemeintes Wort* 17). Eine Vorstufe dazu, das "Otto-Victor-Fragment", ist vermutlich bereits zwischen Mai 1874 und März 1875 entstanden (jbkmg 1986, 89-109).

09.-10. Im "Weltspiegel" (Dresden, Adolph Wolf) erscheint unter dem Pseudonym Emma Pollmer die Erzählung *Der Herrgottsengel* (plaul1 45; ued 381f.).

09.06. May muss vor dem Gerichtsamt Hohenstein-Ernstthal erscheinen. Seine Bitte, vom Gerichtsamt Stollberg vernommen zu werden, wird bewilligt (masch 159f.).

10. Annahme des Sozialistengesetzes. Sozialistische Vereine, Versammlungen und Druckschriften werden verboten.

10. In dem Wochenblatt "Omnibus" (Hamburg, M. Rosenberg) erscheint die Reiseerinnerung *Winnetou*, eine Neufassung von *Inn-nu-woh, der Indianerhäuptling* (plaul1 46; jbkmg 1980, 189-192; *Der Krumir* 180f.).

10.01.-11.15. In der von August Krebs herausgegebenen "Deutschen Gewerbeschau" (Mühlhausen in Thüringen, Franz Schröter) erscheint *Die Rose von Sokna. Ein Abenteuer aus der Sahara* (plaul1 47; ued 404-406; *Der Krumir* 96-98).

10.15. Bei seiner Vernehmung vor dem Gerichtsamt Stollberg (Am Markt 10; hall 222) durch Referendar Winkler beteuert May noch einmal seine Unschuld, die sich bei einer Gegenüberstellung mit den Zeugen herausstellen werde (masch 162f.).

10.25. Gerichtsamt Stollberg. Bei der Gegenüberstellung Mays mit den Zeugen Ludwig Kossuth Jähn und Friedrich August John bleiben diese bei ihren früheren Aussagen und leisten den Zeugeneid. May erklärt, er verzichte vorläufig auf die Gegenüberstellung mit dem ebenfalls erschienenen Zeugen Ernst Ferdinand John und werde Gegenzeugen benennen. Hierfür wird ihm eine Frist von 14 Tagen eingeräumt (masch 163-168).

11.01. Hohenstein. Geburt von Ella Schöne, Tochter von Mays Schwester Christiane Wilhelmine Schöne (mkmg 66, 6).

11.13. Hohenstein. May, dem es angeblich "in Folge eines ernstlichen Unwohlseins" nicht gelungen ist, Gegenzeugen für seine Angaben zu finden, bittet das Gerichtsamt Stollberg um eine Fristverlängerung zur Zeugenbenennung (masch 168).

11.15. Die Schönburgischen Rezessherrschaften werden in den sächsischen Staat integriert. Aus dem Schönburg-Hinterglauchauer Karl May wird ein sächsischer Untertan (heer1 176f.). – Gerichtsamt Stollberg. Referendar Winkler lässt May mitteilen, "daß ihm annoch bis zum 21. ds. Mts. Frist zur Benennung von Zeugen gewährt sein soll, unterbleibenden Falles aber an diesem Tage die Untersuchung geschlossen wird" (masch 168).

1878.(?) Die Seiltänzergruppe Wilhelm Kolter nimmt, wie fast alljährlich, Winterquartier in Hohenstein. Der Schwiegersohn Franz Baiser erteilt im Kleinen Saal des Gasthofs zu den drei Schwanen Tanzunterricht, an dem auch May und Emma Pollmer für einen Taler teilnehmen (patsch).

1878. Hohenstein. May verkehrt fast täglich in Goldschmidts Keller (Fleischermeister Gottlob Friedrich Goldschmidt, 1843–1888), Dresdner Straße 7, und schreibt dort bei einem Glas Bier (patsch; masch 18f.).

11.18. Hohenstein. May widmet Emmas Freundin Anna Schneider (1857–1913) *zur freundlichen Erinnerung* ein liebevoll gestaltetes Gedicht (*An tausend Welten steht geschrieben*) in ihrem Poesiealbum (kmjb 1979, 196f., 204).

11.19. Hohenstein. Emma quittiert in Abwesenheit Mays das Schreiben des Gerichtsamts Stollberg, in dem ihm noch bis zum 21.11. eine Frist zur Zeugenbenennung eingeräumt wird, mit der Unterschrift "Emma May" (masch 169).

11.22. Emma Pollmers 22. Geburtstag.

11.23. Gerichtsamt Stollberg. Der zuständige Richter, Assessor Arthur Volkmar Detlev Repmann, erklärt die Untersuchung für geschlossen, da es May nicht gelungen ist, fristgerecht Gegenzeugen zu benennen (masch 170).

11. Vermutlich bereits jetzt, spätestens aber im April 1879, kommt es zu einem Zerwürfnis mit Emma Pollmer, und May zieht wieder zu seinen Eltern nach Ernstthal. *Frau Pollmer* 820f.: *Was ich ihr* [...] *bot, genügte ihr nicht: stille, ruhige Spaziergänge des Tages oder des Abends eine Unterhaltung bei ihrem Großvater oder bei meinen Eltern. Sie verlangte mehr. Sie fuhr nach Chemnitz zum Tanz, sogar auf die Dörfer bei Chemnitz, und hatte dort zwei Geliebte zu gleicher Zeit, einen Bahnbeamten und einen Viehhändler. Hierzu kam ein dritter, ein Kaufmann in Hohenstein, mit dem sie des Abends spazieren und dann nach seiner Junggesellenwohnung ging. Er speiste im Gasthof. Eines Mittags zeigte er beim Essen für die andern Gäste ein Busentuch von Fräulein Pollmer herum, welches sie heute Nacht in seinem Zimmer liegen gelassen habe. Ich sah das Tuch; ich kannte es; es gehörte ihr. Sie leugnete. Es zu einer Confrontation zu treiben, dazu gab ich mich nicht her; aber ich verzichtete!*

11.30. Ernstthal. May quittiert den Gerichtsbescheid vom 23. 11.: "Die bei dem unterzeichneten Gerichtsamte anhängige Untersuchung wider Sie [...] ist am heutigen Tage geschlossen worden" (masch 171).

12. Im "Weltspiegel" (Dresden, Adolph Wolf) erscheint *Des Kindes Ruf. Eine Geschichte aus dem Erzgebirge* (plaul1 49; ued 383-385).

1878.12.-1879.01. In "All-Deutschland! Illustrirtes Hausblatt" (Parallelausgabe für das Ausland: "Für alle Welt!", Stuttgart, Göltz & Rühling, vormals Franz Neugebauer) erscheint *Fürst und Reitknecht. Eine Erzählung*, ein Nachdruck der Dessauer-Episode *Unter den Werbern* (plaul1 49f.; *Der Waldkönig* 4f.). Weitere Erzählungen und Humoresken sowie die Romane *Scepter und Hammer* und *Die Juweleninsel* werden folgen. Die verschwägerten Buchdrucker Johann Georg Ludwig Rühling (1839–1898) und Johann Ernst Eduard Göltz (1840–1879) haben den Verlag am 14.11.1878 von Franz Neugebauer (1848–1898) übernommen (*Der Waldläufer* N14; *Old Firehand* 251; *Scepter und Hammer* 3, 5).

12.03. Das Gerichtsamt Stollberg (Assessor Repmann) leitet die Akten der Staatsanwaltschaft Chemnitz "zur Bekanntmachung des Actenschlusses" zu (masch 170).

1879

1879. Frühestens in diesem Jahr erscheint im Verlag Morwitz & Co in Philadelphia in der Reihe "Heimat und Fremde" ein Raubdruck des Romans *Auf der See gefangen* unter dem Titel *Auf hoher See gefangen.* Möglicherweise handelt es sich um die erste Buchausgabe Karl Mays (*Frohe Stunden* 23). Weitere Raubdrucke in Publikationen deutscher Einwanderer-Verlage sind für die folgenden Jahre nachgewiesen (jbkmg 1994, 314).

01.09. May wird im schriftlichen Verfahren zu Unrecht (weil er keine Amtshandlung vorgenommen hat) vom Gerichtsamt Stollberg (Assessor Repmann) aufgrund der Zeugenaussagen "seines Leugnens ungeachtet" wegen unbefugter "Ausübung eines öffentlichen Amtes" zu drei Wochen Gefängnis und Bezahlung der Untersuchungskosten verurteilt (woll 55; masch 172; jbkmg 1976, 175; jbkmg 2002, 286).

01. In "All-Deutschland! / Für alle Welt!" (Stuttgart, Göltz & Rühling) erscheint unter dem Pseudonym Karl Hohenthal *Die Universalerben. Eine rachgierige Geschichte* (plaul1 51; ued 363f.; *Der Waldkönig* 5).

01.20. Das Stollberger Urteil wird der Staatsanwaltschaft Chemnitz bekannt gegeben (masch 173).

01.23. Die Akten des Gerichtsamts Stollberg werden an das Gerichtsamt Hohenstein-Ernstthal gesandt "mit dem ergebenen Ersuchen, dem Angeschuldigten Carl Friedrich May in Hohenstein nachstehendes Erkenntnis zu publicieren" (masch 171).

01.30. Das Gerichtsamt Hohenstein-Ernstthal meldet dem Gerichtsamt Stollberg: "Erscheint bestellt an Amtsstelle Angeklagter Karl Friedrich May zu Hohenstein und erhält das Erkenntniß [...] durch Vorlesen unter Rechtsmittel- und Fristenbelehrung bekannt gemacht" (masch 173).

02. Entstehungszeit von *Three carde monte* (XXIII A32).

02.06. May erhebt durch den Advokaten Ernst Friedrich Grimm (1833–1894) in Glauchau Einspruch gegen das Urteil beim Gerichtsamt Stollberg. Die von Grimm vorgelegte Vollmacht lässt Zweifel an der Echtheit zu, weil die Unterschrift "Karl Friedrich May" nicht eindeutig von May stammt; auch der Ausstellungsort "Dresden" könnte fingiert sein (masch 174f.).

02.-05. In "All-Deutschland! / Für alle Welt!" (Stuttgart, Göltz & Rühling) erscheint *Der Waldkönig. Eine Erzählung aus dem Erzgebirge* (plaul1 52; ued 385f.; *Der Waldkönig* 5-7).

02.23. Advokat Grimm erhält für fünf Tage die Stollberger Akten nach Glauchau zugestellt (masch 176).

02.25. Karl Mays 37. Geburtstag.

02.-03. Entstehungszeit von *Ein Dichter* (XXIII A32).

03.-04. In der Regensburger katholischen Familienzeitschrift "Deutscher Hausschatz in Wort und Bild", die später Mays Hauptpublikationsort wird, erscheint *Three carde monte. Ein Bild aus den Vereinigten Staaten Nordamerika's*, eine Neufassung von *Ein Self-man* (plaul1 53; *Hausschatz-Erzählungen* 6-11). Der Verleger des "Deutschen Hausschatz" ist Kommerzienrat Friedrich Pustet sen. (1831–1902), der Mitbegründer und zuständige Redakteur Venanz Müller (1831–1906). Alle "Hausschatz"-Texte, die May 1879 veröffentlicht, sind verbesserte Zweitfassungen von schon früher bei Radelli veröffentlichten Erzählungen (*Hausschatz-Erzählungen* 5).

03.-04. Im "Weltspiegel" (Dresden, Adolph Wolf) erscheint *Der Gichtmüller. Originalerzählung aus dem Erzgebirge* (plaul1 53; ued 386f.).

03.-04. Vermutliche Entstehungszeit von *Unter Würgern*, einer Überarbeitung der Erzählung *Die Gum*, mit Motiven der Erzählung *Die Rose von Sokna* (XXIII A32).

03.22. Glauchau. Advokat Grimm begründet dem Gerichtsamt Stollberg den Einspruch gegen das erstinstanzliche Urteil, indem er die übereinstimmenden Zeugenaussagen für abgesprochen erklärt und dem das Verhör leitenden Referendar Winkler den Vorwurf macht, es seien den Zeugen bei der Gegenüberstellung zuvor ihre früheren Aussagen vorgelesen worden. Offenbar im Zweifel über die Erfolgsaussichten des Einspruchs, bittet Grimm darum, falls der "Defendent" nicht "klagfrei" gesprochen werden könne, zumindest die Dauer der Haftstrafe erheblich herabzusetzen (masch 176-178).

03.25. Das Gerichtsamt Stollberg schickt die Akten an das Gerichtsamt Hohenstein-Ernstthal "mit dem Ersuchen, dem Angeschuldigten Mai den von ihm eingewendeten Einspruch zur Agnition [Anerkennung] vorzulegen" (masch 179).

04.03. Vor dem Gerichtsamt Hohenstein-Ernstthal bestätigt May die Echtheit der von seinem Anwalt Grimm vorgelegten Vollmacht und bekennt sich zu seinem Einspruch (masch 180).

04.07. Die Stollberger Akten werden an die Staatsanwaltschaft Chemnitz gesandt, zur Kenntnisnahme des Einspruchs und zur Weiterleitung an das für die Einspruchsverhandlung zuständige Bezirksgericht Chemnitz. Assessor Repmann bemerkt, "daß man bei der Armuth Mays von Liquidirung der Kosten abgesehen habe" (masch 180f.).

04.08. Die Staatsanwaltschaft Chemnitz sendet die Akten an das Bezirksgericht Chemnitz (masch 180f.).

04.12. Das Bezirksgericht Chemnitz (Vorsitzender Geheimrat Ferdinand Alfred Leonhardt, 1832–1896) teilt May in einer "Notifikation" mit, dass "zur Verhandlung und Entscheidung über den von Ihnen eingewendeten Einspruch gegen das gerichtsamtliche Erkenntniß" als öffentlicher Verhandlungstermin der 12.5., 15.30 Uhr, festgelegt sei. Es bleibt ihm anheim gestellt, ob er zu diesem Termin beim Bezirksgericht, Theaterstraße 49^{II}, erscheint (masch 181).

04.26. Die "Notifikation" des Bezirksgerichts Chemnitz sollte dem Adressaten durch das Gerichtsamt Hohenstein-Ernstthal "mit thunlichster Beschleunigung" zugestellt werden, wird aber erst jetzt aus Chemnitz abgesandt (masch 182f.).

04.-06. In "All-Deutschland! / Für alle Welt!" (Stuttgart, Göltz & Rühling) erscheint unter dem Pseudonym Karl Hohenthal *Ein Dichter. Eine Erzählung aus den Vereinigten Staaten* (plaul1 54; ued 401-403; *Der Waldkönig* 8f.).

05.-08. May beginnt vermutlich den Roman *Scepter und Hammer* (XXIII A32).

05.02. Ernstthal. May bestätigt dem Gerichtsboten durch seine Unterschrift den Empfang der "Notifikation" (masch 184).

05.12. Mays Einspruch gegen das Stollberger Urteil wird vom Bezirksgericht Chemnitz (Richter sind als Vorsitzender Geheimrat Ferdinand Alfred Leonhardt und die Geheimräte Karl Friedrich Joseph Stachel, 1809–1880, und Gustav Amadeus Schmelz, *1831) in Abwesenheit Mays und seines Verteidigers Grimm in zweiter Instanz verworfen. Die Richter folgen damit dem Antrag der Staatsanwaltschaft Chemnitz, die durch Carl Wilhelm Eduard Richard Brettschneider vertreten wird (woll 55; masch 186f.).

05.28. Das zweitinstanzliche Urteil wird vom Bezirksgericht Chemnitz "zur weiteren Verfügung" an das Gerichtsamt Stollberg geschickt (masch 187).

06.-07. Im "Deutschen Hausschatz" erscheint *Unter Würgern. Abenteuer aus der Sahara*, eine erweiterte Fassung der Erzählung *Die Gum*, in der erstmals der Name Old Shatterhand für den ansonsten anonymen Ich-Erzähler gebraucht wird (plaul1 55f.; *Hausschatz-Erzählungen* 11-15).

06.04. Das Gerichtsamt Stollberg ersucht das Gerichtsamt Hohenstein-Ernstthal um Strafvollstreckung (masch 188).

06.-08. In "All-Deutschland! / Für alle Welt!" (Stuttgart, Göltz & Rühling) erscheint unter dem Pseudonym Karl Hohenthal

Der Giftheiner. Eine Erzählung aus dem Erzgebirge (plaul1 56; ued 387-389; *Der Waldkönig* 11-13).

06.23. May wird vom Gerichtsamt Hohenstein-Ernstthal zur Strafverbüßung angehalten. Er will ein Gnadengesuch an den sächsischen König Albert richten und erbittet hierfür eine Frist von acht Tagen (masch 188f.).

07.02. Ernstthal. May richtet über das Gerichtsamt Stollberg ein *unterthänigstes Bittgesuch* an *Seine Majestät Herrn Albert König von Sachsen zu Dresden*, in dem er um Kürzung seiner Haft oder Verwandlung in eine Geldstrafe bittet: *Ich bin Literat und arbeite in der Redaction einiger belletristischer Journale. Mehrere meiner erst begonnenen größeren Arbeiten befinden sich gegenwärtig im laufenden Drucke, so daß ich von ihnen wöchentlich ein bestimmtes Quantum zu liefern habe. Selbst wenn mir das Schreiben während einer Haft von der angegebenen Dauer gestattet wäre, würde es mir unmöglich sein, den eingegangenen Verpflichtungen nachzukommen, was den Verlust meiner Stellung zu den betreffenden Journalen sofort nach sich zöge und mich für lange Zeit in die schlimmste pecuniäre Lage versetzte. Bei der jetzt so engen Verbindung zwischen den Herausgebern und Verlegern würde die Nichterfüllung meiner Verbindlichkeiten bald allgemein bekannt sein, das Vertrauen zu mir verloren gehen und ich in eine dauernde Schädigung gerathen, welche nicht in der Absicht des Richters gelegen hat* (masch 189f.; kluß2 79-81; jbkmg 1976, 176f.). – Das Gerichtsamt Stollberg bemerkt erneut, dass "in Folge der Armuth Mays" "von Kosten-Ersatz abgesehen worden ist" (masch 189).

07.29. Dresden. Das Justizministerium weist Mays Gnadengesuch ab (masch 192; kluß2 82; heer1 136; heer4 167).

07.30. Ernstthal. Vergeblich bittet May das Gerichtsamt Stollberg, die Haftstrafe im Fall einer Zurückweisung seines Gnadengesuchs nicht in Hohenstein-Ernstthal, sondern in Stollberg verbüßen zu dürfen (masch 196; heer1 137; heer4 168).

07.31. In Grüna, in der Nähe von Ernstthal, unternimmt der Oberförster Ernst Georg Baumgarten (1837–1884) erste Versuche mit einem lenkbaren Flügelluftschiff (mkmg 76, 14-19).

1879.08.-1880.08. In "All-Deutschland! / Für alle Welt!" (Stuttgart, Göltz & Rühling) erscheint Mays dritter Roman *Scepter und Hammer*. Interessant ist der Text vor allem in autobiographischer Hinsicht: Das im Spätsommer entstandene Kapitel *Der tolle Prinz* spiegelt deutlich Mays Zerwürfnis mit Emma Pollmer (plaul1 59-61; ued 305-309; wohl 754; mkmg 137, 10; *Scepter und Hammer* 6f.).

08.-09. In "All-Deutschland! / Für alle Welt!" (Stuttgart, Göltz & Rühling) erscheint unter dem Pseudonym Karl Hohenthal *Der Pflaumendieb. Humoristische Episode aus dem Leben des alten Dessauers*, eine wesentlich überarbeitete und erweiterte Fassung der ersten Dessauer-Humoreske *Ein Stücklein vom alten Dessauer* (plaul1 61; ued 361-363; *Der Waldkönig* 13f.).

08. In "Trewendt's Volks-Kalender auf das Schaltjahr 1880" (Breslau) erscheint *Im Sonnenthau. Erzahlung aus dem Erzgebirge*, mit Illustrationen von Eduard Ade (plaul1 62; ued 389f.; *Unter den Werbern* 291f.).

08.14. Das Gerichtsamt Stollberg ersucht das Gerichtsamt Hohenstein-Ernstthal, "dem Angeschuldigten Carl Friedrich May in Ernstthal die nachrichtliche hohe Verordnung bekannt zu machen und sodann die 3 wöchentliche Gefängnißstrafe verbüßen zu lassen" (masch 191).

08.16. Venanz Müller, der Redakteur des "Deutschen Hausschatz", ist mit der Vorbereitung des neuen Jahrgangs beschäftigt und möchte wissen, ob er auf einen Beitrag Mays hoffen darf.

08.25. May wird vom Gerichtsamt Hohenstein-Ernstthal über die Ablehnung seines Begnadigungsgesuchs informiert und zur Strafverbüßung angehalten. Er bittet um eine Frist von acht Tagen, "weil er sich zur Fortsetzung seiner begonnenen literarischen Arbeiten noch die nöthigen Bücher in Leipzig verschaffen müsse". Auf die Versicherung hin, dass er Montag, den 1.9., um 20 Uhr seine Strafhaft antreten werde, wird ihm diese Frist gewährt (masch 192f.).

09.01.-22. Strafverbüßung wegen Amtsanmaßung im Arresthaus des Gerichtsamtes Hohenstein-Ernstthal in Hohenstein, Lungwitzer Straße 39 (heute Ecke Karl-May-Straße). Diese vierte Haftstrafe bleibt die letzte im Leben Karl Mays (woll 55; masch 193; rich 52f.; frö 22; hall 104.). Entgegen den Dienstvorschriften erleichtert der Amtswachtmeister Carl Friedrich Philipp (†1882) May die Haft durch die Beschaffung von Lektürestoff; als man dieses Dienstvergehen bei einer Kontrolle entdeckt, wird Philipp vorübergehend vom Dienst enthoben (masch 23).

09.01. Montag. Hohenstein, Arresthaus. Um 19.30 Uhr tritt May seine Haftstrafe an. Mithäftling bis zum 5.9. ist ein gewisser Wolf (jbkmg 1987, 17). Im Taschenkalender "Der Bote" für 1879 (Glogau, Carl Flemming; *Die Fastnachtsnarren*, *Im Seegerkasten*) notiert May u. a. seine tägliche "Atzung", so seinen Kaffee- und Bierkonsum (jbkmg 1987, 10-19). *Abends 7 ½ angetreten Schützlg. Wolf. No. 6.* (jbkmg 1987, 15f.).

09.02. Dienstag. Arresthaus. *Kartoffelmus Bratwurst. Butter* (jbkmg 1987, 15f.).

09.03. Mittwoch. Arresthaus. *Hirsen + Schweinfl. eine Wurst. Bier* (jbkmg 1987, 15f.).

09.04. Donnerstag. Arresthaus. *Kartoffelsalat + Beafsteak* (jbkmg 1987, 15f.).

09.05. Freitag. Arresthaus. *Bohnen Möhren Kohlrabi. Wolf ab. Briefe Emma Eltern* (jbkmg 1987, 15f.).

09.06. Samstag. Arresthaus. *Saure Kart. Wrst. Apflmuß. Abends erst* (jbkmg 1987, 15f.).

09.07. Sonntag. Arresthaus. Besuch Emma Pollmers. *Klöße mit Rind. Schöps. 4 Uhr Emma Borg.* (jbkmg 1987, 15f.).

09.08. Montag. Arresthaus. *Hirsebrei – Butter –* (jbkmg 1987, 15f.). – Stuttgart. Hermann Schönlein überweist 106,42 Mark für den Wiederabdruck der Novelle *Der Dukatenhof* im "Illustrirten Unterhaltungs-Blatt".

09.09. Dienstag. Arresthaus. *Schöps: Nudeln Rindfleisch. Stürzenschrift* (jbkmg 1987, 15f.). – Venanz Müller, dessen Anfrage vom 16.8. unbeantwortet geblieben ist, ersucht um "gefällige Rückäußerung, ob ich für das 1. Heft [...] noch auf einen Beitrag von Ihnen mit Gewißheit rechnen darf".

09.10. Mittwoch. Arresthaus. *Geträumt: (Schneider, Emma. Kirche. Rock.) Krautsalat. Ferdinand Hahn* (jbkmg 1987, 15f.). Überliefert ist ein Brief Ferdinand Hahns vom 19.11.1893. *Schneider* bezieht sich vermutlich auf die *berüchtigte Schneidersche Unterschlagungssache*, die in *Frau Pollmer* (874) erwähnt wird; May gibt dort an, den alten Pollmer und Emma vor einer Zuchthausstrafe bewahrt zu haben, indem er *beide zwang, alle die gestohlenen Sachen, die Schneiders bei ihnen versteckt hatten, sofort herauszugeben.*

09.11. Donnerstag. Arresthaus. *Traum Emma Ilse / Kartoffelmus Bratwurst* (jbkmg 1987, 15f.).

09.12. Freitag. Arresthaus. *Klöße mit Rind* (jbkmg 1987, 15f.).

09.13. Samstag. Arresthaus. *Kartoffelmus, Hering. Stolle v. Emma. Göltz gestorben* (jbkmg 1987, 15f.). Die letzte Notiz bezieht sich auf den Tod des Verlegers Johann Ernst Eduard Göltz (*Der Waldläufer* N15).

09.14. Sonntag. Arresthaus. *Hemd + Brief. Krautsalat Kart. Beufsteaks* (jbkmg 1987, 15f.).

09.15. Montag. Arresthaus. *Kartoffelsalat + Hering. Stolle v. Mine* [vermutlich Mays Schwester Christiane Wilhelmine] + *Emma 6 Flasch. Bier* (jbkmg 1987, 15f.).

09.16. Dienstag. Arresthaus. *Reis + Rindfl. Mutter 22 Cgr.* [Cigarren] (jbkmg 1987, 15f.).

09.17. Mittwoch. Arresthaus. *Kartoffelmus + 1 Knackwürstchen. 3 Mark* (jbkmg 1987, 15f.).

09.18. Donnerstag. Arresthaus. *Gurkensalat Kartoffl. Schweißwurst* (jbkmg 1987, 15f.).

09.19. Freitag. Arresthaus. *Meerrettig Schöps* (jbkmg 1987, 15f.).

09.20. Samstag. Arresthaus. *Kartoffelmus Schweinsrippchn* (jbkmg 1987, 15f.).

09.21. Sonntag. Arresthaus. *Kart. Krautsalat, Schweinsripp. keine Wäsche* (jbkmg 1987, 15f.).

09.22. 19 Uhr. May wird aus der Haft dem Gerichtsamt vorgeführt, vor Rückfall gewarnt und entlassen (masch 193).

09.24. Die Akten gelangen aus Hohenstein zur Aufbewahrung an das Gerichtsamt Stollberg (masch 194).

09.-10. Entstehungszeit der Bearbeitungen *Der Girl-Robber* und *Der Boer van het Roer* (XXIII A32).

10.-11. Im "Deutschen Hausschatz" erscheint *Der Girl-Robber. Ein singhalesisches Abenteuer*, eine Überarbeitung des *Abenteuers auf Ceylon* (plaul1 62; *Hausschatz-Erzählungen* 15-18).

10.14. May hat sich bei Venanz Müller mit einer Ausrede für sein Schweigen entschuldigt. Müller wünscht ihm "Glück zur Beseitigung Ihres Preß-Martyriums" und bietet ihm die Abnahme aller seiner Manuskripte an: "Ich bitte Sie freundlichst, mir alle Ihre Geistesprodukte nach deren Vollendung sofort senden zu wollen, und ich glaube, daß Sie stets nur Passendes wählen werden, da Sie ja wissen, welch' streng moralischer Tendenz der 'Hausschatz' huldigt. Die Auswahl des zu behandelnden Stoffes überlasse ich Ihrem Belieben." May wird mit geringen Unterbrechungen bis 1897 und dann wieder 1907/08 für den "Hausschatz" arbeiten und hier die meisten seiner großen Reiseerzählungen als Erstdruck veröffentlichen. *Leben und Streben* 195f.: *Die Firma Pustet ist eine katholische und der "Deutsche Hausschatz" ein katholisches Familienblatt. Aber diese konfessionelle Zugehörigkeit war mir höchst gleichgültig. Der Grund, warum ich dieser hochanständigen Firma treugeblieben bin, war kein konfessioneller, sondern ein rein geschäftlicher. Kommerzienrat Pustet ließ mir nämlich schon bei der zweiten kurzen Erzählung durch seinen Redakteur Vinzenz Müller mitteilen, daß er bereit sei, alle meine Manuskripte zu erwerben; ich solle sie keinem anderen Verlag senden. Und zahlen werde er sofort. Bei längeren Manuskripten, die ich ihm nach und nach schicken solle, gehe er sehr gern auf Teilzahlungen ein; soviel Seiten, soviel Geld!* [...] *Ich ging mit Freuden darauf ein. Rund zwanzig Jahre lang ist das Honorar, wenn ich das Manuskript heute zur Post sandte, genau übermorgen eingetroffen. Ich erinnere mich keines einzigen Males, daß es später gekommen wäre. Und niemals hat es in Beziehung auf das Honorar auch nur die geringste Differenz zwischen uns gegeben. Ich habe nie mehr verlangt, als was vereinbart worden war, und als Pustet es mir plötzlich verdoppelte, tat er das aus eigenem, freiem Entschlusse, ohne daß ich einen hierauf bezüglichen Wunsch geäußert hatte. Solchen Verlegern bleibt man treu, auch ohne nach ihrem Glauben und ihrer Konfession zu fragen.* Friedrich Pustet jun. ("Meine Erinnerungen an Karl May", 1.12.1939): "Jedenfalls hat auch Karl May erkannt, daß er erst durch unseren Hausschatz in weiteste Kreise gedrungen ist und er unserer Familienzeitschrift seine große Popularität verdankt. Die Spannung unter den Lesern wuchs denn auch von Heft zu Heft und wir dürfen die für damalige Verhältnisse immerhin hohe Auflage von 30–40.000 Abonnenten wohl zum großen Teil auf unseren Mitarbeiter Karl May zurückführen" (kmg-Tagungsprogramm 1983).

11.-12. Im "Deutschen Hausschatz" erscheint *Der Boer van het Roer. Ein Abenteuer aus dem Kaffernlande*, eine Überarbeitung der Erzählung *Der Africander* (plaul1 63f.; *Hausschatz-Erzählungen* 18-20).

11. Vermutliche Entstehungszeit von *Der Ehri*, einer Neufassung von *Die Rache des Ehri* in der Ich-Form (XXIII A32).

1879.11.-1880.01. Vermutliche Fortsetzung des Romans *Scepter und Hammer* (XXIII A32).

11.22. Emma Pollmers 23. Geburtstag.

11. Im Stuttgarter Verlag von Franz Neugebauer (Eigentum Göltz & Rühling) erscheinen gleichzeitig Mays erste Bücher *Im fernen Westen* (eine für Jugendliche bearbeitete Fassung von *Old Firehand*, zusammen mit "Sagen und Legenden vom Mississippi. Die Fußspuren auf dem Convogaskafelsen" von Friedrich Carl von Wickede, 1827–1881) und (vermutlich auf der Grundlage der Übersetzung von Dr. Gustav Füllner, Halle 1851) eine Bearbeitung von Gabriel Ferrys (1809–1852) *Le Coureur des Bois* (1850) (*Der Waldläufer. Für die Jugend bearbeitet von Carl May*) (plaul1 64f.; ued 433-435; *Der Waldläufer* N3, N11; kluß2 85f.). Beide Bücher enthalten dilettantische Illustrationen eines unbekannten Künstlers. – Trotz seines Fleißes hat May auch in den folgenden Jahren (bis Herbst 1882) mit erheblichen Geldschwierigkeiten zu kämpfen. Seine Einkünfte sichern ihm gerade das Existenzminimum (woll 59).

1879.12.-1880.01. Im "Deutschen Hausschatz" erscheint die Neufassung *Der Ehri. Ein Abenteuer auf den Gesellschaftsinseln* (plaul1 66; *Hausschatz-Erzählungen* 20-22).

12. Hohenstein. May versöhnt sich wieder mit Emma Pollmer (plet 60).

Karl Mays Geburtshaus in Ernstthal (um 1910)

Neumarkt in Ernstthal; von links: Gasthaus Stadt Glauchau, Wohnhaus May nach 1845, Kantorat, Pfarrhaus, Kirche St. Trinitatis (Zeichnung 1843)

Altmarkt in Hohenstein, dahinter Kirche St. Christophori; zweite Mansarde rechts Karl Mays Wohnung 1880-1883

Fürstlich Schönburgisches Schullehrerseminar zu Waldenburg, links das Haupthaus (Zeichnung um 1860)

Vogtländisches Schullehrerseminar zu Plauen (Zeichnung vor 1861)

Arbeitshaus Schloss Osterstein in Zwickau (Zeichnung um 1864)

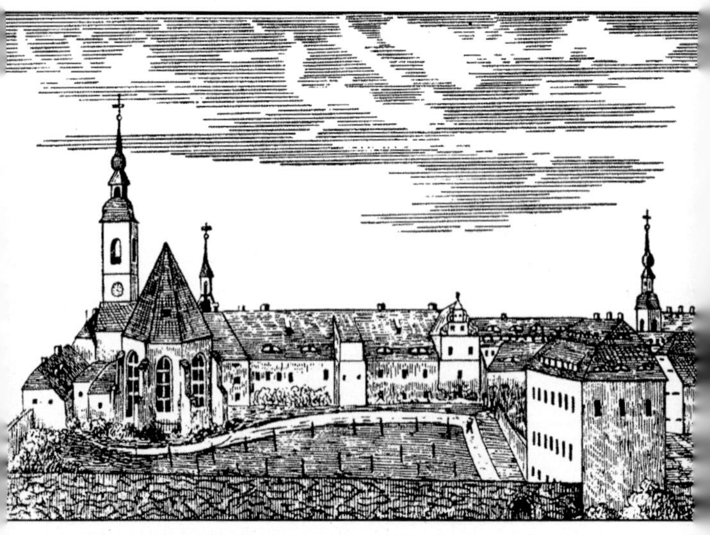

Zuchthaus zu Waldheim (Zeichnung Mitte des 19. Jahrhunderts)

Karl May als Redakteur, früheste bekannte Aufnahme (um 1875)

Karl May (Aufnahme Carl August Teich, um 1885)

Emma May (um 1885)

Karl und Emma May (um 1890)

Karl und Emma May (um 1894)

Karl May (um 1885)

Friedrich Pustet

Venanz Müller

Heinrich Keiter

Wilhelm Spemann

Joseph Kürschner

Friedrich Ernst Fehsenfeld

Felix Krais

Friedrich Ernst und Paula Fehsenfeld
mit den Kindern Hans, Eva und Dora (um1891)

Mays und Fehsenfelds in Bönigen am Brienzersee in der Schweiz (Sommer 1893); stehend von links: Unbekannt, Emma und Karl May, Friedrich Ernst Fehsenfeld; sitzend von links: Eva, Paula und Dora Fehsenfeld

Karl May (Aufnahme Alois Schießer, 1896)

Karl May als Old Shatterhand
(Aufnahme Alois Schießer, 1896)

Karl May (1896)

1880

1880. "May, Dr. Karl, Journalist, Redakteur, Hohenstein-Ernstthal in Sachsen" wird erstmals im "Allgemeinen Deutschen Litteratur-Kalender" (seit 1879 hrsg. von den Brüdern Heinrich und Julius Hart, ab Jahrgang 1883 hrsg. von Joseph Kürschner) genannt (jbkmg 1976, 197; kmv 75, 87).

01. Vermutliche Entstehungszeit von *Ein Fürst des Schwindels*, einer Erweiterung von *Aqua benedetta* für den "Deutschen Hausschatz" (XXIII A32).

01.-03. Vermutliche Entstehungszeit von *Deadly dust* (XXIII A32).

02.19. Das Heiratsaufgebot des "Schriftstellers Karl Friedrich May" und der "Wirthschafterin Emma Lina Pollmer" wird beim Standesamt Ernstthal bestellt. Der Aushang erfolgt vom 20.2. bis 7.3. am Ernstthaler Rathaus und vom 21.2. bis 7.3. am Hohensteiner Rathaus (kmhi 9, 28-31).

02.25. Karl Mays 38. Geburtstag.

03. Im "Deutschen Hausschatz" erscheint unter dem Pseudonym Ernst von Linden *Ein Fürst des Schwindels* (plaul1 72; ued 360f.; *Hausschatz-Erzählungen* 23f.).

03.-07. Im "Deutschen Hausschatz" erscheint *Deadly dust. Ein Abenteuer aus dem nordamerikanischen Westen*. Der Ich-Erzähler tritt erstmals als Old Shatterhand auf (plaul1 73).

03.25. In Jonitz bei Dessau stirbt Klara Beiblers Vater Heinrich Beibler (heer2 86; kmhi 12, 33).

04.-05. Vermutlicher Abschluss des Romans *Scepter und Hammer* (XXIII A32).

04.26. Anlässlich des 100. Geburtstags des aus Hohenstein stammenden Naturphilosophen Gotthilf Heinrich von Schubert

(1780–1860) wird an der Ostseite der Stadtkirche St. Christophori (Geburtshaus gegenüber, Friedhofstraße, heute Hinrich-Wichern-Straße 1) ein Denkmal enthüllt. Mays Teilnahme ist wahrscheinlich.

05. Erstmals legt die "Hausschatz"-Redaktion (in der Beantwortung einer Leseranfrage) die Auffassung nahe, der Autor Karl May und das "Ich" seiner Erzählungen seien identisch: "Abonnent seit 74 in Leunefelde. Das können wir Ihnen wirklich nicht sagen, wie viel Selbsterlebtes und wie viel dichterische Zuthaten an May's Reiseabenteuern sind. Das ist aber wahr, daß der Verfasser alle jene Länder bereist hat, welche den Schauplatz der Abenteuer bilden; und das ist richtig, daß seine farbenreichen Schilderungen von Land und Leuten, Thieren und Pflanzen, Sitten und Gebräuchen etc. genau nach der Natur gezeichnet sind. Also Reisenovellen bietet uns der Verfasser und in diesem Genre ist er wohl Meister. Gegenwärtig reist er in Rußland und beabsichtigt, bald wieder einen Abstecher in's Zululand zu machen. Vielleicht trifft er dort den treuen tapferen Quimbo" (mkmg 16, 19).

05.26. 9 Uhr. Hohenstein. Emmas Großvater Christian Gotthilf Pollmer stirbt im Alter von 73 Jahren an den Folgen eines Schlaganfalls (woll 56; ued 90). Aussage Emma Pollmer 11.12. 1907: "Meiner Verehelichung mit May stand nun kein Hindernis mehr im Wege" (leb 44). Emma erbt die Laden- und Wohnungseinrichtung sowie 230 Mark. *Frau Pollmer* 803: *Zwar meldeten sich hierauf noch einige weitere uneheliche Kinder resp. Enkel, doch hat meine Frau, als sie mit ihren Forderungen kamen, die Universalerbschaft vertheidigt wie eine Löwin ihr Junges und keinen Pfennig davon hergegeben, nicht einmal mir! – Leben und Streben* 194f.: *Von einer dieser Reisen zurückgekehrt, erfuhr ich, kaum aus dem Coupé gestiegen* [vom Bahnhofsassistenten Bäumler, einem Cousin], *daß heute nacht der "alte Pollmer" gestorben sei* [Aussage 6.4.1908: *und die Emma in der Stadt herumliefe und nach mir schreie*]*; der Schlag hatte ihn getroffen.* [*Frau Pollmer* 825: *Alle Welt wuß-*

te, daß meine Frau, als ihren Vater der Schlag traf, gar nicht daheim gewesen war, sondern die ganze Nacht in einem andern Bette als dem ihrigen verbracht hatte, und zwar nicht etwa allein! Man hatte sie des Abends fortgehen und am Morgen wiederkommen sehen. Sie hatte die Wohnung aufgeschlossen und dann, als sie hineintrat, um Hülfe gerufen. Man eilte herbei. Der Schlaganfall war schon am Abend erfolgt.] Ich eilte nach seiner Wohnung. [Frau Pollmer 821: so ging ich sofort nach ihrer Wohnung und gar nicht erst zu den Eltern] Man hatte mir zuviel gesagt. Er war nicht tot; er lebte noch, er konnte aber weder sprechen noch sich bewegen. Sein Enkelkind saß in einer seitwärts liegenden Stube bei einer klingenden Beschäftigung. Sie hatte nach seinem Gelde gesucht und es gefunden. Es war nicht viel; ich glaube kaum zweihundert Mark. Ich zog sie davon fort, zu dem Kranken hinüber. Er erkannte mich und wollte reden, brachte es aber nur zu einem unartikulierten Lallen. Aus seinem Blicke sprach eine ungeheure Angst. [Frau Pollmer 822: Die eine Seite war vollständig, die andere halb gelähmt. Dunkler Geifer floß ihm aus dem Munde. Er konnte nicht mehr sprechen; aber er hörte Alles und verfolgte das, was wir thaten und sprachen mit angsterfüllten Augen. Ich schickte nach dem Arzt.] Da kam der behandelnde Arzt. Er hatte ihn schon gleich früh am Morgen untersucht, tat dies jetzt wieder und gab uns den Bescheid, daß alle Hoffnung vergeblich sei. Als er sich entfernt hatte, glitt die Tochter des Sterbenden vor mir nieder und bat mich, sie ja nicht zu verlassen. – Frau Pollmer 822f.: Sie beschwor mich bei Gott, beim Himmel, bei meiner eignen Seligkeit, bei ihrer tiefen Reue und bei den brechenden Augen ihres sterbenden Vaters, ihr Alles zu verzeihen und sie wieder bei mir an- und aufzunehmen. Es gab einen schweren, wühlenden Kampf in mir. Solche Minuten wiegen gleich Ewigkeiten! Sie hatte viel, sehr viel gegen mich gesündigt; aber als gerecht denkender Mann warf ich mir vor, sie in Dresden bei mir aufgenommen und damit, wenn auch nicht die wirkliche Ehre, so aber doch ihre Ehre vor den Menschen geschädigt zu haben. Ich war verpflichtet, das wieder gut zu *machen. Dazu kam der unbeschreibliche, jetzt starr auf mich gerichtete und wie ein Gesetz auf mich wirkende Blick ihres Vaters, an dessen Sterbebett die Scene vor sich ging.* [...] *Ich versprach, sie zu heirathen, und zwar sofort, trotz der Trauerzeit, um mit allen bisherigen Qualen schnellen Abschluß zu machen. Da fiel sie mir stürmisch um den Hals und versprach mir, mich auf den Händen zu tragen und lieber das schwerste Leid und Unglück zu tragen, als mir dies jemals zu vergessen. Der Kranke machte befriedigt die Augen zu. Er starb einen oder einige Tage darauf.* Aussage 6.4.1908: *Ich bin* [...] *zu Emma Pollmer gegangen, sie fiel vor mir auf die Knie und bat mich himmelhoch, sie zu heiraten. Ich konnte damals nicht anders und versprach ihr die Ehe. Sie hatte mich nicht nur durch ihre Schönheit, sondern auch durch ihre hypnotische Kraft gefangen genommen. Die moralische Verpflichtung, die ich an sich hatte, sie zu heiraten, hatte sie durch ihre eigene unmoralische Handlungsweise aufgehoben. Wie ich selbst beobachtet habe, hat sie auch mit anderen Männern intimen Verkehr gehabt. Es ging sogar einmal in Hohenstein das Gerücht, sie sei als Mädchen sechs Wochen heimlich in Dresden gewesen, um dort ihre Entbindung abzuwarten. Ob an diesem Gerücht etwas wahres ist, vermag ich* [...] *nicht anzugeben; ich habe es stets für wahr gehalten* (leb 122).

05.27. In Ernstthal stirbt Mays älteste Schwester Auguste Wilhelmine Hoppe mit 43 Jahren an Blutzersetzung; sie hinterlässt fünf Söhne und drei Töchter (masch 17). Es ist nicht die Zeit, Hochzeit zu halten. May wohnt aber mit Emma im Pollmer-Haus (plet 61).

06. Vermutliche Entstehungszeit von *Der Brodnik*, einer Neufassung der Erzählung *Nach Sibirien* (XXIII A32).

06.-07. Beginn des Romans *Die Juweleninsel* (XXIII A33).

07. Im "Deutschen Hausschatz" erscheint *Der Brodnik. Reise-Erlebnisse in zwei Welttheilen* (plaul1 76; *Hausschatz-Erzählungen* 25-27).

07.-08. Vermutliche Entstehungszeit von *Der Kiang-lu* (XXIII A32).

1880.08.-1882.05. In der Stuttgarter Zeitschrift "Für alle Welt!" (Göltz & Rühling; der Paralleltitel "All-Deutschland" wird jetzt aufgegeben) erscheint *Die Juweleninsel*, eine ursprünglich nicht geplante Fortsetzung des eben abgeschlossenen Romans *Scepter und Hammer*, zu der ihn die Redaktion gedrängt hat (plaul1 76-78; ued 309-312; *Scepter und Hammer* 6).

08.-10. In "Für alle Welt!" erscheint unter dem Pseudonym Karl Hohenthal die Humoreske *Der Scheerenschleifer* (plaul1 79; ued 364f.; *Old Firehand* 252-254).

08. In "Für alle Welt!" erscheint ein "Worträthsel" von K. May (Lösung: "Für alle Welt – Alldeutschland"). Ein "Silbenräthsel" von G. Guhl (möglicherweise ein May-Pseudonym) ergibt die Lösung: "Karl Hohenthal, der Scheerenschleifer" (plaul1 78; *Old Firehand* 252, 319f.).

08. Hohenstein. May und Emma Pollmer suchen den Hohensteiner Pfarrer Alwill Emil Laube (1833–1922) auf, der von 1865 bis Mai 1880 Pfarrer an der Ernstthaler Kirche St. Trinitatis gewesen ist, um ihr kirchliches Aufgebot zu bestellen (kmhi 9, 34).

08.16.(?) Ernstthal. May und Emma Pollmer bestellen auch bei Pastor Carl Hermann Matthesius (1845–1914), von 1880 bis 1893 Pfarrer in Ernstthal, das kirchliche Aufgebot.

08.17. Dienstag. Ernstthal. Rathaus, Neumarkt 9 (zugleich Gasthaus zur Tanne, 1886 für Neubau abgerissen; rich 20f.; frö 26; hall 115f.). Standesamtliche Trauung des 38-jährigen "Schriftstellers" Karl May mit der 23-jährigen "Wirthschafterin" Emma Lina Pollmer durch den Bürgermeister und Standesbeamten Wilhelm Lorenz (1827–1898), kurz vor Ablauf der sechsmonatigen Verfallsfrist des Aufgebots. Trauzeugen sind Mays Vater Heinrich August und sein Schwager Julius Ferdinand Schöne (frö 25f.; kmhi 9, 31-34). Aussage 6.4.1908: *Im Jahre 1880* [...]

habe ich [...] *meinem Versprechen gemäß die Emma Pollmer aus Mitleid, Gerechtigkeitsgefühl und in der Hoffnung, daß ich mit ihr glücklich werden würde, geheiratet. Diese Hoffnung ging jedoch nicht in Erfüllung. Es zeigte sich sehr bald, daß sie mich nur geheiratet hatte, um in den Besitz von Geld zu kommen und um ihrem Vergnügen nachgehen zu können* (leb 122).

08.29. Sonntag. In den Gottesdiensten der Hohensteiner Gemeinde St. Christophori und der Ernstthaler Gemeinde St. Trinitatis wird das kirchliche Aufgebot des Schriftstellers May und der Wirtschafterin Pollmer verkündet (kmhi 9, 34).

09.05. Sonntag. Erneute Verkündung des Aufgebots in den Hohensteiner und Ernstthaler Gottesdiensten (kmhi 9, 34).

09.12. Kirchliche Trauung in Hohenstein, St. Christophori, durch Pfarrer Alwill Emil Laube (kluß2 87; rich 46f.; frö 7, 26; hall 113f.; kmhi 9, 34-36). Eine problematische Ehe mit der körperlich attraktiven, geistig und seelisch aber wenig zu ihrem Mann passenden Emma beginnt.

09.-10. Hohenstein. Nach einer zuverlässigen Überlieferung wohnt das junge Ehepaar zunächst in einem unbeheizbaren Gartenhäuschen des Grundstücks Am Markt 246 (Altmarkt 36), das dem Tuchhändler Adolf Louis Tröltzsch (1832–1894) gehört (rich 44).

09.-12. Im "Deutschen Hausschatz" erscheint *Der Kiang-lu. Ein Abenteuer in China* (plaul1 79; *Hausschatz-Erzählungen* 28-30).

09.-11. Vermutliche Fortsetzung des Romans *Die Juweleninsel* (XXIII A33).

10.11. Das Ehepaar May zieht zur Miete in die erste Etage des Hauses Am Markt (Altmarkt) 2 in Hohenstein. Hauseigentümer ist der Weber Wilhelm Anton Kretzschmar (1841–1891) (Melde-Journal, Stadtarchiv Hohenstein-Ernstthal, Abt. I, 670; rich 44f.; frö 27; hall 108). *Leben und Streben* 195: *Ich habe* [Emmas] *Wunsch erfüllt, in Hohenstein wohnen zu bleiben. Wir mieteten uns eine Etage des oberen Marktes und hätten da unendlich glücklich leben können, wenn uns ein solches Glück beschieden gewesen wäre.* – *Schundverlag 05*, 328: *Wir bewohnten eine ganze Etage, hatten einen Garten dazu gepachtet und besassen nicht nur immer genug für uns, sondern auch für meine zahlreichen Verwandten, denen ich nun nach und nach der bekannte "Onkel aus Amerika" zu werden begann.* – *Frau Pollmer* 823: *Ich miethete das beste Logis, welches zu haben war, eine ganze erste Etage, am Markte liegend, und den Hintergarten dazu, um durch Blumenzucht auf meine Frau zu wirken.* – Frühestens jetzt, spätestens aber 1882, wird May Mitglied der Hohensteiner Feuerwehr; ob er sich je an einem Einsatz beteiligt, ist ungeklärt (hall 96; heer4 182; kmhi 6, 24f.).

1880-1883. Hohenstein. In den ersten Ehejahren pflegt May im wesentlichen familiäre Kontakte, doch verkehrt er auch in den nahegelegenen Wirtshäusern Roter Hirsch (Markt 74, heute Altmarkt 11), Drei Schwanen und Braunes Roß (Markt 180, Altmarkt 21) sowie in der Schankwirtschaft Windmühle (Langenberger Straße) und im Wirtshaus Zum Fichtenthal ("David"; hall 95, 103f., 126).

10.-11. In "Für alle Welt!" (Stuttgart, Göltz & Rühling) erscheint unter dem Pseudonym Prinz Muhamêl Latréaumont *Tui Fanua. Ein Abenteuer auf den Samoa-Inseln*, eine (nach *Der Ehri*) dritte Variante der Südsee-Erzählung *Die Rache des Ehri* (plaul1 80; ued 407f.; *Old Firehand* 254-257).

1880. May hat von Raubdrucken seiner Werke in Amerika erfahren und bittet die Redaktion der Leipziger "Gartenlaube" um Auskunft zur Urheberrechtslage. Eine Antwort an "K. M. in Hohenstein" erscheint daraufhin im "Kleinen Briefkasten" der Zeitschrift: "Sie sind leider wehrlos, und wir Alle mit Ihnen – weil ein diesbezüglicher gesetzlicher Schutz in Amerika nicht existirt" (heer4 237).

1880. In diesem Jahr nimmt May erstmals an einer spiritistischen Sitzung teil. Rechtsanwälte Günther und Schäfer an das Amtsgericht Weimar 5.6.1909: Emma Pollmer "verkehrte in ihrer Vaterstadt in einer spiritistischen Familie. In den Sitzungen spielte ein völlig ungebildetes Dorfmädchen, welches nicht einmal richtig lesen und schreiben konnte, die erste Rolle. [May] wurde einige Wochen nach seiner Verheiratung mit [Emma] von ihr aufgefordert, sie einmal zu einer solchen spiritistischen Sitzung zu begleiten. Er tat es und machte dabei die nichts weniger als erfreuliche Entdeckung, daß seine [...] Frau die eigentliche treibende Kraft dieser Veranstaltungen war" (leb 143). *Frau Pollmer* 826-828: *Es wurde ein Medium herbeigeschafft. Man animirte mich in die betreffende Familie und setzte mich an den betreffenden Tisch, zwischen das weibliche Medium und ihren Vater.* [...] *Damals war mir der Spiritismus völlig unbekannt; meine Frau aber kannte ihn aus dem Verkehr mit der betreffenden, mit ihr eng befreundeten Familie, deren Glieder ohne Ausnahme alle enragirte Spiritisten waren und seit dem Tod des alten Pollmers auf seinen "Geist" schon warteten. Er kam. Man sah ihn nicht, aber er sprach durch das Medium. Er sagte, er sei "im Himmelreich". Auch sein Sohn kam, der zu Grunde gegangene Vagabund. Meine Frau nannte ihn Onkel Emil. Er sagte, er sei "im Himmelreich". Dann kam die verstorbene Frau des alten Pollmer, die von meiner Frau nicht Großmutter, sondern Mutter genannt wurde. Sie sagte, sie sei "im Himmelreich". Und endlich kam auch die während der Geburt gestorbene, eigentliche Mutter, die von meiner Frau aber Mama genannt wurde. Sie sagte, sie sei "im Himmelreich".* [...] *Das Ganze war eine außerordentlich plump angelegte psychologisch-pathologische Burleske.* [...] *Ich mied zwar jede weitere Sitzung,* [Emma] *aber besuchte jene spiritistische Familie sehr oft und ganz nach Herzensbedürfniß und brachte mir von diesen Gängen stets einen Verweis, einen Wischer oder sonst etwas Derartiges mit.* Emma Pollmer an das Amtsgericht Weimar 5.7.1909: "Mit der Spiritisterei vom Jahre 1880 [...] verhält es sich ganz anders [...]. In Hohenstein-Ernsttal [...] erzählte mir eine Bekannte von der Schule her von einem Bauernmädchen, das spiritistische Sitzungen abhalte. Hiervon erzählte ich meinem Manne weiter, ohne daß wir zunächst auf die Sache weiter eingegangen wären. Nachdem alsdann aber meine Bekannte noch wiederholt mit mir darüber gesprochen hatte, nahmen auf deren Veranlassung [May] und ich einmal an einer spiritistischen Sitzung jenes Bauernmädchens teil; [May] zeigte sich schon damals dabei außerordentlich aufgeregt" (leb 145).

11.22. Emma Mays 24. Geburtstag.

11.(?) May beginnt noch vor Abschluss der *Juweleninsel* mit dem orientalischen Reisezyklus *"Giölgeda padiśhanün"* (Im Schatten des Großherrn; richtig wäre: "Padişahın Gölgesinde"). Der Ich-Erzähler Kara Ben Nemsi und sein Diener Hadschi Halef Omar treten zum ersten Mal auf. May findet zu seiner originalen literarischen Form, die ihn berühmt machen wird (wohl 755; ued 153-174).

12. Vermutlicher Abschluss des Kapitels *Abu en Nassr* für *"Giölgeda padiśhanün"* (XXIII A27).

1881

1881. Hohenstein. May vernachlässigt den Roman *Die Juweleninsel* und arbeitet intensiv an *"Giölgeda padiśhanün"*, dem ersten Teil des Orientzyklus (weitere Teile: *Reise-Abenteuer in Kurdistan*, *Die Todes-Karavane*, *In Damaskus und Baalbeck*, *Stambul*, *Der letzte Ritt*, *Durch das Land der Skipetaren*), der später in Buchform sechs Bände (*Durch Wüste und Harem* bis *Der Schut*) umfassen wird.

01.-09. Der "Deutsche Hausschatz" in Regensburg veröffentlicht *"Giölgeda padiśhanün". Reise-Erinnerungen aus dem Türkenreiche* (plaul1 82f.).

01. Vermutlicher Abschluss des Kapitels *Die Tschikarma* für *"Giölgeda padiśhanün"* (XXIII A27).

02. Vermutlicher Abschluss des Kapitels *Abu Seïf* für *"Giölgeda padiśhanün"* (XXIII A27).

02.25. Karl Mays 39. Geburtstag.

03. Vermutlicher Abschluss des Kapitels *Eine Wüstenschlacht* für *"Giölgeda padiśhanün"* (XXIII A27).

03. "Deutscher Hausschatz": "'Hausschatzleser in Westfalen.' Der Verfasser der Reise-Abenteuer hat alle Länder, welche der Schauplatz seiner Erzählungen sind, selbst bereist. Unlängst ist er von einem Ausflug nach Rußland, Bulgarien, Konstantinopel etc. zurückgekehrt, und zwar mit einem Messerstich als Andenken. Denn er pflegt nicht, mit dem rothen Bädeker in der Hand im Eisenbahn-Coupé zu reisen, sondern er sucht die noch wenig ausgetretenen Pfade auf" (mkmg 16, 20).

04. Vermutlicher Abschluss des Kapitels *Der Merd-es-Scheitan* für *"Giölgeda padiśhanün"* (XXIII A27).

04.25.-27. Notiz: *Giölgeda padisch. 651 bis 750. fort 6 Uhr* (XXIII A24).

05.01. Notiz: *Giölgeda padischahnün fort 850 7 Uhr früh* (XXIII A24).

05.11. 19 Uhr. Hohenstein. Der Gasthof zu den drei Schwanen brennt nieder.

05.22. Hochneukirch (heute Jüchen). Hauptlehrer Johann G. Schneider teilt mit, er habe unlängst unter dem Titel *Die beiden Nachtwächter* Mays Humoreske *Die verhängnißvolle Neujahrsnacht* dramatisiert und aufführen lassen. Er bittet May um die Erlaubnis zur Veröffentlichung.

05.31. F. G. Ziegler aus Magdeburg bittet May um die "Einwilligung zur Dramatisirung" der "vorzüglichen Erzählung" *Der Giftheiner.*

06. Vermutlicher Abschluss des Kapitels *Der Ruh 'i Kulyan* für *"Giölgeda padiśhanün"* (XXIII A27).

06. Vermutliche Entstehungszeit der Erzählung *Christi Blut und Gerechtigkeit* (XXIII A32).

06. Fortsetzung des Romans *Die Juweleninsel* (XXIII A33).

06.11. May antwortet auf Zieglers Anfrage vom 31.5.: *Mein Name soll dem Stücke beigesetzt werden.*

06.14. Magdeburg. Ziegler teilt mit, am liebsten sei ihm für die Dramatisierung des *Giftheiner* die Bezeichnung "Volksstück von Dr. Carl May und F. G. Ziegler".

06.22. In der Leipziger St. Matthäikirche heiratet die 16-jährige Klara Beibler ihren ersten Mann, den Kaufmann und Mitinhaber der Firma "Plöhn & Hopf, Ätherische Öle en gros" Richard Alexander Plöhn (22.6.1853–14.2.1901), der bereits im Oktober 1879 erfolgreich bei ihrem (am 25.3.1880 verstorbenen) Vater Heinrich Beibler um ihre Hand angehalten hat. Kennen gelernt hat sich das Paar bei einer Tauffeier in Leipzig. Zur Familie gehört künftig auch Klaras Mutter Wilhelmine Beibler, die sich durch Haus- und Kocharbeiten nützlich macht (heer2 86; kmhi 12, 33).

06. Vermutliche Entstehungszeit des Anfangs der *Reiseabenteuer in Kurdistan* (XXIII A32).

06. In der Leipziger "Gartenlaube" erscheint der Beitrag "Ein Spaziergang durch Tunis" von P. R. Martini, der May zu seiner Figur des Krüger-Bei anregt (mag 65, 30; heer4 237f.).

08.-09. Vermutliche Fortsetzung des Romans *Die Juweleninsel* (XXIII A33). Die Redaktion von "Für alle Welt!", die wegen ständiger Verzögerungen Abonnenten verliert (eigentlich sollte der Roman bereits abgeschlossen sein), muss May wiederholt um Manuskript drängen: "Wenn Sie nicht endlich Manuscript senden u. zwar für mehrere N°, so werden wir den Druck des Journals noch einstellen müssen. Unzählige Abonnenten springen täglich bei der traurigen Erscheinungsweise ab. Unser Schaden ist enorm! Einzig durch Ihre Schuld!" (*Scepter und Hammer* 8; kmw II.2, 668)

08. Im "Großen Volks-Kalender des Lahrer Hinkenden Boten" für 1882 (Lahr, Johann Heinrich Geiger [Moritz Schauenburg]) erscheint *Fürst und Leiermann. Eine Episode aus dem Leben des "alten Dessauer"*, mit Illustrationen von F. W. H. (plaul1 84; ued 367f.; *Unter den Werbern* 13-15).

09.12. Die Pariserin Marie-Juliette Charoy (Pseud. J[ules] de Rochay) will den Orientroman aus dem "Deutschen Hausschatz" für die Tageszeitung "Le Monde" ins Französische übersetzen und verhandelt darüber mit May und den Herausgebern. Sie teilt May mit, sie erwarte nicht mehr als 300 Francs für ihre Arbeit und könne also auch ihm keine große Summe bieten. Da die Französin ihren Vornamen nur mit J. zeichnet, hält May sie zunächst für einen Mann.

10.03. Hohenstein. Emmas Freundin Anna Schneider heiratet den Barbier Gustav Sauer (*1858), der als Geselle des Barbiers Emil Reichenbach (Dresdner Straße 6) May zu seinen Stammkunden zählte und nun im benachbarten Limbach ein eigenes Geschäft eröffnet (masch 20; mkmg 41, 34). Erinnerung Sauer 1940: "Er war immer peinlich gekleidet, trug meistens einen langen Gehrock. Stets freundlich lächelnd und etwas nervös am Klemmer ziehend [...]. Wir hatten ihn alle sehr gern und freuten uns, wenn er kam. Ein gutes Trinkgeld war jedesmal sicher. Er machte einen feinen Eindruck, man ahnte, daß Großes aus ihm werden würde" (kmjb 1979, 196).

10.12. Paris. Juliette Charoy, die noch keinen Vertrag mit "Le Monde" hat, teilt May mit, sie sei bereit, ihm ein Drittel ihres eigenen Honorars zu überlassen. Sie verpflichte sich jedoch nicht, den ganzen "Hausschatz"-Text zu übersetzen. Sie stellt Einzelfragen, vor allem nach der Lage des Schott el Dscherid, und bittet um die Erlaubnis zu Kürzungen.

10.19. May hat Juliette Charoy eine Karte von Tunesien mit einer eingezeichneten Reiseroute geschickt. Sie bedankt sich für seine wertvollen Informationen und berichtet über den Fortgang der Übersetzung. Das erste Kapitel werde sie noch in diesen Tagen an "Le Monde" zur Prüfung schicken.

10.21. Hohenstein. Am Tag vor seinem fünften Hochzeitstag mit Marie Thekla Vogel bekennt sich Friedrich Hermann Albani, Webergasse 299, standesamtlich zu deren Tochter Helene; eine Vaterschaft Mays ist dennoch nicht ausgeschlossen. Ab Ostern 1882 besucht Helene die Hohensteiner Bürgerschule, die zu dieser Zeit im Nachbarhaus von Mays Wohnung untergebracht ist (mkmg 40, 16f.).

10. "Deutscher Hausschatz": "Pr. P. in Trattenbach. Einstweilen müssen wir uns auf die Mittheilung beschränken, daß Herr Dr. K... M... etwa 45 Jahre alt ist und leider gegenwärtig krank darnieder liegt in Folge einer wieder aufgebrochenen alten Wunde. Auf seinen weiten und gefahrvollen Reisen in allen Theilen der Erde, hat er sich selbstverständlich manche Wunde geholt. Wir hoffen, daß die bisherige eiserne Constitution

Ihres Lieblingsschriftstellers auch diesmal bald obsiegen wird" (mkmg 16, 20).

10.-11. Der "Deutsche Hausschatz" bringt die *"Giölgeda"*-Fortsetzung *Reise-Abenteuer in Kurdistan* (plaul1 85).

10.-11. Entstehungszeit von *Der Krumir* (XXIII A32). Vermutlich handelt es sich um eine Auftragsarbeit für den Verlag von Wilhelm Velhagen (1850–1910) und Otto Klasing (†1883) (Bielefeld, Leipzig) (*Der Krumir* 9).

11.05. Notiz Mays: *Krumir 251 Seiten / Daheim.* Vermutlich hat May die Erzählung abgeschlossen und schickt sie jetzt oder in den nächsten Tagen an die Expedition der Zeitschrift "Daheim" (Velhagen & Klasing) in Leipzig (*Der Krumir* 9).

11.-12. Vermutlich Fortsetzung und Abschluss der *Reise-Abenteuer in Kurdistan* (XXIII A32).

11. "Deutscher Hausschatz": "Auf mehrere Anfragen. Erfreulicher Weise ist jetzt der Herr Verfasser der Reiseabenteuer in der Genesung begriffen und gedenkt, demnächst nach dem Süden zu ziehen, um sich völlig zu erholen. Ihre warmen Wünsche in Bezug auf Veröffentlichung des Bildnisses Ihres Lieblings werden wahrscheinlich befriedigt werden. Jener Dame, welche sich nach dem Alter des interessanten 'Weltläufers' erkundigte, können wir verrathen, daß er, wenn wir nicht irren, in der Mitte der vierziger Jahre steht" (mkmg 16, 20).

11.12. Die Pariser Tageszeitung "Le Monde" beginnt mit dem Abdruck der ersten Episode des Orientromans, *Une aventure en Tunisie*, in der Übertragung von J. de Rochay (Juliette Charoy). Dieser ersten französischen Übersetzung werden bis Mitte 1884 noch viele weitere in "Le Monde" folgen (mkmg 29, 26f.; mkmg 77, 16, 18). Es ist zugleich die überhaupt erste Übersetzung eines May-Textes; bis 1912 werden Mays Werke in wenigstens 18 Sprachen übersetzt sein (jbkmg 1994, 313).

11.20. Hohenstein. *An die 4. Strafkammer* 61: Emma *stieg nie zu anderen hinauf, sondern sie zog diese anderen herunter. Darum trat die Entfremdung ein, die unausbleiblich war. Für mich war sie nicht mehr die körperlich schöne, sondern die geistig unwissende und seelisch häßliche Frau. Sie sah meine Gleichgültigkeit wachsen und wählte, anstatt zum richtigen Mittel zu greifen, ein so falsches, daß das Übel größer wurde, als es vorher gewesen war. Sie fälschte nämlich Briefe, Liebesbriefe an sich selbst, die sie von einem vertrauten jungen Mann schreiben ließ und mir in die Hände spielte. Diese Briefe sollten mir sagen, daß sie einen anderweiten Geliebten habe, mit welchem sie per Stelldichein verkehre. Ich sollte eifersüchtig werden, tat dies aber nicht und zog es vor, die Sache als das zu nehmen, was sie war – ein echter Emma Pollmerstreich.* – *Frau Pollmer* 883: *So ließ sie sich in Hohenstein als meine Frau von einem Comtoiristen Liebesbriefe fälschen, die angeblich aus Chemnitz kamen und beweisen sollten, daß sie mit dortigen Männern Verhältnisse habe. Ueber die Händel, die daraus entstehen sollten, wollte sie sich mit ihren Freundinnen ergötzen. Ich aber ging nicht auf den Leim. Ich entdeckte den Fälscher und bestrafte die Schwindlerin mit der ersten Ohrfeige, die sie je von mir erhalten hat – – es ist aber auch die letzte gewesen.* Einer dieser vermutlich fingierten Briefe datiert vom 20.11. aus Dresden und ist mit "Ihr Sie liebender H. Thomas" unterschrieben: "Mit Staunen vernahm ich in Ihrem gestrigen Briefe, daß Sie an meiner Aufrichtigkeit zweifeln und glauben, daß meine Liebe zu Ihnen im Verlöschen begriffen sei. Ich bitte Sie theure Emma lassen Sie diesen Argwohn schwinden und glauben Sie fest, daß ich Sie innig liebe und forthin lieben werde. [...] Auch in mir sind manchmal zweifelhafte Gedanken erwacht, denn sich lieben und doch dabei getrennt zu sein, ist doch etwas schweres; doch lange wird es ja nicht mehr währen und dann hoffe ich, daß wir sehr oft uns nahe sein werden um unsere beiderseitigen Herzenswünsche zu offenbaren."

11.21.-22. Abschluss der Episode *Une aventure en Tunisie* in der Pariser Zeitung "Le Monde" (mkmg 29, 26).

11.22. Emma Mays 25. Geburtstag.

11.24. Paris. Juliette Charoy übermittelt May per Postscheck ein Drittel ihres eigenen Honorars von 136,15 Francs und rundet den für ihn bestimmten Teil auf 50 Francs auf. May hat ihr geschrieben, dass er eine Erholungsreise antritt.

11.24.-12.05. In "Le Monde" erscheint die Episode *Souvenirs de voyage* (mkmg 29, 26).

1881.12.10.-1882.01.2./3. In "Le Monde" erscheint die Episode *Les pirates de la Mer Rouge* (mkmg 29, 26).

12. Heinrich August May, der seit den 70er Jahren einer von mehreren städtischen Armenpflegern in Ernstthal ist, gibt dieses Ehrenamt Ende des Jahres auf (jbkmg 1980, 173).

1882

01.-02. Vermutlicher Beginn der Reiseerzählung *Die Todes-Karavane* (XXIII A32).

01. "Deutscher Hausschatz": "Müller in H. Die Reise-Abenteuer von Karl May werden allernächstens fortgesetzt werden, da die Wiedergenesung des Herrn Verfassers in erfreulicher Weise fortschreitet" (mkmg 16, 20).

01.-03. Der "Deutsche Hausschatz" setzt den Abdruck der *Reise-Abenteuer in Kurdistan* fort (plaul1 85).

01.-02. In "Für alle Welt!" (Stuttgart, Göltz & Rühling) erscheint unter dem Pseudonym Karl Hohenthal *Die Both Shatters. Ein Abenteuer aus dem "wilden Westen"*. Die Erzählung ist möglicherweise bereits um 1877 erstmals veröffentlicht worden (plaul1 86; ued 406f.; *Old Firehand* 257-259).

01.05.-03.30. In der "zur Benutzung für Zeitungsredaktionen" bestimmten "Belletristischen Correspondenz" (Bielefeld, Leipzig, Velhagen & Klasing), die "unter Mitwirkung der Redaktion des Daheim in Leipzig" herausgegeben wird, erscheint die Erzählung *Der Krumir. Nach den Erlebnissen eines "Weltläufers"* (plaul1 86; *Der Krumir* 9-13).

01.-09. In der "Deutschen Gewerbeschau" (Dresden, Wilhelm Hoffmann) erscheint *Ein Fürst-Marschall als Bäcker. Humoristische Episode aus dem Leben des "alten Dessauers"* (plaul1 87f.; ued 365f., *Unter den Werbern* 29-31).

01.06. Paris. Juliette Charoy schickt May ein aufgerundetes Drittel ihres Honorars in Höhe von 82 Francs. Sie hofft, in einigen Monaten die *"Giölgeda"*-Übersetzung zu beenden. Da sie noch weitere Reiseabenteuer übertragen will, bittet sie um die Zusendung geeigneter Arbeiten. May hat ihr von der Möglichkeit einer Reise nach Paris geschrieben; sie freut sich darauf, seine persönliche Bekanntschaft zu machen, muss ihm aber nun gestehen, dass er keinen Monsieur, sondern eine Mademoiselle J. Charoy vorfinden werde. Nach ihren Erfahrungen sei es besser, bei literarischen Beziehungen zum Ausland ein männliches Pseudonym anzunehmen; bei May scheint ihr diese Vorsicht aber inzwischen unnötig.

01.12.-02.15. In der Pariser Zeitung "Le Monde" erscheint die Episode *Une bataille au désert* (mkmg 29, 26).

02.17.-04.05. In "Le Monde" erscheint die Episode *Une visite au pays du diable* (mkmg 29, 26).

02.24. Juliette Charoy schickt May, den sie auf einer Expedition glaubt, 113 Francs für den Abdruck der *Bataille au désert.* "Monsieur Pollmer", den May als seinen Vertreter angegeben hat (angeblich sendet er ihm die Post nach), habe ihr dessen Umschreibungen der orientalischen Eigennamen geschickt und ihr zu ihrem Bedauern mitgeteilt, dass es doch nicht zur Reise nach Paris kommen werde. Sie stammt aus der Champagne und hätte May gerne Champagner angeboten. Als Entschädigung erbittet sie für sich persönlich ein Foto des vornehmen Autors. Offenbar hat May sich als Reaktion auf das Versteckspiel der Französin den Scherz erlaubt, seine Frau als E. Pollmer nach Paris schreiben zu lassen. Gleichzeitig geht eine Sendung mit Belegexemplaren von "Le Monde" und ein Brief an "Monsieur Pollmer", mit Dank für Mays Anmerkungen und der erneuten Bitte, ihr sein Foto zu schicken.

02.25. Karl Mays 40. Geburtstag.

03. "Deutscher Hausschatz": "Die Reise-Abenteuer May's beruhen allerdings auf wirklichen Erlebnissen, welche ja wohl romantisch eingekleidet und poetisch ausgestaltet sein können, ohne daß der Kern: – treue Schilderung von Land und Leuten, sittlichen, religiösen und socialen Zuständen – unecht ist. Von diesem Gesichtspunkt aus betrachtet, dienen diese Abenteuer nicht bloß zur genußreichen Unterhaltung, sondern auch zur vielfachen Belehrung in angenehmster Form der Darstellung" (mkmg 16, 20).

03. May beendet, mit einem merkwürdigen Schluss, den Roman *Die Juweleninsel.*

03.-06. Der "Deutsche Hausschatz" beginnt mit dem Abdruck der dritten Folge des Orientromans, *Die Todes-Karavane* (plaul1 88f.).

04.01. Hohenstein. Der Buchhändler Gustav Adolph Zimmermann (1845–1912), der sein Geschäft bisher an der Dresdner Straße hatte, eröffnet eine Kunst- und Musikalienhandlung in der Schulstraße 30 (heute Nr. 8). May ist Stammkunde Zimmermanns und erwirbt bei ihm Schreibutensilien sowie Reisebeschreibungen, geographische und ethnographische Literatur (mkmg 70, 4; hall 100f.; gus 101; kmhi 5, 29). Gelegentlich kauft May aber auch bei dem Ernstthaler Buchhändler Heinrich Eduard Just (1827–1914), Bahnstraße (heute Karl-May-Straße) 137d.

04.15. Juliette Charoy schickt May 137 Francs und fragt, was ein Henrystutzen sei, eine Waffe oder nur ein Teil davon. Sie hofft immer noch, May persönlich kennen zu lernen.

04.26. May hat Juliette Charoy auf einen Fehler in der letzten Abrechnung aufmerksam gemacht, weshalb es zu einer Unstimmigkeit mit dem Kassierer von "Le Monde" gekommen ist. Mademoiselle Charoy teilt ihm mit, ihre Übersetzung sei bis zur gegenwärtig im "Hausschatz" erscheinenden *Caravane des morts* fertig. Sie würde ihre Übersetzungen gern in Buchform veröffentlichen und bittet um Mays Einverständnis.

05.13. Ernstthal. Max Otto Selbmann, der einzige Sohn von Mays (schwangerer) Schwester Karoline Wilhelmine, stirbt mit kaum fünf Jahren an Scharlachfieber.

05.14.-06.28. In der Pariser Zeitung "Le Monde" erscheint die Episode *Le prisonnier d'Amadijah* (mkmg 29, 26).

05.17. May lässt seine Texte durch Agenturen vertreiben. Das Berliner Literarische Institut von Friedrich Carl Entrich, Vertrieb von Feuilletons, teilt mit, dass von seinen "Sachen" "wieder einiges zum Nachdruck verkauft worden" sei. May soll gelegentlich auch "hübsche spannende ungedruckte Sachen" schicken.

06.-07. Entstehungszeit von *Robert Surcouf* (XXIII A32). Zu der Erzählung um den französischen Kaperkapitän (1773–1827) hat ihn vermutlich die Korrespondenz mit Juliette Charoy angeregt.

07.06.-08.16./17. In "Le Monde" erscheint die Episode *L'esprit de la caverne* (mkmg 29, 26).

07.07. Juliette Charoy schickt 162,50 Francs, in denen 4.45 Francs eingeschlossen sind, die irrtümlich bei der letzten Abrechnung fehlten. Sie teilt May mit, gestern habe "Le Monde" mit einer neuen Erzählung, *L'esprit de la caverne*, begonnen. In Le Havre sei vor kurzem eine neue kleine Zeitschrift, "La Vigie du Havre", gegründet worden, die mit ihrer Zustimmung seit gestern ihre Übersetzung *Une aventure en Tunisie* nachdrucke; Honorare seien kaum zu erwarten. Sein Einverständnis zu einer Buchausgabe hat May noch nicht gegeben. Dafür hat er Mademoiselle Charoy einige Novellen geschickt, darunter einen nicht identifizierbaren Text *Der Vampir* und die erzgebirgische Erzählung *Der Dukatenhof*, die jedoch nach Charoys Ansicht für katholische Blätter wie "Le Monde" nicht geeignet ist, weil es darin zu viel Liebe gibt und die Sitten zu derb seien.

08.-09. Vermutliche Fortsetzung der *Todes-Karavane* (XXIII A32).

08.04.-10.12. In der Prager "Politik" erscheint ein (vermutlich erster) Publikumsdruck der Erzählung *Der Krumir* (plaul1, 90-92; mkmg 66, 30f.).

08.13. Ernstthal. Geburt von Clara Johanna Selbmann, Tochter von Mays Schwester Karoline Wilhelmine Selbmann.

09.(?) Dresden. Hotel Trompeterschlößchen am Dippoldiswalder Platz in der Seevorstadt (Trompeterstraße 21, 1945 zerstört; gus 55; rich 150f.; hall 67; kmhi 15, 81). Aussage 13.4.1908: *Noch von Hohenstein aus unternahm ich im Jahre 1882 im Sommer eine kleine Vergnügungsreise nach Dresden. Wir wollten hier Theater und Museen besuchen und auch einige Ausflüge unternehmen. Wir stiegen* [...] *im Hotel Trompeterschlößchen am hiesigen Dippoldiswalderplatz ab* (leb 124). *Schundverlag 05*, 328: Emma *kannte Dresden noch nicht, war nur erst einmal dort gewesen, und zwar für kurze Zeit. Natürlich kam ich ihrem Wunsche zuvor. Wir reisten hin und stiegen im Trompeterschlösschen ab. Sie wünschte, grad in diesem Hause zu wohnen, weil es einen guten Ruf in der Heimat genoss. Viele Leute von dort pflegten hier zu bleiben. – Frau Pollmer* 830: *Ich beschloß also, fortzuziehen in eine größere Stadt, ganz gleich in welche! Meine Frau wollte nach Dresden. Ich sah keinen Grund, ihr grad diesen Wunsch abzuschlagen. Wir reisten also hin, um uns dort zu entschließen.* [...] *Wir wohnten in Dresden im Trompeterschlößchen, damals ein sehr gutes, besonders von meiner Heimath aus viel besuchtes Gasthaus. Ich ging nicht etwa aus Sparsamkeit in kein größeres Hôtel.* [...] *Ich war bereits berühmt, blieb aber dem Entschlusse treu, meine Frau nicht in den eigentlichen Stand meiner Einnahmen schauen zu lassen.* Aussage Emma Pollmer 11.12.1907: "Im Spätherbst 1882 reiste ich einmal mit meinem Manne lediglich des Vergnügens wegen nach Dresden, wo wir uns ungefähr acht Tage aufhielten" (leb 44f.). Während dieser Tage in Dresden trifft das Ehepaar May im Rengerschen Gartenrestaurant am Plauenschen Platz 1 (seit 1880 Café National, Johann Rudolf Gühloff; hall 66f.) auf Mays früheren Arbeitgeber Heinrich Gotthold Münchmeyer. Der Verleger, dem seit dem Weggang Mays nicht mehr viel geglückt ist, versucht, seinen ehemaligen Redakteur zur Lieferung von Kolportageromanen zu bewegen. Unter dem Zureden Emmas gibt May den Wünschen Münchmeyers nach, nicht zuletzt auch, um der prekären finanziellen Lage zu entkommen. Aussage 13.4.1908: *Meiner Frau* *hatte ich* [...] *viel von Münchmeyers erzählt, insbesondere auch davon, daß ich durchaus die Schwester der Frau Münchmeyer heiraten sollte* [...]. *Meine Frau war natürlich sehr neugierig, den alten Münchmeyer* [...] *kennen zu lernen.* [Frau Pollmer 830f.: *Aber wohlgemerkt: Sie wollte ihn, den alten, erfahrenen Frauen- und Mädchenjäger kennen lernen, nicht aber ihn, den Verleger und Colportagebuchhändler.*] *Ihrem Wunsche entsprechend ging ich Abends, es war in der Dämmerstunde mit ihr in die mir bekannte Stammkneipe Münchmeyers, in das Rengersche Gartenrestaurant am hiesigen Plauenschen Platze.* [Schundverlag 05, 328: *Auf einem Spaziergange vom böhmischen Bahnhof her kamen wir an die damalige Rengersche Restauration. Es war in der Dämmerung. Ich sagte ihr, dies sei das Lokal, in welchem ich mit dem "Heinrich" und dem "Fritz" so oft gesessen habe, im Zimmer und auch im Garten, so um die jetzige Zeit. Da schlug sie mir vor, hinein zu gehen. Sie möchte gern wissen, wie es da aussehe, wo ich früher verkehrt habe.*] *Als wir dies Restaurant betraten, sah ich Münchmeyer als einzigen Gast im Garten an einem Tische sitzen, den Kopf auf die Arme gestützt, mit dem Rücken nach dem Eingange zum Gartenrestaurant. Er saß da, wie ein Mensch, der mit schweren Sorgen zu kämpfen hatte. Ich machte meine Frau auf ihn aufmerksam, ging von rückwärts an ihn heran, hielt ihm beide Hände vor die Augen und ließ ihn raten, wer ich sei. Münchmeyer erkannte mich sofort an meiner Stimme.* [Schundverlag 05, 329: *Nach sechs Jahren! Er hatte jedenfalls sehr oft an mich gedacht!*] *Er war sehr erfreut mich wiederzusehen und meine Frau kennen zu lernen; er begrüßte mich mit den Worten: "Sie schickt mir der liebe Gott." Ich setzte mich dann mit meiner Frau an seinen Tisch und wir frischten dann alte Erinnerungen auf* (leb 124). *Leben und Streben* 198: Münchmeyer *strahlte vor Vergnügen. Er machte mir in seiner Kolportageweise die unmöglichsten Komplimente, eine so schöne Frau zu haben, und meiner Frau gratulierte er in denselben Ausdrücken zu dem Glück, einen so schnell berühmt gewordenen Mann zu besitzen. Er kannte meine Erfolge, übertrieb sie aber, um uns beiden zu schmeicheln. Er machte Eindruck auf meine Frau, und sie ebenso auf ihn. Er begann, zu schwärmen, und er begann aufrichtig zu werden. Sie sei schön wie ein Engel, und sie solle sein Rettungsengel werden, ja, sein Rettungsengel, den er brauche in seiner jetzigen Not. Sie könne ihn retten, indem sie mich bitte, einen Roman für ihn zu schreiben.* Aussage 13.4.1908: *Wir gingen dann gemeinschaftlich aus Rengers Gartenrestaurant weg, soviel ich mich entsinne, begleitete er uns bis zu unserem Hotel Trompeterschlößchen. Bevor wir uns trennten, erklärte er, am nächsten Morgen zu mir ins Hotel kommen zu wollen, um mit mir, falls ich zu dem Entschluß kommen sollte, den erbetenen Roman zu schreiben, das Nähere zu vereinbaren. Meine Frau hat mich noch am selben Abend und sogar in der Nacht, als ich einmal wach war, eindringlichst gebeten, für Münchmeyer den Roman zu schreiben und es ihm am nächsten Morgen bei seinem Kommen zuzusagen. Diesen Bitten meiner Frau konnte ich nicht widerstehen, sie verstand es ja, alles durchzusetzen, was sie wollte.* [*Frau Pollmer* 832: *Während der Nacht weckte sie mich auf, und am Morgen begann sie von Neuem. Ich Thor sah nicht ein, daß sie darauf brannte, sich der Frau Münchmeyer und ihrer Schwester, die ich hatte heirathen sollen, zu zeigen und ihnen ad oculos zu demonstriren, daß mir ganz andere Chancen zur Verfügung gestanden hatten.*] *Am nächsten Morgen kam Münchmeyer bereits so zeitig in unser Hotel, daß meine Frau noch gar nicht auf war. Die Verhandlung mit ihm fand infolgedessen nur unter 4 Augen statt und zwar im Gastzimmer oder in einem Separatzimmer des Hotels* (leb 125f.). *Schundverlag 05*, 332: *Der "Heinrich" hatte gesagt, dass er am Vormittag kommen werde; er kam aber schon früh, so zeitig, dass zunächst nur ich, nicht aber meine Frau zu sprechen war. Einmal aufgewacht, hatte er nicht wieder einschlafen können. Der Gedanke, einen Roman von mir zu bekommen, hatte ihn von zu Hause fort und in das Freie hinausgetrieben.* May verpflichtet sich zur Abfassung eines Lieferungsromans, der ca. 100 Hefte à 24 Seiten umfassen soll. Für eine Auflage bis zu 20.000 Exemplaren soll er 35

Mark pro Heft erhalten, danach sollen die Rechte wieder an ihn zurückfallen und abschließend soll ihm eine *feine Gratifikation* gezahlt werden. *Schundverlag 05*, 332f.: *Auf meine Frage nach dem Honorare erklärte er, dass er leider nicht in der Lage sei, mir mehr als dreissig Mark pro Nummer zu geben.* [...] *Ich machte eine Mehrforderung, wenn auch keine bedeutende, nur fünf Mark höher* [...]. *Er ging zwar schliesslich darauf ein, gab mir aber zu bedenken, dass er auch schon in Beziehung auf die anderen Punkte das allermöglichste geleistet habe. Die Rechte nicht für immer! Sondern nur Zwanzigtausend! Dazu eine "feine Gratifikation"!* Vorab erhält May einen Vorschuss von 500 Mark. Um den literarischen Namen, den er sich durch seine Arbeiten für den "Hausschatz" erworben hat, nicht zu gefährden, bedingt er sich ein Pseudonym aus. Ein schriftlicher Vertrag wird, zu seinem späteren Schaden, nicht abgeschlossen (hoff1 2621f.; ued 91). *Schundverlag 05*, 333: *Natürlich schlug ich ihm die Anfertigung eines Kontraktes vor, er aber lehnte ab.* Leben *und Streben* 201f.: *Er sagte, wir seien beide ehrliche Männer und würden einander nie betrügen. Es klinge für ihn wie eine Beleidigung, von ihm eine Unterschrift zu verlangen.* [*Schundverlag 05*, 333: *So schloss ich also mit ihm ab, ohne die Anfertigung eines schriftlichen Dokumentes, sondern nur durch Wort und Handschlag*] *Ich ging aus zwei guten Gründen hierauf ein. Nämlich erstens durften nach damaligem sächsischem Gesetz bei Mangel eines Kontrakts überhaupt nur tausend Exemplare gedruckt werden; Münchmeyer hätte sich also, wenn er unehrlich sein wollte, nur selbst betrogen; so dachte ich. Und zweitens konnte ich mir den fehlenden schriftlichen Kontrakt sehr leicht und unauffällig durch Briefe verschaffen. Ich brauchte meine Geschäftsbriefe an Münchmeyer sehr einfach nur so einzurichten, daß seine Antworten nach und nach alles enthielten, was zwischen uns ausgemacht worden war. Das habe ich denn auch getan und seine Antworten mir heilig aufgehoben.* [*Schundverlag 05*, 333: *Hierauf kam meine Frau, die sich darüber freute, dass wir einig geworden waren.*] May an Adalbert Fischer 30.4.1899: *Ich habe seinen*

Zeit diese Sachen für M. geschrieben, um ihn zu retten. [...] *Ich traf ihn während einer zufälligen Anwesenheit in Dresden bei Rengers (Restauration). Er klagte mir seine Noth; er bat mich, Etwas für ihn zu schreiben, wodurch er sich herausreißen könne. Ich ging in meiner Gutmüthigkeit darauf ein, und wir besprachen uns. Die Zeugen dazu* sind noch vorhanden; *auch habe ich* noch die betreffenden Briefe von ihm. – *Frau Pollmer* 833: *Nun, da die Vereinbarung getroffen worden war, hatte er es mit dem beabsichtigten Roman so eilig, daß ich schnell nach Hohenstein zurückmußte, um mit der Arbeit zu beginnen. Die Uebersiedelung nach Dresden konnte ja doch nicht sofort geschehen, weil ich meine Wohnung erst zu kündigen hatte, war nun aber festbeschlossene Sache.*

09.(?) Mit der kurzen *Stambul*-Erzählung führt May den Orientroman weiter, um diese Arbeit wegen des Münchmeyer-Auftrags dann für längere Zeit zu unterbrechen (wohl 756).

09.-10. Vermutete Entstehungszeit der später in *Winnetou III* integrierten Erzählung *Im "wilden Westen" Nordamerika's*, die vom Tod des Apachen berichtet (XXIII A32). Wahrscheinlich geht der Text aber auf eine frühere Fassung zurück, die unter dem Titel *Ave Maria* bereits um 1880 (möglicherweise in Amberg) erschienen ist (*Winnetou's Tod* 4f.; *Der Scout* 262).

09. Im Stolpener "Neuen deutschen Reichsboten" für 1883 erscheint der Aufsatz *Ein wohlgemeintes Wort*, eine heftige Philippika gegen den zeitgenössischen Kolportageroman und das davon profitierende Verlags- und Leihbibliotheksgewerbe (*Ein wohlgemeintes Wort* 22f.; ued 462-464).

09. Im "Deutschen Hausschatz" erscheint unter dem Pseudonym Ernst von Linden *Robert Surcouf. Ein Seemannsbild* (plaul1 92; ued 408-410; *Hausschatz-Erzählungen* 30-34).

09.-11. Der "Deutsche Hausschatz" setzt den Abdruck von *Die Todes-Karavane* fort (plaul1 92f.).

10. Vermutliche Entstehungszeit von *In Damaskus und Baalbeck* (XXIII A32).

10.14. Das erste Heft des *Waldröschen*-Romans ist gedruckt.

10.20. Münchmeyer schreibt einen *Engelbrief* an Emma May: "Sie würden mich zum großen Dank verpflichten, wenn Sie Ihren geehrten Mann, den ich die Ehre habe meinen vertrauten Freund nennen zu dürfen, bewegen könnten, ein Manuskript u. zwar 3 Hefte pro Woche zu senden. Es ist jetzt die beste Zeit mit der Herausgabe des Werkchen. Das erste Heft habe ich fertig, doch kann ich dasselbe nicht herausgeben, indem ich ohne Manuscript nicht weiter liefern kann. Ich habe so gut an Ihrem Manne gehandelt. Ich habe ihm gegen 500 Mk. schon auf dieses Werkchen gegeben und er ist so undankbar und läßt mich ganz ruhig sitzen und doch nennt er sich meinen besten Freund in seinen Briefen und verspricht mir das Blaue vom Himmel, hält aber nicht die Idee von seinen Versprechen. Ich glaube er hört auf Sie, indem er Sie doch liebt, was er ja doch immer beteuert. Ich wende mich also vertrauensvoll an Sie und betrachte Sie als rettenden Engel, der mich erlösen soll aus meiner kostspieligen u. höchst verhängnißvollen Lage." May an Franz Netcke 7.3.1911: *Es war mir unmöglich, drei Hefte pro Woche zu schreiben, wo nur eines zu erscheinen hat; daher die Vorwürfe.* – *Schundverlag* 05, 334: *Nach unserer Heimkehr hielt ich Wort und fing sofort an, diese Arbeit zu schreiben. Es gab da zwar zunächst einige kleine Kontroversen, die sich auf den Modus des Honorarzahlens bezogen und mich veranlassten, mit dem Lieferung des Manuskriptes einzuhalten; dann aber begann das Geschäft, sehr glatt zu laufen, und die erst ziemlich unzufrieden, oft sogar erregt klingenden Briefe Münchmeyers wurden immer freundlicheren Inhaltes, bis er endlich schrieb, dass er zufrieden sei.* – *Leben und Streben* 202: *Meine Frau trieb fast noch mehr als Münchmeyer selbst. Er hatte eine persönliche Vorliebe für den nichtssagenden Titel "Das Waldröschen". Ich ging auch hierauf ein, hütete mich aber, ihm sonst noch irgendwelche Konzessionen zu machen.*

10. In der von Joseph Kürschner (1853–1902) seit 1881 redigierten Zeitschrift "Vom Fels zum Meer" erscheint *Christi Blut und Gerechtigkeit*, die erste Erzählung für den Stuttgarter Verleger Wilhelm Spemann (1844–1910), der später Mays berühmte Jugendromane veröffentlichen wird (plaul1 93). *Schundverlag 05*, 345: *Professor Josef Kürschner, der ebenso fleissige wie berühmte Bibliograph, stand im Begriff, für Spemann* [...] *ein Blatt im höheren Style zu gründen. Er nannte es "Vom Fels zum Meere", und ich sollte mich hieran beteiligen. Ich schrieb ihm das lappländische "Saiwa tjalem" und das kurdische "Christi Blut und Gerechtigkeit".*

10. Entstehungszeit von *Ein Oelbrand* (XXIII A32).

11. "Deutscher Hausschatz": "Alte Abonnentin in Zürich. Die 'prächtigen Abenteuer' des beliebten 'Waldläufers' werden allerdings in der Studirstube niedergeschrieben, aber die Reisen in allen Theilen der Welt sind von dem Herrn Verfasser wirklich gemacht worden. Selbstverständlich erlebt man in der Sahara, in Kurdistan u.s.w. andere Dinge, als im Coupé für Nichtraucher auf der Eisenbahn in Deutschland oder in der Schweiz. [...] Was die Schilderung von Land und Leuten, Sitten und Gebräuchen u.s.w. in den Abenteuern betrifft, so ist dieselbe völlig wahrheitsgetreu, und der Leser lernt etwas Neues auf angenehmste Weise, selbst wenn die Abenteuer sammt und sonders erdichtet wären. Und wenn unser 'Weltläufer' hie und da bei der Beschreibung uralter Baudenkmäler etc. gelehrte Werke zu Rathe zieht und sie als Hilfsmittel benützt, thut er denn da etwas Anderes als was jeder Gelehrte nicht unterlassen darf, wenn er eine gediegene Arbeit liefern will? Darum konnte sich nur ein literarischer Nullus, der selbst kein eigenes Geistesprodukt aufzuweisen hat, die Anmaßung erlauben, einem hochbegabten Schriftsteller den Vorwurf zu machen, daß dessen Reisen sich sogar auf Layard's Werke erstreckten" (mkmg 17, 17). Bezugstext ist eine Briefkastennotiz im Familienblatt "Alte und Neue Welt" (Einsiedeln, Benziger, Nr. 30): "M. hat ja gewiß ein glänzendes, bestechendes Talent; aber das bringt er mit all seinem unbestreitbaren Talent nicht fertig, einen nüchternen Beurtheiler glauben zu machen, daß er vorwiegend eigene Erlebnisse schildere. Wer speciell etwas von dem berühmten Assyriologen [Austen Henry] Layard [1817–1894] kennt, möchte sich in einem bestimmten Falle zu dem Nachweise versucht fühlen, daß der phantasievolle Verfasser seine Reisen sogar bis auf Layards Werke ["Auf der Suche nach Ninive", Leipzig 1854] ausgedehnt habe" (mkmg 19, 30).

1882.11.-1883.01. Im "Deutschen Hausschatz" erscheint eine weitere Fortsetzung des Orientromans, *In Damaskus und Baalbeck* (plaul1 94).

1882.11.17.-1883.01.25. In der Pariser Zeitung "Le Monde" erscheint die Episode *La caravane de la mort* (mkmg 29, 27).

1882.11.-1884.08. Im Dresdner Münchmeyer-Verlag erscheinen unter dem Pseudonym Capitain Ramon Diaz de la Escosura (nach dem spanischen Schriftsteller und Gesandten in Berlin 1872-74 Don Patricio de la Escosura, 1807–1878) die Lieferungshefte des Romans *Waldröschen oder Die Rächerjagd rund um die Erde* [*Das Waldröschen oder Die Verfolgung rund um die Erde*]. *Großer Enthüllungsroman über die Geheimnisse der menschlichen Gesellschaft.* Das Riesenwerk umfasst am Ende 109 Hefte mit 2612 großformatigen Seiten (4750 Seiten im Format der späteren Fehsenfeld-Ausgabe) (plaul1 94-97; hoff1 2622; ued 312-319).

1882. *Schundverlag 05*, 334-339: *Einige Zeit später hatte ich in Dresden zu tun, nur für einen Tag. Ich fuhr früh ab und wollte Abends wiederkommen. Darum nahm ich meine Frau nicht mit; sie blieb daheim. Ich hatte dort auch den "Heinrich" aufzusuchen, nur auf fünf Minuten, natürlich nur im Geschäft, nicht etwa in der Wohnung. Ich richtete es so ein, dass es kurz vor Mittag war. Um diese Zeit war es gewiss, dass ich die "Pauline" nicht etwa traf, denn da hatte sie zu kochen. Ich wollte vermeiden, sie durch meinen Anblick in Harnisch zu bringen. Ich sah sie noch heut vor mir als Furie, mich laut anschreiend* *ob ich ihre Schwester, die "Minna", heiraten wollte oder nicht!* [...] *Münchmeyer war aufrichtig erfreut, als er mich sah. Ich sagte ihm, dass ich nur für einen Augenblick gekommen sei, denn ich fahre heut wieder heim. Da schüttelte er den Kopf. Das sei Unsinn; ich solle ja nicht etwa denken, dass er das zugebe. Dabei drehte er sich nach einem Boten um, den er hinüber in* [die] *Wohnung schickte: "Sag der Mama schnell, dass der Herr Doktor May da ist; er wird mit Mittag essen!"* [...] *Er hatte einige Leute abzufertigen; ich gab ihn dazu frei und machte indessen einen Rundgang durch das Geschäft. Ich freute mich, dass es überall freundliche Gesichter gab, wo man mich sah. Meine alten Bekannten waren fast alle noch da.* [...] *Als ich mit dem "Heinrich" hinüber in die Wohnung kam, war es "Pauline" zwar nicht möglich, jenes stereotyp verlegene, breite Lächeln zu verbergen, welches auch einem geistreichen Gesicht nur übel stehen würde; aber im Verhältnis zu ihrer sonstigen Intelligenz fand sie sich doch ganz leidlich in die für sie gewiss nicht angenehme Situation. Sie war sehr höflich.* [...] *Heut* [...] *hatte sie sich grad ihrer Geldliebe wegen veranlasst sehen müssen, dem Verfasser des einträglichsten aller ihrer Romane ein splendides Mittagsessen vorzusetzen. Das war für den "Heinrich" ein Fest. Er konnte einmal in der Weise, wie er es verdiente, essen, ohne den Restaurationsspeisezettel zu Hülfe zu nehmen. Und das tat er denn so ausgiebig und so vertieft, dass es schien, als wolle er uns von dem ganzen Schmaus fast nur die Unterhaltung übrig lassen. Diese erstreckte sich auf die allgemeine Schlechtigkeit der Menschen, auf die besondere Unzuverlässigkeit der Arbeiter, auf die Faulheit der Dienstboten, auf die Reinigung der Leib- und Bettwäsche, auf die Abstäubung der Möbel, auf die moralische Verderbnis der Putzmacherinnen und Schneiderinnen und auf die Unvergleichbarkeit der Münchmeyerschen Lektüre.* [...] *die "Pauline" behauptete, dass sie sich noch nie so gut unterhalten habe, und der "Heinrich" lobte, dass er noch kaum je so gut gegessen habe wie heut. Bei diesen Worten stieg ein Wunsch, ein kühner Wunsch in seinem Herzen auf, nämlich der, dass es doch für einige Tage so bleiben möge wie jetzt.* [...] *Ich gestand ihm aufrichtig und allen Ernstes, dass es mir ganz und gar nicht lieb sei, sein Gast sein und seiner Frau beschwerlich fallen zu müssen; am liebsten liefe ich augenblicklich davon! – "Ja, tun Sie das; aber ich gehe mit, und zum Kaffee sind wir wieder da," lachte er. "Kommen Sie!" Wir verschwanden. Als wir wiederkamen, wies mir die "Pauline" das Zimmer an und der "Heinrich" tat, weil ich nicht auf Uebernachten eingerichtet war, ein Uebriges und borgte mir seine Filzpantoffel. Das einigte unsere Herzen noch inniger als vorher. Ich blieb drei volle Tage. Am dritten stand ich mit Heinrich und Pauline Münchmeyer im Wohnzimmer, um zu danken und Abschied zu nehmen. Ich musste heim. Da klingelte es draussen: Die Tür ging auf, und wer trat herein? Meine Frau! Ich war am Abend nicht heim gekommen. Das Verreisen war und ist bei mir keine Seltenheit, und da ich während dieser drei Tage fast unausgesetzt gewillt gewesen war, mit dem nächsten Zuge fort zu fahren, so hatte ich nicht nach Hause geschrieben. Da machte meine Frau am dritten Tage sehr kurzen Prozess. Sie setzte sich in den Zug und fuhr nach Dresden. Sie wusste zwar nicht, wo ich war, aber dass ich auch mit zu Münchmeyers hatte gehen wollen; dort würde sie schon erfahren, in welchem Hotel ich wohne. Nun war sie angekommen; nun war sie da!* [...] *Wahrscheinlich wäre mir, wenn sie sich nicht eingestellt hätte, unendliches Herzeleid erspart geblieben! Tausendmal habe ich mir nachträglich die bittersten Vorwürfe gemacht, dass ich ihr keine Nachricht gab. Aber ich unterliess dies auch deshalb, weil ich dachte, dass sie dann grad kommen werde. Ich war überzeugt, dass ich diese beiden Frauen nicht zusammenbringen dürfe; aber ich dachte mir hierfür andere Gründe, nämlich die äusseren, nicht die innerlichen, die seelischen, die dann so verderblich wirkten. Meine Frau wusste nicht, was sie tat. Sie war jung, und sie war – – Weib! Der "Heinrich" hatte sie gesehen; nun wollte sie sich auch der "Pauline" zeigen, grad deshalb, weil ich deren Schwester ausgeschlagen hatte.* [...] *In dem Augenblicke, als sie in die Stube trat, begann die Scheidung zwischen ihr und mir* [...]. *Ich hätte meine Frau am liebsten bei der Hand genommen und sofort hinausgeführt; aber das ging doch nicht! Münchmeyer war ganz entzückt; er hielt eine förmliche Rede, wie hoch sie willkommen sei. Die "Pauline" zu beobachten, hatte ich keine Zeit, denn die Angekommene nahm mich in Anspruch; sie hatte sich zu entschuldigen und mir von Briefen und anderen wichtigen Dingen zu berichten. Von meiner Abreise konnte nun natürlich nicht mehr die Rede sein, doch beeilte ich mich, es als ganz selbstverständlich zu erklären, dass wir im Hotel wohnen würden. Es wurde ausgemacht, einige Ausflüge in die sächsische Schweiz oder wenigstens in die Dresdner Haide zu unternehmen. Das schlug der "Heinrich" vor, und ganz sonderbarer Weise stimmte die "Pauline" bei. Meine Aufmerksamkeit wurde hierdurch erst wieder auf sie gelenkt. Man sah ihr weder Hass noch Aerger an. Sie war so freundlich! Es dauerte gar nicht sehr lange, so sass sie mit meiner Frau auf dem Sofa und hatte sie bei der Hand! Dann wurde spazieren gegangen. Die "Pauline" ging mit. Eine Seltenheit, ja, falls sie es ehrlich meinte, eine Auszeichnung sogar! Es wurde mir beinahe angst, zumal sie meine Frau so vollständig in Beschlag nahm und sich mit ihr so von uns andern absonderte, dass es mir kaum möglich war, mit einem Blick zur Vorsicht aufzufordern. Auch war meine Frau so schnell ganz für sie eingenommen und so voller Aufmerksamkeit für sie, dass Blicke gar nicht bemerkt wurden. Sie hatte erst dann wieder für mich Zeit, als wir uns im Hotel befanden, wo sie mir erklärte, sie wisse nun, wer schuld an dieser unglücklichen Ehe sei, nämlich nicht die "Pauline", sondern der "Heinrich".* [...] *Es kam darauf an, die Eindrücke dieser Tage nicht festwachsen zu lassen. Um sie zu verwischen, fuhr ich nicht direkt heim, sondern schloss an den Dresdner Aufenthalt eine kleine Reise, von der ich erwartete, dass sie diesem meinem Zwecke günstig sei.* – *Frau Pollmer* 834-836: *Ich hatte* [...] *nur erst wenige Hefte fertig, so bat* [Münchmeyer] *mich, für einige Tage wieder nach Dresden zu kommen; er habe des Weiteren mit mir zu sprechen. Meine Frau wollte mich begleiten, partout; ich gab aber meine Einwilligung nicht.*

Ich wünschte keine persönliche Intimität zwischen diesen Beiden. Als ich zu Münchmeyer kam, wurde ich mit einer Freundlichkeit empfangen, die nahe an Begeisterung grenzte [...]. *Ich durfte nicht in das Hôtel gehen, sondern mußte bei ihm wohnen.* [...] *Er* [...] *zerstreute alle meine Bedenken, mich von ihm zu seiner Frau führen zu lassen, und ich wurde auch wirklich, als wir aus dem Contor in die Privatwohnung kamen, in höchst geräuschvoller Herzlichkeit von ihr empfangen und aufgefordert, ja nicht wo anders, sondern nur bei ihnen zu wohnen. Das "Waldröschen" mußte gradezu eingeschlagen und einen Bombenerfolg haben, daß dieses Weib ihre Rache ganz vergaß und meinetwegen eine bei ihr so ganz unerhörte Abweichung von ihrer Regel machte.* [...] *Die Ursache ihres gegenwärtigen außerordentlichen Wohlwollens zeigte sich schon am ersten Tage, an dem ich bei ihnen wohnte. Sie wünschten, mich noch länger fest zu haben, als ich mich bisher verpflichtet hatte. Ich sollte das "Waldröschen" so schnell wie möglich schreiben und dann sofort einen weiteren Roman beginnen, zu ganz denselben Bedingungen, nur daß man mir 50 Mark anstatt 35 pro Nummer bot. Ich verhielt mich reservirt und versuchte schon nach zwei Tagen, mich der gastlichen Umschlingung zu entreißen. Schon stand ich da zum Abschiede bereit und war froh, noch nicht Ja gesagt zu haben, da klingelte es draußen, und wen brachte das Dienstmädchen herein? Meine Frau! Sie sagte, sie sei mir nachgereist, weil sie sich so sehr nach mir gesehnt habe, in Wirklichkeit aber war es die Vergnügungssucht, der perverse Widerstand gegen meinen Willen und die unwiderstehliche Anziehungskraft von Münchmeyers saftigen Schmeicheleien. Er begrüßte sie mit Entzücken. Seine Frau nahm ihm das nicht etwa übel, sondern sie stimmte sofort mit ein. Fünf Minuten später saßen die beiden Frauen mit einander Hand in Hand auf dem Sopha. Eine Viertelstunde später wurde ein höchst splendider Kaffee getrunken, und eine Stunde später erklärten Herr und Frau Münchmeyer, daß sie für heut für Niemand mehr als nur für uns zu sprechen seien; meine Frau sei ein ganz entzückendes, liebes, herziges Wesen; heut Abend müsse man sie in das*

Conzert oder Theater führen; jetzt, noch am Nachmittag, sei ein schöner Spaziergang zu machen, bei dem man sich aussprechen könne, und überhaupt habe ich für alle Fälle auf meine geplante Abreise zu verzichten; man müsse uns ganz unbedingt noch mehrere Tage genießen! Mein Widerstand war vergeblich. Alles, was ich zu erreichen vermochte, war, daß ich mit meiner Frau im Hôtel anstatt bei Münchmeyers wohnen durfte. Während des nun folgenden, mehrtägigen Beisammenseins rang man mir das Versprechen ab, außer dem "Waldröschen" auch noch einige andere Romane zu schreiben.

11.22. Emma Mays 26. Geburtstag.

1882.11.-1887. Zweite Münchmeyer-Zeit. Das *Waldröschen* verkauft sich gut. Dieser Erfolg bindet den Autor an den Kolportage-Verleger. *Leben und Streben* 202f.: *Schon nach einigen Wochen kamen günstige Nachrichten. Der Roman "ging".* [...] *Ich bekam weder Korrektur noch Revision zu lesen* [May bekam Korrekturbögen, las sie aber aus Zeitgründen nicht], *und das war mir ganz lieb, denn ich hatte keine Zeit dazu. Belegheſte gingen mir nicht zu, weil sie mich verzettelt hätten. Ich sollte meine Freiexemplare nach Vollendung des Romans gleich komplett bekommen. Damit war ich einverstanden. Freilich bekam ich dadurch keine Gelegenheit, mein Originalmanuskript mit dem Druck zu vergleichen, aber das machte mir keine Sorge. Es war ja bestimmt worden, daß mir kein Wort geändert werden dürfe, und ich besaß damals die Vertrauensseligkeit, dies für genügend zu halten. Der Erfolg des "Waldröschens" schien nicht nur ein guter, sondern ein ungewöhnlicher zu werden. Münchmeyer zeigte sich in seinen Briefen sehr zufrieden. Er schrieb wiederholt, daß er sich schon jetzt, nach so kurzer Zeit für gerettet halte, denn er hoffe doch, daß der Roman so zugkräftig bleibe, wie er bis jetzt gewesen sei.* Auf *Waldröschen* folgen, in den Lieferungsdaten sich überschneidend, *Die Liebe des Ulanen*, *Der verlorne Sohn*, *Deutsche Herren, deutsche Helden* und *Der Weg zum Glück*, insgesamt ca. 2.390 großformatige Druckseiten (weit mehr als 20.000 Seiten der Fehsenfeld-Ausgabe). Teilweise schreibt May parallel an zwei Münchmeyer-Romanen. Außerdem beliefert er, mit langen Unterbrechungen, den Pustet-Verlag mit der Fortsetzung des Orientromans. Mays bisher sehr niedriges Einkommen steigt beträchtlich, vergleichbar nun mit den Einkünften eines höheren Beamten. Er ist jetzt in der Lage, seine Eltern finanziell zu unterstützen. Das Fehlen eines schriftlichen, die Urheberrechte sichernden Vertrags mit Münchmeyer sowie einige nach Mays späterer Aussage von fremder Hand hineingepfuschte erotische Szenen werden ihm jedoch nach der Jahrhundertwende zum Verhängnis werden (wohl 756f.).

12.10. May bedankt sich bei Joseph Kürschner für ein Belegexemplar des dritten Heftes der Zeitschrift "Vom Fels zum Meer" mit seiner Erzählung *Christi Blut und Gerechtigkeit* und verspricht *bis Anfang Januar* einen neuen Beitrag (*Saiwa tjalem*): *Es ist mir ja eine hochgeschätzte Ehre, unter Ihrer bewährten Leitung Mitarbeiter Ihres ausgezeichneten Unternehmens sein zu dürfen* (jbkmg 1992, 112).

12. May schreibt das Lappland-Abenteuer *Saiwa tjalem.*

12.13. Dresden. Posteinzahlungsschein Münchmeyers an May über 50 Mark, mit der Bemerkung: "Manuscript ist sehr gut u. hat mir viel Freude gemacht."

12. Im ersten Heft des Jahrbuchs "Das Neue Universum" (Stuttgart, Wilhelm Spemann) erscheint der erste Teil *Tötendes Feuer* von *Ein Oelbrand. Erzählung aus dem fernen Westen* (plaul1 99; ued 410f.; jbkmg 1970, 258-262).

1882.12.-1883.06. In den "Feierstunden im häuslichen Kreise" (Köln, Heinrich Theißing) erscheinen die Reiseerlebnisse *Im "wilden Westen" Nordamerika's* (plaul1 99; *Winnetou's Tod* 3-5). Die Erzählung um Winnetous Tod enthält auch das Gedicht *Ave Maria* (ohne die zweite Strophe).

1883

02.-03. Im "Deutschen Hausschatz" erscheint *Stambul* als Fortsetzung des Orientromans (plaul1 101).

02.02.-03.23. In der Pariser Zeitung "Le Monde" erscheint die Episode *Damas et Baalbek* (mkmg 29, 27).

02.19. Dresden. Posteinzahlungsschein Münchmeyers an May über 80 Mark, mit der Bemerkung: "Erst heute wurde es mir möglich Casse zu senden. Manuscript recht gut."

02.25. Karl Mays 41. Geburtstag.

02. In Kürschners "Vom Fels zum Meer" (Stuttgart, Wilhelm Spemann) erscheint *Saiwa tjalem*, Mays einzige in Lappland handelnde Erzählung (plaul1 101; *Der Krumir* 189-192).

04.06. Hohenstein. Anlässlich eines Abschiedsbesuchs bei Emmas Freundin Emilie Ida Feig (1857–1916, seit 1881 geschieden von dem Gastwirt Ernst Hermann Friedrich in Wachwitz, *1848, ab 20.11.1884 verheiratet mit dem Geschäftsgehilfen und späteren Zimmermann Gustav Eduard Metzner, 1859–1925) nimmt das Ehepaar May an einer spiritistischen Sitzung teil. Emma Pollmer an das Amtsgericht Weimar 6.9.1909: "Eine Jugendfreundin von mir, namens Ida Metzer lud uns zu einer spiritistischen Sitzung ein und wir leisteten der Einladung folge. Karl May regte die Sitzung so ungeheuer auf, daß seine Hände auf dem Tisch flatterten. Nach dieser spiritistischen Sitzung vergingen viele Jahre, ohne daß wir uns mit dem Spiritismus befaßten" (leb 157). Das "Leipziger Tageblatt" berichtet am 13.4. über Hohenstein-Ernstthal: "Seit einigen Wochen beschäftigt man sich hier außerordentlich lebhaft mit dem Spiritismus und hat es auch bereits zu einigen Medien gebracht, die alles Mögliche zu weissagen wissen" (kmhi 18, 20).

04.07. Mays ziehen von Hohenstein nach Blasewitz bei Dresden, Sommerstraße 7 (Sebastian-Bach-Straße 22, einziger erhaltener Wohnsitz Mays in Dresden; Melde-Journal, Stadtarchiv Hohenstein-Ernstthal, Abt. I, 670; mkmg 88, 1f.; heer4 207; hall 66; kmhi 5, 5; kmh 36; Gedenktafel 5.1.1991, kmhi 5, 8). Sie mieten die erste Etage der Villa (im Erdgeschoss wohnt der Besitzer, der Maler Max Claus) und können auch den Garten benutzen, worauf May großen Wert legt. *Leben und Streben* 203: Münchmeyer *regte den Gedanken an, daß wir nicht in Hohenstein bleiben, sondern nach Dresden ziehen möchten, da er mich in seiner Nähe haben wolle. Meine Frau griff diesen Gedanken mit Begeisterung auf und sorgte dafür, daß er so schnell wie möglich ausgeführt wurde. Ich sträubte mich keineswegs.* [...] *Mir war* [...] *diese Ortsveränderung ganz recht, doch zog ich aus Vorsicht nicht nach Dresden selbst, sondern nach Blasewitz, um mir Ellbogenfreiheit zu sichern.* – *Schundverlag 05*, 339f.: *Bei diesem äusseren und inneren Vorwärtsstreben stellte sich nach und nach doch die Unzulänglichkeit der kleinen Stadt heraus. Sie hatte mir die Ruhe gewährt, die ich zum Entwerfen und Ueberdenken meiner Aufgabenreihe brauchte. Nun war das vorüber. Ich hatte innere Klarheit erlangt und musste nun zurück ins Leben und an die Quellen, die nur in der Grossstadt fliessen. Ich wählte natürlich Dresden, aber nicht die Stadt selbst, sondern einen ihrer Vororte. Wir reisten wieder hin, sahen uns die letzteren an und entschieden uns für Blasewitz, wo wir die erste Etage einer Villa mit Gartennutzung mieteten.* [340: *Die Firma Bruno Senewald kann mir bezeugen, dass ich nur für den Transport meiner Möbel 150 Mk. sofort und bar bezahlt habe.*] *Niemand war hierüber froher als der Heinrich. Er bereitete uns, kaum dass wir eingezogen waren, eine sehr unerwartete Ueberraschung. Er kam nämlich eines Tages und sagte uns, dass er auch in Blasewitz wohne. Er habe überhaupt keine Häuslichkeit; die "Pauline" raisoniere, wenn er in die Zimmer komme; in der Restauration zu essen, sei er so wie so gewöhnt, und so habe er sich hier eine Wohnung genommen, um sich nicht mehr den ganzen Tag ärgern zu müssen.* [...] *Er gehe zwar täglich nach der Stadt ins Geschäft, beeile sich aber, so bald wie möglich wieder heraus zukommen. Besonders von Sonnabend bis Montag habe er mit Dresden nichts mehr zu schaffen. Er komme zu uns; da wisse er wenigstens, dass man ihn gern sehe und aufrichtig gegen ihn sei. – Frau Pollmer* 837f.: *Wir zogen von Hohenstein nach Dresden, und zwar nach Blasewitz, wo ich auf der Sommerstraße eine erste Etage einer Villa miethete. Kaum waren wir da eingezogen, so stellte sich Münchmeyer als Hausfreund ein. Er brachte seine Violine mit* [...] *und ich hatte die Ehre, ihn auf dem Piano begleiten zu dürfen. Meiner Frau aber drangen all die süßen Walzer, Rutscher und Hüppelschottische in das Herz. Sie buk und kochte die besten Leckerbissen, um sich erkenntlich zu zeigen, und das gefiel Herrn Heinrich Münchmeyer so, daß er sich in Blasewitz in unserer Nähe eine Wohnung miethete, um gegen Abend aus der Stadt zu kommen und morgens wieder hineinzufahren.* [...] *Die meisten Abende brachte er dann bei mir zu; da aß er mit. Des Sonntags kam er schon früh zeitig und ging erst des Abends spät fort. Da brachte er seinen Bruder Fritz mit.* Friedrich Louis Münchmeyer, der 1878 mit seiner Frau Caroline Wilhelmine zunächst vom Jagdweg 14 in die nahe Rosenstraße 91^{III} gezogen ist, wohnt seit 1879 in Schönfeld bei Dresden.

1883. Blasewitz. Jede Woche bringt Emma Manuskripte für Münchmeyer zum Verlagssitz in der Wilsdruffer Vorstadt, Jagdweg 13 (bis 1877 Nr. 14, bis 1883 Nr. 7) (masch 34). – May lebt zurückgezogen. Münchmeyer kommt, auch in den folgenden Jahren, mit seiner Familie und mit Freunden häufig zu Besuch und ist anfangs auch gern gesehener Gast. Der ehemalige Dorfmusikant packt dann seine Geige aus, der ehemalige Lehrerkandidat setzt sich ans Klavier und begleitet ihn. Schon bald aber empfindet May diese Besuche, die ihn von der Arbeit abhalten, als äußerst störend, während sie Emma (die zum Ehepaar Münchmeyer ein inniges Verhältnis geknüpft hat) um so mehr behagen (wohl 757; plet 67). *Schundverlag 05*, 340f.: *So wurde* [Münchmeyer] *unser Gast, in der Woche sehr häufig des Abends, Sonntags aber schon am Mittag, zuweilen* *auch bereits am Morgen, zum Kaffee. Der "Fritz" gesellte sich sehr oft dazu. Der ass noch lieber und noch mehr als der "Heinrich". Es war eine Wonne, mit ihnen bei Tisch zu sitzen.* [*Frau Pollmer* 838: *Diese Beiden, Heinrich und Fritz Münchmeyer, waren als die stärksten Esser gekannt und gefürchtet. Sie haben bei mir einmal an einem Sonntag von früh bis abends einen Schweinskopf, der elf Pfund wog, bis auf die Knochen aufgegessen!*] [...] [Auch Frau Münchmeyer stellte] *sich hier und da in Blasewitz ein, um uns aufzusuchen. Auch ihre älteste Tochter brachte sie mit, die jetzige Witfrau* [Anna Marie] *Jäger, die damals bestimmt war, als "star" auf der Bühne zu leuchten.* [*Frau Pollmer* 839: *Die Frau Münchmeyer hatte uns schon in Blasewitz wiederholt besucht, auch ihre älteste Tochter, die jetzige Wittfrau Jäger mitgebracht, die damals nach Männererfolgen auf der Bühne strebte, dann aber ganz plötzlich einen Münchmeyerschen Contoristen* [Rudolf Jäger] *zu heirathen hatte, der infolge seines Eheglückes in eine Trinkerheilanstalt untergebracht werden mußte.*] [...] *Dass sich* [Münchmeyer] *bei uns wie zu Hause fühlte, war mir zunächst ganz recht gewesen; aber der "Heinrich" kannte da leider kein Mass. Ich war fast nicht mehr Herr meiner selbst, musste daheim sein, wenn er kam, musste stets und stets zu seiner Verfügung sein, und das alles nur deshalb, weil er sich wohl bei uns fühlte. Er siedelte sogar seine alte Geige bei uns an und mutete mir zu, ihn auf dem Pianino zu begleiten! Dass der "Fritz" mit kam, war mir lieb. Aber dass Münchmeyer mir auch Personen brachte, die dann bei uns aus- und eingehen sollten, obwohl es für mich ganz unmöglich war, mit ihnen zu verkehren, das hätte ich ihm gern abgewöhnt, doch gelang mir das leider nicht. Vor allen Dingen mutete er mir zu, jeden neuen Mitarbeiter bei mir aufzunehmen und an seiner Stelle, aber mit meinem Gelde die Honneurs des Hauses Münchmeyer zu machen.* – *Leben und Streben* 205f.: *Münchmeyer war Hausfreund bei uns geworden. Er hatte sich in Blasewitz eine Art Garçonlogis gemietet, um seine Sonnabende und Sonntage bequemer bei uns verbringen zu können. Er kam auch an Abenden der andern Tage und brachte fast immer seinen Bruder, sehr oft auch andere Personen mit. – An die 4. Strafkammer* 62f.: *Münchmeyer war* [...] *ein Damenherr. Ein hübsches Gesicht konnte ihn in Ekstase versetzen, und die Pollmer hatte noch mehr als das.* [...] *Sie war Barbierstochter gewesen und innerlich geblieben. Er war Zimmergesell gewesen und innerlich geblieben. Sie ließen einander ihr gegenseitiges Wohlgefallen in echter Barbier- und Zimmermannsweise merken; sie haben lange, sehr lange für einander geschwärmt. – Frau Pollmer* 838: *Es ist wahrlich kein Spaß, Tag für Tag, Woche für Woche und Monat für Monat nur immer aufpassen zu müssen, daß der liebestolle Hausfreund Einem nicht über die Frau geräth!*

1883-1884. Einer der ersten Hunde Mays (vielleicht sogar der erste) ist der Rattler Cherry, von dem Klara May ("Karl Mays Hund Cherry") Anekdoten aus der Blasewitzer Zeit überliefert hat: "An schönen Sommerabenden ging [May] mit Vorliebe in ein am Wasser gelegenes Gartenwirtshaus [Elbgarten, Hotel Demitz, Friedrich-Wieck-Straße 18] nach Loschwitz." Ein weiteres Ziel war der benachbarte Körnergarten (hall 60). Dabei benutzte May "mit seinem Hund die Fähre [rich 153f.; hall 59], fuhr auch bisweilen nach Schluß der Fährzeit mit dem Bootsmann in stiller Nacht ein Stück stromauf im Mondenschein. [...] Im Winter wurden die Fahrten eingestellt. Wenn aber der Frühling erwachte, waren Hund und Herr wieder ständige Gäste, es sei denn, daß eine Reise oder dringende Arbeiten Karl Mays eine Pause herbeiführten." Cherry stirbt später durch eine verdorbene Wurst: "Oft stand [May] sinnend vor dem kleinen Grab, das seinem vierbeinigen Freund inmitten des Gartens errichtet worden war" (kmjb 1932, 466-468).

04.11. Ernstthal. Mays Mutter Christiane Wilhelmine erscheint auf dem Rathaus und erklärt, die Hebammentätigkeit, die sie 36 Jahre ausgeübt habe, falle ihr jetzt mitunter schwer und sie habe daher ihre Tochter Karoline Wilhelmine Selbmann veranlasst, einen Hebammenlehrgang in Dresden zu absolvieren, um ihr assistieren zu können. Voraussetzung sei jedoch die Zustimmung des Gemeinderats, ihre Tochter als ihre Nachfolgerin zu bestimmen (heer3 120f.).

04.14.-05.01. In der Pariser Zeitung "Le Monde" erscheint als letzte Übersetzung Juliette Charoys aus dem Orientroman die Episode *Une maison mystérieuse à Stamboul* (mkmg 29, 27).

04.17. Der Gemeinderat von Ernstthal beschließt, dem Antrag Christiane Wilhelmine Mays stattzugeben (heer3 121).

04.18. Ernstthal. Bürgermeister Wilhelm Lorenz teilt Christiane Wilhelmine May mit, dass der Gemeinderat Karoline Selbmann "als Gehilfin und dafern Sie Ihre Stellung als Hebamme in hiesiger Stadt niederlegen, dieselbe dann als Hebamme anstellen will, dafern sie ein genügendes Zeugnis über Befähigung zur Ausübung der Hebammenkunst beibringt" (heer3 121).

04.21. Ernstthal. Pfarrer Carl Hermann Matthesius bezeugt, dass "Frau Selbmann zu der Hoffnung berechtigt, daß sie [...] ihr Amt gewiß verwalten wird, da sie sich bisher eines rechtschaffenen und ehrbaren Wandels befleißigt hat und sich in jeder Hinsicht eines guten Rufes erfreut" (heer3 121f.). – Blasewitz. May verkauft die Erzählung *Unter Paschern* (*Der Waldkönig*) "mit allen Rechten als ausschließliches Eigenthum gegen die ein Mal zu zahlende Summe von Mark Fünfundsiebenzig" an das Berliner Literarische Institut F. C. Entrich; zahlreiche Veröffentlichungen folgen (ued 385; *Der Waldkönig* 7).

05.-06. Im sechsten Heft des Stuttgarter Jahrbuchs "Das Neue Universum" (Spemann) erscheint der zweite Teil *Der rote Olbers* von *Ein Oelbrand. Erzählung aus dem fernen Westen* (plaul1 99; ued 410f.).

05.17. Stuttgart. Wilhelm Spemann, der bereits eine Verlagskalkulation erstellt hat, will May für eine neue Romanreihe mit dem Titel *Ein Weltläufer* gewinnen. May willigt grundsätzlich ein (jbkmg 1988, 342f.; mkmg 119, 55f.). Spemann an May: "Ich freue mich, daß Sie meine Vorschläge sachgemäß finden.

Hier die Contracte und ein Vorschuß von 200 M. [...] Bei der Darstellung bitte ich ja nicht etwa ein bestimmtes Publikum im Auge zu haben. Die gebildete Welt muß es ebenso mit Intereße lesen, wie es der reiferen Jugend in die Hand gegeben wird. Die Hauptfigur muß ins hellste Licht gerückt werden, man muß für sie schwärmen. Können Sie eine blonde Heldin in der Ferne zeigen, welche im Verlauf der Bände näher rückt, um so beßer. Noch eine Bitte. Viele Verleger haben die Übung, wenn sie einen jüngeren Autor einführen wollen, ihn contractlich zu binden, daß er alle künftige Arbeit demselben zuerst anbieten muß. Ich halte das für ebenso unklug, wie gegen jede feinere Beobachtung der Naturgeschichte des Autors. Aber der Gedanke, welcher solchen Wünschen zu Grunde liegt, hat wohl etwas Wahres. Jeder Autor wird am Schluß seiner Laufbahn sich darüber klar sein, daß seine Erfahrung, die Schnelligkeit seiner Wirkung, die Dauer seiner Wirkung wohl im Zusammenhang steht mit der geistigen Leistung seines Verlegers. So möchte auch ich schmerzlich empfinden, wenn die fröhlichen Concurrenten, welche bald genug, nachdem ich Sie ihnen gezeigt, Sie gefunden haben werden, wenn diese Herren, von denen ich leider jeden meiner Schritte genau beobachtet weiß, Erfolg hätten" (*Die Helden des Westens* A48; jbkmg 1992, 114f.).

05.28. May hat Spemann um kleinere Vertragsänderungen gebeten und darauf hingewiesen, dass der Begriff "Weltläufer" bereits eingeführt sei. Auch verhandle er mit anderen Verlagen über die Veröffentlichung seiner Reisenovellen. Spemann antwortet: "Das ist allerdings ein erheblich anderer Fall und ein Fall, der nicht so leicht ist. Ich war der Meinung, der Titel 'Weltläufer' sei eine absolute Neuigkeit, worauf ich einen Theil der schnellen Einführung baute – – u. nun ist der Titel schon in Briefkästen [im "Deutschen Hausschatz"] u.s.w. verbraucht. Wenn Sie sagen, das wird dem Absatz nur förderlich sein – so ist das doch die Frage – ich muß wenigstens nach besonderen Einführungsmitteln suchen. Machen wir es so: Sie stellen die Veröffentlichung der Reisenovellen noch zurück; sie treten die

Rechte an mich ab und ich bringe diese Bücher dann, wenn der Weltläufer sich eingeführt hat. Da Sie schreiben: 'ich stehe m. [Benjamin] Herder [1818–1888] in Unterhandlung' – so ist es ja wohl nicht zu spät, diese Unterhandlungen abzubrechen" (*Die Helden des Westens* A49; jbkmg 1992, 115f.).

05.31. Paris. Juliette Charoy schickt 183,40 Francs und teilt mit, dass sie noch keine Antwort von Monsieur (Alfred Henry Amand) Mâme (1811–1893) habe. Sie hat wegen einer Buchausgabe ihrer Übersetzungen Kontakt mit dem angesehenen katholischen Verlag Alfred Mâme et Fils in Tours aufgenommen. Die Herren von "Le Monde" seien ungeduldig geworden, weil Pustet so lange Pausen bei der Fortsetzung des Orientromans gemacht habe; stattdessen erscheine jetzt die *Deadlydust*-Episode *Poussière fatale*.

06.01. May unterzeichnet einen Vertrag mit Wilhelm Spemann über die geplante Romanreihe *Ein Weltläufer*, den er jedoch nicht erfüllen kann, weil er durch seine Arbeit für Münchmeyer und den "Deutschen Hausschatz" überbeschäftigt ist. Pro Band soll er bei einer Auflage von 5000 Exemplaren 800 Mark erhalten. Er verpflichtet sich, "eine ähnliche Sammlung von Reisenovellen nur erst dann in einem andern Verlage erscheinen zu lassen, wenn er sie Herrn W. Spemann vergebens zum Verlage offerirt hat" (mkmg 119, 57f.; *Die Helden des Westens* A50).

06.01.-08.08. In der Pariser Zeitung "Le Monde" erscheint *Poussière fatale* (mkmg 29, 27).

1883. In "Münchmeyer's illustrirtem Haus- und Familien-Kalender" für das Jahr 1884 (Dresden) erscheint *Der Amsenhändler. Humoristische Episode aus dem Leben des alten Dessauers* (plaul1 101; ued 368f.; *Unter den Werbern* 160-162).

Sommer. Ohne Mays Wissen bricht Münchmeyer das Versprechen der Pseudonymität. Die "geehrten Abonnenten des Werkes 'Das schwarze Schloß oder Die Giftmischerin'" erfahren durch Anzeigen, dass das *Waldröschen* ein "Roman von Karl

May" ist (sokmg 31, 8f.). May arbeitet in dieser Zeit an dem neuen Kolportageroman *Die Liebe des Ulanen.*

07.01. Dresden. Mays Schwester Karoline Selbmann besucht auf seine Kosten einen halbjährigen Hebammenlehrgang im Entbindungsinstitut des Landes-Medicinal-Collegiums (heer3 120f.). Karoline Selbmann an Klara May 27.2.1904: "Mein lieber guter Bruder zog mich aus meinem Elend heraus, und gab mir das meiste zur Hebammenlehre."

07.-10. In der "Deutschen Gewerbeschau" (Dresden, Wilhelm Hoffmann) erscheint *Pandur und Grenadier. Eine heitere Episode aus ernster Zeit* (plaul1 101f.; ued 370f.; *Unter den Werbern* 92f.).

09. "Deutscher Hausschatz": "Die Fortsetzung der Reise-Erzählungen von Karl May wird in dem bald beginnenden neuen Jahrgang unserer Zeitschrift Statt finden. Der Herr Verfasser ist wieder auf Reisen" (mkmg 17, 17).

09.06. Tours. Brief des Verlags Alfred Mâme et Fils an May (patsch). – Karte des Münchmeyer-Prokuristen Rudolf Jäger: Der Roman *Die Liebe des Ulanen* soll unter Mays Namen erscheinen (patsch; *Buch der Liebe* 227).

09.14. May unterschreibt eine Erklärung, nach der er von Juliette Charoy insgesamt 600 Francs Übersetzungshonorare für zehn Episoden des Orientromans erhalten hat, ein Viertel der Honorare, die sie für die geplante Buchausgabe vom Hause Mâme in Tours erhält. Er verpflichtet sich, die Übersetzungsrechte nicht anderweitig zu vergeben. Eine ähnliche Erklärung über *Poussière fatale* (*Deadly dust*), mit einer Honorarsumme von 219 Francs, ist undatiert. Ab 1884 erscheinen Mays "Hausschatz"-Erzählungen, "traduit de l'allemand par J. de Rochay", mit Illustrationen verschiedener Künstler, im Verlag A. Mâme et Fils: *La vengeance du farmer* (1884), *Les pirates de la Mer Rouge* (1885), *Une visite au pays du diable* (1885), *La caravane de la mort* (1885), *Une maison mystérieuse à Stamboul*

(1886), *Le roi des requins* (1887) (mkmg 29, 29; mkmg 77, 18).

1883.10.-1885.11. In der Münchmeyer-Zeitschrift "Deutscher Wanderer" erscheinen unter Mays Namen 108 Lieferungen des Kolportageromans *Die Liebe des Ulanen. Original-Roman aus der Zeit des deutsch-französischen Krieges* (1724 Seiten). Der Verleger erhöht das Hefthonorar wegen des großen Erfolges von *Waldröschen* auf 50 Mark, sodass May im Schnitt auf ein Monatshonorar allein vom Münchmeyer-Verlag von gut 350 bis 400 Mark kommt (plaul1 102-104; ued 319-325; plet 67). *Schundverlag 05*, 349f.: *Münchmeyer gab damals eine Zeitschrift heraus, "Der deutsche Wanderer" genannt, die gar nicht gehen wollte. Er bat mich also, einen Roman für sie zu schreiben.* [...] *"Der deutsche Wanderer" sollte kein Kolportageunternehmen sein. Er sollte auf derselben Höhe stehen, wie die beiden im Jahre 1875 von mir gegründeten Unterhaltungsblätter. Darum hatte Münchmeyer den Wunsch, dass der betreffende Roman nicht unter einem Pseudonym, sondern unter meinem wirklichen Namen veröffentlicht werde.*

11. "Deutscher Hausschatz": "An mehrere Abonnenten. Dr. K. May ist wieder auf der Rückkehr nach Deutschland begriffen. Die Fortsetzung der Reiseabenteuer wird nun nicht mehr lange auf sich warten lassen" (mkmg 17, 17).

11.22. Emma Mays 27. Geburtstag.

12.01. In der Dresdner Annenkirche heiratet Münchmeyers älteste Tochter Anna Marie den Berliner Prokuristen ihres Vaters Rudolf Hermann Jäger. Mays Anwesenheit ist denkbar.

12. Weihnachten. *Frau Pollmer* 839: *Auch zu Weihnacht war Frau Münchmeyer bei uns in Blasewitz. Ich bescheerte bei dieser Gelegenheit ihrem Manne Saiten für seine Violine.*

1883.12.28.-1884.01.09. In der Pariser Zeitung "Le Monde" erscheint *Le brelan américain* (mkmg 29, 27).

12.29. Dresden. Karoline Selbmann besteht ihre Hebammen-Prüfung vor dem Landes-Medicinal-Collegium mit der Zensur "I (vorzüglich)" (heer3 122f.). Danach ist sie eine Woche lang zu Besuch bei Karl und Emma in Blasewitz. *An die 4. Strafkammer* 136: *Diese Schwester war mein Gast in Dresden, als sie ihren Hebammenkursus absolvierte.* [...] *Sie hat dann gewissenhaft ihren Beruf erfüllt und redlich verdient, was sie brauchte. Zuschüsse oder irgendwelche Almosen zu nehmen, dazu war sie zu charaktervoll.* Karoline Selbmann an Klara May 23.3.1904: "Ich habe den 2. Cursus 1883. in Dresden gelernt, den 28 oder 29/12. d. J. entlassen, Karl hat mich abgeholt, bin, ich weiß nicht mehr genau, 6. oder 7. Tage bei Ihm gewesen, aber das weiß ich ganz genau, daß Er diese Zeit Tag u. Nacht durchgearbeitet hat, und zwar für Münchmeier. Besuch habe ich geradezu nicht gesehen, da ich [...] mich blos bei Ihm im Arbeitszimmer oder in der Schlafstube aufhielt. Karl wußte es nicht, ich hatte mit Emma einen kleinen Wortwechsel gehabt, Sie bildete sich ein krank zu sein was nicht war, und deßhalb hielt ich mich meistentheils oben bei Ihm auf. Als er fertig war mit seiner Arbeit sind wir beide zu Münchmeiers ans Geschäft, ich wartete außen, und als Er wieder heraus kam hat Er mich zur Bahn geschafft, weiß aber nicht genau ob Karl mit her gefahren ist oder nicht. Kann mich blos genau erinnern daß Karl zur selben Zeit viel für Münchmeiers gearbeitet hat."

1884

02.02. Ernstthal. Karoline Selbmann legt dem Gemeinderat ihr Hebammenzeugnis vor (heer3 122).

02.25. Karl Mays 42. Geburtstag.

02.26. Blasewitz. Die *aufrichtigsten und herzlichsten Glück- und Segenswünsche* von *Karl May, nebst Frau* gehen an Klara Zeißig (später Frau Wieprecht, 1865–1951) in Hohenstein zu ihrem Geburtstag. Fräulein Zeißig ist die Tochter des Stadtrats, stellvertretenden Bürgermeisters und ehemaligen Nachbarn (Am Markt 245, Altmarkt 35) William Bruno Zeißig (1832–1915) und hat auch in schwieriger Zeit zu May gehalten (patsch; kluß2 96).

03. "Deutscher Hausschatz": "Auf mehrere Anfragen. Herr Dr. Karl May ist am 19. Februar 'nach langer Irrfahrt', wie er uns schreibt, wieder in der Heimat angekommen und will nun seine Reise-Erzählungen alsbald fortsetzen" (mkmg 17, 18).

03.20. Anlässlich des 50-jährigen Jubiläums des Ernstthaler Bürgervereins wird Mays Vater als einer von 14 Bürgern geehrt. 10 Uhr morgens findet ein Empfang statt, abends ein Fackelzug sämtlicher Vereine, bei dem die Jubilare zusehen, anschließend Bewirtung im Festsaal des Schießhauses (patsch).

03.21. Ernstthal. Mays Mutter erscheint auf Bestellung im Rathaus bei Bürgermeister Wilhelm Lorenz und erklärt, sie sei damit einverstanden, wenn Karoline Selbmann "als ständige Hebamme eingesetzt bzw. verpflichtet wird", und werde weder an die Stadtgemeinde noch an ihre Tochter Ansprüche stellen, "wenn durch die Anstellung derselben mir in meinem Dienste Nachteile erwachsen" (heer3 123; kluß2 18).

03.31. Ernstthal. Mays Vater erklärt im Rathaus sein Einverständnis zur Erklärung seiner Frau. Noch am selben Tag wird Karoline Selbmann als Hebamme verpflichtet (heer3 123).

04.16. Dresden. Abends hält der aus Prag stammende Heilmagnetiseur Prof. Leo Napoleon Gabriel Hofrichter (1841–1893) im Hotel Stadt Rom einen experimentellen Vortrag über "Lebensmagnetismus". Zu den ca. 80 privat geladenen Gästen gehören (laut "Dresdner Nachrichten" vom 18.4.) Generalleutnant Oswald Rudolf von Carlowitz, Finanzminister Oberhofmarschall Léonce Robert von Könneritz (1835–1890), Graf Felix Luckner (*1849), Oberst Hans Florian von Nostiz-Drzewiecki, Landgerichtsdirektor Carl Gustav von Weber, Rechtsanwalt Hofrat Karl Gustav Ackermann (1820–1901), Offiziere, Ärzte und Beamte. Die Anwesenheit Mays ist unwahrscheinlich; eine persönliche Bekanntschaft mit Hofrichter ergibt sich vermutlich erst 1886 durch Emma (kmhi 18, 39-41).

04.20.-05.22. In der Pariser Zeitung "Le Monde" erscheint als letzte Übersetzung Juliette Charoys überhaupt *L'Anaia de brigand* (mkmg 29, 27).

05. Umzug von Blasewitz nach Dresden-Altstadt (Johannstadt), Prinzenstraße 4, Parterre (heute Mildred-Scheel-Straße, Ecke Blasewitzer Straße, 1945 zerstört). Hauseigentümer ist der Rentier Franz Eduard Boericke (1819–1903), von November 1884 bis ca. 1887 Schloss- und Rittergutsbesitzer in Kreischa (plaul3 408; hall 66). Als Münchmeyer seine musikalischen Hausbesuche fortsetzen will, kann May den penetranten Besucher über den geräuschempfindlichen Hausherrn vertreiben. *Schundverlag 05*, 341f.: *Ich überlegte hin und her. Das musste aufhören, doch auf eine Weise, die* [Münchmeyer] *weder kränkte noch beleidigte* [...]. *Das beste Mittel* [...] *war jedenfalls, das Logis zu wechseln, von Blasewitz fortzugehen, wenn auch nicht weit. Die Ausführung dieses Entschlusses wäre wohl noch verschoben worden, wenn er uns nicht wieder einmal, grad als wir zum Empfang derartiger Leute am wenigstens disponiert waren, einen Gast herbeigebracht hätte, der am besten gleich an der Tür zurückgewiesen worden wäre. Auch der war ein Mitarbeiter, ein früherer katholischer Lehrer, der* [...] *im Konkubinate lebe und heut total betrunken sei. Ja, dieser Mann war aller-*

dings betrunken. Er betrug sich derart, dass ich ihn zum Gehen veranlasste und ihn bat, ja niemals wiederzukommen. Es ist das der Schriftsteller Bräuer [Adalbert Heinrich Breyer, u. a. Autor des Münchmeyer-Romans "Der Fluch des Meineids", 1885] [...]. *Münchmeyer schien es mir übelnehmen zu wollen, dass ich diesem seinem betrunkenen Protégé die Türe gewiesen hatte; ich machte also kurzen Prozess, kündigte meine Wohnung und mietete eine andere, die ziemlich entfernt davon an der Stadtgrenze lag und bereits zur Stadt gehörte. Der Eigentümer war ein Schlossbesitzer, ein sehr tatkräftiger Herr, bei dem es nur eines Winkes bedurfte, das, was ich wünschte, zu begreifen. Als ich dieses neue Logis bezogen hatte, setzte der "Heinrich" zunächst seine Besuche fort, obgleich es ihm nicht bequem lag. Dann kam er nach und nach seltener und schliesslich gar nicht mehr. Als ich ihn gelegentlich fragte, warum, sagte er, er könne meinen Wirt nicht leiden und den Kutscher noch weniger. – Leben und Streben* 205f.: *Münchmeyer* [...] *wünschte zwar, daß ich mich* [...] *ja nicht in meiner Arbeit stören lassen möge, doch konnte mich das nicht hindern, Herr meiner Wohnung zu bleiben und dann, als mir dies nicht mehr möglich erschien, diese Wohnung aufzugeben und aus Blasewitz fort, nach der Stadt zu ziehen. Meine neue Wohnung lag in einer der stillsten, abgelegensten Straßen, und mein neuer Wirt, ein sehr energischer Schloß- und Rittergutsbesitzer, duldete keinen ruhestörenden Lärm und überhaupt keine Ueberflüssigkeiten in seinem Hause. Grad das war es, was ich suchte. Ich fand da die innere und äußere Stille und die Sammlung, die ich brauchte. Münchmeyer kam noch einige Male, dann nicht mehr. – Frau Pollmer* 838f.: *Ich ergriff die Flucht. Ich zog in die Stadt herein, nach der Prinzenstraße, wo ich ein Parterre mit zwei Gärten miethete. Aber kaum war ich dort eingezogen, so kam Herr Heinrich Münchmeyer mit seiner Geige nach, und das Essen und Trinken, Geigen, Liebeln und Hofieren begann von Neuem. Das hatte unbedingt aufzuhören! Aber um glatte Ehe behalten zu können, durfte ich meiner Frau nichts merken lassen. Ich steckte mich hinter meinen Wirth, dem Besitzer des*

Schlosses Kreischa. Der war ein sehr energischer Herr und hatte mich gern. Er konnte die Münchmeyers nicht ausstehen und that mir den Gefallen, persönlich mit ihnen zusammen zu krachen und den verliebten, zudringlichen Heinrich hinauszuärgern. Der kam nicht wieder; dafür aber schickte er seine Frau.

1884. Aufgrund der intensiven Arbeit Mays, der mit Vorliebe nachts schreibt, sucht Emma Gesellschaft und findet sie in der um 16 Jahre älteren Verlegersgattin Pauline Münchmeyer. Als auch diese jede Woche zu Besuch kommt und an den Sonntagsausflügen des Ehepaares teilnimmt, beginnt May, mit seiner Frau an den Sonntagen größere Ausflüge mit der Eisenbahn zu unternehmen, um die lästige Besucherin abzuschütteln (plet 70). *Leben und Streben* 206: Es *stellten* [...] *sich Einladungen von Frau Münchmeyer ein, sie auf ihren Sonntagswanderungen durch Wald und Heide zu begleiten. Diese Wanderungen waren ihr vom Arzt geraten, der ihr tiefe Lufteinatmung verordnet hatte. Ich mußte mich wohl oder übel an ihnen beteiligen, weil dies der Wunsch meiner Frau war, deren Gründe ich leider nicht zu würdigen verstand. – Schundverlag 05*, 343-345: *es geschah von jetzt an öfters, dass meine Frau Sonnabends Lust bekam, morgen, am Sonntage, in die Haide spazieren zu gehen. Meist zunächst nach dem Fischhause* [Fischhausstraße 14; gus 56; rich 176, 179; hall 58f.]. *Kamen wir dahin, so sass die "Pauline" da. Es war ihr geraten worden, Waldluft zu atmen, und sie tat das in vehementester Weise. Sie steckte sich den Regenschirm quer über den Rücken unter die Arme, und wenn dies geschehen war, so konnte ich die arabischen Gutturaltöne viel besser studieren als in Arabien selbst. Dieses Zusammentreffen repetierte in verschieden grossen Interwallen, doch stets nur Sonntags, denn das war der einzige Tag, an dem die "Pauline" nicht in der Firma Posten stand. Wir wohnten an der Blasewitzer Grenze, in der Nähe der Elbe. Wir brauchten nur überzufahren, so hatten wir den Wald, für den sich Frau Münchmeyer jetzt im höchsten Grade interessierte. Der Rendezvous* *und Spazierziele gab es verschiedene; das Waldschlösschen* [rich 172f.; hall 60], *die Saloppe* [rich 174f.], *das Fischhaus, die Haidemühle* [Radeberger Straße 100; gus 60; rich 176f.; hall 58f.], *die Hofewiese* [gus 60; rich 178f.; hall 59] *und andere. In einem ganz besonderen Falle war sie nicht allein. Ein Sohn* [Konrad Bernhard Heubner, 1860–1905, Musikdirektor zu Saarbrücken, später Koblenz] *des Stadtrates* [Otto Leonhard] *Heubner* [1812–1893], *des bekannten Achtundvierzigers* [Begründer des sächsischen Turnwesens, 1849 Mitglied der provisorischen Regierung, wegen seiner Teilnahme am Dresdner Maiaufstand zum Tode verurteilt, später begnadigt, 10-jährige Haft; Ehefrau: Cäcilie (Cili) Louise geb. Dietsch, 1825–1899], *hatte eine Tochter der "Pauline"* [Anna Veronika] *kennen gelernt. Man wünschte, aus den jungen Leuten ein Paar zu machen. Es wurden gemeinsame Spaziergänge kombiniert, mit Poesie, in den Wald hinaus. Wir wurden eingeladen. Münchmeyers drei Personen, Heubners drei Personen und Mays zwei Personen. Die jungen Leute haben auch wirklich* [am 2.6.1887 in der Annenkirche] *geheiratet.* [...] *Gingen wir zu dritt durch die Haide, so war ich meist voran oder hinterher. Ich beschäftigte mich in Gedanken mit meiner Arbeit oder mit dem, was ich um mich sah. Denn worüber die Frauen sprachen, das interessierte mich nicht; sie waren also meist allein. Nachdem dies wiederholt geschehen war, kam es mir ganz so vor, als ob meine Frau in verschiedenen, ja in vielen Dingen jetzt anders denke als früher. Manches, was sie sagte, klang ganz deutlich aus der Schundroman-Atmosphäre heraus.* [...] *Aber ich sorgte dafür, dass wir an Sonntagen nicht mehr so zur Verfügung standen wie bisher. Wir verreisten sehr oft. – Frau Pollmer* 840: *Ich erreichte* [...], *daß Frau Münchmeyer des Wirthes wegen unsere Wohnung mied; die Sonntage aber mußten wir ihr widmen. Da gingen wir mit ihr in die Dresdener Haide spazieren, von früh bis abends, in die Haidemühle, nach der Hofewiese, nach Langebrück, Klotsche u.s.w. Zuweilen war auch ihr Mann dabei, zum Beispiel bei dem ganzen Tag lang in der Haide, den wir zusammen mit Münchmeyers und der Familie des alten*

Achtundvierzigers Häubner verlebten, mit dessen Sohn eine Tochter Münchmeyers verlobt war. Diese Spaziergänge wurden meist immer vorausbestimmt, wenn meine Frau Manuscript zu Münchmeyer trug. Sie wurde dann von Frau Münchmeyer aus dem Geschäft in ihre Wohnung geführt, wo man Kaffee trank und sich Mühe gab, die Männer, die natürlich alle nichts taugten, abzuschlachten.

1884.(?) In die Zeit in der Prinzenstraße (bis April 1887) fällt ein Ereignis, von dem May später dem Radebeuler Redakteur Cäsar Krause in einem Restaurant-Gespräch über "allerlei Lebensprobleme" (u. a. über die "größere oder mindere Festigkeit des Lebenswillens, der [....] durch äußere Einwirkung geweckt bzw. gestärkt werden könne") erzählen wird. Krause an Euchar Albrecht Schmid 30.5.1931: "Karl Mays erste Frau hatte s. Z. todeskrank darnieder gelegen, glaubte mit voller Gewißlichkeit an ihr nahes Ende und hatte jede leise Hoffnung auf Genesung aufgegeben. Eines Tages hatte ihr Leiden wohl den Höhepunkt erreicht, die Kranke bereitete sich auf den nahen Tod innerlich vor. Da wurde Karl May von einer seltsamen Stimmung erfaßt, der er nachgeben mußte: Er fuhr [...] nach der Stadt, nachdem er sich von der Kranken in herzlicher Weise verabschiedet und ihr noch Mut zugesprochen hatte und kaufte Kleider und Mantel, wohl auch Hut. K. M. schleunigst nach Hause und seiner Gattin all die schönen modernen Sachen auf dem Bett ausgebreitet! Und die Folge? Frau M. fand Gefallen an den Kleidungsstücken, [...] rankte sich gewissermaßen auf zu neuem Leben und – ward gesund."

06. "Deutscher Hausschatz": "Auf mehrere Anfragen. Herr Dr. Karl May hat uns sofort nach seiner Rückkehr nach Deutschland die schleunige Fortsetzung seiner Reiseerzählungen zugesichert, aber bis jetzt ist uns das Manuscript noch nicht zugegangen; sobald uns dieses vorliegt, werden wir mit dessen Veröffentlichung ohne Verzug beginnen" (mkmg 17, 18).

06. Im Verlag von Moritz Schauenburg in Lahr erscheint als dritter Band der Volks-Bibliothek die Buchausgabe von *Fürst und Leiermann. Eine Episode aus dem Leben des "alten Dessauer"* (plaul1 106).

07.05. Regensburg. "Hausschatz"-Redakteur Venanz Müller an May: "Ich bin in gespanntester Erwartung."

08. May beendet das *Waldröschen* mit der Ankündigung, dass der *geneigte Leser* über das in *ein ebenso mystisches wie hochinteressantes Dunkel* gehüllte Schicksal der Nebenfiguren Auskunft erhalten werde, wenn er *so freundlich* sei, *einen Blick in den Roman "Der verlorene Sohn" zu werfen, welcher von demselben Verfasser geschrieben ist und bei demselben Verleger zur Ausgabe gelangt* (kmw II.19, 3207).

1884.08.-1886.08. Im Münchmeyer-Verlag erscheinen 101 Hefte des Kolportageromans *Der verlorne Sohn, oder Der Fürst des Elends. Vom Verfasser des Waldröschens* (Band-Untertitel: *Roman aus der Criminal-Geschichte*, 2411 Seiten) (plaul1 107-109; ued 325-331). Angekündigt sind sechs Abteilungen: *Die Sclaven der Armuth*, *Die Sclaven der Arbeit*, *Die Sclaven der Schande*, *Die Sclaven des Geldes*, *Die Sclaven des Ehrgeizes* und *Rettung aus dem Elende*; aus Umfangsgründen erscheinen nur fünf Abteilungen (kmw II.19, 3209, 3211).

08.21. Der Kölner katholische Verlag von J. P. Bachem (Joseph Wilhelm Peter Bachem, 1821–1893) hat May um Erzählungen für die Reihen "Bachem's Novellen"- oder "Roman-Sammlung" gebeten. May schickt die Erzählungen *Der Dukatenhof*, *Die Gum* und *Die drei Feldmarschalls*.

09. May schreibt vermutlich den ersten Teil der Reiseerzählung *Der letzte Ritt* (XXIII A36).

09. May erhält einen Prospekt für die von Joseph Kürschner geplante "Deutsche Schriftsteller-Zeitung" (Erscheinungsbeginn 1.1.1885) (jbkmg 1988, 344).

09.15. May meldet sich erst nach Monaten als "Literat und Redakteur" in der Prinzenstraße an.

09.18. Köln. Der Verlag Bachem lehnt den angebotenen Nachdruck der Erzählung *Der Dukatenhof* ab, weil diese bereits 1877 in Buchform erschienen ist. Vereinbart wird später auf niedriger Honorarbasis ein Vertrag über die Erzählungen *Die Gum* (*Unter Würgern*) und *Die drei Feldmarschalls*.

10.-12. Im "Deutschen Hausschatz" erscheint der erste Teil von *Der letzte Ritt*, der Fortsetzung des großen Orientromans. Dann gibt es aufgrund der dem Pustet-Verlag nicht bekannten Kolportagetätigkeit Mays wieder lange Unterbrechungen in der Manuskriptsendung und im Abdruck (plaul1 109f.; wohl 757).

11. "Deutscher Hausschatz": "Nach Mainz. Wir können Ihnen mittheilen, daß die Nummern 6 und 7 des 'Deutschen Hausschatzes' am 8. Nov. d. J. für Ahmed Musa, Agent einer Rosenölfabrik in Adrianopel, welcher sich zur Zeit in Deutschland aufhält und das Erlebnis des Herrn Dr. Karl May in Edreneh kennt, verlangt und abgesandt worden sind. 'So wird der 'Hausschatz', meldet uns der Verfasser, 'jedenfalls auch einen Besuch bei Hulam machen, welcher sich in die Beschaulichkeit von Bogtsche jeschil zurückgezogen hat'" (mkmg 17, 18).

11.13. Regensburg. Friedrich Pustet sen. bietet May an, von seinen "sämmtlichen bis jetzt im 'Hausschatz' erschienenen Reiseerlebnissen eine Buch-Ausgabe zu veranstalten". Für die erste Auflage von 2000 Exemplaren sollen sofort 1000 Mark bar gezahlt werden. Mays Reaktion ist unbekannt, doch bewahrt er den Brief auf und kann ihn noch 1905 gerichtlich vorlegen. Im Widerspruch dazu steht eine (allerdings auf 1892 bezogene) Erinnerung von Friedrich Pustet jun. ("Meine Erinnerungen an Karl May"): "Als nun die Frage an uns herantrat, ob wir die von Karl May beabsichtigte Buchausgabe seiner Reiseerzählungen 1892 übernehmen wollten, konnte sich mein Onkel Karl Pustet [1839–1910], welcher neben der liturgischen und fremdsprachlichen Verlagsarbeit meines Vaters ausschließlich die deutsche Produktion unseres Hauses betreute, nicht entschließen, diesem Antrag zuzustimmen. Hiebei war die Erwägung maßgebend, daß es für einen ausgesprochen katholischen Verlag etwas anderes sei, Karl Mays Reiseerzählungen innerhalb der Spalten unserer Familienzeitschrift zu veröffentlichen, als diese Romane in Buchform anzubieten. Diese Begründung, die sich auch dann mein Vater zu eigen machte, erwies sich leider später als unrichtig" (kmg-Tagungsprogramm 1983).

11.22. Emma Mays 28. Geburtstag.

11.26. May an Joseph Kürschner: *Von einer monatelangen Reise zurückkehrend, finde ich Ihre w*[*erthe*] *Zuschrift vor. Ich beeile mich, Ihnen die betr. Notizen sofort einzusenden. Sie betreffen zwei kleine Aenderungen betreffs meiner selbst und die gütige Aufnahme einer fleißigen Schriftstellerin (Frau eines Offiziers), welche auch um Zusendung des Kalenders ersucht. Ich werde sie brieflich veranlassen, auch auf Ihre uns so außerordentlich willkommene Schriftsteller-Zeitung zu abonniren. Zu der Herausgabe der Letzteren wünsche ich Ihnen von ganzem Herzen die besten Erfolge, an denen ich übrigens ganz und gar nicht zweifle. Ich bin überzeugt, daß dieses eine Unternehmen, von Ihnen geleitet, uns mehr, viel mehr Segen bringen wird, als alle unter hochtrabenden Floskeln gegründeten und mit Bier und Wein begossenen Vereine. Gott sei Dank, endlich einmal das einzig Richtige von berufenster Hand!!!* (mkmg 118, 4f.; jbkmg 1992, 117)

11.29. Kürschner an May: "Ich bitte Sie dringend es also nicht nur bei der Zustimmung bewenden zu lassen, sondern ernstlich u. kräftigst in die hervorgerufene Bewegung mit einzugreifen" (mkmg 118, 4, 6; jbkmg 1992, 119).

12.02. May bietet Kürschner für die geplante "Deutsche Schriftsteller-Zeitung" erfolglos seinen Artikel *Ein wohlgemeintes Wort* aus dem "Neuen deutschen Reichsboten" für 1883 an: *Eine einzige Nummer Ihres Blattes wird uns mehr Segen bringen als alle Beschlüsse einflußloser Vereine. Vielleicht gestatten*

Sie mir, Ihnen nächster Tage einen Beitrag über die für uns so hochwichtige Frage des Colportageromanes zur Verfügung zu stellen (jbkmg 1992, 119; kmw II.19, 3206)

12.05. May empfiehlt Kürschner für die "Deutsche Schriftsteller-Zeitung" eine Rubrik "Fernsprecher", *in welcher jeder Abonnent fragen und von jedem Abonnenten Antwort erhalten kann: Ihre Schützlinge würden einander dadurch, so zu sagen, beinahe persönlich näher treten, und die Klagen, Wünsche und Bedürfnisse unseres Standes würden uns dadurch erst bekannt und klar werden* (jbkmg 1992, 120).

12. "Deutscher Hausschatz": "Leider ist ein von Dr. Karl May an uns rechtzeitig abgesandtes Manuscript-Packet bis jetzt noch nicht hier eingetroffen und wahrscheinlich auf der Post verloren gegangen. Aus diesem Grunde hat die Fortsetzung von 'Giölgeda' unterbrochen werden müssen" (mkmg 17, 18).

1885

01.02. May bietet dem Regensburger Verlag Josef Habbel einen Nachdruck der Erzählung *Schuld und Sühne* (*Der Dukatenhof*) an.

02.10. Notizen zu Verlagsverhandlungen: *Paris. Ave Maria. R. Fröbel, Leipzig* [Literarisches Büro und Verlagsbuchhandlung Reinhold Fröbel, Inhaber Johann Friedrich Wilhelm Fröbel]. [...] *Verlagsofferte E. Jensen & Co.* [Hamburg, Zeitschrift "Am deutschen Heerd", Inhaber Siegfried Berendsohn und E. Jensen].

02.16. Notizen zu Verlagsverhandlungen: *Berlin. Paul Lentz.* [...] *Geographische Bilder.* [...] *Leipzig P. Th. Lißner.*

02.25. Karl Mays 43. Geburtstag.

03.07. Joseph Kürschner bittet May um einen novellistischen Beitrag für die Zeitschrift "Vom Fels zum Meer" (jbkmg 1988, 345).

03.08. May an Kürschner: *Krankheit war der Grund meines Schweigens. Binnen acht Tagen werde ich mir gestatten, Ihnen für "Vom Fels zum Meer" den wohl zeitgemäßen Beitrag "Die erste Liebe des Mahdi" zur geneigten Verfügung zu stellen.* Hintergrund des nicht ausgeführten Plans ist der Mahdi-Aufstand in Ägypten, der am 26.1. zum Fall Khartums geführt hat (jbkmg 1992, 121f.).

03.14. In einem Brief an seinen Prokuristen Rudolf Jäger in Berlin klagt Münchmeyer darüber, dass May "nicht dazu zu bewegen sei, wöchentlich mehr als eine Nummer [für den "Deutschen Wanderer"] zu liefern" (kmw II.13, 2530).

04.05./6. Ostern.

04. Von Verwandten benachrichtigt, hält May sich wegen des schlechten Gesundheitszustandes seiner Mutter vermutlich sei

Ostern mit Emma in Ernstthal bei den Eltern auf (kmw II.13, 2531f.; kmw II.19, 3209).

04.11. Samstag. Ernstthal. Geburtstag der Mutter.

04.15. Mittwoch. 13.30 Uhr. Ernstthal. Mays Mutter Christiane Wilhelmine May stirbt nach längerem Leiden im Alter von 68 Jahren an einer Geschwulst. Der Vater, der weiterhin bei seiner Tochter Karoline Selbmann lebt und von May finanziell unterstützt wird (angeblich mit 10 Mark wöchentlich), erleidet bald darauf (vermutlich im Mai) einen Schlaganfall und ist linksseitig gelähmt (woll 71; plet 70, 72; hard 165). May ist für Wochen zu keiner Arbeit fähig. Der "Deutsche Hausschatz" meldet, "ganz ohne Nachricht von dem Verfasser" zu sein (mkmg 17, 18), und Münchmeyer fügt mangels Manuskript in die laufende Lieferung von *Die Liebe des Ulanen* ("Deutscher Wanderer") einen vorliegenden, aber nicht zum Roman gehörigen Text *Ulane und Zouave* ein (der zum Stoffkreis des *Verlornen Sohns* gehört). Mays zweite Frau Klara wird 1932 niederschreiben, was er ihr mitteilte: "Als seine Mutter in seinen Armen starb, hielt er sie vom Abend bis zum Morgen als Leiche in seinen Armen. [...] Das Grab der Mutter wurde doppelt tief gemacht. Er wollte bei ihr begraben werden" (jbkmg 1972/73, 50; kmw II.13, 2532; kmw II.19, 3209f.). – Wie aus einem Brief an Karl Heinrich Selbmann aus dem Jahre 1897 hervorgeht, ist Mays Verhältnis zu den Verwandten künftig getrübt: *Hätten meine Verwandten sich seit dem Tode meiner Mutter so gegen mich und meine Frau verhalten, wie es sich zwischen braven, treuen und aufrichtigen Geschwistern geziemt, so stünde es heut ganz anders* (mkmg 39, 13).

04.16. Todesanzeige der "trauernden Hinterlassenen" im "Anzeiger für Ernstthal, Hohenstein, Oberlungwitz, Gersdorf und Umgegend": "Heute Mittwoch Nachmittags halb 2 Uhr verschied unsere unvergeßliche Frau, Mutter und Schwiegermutter, Hebamme Christiane Wilhelmine May" (hard 164).

04.18. Samstag. 15 Uhr. Beisetzung (Begräbnis III. Klasse) von Mays Mutter auf dem Ernstthaler Friedhof (Totenbuch Ernstthal, Nr. 70/1885). May kehrt vermutlich erst Ende des Monats mit Emma nach Dresden zurück.

05.03. Stuttgart. Der angehende Verleger Anton Hoffmann (*1856), der kürzlich K[arl] Thienemann's Jugendschriftenverlag gekauft hat, zur Zeit aber noch Geschäftsführer und Prokurist bei Spemann ist, will May als Mitarbeiter gewinnen: "Gern würde ich schon diesen Herbst einen möglichst interessanten Band von Ihnen bringen, zu welchem Sie mir vielleicht schon jetzt einen geeigneten Vorschlag machen können."

05.05. May erinnert die Verlage R. Fröbel (Leipzig) und Paul Lentz (Berlin) an Offerten und schickt mindestens die Erzählungen *Die Fastnachtsnarren* und *Im Seegerkasten* an den Verlag von Paul Theodor Lißner (Leipzig).

05.06. May teilt Hoffmann mit, dass er zur Mitarbeit bereit sei.

05.11. Anton Hoffmann erbittet von May bis zum Herbst ein Manuskript für eine seiner "für reifere Knaben" bestimmten Abenteuerserien im Umfang von 180 Druckseiten: "Vom verlegerischen Standpunkte würde ich einem Thema den Vorzug geben, das die augenblicklichen Tagesfragen streift, also die Kolonien in Afrika etc. zum Schauplatz hat, doch füge ich mich hier Ihren Vorschlägen." May antwortet nicht.

05.19. Kürschner an May: "Darf ich nicht noch einmal au meine Karte vom 7./III., in welcher ich der Hoffnung Raum gab, daß Sie mich durch einen novellistischen Beitrag für 'Vom Fels zum Meer' erfreuen, erinnern? Es wäre mir sehr angenehm, recht bald von Ihnen ein Manuscript zu erhalten. [... Wir wollen jetzt namentlich kurze abgeschlossene Novellen im Umfang von 6-16 Seiten bringen" (jbkmg 1988, 346).

06.22. In Omdurman stirbt Mohammed Achmed Ibn Abdullah (*1844), der "Mahdi" des Sudan.

06.31. Bei J. P. Bachem in Köln ist in "Bachem's Roman-Sammlung" die Erzählung *Die Gum* (*Unter Würgern*) auf Wunsch des Verlags unter dem Titel *Die Wüstenräuber. Erlebnisse einer Africa-Expedition durch die Sahara* erschienen, zusammen mit dem Liebesroman "Ein stolzes Herz" von Cuno Bach (plaul1 111). Nicht realisiert wird dagegen ein Nachdruck von *Old Firehand* unter dem Titel *Feuerhand. Americanische Reise-Erlebnisse*. Zu den *Wüstenräuber*-Rezensenten wird auch Heinrich Keiter gehören, der im Oktober 1888 die Redaktion des "Deutschen Hausschatz" übernimmt; in Franz Hülskamps "Literarischem Handweiser" (Münster) findet er lobende Worte für Bach, während May auf ihn den "Eindruck von Manierirtheit" macht: "Nicht wenig amüsiren wird es May's Leser, wie rasch er mit den Wüstenräubern fertig wird, sie fallen wie die Fliegen; in Wirklichkeit würde es wohl etwas weniger gemüthlich hergehen."

07. "Deutscher Hausschatz": "O. Ndlbg. D. Leider ist das von Dr. Karl May uns fest versprochene Manuscript des Schlusses von Giölgeda (der letzte Ritt) noch nicht in unseren Händen. Wir begreifen die Ungeduld der Leser, und es ist uns diese Verzögerung überaus peinlich" (mkmg 17, 18).

07.01. May an Kürschner: *Mitten aus der für Sie bestimmten Arbeit wurde ich durch die Aufforderung zu einer sofort anzutretenden Reise gerissen. Gestern zurückgekehrt, fand ich Ihre werthe Karte. Ich habe mich sehr, sehr zu entschuldigen.* [...] *Jetzt endlich habe ich mich von allem Anderen frei gemacht und werde nun fleißig für Sie und Herrn Spemann arbeiten.* [...] *Die "erste Liebe des Mahdi" ist halb fertig und, ich möchte es wohl sagen, hoch interessant. Nun aber wünschen Sie nur kurze Manuscripte, und grad dieses ist nicht in einer Nummer unterzubringen. Was soll ich thun? Ihnen sogleich etwas Anderes, Kürzeres schreiben?* (jbkmg 1992, 122f.) May beginnt wieder zu schreiben.

07.-08. May verfasst die Fortsetzung der Reiseerzählung *Der letzte Ritt* (XXIII A36).

07.09. Stuttgart. Anton Hoffmann, der inzwischen mit seinem Bruder Franz (*1850) den Thienemann-Verlag führt, mahnt eine Antwort auf seinen Brief vom 11.5. an. Zur Zusammenarbeit kommt es vorerst nicht.

07.19. Telegraphisch geht eine *Innigste Gratulation* Karl und Emma Mays an Stadtrat William Zeißig in Hohenstein.

07.20. Der Kölner Verleger Heinrich Theißing (1849–1919), der 1882/83 in den "Feierstunden im häuslichen Kreise" die Reiseerlebnisse *Im "wilden Westen" Nordamerika's* veröffentlicht hat, bittet May um eine "kleine Auswahlsendung".

07.29. Theißing teilt May auf Nachfrage vom 24.7. mit, dass ihm ein Nachdruck für seine Zeitungsbeilagen genügen würde, da die "Feierstunden im häuslichen Kreise" "in ihrer frühern Gestalt nicht mehr erscheinen": "Ich hoffe später auch von Ihnen Original-Erzählungen wieder gebrauchen zu können".

07.31. May erhält vom Bachem-Verlag mit der ersten Honorarzahlung sechs Belegexemplare der *Wüstenräuber* (kos 8).

08. "Deutscher Hausschatz": "Ein Theil des Schlusses von Karl May's 'Giölgeda padishanün' ist nun in unseren Händen. Wir hoffen, mit dem Druck in einer der nächsten Nummern wieder beginnen zu können" (mkmg 17, 18).

1885.08.-1886.02. Der "Deutsche Hausschatz" veröffentlicht den Mittelteil des *Letzten Ritts* (plaul1 109f.).

09. May schließt den Roman *Die Liebe des Ulanen* ab (kmw II.19, 3210).

09.04. May schreibt an Heinrich Theißing, der ab Oktober in der Zeitungsbeilage "Im Familienkreise" einen Nachdruck von *Old Firehand* (plaul1 112) bringen wird. Später bietet May ihm auch die Erzählungen *Die Rose von Sokna* und *Der Pfahlmann* (*Ein Dichter*) an.

09.19. May an den Verlag Pustet: *Der "letzte Ritt" wird schon darum Ihre Leser höchlichst interessiren, weil diese Begebenheit unter den jetzt aufständischen Balkan-Völkerschaften spielt. Bin ich damit zu Ende, dann folgt sofort die versprochene Arbeit über den Mahdi* (mkmg 17, 19).

09. May beginnt den vierten Münchmeyer-Roman *Deutsche Herzen, deutsche Helden* (kmw II.19, 3211; kmw II.25, 3531).

09.28. Notiz: *Wehberg geschrieben Zeit bis 2/10 gegeben.* Im November wird eine ähnliche Notiz folgen: *Zeit bis Donnerstag gegeben (19).*

1885. Mit dem Osnabrücker Buchhändler Bernhard Wehberg (1851–1932) schließt May einen Vertrag über eine Buchausgabe der "Hausschatz"-Erzählung *Deadly dust* ab. Obwohl Wehberg das Manuskript erhält, kommt es nicht zur Veröffentlichung, weil er nicht in der Lage ist, ein Vorabhonorar von 300 Mark in bar zu zahlen; einen Wechsel über diese Summe schickt May zurück.

10. Der "Deutsche Hausschatz" zitiert Mays Brief vom 19.9. und ergänzt zur Ankündigung einer Mahdi-Arbeit: "Unser beliebter 'Weltläufer' befand sich nämlich im Sommer 1884 in Aegypten" (mkmg 17, 19).

11.17. Dresden. Die Redaktion der Ewald'schen Verlags-Anstalt (Johann Friedrich Carl Ewald) fragt an, ob May einen "spannenden volksthümlichen Liebes- und Intriguen-Roman" fertig habe.

11.22. Emma Mays 29. Geburtstag.

1885.11.-1887.12. Der Münchmeyer-Verlag veröffentlicht in 109 Heften den Kolportageroman *Deutsche Herzen, deutsche Helden vom Verfasser des "Waldröschen", und "der Fürst des Elends"* (2610 Seiten) (plaul1 113-115; ued 331-335).

12. Im Verlag von Franz Neugebauer, der am 15.8.1880 von der Nürnberger Hofbuchhandlung Heinrich Schrag übernommen worden ist, erscheint ohne Mays Wissen eine "verbesserte" Zweitausgabe seines ersten Buches *Im fernen Westen* (1879) (plaul1 66).

12.20. Der Magnetiseur Leo Hofrichter, den May vermutlich in dieser Zeit durch Emma kennen lernt, annonciert im "Dresdner Journal", er behalte sich vor, "in allernächster Zeit einen practischen Lehrcursus für Fachmänner und gebildete Laien behufs Verbreitung der Lehren des Lebensmagnetismus zu eröffnen" (kmhi 18, 42). Mays Ausführungen zu Hofrichter in *Frau Pollmer* (842-845) beziehen sich vermutlich auf diesen Kursus im Jahr 1886: *Eines Tages kam* [Emma] *vom Spaziergange mit einer fremden Dame heim und sagte, dies sei ihre neue Freundin* [Magdalena Hofrichter geb. Roman], *die Frau des berühmten Heil-Magnetiseur und Spiritisten Professor Hofrichter, Dresden, Marienstraße* [21]. *Ich hatte von diesem allerdings berühmten Manne gehört. Er war Oesterreicher, besaß eine außerordentliche magnetische Kraft, die sogar in die weiteste Ferne wirkte, und hatte mit seinen Kuren die außerordentlichsten Erfolge. Ein eigentlicher Spiritist war er nicht, und das gerieth mir zum Heile. Meine Frau hatte sich an die seinige gemacht, um durch ihn in ihrem Sinne auf mich einzuwirken. Es kam aber ganz anders, als sie berechnet hatte. Die beiden Frauen standen zwar im Complott, Hofrichter aber ging nicht darauf ein. Er war nicht nur ein bedeutender, sondern auch ein ehrlicher Mensch. Er sah scharf. Er war zufälliger Weise ein Leser meiner Werke. Er glaubte das nicht, was ihm meine Frau über mich vorschwatzte; aber er freute sich, nun einen Grund zu haben, sich mir vorzustellen. Er kam zu mir. Er zeigte mir durch eine ganze Reihe der verblüffendsten Experimente, wie erstaunlich groß die Kraft war, die er besaß. Er gewann mich lieb. Er lud mich zu sich ein, und ich folgte von Herzen gern, denn von ihm konnte ich in Beziehung auf meine Psychologie nur lernen, nur gewinnen und profitiren. Wir wurden Freunde*

Ich studirte ihn und er mich und meine Frau. Oft waren Dresdener wissenschaftliche Größen und Vertreter der Presse bei ihm versammelt. Ich fehlte nie. Er experimentirte mit und an uns Allen, und zwar stets mit erstaunlichem Erfolge. Ich war in seiner Hand wie Watte. Ich sprach und that und machte Alles, was und wie er wollte, ohne daß ich etwas davon ahnte. "Ein lieber, seelensguter, aufrichtiger Mensch," pflegte er zu sagen, "der überaus leicht zu behandeln ist!" Meine Frau aber brachte er zu nichts. Sie war stärker als er. Sie beeinflußte ihn, anstatt er sie. Er schwitzte große Tropfen, wenn er sie auch nur zwingen wollte, die Augen zu oder auf zu machen. Das gab ihr Spaß. Sie war stolz auf diese ihre Macht. Er aber wurde um so ernster, und zwar um meinetwillen. Er bekam Angst um mich. Es ist mir niemals eingefallen, ihm irgend Etwas aus meiner unglücklichen Ehe mitzutheilen; so Etwas habe ich überhaupt nie gethan, während die Pollmer zu jedem Ersten, Besten hierüber spricht; aber er war ein scharfer Beobachter und zögerte, als er sie genau genug kennen gelernt hatte, nicht, mir das Resultat seiner Beobachtung und Forschung mitzutheilen. Dieses lautete folgendermaßen: "Ihre Frau ist eine höchst gefährliche Person. Sie hat von ihren Vorfahren väterlicher und mütterlicher Seite eine ganze Menge der verschiedensten, theils guter, meist aber schlimmer, ja diabolischer Kräfte geerbt, die in solcher Menge und in solchem Maße fast niemals beisammen sind. Für eine solche Anhäufung derartiger Kräfte ist ein einziger, einzelner menschlicher Körper zu wenig. Sie vernichten ihn, außer wenn sie genügend Gelegenheit finden, sich nach außen zu bethätigen. Ihre Frau gehört also zu denjenigen Besessenen, die unbedingt andere Leute schädigen, quälen und martern müssen, um sich selbst zu erleichtern und sich selbst zu retten. Sobald Ihrer Frau die Gelegenheit genommen wird, dies zu thun, muß sie an ihrem eigenen Innern, und zwar mit rapider Schnelligkeit, zu Grunde gehen. Sie ist es also sich selbst schuldig, lügnerisch, betrügerisch, hart und grausam bis zum Exzeß zu sein. Nur dadurch rettet sie sich selbst. Hüten Sie sich also! Solche Mächte sind zu Allem fähig, selbst zum Gat-

tenmord und Vatermord, wenn sie denken, daß es nicht anders geht! *Die größte Gefährlichkeit Ihrer Frau aber liegt darin, daß ihre Besessenheit nicht eine offene, sondern eine versteckte, eine außerordentlich gut maskirte ist! Wenn sechs oder zehn Personen mit ihr am Tische sitzen, wird Jeder, der es nicht genau versteht, eher jeden Andern für das dirigirende Medium halten als sie. Und doch geht Alles nur so, wie sie es will! Mein lieber Freund, ich fürchte, daß wir beide auseinander gehen müssen, nicht etwa meinet- oder Ihretwegen, sondern wegen Ihrer Frau. Dieses scheinbar stille, edle Weib bringt nur Fluch. Seit meine Frau mit ihr verkehrt, giebt es in meiner Ehe andere Luft. Sie zerstört unser gegenseitiges Vertrauen, und ich bitte, Ihnen sagen zu dürfen, daß ich mich schützen muß!" Das war Professor Hofrichters fachmännische und zugleich auch persönliche Meinung, und nur wenige Tage, nachdem er mir dies gesagt hatte, behauptete sie in allerfrechster Weise, daß seine Frau mit anderen Männern hure, und als er das erfuhr, warf er sie zur Thür hinaus und sah nur meinetwegen von einer Strafverfolgung ab. Ich aber war, wie immer Derjenige, der an dem tiefen Schaden schwer zu tragen hatte!*

1886

1886. In der Druckerei "De Katholieke Illustratie" in 's-Hertogenbosch erscheint als vermutlich erste niederländische Übersetzung ohne Autorangabe *Robert Surcouf. Episoden uit het Leven van een Kaperkapitein* (mkmg 137, 53).

1886-1887. In diesem Jahrgang des von Julius Frederick Schiott (1856–1910) herausgegebenen Wochenblatts "Nordstjernen" erscheint als vermutlich erste dänische Übersetzung *En Petroleumsbrand* (*Ein Oelbrand*) (mkmg 137, 46).

1886. Heinrich Münchmeyer lässt Mays *Waldröschen* ins Englische übersetzen und vertreibt den Roman unter dem Titel *Rosita* über seine amerikanischen Filialen in Chicago und New York. Die anderen Übersetzungsrechte verkauft er jetzt oder später an die Verlagsbuchhandlung Josef Rubinstein (Gebr. Rubinstein) in Wien (jbkmg 1994, 312; mkmg 77, 18).

01.-02. *Der letzte Ritt* wird im "Deutschen Hausschatz" fortgesetzt (mkmg 17, 18f.).

01.09. Köln. Heinrich Theißing, der die Veröffentlichung von *Old Firehand* in der Zeitungsbeilage "Im Familienkreise" beendet hat, meint zu Mays "Feuilletons" *Die Rose von Sokna* und *Der Pfahlmann*: "Das erstere ist in der jetzigen Fassung verwendbar, 'Der Pfahlmann' dagegen der strengen Richtung meines Blattes wegen erst nach manchfachen Streichungen". Er bittet May um die "Einsendung Ihrer letzten Photographie", da ein Abonnent sein "Portrait" gebracht wünscht. May wird Theißing ein Foto (kluß 71) des Kgl. Sächs. Hofphotographen Carl August Teich (Firma Hanns Hanfstängl, Dresden, Stallstraße 1) schicken, von dem noch weitere frühe Porträt- und Atelieraufnahmen stammen. Zur Veröffentlichung des Bildes in der Kölner Beilage kommt es erst Anfang März 1889.

01.22. May an Joseph Kürschner: *Indem ich den Abonnementpreis für die Schriftstellerzeitung per Postanweisung wegen längerer Abwesenheit erst heut abgehen lasse, muß ich zu meiner Entschuldigung erklären, daß diese Abwesenheit auch der Grund meines scheinbar unmotivierten Schweigens ist.* [...] *Ich bin entschlossen, mich nicht so bald wieder zu einer Reise bestimmen zu lassen, und so dürfen Sie meinen Beitrag baldigst erwarten. In Betreff der Person, welche sich für Sie ausgegeben hat, glaube ich Veranlassung zu einem Verdachte zu haben, in Folge dessen ich Sie bitte, mir mitzutheilen, ob Sie im Sommer 84 oder 85 in Dresden gewesen sind und dabei den hiesigen Schriftsteller Friedrich Ferdinand Kießling* [*1835] *besucht haben, wie dieser gegen mich behauptete, was ich aber seinerseits für Lüge halte.* [...] *Die Deutsche Schriftstellerzeitung* [...] *erwähnt unter "Bibliographie" eine Erzählung von mir "Im fernen Westen", 2*[te] *Auflage, von welcher ich nichts weiß. Ich würde Ihnen höchst dankbar für die Benachrichtigung sein, in welchem Verlage diese Arbeit jetzt erschienen ist* (jbkmg 1992, 126).

02.02. Kürschner an May: "Ihre freundliche Antheilnahme an meinen Bestrebungen und die gütigen Gesinnungen, die Sie auch meiner Person entgegenbringen, muß mich ja wohl versöhnlicher stimmen, so sehr ich auch Grund hätte Ihnen als Redakteur zu zürnen, da Sie alle meine Aufforderungen um einen Beitrag unberücksicht ließen. Ich wiederhole es auch heute und bitte dringend mich durch Zusendung von Beiträgen für 'Vom Fels zum Meer' zu erfreuen. [...] Ihre Bemerkung über meinen Doppelgänger ist mir höchst interessant und ich würde mich ungemein freuen, wenn Sie zur Entdeckung des Lumpen beitragen könnten. Ich bin überhaupt nicht in Dresden gewesen, weder jetzt noch früher und ich wäre Ihnen dankbar wenn Sie auch Kießling davon verständigen wollten" (jbkmg 1988, 347).

02.12. Kürschner hat Schiffsbilder geschickt, zu denen May einen Text (vermutlich *Zum erstenmal an Bord*) schreiben will

May antwortet, er sei *in der seemännischen Praxis soweit au fait*, dass er *ein kleines Seeabenteuer schildern kann und auch sehr gern schildere*. Er fragt, wo die *Darstellung* abgedruckt werde, wie lang sie sein soll und ob er ihr eine *humoristische Färbung* geben dürfe. Außerdem wiederholt er seine Bitte, ihm den Verlag der Erzählung *Im fernen Westen* mitzuteilen (jbkmg 1992, 128f.).

02.18. Kürschner an May: "Seien Sie bestens bedankt für die freundliche Zusage zu den Illustrationen einen Text schreiben zu wollen. Ich habe gar nichts dagegen, wenn die novellistische Skizze etwas länger wird. Selbstverständlich ist der Aufsatz für 'Vom Fels zum Meer' bestimmt, da ich ja keine andere belletristische Zeitung redigiere; auch mit der humoristischen Färbung bin ich einverstanden. [...] Ich wiederhole übrigens meine schon früher ausgesprochene Bitte, daß Sie Ihre nächsten Arbeiten mir nun zugehen lassen. Sie haben mir schon so oft etwas versprochen, daß ich wirklich Grund hätte Ihnen ernstlich böse zu sein." Der Verlag der Erzählung *Im fernen Westen* sei Neugebauers Verlagsbuchhandlung in Nürnberg (jbkmg 1992, 130).

02.20. May schreibt an den Verlag Neugebauer (Schrag) wegen seiner Rechte an der zweiten Auflage von *Im fernen Westen* (*Der Waldläufer* N17; jbkmg 1992, 130).

02.22. Nürnberg. Der Verlag Neugebauer (Carl Schrag, Sohn des verstorbenen Heinrich Schrag) antwortet: "Ihre werte Adresse war uns bei Ausgabe der 2. Auflage gar nicht bekannt, wir hätten sonst selbstredend nicht verfehlt, mit Ihnen [...] in Correspondenz zu treten. Haben Sie die Güte, in dieser Angelegenheit, nicht weiter zu gehen, bis wir dieselbe genau untersucht haben" (*Der Waldläufer* N17).

02.25. Karl Mays 44. Geburtstag.

02.27. Waldheim. Der für Mays psychische Gesundung einst so wichtige Anstaltskatechet Johannes Kochta stirbt an Lungenentzündung (plaul3 387).

03.06. Carl Schrag teilt mit, dass die "angestellten Nachforschungen unter den hinterlassenen Papieren, welche die Übernahme des srz. Neugebauer'schen Verlags betreffen, leider nichts herausgestellt haben, woraus wir unsere Verpflichtungen Ihnen gegenüber ersehen könnten". May soll eine "Abschrift des in Ihren Händen befindlichen Vertrags" schicken. Hierzu ist er jedoch nicht in der Lage (*Der Waldläufer* N17).

03.10. May schreibt einen fordernden Brief an Carl Schrag (*Der Waldläufer* N18). – Für die geplante Buchveröffentlichung der Novelle *Die drei Feldmarschalls* fordert May ein überhöhtes Honorar vom Kölner Verlag J. P. Bachem und verweist dabei auf Angebote der Verlage Wehberg und Spemann. – May bietet dem Stuttgarter Thienemann-Verlag (Anton Hoffmann) ein Buch für die reifere Jugend an.

03.11. May schickt Kürschner ein Foto von sich: *In kurzer Zeit werde ich in der Lage sein, Ihnen auch mein gedrucktes Bild, welches die Leser einer Kölner Zeitung* ["Im Familienkreise"] *verlangt haben, einzureichen.*

03.13. Köln. J. P. Bachem betont, er reflektiere bei der Novelle *Die drei Feldmarschalls* (von der ein Nachdruck bereits in der "Kölnischen Volkszeitung" erschienen ist) nur auf das Abdrucksrecht, nicht auf das Verlagsrecht.

03.15. Kürschner dankt May für sein Porträt: "Ich freue mich einen so liebenswürdigen Mitarbeiter nun auch von Angesicht kennengelernt zu haben" (jbkmg 1992, 131).

03.17. Stuttgart. Anton Hoffmann bietet May für ein Abenteuerbuch im Thienemann-Verlag 600 Mark an: "Ein solches Honorar ist von unserer Handlung noch nie für ein solches Bändchen bezahlt worden."

03.18. Nürnberg. Carl Schrag, der von Neugebauer erfahren hat, May habe für die erste Auflage von *Im fernen Westen* 100–120 Mark erhalten, bietet ihm für die zweite Auflage 120 Mark und 20 Freiexemplare an. May ist damit einverstanden (*Der Waldläufer* N18).

1886.(?) Um sich mit dem fast tauben befreundeten Ingenieur Karl Georg Nehse (1832–1890) in Blasewitz (Forsthausstraße 7), einem Sohn des Brocken-Wirts Carl Ernst Nehse, zu verständigen, führt May ein Notizbuch als "Konversations-Büchlein", mit Eintragungen wie: *In der Elbe scheint heut Champagner zu laufen, weil Sie so exquisite Laune haben!* Daneben Notizen über Buchanschaffungen, Essgewohnheiten, Sprachproben, Kompositionen etc., aber auch Reimereien über Emma, die alleine nach Freiberg gereist ist: *Ich sitze hier und sie sitzt dorten, / Ich möcht vor Wuth mich gleich ermorden. / Doch laß ich das viel lieber bleiben, / Denn wehe tun soll d. Entleiben.* Nehse ist in dieser Zeit einer der wenigen Freunde, mit denen May sich geistig austauschen kann (woll 66; kmw Suppl. 2, 130f.). Ein literarisches Denkmal setzt der Schriftsteller ihm in der Jugenderzählung *Der Geist des Llano estakado* (1888); dort sagt der Hobble-Frank nach einer vermeintlichen Gespenstererscheinung zum Juggle-Fred: *"Die Erscheinung, welche wir hatten, läßt sich vielleicht auf ganz natürlichem Wege erklären. Denke doch nur an das Brockengespenst, dessen Entstehung der Brockenwirt Nehse so überzeugend nachgewiesen hat!" "Nehse? Den kenne ich ooch. Sein Sohn is een berühmter Civilingenieur und wohnt in Blasewitz. Er hatte die Ehre, mich off eener Landpartie nach Moritzburg zu treffen und mir grad über das Brockengeschpenst seinen achtungsvollsten Vortrag zu halten. Das is eene harzreiche Lufterscheinung, halb Ozon und halb Sauerschtoff, die sich in der Atmosphäre niederschlägt und dann vom Nebel in glühende Hagelkörner offgelöst wird"* (*Der Sohn des Bärenjägers* 218). Aus dem "Konversations-Büchlein" geht hervor, dass May oft in die Dresdner Stadtbibliothek (hall 60f.) geht. Zu seiner Arbeitsweise notiert er: *Ich brauche,* *wenn ich 1 Nacht arbeite 12* [Zigarren]. *Arbeite ich nicht, dann rauche ich auch nicht. Wenn ich nicht arbeite, esse ich viele Pflaumen 1 Schüssel 2 Liter Milch. Weintrauben, Bier, Thee Birnen.* [...] *Arbeite ich, dann esse ich gleich 1 ½ oder 2 Tage keinen Bissen. Ich arbeite 2 Tage & 2 Nächte ununterbrochen, und die dritte Nacht spiele ich Scat.* Über seine nähere Zukunft schreibt er: *Ich will noch 4, höchstens 5 Jahre arbeiten. Lieber jetzt anstrengen, als bis 70 arbeiten.*

06. May schreibt für das Jahrbuch "Das Buch der Jugend" des Thienemann-Verlags (Redaktion Johannes Ziegler) die Erzählung *Unter der Windhose* (*Der Krumir* 154).

06.08. Stuttgart. Anton Hoffmann hat May in Dresden besucht und mit ihm eine neue Reihe *Die Helden der Prärie* im Thienemann-Verlag vereinbart: "Das ganze Werk soll 4 Bändchen umfassen und in novellistischer Form die ganze Geschichte der Indianer umfassen. – Jährlich erscheint ein Bändchen." Das Manuskript zum ersten Band soll May bis zum 1.7. liefern, die weiteren jeweils bis zum 1.5. des Erscheinungsjahres. Für jeden Band à 12 Bogen soll er 800 Mark erhalten. Im ersten Band will May "die roten Männer vor ihrem Begegnen mit den Weißen" schildern, die weiteren Bände sollen sich an "wichtigen historischen Ereignissen" orientieren und je ein Jahrhundert behandeln. Als Vorbild nennt Hoffmann die "Cooper'schen Lederstrumpferzählungen". Da May sein "Ehrenwort" gegeben hat, das Manuskript rechtzeitig zu liefern, lässt Hoffmann ihm am 9.6. das erste Honorar von 800 Mark zugehen. Weitere 80 Mark erhält er für das Manuskript *Unter der Windhose*. Als Paket geht Francis Gardner Drakes (1828–1885) "Indian History for Young Folks" nach Dresden, an der May sich orientieren soll. Das Projekt wird nie realisiert.

06.09. Regensburg. Venanz Müller ist verärgert: "Gewiß werden Sie zugeben, daß Verleger und Redacteur des 'Hausschatzes' Ihnen so entgegenkommend waren, wie dies schwerlich anderswo noch der Fall sein dürfte; aber gleichwohl haben Sie nicht Wort gehalten und seit Monaten kein Lebenszeichen von sich gegeben. Das Interesse unserer Zeitschrift ist empfindlichst geschädigt; die Leser verlangen ungestüm den Schluß des 'letzten Rittes'; sie wollen Auskunft haben, warum der Schluß nicht erscheint; sie beschuldigen uns des Schwindels. Wir können nicht länger schweigen und müssen eine öffentliche Erklärung abgeben. In Ihrem und in unserem Interesse ersuche ich Sie dringendst, diese öffentliche Erklärung vermeiden zu wollen – dadurch, daß Sie recht bald den Schluß einsenden, auf den wir ein Recht haben. Sie können ja die Sache so kurz machen, als Sie nur wollen; und wenn es nur wenige Blätter wären! Aber eilen Sie zum Schluß! Nur darauf kommt es an."

06. "Deutscher Hausschatz": "Auf mehrere Anfragen. Es ist uns höchst peinlich, daß abermals – und ganz gegen unsere Erwartung – eine Unterbrechung in der Reise-Erzählung 'Der letzte Ritt' eingetreten ist. Leider haben wir bis jetzt das fehlende Manuscript noch nicht erhalten und entbehren zur Zeit jede Nachricht von dem Verfasser. In Zukunft werden wir freilich niemals mehr mit der Veröffentlichung irgend eines Werkes beginnen, ohne daß uns das Manuscript vollständig vorliegt" (mkmg 17, 19).

06.13. Pfingstsonntag. Unter mysteriösen Umständen findet König Ludwig II. von Bayern (*1845) abends im Starnberger See bei Schloss Berg den Tod.

06.14. Um 16.30 Uhr erscheint ein Extrablatt des "Dresdner Journals" über den Tod Ludwigs II. Die Nachricht regt May zu seinem Roman *Der Weg zum Glück* an.

07.30. May teilt dem Thienemann-Verlag telegraphisch mit, dass er krank gewesen sei und daher den versprochenen ersten Band der *Helden der Prärie* noch nicht liefern konnte.

07.31. In Bayreuth stirbt der Komponist und Klaviervirtuose Franz von Liszt (*1811); neben Ludwig II. und Richard Wagner (1813–1883) wird May auch ihn als Handlungsfigur seines neuen Romans einsetzen.

08. May beendet den Roman *Der verlorne Sohn* (kmw II.19, 3212).

08. May beendet mit hastigen 15 Seiten die Erzählung *Der letzte Ritt* (kmw II.25, 3532; kmw II.31, 3531).

1886.08.-1888. Der Münchmeyer-Verlag veröffentlicht in 109 Heften den Kolportageroman *Der Weg zum Glück vom Verfasser des "Waldröschen", "Verlorner Sohn", "Deutsche Helden" etc.* (Band-Untertitel: *Roman aus dem Leben Ludwigs des Zweiten von Karl May*); Abschluss Anfang 1888 (2616 Seiten) (plaul1 116-118; ued 335-341).

08.04. Stuttgart. Anton Hoffmann vom Thienemann-Verlag bedauert, dass er "für diesen Herbst" auf Mays *Helden der Prärie* verzichten muss: "Das ist ein höchst unangenehmer Fall, denn wir können nun auch kein anderes Buch mehr in die Lücke schieben [...]. Wir können Sie leider von der Schuld an diesem Mißgeschick nicht freisprechen, denn Sie selbst stimmten dafür, das erste Bändchen dies Jahr erscheinen zu lassen und konnten wir ja nach allem Vorangegangenen nicht anders glauben, als rechtzeitig das Manuskript zu erhalten." Hoffmann erwartet die versprochene Arbeit ("eine angenehm lesbare und fesselnde Geschichte des Indianervolkes") nun bis zum 1.12.

08.28. May hat Anton Hoffmann von "verschiedenem Mißgeschick" geschrieben, das ihn "in letzter Zeit heimgesucht" habe. Hoffmann antwortet: "Für dieses Jahr käme das Manuskript [*Die Helden der Prärie*] zu spät [...]. Wir wollen es daher beim 1. Dezember als Ablieferungstermin belassen [...]. Wie wir schon oft sagten, muß die Geschichte des Indianervolkes den Faden bilden, der sich durch alle 4 Bändchen zieht, und die verschiedenen Erlebnisse, Abenteuer etc., die zur Charakterisierung des ganzen Volkes und einzelner Stämme dienen, sollen es interessant und für die Jugend spannend machen. – Gar zu tolle Greuelgeschichten sollten wir nicht bringen, sie wenigstens nicht mit zu grellen Farben malen."

09. Der "Deutsche Hausschatz" bringt endlich den Schlussteil des *Letzten Ritts* (plaul1 109f.).

09.11. May antwortet auf einen Brief Joseph Kürschners: *Aus Ihrem letzten Schreiben ersah ich, daß der für "Vom Fels zum Meer" bestimmte Roman Ihre Theilnahme noch mehr besitzt als die vorher bestellte kleinere Arbeit; darum beschloß ich, ihn eher als diese zu beginnen. Er wird betitelt "Die Schejtana", also "Die Teufelin", und also eine jener Araberinnen als Hauptheldin haben, welche in Folge von Geburt, Schönheit, Reichthum und geistiger Begabung einen größern Einfluß erlangen als der eigentliche, männliche, Beherrscher des Stammes.* Der Plan eines Romans *Scheitana* wird May auch in späteren Jahren noch beschäftigen, ohne dass es zu einer Realisierung kommt. In seinem Brief hat Kürschner, der bei Spemann die Gründung einer "Illustrierten Knaben-Zeitung" "Gaudeamus" (endgültiger Titel "Der Gute Kamerad") vorbereitet, vermutlich auch um einen Beitrag für eine *Jugendschrift* gebeten, über die May Näheres erfahren will (jbkmg 1992, 132f.).

09.20. Wilhelm Spemann sendet May den "eben vollendeten" Jahrgang der Zeitschrift "Vom Fels zum Meer" (jbkmg 1992, 134).

10.03. Kürschner macht May ein attraktives Angebot: Bis zu 1000 Mark pro Bogen sichert er ihm zu, wenn er für "Vom Fels zum Meer" einen Roman schreibt. Obwohl May geneigt ist, darauf einzugehen, wird es nicht zu einer Einigung kommen, da Kürschner sich weigert, unvollendete Manuskripte anzunehmen (*Die Helden des Westens* A51; plaul3 405; jbkmg 1988, 350). *Leben und Streben* 196f.: *Vor mir liegt ein Brief, den Professor Josef Kürschner, der bekannte, berühmte Publizist, mit dem ich sehr befreundet war, am 3. Oktober 1886 an mich schrieb. Es handelte sich um die bei Spemann in Stuttgart erscheinende Revue "Vom Fels zum Meere", für welche ich mit-*

gearbeitet habe. Der Brief lautet wie folgt: "[...] *Sie haben inzwischen schon wieder für andere Unternehmungen Beiträge geliefert, während Sie mich mit dem längst Versprochenen noch immer im Stiche ließen. Das ist eigentlich nicht recht, und ich bitte Sie dringend, nun Ihr Versprechen mir gegenüber wahr zu machen. Ich will diese Gelegenheit nicht vorübergehen lassen, ohne Sie zu fragen, ob Sie nicht geneigt wären, einmal einen recht packenden, und situationsreichen Roman zu schreiben. Ich würde I h n e n in diesem Falle ein Honorar bis zu tausend Mark pro "Fels"-Bogen zusichern können, wenn Sie etwas Derartiges schreiben würden.* [...]" *Das Honorar, welches ich von Pustet bekam, war gegen diese tausend Mark so unbedeutend, daß ich mich scheue, seinen Betrag zu nennen. Wenn ich Pustet trotzdem vorgezogen habe, so ist das ein gewiß wohl mehr als hinreichender Beweis, daß ich für den "Hausschatz" nicht geschrieben habe, um "mehr Geld zu machen, als ich von andern bekam".*

10.17. May an Kürschner: *Verzeihung, daß ich Ihre letzte so freundliche Zuschrift erst heut zu beantworten vermag! Ich war nicht daheim und habe den Brief erst jetzt zu Händen bekommen.* [...] *Den versprochenen Beitrag (& Illustrationen) kann ich Ihnen nun nächster Tage in Aussicht stellen. Was nun Ihre gütige Offerte beziehentlich des Romanes betrifft, so habe ich freilich ein Sujet für Sie, welches packend, situationsreich und hochinteressant ist* [...]*; nur ist der Schauplatz nicht Deutschland sondern der Orient.* [...] *Aber bitte, welchen Umfang dürfte ein Roman haben, und wann müßte er fertig sein? Müssen Sie das vollständige Manuscript in Händen haben, ehe Sie zu drucken beginnen, oder entschließen Sie sich bei so umfangreichen Arbeiten vielleicht auch einmal zur Gepflogenheit anderer Verleger, das Manuscript nach und nach zu erhalten?* (jbkmg 1992, 136f.) – May schreibt an Anton Hoffmann vom Thienemann-Verlag, nachdem er erfahren hat, dass Johannes Ziegler seine redaktionelle Mitarbeit am "Buch der Jugend" niedergelegt hat.

10.19. Kürschner teilt May mit, dass er für "Vom Fels zum Meer" nur abgeschlossene Manuskripte annehmen könne: "Ich sehe dem Artikel mit den Illustrationen sehr entgegen, freue mich aber noch mehr auf den Roman. [...] Auf eine theilweise Einsendung des Manuscripts können wir uns aber nicht einlassen. Was sollten wir machen, wenn eine auch von Ihnen ganz unverschuldete Verspätung der Manuscript-Sendung eintrifft. Das geht leider keinesfalls". Monatelange Schreibarbeit ohne Einkünfte aber kann May sich finanziell nicht leisten (*Die Helden des Westens* A51; jbkmg 1992, 138f.).

10.27. Stuttgart. Anton Hoffmann betont, dass Zieglers Weggang Mays Verhältnis zum Thienemann-Verlag "absolut nicht tangiert". Er rechnet fest damit, dass May bis zum 1.12. das Manuskript zum ersten Band der *Helden der Prärie* liefern wird. Das Projekt zerschlägt sich, weil May wenig später ein neues Angebot von Kürschner erhält.

11.10. Kürschner an May: "Wären Sie nicht vielleicht in der Lage mir sofort ein größeres Manuscript, eine möglichst spannende anziehende Jugendschrift enthaltend, für ein neues Unternehmen zu senden über welches ich Ihnen gelegentlich noch Weiteres mittheilen würde? [...] Ich lege besonderes Gewicht auf überseeisches von großer Spannung und abwechslungsreicher Szenerie" (jbkmg 1988, 352).

11. May erklärt Kürschner seine Bereitschaft, eine "anziehende Jugendschrift" zu schreiben, weil er hofft, durch ein umfangreiches Engagement bei Spemann dem Dunstkreis der Kolportage zu entkommen und damit zugleich sein Versprechen einer *Weltläufer*-Reihe vom Mai 1883 zu erfüllen. Im "Guten Kameraden" werden seine neben den "Hausschatz"- und später den Fehsenfeld-Romanen bekanntesten Erzählungen erscheinen (jbkmg 1988, 352).

11.15. Kürschner an May: "Ich habe mit Spemann Rücksprache genommen; er hat gar nichts dagegen einzuwenden, wenn Sie das für ihn contractlich zugesagte Werk [*Ein Weltläufer*] auch für diesen Zweck uns einsenden, wodurch Sie ja gewissermaßen gleich 2 Fliegen mit einer Klappe schlagen. Auf Ihren Roman für 'Vom Fels zum Meer' bin ich gespannt, ebenso bitte ich nicht das Manuscript zu vergessen, welches Sie uns zu den Schiffsbildern schreiben wollten" (jbkmg 1988, 353).

11.16. In Mays Auftrag erkundigt sich Emma May bei Heinrich Theißing in Köln, weshalb dieser das ihm zugeschickte Porträtfoto noch nicht verwendet hat.

11.22. Emma Mays 30. Geburtstag.

11.29. Im "Jahrbuch der Unterhaltung und Belehrung für unsere Knaben" "Das Buch der Jugend" (Stuttgart, Thienemann, Gebr. Hoffmann) erscheint *Unter der Windhose. Ein Erlebnis aus dem fernen Westen*, mit einer Farbillustration (plaul1 119; *Der Krumir* 153-156).

12. Noch vor Abschluss der Münchmeyer-Romane *Deutsche Herzen, deutsche Helden* und *Der Weg zum Glück* beginnt May für Spemann mit der Niederschrift seiner Indianergeschichte *Der Sohn des Bärenjägers*, die er mit Unterbrechungen im September 1887 abschließen wird (XXIII A38).

1887

01.07. Stuttgart. Wilhelm Spemann schickt May die "erste Nummer der neuen Knabenzeitschrift": "Um jeder Mißdeutung aus dem Weg zu gehen, änderte ich den Titel Gaudeamus in 'Der gute Kamerad'. Eine erste Nummer kann naturgemäß noch kein vollkommenes Bild geben. Erfreuen Sie uns mit recht zahlreichen Beiträgen, damit wir unser Ziel, der Knabenwelt ein gutes, gesundes Blatt zu geben bald erreichen können." Die von dem Prokuristen Johann Alfred Kaltenboeck betreute Wochenschrift wird dank der gelungenen Mischung von Unterhaltung und Information (Technik, Naturwissenschaften, Erfindungen) bald zum führenden Blatt für jugendliche Abonnenten; Mays bis 1896 erscheinende Erzählungen aus dem Wilden Westen, aus China, Afrika und Südamerika tragen wesentlich zu diesem Erfolg bei (*Der Sohn des Bärenjägers* 3, 263).

01.08.-09. Im ersten Jahrgang des "Guten Kameraden" ("Spemanns Illustrierte Knaben-Zeitung", Berlin, Stuttgart, Wilhelm Spemann) erscheint der von Konrad Weigand (1842–1897) illustrierte Jugendroman *Der Sohn des Bärenjägers*, in dem erstmals der kleine Hobble-Frank auftritt (plaul1 120). Der edle Apachenhäuptling Winnetou, (spätestens) 1882/83 in der Erzählung *Im "wilden Westen" Nordamerika's* durch eine Kugel getötet, erwacht zu neuem Leben und bildet fortan mit Old Shatterhand ein ideales Freundespaar. Schnell wird May zum Lieblingsautor der jungen Leser. Anders als bei den Münchmeyer-Romanen bereitet er sich auf die (in der Er-Form gehaltenen) Erzählungen sorgfältig vor, recherchiert ausführlich und ist bemüht, Spannung und Wissensvermittlung miteinander zu verbinden (*Die Helden des Westens* A42; plet 72). Nebenher bringt "Der Gute Kamerad" auch diverse Kurzgeschichten von May.

01.08. Im "Guten Kameraden" erscheint unter dem Pseudonym P. van der Löwen der Illustrationstext *Ibn el 'amm*, zu einem

Holzstich des russischen Künstlers Ivan Petrovitch Pranishnikoff (1841–1910) (plaul1 121; ued 411f.).

01. "Deutscher Hausschatz": "Berlin. – Sobald das Manuscript der von Dr. Karl May uns zugesagten neuen Reise-Erzählung vollständig vorliegt, wird die Veröffentlichung im 'Deutschen Hausschatz' beginnen. Bis jetzt ist dies noch nicht der Fall" (mkmg 17, 19).

01.11. Stuttgart. Wilhelm Spemann an May: "Wie Sie [...] ersehen, habe ich einen der besten Künstler [Konrad Weigand] zur Illustrirung Ihrer Erzählung gewonnen. Hoffentlich finden die Illustrationen Ihren Beifall. Die Liebenswürdigkeit, mit der Sie meinem Wunsche nachgekommen sind, und mir die ersten Fortsetzungen sandten, läßt mich die Bitte aussprechen, doch recht bald weiteres Manuskript zu schicken. Sie wissen vielleicht nicht so, wie ich, wie schwer es hält, von den Künstlern rechtzeitig die Illustrationen zu erhalten, und namentlich wenn sie gut werden sollen, darf man die Herstellung nicht übereilen. Das vorhandene Material reicht nur für die nächsten Hefte" (*Der Sohn des Bärenjägers* 264).

01.14. May teilt Spemann voreilig mit, der *Bärenjäger*-Roman mache gute Fortschritte und könne bereits in drei Wochen fertig sein (*Der Sohn des Bärenjägers* 264). – Joseph Kürschner an May: "Besten Dank für die übersandten Manuscripte für die neue Jugendzeitschrift 'Der gute Kamerad', die ich sofort an die Redaktion abgegeben habe. Ich selbst habe mich infolge Arbeitsüberhäufung gezwungen gesehen, noch vor Erscheinen der ersten Nummer von der Leitung zurückzutreten, die ich überhaupt nur aus Gefälligkeit für Spemann, dem der ursprüngliche Redakteur untreu geworden war, übernommen habe. Ich bitte alle auf die Jugendzeitschrift bezüglichen Sendungen direkt an den Verlag von W. Spemann zu adressiren" (jbkmg 1992, 141).

01.18. Spemann zeigt sich erfreut darüber, "daß es mit dem 'Sohn des Bärenjägers' so flott vorwärts geht": "Der Roman findet bei unsern Lesern allseitig Anklang und, wie wir aus der übersandten Fortsetzung ersehen haben, wird sich das Interesse an demselben von Nummer zu Nummer noch steigern. Mit gleicher Freude haben wir die Nachricht begrüßt, daß in 3 Wochen der Schluß des Romans in unseren Händen sein werde, wodurch wir jeder Sorge, einmal stecken zu bleiben, enthoben sind. Für die neulich gesandte kleine Arbeit sagen wir Ihnen besten Dank. Wir glauben Ihnen gerne, daß es nicht ganz leicht ist, zu Illustrationen anziehende Texte zu schreiben. Immerhin ist Ihnen die Lösung dieses Problems im vorliegenden Fall ganz vorzüglich gelungen" (*Der Sohn des Bärenjägers* 264).

02.18. Nürnberg. Carl Schrag vom Neugebauer-Verlag teilt May auf Anfrage mit, man besitze von seiner Jugendbearbeitung des Romans *Der Waldläufer* (Gabriel Ferry) noch ca. 500 Exemplare und plane vorerst keine (von May offenbar vorgeschlagene) Neuauflage. May soll zur Wahrung der Autorenrechte seinen Vertrag mit Franz Neugebauer schicken, wozu dieser nicht in der Lage ist (*Der Waldläufer* N18f.).

02.21. Münchmeyer bittet May um weitere Manuskriptlieferung für *Der Weg zum Glück* und *Deutsche Herzen, deutsche Helden*, nachdem eine für den 19.2. in Aussicht gestellte "große Ladung Manuskripte" ausgeblieben ist: "Sobald Sie mir nicht genügend und nicht pünktlich liefern, verliere ich meine mühsam erworbenen Abonnenten, die mich so viel Geld kosten. Halten Sie sich doch einen Stenographen! Wenn Sie eine Nacht durch diktieren, haben Sie für 4–5 Hefte Manuscripte auf das Papier gebannt und mir ist geholfen." May an Franz Netcke 7.3.1911: *Er nennt meine Romane "eine Frage meiner Existenz", und wenn ich sie ihm schreibe, so sagt er "und mir ist geholfen". Was dieser Mann von mir verlangte, geht aus den 4–5 Heften hervor, die ich in einer Nacht dictiren sollte; das sind 250 eng beschriebene Quartseiten à 25 Zeilen! Gewiß eine gradezu wahnsinnige Forderung!*

02.25. Karl Mays 45. Geburtstag. – Spemann an May: "Mit verbindlichem Dank empfing ich weitere 100 Seiten des 'Bärenjägers' [...]. Sie werden bemerkt haben, daß wir – momentan mit genügend Manuskripten versehen – Sie auch gar nicht gedrängt haben und so soll es auch in Zukunft gehalten bleiben. [...] Ich sehe mit Vergnügen dem Schluß des 'Bärenjägers' entgegen und freue mich zu hören, daß Sie dann sofort die weitere Arbeit [vermutlich *Kong-Kheou, das Ehrenwort*] beginnen wollen" (*Der Sohn des Bärenjägers* 264).

03. Im Briefkasten des "Guten Kameraden" wird ein angeblicher "Autograph von Hobble Frank" veröffentlicht (*Die Helden des Westens* A41).

03.17. Spemann an May: "Ich möchte nun auf die Frage der Honorierung eingehen, welche bei einem jungen Unternehmen stets eine ganz besonders schwierige ist. Der G. K. muß sich erst noch einführen und wenn ich auch wohl der Überzeugung bin, daß dazu ein fesselnder Roman unerläßlich ist, so bin ich doch offenbar noch für längere Zeit an ein schmales Budjet gebunden. Ich möchte Ihnen den Vorschlag machen, daß ich den Bärenjäger in der Form erwerbe, daß ich ihn auch in der Buch-Ausgabe bringe. Ich würde alsdann für die 1. Auflage von 3000 Exempl. und für den Abdruck im G. K. Ihnen ein Honorar von 1200 M. vorschlagen" (*Der Sohn des Bärenjägers* 264).

03. Im "Guten Kameraden" erscheint anonym *Ein Prairiebrand*, ein aus Fremdtexten (Charles Sealsfield, Karl Müller, John Treat Irving) kompilierter Text, den ein unpassendes Bild (Savannenbrand in Afrika) illustriert; Mays Autorschaft ist zweifelhaft (plaul1 121; ued 465; may&co 91, 38-41).

03.29. Kürschner an May: "Anliegend sende ich Ihnen 10 Illustrationen eines Aufsatzes über Kentucky. Hätten Sie nicht Lust, dazu einen Artikel zu schreiben von etwa 4–5 Seiten Umfang, leicht, interessant und anregend. Nur dürfte sich freilich die Sache nicht wieder so lange verzögern, wie der von Ihnen für 'Vom Fels zum Meer' zugesagte Artikel, dem ich überhaupt nun bei nächster Gelegenheit entgegensehe. Ich bitte Sie dringend mich mit den beiden Artikeln nicht im Stiche zu lassen." Die Bitte bleibt unerhört (jbkmg 1992, 142).

04.03. Münchmeyers Angestellter ("Geschäftsführer") Johann August Wilhelm Walther (1827–1900), der seit 1881 im Verlag arbeitet und im Münchmeyer-Haus (Jagdweg 13) wohnt, überbringt May eine am 28.3. ausgestellte "Vollmacht" und einen *Revers*, in dem dieser sich zur Lieferung von wöchentlich fünf Heften der noch laufenden Romane *Deutsche Herzen, deutsche Helden* und *Der Weg zum Glück* verpflichten soll; außerdem soll er sämtliche Rechte an seinen Kolportageromanen dem Münchmeyer-Verlag überschreiben (plaul3 431). *Leben und Streben* 238f.: Münchmeyer *hatte* [...] *den schriftlichen Versuch gemacht, diese Rechte noch nachträglich zu erwerben. Er hatte das durch einen Revers getan, den er mir durch jenes vorbestrafte Faktotum Walter schickte und zur Unterschrift vorlegen ließ. Ich wies aber diesen außerordentlich pfiffigen Boten mit seinem Revers zurück. Dieser Walter war es auch, durch den ich auf meine Anfragen immer die schriftliche oder mündliche Versicherung bekam, daß die Zwanzigtausend noch nicht erreicht sei.* – *Schundverlag 05*, 354f.: Münchmeyer *schickte mir seinen geheimnisvollen Vertrauensmann, einen gewissen Walter, der in Münchmeyers Familie und Geschäft eine selbst jetzt noch nicht aufgeklärte Rolle spielte. Er war ein alter, vorbestrafter Pfiffikus, der sich mit solcher Schlauheit auszudrücken verstand, dass ich von ihm noch weniger als nichts erfahren konnte. Aber Münchmeyer fühlte sich durch diese meine Nachforschungen beängstigt. Er sagte* [...], *daß es jetzt doch nun Zeit geworden sei, mit seinen Schriftstellern schriftliche Kontrakte zu machen, und so erschien denn das Faktotum Walter eines schönen Tages bei mir, um mir mit gleissender Freundlichkeit ein Schriftstück vorzulegen, welches ich unterschreiben sollte.* [...] *Es ist ein Meisterstück der Kolportagepfiffigkeit, der Walterschen Geriebenheit* [...]. *Man tat, als ob es sich nicht um alle, sondern nur um zwei meiner Romane handle. Und man tat so, als ob ich das Manuskript nicht schnell genug und auch* *nicht regelmässig geliefert habe. Nun sollte ich mich jetzt plötzlich kontraktlich verpflichten, wöchentlich fünf Nummern zu liefern und hierbei nur so nebenbei mit unterschreiben, dass ich an Herrn Münchmeyer das alleinige, freie, unbeschränkte Verlags-, Eigentums- sowie Uebersetzungsrecht abtrete.* [...] *Ich war* [...] *über dieses Ansinnen derart empört, dass ich ihn schleunigst* [...] *hinausgeworfen habe.*

04.23. Nach einem Zerwürfnis Emmas mit dem Vermieter Franz Eduard Boericke kündigt May übereilt seinen Mietvertrag und übersiedelt von der Dresdner Johannstadt nach Dresden-Seevorstadt, Schnorrstraße 31[I] (1945 zerstört). Im Parterre befindet sich die Restauration des Schankwirts und Hauseigentümers Johann August Nitsche (1844–1908) (plaul3 408). Der Jahresmietzins beträgt 1050 Mark (patsch). May kann sich wegen des dauernden Lärms nur mit Mühe auf seine Arbeit konzentrieren (masch 37). *Schundverlag 05*, 345: *Es stellte sich heraus, dass unsere jetzige Wohnung nicht mehr passte. Es galt, eine neue einzurichten. Das gab Zerstreuung und Beschäftigung. Wir zogen aus, nach der Schnorrstraße, in eine schöne, freigelegene Etage. – Leben und Streben* 206f.: Emma *fand sich nicht in die Abgeschiedenheit unserer jetzigen Wohnung; sie entzweite sich mit dem Wirte. Ich mußte kündigen. Wir zogen aus, nach einer Radauwohnung des amerikanischen Viertels, die über einer Kneipe lag, so daß ich nicht arbeiten konnte. – Frau Pollmer* 845: *Seit der Zeit, daß Münchmeyer von meinem Wirthe aus dem Haus getrieben worden war, wurde dieser von meiner Frau gehaßt, und zwar in der ihr eigenen Weise, bei der jedes Wort und jede That zur schweren Beleidigung wird. Es gab Scenen, die mich veranlaßten, dem Vorwurf, undankbar zu sein, dadurch zu entgehen, daß ich auszog. Ich zog nach der Schnorrstraße im sogenannten amerikanischen Viertel, wo ich wieder eine erste Etage nahm.* – Nürnberg. Carl Schrag teilt May mit, der Neugebauer-Verlag werde voraussichtlich in den nächsten Wochen verkauft. Mit Vertrag vom 26.4. wird Robert Bardtenschlager in Reutlingen den Verlag übernehmen (*Der Waldläufer* N19).

1887. Emma ist mit der vier Jahre älteren Auguste Emma Louise Dietrich geb. Hofmann (1852–1938) befreundet, der Frau des Oberturnlehrers an der Annenschule Carl Eduard Dietrich (1844–1891). Die Familie hat fünf Kinder und wohnt in der Sedanstraße 28^IV, einer Seitenstraße zur Schnorrstraße. *An die 4. Strafkammer* 65: *Inzwischen hatte die Pollmer sich in Dresden außer der Frau Münchmeyer noch eine andere "Freundin" beigefügt, mit der sie innigen Umgang pflegte, obgleich ich ihr verboten hatte, mit dieser Frau zu verkehren. Das war eine Turnlehrersfrau, geborene Tischlerstochter, die in einer beispiellos sonderbaren Ehe lebte. Als ihr Mann* [am 3.5.1891] *starb, hielt sie ihm im Bekanntenkreise die kurze und bündige Leichenrede "Sein Todestag ist der schönste Tag meines Lebens!"* – *Frau Pollmer* 845f.: Emma *brachte mir die Frau eines Turnlehrers Dittrich ins Haus, mit allen ihren Kindern, zwei Mädchen und drei Buben. Turnlehrer Dittrich war ein braver, pflichttreuer Mann. Was aber seine Frau betraf, so wollte er nichts mehr von ihr wissen. Er aß und schlief für sich allein und ließ sich nur um seiner fünf Kinder willen nicht von ihr scheiden. Sie brüstete sich damit, die Männer zu hassen, weil sie alle nichts taugen, und hatte die Eigenheit, sich in die Ehen Anderer zu drängen, um den guten Engel zu spielen und so lange zu hetzen und zu doziren, bis es dort ebenso wild aussah wie in ihrer eigenen Ehe. Diese Vertreterin der Kraft- und Faust-Weiberei hatte sich schon in Blasewitz an meine Frau gedrängt, um sie zu sich hinüber zu ziehen; ich aber hatte der Letzteren streng verboten, mit ihr zu verkehren. Sie wohnte in der Nähe meiner neuen Wohnung* [...]. *Diese Turnlehrerin Dittrich sah, daß sie mir widerwärtig war, doch paßte ihr das erst recht in ihre Theorie; sie hetzte nun erst recht. Konnte ich sie die Treppe hinunterwerfen, wenn sie kam, von meiner Frau geladen? Ich mußte es mir gefallen lassen, denn ich hatte grad damals keine Zeit für solche Skandale. Ich hatte mich mit dem* *bekannten Professor Josef Kürschner* [...] *auf die Gründung einiger neuer Unternehmungen festgelegt, und ich arbeitete mit allem Eifer auf die Trennung von Münchmeyer hin; ich hatte also für andere Dinge keinen Raum und mußte es ruhig dulden, daß sich diese Dittrich mit ihrem ganzen Anhange bei mir festsetzte* [...]. *Dieses Weib hat an mir gesaugt viele Jahre lang* [...]. *Sie hat uns nach der Lößnitz und überall hin verfolgt.* Zeugenaussage Louise Dietrich 2.3.1908: "Ich kenne May seit ungefähr Ende der achtziger Jahre [...]. Ich habe ihn durch meine Schwester Frau Baumeister Ueben [Richard Uebe, Maystraße 26] in Blasewitz kennen gelernt. Ich habe auch wiederholt im Hause Mays verkehrt, insbesondere als sie in der hiesigen Schnorrstr. und ich in der Sedanstraße wohnten. [...] Als Mays [...] auf der Schnorrstraße wohnten, erzählte [Frau May] mir auch, daß ihr Mann sehr leicht im Geldausgeben sei und daß sie manchmal in großen Geldverlegenheiten seien. Ich habe ihr [...] den Rat gegeben, sich ohne Wissen ihres Mannes etwas Geld zurückzulegen, um für den Fall der Not etwas zu haben. Frau May hat mir [...] ab und zu Geld gebracht, das ich für sie auf der Neustädtischen Sparkasse angelegt habe. Auf Verlangen der May habe ich ihr dann das Sparkassenbuch mit zirka 800,- M. ausgehändigt. Sie erzählte mir, daß sie ihr Geheimnis von dem Sparkassenbuch der Plöhn erzählt habe, und daß diese es wieder ihrem Mann verraten habe" (leb 72, 74). Die Rückgabe des Sparbuchs wird erst nach 1895 (Bezug der Villa "Shatterhand") zu datieren sein; eidesstattliche Erklärung Louise Dietrich 7.12.1909: "Eines Tages erzählte mir Frau Emma erregt, daß ihr Mann [...] durch Frau Plöhn von der Existenz des Sparkassenbuchs erfahren habe. Er hätte ihr eine Szene gemacht. Sie bat mich, das Buch so schnell wie möglich herbeizubringen. Ich gab darauf das Buch, da ich in der May'schen Villa niemand traf, bei Plöhns ab" (leb 329).

05. Im "Guten Kameraden" erscheint anonym der Illustrationstext *Das Hamaïl*, zu einem Holzstich von Ivan Pranishnikoff (plaul1 121; ued 412f.).

05. Im "Guten Kameraden" erscheint anonym der Illustrationstext *Ein Phi-Phob* (plaul1 121; ued 413f.).

06. "Deutscher Hausschatz": "Leider können wir mit der Veröffentlichung der uns in Aussicht gestellten neuen Serie von Dr. Karl May's Reise-Novellen noch nicht beginnen, weil das Manuscript bis jetzt nicht vorliegt. Wir bedauern dies, aber wir können es nicht ändern" (mkmg 17, 19).

06.05. Joseph Kürschner mahnt vergeblich den am 29.3. erbetenen Illustrationstext (Kentucky) an (jbkmg 1992, 142).

06.26. Hohenstein. Der Buchhändler Gustav Adolph Zimmermann schickt May einen Rechnungs-Auszug über gelieferte Bücher: "Sollten Sie an Cassa Ueberfluß haben so bitte lassen Sie mir etwas zukommen. Kommen Sie nicht mal nach hier? Es hat sich viel verändert seit Sie fortgezogen sein."

1887. Emma wird ernstlich krank. Ein Arzt rät ihr zu morgendlichen Spaziergängen im Großen Garten, die sie meist zusammen mit Pauline Münchmeyer unternimmt. *Leben und Streben* 206f.: *Da wurde* [Emma] *krank.* [*Frau Pollmer* 847: *Das kostete mich in kurzer Zeit achthundert Mark.*] *Der Arzt riet ihr sehr frühe Spaziergänge nach dem großen Garten, dem weltbekannten Dresdener Park.* [*An die 4. Strafkammer* 64: *Meine Frau erkrankte. Der Arzt verordnete ihr tägliche, frühmorgentliche Spaziergänge nach dem "großen Garten", wo sie einige Stunden zu bleiben und Milch oder Kakao zu trinken hatte.*] *Solchen ärztlichen Verordnungen hat man zu gehorchen. Es gab für mich keinen Grund, diese Spaziergänge zu verhindern, die morgens vier bis fünf Uhr begannen und ungefähr drei Stunden währten.* [*Frau Pollmer* 847: *Sie erhob sich morgens drei Uhr, machte Toilette, spazierte einen ganzen Sommer lang nach der Conditorei im großen Garten, kehrte um Sieben zurück und legte sich dann wieder nieder, um auszuschlafen.*] *Ich wußte nicht, daß Frau Münchmeyer auch nicht gesund war und daß auch sie von ihrem Arzt die Weisung erhalten hatte, frühe Morgenspaziergänge nach dem Großen Garten zu machen. Erst* *nach langer, sehr langer Zeit erfuhr ich, was während dieser Spaziergänge geschehen war.* [*Frau Pollmer* 847: *Natürlich forschte ich nach, ob sie diese reine, köstliche Naturfreude ganz allein genieße. O nein! Frau Münchmeyer saß bei ihr. Der ganze, schöne Plan stammte von dieser Frau.*] *Meine Frau war mir nicht nur seelisch, sondern auch geschäftlich verlorengegangen. Die beiden Damen saßen tagtäglich frühmorgens in einer Konditorei des Großen Gartens und trieben eine Hausfrauen- und Geschäftspolitik, deren Wirkungen ich erst später verspürte. – Schundverlag 05*, 346f.: Emma stand *früh gegen 4 Uhr auf, ging nach dem "Grossen Garten", kam gegen 7 Uhr ganz ermüdet wieder und legte sich darauf von neuem schlafen.* [...] *Meine Frau kam täglich, gutes Wetter vorausgesetzt, im Grossen Garten mit Frau Münchmeyer zusammen.* [...] *Ich erkannte von Tag zu Tag, von Woche zu Woche die Gifte immer deutlicher, die während dieser Morgenspaziergänge von der einen Person auf die andere übergegangen waren, die Einbildung auf äussere Zufälligkeiten, den Bettelstolz, den Geldhunger und die Verheimlichung. – An die 4. Strafkammer* 65: *Es fiel mir nicht ein, hierüber zu sprechen; ich beobachtete still weiter, und fand, daß dieser so pfiffig abgekartete Verkehr für meine Frau von einer Wirkung war, die mich zwang, ihn sofort zu untersagen. Die Münchmeyer war geradezu zum Muster, zum Ideal für die Pollmer geworden.*

07.27. Die Redaktion des "Guten Kameraden", der noch 90 bis 100 Schlussseiten zum *Sohn des Bärenjägers* fehlen, erbittet dringend weiteres Manuskript (*Der Sohn des Bärenjägers* 264)

Sommer. Ermutigt durch den Erfolg seiner Jugenderzählungen bei Spemann und die Aussicht auf spätere Buchausgaben, beendet May seine Kolportagetätigkeit bei Münchmeyer. Einen sechsten Roman (*Delila*) hat er (möglicherweise schon im Juni 1886, vor dem *Weg zum Glück*) begonnen (und ca. 80 Manuskriptseiten an Münchmeyer gegeben), aber nicht weitergeführt (woll 69). May in einem undatierten Brief an Rudolf Bernstein um 1902: *"Delila" ist ein biblischer Name. Ich sah in der be* *rühmten Doréschen* [Gustave Doré, 1832–1883] *Bilderbibel die großartige Zeichnung "Simson und Delila". Sie packte mich. Ich sann über die Bedeutung dieser Sage nach. Ihre psychologische Tiefe veranlaßte mich, sie im Sinne späterer Zeit schriftstellerisch zu behandeln. Das Thema lautete: Ein dämonisches Weib, welches durch das über einen großen, edlen Mann gebrachte Unglück zur Einkehr in sich selbst, zur Reue, Besserung und Sühne, also zur Erlösung geführt wird. Dieses Sujet ist nicht blos ein litterarisch äußerst werthvolles, sondern auch ein in allgemein menschlicher Beziehung eminent interessantes. Hierbei ist allerdings der für den Kunstlaien etwas bedenkliche Umstand zu beachten, daß der künstlerische Aufbau des Ganzen gleich am Beginn des Werkes die Zeichnung dieser Weiblichkeit in ihrer ganzen dämonischen Eindrucksfähigkeit ganz unbedingt verlangt, weil grad hierauf sich die ganze fernere Entwickelung gründet. Doch bedarf es höchstens 70–80 Seiten, dies zu überwinden, was bei einem Gesammtumfange von ca. 5000 Seiten gewiß gestattet ist, zumal Litteraten von größtem sittlichen Ernste, wie z. B. Graf Leo Tolstoi* [1828–1910] *etc. es gar nicht für nöthig gehalten haben, sich eine solche Beschränkung aufzuerlegen. Ich schrieb einen Anfang, doch nur im Concepte, wie ich ganz besonders hervorzuheben habe. Man versucht. Man will sehen, wie es ausschaut. Man will hören, wie es klingt. Man will Auge und Ohr an den vollständig neuen Stoff gewöhnen. Auf die Hauptgestalt drängt anfangs Alles hin. Sie wird dabei fast immer vollständig überzeichnet. Man hat hernach zu mindern und zu retouchiren. Zu drucken ist das selten. Einem phantasielosen Schriftsteller wird das freilich nicht geschehen. Ich fühlte, daß ich zu stark aufgetragen hatte, und schrieb, glaube ich, gar nicht einmal das erste Kapitel zu Ende. Dann gab ich diesen Anfang Münchmeyer zu lesen, den ich damals noch hin und wieder traf. Er behielt ihn, um ihn ganz für sich zu lesen.* [...] *Später, als ich wieder an diese Arbeit dachte, fehlte mir das Concept. Ich wußte nicht mehr, wohin es war. Ich hatte es vollständig vergessen.*

08.-12. May arbeitet an der Fortsetzung des Orientromans, dei Schlussteil *Durch das Land der Skipetaren* (XXIII A 38).

09.01. Adolf Spemann, Wilhelm Spemanns Bruder, Prokuri und Teilhaber, schreibt an May: "Wir kommen dieser Tage a die Drucklegung der ersten Nummer des II. Jahrgangs unsre 'Guten Kameraden' und würden [...] am liebsten Ihren 'Soh des Bärenjägers', der durch seine frische Sprache & lebhaft Action unsern Leserkreis sehr angesprochen hat, fortsetzen. E machen sich jedoch mehrfache Bedenken dagegen laut, umsc mehr als ja der Roman ohnehin schon etwas breit behandelt i & werden wir deshalb wohl [...] von einem Weiterspinnen die ser Erzählung absehen müssen. Bevor wir unser Programm fü diese 1. Nummer feststellen, fragen wir bei Ihnen an, ob Sie fü uns nicht etwas Ähnliches in petto hätten, oder uns mit sonst gen Vorschlägen an die Hand gehen könnten" (*Der Sohn des Bä renjägers* 265).

09. Der "Deutsche Hausschatz" kündigt die Erzählung *Durc das Land der Skipetaren* an, zu der ihr bereits "ein großer Ma nuscripttheil" vorliege: "Abgesehen von dem spannenden Gan ihrer Handlung, ist diese hochromantische Erzählung auch i ethnographischer Hinsicht von besonderem Interesse, namen lich in jetziger Zeit, wo die Augen Europa's auf die Balkanlär der gerichtet sind" (mkmg 17, 19).

09.05. Wilhelm Spemann an May: "Wir haben erst heute da noch vorhandene Manuskript von 'Der Sohn des Bärenjäger genau abschätzen können und gefunden, daß uns noch 8 Bla Manuskript fehlen, welche den Schluß des Ganzen bilden so len, wie wir Ihnen heute schon p. Telegramm gemeldet haber Sie würden uns sehr zu Dank verpflichten, wenn Sie uns dies 8 Blatt noch Ende dieser Woche übersendeten" (*Der Sohn de Bärenjägers* 265).

09.07. Die "Kamerad"-Redaktion bittet telegraphisch um etw 10 Blatt Manuskript eines neuen Romans für den neuen Jahr gang (*Der Sohn des Bärenjägers* 6).

09.08. Die "Kamerad"-Redaktion wiederholt in einem Brief die Bitte um Manuskript (*Der Sohn des Bärenjägers* 6).

09. May beginnt für den "Guten Kameraden" den China-Roman *Kong-Kheou, das Ehrenwort*, den er später zugunsten der Erzählung *Der Geist des Llano estakado* zurückstellt (XXIII A38; *Die Helden des Westens* A52). Die ersten 100 Seiten gehen noch im September an die Redaktion (jbkmg 1994, 242).

09. Im "Guten Kameraden" wird das Erscheinen des Romans *Kong-Kheou, das Ehrenwort* angekündigt (*Der Sohn des Bärenjägers* 6f.). Im Briefkasten erhält H. Glade in Wiesbaden die Antwort: "Der Verfasser vom 'Sohn des Bärenjägers', Dr. Karl May, lebt zur Zeit in Dresden und ist eben dabei, für seine jungen Freunde eine neue urfidele Erzählung zu schreiben [...]. Halte Dein Zwerchfell zusamm', da gibt's wieder mal was zu lachen!" (*Der Sohn des Bärenjägers* 141)

10.02. May schreibt einen (nicht überlieferten) Brief an Spemann mit einem neuen Romanvorschlag (*Der Geist des Llano estakado*). Vermutlich hat der Verleger den Wunsch geäußert, den China-Roman zurückzustellen und zunächst doch das erfolgreiche Konzept des *Bärenjäger*-Romans fortzusetzen (*Der Sohn des Bärenjägers* 265).

10.10. Joseph Kürschner, der "seit langer, langer Zeit" nichts mehr von May gehört hat, will ihm vier Bilder des englischen Illustrators Richard Caton Woodville (1856–1927) aus den "Illustrated London News" senden, zu denen dieser bis zum 15. 10. einen kurzen Text für "Vom Fels zum Meer" verfassen soll. May wird daraufhin die kulturhistorische Skizze *Maghreb-el-aksa* schreiben (jbkmg 1992, 143).

10.12. 12.33 Uhr. Telegramm an Kürschner: *Brief erhalten Bilder fehlen* (jbkmg 1992, 143).

10.13. 9.50 Uhr. Telegramm an Kürschner: *Aber bitte, habe nun zwar die Nummern* ["Illustrated London News"], *weiß jedoch nicht, welche Bilder Sie meinen* (jbkmg 1992, 144).

10.14.(?) Telegramm an Kürschner: *Muß mich sehr beeilen, diese Blätter in den Bahnzug zu bringen, damit sie nach Ihrem Wunsche noch Sonnabend ankommen* (jbkmg 1992, 144).

10.15. 15.32 Uhr. Telegramm an Kürschner: *Seit gestern unterwegs 3 Spalten* (jbkmg 1992, 144).

11. In "Vom Fels zum Meer" (Stuttgart, Wilhelm Spemann) erscheint die Skizze *Maghreb-el-aksa*, Mays letzter Beitrag für diese Zeitschrift, zu Illustrationen von Richard Caton Woodville (plaul1 121; ued 464f.; *Der Krumir* 83f.).

11.22. Emma Mays 31. Geburtstag.

11.29. Köln. Heinrich Theißing teilt May mit, er habe das ihm (Anfang 1886) zugesandte Porträtfoto, von dem er einen Holzschnitt anfertigen ließ, noch nicht verwenden können, weil ihm "dazu die biographischen Notizen fehlten": "Könnte ich dieselben heute erhalten?" Gleichzeitig bittet er um einen Text für einen Zweitabdruck. May wird ihm daraufhin die Erzählung *Der Krumir* schicken.

11.30. "Deutscher Hausschatz": "Köln. Die neue Reise-Erzählung 'Durch das Land der Skipetaren' von Karl May kann vielleicht im 4. Heft beginnen, da das Manuscript bis jetzt erfreulich wächst" (mkmg 17, 19).

12.02. Spemann an May: "Verzeihung, daß ich auf Ihren Brief vom 2. 10. erst heute antworte. Ich war mit dem Inhalt desselben so vollständig einverstanden, daß ich die Sache innerlich für erledigt hielt und dadurch kam sie mir in Vergessenheit. Ich bin mit Ihrem Vorschlage vollständig einverstanden und bitte dringend, daß Sie sofort mit der Arbeit beginnen. Ich will den Kong Kheu ja nicht fallen lassen, sondern ihn nur bei Seite schieben, um das lebendige Interesse weiter zu führen" (*Der Sohn des Bärenjägers* 265). Vermutlich beginnt May noch im Dezember mit dem Roman *Der Geist des Llano estakado*.

1888

01.-09. May schreibt für den "Guten Kameraden" den Jugendroman *Der Geist des Llano estakado* (XXIII A38).

01.19. Adolf Spemann (für Wilhelm Spemann) an May: "Die Verlagsbuchhandlung von Jos. R. Vilimek in Prag, in deren Verlage eine Jugendzeitschrift in böhmischer Sprache erscheint, fragt bei mir an, ob ich ihr gestatten würde, die im 'Guten Kamerad' enthaltene Erzählung 'Der Sohn des Bärenjägers' frei ins Böhmische übersetzen zu dürfen resp. bearbeiten zu lassen. Ich meinerseits würde dagegen nichts einzuwenden haben, würde auch im anderen Falle nichts einwenden können, da ein Littera-tur Vertrag zwischen Deutschland und Böhmen nicht existirt" (*Der Sohn des Bärenjägers* 265). May akzeptiert das angebotene Honorar von bescheidenen 200 Mark. Josef Richard Vilímek jun. (1860–1938) veröffentlicht die Erzählung *Syn lovce medvědův* daraufhin in der von ihm verlegten Zeitschrift "Naší Mládeži" (Unsere Jugend), mit Illustrationen von Josef Mukarowsky (1851–1921) und Karel Thuma (1853–1917); 1889 folgt dort eine tschechische Übersetzung des *Geist des Llano estakado*, Abb. Thuma (mkmg 37, 27; mkmg 77, 17, 19; hoff4 84f.; jbkmg 1977, 218; beide Übersetzungen von Jaroslav Pekař, d. i. Gabriel Smetana).

01.25. Die Redaktion des "Guten Kameraden" erhält die ersten Manuskriptseiten der Erzählung *Der Geist des Llano estakado*. Spemann schickt umgehend zwei Verträge (rückdatiert auf den 1.1.) über die Zeitschriften- und Buchausgaben von *Der Sohn des Bärenjägers* und *Der Geist des Llano estakado* an May, die dieser sofort unterzeichnet. Für den *Bärenjäger* erhält May 1200 Mark zuzüglich 300 Mark für die Buchauflagen (das Buchhonorar ist möglicherweise eine Vertragsergänzung vom 14.5.); das Honorar der noch nicht vorliegenden zweiten Erzählung soll je nach Umfang entsprechend berechnet werden, wobei Spemann mit à conto-Zahlungen einverstanden ist (*Der Sohn* *des Bärenjägers* 265; *Die Helden des Westens* A59; mkmg 119, 58f.).

01.30. Spemann antwortet auf einen Brief Mays, der sich mit dem Vertragsangebot vom 25.1. gekreuzt hat, und teilt mit, dass er wunschgemäß 400 Mark telegraphisch angewiesen habe. Er hofft, May werde nun "in einer Tour den 'Geist' vollenden" (*Die Helden des Westens* A59).

01.-09. Im "Deutschen Hausschatz" erscheint die umfangreiche Fortsetzung des Orientromans, *Durch das Land der Skipetaren.* May wird den "Deutschen Hausschatz" nun wieder regelmäßig beliefern (plaul1 122).

01.-09. "Der Gute Kamerad" bringt verspätet im laufenden Jahrgang Mays zweiten Jugendroman unter dem korrumpierten Titel *Der Geist der Llano estakata*; aus Zeitgründen erscheint er ohne Illustrationen (plaul1 123f.; XXIII A39).

02.03. Hohenstein. Auguste Wilhelmine Clementine Tröltzsch geb. Fischer (1841–1904), die Frau des Tuchhändlers Adolf Louis Tröltzsch, bedankt sich für die "ueberaus freundliche und herzliche Aufnahme", die Mays ihrer Tochter Camilla Emilie Klara (1869–1923, ab 1890 Frau Beyer) "zu Theil werden ließen". May unterstützt die ehemalige Nachbarsfamilie (Altmarkt 36) auch finanziell.

02.25. Karl Mays 46. Geburtstag.

03.09. Berlin. Tod Kaiser Wilhelms I. Sein Nachfolger wird sein schwerkranker Sohn Friedrich Wilhelm (Kaiser Friedrich III., 1831–1888).

03.-04. Vermutlicher Abschluss von *Durch das Land der Skipetaren* (XXIII A38).

04.18. May teilt dem Verlag Benziger & Co. (Joseph Benziger) in Einsiedeln mit, er habe sich von anderen Verlagsfirmen gelöst. Bereits Mitte der 80er Jahre hat er dem Verlag vergeblich seine Mitarbeit an der Monatsschrift "Alte und Neue Welt" an geboten, was mit Hinweis auf seine Tätigkeit für den "Deutschen Hausschatz" abgelehnt wurde (patsch; *Christus oder Muhammed* 19).

04.23. Friedrich Pustet erklärt sich damit einverstanden, von May die (noch nicht begonnenen) Erzählungen *Der Scout* und *El Sendador* für den "Deutschen Hausschatz" zu erwerben und ihm parallel zum Manuskripteinlauf postwendend pro Seite eine Mark Honorar zu überweisen. Mays Manuskripte nach Regensburg nehmen in der Folge einen Umfang an, den die Zeitschrift kaum verkraften kann. Bis 1892 erhält Pustet Manuskripte im Umfang von zehn Fehsenfeld-Bänden, während die Kapazität pro Jahrgang nur einen Band beträgt. Ein verbindlicher Vertrag wird aber offenbar nicht geschlossen (XIII N2; *Die Helden des Westens* A58).

04.-07. *Der Scout* entsteht, mit einem Ich-Erzähler, der im Gegensatz zu Old Shatterhand noch Fehler und Schwächen hat. Später wird May diesen Text umarbeiten und für *Winnetou II* verwenden (XXIII A38; wohl 758).

04.25. Einsiedeln. Der Verlag Benziger & Co. ist an einer Verbindung mit May interessiert, möchte aber wissen, ob May sich vom "Deutschen Hausschatz" getrennt hat, und behält sich redaktionelle Änderungen vor. Zu einer Zusammenarbeit kommt es daraufhin erst 1892.

05. Im Kölner Verlag von J. P. Bachem erscheint in "Bachem's Novellen-Sammlung" *Die drei Feldmarschalls. Eine bisher unbekannte Episode aus dem Leben des "alten Dessauer"*, zusammen mit den Novellen "Der Armendoctor" von Karl Schratenthal und "Meister Müller und sein Geselle" von K. von Lennard (plaul1 124).

05.02. Zweite Honorarzahlung des Bachem-Verlags für eine zweite Auflage der *Wüstenräuber* von 1885 (kos 8, 107).

05.04. Adolf Spemann (für Wilhelm Spemann) weist darauf hin, dass der Abdruck des *Llano*-Romans im laufenden Jahrgang schließen muss: "Wollen Sie daraufhin Ihre Dispositionen gef. nochmals prüfen. Wir freuen uns, Ihnen mittheilen zu können, daß auch diese Erzählung unseren Jungens gut gefällt" (*Der Sohn des Bärenjägers* 266).

05.14. Wilhelm Spemann antwortet auf einen Brief Mays vom 8.5.: "Nach unserer bisherigen Correspondenz habe ich allerdings angenommen, daß ich den 'Sohn des Bärenjägers' und den 'Geist des Llano estakada' sowohl für den 'Guten Kameraden' als auch für spätere Buchausgabe erworben habe." Spemann will May entgegenkommen und ihm für die "Erwerbung des Buchverlages für sämmtliche Auflagen der beiden Romane" einen "Pauschalpreis von 300 Mark" zahlen. Die Übersetzungshonorare sollen May gehören. "Falls Sie mit diesen Vorschlägen einverstanden sind bitte ich um Ausfüllung der übersandten Contrakte nach Hinzufügung der betreffenden Notizen. Ich werde Ihrem Conto dann den Betrag überweisen, wie ferner das bis jetzt eingegangene Uebersetzungshonorar für böhmische Sprache 200 Mark gutschreiben. [...] Können Sie mir für den neuen Jahrgang des 'Guten Kameraden', der am 1. October dieses Jahres beginnt, einen fortlaufenden Roman liefern und zwar von der chinesischen Geschichte, die Sie bereits angefangen haben?" (*Der Sohn des Bärenjägers* 266; *Die Helden des Westens* A59)

05.29. Münster. Heinrich Keiter (1853–1898), der im August nach Regensburg ziehen und dort ab Oktober als Nachfolger von Venanz Müller die Redaktion des "Deutschen Hausschatz" leiten wird, bittet May, auch ihm sein "Wohlwollen" zuzuwenden: "Ich bin überzeugt, daß sich auch zwischen uns ein dauerndes und freundliches Verhältniß anbahnen wird. Es wäre mir sehr angenehm, wenn Sie mir gütigst mittheilen wollten, ob Sie vielleicht einen neuen Roman unter der Feder haben."

06.15. Potsdam. Nur 99 Tage nach seinem Regierungsantritt erliegt Kaiser Friedrich III. einem Kehlkopfleiden. Sein Nachfolger in diesem "Dreikaiserjahr" wird sein Sohn Wilhelm II.

(1859–1941). – Silvestra Puschmann (1865–1896) aus dem böhmischen Hořovice tritt als Hausmädchen in Mays Dienste (hoff2 53f.).

06. Im "Guten Kameraden" veröffentlicht May alias Hobble-Frank ein *Antwortschreiben an O. Erdmann zu Hofgeismar bei Kassel*, in dem er in sächsischem Dialekt beschreibt, *wie een Lasso eegentlich konschterniert wird* (plaul1 124; *Die Helden des Westens* A36f.). Erste Entwürfe dieser Antwort hat May verworfen, u. a.: *Also sogar bis zweeundzwanzig Kilometer von der schönen Schtadt Kassel entfernt soll ich meine eminenten Kenntnisse ausschtrahlen, um dem Kamerädchen zu explodiren, wie nen Lasso angefertigt wird?* Oder: *Also sogar bis mitten hinein in die schöne Kreisschtadt Hofgeismar soll ich meine indianisch-katarrhalischen Kenntnisse ausschtrahlen, um dem lieben Kamerädchen dort zu explodiren, wie nen Lasso angefertigt wird? "Bong!" schpricht Zoroaster.*

07.-11. May beginnt mit der Niederschrift des großen Südamerika-Romans *El Sendador* (XXIII A38).

07.05. Adolf Spemann (für Wilhelm Spemann) an May: "Wir waren heute wieder genöthigt telegraphisch um weiteres Manuskript zum 'Geist der Llano' zu ersuchen und hoffen, daß Sie inzwischen ein reichliches Stück auf den Weg gebracht haben. Wir stecken dießmal ganz böse, denn wir reichen nicht einmal mehr für die nächste schon im Satze stehende Nummer. Wir bitten Sie dringend uns ehebaldigst in den Besitz des ganzen Restmanuskriptes [ca. 140 Seiten] zu setzen, umsomehr da wir ja den neuen Jahrgang mit Ihrem 'Kong-Kheou' beginnen möchten und, da wir diese Erzählung illustriren werden, mit diesem Manuskript unbedingt auf eine gute Spanne Zeit hinaus gewappnet sein müssen. [...] Wir bedauern recht sehr, daß wir Sie so drängen müssen, doch Sie begreifen die Verlegenheit! Noch eines! Wir erwarten im Herbst einige Zunahme unseres Abonnentenstandes. Es könnte diese Erwartung nur stützen, wenn Sie den 'Geist' einigermaßen effektvoll zu schließen wüßten.

Hobble Frank geniest riesenhaften Beifall, der sich [...] bis zu Lachkrämpfen steigert. Wir wollen Ihnen aber auch nicht verschweigen, daß uns vereinzelte Briefe zugegangen, die in deutlicher Weise von 'Ermüdung' sprechen. Verzeihen Sie diese unsere Offenheit. Nach alledem dürfte es sich empfehlen, daß Sie seiner Schwarte stellenweise etwas Gewalt anthun, ihn hie und da etwas untertauchen lassen, um so freudiger natürlich dann das Wiedersehen. Herzlichen Dank auch für das schnurrige Antwortschreiben. Das wird viel Spaß machen. Möchten Sie doch auch die letzte Nummer unseres Jahrgangs mit einem ähnlichen Scherz bedenken. Die Sache könnte ja fingirt sein" (*Der Sohn des Bärenjägers* 266).

Sommer. Angeblich verbringt May mit Emma einige Wochen in Ossiach am See in Kärnten und schreibt dort an seinem Jugendroman *Kong-Kheou, das Ehrenwort.* Tatsächlich handelt es sich dabei nur um eine Ortslegende, ausgelöst durch die Stiftung von zwei Fenstern für die Ossiacher Abteikirche am 23.10.1905 (woll 71; mkmg 78, 44f.).

08. "Deutscher Hausschatz": "Nach Innsbruck. Wir selbst bedauern, daß die Erzählung 'Durch das Land der Skipetaren mehr Raum einnimmt, als es im Interesse der Mannigfaltigkeit des gesammten Heft-Inhaltes zuträglich ist. Aber diese Erzählung muß im laufenden Jahrgang unserer Zeitschrift zu Ende geführt werden, und deshalb bleibt uns nichts Anderes übrig als redactionelle Abkürzungen darin vorzunehmen, wo sie eben thunlich sind, und sonstige größere Novellen auszuschließen' (mkmg 17, 19). Im September wird der Schluss des Orientromans erscheinen.

08.03. Lüneburg. Der Mittelschullehrer und Schriftsteller Carl Cassau (1840–1909), der ebenfalls für den "Guten Kameraden" schreibt (u. a. "Die weiße Kamelstute"), drückt May seine Anerkennung für den *Sohn des Bärenjägers* und den *Geist des Llano estakata* aus: "Sie haben in der That selbst mich durch den confusen Hobble-Frank höchlichst entzückt".

08.30. Die "Kamerad"-Redaktion an May: "Wir bitten um gütige Uebersendung des Schlußmanuskriptes 'Geist der Llano estakata' [ca. 28-30 Seiten]. [...] Wir müssen die Schlußnummern sogleich fertig stellen, da wir schon in der allernächsten Zeit mit dem Druck der 1. Nummer des dritten Jahrganges beginnen. An der Spitze dieser Nummer steht Ihr 'Kong-Kheou, das Ehrenwort', recht hübsch illustrirt von dem Münchner Maler Weigand. Auch die Fortsetzung dieses letzteren Manuskripts ist sehr eilig, zumal die Illustration geraume Zeit in Anspruch nimmt. [...] Sodann erbitten wir uns für die Schlußnummer das Preisräthsel des Hobble-Frank, auf das unsere Leser in hohem Grade gespannt sind. Sehr lieb wäre uns, wenn Sie uns auch die Preisvertheilung von hier aus versenden ließen, sintemalen wir auch eine originelle 'Ueberraschung' zur Versendung bringen und das kann ja dann zusammen gehen" (*Der Sohn des Bärenjägers* 266).

1888. Mays Vermieter, der Restaurateur Johann August Nitsche, verklagt May vor dem Amtsgericht Dresden in einem Zivilverfahren wegen rückständiger Mietzinsen seit dem 1.7. (jbkmg 1980, 141; jbkmg 2002, 287).

1888. In einem Zivilverfahren vor dem Amtsgericht Dresden wird May von Alma Minna Eulitz, "Dienstperson" in Pieschen, (vermutlich wegen ausgebliebener Lohnzahlungen) verklagt (mkmg 45, 12; jbkmg 1980, 141; hoff2 54; jbkmg 2002, 287).

09.06. Donnerstag. 10 Uhr. Ernstthal. Tod des Vaters Heinrich August May an Altersschwäche (Totenbuch Ernstthal).

09.10. Montag. Beisetzung von Mays Vater in aller Stille auf dem Ernstthaler Friedhof (Totenbuch Ernstthal).

09. Wechsel in der Redaktion des "Deutschen Hausschatz": Auf den May sehr wohlgesonnenen und liberalen Venanz Müller folgt Heinrich Keiter, ein konservativer Mann, dem Mays Reiseerzählungen nicht gefallen (mkmg 17, 20; mkmg 78, 24).

1888.09.-1889.09. Im "Guten Kameraden" erscheint Mays dritter, in China spielender Jugendroman *Kong-Kheou, das Ehrenwort* (späterer Buchtitel *Der blau-rote Methusalem*), mit Illustrationen von Konrad Weigand. Mit der Niederschrift hat May schon im September 1887 begonnen. Das liegen gebliebene Manuskript setzt er ab Oktober fort (plaul1 127f.; XXIII A38; *Die Helden des Westens* A52).

09. Im "Guten Kameraden" erscheint eine *Oeffentliche Sendepistel an meine lieben, kleenen Kameraden*, in welcher der *rätselige Hobble-Frank* für die richtige Beantwortung der Frage *"Welche hervorragende Eegenschaft hat der bekannte Dammarlack* [der mongolische Eroberer Tamerlan, Timur, 1336–1405] *mit dem weltberühmten Hobble-Frank gemeene?"* als ersten Preis sein *Bildnisporträt mit Federhut* verspricht (plaul1 126f.; *Die Helden des Westens* A38).

09.28. May zahlt die rückständigen Mietzinsen in Höhe von 275 Mark an den Restaurateur Johann August Nitsche und zieht in den nächsten Tagen aus seiner Wohnung aus (patsch).

1888.10. Bei Hermann Herder (1864–1937) in München erscheinen Mays Erzählungen *Christi Blut und Gerechtigkeit* und *Saiwa tjalem* in der 1879 von Pfarrer Johann Martin Schleyer (1831–1912) entwickelten Welthilfssprache Volapük unter dem Titel *Tävaventürs in Kurdän ed in Lapän* (Übersetzung Hans Baumann) (Ermittlung Hainer Plaul; mkmg 77, 16, 19f.; *Der Krumir* 191).

10.01. Umzug von Dresden (Schnorrstraße) nach Kötzschenbroda, in die "Villa Idylle", Schützenstraße 6 (ab 1889 Nr. 8; heute Radebeul, Wilhelm-Eichler-Straße 8; rich 208f., 237; ha 207f.). Die Miete beträgt jährlich 800 Mark, zahlbar in vierteljährlichen Raten zu 200 Mark am 1. jeden Quartals. Hausbesitzerin ist die in Dresden wohnende Hauptmannswitwe Alm Freifrau von Wagner geb. Jänicke (1842–1931) (masch 198 In der Nähe der "Villa Idylle", in der Gartenstraße 6 (heute Hermann-Ilgen-Straße 21), liegt die "Villa Heimburg", für e nige Wochen noch der Wohnsitz der unter dem Pseudonym Wilhelmine Heimburg bekannten Schriftstellerin Bertha Behrens (1848–1912; "Lumpenmüllers Lieschen", 1879) (heer4 228f.). *Leben und Streben* 207: *Ich* [...] *zog von Dresden fort, nach Kötzschenbroda, dem äußersten Punkt seiner Vororts-peripherie.* – *Schundverlag 05*, 348: *Ich verliess Dresden nun für ganz und zog nach der Lössnitz, in den entlegensten Ort derselben, nach Kötzschenbroda, wo ich eine ganze Villa miethete, um der einzige Herr meiner Haustüre zu sein.* – *Frau Pollmer* 848: *Es blieb mir nichts Anderes mehr übrig, als nicht mehr blos nur umzuziehen und hierbei immer wieder aus dem Regen in die Traufe zu kommen, sondern Dresden ganz zu verlassen und einen entfernten Vorort aufzusuchen. Ich zog nach Kötzschenbroda, wo ich gleich eine ganze Villa miethete, um unsere unglückliche Ehe und ihre schlimmen Wirkungen zu isoliren.*

10.03. Die Redaktion des "Guten Kameraden" an May: "Wir müssen dringend um gefl. Übersendung wenigstens eines Theiles des in Aussicht gestellten Manuskriptes von 'Kong-Kheou' bitten, da die Illustrierung geraume Zeit in Anspruch nimmt" (*Kong-Kheou* 14).

10.12. Kötzschenbroda. May trägt sich beim Gemeindeamt ohne entsprechende Legitimationspapiere als "Dr. phil. Schriftsteller" ein und begeht damit eine strafbare Handlung (leb 28; kmjb 1920, 205; kmhi 13, 1).

1888. May ist zusammen mit Ernst Woldemar Bier, dem Direktor der Turnlehrer-Bildungs-Anstalt, und dem Schriftsteller und Redakteur Eduard Moritz Lilie (1835–1904), den er aus der Münchmeyer-Zeit kennt, Mitglied eines Stammtisches in Radebeul. Sein Spitzname ist "Lügen-May"; u. a. behauptet er, den Doktortitel in Göttingen erworben zu haben. Mays Frau Emma sieht die häufigen Wirtshausabende ihres Mannes untern. Überliefert ist, dass sie (vermutlich erst in späterer Zeit) einmal am Stammtisch erscheint, um ihn vom Trinken abzuhal-

ten und rechtzeitig heimzubringen. Sie stößt ihn angeblich mi
dem Fuß, als er wieder zu viel trinkt; May wird "eklig", wenı
er gedrängt wird (patsch).

10. Im "Guten Kameraden" erscheint die "Lösung des Preisrät
sels" des Hobble-Frank: *"se hinken alle beede"* (plaul1 127
Die Helden des Westens A39).

10.17. Hamm (Westfalen). Der Verlag Breer & Thiemann möch
te eine der "intereßanten Reise-Erzählungen" in der "Hamm
Soester Volkszeitung" nachdrucken.

10.18.(?) Joseph Kürschner bittet um Beiträge, bleibt aber ohn
Antwort (jbkmg 1992, 145).

10.24. Der Verlag Breer & Thiemann möchte am liebsten da
China-Abenteuer *Der Kiang-lu* nachdrucken und bittet um ein
Druckvorlage. August Thiemann (1858–1938) ergänzt: "Al
besonderer Verehrer Ihrer prachtvollen Schilderungen erlaub
ich mir die ergebene Anfrage, ob Sie wirklich alle diese wur
derbaren Abenteuer selbst erlebt haben?"

10. Eine vorerst letzte Manuskriptlieferung zum "Hausschatz'
Roman *El Sendador* geht (um den 25.10.) nach Regensburı
May, der verärgert ist über die Entscheidung des neuen Redak
teurs Heinrich Keiter, den neuen Jahrgang trotz genügende
Manuskriptvorrat ohne einen Beitrag von ihm zu eröffne
wird den Roman erst im März 1889 fortsetzen (kmw IV.
493f.).

10.26. Der Verlag Breer & Thiemann überweist 60 Mark fi
die Erzählung *Der Kiang-lu*: "Sie haben sehr Recht, von d
Nachläßigkeit deutscher Zeitungs-Verleger zu reden [...]. Des
halb nehmen wir Ihnen es gar nicht übel, wenn Sie Vorauszal
lung verlangen". August Thiemann ergänzt: "Wenn Sie all' d
wirklich erlebt haben und so vielen Gefahren glücklich entro
nen sind, so sind Sie wirklich zu bewundern. Sie wären gewi
im Stande jenen Emin Pascha [Dr. Eduard Schnitzer, 184(
1892] in Afrika aufzusuchen und zu befreien oder doch Sich

res über sein Ende zu erfahren. Vielleicht lebt der kleine Hadschi Halef noch, um Ihnen zu helfen."

10. "Deutscher Hausschatz" (Heinrich Keiter): "An Viele. Heiß wogt unter unseren Lesern der Kampf um die Romane des Reiseerzählers Carl May. Während der eine Theil in fulminanten Zuschriften bei der Redaktion sich beklagt, daß die Romane einen so großen Raum einnehmen, der viel kostbarer verwendet werden könne, verlangt der andere in nicht minder bestimmten Ausdrücken, daß sofort im neuen Jahrgang wieder mit einer Erzählung von Carl May begonnen werde. Da ist die Redaktion denn doch gezwungen, den goldenen Mittelweg einzuschlagen, um beiden Theilen gerecht zu werden. Den Gegnern von Karl May zu Gefallen bringen wir also vor der Hand Erzählungen aus der Feder anderer Autoren, den Freunden des Abenteuerromans aber verrathen wir, daß sich in unseren Händen wieder eine sehr spannende Erzählung von Carl May aus der Zeit nach dem amerikanischen Bürgerkriege befindet, die ebenfalls im neuen Jahrgang zum Abdruck gelangen wird" (mkmg 17, 20; *Der Scout* 13).

10.30. Die Fortsetzung von *Kong-Kheou* (Manuskriptseiten 101-250) geht an die Redaktion des "Guten Kameraden" (jbkmg 1994, 243).

11.01. Wie im April bereits Pustet, so erklärt sich nun auch Wilhelm Spemann bereit, einem Vorschlag Mays vom 30.10. folgend, pro Manuskriptseite umgehend eine Mark Honorar zu überweisen: "Ich begreife vollkommen, welchen Werth Sie darauf legen in dieser Weise gleichmäßig leben zu können und wundere mich selbst darüber, daß ich nicht schon auf den Gedanken gekommen bin, Ihnen einen ähnlichen Vorschlag zu machen. Ich werde Ihnen in den nächsten Tagen berichten, wie ich mir unser Verhältniß denke und möchte Sie nur jetzt schon bitten, recht flott zu arbeiten, damit ich in einen ordentlichen Manuscript-Vorrath komme" (*Die Helden des Westens* A 59).

11.02. Die "Kamerad"-Redaktion an May: "Das Rätsel Hobble-Frank's hat unseren Lesern außerordentlich Spaß gemacht, obwohl es, wie wir glauben, nur von zweien gelöst worden ist. Wir hatten die Absicht über die eingegangenen Lösungen ein lustiges Feuilleton loszulassen, möchten Ihnen aber doch nicht vorgreifen, da wir ja nicht wissen können, ob Sie nichts in petto haben. Vielleicht würde es sich doch ganz gut machen, wenn der rätselige Hobble-Frank es unternimmt, den Jungens eine lustige Pauke zu halten. Die Lösungen stehen in No. 5 und der erbetene Aufsatz müßte [...] in No. 6 zu stehen kommen, also binnen wenigen Tagen in unseren Händen sein [...]. Die eingesandten Lösungen gehen anbei mit diesem Brief Ihnen zu" (*Die Helden des Westens* A53).

11.03. Regensburg. Der neue "Hausschatz"-Redakteur Heinrich Keiter heiratet Therese Kellner (1859–1925), die sich als Schriftstellerin M(arie) Herbert nennt (mkmg 78, 24).

11. Im "Guten Kameraden" veröffentlicht May alias Hobble-Frank ein Feuilleton *Meine lieben Kameraden!* zum Ausgang des Preisausschreibens: *Kommt da der Postbote und bringt mir sage 33 Ufflösungen, anschtatt een halbes Hunderttausend! Und als ich nun meinen Mononkel ins Ooge klemme, um diese Exempels durchzulesen, da finde ich, daß nur sechse richtig sind! Ich war schtarr vor Schreck!* (plaul1 128; *Die Helden des Westens* A40; *Kong-Kheou* 293)

11.17. Friedrich Pustet bestätigt, bisher 1980 Manuskriptseiten der Erzählung *El Sendador* erhalten zu haben, mahnt die Fortsetzung an und kündigt den Abdruck des *Scout* im laufenden Jahrgang des "Deutschen Hausschatz" an: "Es ist nicht unmöglich, daß ich mich bei der sehr getheilten Anschauung der Hausschatzleser über diese Art romantischen Lesestoffes entschließen muß den Sendador als eine Art Hausschatzsupplement erscheinen zu lassen, dessen Abnahme jedem Abonnenten freigestellt ist."

11.19. Hamm. Der Verlag Breer & Thiemann mahnt die Druckvorlage zum *Kiang-lu* aus dem "Deutschen Hausschatz" an.

11.22. Emma Mays 32. Geburtstag.

1888-1889. In Kötzschenbroda umgibt Emma sich wieder mit Freundinnen. *Frau Pollmer* 850-852: *Ich hoffte, daß die Trennung vom Münchmeyerschen und Dittrichschen Sumpfe reinigend und läuternd wirken werde. Aber kaum hatten wir das neue Heim in Kötzschenbroda betreten, wer stellte sich ein? Die Turnlehrersfrau Dittrich, mit ihren fünf Kindern, zwei Mädchen und drei Buben! Die kletterten mir auf den Bäumen herum und verschlangen mein Obst; die hockten auf meinen Erdbeerbeeten; die pflückten mir die Himbeersträucher leer, und während sie das thaten und ich dabeistand, um aufzupassen, daß sie nicht auch noch Schlimmeres thaten, saß ihre männerhassende, kampfgeübte Mutter mit meiner Frau im trauten Plauderstübchen und gab ihr Unterricht im eheweiblichen Dschiu-Dschitsu* [...]. *Ihre fünf Kinder sollten alle studiren, auch die Mädchen; das ist kostspielig, und so war es kein Wunder, daß sie meine Frau vor allen Dingen veranlaßte, sie mit der Verwaltung ihrer sogenannten "Ersparnisse", die aber in mir abgestohlenem Geld bestanden, zu betrauen.* [...] *Diese Frau Dittrich wußte ganz genau, daß ich vor ihr nach der Lößnitz geflohen war, um dort ein stilles, reines, unbeschmutztes Heim zu finden. Sie wußte ebenso gut, daß mich ihr Haß nicht besser treffen und nicht tiefer verwunden könne, als durch Entehrung und Besudelung dieses meines schönen, neu gegründeten Heimes. Darum wurde ganz plötzlich ein höchst blamabler Damenbesuch bei mir in das Werk gesetzt, nämlich eine Berliner Courtisane* [vermutlich Ida Corna, auch Frau Lange], *die von einem Dresdener "Onkel" ausgehalten wurde und nun in meinem Hause einem verliebten und vertrauensseligen Maler aufgeschwatzt werden sollte. Mit diesem Frauenzimmer war, während wir noch in der Stadt wohnten, Freundschaft geschlossen worden; jetzt ließ man sie nach Kötzschenbroda kommen, um sie bei mir für Wochen lang einzunisten, und machte* *mir dadurch meine neue, mir schnell liebgewordene Wohnung zum Ekel, zum Tribaden- und Hurenhaus und blamirte mich vor Allen, die das sahen. Es entstand ein erbitterter Kampf zwischen mir und meiner Frau, der damit endete, daß ich dem Maler, als er sich bei meinem "Gaste" einstellte, die Augen öffnete und die Kreatur samt ihrem sogenannten "Onkel" zur Thür hinauswarf. Er hat sie dann selbst heiraten müssen, ist aber schleunigst wieder geschieden worden. – An die 4. Strafkammer* 66: *Sie wählte am liebsten den Umgang, den ich ihr verbot. Die Person, die ich nicht haben wollte, saß plötzlich an unserm Tisch und kehrte täglich wieder. Ich konnte da weiter gar nichts tun, als den Hut aufsetzen und fortgehen, so oft sie kam. So schaffte sie sich in Kötzschenbroda gleich zwei neue Freundinnen an, zwei grillige alte Jungfern. Es bildete eine wahre Qual für mich, mit diesen männerfeindlichen, drastischen Mamsells zu verkehren* [...]. *Und eines Tages kam meine Frau nach Hause, mir strahlenden Angesichtes mitzuteilen, daß sie in einem Dresdener Blatte annonciert habe, sich eine Freundin zu suchen.* [...] *Es meldeten sich mehrere. Sie wählte. Als ich die Erwählte zu sehen bekam, war es eine Berlinerin mit einer sehr schönen Büste, die aber nicht ganz echt erschien, und einem sehr poetisch klingenden Namen, den ich aber nicht für den richtigen hielt. Ich mochte sie nicht, mußte aber schweigen. Sie kam sehr oft zu uns; sie aß bei uns; sie blieb tagelang, ja wochenlang als Gast bei uns. Während sie da war, konnte ich nicht arbeiten. Das machte mich so unglücklich. Sie brachte einen "Onkel" mit, der auch mit aß. Als dieser nicht mehr kam, brachte sie einen "Bräutigam" mit, der auch mit aß. Hierauf kam der "Onkel" doch wieder und sah den "Bräutigam". Es gab eine Szene. Ich warf sie alle hinaus. Hierauf hat der "Onkel" die "Nichte" geheiratet, ist aber schon längst wieder von ihr geschieden. Frau Pollmer sah sich, um diesen Verlust zu ersetzen, nach einer neuen Freundin um. Die sich finden ließ, war eine Kaufmannswitwe, deren Mann sich erschossen hatte. Hierzu kam als weitere Neue die junge, fette Frau eines alten Herrn* [Baumeister Hermann Wolfgang Hübner, 1833–1892], *der ihr den Kosenamen Karnickel gegeben hatte, um anzudeuten, was hier an dieser Stelle nicht angedeutet werden darf. Als er starb, heiratete sie schnell weiter und immer weiter, so daß ihr Name jetzt folgendermaßen zu schreiben ist: Frau Luise Achilles, verwitwete Frau Luise Häußler, verwitwete Frau Luise Langenberg, verwitwete Frau Luise Hübner, geborene Luise Schmidt* [*28.10.1861 Sundische Wiese, Kreis Franzburg, gestorben vermutlich 1943 in Berlin-Steglitz]. – *Frau Pollmer* 854f.: *Alle diese minderwertigen oder gar gefährlichen Menschen kamen nur, um meine Geduld und Langmuth ebenso wie meine Kasse auszunützen und mir dann, wenn ich es mir nicht mehr gefallen ließ, einen Fußtritt zu versetzen. Hierher gehört die* [...] *Dittrich. Hierher gehört besonders auch die jetzige Frau Häusler in Berlin, eine Phryne sondergleichen. Ich kannte ihren ersten Mann, einen Baumeister, der, schon hoch bei Jahren, die Dummheit beging, diese üppige und viel verlangende Weißwaarenmamsell zu heirathen. Er gab ihr wegen der Ausgeprägtheit ihres Begattungstriebes den Kosenamen Kaninchen. Er nannte sie schließlich gar nicht anders. Er gebrauchte diesen Kosenamen sogar öffentlich, und sie bildete sich viel darauf ein, anstatt darüber zu erröthen. Er starb vor Liebe, war aber noch lange nicht todt, so verkehrte sie hinter seinem Rücken schon mit Andern. Dann heirathete sie wieder. Auch der zweite Mann* [Langenberg] *starb vor Liebe. Der dritte* [Heinrich Haeußler], *den sie jetzt hat, kann nicht an dieser Ursache zu Grunde gehen, weil sie inzwischen arg verfettet ist und also dem bekannten Karnikel nicht mehr gleicht. Ich hatte viele, viele Monate lang die Verpflichtung, sie des Abends aus der Kneipe nach Hause zu führen, denn sie kam allein. Auf diesen stillen Wegen öffnete ihr der Alkohol den Mund. Ich aber that, als hörte ich es nicht und als fühlte ich die leberthranigen Reize nicht, die sich mir in die Arme drängten. Ich habe sie nie berührt.*

1888.12.-1889.08. Im "Deutschen Hausschatz" erscheint *Der Scout. Reiseerlebniß in Mexico* (plaul1 129).

12.02. Hamm. Der Verlag Breer & Thiemann hat sich den "Deutschen Hausschatz" mit der Druckvorlage zum *Kiang-lu* selbst beschafft. May hat sein Schweigen damit begründet, dass er in Ostafrika gewesen sei. August Thiemann, der die "beiden Abdrucke" der "Hamm-Soester Volkszeitung" morgen versenden will, fragt: "Würden Sie nicht die Beschreibg Ihrer neuesten Reise nach Ostafrika mir überlaßen, wenn ich Ihnen daßelbe Honorar zahle wie DHausschatz?"

12.03. Wilhelm Spemann, der May exklusiv an seinen Verlag binden will, schickt einen ersten Vertragsentwurf, der von May jedoch wegen verschiedener Einzelheiten nicht akzeptiert wird (*Die Helden des Westens* A60f.; mkmg 119, 61).

12.08. Spemann antwortet auf Vertragseinwände Mays und erklärt sich weitgehend mit dessen Änderungsvorschlägen (u. a. 5 statt 4 Mark Spaltenhonorar) einverstanden (*Die Helden des Westens* A61).

12.15. Köln. Heinrich Theißing will die Erzählung *Der Krumir* für 40 Mark in der Zeitungsbeilage "Im Familienkreise" abdrucken.

12.17. Spemann schickt May als Antwort auf einen Brief vom 13.12. einen neuen, vorteilhafteren Vertragsentwurf (rückdatiert auf den 1.12.) zur Unterschrift. Danach verpflichtet sich May, "ausschließlich für den Verlag von W. Spemann in Berlin und Stuttgart zu arbeiten": "Er wird alles das, was er unter eigenem oder fremden Namen schreibt, zuerst Herrn W. Spemann zur Aufnahme in seine Journale und zum Buchverlage anbieten. Hiervon dürfen nur Theaterstücke ausgenommen werden. [...] Herr W. Spemann verpflichtet sich andererseits, alles dasjenige, was Herr Dr. Karl May ihm an Manuscripten zusendet, stets sofort lesen zu lassen und dasjenige, was er acceptiren kann, umgehend mit einem Interims-Honorar von einer Mark per Manuscriptseite von durchschnittlich 136 Worten zu vergüten, sowie die definitive Abrechnung und Honorirung sofort nach Druck des Manuscriptes eintreten zu lassen. Bei dieser definitiven Abrechnung soll für die Spalte Satz des 'Guten Kameraden' III.ter Jahrgang ein Honorar von fünf Mark zu Grunde gelegt werden." Für die Buchausgaben wird ein Honorar von 300 Mark für jede Auflage von 2000 Exemplaren vereinbart (mkmg 119, 60f.; *Die Helden des Westens* A62). Spemann macht auch einen neuen Romanvorschlag: "Wollen Sie nicht den Schauplatz der nächsten Erzählung nach Afrika verlegen?, es wäre vielleicht in Folge der dort in Aussicht stehenden Kämpfe [Aufstand der arabischen Sklavenhändler, 1888-90 niedergeschlagen von Hermann von Wissmann (1853–1905), Reichskommissar der deutschen Kolonialverwaltung] und der ganzen afrikanischen Bewegung angezeigt, ich weiß aber nicht, ob das Thema Ihnen günstig liegt." May beginnt daraufhin (zunächst unter dem Arbeitstitel *Abu el Mot*) den Roman *Die Sklavenkarawane* (*Der Sohn des Bärenjägers* 267; kmw III.3, 609).

12.18. Kötzschenbroda. May unterzeichnet den Verlagsvertrag mit Wilhelm Spemann vom 17.12. Die festgelegte Zahlung eines Interimshonorars und die Abrechnung bei Drucklegung eröffnen ihm Freiheiten, die einen Schaffensschub auslösen; an die verlangte Verlagsbindung, die eine Weiterarbeit für Pustet und andere Verlage eigentlich ausschließt, wird er sich jedoch nicht halten (mkmg 119, 61).

12.20. Die Redaktion des "Guten Kameraden" schickt May eine Einsendung von Hermann Grombacher aus Heilbronn (erschienen in der Briefkasten-Rubrik "Fragen und Antworten" als "Offenes Sendkapitel an Mr. Hobble-Frank" von X.Y.Z.; *Kong-Kheou* 296f.), der dem Hobble-Frank die "Leviten lesen" will; das Dammarlack-Preisrätsel sei spitzfindig gewesen, einen "gewesenen Forschtgehilfen" Hobble-Frank kenne man in Moritzburg nicht, und Gottfried von Bouillon in *Kong-Kheou* sei nur eine Verkleidung Franks ("Warum haben Sie die Reise nach China nicht offiziell mitgemacht?"). Die "Kamerad"-Redaktion bittet May um eine Entgegnung: "Die Jungens sind [...] der festen Ansicht, daß sich aus Gottfr. von Bouillon der kleine Moritzburger Sachse entpuppen wird. Wir glauben nicht, daß es in unserem beiderseitigen Interesse ist diese Figuren verschwimmen zu lassen" (*Die Helden des Westens* A56f.).

12. May veröffentlicht als *superieur-überlegener Hobble-Frank* im Briefkasten des "Guten Kameraden" eine Antwort an "H. Grombacher in Heilbronn": *Kleener Schäker, der de bist!* [...] *Und was den Gottfried von Oleum betrifft, so hat meine Infraternität mit seiner Konkurrenz gar nischt zu schaffen. Wir sind zwee ganz verschiedene Aëroliten. Wer mich mit ihm vermischt, der beleidigt mich wirklich con amore* (*Die Helden des Westens* A57; *Kong-Kheou* 299).

1889

1889. May verfasst in diesem arbeitsreichen Jahr nicht weniger als 3770 Manuskriptseiten (kmw III.3, 609). *Frau Pollmer* 849: *Ich habe in jener Zeit* [...] *unendlich fleißig gearbeitet und meinen Lesern nur Glauben und Gottvertrauen, Liebe, Glück und Sonnenschein gegeben. Es giebt einzelne Jahre, in denen ich 6–8 neue Bände schrieb. Das hat vorher noch Niemand fertig gebracht, und auch nachher wird wohl Keiner kommen! Es gab Wochen, in denen ich drei und auch vier Nächte durcharbeitete.* [...] *Die Zeit, die ich nun in der Lößnitz verlebte, hat mir unendlich schöne, heilige Tage und Nächte gebracht, in denen ich mit meinen Idealen am einsamen Schreibtische saß.*

1889. Vermutlich in diesem Jahr Wiedersehen mit dem Redakteur und Militärschriftsteller Julius Eduard Maximilian (Max) Dittrich (10.6.1844 Dresden – 10.5.1917 Saalhausen bei Dresden; kmw VIII.6, 432f.). Der frühere kaufmännische Angestellte Dittrich hat vom 13.7.1866 bis 13.1.1868 wegen Betrugs und Unterschlagung eine Arbeitshausstrafe in Schloss Osterstein, Zwickau, verbüßt und ist May in dieser Zeit erstmals begegnet. (Wie Dittrich selbst 1904 in "Karl May und seine Schriften" angibt, hat er May erstmals vor "rund dreißig Jahren" im "Hotel 'Münchner Hof' auf der Kreuzstraße [Nr. 11] in Dresden" getroffen [aug3 25; rich 164f.], dies könnte jedoch frühestens in Mays erster Zeit bei Münchmeyer, ab August 1875, geschehen sein.) Aussage Dittrich 25.11.1908: "Im Jahre 1889 traf ich [...] einmal mit [...] May beim verstorbenen Heinrich Gotthold Münchmeyer zusammen. Ich schrieb damals für Münchmeyer das Werk 'Der Deutsch-Französische Krieg' [1890]. Münchmeyer ließ sich stets die in Auftrag gegebenen Manuskripte vorlesen. Als ich eines Tages bei ihm in seiner Villa in Gruna war, um ihm den Anfang des Werkes Der Deutsch-Französische Krieg vorzulesen, traf ich dort May. Ich war darüber sehr ärgerlich, da ich nicht wünschte, daß mein Werk vor dem Erscheinen bekannt würde. Als May dann fort war, erklärte mir Münchmeyer auf meine Frage, ob May sein literarischer Aufsichtsrat sei, May sei ein großer Schriftsteller, auf dessen Urteil er großen Wert lege, er habe ihn kommen lassen, damit er sich den Anfang meines Werkes mit anhöre. May äußerte sich damals sehr anerkennend über mein Werk. [...] Nach jenem Zusammentreffen mit May [...] habe ich ihn bis zum Jahre 1902 nicht wieder gesehen und nicht gesprochen" (leb 114f.). *Schundverlag 05*, 356: *Der Militärschriftsteller Max Dittrich schrieb ein Werk über den französischen Krieg. Münchmeyer wollte es herausgeben; aber die Herstellung war sehr kostspielig. Er hatte Sorge, ja wohl gar Angst, ob es klappen werde oder nicht. Da schrieb er mir, ich solle ihm den Gefallen tun und kommen, um das Manuskript zu lesen und ihm zu raten. Ich hatte bereits auf den persönlichen Verkehr mit ihm verzichtet. Ich fuhr aber, weil meine Frau es wollte, trotzdem zu ihm. Dittrich war auch gerufen worden. Ich prüfte die Arbeit und sagte Herrn Münchmeyer, dass er sie nehmen solle; sie werde ihm, falls er es richtig mache, ein ganzes Vermögen bringen. Er folgte diesem meinem Rate, aber nicht in meiner Weise, sondern nach seinem eigenen Kopfe. Darum verdienten zwei Kolporteure, welche das Werk vertrieben, in kurzer Zeit über 200,000 Mark; der Verfasser aber bekam nur 1000 Mark, und Münchmeyer hastete und plagte sich weiter, wie vorher.*

1889-1890. Eidesstattliche Erklärung Louise Achilles (Hübner) 9.11.1909: "Außerdem ist mir bekannt, daß in den Jahren 1889 und 1890 May mit einem seiner Dienstmädchen ein Kind hatte und auch Alimente bezahlte." Indizien stützen diese Aussage. Mays Gedanke, das Kind ins Haus zu nehmen, scheiterte offenbar am Widerstand Emmas (leb 327; ued 93; augl 79f.). Das Kind soll ein Junge gewesen sein, dessen Pflegevater ein Gärtner wurde (patsch; laut einem Brief von Euchar Schmid an Pauline Fehsenfeld vom 5.6.1942 lebte der Junge später "als Schlosser oder dergleichen in Kötzschenbroda"), nach anderen

Angaben ein Mädchen, das als "Frl. May" in ein Kloster abgeschoben wurde (leb 315).

01.09. May schickt die Manuskriptseiten 801-900 von *Kong-Kheou* nach Stuttgart (kmw III.2, 553).

01.17. May schickt die Manuskriptseiten 901-1000 von *Kong-Kheou* nach Stuttgart (kmw III.2, 553).

01.25. May schickt mit den Manuskriptseiten 1001-1150 den Schluss von *Kong-Kheou* nach Stuttgart (kmw III.2, 553).

01.-07. May schreibt *Die Sklavenkarawane*, seinen vierten Jugendroman (*Die Helden des Westens* A52; kmw III.3, 609).

01.31. May schickt die Manuskriptseiten 1-100 der *Sklavenkarawane* nach Stuttgart (kmw III.3, 609).

02.07. May schickt die Manuskriptseiten 101-200 der *Sklavenkarawane* nach Stuttgart (kmw III.3, 609).

02.14. Joseph Kürschner bittet May um einen "nicht zu langen Artikel" für "Vom Fels zum Meer" zu "California"-Illustrationen "aus einem englischen Blatt" (jbkmg 1992, 145f.).

02. "Deutscher Hausschatz": "Karl F. in Rh. Sie wollen wissen, wie die Erzählung von Karl May, 'Der Scout', ausläuft? Wir werden uns hüten, es Ihnen zu verrathen, doch können Sie sicher sein, daß Sie noch eine ganze Reihe gewagter Abenteuer und schwieriger Verwicklungen durchzumachen haben, ehe Sie an das Ende gelangen. Das Manuscript liegt uns vollständig vor; wir werden also nicht in die Lage [Friedrich Wilhelm von] Hackländers [1816–1877] kommen, der auf die Frage, was aus einer der Personen seines in Lieferungen erscheinenden Romans werden würde, verzweifelt zur Antwort gab: 'Ja, wenn ich das selbst wüßte!'" (mkmg 17, 20; *Der Scout* 13)

02.22. May schickt eine dritte Manuskriptlieferung der *Sklavenkarawane* nach Stuttgart (kmw III.3, 609).

02.25. Karl Mays 47. Geburtstag.

02.27. May antwortet auf Kürschners Brief vom 14.2.: *Die Bildabzüge habe ich erhalten, die vorangegangene freundliche Zuschrift aber erst heut. Sie war im Postwagen in die Kreuzbandsendung eines hiesigen Herrn gerathen, welcher sich auf Reisen befand und erst gestern nach seiner Rückkehr den fremden Eindringling entdeckte. Ich werde mich gleich nach Schluß des Monats an die Arbeit machen* (jbkmg 1992, 146).

03.-07. Weiterarbeit am seit Oktober 1888 liegengebliebenen *Sendador*-Manuskript (XXIII A38).

03. In der Zeitungsbeilage "Im Familienkreise" (Köln, Heinrich Theißing) wird anlässlich eines Nachdrucks der Erzählung *Der Krumir* erstmals ein May-Porträt veröffentlicht (jbkmg 1995, 92, 107-109; mkmg 93, 1, 4).

03.08. Kürschner an May: "Das ist allerdings ein grosses Malheur, welches meinem Brief widerfahren ist. Sorgen Sie nur bitte, dass ich nicht allzusehr darunter leiden muss, sondern dass ich recht bald den Aufsatz von Ihnen erhalte. Sie sind ja ohnehin leider unserem Fels vollständig untreu geworden" (jbkmg 1992, 146).

03. Im "Guten Kameraden" veröffentlicht May alias Hobble-Frank in sächsischem Dialekt die heitere Skizze *"Villa Bärenfett"* (plaul1 130; ued 416f.).

03.17. Friedrich Pustet antwortet auf einen Brief Mays vom 14.3. und erklärt sich unter Vorbehalt einverstanden, weitere 1000 Seiten der Erzählung *El Sendador* abzunehmen: "Es ist wohl möglich, daß die Bedenken, eine so große Erzählung in den 'Hausschatz' aufzunehmen, nicht überwunden werden können und in diesem Falle müßte ich für die Veröffentlichung des 'El Sendador' die Buchform wählen."

04.08. Kürschner an May: "Da Sie bis heute noch nicht den gewünschten Artikel über Kalifornien gesandt haben, weiss ich nicht ob Sie schon an dessen Bearbeitung sind. Sollte dies nicht der Fall sein, würde ich Sie bitten, ihn nicht zu schreiben, indem nämlich ein anderer Autor diesen Artikel bereits aus Versehen bearbeitet hat [Karl Müller, 1819–1889: "Eine Sommerfrische in Kalifornien", "Vom Fels zum Meer", Juli]. [...] Dagegen schicke ich Ihnen heute Illustrationen von Winter in Odisantars, und wäre Ihnen dankbar, wenn Sie mir dazu einen Artikel von etwa 3 Seiten unseres Formats exklus. der Illustrationen schreiben wollten" (jbkmg 1988, 357f.).

04.13. May an Kürschner: *Soeben lege ich die letzte Hand an die Arbeit welche heut Abend an Sie aufgegeben werden sollte; da kam die neue Zuschrift. Ich lege also die erstere als nun unverwendbar weg und werde die neue sofort beginnen* (jbkmg 1992, 147).

Sommer. Möglicherweise Aufenthalt in Ungarn auf dem Landsitz des Grafen Nikolaus Josef Eszterházy (1839–1897) in Totis (Tata, nordwestlich von Budapest im Bakony-Wald), bezeugt nur durch mündliche Aussagen des Pianisten und Schauspielers Richard Godai (Goday, 1864–1939) (mkmg 25, 11; mkmg 29, 2; mkmg 33, 16f.; mkmg 72, 35; jbkmg 2000, 261; braun 41).

06.01. In Stuttgart kommt es zur Gründung der Union Deutsche Verlagsgesellschaft, (Hauptstätterstraße 107/109, später 107/111), einem Zusammenschluss des Verlags von Wilhelm Spemann mit den ebenfalls in Stuttgart ansässigen Firmen Hermann Schönlein und Gebrüder Adolf (1836–1911) und Paul (1839–1900) Kröner (ab 1.7.1891 noch F. u. P. Lehmann, Berlin, Inhaber Felix Lehmann). Spemann bringt auch Mays "Kamerad"-Erzählungen in die Vereinigung ein (*Der Sohn des Bärenjägers* 7).

06. Stuttgart. Joseph Kürschner trennt sich von Spemann und tritt zum 1.7. als literarischer Direktor in die Deutsche Verlags-Anstalt ein, wo er die Blätter "Ueber Land und Meer", "Deutsche Romanbibliothek", "Illustrirte Welt" und "Illustrirte Romane aller Nationen" redigiert.

06.18. 15 Uhr. Auf dem Dresdner Theaterplatz enthüllt König Albert in Anwesenheit Kaiser Wilhelms II. anlässlich der 800-Jahr-Wettin-Feier das von Johannes Schilling (1828–1910) geschaffene Reiterstandbild seines Vaters Johann von Sachsen. Mays Teilnahme lässt sich nur vermuten.

06.30. Kürschner verschickt eine gedruckte Karte, auf der er sich bei den Spemann-Autoren für die Unterstützung während seiner redaktionellen Tätigkeit für "Vom Fels zum Meer" bedankt und hofft, "dass unsere persönlichen Beziehungen die alten bleiben und dass ich auch in meinem neuen Wirkungskreise [...] Ihrer Mitwirkung sicher sein darf" (jbkmg 1988, 358). – Wilhelm Spemann an May: "Dadurch, daß Kürschner die Redaktion meiner Zeitschrift 'Vom Fels zum Meer' niedergelegt hat, wird an dem Stand unserer Beziehungen nicht das geringste geändert. [...] Wir sehen also gern der Zusendung Ihrer Arbeiten entgegen" (*Der Sohn des Bärenjägers* 267).

07. May beendet *Die Sklavenkarawane*; Manuskriptumfang 1300 Seiten (*Die Sklavenkarawane* 3; kmw III.3, 609f.).

07.10. Spemann schlägt May vor, für den nächsten Jahrgang des "Guten Kameraden" "zur Abwechslung wieder einmal eine bewegte farbensatte Lederstrumpfgeschichte" zu schreiben: "Sie könnten damit sogleich beginnen und so rasch liefern als Ihnen beliebt." May schreibt daraufhin den Jugendroman *Der Schatz im Silbersee* (*Die Sklavenkarawane* 3; kmw III.4, 647).

07. Im Briefkasten des "Guten Kameraden" erscheint eine Antwort des Hobble Frank an "L. T. in B."; angeblich ist er vom *Sultan von Zschanzibar* nach Ostafrika eingeladen worden, *um in den dortigen höheren Gesellschaftskreisen den ächten und unverfälschten hochdeutschen Dialect zu verbreiten*. Die Antwort soll die jugendlichen Leser offenbar davon abhalten, seine *intime Häuslichkeet*, die "Villa Bärenfett" an der Elbe, aufzusuchen (*Kong-Kheou* 315).

1889. Wilhelm Spemann, der sich erfreut zeigt über wiederholte Manuskriptlieferungen neuer Erzählungen, sendet Illustrationen, zu denen May kleine Texte schreiben soll: "Da Sie sich geneigt gezeigt haben, uns zu einigen Bildern Texte zu machen, senden wir Ihnen anbei Illustrationsmaterial und fügen zu Ihrer Benützung ebenso die Original-Texte bei, soweit dieselben zu unserer Verfügung stehen. No. 1. 'Eine humoristische Schilderung an Bord.' No. 2. und 3. (zusammengehörend) Zwei Scenen über 'die Strafen der Sklaven bei den Somals.' No. 4. 'Prairiebrand in Texas.' No. 5. 'Strausen-Reiten.' No. 6. Aus 'St. Nikolas' Band II des IX. Jahrg. 'Seehundsjagd.' [...]. P. S. Fügen noch eine 7te Nummer bei, aus der Sie etwas den Kameraden Hochwillkommenes machen könnten, es wäre aber gleich am Anfang in launiger Weise zu bemerken, sie sollten es nicht nachzuahmen versuchen. Es ist dies der in 'Scribners Magazin' beginnende Artikel: 'Der Schlangenmensch', wozu wir sämtliche Abbildungen besitzen. Und wie ists, sind Sie auch in militärischen Dingen beschlagen? Es fallen uns gerade noch zwei Illustrationen in die Hände, Nummer 8. und 9., die wir, da in der Zeit stehend, wohl gleich bringen möchten. Es ist das die 'Wasser-Rast auf dem Marsche' und das sog. 'Löffel-Begraben'. Wollen Sie es nicht unternehmen, dazu einen flotten, freien Text zu schreiben?" May schreibt daraufhin die Erzählskizzen (in der Reihenfolge des Erscheinens) *Wasserrast auf dem Marsche*, *"Löffel begraben"*, *Sklavenrache*, *Prairiebrand in Texas*, *Das Straußenreiten der Somal*, *Zum erstenmal an Bord*, *Der Schlangenmensch* und *Eine Seehundsjagd*. Die neuen Erzählungen hat Spemann noch nicht gelesen, er bemerkt jedoch, May möge künftig die "Expositionen kürzer fassen und weniger auf weitgesponnene Gespräche, als mehr auf einen flotten Fortgang der Handlung sehen" (*Die Helden des Westens* A54f.; mkmg 96, 14f.).

08. Im Reutlinger Verlag von Robert Bardtenschlager (1822–1896), der am 26.4.1887 von Carl Schrag den Verlag von Franz Neugebauer übernommen hat, in dem 1879 Mays erste Buchausgaben herauskamen, erscheinen ohne Wissen des Autors Neuauflagen der Ferry-Bearbeitung *Der Waldläufer* (Abb. Emil Klein, 1865–1943) und des Bandes *Im fernen Westen* (unter dem Titel *Jenseits der Felsengebirge*, Abb. Walter Zweigle, 1859–1904) (plaul1 65, 130; *Der Waldläufer* N14).

08.-12. May verfasst den *Schatz im Silbersee*, seinen erfolgreichsten Jugendroman für Spemann. Seine Schreibleistung in diesen Monaten liegt bei ca. 100 Manuskriptseiten pro Woche (XXIII A38; wohl 759).

08. Im "Guten Kameraden" erscheint anonym der Illustrationstext *Wasserrast auf dem Marsche* (plaul1 131; ued 414).

08.29. Friedrich Pustet erbittet den Schluss von *El Sendador*, er hat deswegen schon am 2. und 13.8. vergebens telegraphiert bzw. geschrieben. Über die Art der Verwendung ist noch nicht entschieden, doch favorisiert er eine Buchausgabe. May antwortet nicht (XIII N16; kmw IV.8, 496).

09. Im "Guten Kameraden" erscheint anonym der Illustrationstext *"Löffel begraben"*, zu einem Holzstich von Richard Knötel (1857–1914) (plaul1 131; ued 414f.).

09. Joseph Kürschner bittet May um einen Illustrationstext für die "Illustrirte Welt"; May sagt telegraphisch zu (jbkmg 1988, 359f.).

09.17. Kürschner an May: "Hiebei sende ich Ihnen das betr. Bild mit der Bitte, dazu eine packende, lebhaft gefärbte, ca. 80. bis 100. Druckzeilen umfassende Novelle – Genre Lederstrumpf – zu schreiben." Als Termin nennt er den 20.9. (jbkmg 1988, 360; *Der Krumir* 111).

09. Auf Kürschners Bitte hin schreibt May für die Zeitschrift "Illustrirte Welt" zu einer Zeichnung von Georges Montbard (1841–1905) die Erzählung *Im Mistake-Cannon* (XXIII A38). Da May es sich nicht mit Spemann verderben will, kann er in den Blättern der Deutschen Verlags-Anstalt jedoch nur anonym oder pseudonym veröffentlichen.

09.26. Kürschner bedankt sich für Mays Text "zu dem Indianerbilde" und sendet weitere Illustrationen von Montbard "mit der Bitte, dieselben in gleicher Weise textlich zu behandeln". May schreibt daraufhin die Erzählungen *Am "Kai-p'a"* und *Die Rache des Mormonen* (jbkmg 1988, 360f.; *Der Krumir* 111).

1889.09.28-1890.09.20. Im "Guten Kameraden" erscheint Mays vierter Jugendroman *Die Sklavenkarawane*, mit Illustrationen von Konrad Weigand (plaul1 132f.).

10. Kötzschenbroda. Trotz seines Fleißes ist May erneut in Geldschwierigkeiten geraten. Er muss in den kommenden Monaten seine geliebten Zigarren, die er bei seiner Arbeit in großen Mengen verbraucht, bei dem Dresdner Zigarrenhändler Julius Balder, Amalien-Straße 23, auf Rechnung beziehen, ohne die Rechnungsbeträge bezahlen zu können (masch 41, 207).

1889. May wird von der Weinhandlung A. Stiebitz & Co. (Be sitzer Joachim H. Fickel, Dresden-Neustadt, Königstraße 21 und Heinrichstraße 16) vor dem Amtsgericht Dresden wegen nicht bezahlter Weinrechnungen auf Zahlung verklagt (jbkmg 1980, 141; jbkmg 2002, 288).

1889. May wird von Karl Dankegott Leuschner (1821–1892), Fleischermeister und Gastwirt in Stetzsch, nordwestlich von Dresden, vor dem Amtsgericht Dresden auf Zahlung verklagt (jbkmg 1980, 142; jbkmg 2002, 288).

1889. Mays Vermieterin Alma Freifrau von Wagner verklagt ihn vor dem Amtsgericht Dresden auf Zahlung rückständiger Mietzinsen (jbkmg 1980, 142; jbkmg 2002, 288).

10. In der "Illustrirten Welt" (Stuttgart, Leipzig, Berlin, Wien, Deutsche Verlags-Anstalt) erscheint anonym *Im Mistake-Canon* (plaul1 133; *Der Krumir* 113).

10.12. Im "Guten Kameraden" erscheint anonym der Illustrationstext *Sklavenrache* (plaul1 133; ued 415).

10.18. Kürschner vermisst die "erbetenen Aufsätze zu den Indianerbildern" von Montbard und wäre "sehr dankbar", wenn May ihm "wenigstens einen Text recht bald zukommen" ließe.

10.21. Ernstthal. Tod des Schwagers Friedrich August Hoppe, verwitweter Ehemann der älteren Schwester Auguste Wilhelmine (plaul2). – May kauft auf Rechnung Zigarren bei Julius Balder (masch 207).

10.26. Im "Guten Kameraden" erscheint anonym der Illustrationstext *Prairiebrand in Texas* (mkmg 102, 48f.; gwb 79, 456; may&co 91, 38f.).

10.29. Kürschner bedankt sich für die Erzählungen *Am "Kaip'a"* und *Die Rache des Mormonen* und bittet, ihm "auch einmal für 'Ueber Land und Meer' einen hübschen Beitrag zu senden". May hat sich (vermutlich im Zusammenhang mit seinen Geldschwierigkeiten) nach der Möglichkeit erkundigt, als Redakteur bei der Deutschen Verlags-Anstalt einzutreten (jbkmg 1988, 361f.; *Der Krumir* 111).

10.30. Wörth am Rhein. Theodor Ertel, Gymnasiast in Speyer, "nebst Bruder Emil", fragt die Redaktion des "Guten Kameraden", "wie Old Shatterhand [...] mit seinem deutschen Namen heißt. Da diese Erzählungen von Karl May geschrieben sind, so vermute ich, daß dieser selbst Old Shatterhand war; denn ich habe schon mehrere Erzählungen von ihm gelesen, in welchen er in der ersten Person erzählt & sich auch Old Shatterhand nennt. Habe ich es erraten? Auch möchte ich gern wissen, wie der deutsche Reisende heißt, von dem die 'Sklavenkarawane' handelt. Oder ist vielleicht Emil Schwarz sein richtiger Name?" May notiert auf dem Blatt: *Eure Vermuthung bezüglich Old Shatterhands ist richtig, aber die Gebrüder Schwarz heißen anders.* Die Antwort kommt nicht zum Abdruck (*Die Helden des Westens* A57f.). – Die Deutsche Verlags-Anstalt überweist

110 Mark für die Erzählungen *Im Mistake-Cannon*, *Die Rache des Mormonen* und *Am "Kai-p'a"* (*Der Krumir* 139).

1889.10.-1890.09. *Lopez Jordan*, der erste Teil des südamerikanischen Doppelromans *El Sendador*, erscheint im "Deutschen Hausschatz" (plaul1 133f.).

11. May schickt die Manuskriptseiten 851-950 des *Schatz im Silbersee* nach Stuttgart (kmw III.4, 648).

11.13. Heinrich Keiter reklamiert "recht herzlich und dringend" den Schluss ("etwa 40 Seiten") der *Sendador*-Erzählung: "Sie werden einsehen, daß mir als Redacteur des 'Deutschen Hausschatzes' Alles daran liegen muß, den so spannenden Roman vollständig zu haben, damit ich nicht in Verlegenheit gerathe." Friedrich Pustet jun. ("Meine Erinnerungen an Karl May"): "Ich erinnere mich sehr gut der vielen Schwierigkeiten, welche unsere Schriftleitung [...] hatte, regelmäßig das lückenlose 'Futter' für die Setzerei beizubringen" (kmg-Tagungsprogramm 1983).

11.22. Emma Mays 33. Geburtstag.

11.28. Paris. Frau L. Geofroy fragt May nach den Übersetzungsrechten für die Erzählung *Der Kiang-lu*, die sie in der Jugendzeitschrift "Le jeune illustré" veröffentlichen will (mkmg 131, 14).

11.29. Die Manuskriptseiten 951-1050 des *Schatz im Silbersee* sind in Stuttgart eingetroffen (kmw III.4, 648).

11.30. Kansas City. In der "Deutschen Jugendzeitung" wurde ein Nachdruck von *Kong-Kheou, das Ehrenwort* begonnen, aus Umfangsgründen aber wieder abgebrochen. Der Redakteur Carl Betz teilt May auf Anfrage mit, man fühle sich nicht zur von Spemann bestimmten Honorarzahlung verpflichtet.

12.05. Die Manuskriptseiten 1051-1100 des *Schatz im Silbersee* sind in Stuttgart eingetroffen (kmw III.4, 648).

12.06. L. Geofroy bedankt sich für Mays schnelle Antwort und wartet auf angekündigte Bände (mkmg 131, 14).

12.11. Heinrich Keiter schickt May die letzten 100 Seiten seiner *Sendador*-Erzählung, die dieser sich erbeten hat, um den Schluss schreiben zu können.

12.12. Die Manuskriptseiten 1101-1180 des *Schatz im Silbersee* sind in Stuttgart eingetroffen (kmw III.4, 648).

12. "Deutscher Hausschatz": "Emilie B. Sind Sie aber ein Schelm! Sogar in Karl May's Reiseroman wünschen Sie eine Liebesgeschichte! Wie jeder Redacteur, so sind auch wir gern bereit, jedem Wunsche unserer schönen Leserinnen ohne Verzug zu entsprechen, sofern er nur mit unserer Ansicht übereinstimmt. Nun meinen wir aber, Sie könnten mit der Liebesgeschichte, die sich in dem spannenden Roman: 'Das Kind des Vagabunden' entwickelt, zufrieden sein, glauben auch, daß ein größeres Maß Ihnen nicht zuträglich sein würde. Weiß Ihre Frau Mama von dem Brief, den Sie uns geschrieben haben?" (mkmg 18, 17)

12. May verfasst mit 40 Seiten den Schluss des *Sendador*-Textes und dann den Schluss des *Silbersee*-Romans (XXIII A38; kmw IV.8, 496).

12.16. Kürschner bittet May um einen Beitrag für "Ueber Land und Meer" und schickt ein Heft des New Yorker Magazins "Century" vom Juni 1888 mit der Jagderzählung "The Ranchman's Rifle on Crag and Prairie" von Theodore Roosevelt (1858–1919; 26. Präsident der USA 1901-09), mit 10 Illustrationen von Frederic Remington (1861–1909). Außerdem sendet er 20 Abbildungen, "welche die Zeichensprache bei den nordamerikanischen Indianern darstellen". Letztere wird May zurückschicken, zu den Bildern des Indianermalers Remington wird er die Erzählung *Der erste Elk* schreiben (jbkmg 1988, 362f., 365; *Der Krumir* 111f.).

12.18. Keiter bestätigt den Erhalt des *Sendador*-Schlusses und hofft für Mitte 1891 auf einen neuen Roman.

12.21. Im "Guten Kameraden" erscheint anonym der Illustrationstext *Das Straußenreiten der Somal* (plaul1 134; ued 415f.). – Spemann bestätigt May den Eingang des Schlussmanuskripts (50 Seiten) zum *Schatz im Silbersee*; Gesamtumfang 1230 Seiten (*Die Sklavenkarawane* 9; kmw III.4, 648).

12.31. Silvester. Aus einem Brief Heinrich Keiters geht hervor, dass May für den "Deutschen Hausschatz" einen Roman zur Sklavenfrage (*Unterm Sclavenjoch*, später *Der Mahdi*) plant: "Das Sujet wäre uns schon recht."

1889ff. Kötzschenbroda. Das Ehepaar May unterhält Freundschaften mit dem Arzt Dr. Curt (Johannes Leopold) Mickel (1858–1939; kmw VIII.6, 440f.), mit dem schriftstellernden Direktor der Höheren Lehr- und Erziehungsanstalt für Söhne und Töchter gebildeter Stände Arno Alexander Krieger (*1862; kmw VIII.6, 728f.; möglicherweise der in *Frau Pollmer* [857] erwähnte *junge, unverheirathete Schulmann, den* [Emma] *wöchentlich mehrere Male, wenn ich des Abends arbeitend zu Hause saß, besuchte, um sich dann um Mitternacht von ihm nach Hause begleiten zu lassen*) und vor allem mit dem Ehepaar Richard Alexander und Klara Plöhn geb. Beibler, das am 21.3.1889 mit Klaras Mutter Wilhelmine Beibler von Leipzig nach Radebeul gezogen ist und in der Schulstraße 97e (später Nr. 3, 1894 Nr. 5, seit 8.1.1896 Gellertstraße 5, 1997 abgerissen; rich 225; hall 208; heer2 86f., 94; kmhi 12, 32, 34f., 37) wohnt. Mays und Plöhns haben sich bei einem winterlichen Konzertabend im Radebeuler Hotel Vier Jahreszeiten (gus 173) kennen gelernt; beim Heimweg soll Glatteis gewesen sein und Klara Plöhn soll Emma May daher Filzschuhe geliehen haben (patsch, nach Klara May; vgl. *Frau Pollmer* 875f.). Richard ist inzwischen alleiniger Besitzer der Firma "Plöhn & Hopf". Klara und Emma werden intime Freundinnen. Auch für May wird die Begegnung mit Klara Plöhn noch schicksalhaft werden.

Leben und Streben 243: Plöhn *war außerordentlich glücklich verheiratet. Seine Familie bestand nur aus ihm, seiner Frau und seiner Schwiegermutter. Wir waren so innig miteinander befreundet, daß wir einander Du nannten und, sozusagen, eine einzige Familie bildeten. Aber außer zu mir auch noch zu meiner Frau Du zu sagen, das brachte Plöhn nicht fertig. Er versicherte, daß ihm dies unmöglich sei.* – *Frau Pollmer* 881: *Wir beiden Familien lebten zusammen, als ob es nur eine einzige sei. Wir sagten du und du. Wir nannten uns Bruder und Schwester. Andere Leute wußten es gar nicht anders, als daß die beiden Frauen wirkliche Schwestern seien. Wir theilten Freud und Leid und waren stets darauf bedacht, einander die gegenseitigen Pflichten zu erleichtern. Aber in dieser Harmonie gab es einen Ton, einen einzigen, der nicht mit stimmte, und das war der, daß Herr Plöhn niemals und durch keine Bitte dazu zu bringen war, sich mit meiner Frau zu duzen. Er verachtete sie, oder vielmehr, es graute ihm vor ihr. Er verkehrte mit ihr, wie seine Frau es wünschte, aber nahe kommen durfte sie ihm nicht, weder innerlich noch äußerlich!*

1890

01.-04. May schreibt für den "Deutschen Hausschatz" den ersten Teil seines Sklavenromans (*Der Mahdi*) (XXIII A38).

01. Für die Deutsche Verlags-Anstalt schreibt May die Erzählung *Der erste Elk*, in der erstmals Old Wabble auftritt; sie erscheint erst 1893 in "Ueber Land und Meer" (XXIII A38).

01.01. Neujahr. May muss erneut die im voraus fällige Quartalsmiete (200 Mark) schuldig bleiben. Die "Villa Idylle" in Kötzschenbroda wird zu teuer (masch 198).

01.04. Im "Guten Kameraden" erscheint anonym der Illustrationstext *Zum erstenmal an Bord* (plaul1 135; ued 418).

01.09. Josef Calasanz [Mitglied des Kalasantiner-Ordens] Heidenreich (1846–1907), Rektor der Redemptoristen-Congregation in Hernals, später päpstlicher Hausprälat in Wien, schreibt erstmals an May: "Empfangen Sie [...] meinen und unseres ganzen Collegiums aufrichtigsten u. herzlichsten Dank für die wahrhaft Geist und Herz erfrischende Lectüre, welche Ihre Arbeiten im 'Deutschen Hausschatz' uns bieten" (vgl. *Der dankbare Leser* 82). Heidenreich wird einer der treuesten Leser bleiben.

01.13. Heinrich Keiter sieht "mit Schmerzen der Zusendung des Msc. [des Sklavenromans] entgegen".

01.14. Die Vermieterin Alma Freifrau von Wagner, die auf regelmäßige Mieteinnahmen angewiesen ist, reicht durch ihren Rechtsanwalt Carl August Hippe beim Amtsgericht Dresden erneut Zahlungsklage gegen May wegen Mietsäumnis ein (masch 198f.). – Joseph Kürschner bedankt sich für die Erzählung *Der erste Elk*: "Sollten Sie nicht event. einen recht spannenden Roman haben, der sich für die 'Illustrirte Welt' verwenden ließe? Ebenso wären mir kürzere novellistische Skizzen [...] für 'Ueber Land und Meer' erwünscht" (jbkmg 1988, 364, 366; *Der Krumir* 112).

01. In der "Illustrirten Welt" (Stuttgart, Leipzig, Berlin, Wien, Deutsche Verlags-Anstalt) erscheint anonym die Erzählung *Am "Kai-p'a"* (plaul1 135; ued 417; *Der Krumir* 122f.).

01.18. Heinrich Keiter bestätigt den Erhalt der "ersten hundert Seiten" zum Sklavenroman, der nicht über 1500 Seiten hinausgehen soll. – Friedrich Pustet schreibt: "Also sind wir wieder am Anfange einer Reiseerzählung. Ich freue mich darüber [...]. Mir ist es recht, wenn die Erzählung auch mehr als 1500 Seiten geben sollte. Ich binde Sie in dieser Beziehung an nichts als an die Vollendung. [...] Diese Erzählung muß nun aber von Ihrem Portrait begleitet werden. Ich bin ungestüm und erbitte es für jeden Preis. [...] Haben Sie in ihrer Manuscriptmappe nicht zufällig etwas kleines, aber ganzes, erzählender Form? Z. B. eine Reise über den Ozean ab Hamburg oder Bremen mit kurzem Aufenthalt in Amerika oder Afrika oder sonstwo. [...] Ich suche so etwas recht Interessantes für meinen Regensburger Marienkalender pro 1891." May wird daraufhin die Novelle *Christus oder Muhammed* schreiben. – Die Redaktion der Deutschen Verlags-Anstalt schickt ein Bild "Jagd auf wilde Truthühner bei Mondschein" von Rufus Fairchild Zogbaum (1849–1925) aus "Harper's Weekly" (1889), zu dem May einen Text für die "Illustrirte Welt" liefern soll. Er schreibt daraufhin die Skizze *Jagd auf wilde Truthühner in Texas* (jbkmg 1988, 367, 369; *Der Krumir* 112).

01.24. In einer öffentlichen Sitzung des Amtsgerichts Dresden (Richter Dr. Werner Roßbach) ergeht in der Klage Alma Freifrau von Wagners in Abwesenheit Mays gegen ihn das Versäumnisurteil. Er wird verurteilt, der Klägerin 200 Mark nebst 5 % Zinsen seit dem 1.1.1890 zu zahlen und die Kosten des Rechtsstreits (22 Mark 10) zu tragen (masch 200, 203).

01.27. Joseph Kürschner will May für eine Artikelreihe in der "Illustrirten Welt" gewinnen, in der "eine Reise um die Welt geschildert wird": "Wert lege ich darauf, dass auf der Reise möglichst häufig die Leser Deutschen begegnen und so gewiss sermassen auch Sittenbilder aus dem Leben der Deutschen im Ausland geboten werden". In der zweiten Märzhälfte wird May Kürschner eine Absage schicken (jbkmg 1988, 370f.).

01.30. Kötzschenbroda. In Abwesenheit ihres Mannes nimmt Emma May vom Gerichtsvollzieher den Vollstreckungsbefehl über die zu zahlenden Gerichtskosten in Empfang (masch 205).

02. May schreibt für den "Regensburger Marien-Kalender" für 1891 die Novelle *Christus oder Muhammed* (XXIII A38).

02. In der "Illustrirten Welt" (Stuttgart, Leipzig, Berlin, Wien, Deutsche Verlags-Anstalt) erscheint anonym *Jagd auf wilde Truthühner in Texas* (plaul1 135; jbkmg 1988, 367-370).

02.15. May kauft auf Rechnung Zigarren bei Julius Balder (masch 207).

02.24. Julius Balder liefert ein letztes Mal Zigarren auf Rechnung. Die schuldige, später eingeklagte Gesamtsumme beläuft sich jetzt auf 125 Mark (masch 41f., 207).

02.25. Karl Mays 48. Geburtstag.

02.27. Die Union Deutsche Verlagsgesellschaft bereitet die erste Buchausgabe von "Kamerad"-Erzählungen vor. Der frühere Husarenoffizier Adolf Spemann schreibt an May: "Die Buchausgabe vom 'Sohn des Bärenjägers' ist bereits im Werke. Bei der Arbeit ist uns der Gedanken gekommen, daß eine zahlreichere Capiteleintheilung (mit wohlklingenden etwas schneidigen Überschriften) dem ganzen Buche eine lebhaftere Physiognomie geben würde [...] Es würde sich also empfehlen, das ganze Buch dem Fortgang der Handlung entsprechend in so und so viel Episoden einzutheilen und diese mit einem richtigen Capiteleingang und Capitelschluß aufzuputzen. Wollen Sie sich dieser Aufgabe unterziehen oder überlassen Sie das uns? Vielleicht empfiehlt sich auch ein kurzes schneidiges Vorwort" (*Der Sohn des Bärenjägers* 267).

03.08. Adolf Spemann (für Wilhelm Spemann) an May: "Nun wir technisch an die Sache herangetreten sind, ergiebt sich, daß wir, indem wir die Absicht haben, ein Buch von 29 Bogen auf den Markt zu bringen, im 'Sohn des Bärenjägers' [...] nur ein solches von 19 Bogen Umfang besitzen. In noch größerem Mißverhältnis zu diesem Plane steht die [...] Erzählung 'Geist der Llano estakata', die ja noch viel kleiner ist. Wir möchten Ihnen nun den Vorschlag machen, diese beiden Erzählungen in eine zusammenzuarbeiten, womit unserem technischen Bedürfnisse Genüge geleistet wäre. Inhaltlich ließen sich die Erzählungen durch einige eingeschobene Motive gewiß leicht verbinden, da ja der Charakter des Ganzen und die Hauptfiguren beider die gleichen sind." Für eine generelle Textbearbeitung fehlt May die Zeit; er ist aber bereit, auf der Basis seiner Originalmanuskripte Überleitungen zu schaffen und Kürzungen vorzunehmen. May wird die neue Textfassung erst nach wiederholten Mahnungen und nach mehrmonatigem Schweigen ratenweise nach Stuttgart schicken (*Der Sohn des Bärenjägers* 7, 268; hoff4 51f.).

03.19. Das Hausmädchen Silvestra Puschmann tritt nach fast zwei Jahren aus Mays Diensten: *Sie ist treu, fleißig und ehrlich gewesen* (hoff2 54f.).

03.20. Bismarcks Entlassung. Neuer Reichskanzler wird General Leo von Caprivi (1831–1899). Ihm folgen 1894 Chlodwig Fürst zu Hohenlohe-Schillingsfürst (1819–1901), 1900 Fürst Bernhard von Bülow (1849–1929) und 1909 Theobald von Bethmann Hollweg (1856–1921).

03. "Deutscher Hausschatz": "F. Sch. in L. Die Volapük-Uebersetzung von Karl May's Abenteuern in Kurdistan [*Tävaventürs in Kurdän ed in Lapän*, 1888] ist erschienen bei Herder & Comp. in München" (mkmg 18, 17).

03.24. May erhält für die Buchausgabe der "Kamerad"-Erzählungen vereinbarungsgemäß 300 Mark (*Der Sohn des Bärenjägers* 268).

03.25. May hat Joseph Kürschner, der am 27.1. eine Artikelserie über eine "Reise um die Welt" vorgeschlagen hat, eine Absage erteilt und diese durch seinen Vertrag mit Spemann begründet. Kürschner ist "aufrichtig betrübt", May "aus dem Kreise unserer Mitarbeiter scheiden sehen zu müssen" (jbkmg 1988, 372f.).

04.01. Friedrich Ernst Fehsenfeld (16.12.1853 Groß-Lengden bei Göttingen [heute Gemeinde Gleichen] – 16.9.1933 Freiburg i. Br.) eröffnet in Freiburg i. Br., Wallstraße 10, Ecke Marienstraße, eine Verlagsbuchhandlung (plaul3 433). Fehsenfeld ist der achte Sohn des Pfarrers Johannes Fehsenfeld (1805–1883) und dessen zweiter Frau Adelheid geb. Goldmann (1814–1855); aufgewachsen ist er von 1862 bis 1871 bei seiner Halbschwester Elise Johanna Sophia Schmidt in Berlin, der Frau des Publizisten und Literarhistorikers Dr. Julian Schmidt (1818–1886). Nach einer Buchhandelslehre in Hannover und Anstellungen in Freiburg, Karlsruhe, Koblenz und Berlin hat er 1879 in Gießen die Universitäts-Buchhandlung mit Antiquariat von Ernst Heinemann erworben und am 22.5.1880 Paula Rheinboldt (1858 1947; kmw VIII.6, 732f.), die Tochter des Rechtsanwalts Josephus Rheinboldt (1817–1905) aus Baden-Baden, geheiratet, mit der er vier Kinder hat, die Söhne Hans (1880–1891) und Wolfgang (im frühen Kindesalter gestorben) und die Töchter Eva (später Frau Guenther, 1883–1972; kmw VIII.6, 680f., 702f., 732-735) und Dora (später Frau Schick, 1889–1966; kmw VIII.6, 367, 702f., 732f.). 1885 ist Fehsenfeld nach Freiburg (Schiffstraße 20) gezogen, wo er seit dem 15.10. im Haus Unterlinden 2 eine Sortimentsbuchhandlung geführt hat, die er am 1.6.1890 an den Buchhändler Paul Ohnesorge verkauft (plaul3 431-434; olen 7f.). Fehsenfeld ist begeisterter Radfahrer und Mitbegründer eines Freiburger Radfahrervereins; als eines der ersten Bücher im eigenen Verlag gibt er zusammen mit Emil Schwehr "Radlers Wander-Lieder" heraus.

04.11. Die Union Deutsche Verlagsgesellschaft erkundigt sich, "wie es wohl mit der Umarbeitung des 'Bärenjägers' für die

Buch-Ausgabe steht, die Sie nach Ihrer freundlichen Zusage ohne Verzug in Angriff nehmen wollten" (*Der Sohn des Bärenjägers* 268).

04.24. May beichtet Friedrich Pustet seinen exklusiven Vertrag mit Wilhelm Spemann vom Dezember 1888 (*Die Helden des Westens* A62).

04.26. Friedrich Pustet an May: "Aus ihrem Werthen von vorgestern habe ich ungerne vernommen, daß Sie sich der Freiheit haben berauben lassen von nun an über Ihr geistiges Eigenthum frei zu verfügen. Ich hoffe, Sie haben sich nicht alle Thüren verschlossen [...]. Den 'Mahdi' werden Sie für den Hausschatz aber doch gewiß noch in Ruhe und mit Hingabe fertig machen [...]. Mit großem Bedauern würde es mich erfüllen, wenn mit diesem Roman unsere Verbindung [...] ein Ende finden sollte. Wäre es Ihnen denn nicht möglich bei Spemann zu bewirken, daß es Ihnen freistehe für den Hausschatz weiter zu arbeiten? [...] Es kann Ihnen doch nicht leicht fallen, einer Zeitschrift Valet zu sagen, in welcher Sie so viele Freunde erworben haben. Auch zu Ihrer Kalendererzählung 'Christus oder Muhamed' werden Sie auf meine hiermit ausgesprochene Bitte noch einen Schluß machen. Der Leser vermißt diesen, denn er möchte gerne wissen, was aus Ihnen und Ihrem Begleiter geworden ist. Einige Sätze könnten das sagen und um diese bitte ich Sie recht angelegentlich. Auf eine Buchausgabe Ihrer Reise-Erzählungen werde ich verzichten müssen. Ich kann mich bei meinen vielen anderen Geschäften dieser Aufgabe nicht so hingeben, wie es für den Erfolg nothwendig wäre".

05. Kötzschenbroda. Wilhelm Spemann besucht May zur Klärung "schwebender geschäftlicher Fragen" (*Der Sohn des Bärenjägers* 268; kmw III.5, 555).

05. "Deutscher Hausschatz": "Gretchen Nbg. Ihre Hoffnung ist vergebens. Unser verehrter Mitarbeiter Dr. Karl May, der Weltläufer, der einst mehr außer als im Hause war, ist bereits verheirathet. Die Ehe schützt ihn vor wilden Thieren und Menschen und leitet ihn auf die friedlichen Bahnen, welche wir gewöhnlichen Erdenpilger wandern. Auf ihn dürfen Sie also nicht mehr rechnen. Dagegen wird es uns möglich sein, Ihnen bald sein Bild in den Spalten des Hausschatzes zur Verfügung zu stellen. Sie dürfen indessen nicht glauben, er blicke martialisch drein, wie ein wettergebräunter Westmann oder ein Wüstenjäger oder ein gefürchteter Kriegsheld, dessen Gürtel von Revolvern und Messern starrt – aber Sie werden zufrieden sein" (mkmg 18, 17).

05.08. Die "Kamerad"-Redaktion an May: "Wenn wir recht unterrichtet sind, so haben Sie in der letzten Zeit den Besuch des Herrn W. Spemann empfangen, und er dürfte die schwebenden geschäftlichen Fragen inzwischen mit Ihnen besprochen haben, gleichwohl erlauben wir uns zu erinnern, Sie möchten auf baldige Lieferung des Manuskriptes 'Der Sohn des Bärenjägers' und 'Der Geist der Llano estakkata' bedacht sein. [...] Dürfen wir auch bald auf den Schlangenmensch-Artikel rechnen?" (*Der Sohn des Bärenjägers* 268)

05.09. Heinrich Keiter an May: "Die Erzählung 'Unterm Sclavenjoch' [*Der Mahdi*] würde zu umfangreich werden für einen Jahrgang, wenn sie über 1500 Seiten hinausginge. Wir haben aber nichts dagegen, wenn Sie über 2000 bis 2500 schreiben, sofern sie sich nur theilen ließen, d. h. so, daß auch neu eintretende Abonnenten den Band, den sie erhalten, verstehen können, ohne den ersten gelesen zu haben. Ich habe es bei El Sendador durch kleine Wiederholungen im zweiten Theil so gemacht. Vielleicht könnten Sie jetzt noch den neuesten Roman darnach einrichten und ihn in zwei Bände theilen." Auch Keiter würde es bedauern, May als Autor zu verlieren: "Können Sie es denn nicht erreichen, daß Sie wenigstens uns treu bleiben dürfen?" May schreibt auf Vorrat weiterhin für den "Hausschatz".

05.22. Adolf Spemann (für Wilhelm Spemann) an May: "Es wird nachgerade hohe Zeit daß wir an die Drucklegung des Buchmanuskriptes von 'Der Sohn des Bärenjägers' herantreten und wir möchten Sie deshalb dringend bitten, uns recht bald in den Besitz desselben zu setzen (*Der Sohn des Bärenjägers* 268).

05.28. Wilhelm Spemann drängt May zum Abschluss der Umarbeitung der "Kamerad"-Erzählungen: "Es wird für uns die höchste Zeit nunmehr die Sache zum Druck zu befördern wenn sie zur rechten Zeit auf den Weihnachtstisch soll. Versäumen Sie, bitte, keinen Tag länger. Ich höre in der Redaktion, daß der 'Schatz im Silbersee' für den nächsten Jahrgang des Guten Kameraden geeignet ist und würde es demnach wohl besser sein, wenn Sie jetzt an dem Roman 'Scheitana' arbeiten möchten" (*Der Sohn des Bärenjägers* 268).

05.-12. May schreibt den zweiten Teil seines Sklavenromans (XXIII A38).

Frühjahr. Kötzschenbroda. Mays ziehen aus der teuren "Villa Idylle" aus und mieten eine bescheidene Mietwohnung in der Lößnitzstraße 11 (Besitzer Anton Neßler), einem einstöckigen Haus mit ausgebautem Dachgeschoss (woll 73; masch 42; rich 210f.; hall 208). In Mays Nähe, Borstraße 38 (heute Nr. 52) wohnt der Schriftsteller und Redakteur Eduard Moritz Lilie beide sind bzw. werden Mitglieder des Klubs "Kegelei" (mkmg 94, 21; heer4 229f.).

06.01.-15. Col. W. F. Cody's Show "Buffalo Bill's Wild West gastiert erstmals in Dresden, auf dem früheren Turnfestplatz a der Herkulesallee (Großer Garten), Ecke Grunaer und Lenné straße. In Anzeigen ("Dresdner Anzeiger" 1.6., 2.6., 7.6., 15.6. heißt es: "Die Truppe besteht aus 200 Indianern, Cowboy's, Hin terwäldlern, Jägern, mexikan. Vaqueros, Lassowerfern, Scharf schützen, Gewehr- und Pistolenvirtuosen und -Virtuosinnen Reitern und Reiterinnen auf wilden Pferden, 200 Pferden, Büf feln, Maulthieren u.s.w." Ob May eine der Nachmittagsvorste lungen besucht, ist zweifelhaft, doch nimmt er sich das Kostüm von Colonel William Frederick Cody alias Buffalo Bill ("Büf fel-Wilhelm", 1846–1917) zum Vorbild seiner Selbstdarste lung als Old Shatterhand (mkmg 110, 49; jb-kmg 2004, 122).

06.02. Im "Dresdner Anzeiger" erscheint eine ausführliche Besprechung der ersten Vorstellung von "Buffalo Bill's Wild West" (G. J.): "Buffalo Bill ist die auffallendste und einnehmendste der Gestalten; eine edle Männlichkeit spricht aus seinen Gesichtszügen, dem Wuchse, aus der Haltung und dem ganzen Gebahren. Buffalo Bill ist kein Jüngling mehr, aber unter dem grauen Seidenhaare leuchtet ein feuriger Blick, und welcher Sicherheit seine Hand sich erfreut, bewies er mehrmals während der Vorstellung beim Lassowerfen und Schießen."

06.19. Die Union Deutsche Verlagsgesellschaft an May: "Wir haben schriftlich und zweimal durch den Draht [...], aber leider immer vergeblich versucht, von Ihnen Auskunft zu erhalten, wann endlich wir das vervollständigte Manuscript des Bärenjägers erhalten würden. Ihr absolutes Schweigen muss uns um so befremdlicher erscheinen, als wir s. Zt. Ihnen ausdrücklich mitteilten, wie eilig die Rücksendung des Manuscriptes für uns sei" (*Der Sohn des Bärenjägers* 269).

07. "Deutscher Hausschatz": "Die erste Hälfte des interessanten Romans von Karl May: 'Lopez Jordan', ist in sich abgeschlossen und wird in diesem Jahrgang vollständig zum Abdruck gebracht. Der zweite, noch spannendere Theil: 'Der Schatz der Inkas' betitelt, der wiederum einen Roman für sich bildet, erscheint mit Beginn des neuen Jahrgangs" (mkmg 18, 17).

07. "Deutscher Hausschatz": "Frl. [Emilie] B. Ihr Wunsch, daß in dem May'schen Reiseroman 'El Sendador' doch auch das schöne Geschlecht eine Rolle spielen möge, wird in dem zweiten, im nächsten Jahrgang erscheinenden Theile: 'Der Schatz der Inka's' erfüllt werden. Dort tritt die schöne, kühne Indianerin Unica auf, welche in ganz hervorragender Weise in die Handlung eingreift" (mkmg 18, 17; böhm 58).

07.07. Joseph Kürschner an May: "Nachdem Sie uns s. Z. mitgetheilt haben, daß Sie kontraktlich gebunden sind, nur für Spemann allein zu schreiben, überrascht es uns, in den neuesten Heften vom 'Deutschen Hausschatz' [...] einen Roman von

Ihnen zu finden. Dürfen wir Sie um gefl. Mittheilung bitten, wie sich dies verhält? Ist vielleicht eine Änderung in Ihren Abmachungen mit Spemann eingetreten und ist die Hoffnung gerechtfertigt, daß Sie sich auch bei uns wieder als Mitarbeiter einstellen werden?" (jbkmg 1988, 373) May wird erst am 18. 10. antworten.

07.13. Datum einer später beim Amtsgericht Dresden eingeklagten Rechnung des Zigarrenhändlers Julius Balder über 125 Mark (masch 207; jbkmg 2002, 288).

07.15. Die Stuttgarter Union bittet "nochmals um schleunigste Sendung des restierenden Schluss-Manuscriptes zu 'Ein Bärenjäger'" (*Der Sohn des Bärenjägers* 269).

08.12.-09.03. In der "Fuldaer Zeitung" (Redaktion Ludwig Diebel) erscheint unter dem Titel *Aus Nordamerika* ein Nachdruck der Erzählung *Three carde monte* (*Der Scout* 261).

08.16. Wilhelm Spemann an May: "Wir müssen den Schlangenmenschen-Artikel, um den wir Sie vor längerer Zeit ersucht haben, nun endlich bringen" (*Der schwarze Mustang* 238).

09.15. Bei der Vorbereitung der ersten "Kamerad"-Buchausgabe gibt es Unstimmigkeiten wegen der Illustrationen von Konrad Weigand, die nicht zum Inhalt passen. Die Union Deutsche Verlagsgesellschaft an May: "Wir danken verbindlichst für die Rücksendung der Bilder mit den Unterschriften. Leider hat der Künstler, wie Sie bemerken, einige der Blätter falsch ausgeführt. Da er schon den Kamerad-Text s. Zt. illustrierte, konnten wir ein solches Vorkommnis nicht wohl vermuten, und so kommt der Irrtum erst jetzt ans Licht. Der Band muss nun unbedingt so schnell wie möglich auf den Markt, und wir haben uns deshalb erlaubt, den Redacteur des guten Kameraden zu ersuchen, soweit nötig einige Text-Aenderungen vorzunehmen, welche die Verwendung der Illustrationen, wie sie sind, ermöglichen." (*Der Sohn des Bärenjägers* 269) Weigand hat die Banditen Stewart und Burton als Indianer gezeichnet; statt die Bil der auszutauschen, wird der Text bearbeitet: Die Bleichgesichter müssen sich als Rothäute maskieren.

09. Im "Regensburger Marien-Kalender" für 1891 (Friedrich Pustet) erscheint das Reise-Erlebnis *Christus oder Muhammed*, mit Illustrationen von Ludwig Traub (1844–1898) (plaul1 137).

09.19. Friedrich Pustet möchte sich "jetzt schon um eine kleine Kalendererzählung pro 1892 bewerben".

09. May schreibt für Pustet seine zweite Marienkalender-Geschichte *Mater dolorosa* (XXIII A38).

09.22. Pustet bittet um den "angebotenen Beitrag für den Kalender".

09.25.-10.30. In der "Fuldaer Zeitung" erscheint unter dem Titel *"Ave Maria." Reiseerlebnisse aus dem "wilden Westen" Nordamerikas* eine vermutlich bereits 1881 erstmals veröffentlichte Variante der Erzählung *Im "wilden Westen" Nordamerika's* (*Der Scout* 261).

1890.09.27-1891.09.19. Im "Guten Kameraden" erscheint der fünfte Jugendroman *Der Schatz im Silbersee*, mit Illustrationen von Ewald Thiel (*1855) (plaul1 137f.).

1890.09.-1891.09. Im "Deutschen Hausschatz" erscheint *Der Schatz der Inkas*, der zweite Teil des Romans *El Sendador* (plaul1 139f.).

10.11. Im "Guten Kameraden" erscheint der erste Teil des in sächsischem Dialekt verfassten Illustrationstextes *Der Schlangenmensch. Verrenkungsstudie von Hobbelfrank* (plaul1 140; ued 418f.).

10.18. May an Joseph Kürschner: *Verzeihung, daß ich wegen einer längeren Abwesenheit Ihre werthe Anfrage erst heut zu beantworten vermag. Allerdings bin ich noch immer durch Spemann contractlich gebunden. Den Roman* [*El Sendador*], *welchen Sie im "Deutschen Hausschatz" von mir fanden, habe* *ich geschrieben, bevor ich mich Herrn Spemann verpflichtete* (jbkmg 1992, 148). – Im "Guten Kameraden" erscheint der zweite Teil des *Schlangenmenschen* (plaul1 140).

10.25. Im "Guten Kameraden" erscheint der dritte und letzte Teil des *Schlangenmenschen* (plaul1 140).

10. Als erste Buchausgabe Mays in der Union Deutsche Verlagsgesellschaft (Stuttgart, Berlin, Leipzig) erscheint *Die Helden des Westens* (I. *Der Sohn des Bärenjägers*, II. *Der Geist des Llano estakado*), mit Illustrationen von Konrad Weigand und einem "Vorwort" des ungenannten Herausgebers (Wilhelm oder Adolf Spemann), der versichert, "daß dieses Werk der Jugend getrost übergeben werden kann und auch vom reifen Alter nicht ohne Befriedigung gelesen werden wird". Der ursprüngliche Reihentitel *Die Helden des Westens* entfällt bei den späteren Union-Bänden (plaul1 140; plaul3 410; ued 271-275).

11.05. Erste Erwähnung Mays in der "Frankfurter Zeitung", anlässlich der Erzählungen *Die Helden des Westens*: "Die unreife und unkritische Jugend wird sie mit Vergnügen lesen, aber ohne Nutzen, doch vielleicht nicht ohne Schaden. Man hätte sie im ersten Jahrgange der Knaben-Zeitschrift 'Der gute Kamerad' sollen vermodern lassen" (seul4 31). Auch künftig werden Mays Jugendromane in Frankfurt negativ besprochen (seul4 33-48).

11. "Deutscher Hausschatz": "Mit dem nächsten Heft sind wir in der Lage, in jeder Nummer von Karl May's Reiseroman ein größeres Stück als bisher zu bringen; wir hoffen, bei dem stets sich steigernden Interesse für 'El Sendador' den vielen Freunden des Erzählers damit eine große Freude zu bereiten."

11. In dem von Joseph Kürschner redigierten Unterhaltungsblatt "Illustrirte Romane aller Nationen" (Stuttgart, Leipzig, Wien, Berlin, Deutsche Verlags-Anstalt) erscheint unter dem Pseudonym D. Jam die Erzählung *Die Rache des Mormonen* (plaul1 142; ued 419f.; mkmg 55, 14-17; *Der Krumir* 138-143).

11./12. In diese Zeit fällt wahrscheinlich eine Reise des Ehepaars May, die durch ein undatiertes Notizbuch belegt ist, mit Aufenthalten in Regensburg (*Hôtel Kronprinz / Schloß des Fürsten* [Albert] *v. Th*[*urn*] *& Taxis* [1867–1952]. *Dom, Kirchen. Walhalla*), Nürnberg (*Deutsch. Kaiser*), Kirchheim, Stuttgart (Wilhelm und Adolf Spemann, Joseph Kürschner / *Hôtel Dierlamm / Tegerloch* [Degerloch]. *Königl. Schloß. Theater. "Trompeter"*), Heidelberg (*Hôtel Adler / Theater. Zahnradbahn nach Schloß. Rodensteiner etc. / "Rosa Dominos"*), Darmstadt, Mainz (*Hôtel Pfälzer Hof / Biebrich / Varieté*), Koblenz, Köln (Albert Bachem und Heinrich Theißing / *Hôtel de Russie a. d. Schiffsbrücke / Dom*), Rüdesheim (*Hôtel Jung*), Wiesbaden, Frankfurt (*Hôtel Frankfurter Hof großartig / Palmengarten / Wurst*) und Fulda ("Fuldaer Zeitung", Redakteur Ludwig Deibel / *Hôtel Wolff*). In Kirchheim haben Mays vermutlich den Fabrikanten Carl Max Weise und seine Frau Emma, Bekannte aus Hohenstein, besucht. – Gesichert für diesen Zeitraum ist ein Besuch beim Regensburger Verlag von Friedrich Pustet.

11.22. Emma Mays 34. Geburtstag. Wahrscheinlich Aufenthalt in Fulda (Notizbuch, einziges Tagesdatum: *Fulda, Hôtel Wolf. 22 Novbr. 21–24 geblieben.*)

11.27. Der Kölner Verlag Bachem schlägt May eine Buchausgabe "einer oder einiger Erzählungen" vor. May wird daraufhin die Erzählungen *Aus Nordamerika* (*Three carde monte*) und *Ave Maria* einreichen.

12.06. Johannes Meißner, Pustets Prokurist, freut sich, dass May "wohl heimgekehrt" ist: "Ihr Besuch wird stets angenehm sein."

12.09. Heinrich Keiter an May: "Es freut uns sehr, daß Sie mit Ihrer Frau Gemahlin glücklich wieder angelangt sind."

1891

01.-04. Nach Abschluss der *Mahdi*-Niederschrift schreibt May für den "Guten Kameraden" den sechsten, in Südamerika spielenden Jugendroman *Das Vermächtnis des Inka*. Wahrscheinlich hat May damit schon Ende 1890 begonnen (XXIII A38).

01.05. Die Redaktion des "Guten Kameraden" in Stuttgart hat 150 Manuskriptseiten des Romans *Das Vermächtnis des Inka* erhalten (kmw III.5, 556).

01.31. In Stuttgart sind weitere 100 Seiten des Romans *Das Vermächtnis des Inka* eingetroffen (kmw III.5, 556).

02.07. Im "Guten Kameraden" erscheint der erste Teil des anonymen Illustrationstextes *Eine Seehundsjagd* (plaul1 143; ued 420f.). In der Rubrik "Fragen und Antworten" erhält "Karl Sch. in Wels" eine Antwort, die einen bisher unerkannten May-Text vermuten lässt: "Das große Bild eines Kriegsschiffes wird Dir Dr. May senden, so wie er Dir die Karten geschickt hat. Vielleicht beantwortet er Dir auch die andern Fragen. Du sollst den Herrn aber nicht gar so viel plagen. Wer dabei ist, so schöne Geschichten zu schreiben, will möglichst ungestört sein." Es könnte sein, dass der im letzten Januarheft anonym erschienene Aufsatz "Die neuen Kreuzer der französischen Marine" von May stammt (*Der Schatz im Silbersee* 142, 128). Auch eine Reihe weiterer anonymer "Kamerad"-Texte (z. B. "Etwas vom alten Dessauer" im März oder "Indianersprachen in Nordamerika" im Juni, *Der Schatz im Silbersee* 178, 211) könnten von May geschrieben sein.

02.13. Heinrich Keiter fragt an, ob May bei Spemann erreicht hat, "daß Sie noch für uns schreiben dürfen": "Sie wissen, wiesehr uns daran liegt, auf Ihre geschätzte Mitarbeit auch ferner rechnen zu dürfen". – In Stuttgart sind 80 Seiten des Romans *Das Vermächtnis des Inka* eingetroffen (kmw III.5, 556).

02.14. Im "Guten Kameraden" erscheint der zweite Teil der *Seehundsjagd* (plaul1 143).

02.16. Der Kölner Verlag Bachem fragt an, in welchen Zeitungen die Erzählungen *Aus Nordamerika* und *Ave Maria* bereits erschienen seien.

02.18. In Stuttgart sind 80 Seiten des Romans *Das Vermächtnis des Inka* eingetroffen (kmw III.5, 556).

02.21. May teilt Bachem mit, *Aus Nordamerika* sei 1879 im "Deutschen Hausschatz" und *Ave Maria* vor längeren Jahren in einem *Amberger Blatte* erschienen. – Im "Guten Kameraden" erscheint der dritte Teil der *Seehundsjagd* (plaul1 143).

02.24. Der Verlag Bachem, dem May Abdrucke der Erzählungen in der "Fuldaer Zeitung" (1890) geschickt hat, wünscht "klare Auskunft, ob und in welchen andern Blättern die Erzählungen noch veröffentlicht wurden".

02.25. Karl Mays 49. Geburtstag.

02.26. In Stuttgart sind 100 Seiten des Romans *Das Vermächtnis des Inka* eingetroffen (kmw III.5, 556).

03.03. May an den Verlag Bachem: *Sollten die betr. Erzählungen in einer andern als den von mir angegebenen Zeitungen gestanden haben, so würde es sich um einen unberechtigten Nachdruck handeln.*

03.07. J. P. Bachem fragt, ob die Abdrucke in der "Fuldaer Zeitung" unberechtigt gewesen seien und wiederholt die Bitte um "genaue Auskunft". Zugleich teilt er mit, eine Buchausgabe der beiden Erzählungen sei in diesem Jahr nicht mehr möglich. Tatsächlich kommt es auch später nicht zu einer Buchveröffentlichung von *Aus Nordamerika* und *Ave Maria* bei Bachem.

03.14. In Stuttgart sind 130 Seiten des Romans *Das Vermächtnis des Inka* eingetroffen. Ob es sich bereits um den Schluss handelt, ist unklar; Gesamtumfang 1390 Seiten (kmw III.5, 556).

03. Im "Guten Kameraden" erscheint eine Anzeige von "Dir. Krieger's höherer Lehr- u. Erziehungsanstalt" in Kötzschenbroda, Meißner Straße 47, mit dem Vermerk "Empfohlen durch Herrn Dr. May" (jbkmg 1994, 13).

03.18.-20. Öffentliche Abschlussprüfungen an Arno Kriegers Lehranstalt. Mays Anwesenheit ist nicht belegt, doch weist die "Kötzschenbrodaer Zeitung" am 18.3. darauf hin, dass "Herr Dr. phil. May" der Lehrmittelsammlung "ein Exemplar seiner beliebten Jugendschriften, 'Der Sohn des Bärenjägers'", geschenkt habe (jbkmg 1994, 14).

04.08. Das Ehepaar May zieht von Kötzschenbroda (das Haus Lößnitzstraße 11 ist an Amalie Pauline Poppe verkauft worden) nach Oberlößnitz, Nizzastraße 1d (Brd.-Cat.-Nr., später Nr. 13, heute Radebeul, Lößnitzgrundstraße 2), in die "Villa Agnes" (Besitzer Friedrich Wilhelm Sauerzapf, Dresden). An der Ostseite der Villa lässt May ohne Genehmigung einen Erker anbauen (heer4 246, 249; rich 214-216; hall 206f.).

1891.(?) Mays neues Stammlokal ist die Lößnitzgrundschänke (Lößnitzgrundstraße 8, 2000 abgerissen), in unmittelbarer Nähe der "Villa Agnes" (rich 217). Klara May: "Er war ein eifriges Mitglied des damals in Blüte stehenden Lößnitzer Stammtisches, denn in angeregter Gesellschaft vergaß er für Stunden die grausamen Härten des Lebens" (mayk 183).

1891.(?) Nach der Familienüberlieferung ist Ella Schöne (18. 11.1878 Ernstthal – 1.10.1982 Glauchau, seit 1901 Frau Langer), eines der fünf Kinder (Ella, Fanni, Magdalene, Willibald, Theodor; mkmg 76, 7) von Mays Schwester Christiane Wilhelmine Schöne und angeblich seine "Lieblingsnichte", im Alter von zwölf oder dreizehn Jahren zum ersten Mal für einige Zeit zu Besuch bei ihrem Onkel. Als junges Mädchen soll sie später mehrere Monate Gast in der Villa "Shatterhand" gewesen sein. Über die Erlebnisse Ella Schönes während ihrer Besuche bei Mays gibt es humoristische Anekdoten, deren Wahrheitsgehalt allerdings zweifelhaft ist (mkmg 55, 31f.; mkmg 66, 6-9; mkmg 70, 1f.; mkmg 76, 1f.).

05.-12. Arbeit am Fortsetzungsroman *Die Felsenburg / Krüger-Bei* für den "Deutschen Hausschatz" (XXIII A38).

05.03. Im Stadtkrankenhaus Dresden stirbt Louise Dietrichs Mann, der Turnlehrer Carl Eduard Dietrich. An der Beerdigung auf dem Friedhof Pieschen werden vermutlich auch Mays teilnehmen.

05.28. Einbruch in die "Villa Agnes". "Dresdner Anzeiger" (auch "Kötzschenbrodaer Zeitung") 30.5.: "In der Nacht zum Donnerstag wurde in dem Grundstück Nr. 1 der Nizzastraße in Oberlößnitz, welches an den Schriftsteller Herrn Dr. May vermiethet, nur durch die Dazwischenkunft des Miethers ein größerer Einbruchsdiebstahl verhütet. Schon in den vorhergegangenen Nächten wurden die Bewohner, die in der 1. Etage schlafen, durch das Anschlagen des Hundes geweckt, aber trotz allen Suchens konnte nichts Verdächtiges entdeckt werden. In der Nacht zum Donnerstag kurz nach 1 Uhr, der Hund hatte auch diesmal längere Zeit vorher angeschlagen, erwachte die Frau des Dr. May durch ein Geräusch im Parterre, sie weckte ihren Mann, der sich auch sofort nach unten begab, wo er zu seiner Ueberraschung in einer als Fremdenzimmer benutzten Stube sämmtliche Schränke und Kommoden geöffnet und deren Inhalt zum Theil auf dem Boden zerstreut, vorfand; außerdem hatte der Einbrecher eine Axt auf das Bett gelegt. Von dem Letzteren, der nach Aufbrechen eines Fensterladens und Zerbrechen mehrerer Fensterscheiben in das Zimmer gedrungen, war nichts mehr zu bemerken, man konnte indeß seine Spuren in dem feuchten Sande bis an die Gartenmauer verfolgen, in deren Nähe auch noch eine mit Sachen gefüllte Schublade gefunden wurde, die wahrscheinlich einem Helfershelfer über die Mauer gereicht werden sollte. Das Grundstück ist schon einmal und zwar vor 2 Jahren [recte vor einem Jahr: 27.3.1890] von Dieben heimgesucht worden, dieselben stahlen verschiedene Gold- und Silbersachen, sind aber leider unentdeckt geblieben." Der Einbrecher, der am 12.5. wegen Hehlerei zu 2 Jahren 6 Monaten Haft verurteilte und am 25.5. aus der Dresdner Gefangenanstalt entflohene Malergehilfe Otto Theodor Röske (*1867), sucht in derselben Nacht noch das Gasthaus Zum Russen heim. Die Polizei geht auch hier zunächst von mehreren Tätern aus. "Dresdner Anzeiger" 31.5.: "Dieselben hatten sich durch die äußere Saalthür Eingang in die Räume und durch Oeffnung des Schalters auch in die Küche zu verschaffen gewußt, wo sie den dort aufgespeicherten Vorräthen in ausgiebigster Weise zusprachen. Bei ihrem Fortgehen nahmen sie noch ein Jacket und eine Anzahl Briefmarken aus einem erbrochenen Pulte mit sich. Trotz des Anschlagens des Hundes wurden die Diebe in keiner Weise gestört, und man hat auch bis jetzt noch keine Spur von ihnen." Das Erlebnis erklärt, weshalb der Verleger Fehsenfeld sich später bei seinem ersten Besuch in der "Villa Agnes" in eine Stimmung von Gefahren und ihrer Begegnung hineinversetzt fühlen konnte: Das "ganze Grundstück war mit einem Bretterverschlag eingeschlossen u. mit eis. Stacheln versehen, sodass man gar nicht hineinsehen konnte. [...] Haus u. Gartentür wurden nach unserem Eintritt fest verriegelt u. verschlossen" (Erinnerung 1933).

05.29. Der entsprungene Häftling und Einbrecher Röske kann von Stadtgendarm Max Georg Dietze (Königsbrücker Straße 80) gefasst werden, als er in Dresden seine Geliebte treffen will. "Dresdner Anzeiger" 31.5.: "Am Freitag Abend ist das Mädchen durch die Königsbrücker Straße gegangen und hat sich ihr Röske nähern wollen. Ehe es ihm jedoch gelungen ist, ist der beobachtende Kriminalbeamte zugesprungen und hat ihn festgehalten, wobei er bedeutenden Widerstand leistete. Mehrere Personen, namentlich aber ein Pionierunteroffizier [Schade], halfen dankenswertherweise dem Beamten, welcher nun den Verbrecher binden und arretiren konnte. Bei der

Durchsuchung seiner Sachen fand man eine Brieftasche, welche er bei dem [...] Einbruchsdiebstahl in der Lößnitz entwendet, und in der Wohnung ein Jacket, welches er ebenfalls bei einem Einbruch in dem Gasthofe zum Russen in derselben Nacht gestohlen hatte, nachdem er die ganze Wohnung durchwühlt. Von anderer Seite wird uns gemeldet, daß eine Freundin der Geliebten Röskes aus Eifersucht verrathen habe, daß sich Röske in der Nähe der Wohnung seiner Braut herumtreibe." "Dresdner Nachrichten" 31.5.: "Röske hatte eine Geliebte, ein Schneidermädchen, eine übrigens ganz achtbare Person, die in der Oppellstraße wohnt und in der Altstadt arbeitet. Es war zu vermuthen, daß er, wenn er überhaupt noch in Dresden war, sich derselben auf ihren Wegen von oder nach der Arbeitsstelle einmal nähern würde und deshalb wurde sie durch Beamte der Kriminalpolizei fortgesetzt beobachtet. Am Freitag Abend gegen 9 Uhr, als das Mädchen durch die Königsbrückerstraße ging, kam ihr Röske plötzlich entgegen. In seiner Gesellschaft befand sich ein anderer unbekannt gebliebener junger Bursche. Ein Criminalgendarm näherte sich ihm, als er gerade in eine Seitenstraße eingebogen war und packte ihn dort. Röske setzte sich sofort auf's Kräftigste zur Wehr. Er suchte sich loszureißen, schlug mit den Fäusten nach dem Beamten und stieß mit den Füßen nach demselben. Sein Begleiter bemühte sich, ihn von dem Beamten loszureißen. Der Letztere, ein kräftiger Mann, kam dadurch in eine sehr kritische Lage. In diesem Augenblicke kam ihm jedoch ein Civilist zur Hilfe und gleich darauf ein Unteroffizier vom Pionier-Bataillon. Nunmehr wurde Röske gefesselt; sein Begleiter war inzwischen verschwunden. Im Besitz Röske's fand sich eine Brieftasche vor mit Papieren auf den Namen des Schriftstellers Herrn Dr. May in Oberlößnitz. Bei diesem war in der Nacht zum Donnerstag eingebrochen worden und hatte der Einbrecher alle Zimmer durchwühlt und offenbar nach Geld gesucht, außer dem Notizbuch jedoch nichts mitgenommen. Es ist nach Lage der Sache klar, daß Röske diesen Einbruch verübt hat, obschon er dies leugnet und die Tasche von einem Unbekannten erhalten haben will. Weiter fand sich in einer Stube auf der gr. Brüdergasse, in welcher er sich am Mittwoch Mittag unter dem Namen Westphal, Schlosser aus Tilsit, eingemiethet hatte, ein gutes Jacket vor. Dasselbe rührte ebenfalls von einem Einbruch her. Am Donnerstag früh ist ein Mensch im Gasthaus 'Zum Russen' in Oberlößnitz eingestiegen, hat gegessen und getrunken, verschiedene Zimmer nach Geld durchsucht und ist dann unter Mitnahme des fragl. Jackets verschwunden. Auch in diesem Falle leugnet Röske, der Thäter zu sein. Er will das Jacket ebenfalls von einem Unbekannten bekommen haben. Er hat sich offenbar durch diese Einbrüche Geld verschaffen und dann die hiesige Gegend verlassen wollen. Nunmehr befindet er sich wieder in gerichtlicher Haft, aus der er dieses Mal wohl nicht wieder wird entkommen können." Röske wird am 14.10. verurteilt werden.

06. May schreibt für den "Regensburger Marien-Kalender" die Erzählung *Der Verfluchte* (XXIII A38).

07.01. Oberlößnitz. May kann die fällige Quartalsrate für den Mietzins nicht zahlen. Er leiht sich daher bei dem Kaufmann Johann Christoph Schwarz in Kötzschenbroda, Langestraße 1, einen Betrag von 325 Mark, den er innerhalb von fünf Tagen zurückzahlen will. Fristgerecht kann er 300 Mark zurückbringen, muss aber nach wenigen Tagen zu den schuldig gebliebenen 25 Mark erneut 100 Mark borgen, weil er sich durch die Rückzahlung "ganz ausgegeben habe und mit seiner Familie ohne Mittel sei" (masch 42, 206).

07. "Deutscher Hausschatz": "J. Ober-Oest. Herr Karl May ist gesund und arbeitslustig. An dem im nächsten Jahrgang des 'Deutschen Hausschatzes' erscheinenden großen Romane 'Der Mahdi' werden Sie ersehen, daß die Darstellungskraft des ungemein beliebten Erzählers sich noch gesteigert hat. – Gorz. Karl May erzählt immer in der ersten Person. Uebersetzungen seiner Romane in italienischer Sprache sind noch nicht erschienen; in die französische sind fast alle seine Werke übersetzt" (mkmg 18, 18).

07.(?) Der noch unbekannte Verleger Friedrich Ernst Fehsenfeld aus Freiburg i. Br., der begeistert Mays Orientroman im "Deutschen Hausschatz" gelesen hat, will eine Buchausgabe in seinem 1890 gegründeten Verlag herausgeben und schreibt erstmals an May; erst nach vier Monaten wird er Antwort erhalten. Erinnerung Fehsenfeld 1933: "Im Jahre 1891, als junger Buchhändler, kam mir der Deutsche Hausschatz (Verlag Pustet Regensburg) in die Hände. Ich stiess auf die Erzählung Im Schatten des Grossherrn von Karl May. Ich begann zu lesen u. kam nicht mehr davon los. Familie, Geschäfte, Essen u Trinken, Alles vergass ich, ich wollte nur wissen, ob der Held gerettet würde, ich zitterte für ihn u. frohlockte, wenn es ihm gelang, sich vor seinen Feinden zu retten oder sie zu überlisten. Ich tauchte unter in die farbenreiche Welt seiner Phantasie, ich ritt mit Rih durch die Gebirgsklüfte des Balkan u. durchquerte die Wüste mit all ihrem Schrecken u. ihrer Grossartigkeit! – Diese Erzählungen in Buchform, nicht in einer Zeitschrift zerstückelt, sollten der Deutschen Jugend geschenkt werden, das war mein Gedanke u. ich ging an's Werk. Ich verschaffte mir Karl May's Adresse u. schrieb ihm eines schönen Tages, ob er mit mir in Verbindung treten wollte. Nach 4 Monaten, nachdem ich schon jede Hoffnung auf eine Antwort aufgegeben hatte, kam die Antwort: Soeben von einer meiner grossen Reisen zurück finde ich Ihren Brief. Kommen Sie!"

08. Der "Deutsche Hausschatz" kündigt den Roman *Der Mahdi* an: "Der allbeliebte Erzähler führt uns in diesem seinem neuesten Werke, welches seine früheren Romane noch übertrifft, in den ägyptischen Sudan, schildert darin einerseits mit ungewöhnlicher Gewandtheit seine abenteuerlichen Fahrten zu Wasser und zu Lande, während er andererseits Land und Leute im schwarzen Erdtheil mit bekannter Anschaulichkeit und Frische zur Darstellung bringt" (mkmg 18, 18).

08.15. Schloss Kettenburg (Provinz Hannover). Der junge Philipp (Cajus Carl Maria Paulus Hubert) Freiherr von der Kettenburg (*1875) lädt, auch im Namen seiner Geschwister (Kuno,

Pia, Clemens, Marie-Theres und Franz-Josef), May auf das Schloss seiner Eltern, (Kuno) Maximilian (Johann Friedrich) von der Kettenburg (1839–1915) und Marie geb. Freiin von Böselager (1843–1903), ein und bittet ihn, die "Haupt-Sehenswürdigkeiten und Erinnerungszeichen" seiner Reisen (u. a. die Schnupftabaksdose von Quimbo) mitzubringen.

08.26. May lädt seine Nichte Auguste Anna Selbmann (17.3. 1873 – 27.3.1953, ab 24.7.1893 Frau des Kutschers Anton Hermann Beier, 1870–1932), die Tochter seiner Schwester Karoline Selbmann, für eine Woche nach Oberlößnitz ein: *Es giebt so viel zu sehen, daß es in 2 oder 3 Tagen nicht zu ermachen ist. Wir werden nächstens wieder verreisen, und ich habe auf meine Arbeit Rücksicht zu nehmen. Darum ist es uns nicht möglich, die Zeit so zu bestimmen, wie sie Euch paßt, sondern ich muß bitten, Dich damit nach mir zu richten. Ich lade Dich also ein, nächsten Montag, den 31*ten *August zu kommen. Fahre halb acht Uhr früh von Hohenstein ab, so bist Du halb zwölf Uhr auf dem böhmischen Bahnhofe in Dresden, wo wir Dich empfangen werden. Solltest Du uns dort nicht gleich sehen, so sind wir im Wartesaale zweiter Klasse zu finden, nach dem Du fragen kannst. Könntest Du schon am Sonnabend kommen, so ist es mir auch recht; nur könnte ich Dich da nicht in Dresden abholen, weil ich bis Mittag zu arbeiten habe; Du müßtest also allein kommen. Du müßtest auf dem böhmischen Bahnhofe warten bis 1 Uhr 42 Minuten und Dir dort ein Billet nach der Station Weintraube nehmen, wo Du mit diesem Zuge 2 Uhr 15 Minuten ankommst. Dort hole ich Dich dann ab. Ich lege Dir hier ein Couvert bei; schreibe mir sofort, ob Du Sonnabend oder Montag kommst, damit ich weiß, woran ich bin.* [...] *Von der Station Weintraube bis zu meiner Villa, welche in der Nizzastraße No. 1 an der Ecke liegt, hat man sechs Minuten zu gehen.* [...] *Meine Frau hätte gern einen Ernstthaler Kartoffelkuchen gehabt. Könnt Ihr nicht einen backen lassen, aber nicht dick! Ich gebe Dir das Geld, was er kostet. Aber Du darfst ihn nicht in eine Zeitung einschlagen sondern in ein paar Bogen* *reines Conceptpapier, sonst ißt ihn meine Frau nicht; die Zeitungen riechen so nach der Druckerschwärze. Dagegen, daß Du 8 Tage bei uns bleibst, wird Dein Vater wohl nichts haben, und Deine Mutter kann es wohl auch ermöglichen. Und daß es gleich jetzt sein soll, ist darum, weil ich da Zeit habe* (Karl-May-Museum, Radebeul).

08.31.(?) Anna Selbmann kommt wahrscheinlich für eine Woche nach Oberlößnitz.

09.05. Im "Guten Kameraden" erscheint anonym die orientalische Erzählung *Die beiden Kulledschi* (plaul1 143; ued 422).

09. Im "Regensburger Marien-Kalender" für 1892 (Pustet) erscheint das Reiseerlebnis *Mater dolorosa*, mit Illustrationen von Ludwig Traub (plaul1 143).

09.09. Oberlößnitz. May erhält einen Zahlungsbefehl zugestellt, weil er das Darlehen des Kaufmanns Johann Schwarz aus Kötzschenbroda nicht vollständig zurückgezahlt hat, und legt Widerspruch ein (masch 206).

09.24. Johann Schwarz erhebt beim Amtsgericht Dresden eine Zahlungsklage gegen May auf noch fällige 125 Mark nebst 5 % Zinsen seit dem 9.9. (masch 206f.; jbkmg 2002, 288).

1891.09.26.-1892.09.17. Im "Guten Kameraden" erscheint der sechste Jugendroman *Das Vermächtnis des Inka*, mit Illustrationen von Ewald Thiel (plaul1 143-145).

1891.10.-1892.09. Im "Deutschen Hausschatz" erscheint *Am Nile*, der erste Teil der Reiseerzählung *Der Mahdi*, mit einem Porträt des Verfassers von Theodor Volz (1850–1916) (plaul1 145f.; XVII N11f.).

10.01. May erhält durch einen Gerichtsvollzieher die Klageschrift des Kaufmanns Schwarz zugestellt (masch 209).

10.14. Der Malergehilfe Otto Theodor Röske, der am 28.5. in Mays Villa eingebrochen ist, hat sich vor der IV. Strafkammer des Landgerichts Dresden (Landgerichtsdirektor Curt Rudolf von Kyaw) zu verantworten. May ist als Zeuge zur Gerichtsverhandlung geladen und erlebt mit, wie der mehrfach vorbestrafte Täter wegen schweren Diebstahls, Hehlerei und Widerstands gegen die Staatsgewalt zu 7 Jahren 11 Monaten Zuchthaus und 9-jährigem Ehrenverlust verurteilt wird. "Dresdner Anzeiger" 15.10. (auch "Kötzschenbrodaer Zeitung" 17.10.): "Während der Nacht zum 28. Mai d. J. wurde in dem Grundstücke Nr. 1 der Nizzastraße zu Oberlößnitz, welches an den Schriftsteller Dr. Karl May vermiethet ist, nur durch dessen Dazwischenkommen ein größerer Einbruchsdiebstahl verhütet. [...] Bei jener Gelegenheit ist nur eine Brieftasche mit verschiedenen Verhaltscheinen und anderen Papieren abhanden gekommen. Jenes Villengrundstück wurde früher von dem Kaufmann [Emil] Großmann bewohnt. Während der Nacht zum 27. März 1890 ist daselbst schon einmal ein frecher Einbruchsdiebstahl ausgeführt worden, wobei Geld und Silbersachen, sowie noch andere Gegenstände im Gesammtwerthe von mindestens 870 Mk. abhanden gekommen sind. Der Thäter ist auch in diesem Falle über den Zaun des betreffenden Grundstückes gestiegen und hat sich dann durch ein offenes Fenster Eingang in die Villa verschafft. Außerdem wurde noch während der Nacht zum 28. Mai d. J. das Etablissement 'Zum Russen' in der Oberlößnitz von einem Diebe heimgesucht." Bei der Verhaftung Röskes hat man bei ihm Gegenstände Großmanns gefunden sowie eine Grundrisszeichnung des Grundstücks in der Nizzastraße, die er anfertigte, als er am 17.3.1890 im Auftrag des Malers Eichhorn dort Malerarbeiten verrichtete. "Die dem Zeugen Dr. May abhanden gekommene Brieftasche wurde bei Röske vorgefunden und die in derselben befindlichen Papiere sind von ihm bereits gefälscht worden. [...] Bei der Strafausmessung fiel zu Ungunsten des Angeklagten in das Gewicht die Heftigkeit und lange Dauer des von ihm geleisteten Widerstandes, sowie der Umstand, daß Röske eine zu Eigenthumsverbrechen im hohen Grade geneigte Person ist. Lächelnd und mit drohend erhobenem Arme verließ Röske die Anklagebank, worauf er wieder gefesselt und in die Gefangenenanstalt zurückgeführt wurde." "Dresdner Nachrichten" 15.10.: "Der Angeklagte, Malergehilfe Otto Theodor Röske stammt aus Bütow in Pommern, ist 1867 geboren, hat bereits bis zum 7. Dezbr. 1880 wegen schweren Diebstahls 2 Jahre Gefängniß verbüßt. Gegenwärtig wird ihm zur Last gelegt, in der Nacht zum 27. März 1890 in die Villa des Kaufmanns Emil Großmann in der Oberlößnitz eingebrochen zu sein und insbesondere goldene Schmucksachen im Werthe von ca. 900 Mk. gestohlen zu haben. [...] Ferner ist der Angeklagte beschuldigt, daß er in der Nacht zum 28. Mai, also innerhalb der Zeit seiner wiedererlangten Freiheit, sowohl in eine, von dem Schriftsteller Dr. phil. Karl May bewohnte Villa in der Lößnitz, als auch in den Gasthof 'zum Russen' einbrach. [...] Im Besitz Röske's fand man einen von ihm angefertigten, ziemlich detaillirten Umriß der Großmann'schen Villa vor, der seine Entstehung lediglich Diebesstudien verdankt. [...] Nachdem Röske [durch Ausbruch aus der Gefangenenanstalt] in's Freie gelangt war, begab er sich nach der Lößnitz und führte dort die Einbrüche bei dem Schriftsteller Dr. May und im Gasthof 'zum Russen' aus. Im ersteren Fall wurde der Einbrecher gestört und brachte er nur eine rothe Brieftasche Dr. M.'s in Sicherheit. Letztere enthielt u. A. einen Verhaltschein, der entsprechende Fälschungen von Jahreszahlen aufwies und zweifellos von Röske als Legitimation benutzt werden sollte. Im Gasthof 'zum Russen' beschränkte sich die Diebesbeute auf ein Jacket und diverse Lebensmittel, welche R. an Ort und Stelle verzehrte. [...] Der Angeklagte wurde gemäß des von Herrn Staatsanwalt Horack [Hermann Otto Hornack] gestellten Strafantrags wegen des Großmann'schen Diebstahls [...] zu 4 Jahren 4 Monaten Zuchthaus, ferner wegen der Einbrüche bei dem Dr. May und im Gasthofe 'zum Russen', sowie wegen Widerstands gegen die Staatsgewalt zu weiteren 3 Jahren 7 Monaten Zuchthaus, 4 Jahren Ehrenrechtsverlust und Stellung unter Polizeiaufsicht verurtheilt."

10.20.-12.01. Der Moskauer Verleger Iwan Dimitriewitsch Sytin (1851–1934) gibt als Beilagen zur Zeitschrift "Vokrug sveta" (Um die Welt) ohne Mays Wissen in erster russischer Übersetzung Teile des Orientzyklus unter dem Titel *Piraty Krasnago morja* (Die Piraten des Roten Meeres) heraus; als Vorlage dient die französische Übersetzung *Les pirates de la Mer Rouge* (Tours ^{2}1891) (mkmg 77, 20; mkmg 85, 1f., 44, 46f.; jbkmg 1990, 152, 162f.).

10.21. 9 Uhr. Dresden. Die Zahlungsklage des Kaufmanns Johann Schwarz wird vor dem Amtsgericht, Landhausstraße 17^{III} (Richter Dr. Werner Roßbach), in Abwesenheit Mays verhandelt. Nach dem Versäumnisurteil muss May neben den eingeklagten 125 Mark auch die Gerichtskosten und Zinsen bezahlen (masch 42, 209f.).

11.08. May an an den Verleger Friedrich Ernst Fehsenfeld, mit dem er über eine Buchausgabe verhandelt: *Ich war drei Tage in Leipzig, und darum ist Ihre w. Zuschrift erst jetzt, nach meiner Rückkehr, in meine Hände gekommen.* [...] *Neben den Anfragen in den Blättern, für welche ich schreibe, erhalte ich auch directe Erkundigungen, ob meine Werke in Buchform erschienen sind, und zwar so zahlreich, daß ich sie unmöglich alle beantworten kann. In dieser Woche z. B. bekam ich acht solche Briefe, einen von einer österreichischen Erzherzogin und einen von einer Fürstin, welche Princess royale von Frankreich ist. Wenn ich zur Buchausgabe schritte und dies in den mir zu Gebote stehenden Blättern veröffentlichte, so dürfte ich überzeugt sein, fünf- oder auch zehntausend Exemplare in kurzer Zeit loszuschlagen. Ist dabei der Verleger ein guter Geschäftsmann, so muß das Unternehmen ein für beide Theile lucratives werden. Warum ich unter diesen Umständen nicht längst zur Buchausgabe geschritten bin? Pustet hat sich angeboten und mir noch bessere Bedingungen gestellt als Sie, ebenso W. Spemann, Stuttgart, "Union". Beide boten mir sogar sofortige Zahlung an, weil sie meine Verhältnisse genau kennen. Da ich öftere und lange Reisen ins Ausland unternehme und die Kosten der-*

selben nur von meinen Honoraren bestreite, haben meine bisherigen Verleger mir die Letzteren immer und freiwillig im Voraus gezahlt. – Dennoch habe ich bei Beiden abgelehnt, und zwar weil ich ganz Ihrer Ansicht bin: sie wollen nichts von der Colportage wissen, und doch ist es nur diese, durch welche man einen größern Absatz erzielt. Der Leser will heut zu Tage selbst die beste Lectüre ins Haus getragen haben, sonst kauft er nicht. Sie sehen, daß ich in dieser Beziehung mit Ihnen einverstanden bin. Natürlich mache ich da einen Unterschied zwischen Colportage- und Schundbuchhandel. [...] *Ich würde nur unter der Bedingung abschließen, daß die Sachen in einem anständigen Kleide erscheinen – gutes Papier, guter Druck etc. Mein Name soll nicht auf schlechtbedrucktem Holzpapier geringster Sorte stehen. Auch möchte ich – eben meiner öfteren Abwesenheit wegen, gern haben, daß die 500 Mark, von denen Sie sprechen, nicht nach dem Erscheinen des jeweiligen Bandes sondern vorher zu entrichten sind. Gehen Sie auf diese beiden Bedingungen ein, so bin ich gern bereit, mit Ihnen zur Contractirung zu schreiten, denn ich weiß, daß Sie ein anständiger Herr sind, mit dem ich nie in Conflict gerathen werde. Ich habe nämlich die Ehre, Sie, ohne daß Sie es wissen, als einen soliden Geschäftsmann und Character zu kennen. Wahrscheinlich habe ich sogar vor mehreren Jahren einige Bücher in Ihrem Laden gekauft. Werden wir uns einig, so können Sie versichert sein, daß ich Alles thun werde, was in Ihrem Nutzen liegt. Zu meinen sonstigen Connexionen steht mir, ohne daß Sie es ahnen, ein Colportageapparat zur Verfügung, welcher sich über ganz Deutschland erstreckt.*

11.16. Oberlößnitz. May erhält durch den Gerichtsvollzieher eine Klageschrift des Restaurantbesitzers Louis Vogel zugestellt, der ihm am 1.7.1877 50 Mark geliehen hat und nun sein Lokal aufgibt; vermutlich hat er bei der Durchsicht der Geschäftspapiere den alten Schuldschein wiedergefunden (masch 208; jbkmg 1977, 217).

11. Friedrich Ernst Fehsenfeld besucht May in Oberlößnitz, um einen Vertrag über die geplante Buchausgabe der Reiseerzählungen abzuschließen. Gemeinsam werden Spaziergänge durch den Lößnitzgrund und Ausflüge nach Dresden und in die nähere Umgebung unternommen. Erinnerung Fehsenfeld 1933: "Ich reiste nach Dresden. Ich hatte meine Ankunft angezeigt u. wurde an dem kl. Bahnhof Weintraube [rich 221; hall 192] erwartet. Ich stieg aus, da kam ein Herr im grauen Havelock auf mich zu, legte beide Arme auf meine Schultern mit den Worten: 'So muss mein Verleger aussehen.' Karl May war ein schöner Mann, das dichte leicht angegraute Haar, aus der schönen breiten, glatten Stirne gestrichen, eine leicht gebogene Nase, durchdringende hellblaue Augen, energisches Kinn, glatt rasiert, tief gebräunte Haut (jedenfalls ein Ueberbleibsel der Orientsonne) der Mund schalkhaft, oft ein gewinnendes Lächeln. Er war mittelgross, sehr kräftig gebaut, Reiterbeine. In herzlicher Weise wurde ich in seiner bescheidenen Villa von Frau Emma empfangen. [...] Ich verlebte dort gemütliche u. anregende Stunden. [...] Ein köstliches Mittagsmahl erwartete mich. Zu dieser Zeit verachtete K. M. weder Wein noch Cigarren noch Spielkarten. Von seinen Reisen erzählte er wenig. May erzählte viel von seinen Arbeiten. Wenn er sich Abends zu einem neuen Werk hinsetzte, schloss er die Tür ab, liess sich vorher einen grossen Topf Kaffee hinstellen u. arbeitete bis zum Morgen durch. [...] Wir machten einen für beide Teile befriedigenden Vertrag, der allerdings K M. alle Rechte, u. mir keine gab." Rudolf Lebius, "Sachsenstimme" 11.9.1904, angeblich nach Mays Darstellung der ersten Begegnung mit seinem neuen Verleger: "Eines Vormittags sei zu ihm ein hagerer rotblonder junger Mann gekommen, habe gesagt, er heiße Fehsenfeld und möchte seine Zeitungserzählungen in Buchverlag nehmen. Er besitze allerdings kein Geld, denn er habe soeben mit einem kleinen Papiergeschäft bankerott gemacht, aber sein Onkel, ein Leipziger Verlagsbuchhändler [vermutlich Fehsenfelds Vetter Johannes [Hans] Carl Ludwig Grunow, Inhaber der Verlage Friedrich Wilhelm Grunow und Friedrich Ludwi

Herbig] stehe hinter ihm. May habe diese Offenheit gefallen. Sie hätten sofort Vertrag gemacht und mit einer Flasche Wein Freundschaft gefeiert. Schon am nächsten Tage hätte der junge Verleger im Auftrage seines Onkels 1000 Mk. als erste Anzahlung gebracht" (mag 25, 75).

11.17. Oberlößnitz (*Kötzschenbroda*). Mit Friedrich Ernst Fehsenfeld wird vertraglich die Buchausgabe der "Hausschatz"-Erzählungen als "Carl May's gesammelte Reiseromane" vereinbart; der § 1 des *Verlags-Vertrags* lautet: *Die Unterzeichneten vereinigen sich zur Buchausgabe der im "Deutschen Hausschatz" und andern Zeitschriften bisher erschienenen Reiseromane des Herrn Dr. Karl May.* Als Honorar erhält May laut § 4 vor Erscheinen jedes Bandes 500 Mark nach Eintreffen des ersten Manuskriptbogens und 1000 Mark nach dem Absatz der ersten Auflage von 5000 Exemplaren, für weitere Auflagen jeweils 2000 Mark (XXI A4-A7). Gedruckt werden sollen die "Reiseromane" von der Hoffmannschen Buchdruckerei in Stuttgart (Rothebühlstraße 77, ab 1899 Augustenstraße 32a); Leiter des 1829 von Carl Hoffmann gegründeten Unternehmens ist dessen Enkel Felix Krais (1853–1937), ein Cousin Fehsenfelds (kluß2 124). – *Auf tausende von Anfragen* wird May Briefbogen drucken lassen: *Meine gesammelten Werke erscheinen jetzt durch die rühmlichst bekannte Verlagsbuchhandlung von Fehsenfeld in Freiburg i. B. und wollen Sie sich gütigst entweder direkt oder durch die Ihnen nächste Buchhandlung an diese Firma, welche ich Ihnen aus vollster Ueberzeugung empfehle, wenden.*

1891.(?) Zeugenaussage Louise Dietrich 2.3.1908: "Auch in den ersten Jahren noch, als Mays in der Lößnitz wohnten, habe ich noch in ihrem Hause verkehrt. Den Verkehr habe ich erst abgebrochen, als die Plöhn anfing, öfters in der Familie Mays zu verkehren. Ich konnte die Frau Plöhn nicht leiden, sie war mir in hohem Grade unsympatisch, ich hielt sie insbesondere für falsch. Dies schien die Plöhn zu merken, denn wenn ich zu Mays kam, ging sie in der Regel weg. Ich gewann damals, als

Mays in der Nizzastr. in Niederlößnitz wohnten, den Eindruck, als ob sich die Frau Plöhn in den Haushalt der Frau May hineindrängen wollte, sie nahm gewissermaßen im Hause May die Rechte der Hausfrau für sich in Anspruch, indem sie sich den Anschein gab, als wollte sie Frau May unterstützen. Charakteristisch für die Frau Plöhn ist folgender Vorgang: Ich brachte einmal der Frau May, die gern selbstgebackenen Kuchen aß, einen Napfkuchen mit, und zwar, wenn ich mich recht entsinne, zu ihrem Geburtstag. Ich glaube, ich habe den Kuchen auf den Geburtstagstisch gelegt. Als ich abends wieder wegging, drückte mir die Plöhn meinen Kuchen ohne Wissen der Eheleute May wieder in die Hände mit den Worten, ich sollte doch den Kuchen wieder meinen Kindern mitnehmen. Ueber diese mir angetane Beleidigung war ich sprachlos. Ich nahm den Kuchen auch wirklich wieder mit. Erst später habe ich von der Frau May erfahren, daß sie von diesem Vorgehen der Plöhn gar keine Ahnung hat. Ich bin [...] insbesondere nach diesem Vorgang nur noch ganz selten bei Mays gewesen, auch die Frau May hat mich nur ganz selten hier in Dresden besucht. Wie ich später erst erfahren habe, kam die May, wenn sie mich besuchte, heimlich zu mir, wie sie mir selbst erzählt hat, durfte die Frau Plöhn von ihren Besuchen bei mir nichts wissen" (leb 72f.). *Frau Pollmer* 846: Als die Dietrich *sich dann auch bei dem ersten Manne* [Richard Plöhn] *meiner jetzigen Frau* [Klara Plöhn] *in gleicher Weise einnisten wollte, drückte ich darauf, sie abzuweisen. Dies geschah. Seitdem haßt sie mich noch glühender als zuvor und meine jetzige Frau dazu.*

11. Oberlößnitz. Ermutigt durch den Vertragsabschluss mit Fehsenfeld (und angeblich als eine Art Geschenk zu Emmas Geburtstag am 22.11.; mkmg 39, 12), nimmt das Ehepaar May die 9-jährige Clara Johanna Selbmann (13.8.1882 Ernstthal – 23.4 1969 Bad Gohrisch, ab 1905 Frau Cupak, nach dem Tod ihres ersten Mannes ab 1942 Frau Gühne), die zweitjüngste Tochter von Mays Schwester Karoline Selbmann, zu sich, um ein Kind im Hause zu haben und die vielköpfige Familie der Schwester zu entlasten. Sie nennen Clara "Lotte", "Lottel" oder "Lottchen". *An die 4. Strafkammer* 136f.: Karoline *kam zu mir und vertraute mir, dem Kinderlosen, ihr Töchterchen an, damit in meine Ehe ein wenig Sonnenschein komme. Ich war glücklich darüber, hatte das Kind lieb und gab mir Mühe, es gegen die Roheiten meiner Frau, der Pollmer zu schützen. Vergebens!* Das Kind liebt seinen Onkel sehr, der mit ihm trotz seiner Arbeitsbelastung allerlei Ausflüge unternimmt (plet 78). Karoline Selbmann an Klara May 13.10.1910: "Mein Bruder u. seine damalige Frau waren Kinderlos da kamen Sie zu mir und baten mich ob ich Ihnen nicht eins von den meinigen geben wollte, Sie wollten es als Ihr eignes aufziehen, ich war schnell dabei, da ich glaubte mein Kind würde bei Onkel u Tante einer ganz andrem Zukunft entgegen gehen können als ich es meinen andern Kindern bieten könne, mein Mann wollte anfänglich nicht, aber durch zureden meinerseits gab er doch noch nach, er sagte immer, wo die andern essen, ißt das eine auch noch mit, und so brachte ich das Kind nach kurzer Zeit zu Ihnen nach Oberlößnitz." Clara Cupak geb. Selbmann, "Erinnerungen aus der Zeit, wo ich bei meinem Onkel in Oberlößnitz war" (1910): "Ich erinnere mich noch ganz genau, wie mich Mutter zu Onkel und Tante gebracht hat. Onkel war stets lieb und gut zu mir. Er hat an mir wirklich Vaterstelle vertreten, wie man sichs nicht besser denken konnte, stets liebevoll, nie zänkisch und herzlos, wie die Tante. [...] Sie hat mich nur wie Spielzeug behandelt, wie kleine Kinder die Puppen, wenn sie sie überdrüßig haben, so legen sie selbige bei Seite. Genau so war es bei Tante, sie war nur nett zu mir in Gegenwart anderer Personen, sonst war ich meistens im Wege."

11.22. Oberlößnitz. Emma Mays 35. Geburtstag. Emma May an die Nichte Anna Selbmann Ende November: "Zu meinem Geburtstag waren wir 14 Personen zu Tisch, da kannst Du Dir wohl denken, was es für Arbeit gegeben hat. Clara saß auch mit an der Tafel u. mußte sogar mit den Herrschaften auf der Tante ihr Wohl anstoßen" (masch 46).

11.25. Vor dem Amtsgericht Dresden, Pillnitzer Straße 41 (Richter Dr. Werner Roßbach), wird in Abwesenheit Mays die Zahlungsklage des Restaurantbesitzers Louis Vogel auf noch offene 50 Mark (von 1877) verhandelt. May wird verurteilt, an den Kläger 60 Mark 80 nebst 5 % Zinsen seit dem 1.10.1877 zu bezahlen und die Kosten des Rechtsstreits zu tragen (masch 207f.; jbkmg 2002, 288). Vorschüsse des Verlegers Fehsenfeld ermöglichen nun jedoch die finanzielle Konsolidierung des Schriftstellers (grie1 40).

11.29. Oberlößnitz. Clara Selbmann an ihren Vater Heinrich Selbmann, vermutlich von May diktiert: "Ich schreibe Dir diesen Brief, um Dir zu sagen, daß es mir sehr gut geht. Der Onkel und die Tante wollen mich ganz behalten, und ich fahre nun schon über eine Woche lang z[w]eiter Klasse auf der Bahn nach Kötschenbroda zu Herrn Direktor Krüger [Arno Krieger] in die Höhere Töchterschule, wo wir gleich elf neue Schulbücher haben kaufen müssen. Die Tante hat mir ein neues Kleid und einen schönen Mantel geschenkt, und ich bekomme auch noch mehr Sachen, weil man sich hier anders kleidet als be euch zu Hause. Der Onkel hat mir eine Fahrkarte zweiter Klasse gekauft, die gleich bis Ostern reicht, da fahre ich früh halb acht in die Schule und um Eins wieder nach Hause. Essen und trinken kann ich, was mein Herz begehrt; nur das früh aufstehen fällt mir schwer. Nun mußt Du aber auch, lieber Vater, den Onkel unter schreiben, daß Du erlaubst, daß ich hier bleibe." Karoline Selbmann 1910 an Karl und Klara May: "Das Clara dem Brief vordiktirt bekomen hat ist doch klar, jedenfalls wa es der Grund, da Ihr Sie später adoptiren wolltet und deshalb s liebevoll zu Ihren Vater geschrieben." Karoline Selbmann a Klara May 13.10.1910: "Wir bekamen zeitweilig ein Briefchen von unsrem Kinde wo es einmal wie das andre klang 'Lieb Mutter mir gefällts hier ganz gut, ich sehne mich nicht, wiede nach Ernstthal zu komen' ich glaubte aber dieses nicht rech denn welches Kind sehnte sich nicht zurük in eine Herde, w

Sie jetzt ganz allein war, und wenn Sie es noch so gut hätte. Ich bekam Unruhe, lies mirs aber nicht merken."

11. Wegen ihrer gespannten Beziehung zu Karoline Selbmann schreibt Emma über das Befinden "Lottes" nicht direkt an die Mutter, sondern an Claras ältere Schwester Anna. In ihrem ersten Brief bedankt sie sich für ein Geburtstagsgeschenk und fährt fort: "Ich hätte Euch gern schon etwas von Clara mitgeteilt, aber Karl wollte es von Tag zu Tag thun, deshalb unterließ ich es. Ihr braucht durchaus keine Sorge um sie zu haben, es geht ihr sehr gut. Ernstthal erwähnt sie höchst selten. Die Schule besucht sie schon über 8 Tage, sie fährt jeden Tag ½ 10 Uhr mit der Bahn II. Klasse nach Kötzschenbroda u. kommt 1 Uhr 25 M. zurück. Allerdings mit den Büchern die sie bei Euch hatte, wars hier nichts, wir haben 16 neue Bücher kaufen müssen, für circa 16 M. Hier muß sie freilich mehr lernen als wie zu Hause, aber es gefällt ihr trotzdem, denn fort will sie nicht wieder. Auch ist ihr Benehmen schon ein wenig anders geworden, auch hat sich die Sprache etwas gebessert. Die ersten 8 Tage hatte sie nämlich die Sprache vollständig verloren. Wir mußten ihr jedes Wort abkaufen; sie nickte, oder schüttelte nur. Jetzt ist sie auch schon zutraulich geworden. Auch hat sie ebenso wie mein Hühnlichen [May] einen Kosenamen bekommen; ich rufe sie nämlich meistens Lottel. Am vergangenen Sonntag waren wir in Kötzschenbroda zu einem Sinfonie-Concert mit ihr; das schien ihr sehr gut zu gefallen, denn sie saß wie ein Mäuschen. Frau [Louise] Hübner schenkte ihr vorher 2 wundervolle Haarschleifen, mit Goldähren durchwirkt, die hat nämlich unser Lottel sehr ins Herz geschlossen. Sie läßt Dich auch vielmals grüßen, sollst nur flott Hochdeutsch lernen damit sie sich zu Weihnachten besser mit Dir unterhalten kann. [...] Nun mag für heute genug sein, grüße Deine Mutter von mir u. sage ihr, ich freute mich, da[ß] ich das blaue Mäntelchen genommen hätte; es gefiel allgemein. Auch dankte ich im Voraus für die Decke" (masch 46f.).

12.03. May an Fehsenfeld, *Nachts 2 ½ Uhr: Hierbei folgt das Versprochene, Sie sehen, ich arbeite, obgleich noch stark Reconvalescent, die Nacht hindurch, um mein Versäumniß nachzuholen. Meine Frau liegt noch immer. Ob der Prospect und das "Für Zeitungen" nach Ihrem Gusto sind, weiß ich nicht.* [...] *Das Vorwort wird Ihnen wohl recht sein; es ist wieder anders gehalten als das Andere.* [...] *Was die Umschlagsskizze betrifft, so verräth der Künstler keine üble Ansicht; nur fehlt es an der Staffage. Könnten wir nicht unsern Nathan mit seiner Sarah mit in die Wüste bringen? "Er hausirt mit Hosenfutter; / Sie ist seine Schwiegermutter!" Doch, Scherz bei Seite, eine lebendigere und bezeichnendere Gruppe (Kameelreiter etc.) wäre mir lieber gewesen, aber wie Sie wollen! Den Titel habe ich in "Durch Wüste und Harem" umgewandelt; dieser zieht besser, die Wüste den Nathan und das Harem die Sarah; ich denke, daß durch diesen Titel Männer und Frauen angezogen werden. Der Roman bewegt sich ja viel in der Wüste, und schon das* 3te *u.* 4te *Capitel bringen eine Entführung aus dem Harem. Ich bin noch etwas wüst im Kopfe und will, damit ich es nicht etwa vergesse, Ihnen gleich mitten drin herzlichen Dank sagen für die 500 Mark. Sie haben auch damit bewiesen, daß Sie ein Ehrenmann sind. Voraussichtlich ist es nicht das letzte Honorar; ich lege mich ins Zeug. Heut sind auf die jüngsten Anfragen 68 Briefbogen fort.* [...] *Bitte, rechnen Sie den ersten Band, wenn es möglich ist, zu 600 Seiten, also das Heft zu 60. Heut sende ich Ihnen die ersten vier Kapitels, welche über 160 Seiten also fast 3 Hefte ergeben. Zwei meiner Spalten ergeben ca. 5 Ihrer Seiten. Der ganze Roman wird, von event. Aenderungen, welche ich vornehmen werde, jetzt abgesehen, ca. 3800 Seiten ergeben. Jedenfalls streiche ich einige Längen; rechnen wir also 6 Bände zu 600 Seiten. Macht Nathan mit seiner Sarah in der Sahra 50,000 Abonnenten, so nimmt er mit seiner Schwiegermutter also anderthalbe Million Mark ein; dann mag der Tiger immerhin die Schwieger holen.* [...] *Hätten wir nur erst die Prachtausgabe; dann wollte ich für bischöfliche Empfehlungen sorgen, und die Katholiken, meine Gönner, würden sich* *dann gar nicht lange bitten lassen. Jetzt aber muß ich schließen, weil ich mir einen Kaffee, den Sie auch gern trinken, kochen will. Das Wasser singt im Topfe. Es klingt grad wie: "Im lieben, schönen Lößnitzgrund / Da saßen Zwei selbander; / Die schlossen einen Freundschaftsbund, / Gehn niemals auseinander. / Der Eine schickt Romane ein, / Der Andre läßt sie drucken, / Unds Ende wird vom Liede sein: / 's wird Beiden herrlich glucken!"*

12.14. May an seine Nichte Anna Selbmann: *Wenn Du uns versprichst, gut hochdeutsch zu reden, so bist Du uns herzlich willkommen. Aber wenn Du einmal da bist, so möchten wir Dich auch länger haben; darum darfst Du kein Tagesbillet nehmen. Kannst Du es denn nicht einrichten, daß Du eher kommst? Du weißt, daß Klärchen zu Herrn Institutsdirector Krüger in die Schule geht; da giebt es denn nun Dienstag, den 22ten großartige Weihnachtsfeier mit Schulaufführung im Saale des Bahnhofhotels in Kötzschenbroda. Die Schüler declamiren und singen vor einem sehr feinen, eingeladenen Publicum grad wie im Theater. Der Saal ist mit Christbäumen, Fahnen, Flaggen u.s.w. ausgeputzt, es wird sehr feierlich. Klärchen tritt auch mit auf; sie studirt schon an ihrer Rolle, und wir müssen ihr dazu ein neues weißes Kleid machen lassen. Wenn Du da kommen könntest, um es mit anzusehen; es wird ein sehr schöner Abend. Schreibe es uns! Wenn Du 7 Uhr 22 Min. mit dem Schnellzug dort abfährst, hole ich Dich 9 Uhr 50 auf dem böhmischen Bahnhof in Dresden ab. Schreib aber bald! Warum fragst Du denn erst nach, was für Kleider Du mitbringen sollst! Du weißt ja, wie es bei uns ist. Natürlich die allerbesten, die Du hast, auch Hemden, Wäsche u.s.w. genug; das versteht sich ja ganz von selbst* (Karl-May-Museum, Radebeul). Wahrscheinlich besucht Anna ab dem 22. in den Weihnachtsferien Tante und Onkel in Oberlößnitz, um ihre Schwester Clara wiederzusehen.

12.22. 18 Uhr. Weihnachtsfeier der Lehranstalt von Arno Krieger im Saal des Bahn-Hotels Kötzschenbroda (Otto Kühne), Bahnhofstraße 11. Aufgeführt wird ein Weihnachtsmärchen

"Die schönste Gabe" von Direktor Krieger. "Kötzschenbrodaer Zeitung" 25.12.: "Der leitende Gedanke dieses sinnigen Märchens war, daß dasjenige Kind das Christkindlein zu sehen bekommen sollte, welches dem Rupprecht die schönste Gabe darbrächte; ein kleines Mädchen errang den Preis, es brachte dem gefürchteten Rupprecht keine materielle Gabe, sondern nur ein demüthiges, frommes Herz."

1892

1892. Mays Biogramm erscheint erstmals in Heinrich Keiters "Katholischem Literatur-Kalender". May gilt dadurch als katholischer Schriftsteller (kmv 75, 96).

1892. Als erste schwedische Übersetzungen (von Ellen Bergström) erscheinen im Verlag von Knut Wilhelm Bille (1851–1923) in Stockholm *Der Sohn des Bärenjägers* (*Björnjägarens son*) und *Der Geist des Llano estakado* (*Öknens ande*, Der Geist der Wüste), mit Illustrationen von Emil Åberg (1864–1940) (mkmg 121, 18f.).

1892. Als erste italienische Übersetzung erscheint bei G. Spiller in Genua unter dem Pseudonym Capitano Ramon Diaz de la Escosura das *Waldröschen* (*Rosetta delle Selve*) (mkmg 86, 14).

01.-08. May verfasst den größeren Teil des *Krüger-Bei* (in der Handschrift: *Krüger-Bei, der Herr der Heerscharen*) sowie den Fortsetzungstext *Die Jagd auf den Millionendieb*, dessen Titel von Heinrich Keiter stammt. In *Krüger-Bei* werden die Ich-Helden Old Shatterhand und Kara Ben Nemsi erstmals eindeutig miteinander identifiziert und mit dem Autor gleichgesetzt. Außerdem besucht Winnetou den Schriftsteller May alias Old Shatterhand in Dresden. Die "Old-Shatterhand-Legende" nimmt klare Konturen an (XXIII A40; wohl 761).

01. "Deutscher Hausschatz": "Maarsen (Holland). Ja, Herr Dr. Karl May ist verheirathet" (mkmg 18, 19).

01. "Deutscher Hausschatz": "C. Br. Herr Dr. Karl May ist von Beruf Philologe; er lebt in Oberlößnitz bei Dresden" (mkmg 18, 19).

01. Radebeul. Richard Plöhn hat die Firma "Plöhn & Hopf" an den Chemiker Dr. phil. Albin Carl [auch: Carl Hermann Albin] Jentzsch verkauft und gründet die "Sächsische Verbandstoff-Fabrik R. Plöhn", ein Geschäft von Verbandstoffen und chirurgischen Instrumenten, das er zunächst in einem Hinterhaus seines Grundstücks in der Schulstraße, später in einem Fabrikgebäude in der Dresdner Straße 78 (1992/93 Neubau eines Bürozentrums) betreibt (kluß2 130; rich 225; hall 206; kmhi 12, 36).

01.09. May an Friedrich Ernst Fehsenfeld: *Soeben bekomme ich Ihr w. Vorgestriges durch Eilboten. Wir brachten einige Tage in der Heimath zu; darum konnte ich nicht antworten.* [...] *III. Bogen Correctur ist soeben fort.* [...] *Meine Reclame in den Blättern kann erst beginnen, wenn wenigstens 2 Lieferungen zu haben sind, sonst kein Erfolg. Die Leser würden bestellen, nichts bekommen und dann verzichten.* [...] *Sie möchten auf den Umschlägen auf die folgenden Titels aufmerksam machen. Das ist eine böse, fast unmögliche Sache. Ich müßte das Volumen jeder Erzählung berechnen, was ich doch nicht kann, da Aenderungen vorkommen werden und ich diesen Arbeiten auch bessere Titels geben will.* [...] *Also zu specificiren vermag ich jetzt noch nicht; es würde dann Vieles anders werden, und das verstimmt.* [...] *Beziehentlich der Einbanddecke will ich nichts sagen; ich weiß, die Sache befindet sich in guten Händen. Spemann hat mir noch nicht geantwortet, muß mich aber losgeben.* [...] *Täglich gehen ein oder mehrere Briefe ein; es ist wirklich reizend. Spaßes halber lege ich Ihnen eine kleine Auswahl bei, die Sie mir aber ja wiedersenden wollen. Der im Umschlage enthält sogar einen Heirathsantrag aus Lugano, resp. Ihrem schönen Freiburg. Es würde mich sehr interessiren, etwas Näheres über diese Damen zu erfahren. Sind Ihnen dieselben vielleicht bekannt, oder können Sie eine kleine, discrete Erkundigung einziehen? Meiner Frau hats Spaß gegeben. Ich muß natürlich antworten, daß ich verheirathet bin, bitte aber, bei Ihnen zu abonniren.*

01.18. Im "Börsenblatt" kündigt Fehsenfeld "Karl May's gesammelte Reiseromane in 10tägigen Lieferungen" an.

01.21. Im Fehsenfeld-Verlag (Freiburg i. Br.) erscheinen ab Januar in 10 Lieferungsheften, ab Mai in Buchform *Durch Wüste* *und Harem. Reiseerlebnisse von Carl May* sowie bis zum Jahresende die fünf Folgebände *Durchs wilde Kurdistan* bis *Der Schut* (Bd. I-VI der "Gesammelten Reiseromane"). Die Texte entsprechen fast unverändert dem "Hausschatz"-Roman *"Giölgeda padiśhanün"* und den Fortsetzungstiteln *Reise-Abenteuer in Kurdistan* bis *Durch das Land der Skipetaren* (kms 1, 8f.). Jedes Heft kostet anfangs 50 Pfennig, ein Band also stattliche 5 Mark (kluß2 125). Die Umschlagzeichnung, die u. a. auch für Prospekte und Lesezeichen verwendet wird, stammt von Peter Schnorr, der 1907/08 auch zwei Bände der "Illustrierten Reiseerzählungen" bebildern wird (may&co 99, 48f.).

01.27. In der "Kötzschenbrodaer Zeitung" erscheint eine erste Anzeige zu "Karl May's Reise-Romanen" (jbkmg 1994, 17).

02. May schreibt für "Benziger's Marien-Kalender" für 1893 die Erzählung *Nûr es Semâ. – Himmelslicht* (XXIII A40).

02.01. May an Fehsenfeld, der ein Familienfoto geschickt hat: *Herzlichen Dank für die Photographie! Da haben wir die Lieben ja alle beisammen. Sie werden auch uns alle dafür bekommen. Heut gehts zum Photographen. Denken Sie, von "Giölgeda padishanün" ist in Mailand eine italienische Uebersetzung erschienen, ohne daß man mich gefragt hat! Gestern kam ein Brief aus Weimar, vom Sekretair für Massenverbreitung guter Schriften* [Dr. Heinrich Fränkel; Zweck des "Vereins für Massenverbreitung guter Schriften" ist "die Versorgung des deutschen Volkes, besonders der ärmeren Schichten desselben, mit gesundem und wohlfeilem Lesestoff, um dadurch die sittliche und geistige Hebung des Volkes zu fördern"]. *Die Herren bieten mir 10,000 Mark für einen Reiseroman. Was unser Unternehmen betrifft, so kommen mir die Hefte freilich auch zu theuer vor.* [...] *Wie ist nun abzuhelfen? Ja, wenn nicht schon so viel Exemplare hinaus wären! Man könnte vielleicht das Heft um 1 Bogen stärker machen, wenn es nicht zu spät dazu wäre. Was meinen Sie dazu?* [...] *Uebrigens verliere ich keineswegs den Muth. Das Dings wird sich machen; nur darf man die*

Sterne nicht gleich alle herunterreißen wollen; sie kommen noch von selbst. May will seine Beziehungen zu Buchhandlungen in Kötzschenbroda (Carl Gottlob Julius Pittius, Bahnhofstraße 11) und Hohenstein-Ernstthal (Zimmermann, Just) ausnutzen: *Dort ist meine Heimath, und ich denke, daß man aus diesem Grunde kaufen wird. Also, liebster Freund, Kopf hoch, Brust heraus, und Bauch hinein! Die Abonnenten kommen schon noch anmarschirt.* Erinnerung Paula Fehsenfeld 1942: "Der Erfolg in den ersten Wochen entsprach nicht den Erwartungen des Verlegers. Allgemein war man der Meinung, der Preis von 5 Mk pro Band sei zu teuer. Nach langem Ueberlegen u. hauptsächlich meinem Rat folgend, wurde der Preis auf 30 Pf pro Lieferung herabgesetzt. [...] Und von da an schlug die Sache ein." Erinnerung Fehsenfeld 1928 oder 1929: "Es war wohl das erste Mal, daß Werke eines deutschen Schriftstellers in Bänden von 640 Seiten Umfang zu einem Preise von nur 3 Mark herausgegeben wurden. Und darin [...] lag im Anfang ein Teil des Erfolges. Später, als Mays Name durch alle Welt gezogen war, hätte der Preis ruhig höher sein können" (kmv 75, 13).

02.18. In der "Augsburger Postzeitung" erscheint ein längerer möglicherweise von May selbst verfasster Hinweis auf "Carl May's Reiseromane": "Der deutsche Buchhandel bringt alljährlich eine solche Fülle von Büchern auf den Markt, daß es selbs den Belesensten nicht möglich ist, Alles zu verfolgen, was er scheint, daß es auch den berufensten Kritikern nicht immer ge lingt, die wahrhaft guten und nicht für den Augenblick geschrie benen Bücher von dem ungeheuren Ballast des Unnützen, de Schädlichen und der Modethorheiten zu unterscheiden. Um s mehr freuen wir uns, dem deutschen Volke das bevorstehend Erscheinen der Werke eines Schriftstellers anzeigen zu könner der bisher leider nur einem bestimmten Leserkreise bekanr war, von diesem aber auch wahrhaft hochgeschätzt und schwä merisch verehrt wurde. Es sind dies die Reiseromane von D Carl May. Carl May ist nicht nur durch und durch Origina sondern auch wohl der hervorragendste Meister in diesem se nen Genre. Nicht nur wie wenige in der Reiseliteratur fremder Erdtheile bewandert, hat er die Länder und Völker, über welche er schreibt, auch aus eigener Anschauung kennen gelernt, spricht ihre Sprache und kennt ihre Verhältnisse, Sitten und Gewohnheiten, Leiden und Freuden, Anschauungen und Bedürfnisse besser als mancher Andere, der seine Erfahrungen nur an den Haltepunkten der Seewege und an den Rändern der großen Verkehrs- und Karawanenstraßen aufgesammelt hat. Obgleich May vollständig die nöthigen Kenntnisse besitzt, gelehrte Reisewerke zu schreiben, hat er sich doch die – vielleicht noch schwierigere – Aufgabe gestellt, nicht für die Gelehrten, sondern für das Volk zu schreiben, und die Lösung dieser Aufgabe ist ihm auf das Vortrefflichste gelungen. Es ist ein ganz und gar eigenartiger, sonst nicht gebotener Genuß, welchen May seinen Lesern bereitet. Wie hochsympathisch sind die Figuren seiner Helden, die nicht etwa seiner Phantasie, sondern dem wirklichen Leben entstammen! Man ist gezwungen, sie lieb zu haben; man fühlt und denkt, man lacht und weint mit ihnen! Das ist es, was den Leser festhält und nicht losläßt. Er weiß, daß er mit Menschen empfindet, welche wirklich gelebt haben oder heute noch leben. Und dann noch Eins: Das Höchste, was Karl May vor Vielen auszeichnet und ihn wahrhaft zum Liebling des deutschen Hauses, der deutschen Frau und der reiferen deutschen Jugend machen wird und schon gemacht hat: er ist ein guter Mensch, ein guter Deutscher und ein guter Christ; jede seiner Handlungen ist ein Beweis dafür. Es gibt in all seinen Büchern kein Wort, keine Silbe, welche nicht absolut rein wären. Niemals findet sich eine Scene, welche die heutige überlesene Welt, des deutschen Wortes sich schämend, 'pikant' nennen würde, dafür aber gesunde und nie nachlassende Spannung vom Anfang bis zum Ende."

02.19. Einsiedeln. Der Verlag Benziger & Co. bestätigt den Eingang von *Nûr es Semâ. – Himmelslicht* und bittet um die Erlaubnis, "das Manuskript stellenweise kürzen zu dürfen".

02.25. Karl Mays 50. Geburtstag. – Um ein Doktordiplom zu erwerben, hat May sich an ein obskures "Informations-Institut für wissenschaftliche Zwecke. Specialität: Promotionswesen" in Berlin (Landsberger Straße 35) gewandt. Von Direktor Dr. Herrmann Grünfeld erhält er die Antwort: "Ihre Promotion ist an einigen Universitäten zulässig u durchführbar, vorausgesetzt, daß Sie gewillt sind Sich in drei Fächern für das Doctorat vorzubereiten." Das Geschäft kommt nicht zustande (heer4 302; may&co 99, 16).

02.28. May hat vergeblich die Abänderung des etwas anrüchigen Titels *Durch Wüste und Harem* gewünscht; an Fehsenfeld schreibt er: *Daß unser Titel in dieser Weise beurtheilt wird, ist höchst unangenehm. Es macht Schaden, obgleich ich mir sage, daß, was wir infolge dieses Mißtrauens der Katholiken weniger an Abonnenten bekommen, uns grad auf Grund dieses "Harems" von andrer Seite mehr zufließen wird. Wäre es doch damals, als ich telegraphirte, noch Zeit gewesen, den Titel in "Durch Wüste und Oasen" umzuändern! Jetzt ist das nun zu spät, wie? Es ging ja Alles so schnell, und eine Anzahl guter Titels aufzustellen, ist keine so leichte Sache, wie man denken sollte. Es giebt viele Schriftsteller, welche das überhaupt nicht fertig bringen.* Ab der 4. Auflage (1895) wird Fehsenfeld den Band ohne Mays Einwilligung unter dem Titel *Durch die Wüste* herausgeben.

03. Im "Guten Kameraden" erscheint eine Anzeige für *Die Helden des Westens*, einer "Serie der interessantesten und spannendsten Erzählungen für die reifere Jugend": "Diese überaus frische Erzählung, die in der deutschen Knabenwelt bereits einen Ruf geniest, bedarf eigentlich keiner Empfehlung" (*Das Vermächtnis des Inka* 117).

03.03. Fehsenfeld annonciert den Sortimentern im "Börsenblatt", dass der Heftpreis von "Karl May's Reiseromanen" von 50 auf 30 Pfennig herabgesetzt wird. Die 4000 Erstabonnenten erhalten die Lieferungen 5 und 6 ohne Berechnung (klußß2 126).

03.05. In der "Kötzschenbrodaer Zeitung" wird die zweite Lieferung von "Karl May's Reiseromanen" angezeigt: "es giebt in der gesammten deutschen Literatur nur Weniges, das sich damit vergleichen kann" (jbkmg 1994, 17).

03.08. Der Verlag Benziger & Co. wiederholt die Anfrage vom 19.2. und teilt mit, man werde Mays Zustimmung zu einer Kürzung von *Nûr es Semâ. – Himmelslicht* voraussetzen, wenn er bis zum 19.3. nicht geantwortet habe. May antwortet nicht.

03. Fehsenfeld zeigt sich in einem Brief an May zuversichtlich über den Erfolg der Buchausgabe und verspricht seinem Autor scherzhaft eine Villa (masch 48).

03.12. May an Fehsenfeld: *Theuerster Freund, vielliebster Bruder, hochwerthester Rad- und Meisterfahrer! Ja, es ist schauderhaft, das mit den 30 Pfennigen pro Heft! Ich fühle lebhaft mit Ihnen; aber Sie haben Recht: wir machen viel mehr Abonnenten; die Menge bringt es ein, und vielleicht können Sie Etwas, wenn auch nur wenig, am Papiere sparen, wenn es gut satinirt wird. Manuscript, Anfang zu Band 2 haben Sie schon; sende das Uebrige und auch gleich Band 3, damit der Künstler sich hineinlesen kann. Es ist so besser.* [...] *Gefallen Ihnen die Titels zu Band 2 und 3 nicht, so ändern wir sie.* [...] *Ich hatte geglaubt, der Titel "Durch Wüste & Harem" bliebe dem ganzen Werke, mit der Hinzufügung "Reiseroman in 6 Bänden"; nach Ihrem letzten Briefe aber wünschen Sie für jeden Band einen Sondertitel; mir auch recht, obgleich die 5 Bände eine zusammengehörige Erzählung bilden. Was den nordamerikanischen Roman betrifft, so bekommen wir einen herrlichen 2 bändigen Roman, wenn wir zusammen nehmen: "Der Scout", "Dêadlydust" und "Winnetous Tod". Dieser Winnetou ist eine so prächtige Gestalt und hat eine solche Sympathie gefunden, daß ich für dieses Werk am liebsten den Titel nehmen möchte "Winnetou", "der rothe Gentleman" oder so ähnlich.* [...] *Könnten Sie dem 1 Bande* [...] *nicht ein lebhafteres Äußere geben? Habe ihn mehreren Kennern (auch Buchhändlern) gezeigt; sie fanden* *ihn, grad so wie ich und meine Frau, zu todt. Eine freundlichere Farbe zieht mehr und kostet wohl nicht mehr.* [...] *Roth bleibt doch roth! Der großartige Gedanke der Schenkung einer Villa ist meiner Frau vor freudigem Schrecke so in die Glieder gefahren, daß ich mich* [sic] *seitdem mit Opodeldoc einreiben muß. Ich werde einreiben, bis der liebenswürdige Vorsatz sich verwirklicht.* [...] *Ihr nun auch von seiner Gattin anerkannter May.*

03.22. Fehsenfeld verfasst eine Annonce für das "Börsenblatt": "Tüchtiger, im Verlage vollständig routinierter Gehilfe zum sofortigen Eintritt gesucht" (may&co 94, 6). Vermutlich meldet sich daraufhin Sebastian Krämer.

03.23. May an Fehsenfeld: *Ich bin jetzt sehr thätig für unser Unternehmen gewesen. Hausschatz, Guter Kamerad, Kölner Volkszeitung, Germania, in Amberger, Regensburger, Passauer, Osnabrücker, Frankfurter (a. M. u. a. O.), Posener, Thorner u.s.w. Zeitungen wird dieser Tage eine Besprechung erscheinen. Die Kathol. Volkszeitung in Berlin hat die ihrige soeben gebracht. Anbei die erste Bestellung, welche dort eingegangen ist. Haben Sie die Güte, dem Herrn die No. 1 zu senden. Er wird der polnische Besitzer des dortigen Rittergutes sein.* [...] *Wenn Bd. I und II erschienen ist, werde ich einige Bischöfe bez. Erzbischöfe um ihre Approbation bitten. Dann machen wir bei den Katholiken gute Geschäfte, denn die Pfarrer werden sich gern für uns ins Zeug legen.* [...] *Heut Nachmittag erwarte ich die Photographieen. Die ersten waren nicht gerathen. Mußte noch einmal sitzen.* Nachtrag in einem zweiten Brief: *Habe soeben den Abschluß des ersten Bandes nach Hoffmanns Buchdr., Stuttgart, abgesandt. Man verlangte Titel und Vorwort. Hier haben Sie die 4 Seiten. Gefallen sie Ihnen nicht, so ändern Sie, und haben Sie die Güte, es dann umgehend nach Stuttgart zu senden. Die im Vorworte angeführten Stimmen sind nicht fingirt sondern ächt. Die Photographieen müssen jeden Augenblick kommen. Habe ich Sie mit Etwas beleidigt, daß Sie gar nicht schreiben?*

03. Durch Mays Arbeit an den "Gesammelten Reiseromanen" gerät seine Tätigkeit für Wilhelm Spemann und den "Guten Kameraden" ins Stocken. Vergeblich wartet die Redaktion auf einen angekündigten Jugendroman *Der Oelprinz* (*Die Helden des Westens* A64). Der 7. Jahrgang 1892/93 wird im Herbst erstmals ohne einen May-Roman erscheinen; stattdessen wird der "Kamerad" den Roman "Verwehte Spuren" von Franz Edmund Treller (1843–1908, Kassel) als Haupterzählung bringen.

03.29. May an Fehsenfeld: *Endlich kann ich Ihnen eine Photographie senden, aber auch nur für Ihren Hausgebrauch, und kaum dies, denn sie ist verdorben. In einigen Tagen bekomme ich bessere. Ich habe jetzt über 900 frühere Briefe von Lesern und Leserinnen hervorgesucht, denen ich den Kauf unserer Bände nahe legen will. Das wird wirken. Wir sind mit unsern Hoffnungen zu schnellblütig gewesen. Es sind schlechte Zeiten, und gut Ding will Weile haben.* [...] *Herzlich dankbar sind wir Ihnen dafür, daß Sie die Güte haben wollen, uns für den 1ten April das Honorar für den 2ten Band zu senden. Ich habe Miethe, Abgaben u.s.w. an diesem Tage zu zahlen und doch leere Kasse, weil Spemann (wie so oft) mich mit dem Honorare warten läßt. Ich möchte ihn nicht mahnen, weil ich, wenn er noch länger zögert, dadurch einen Rechtsgrund habe, von dem Contracte loszukommen und wieder frei zu werden, was sonst wohl nicht geschehen könnte.* – Der Schriftsteller und Redakteur Moritz Lilie, von Frühjahr 1890 bis April 1891 Mays Nachbar in Kötzschenbroda und sein Kegelbruder, hat beim Amtsgericht Dresden gegen ihn eine Privatklage wegen verleumderischer Beleidigung angestrengt. May erklärt jetzt schriftlich, die Beleidigungen seien *wider besseres Wissen* erfolgt, woraufhin Lilie die Klage zurückzieht (patsch; mkmg 94, 20; heer3 218; jbkmg 1980, 140; jbkmg 1989, 82; jbkmg 2002, 288). Lilie, der von Mays Autorschaft an den Münchmeyer-Romanen und seinen Vorstrafen weiß und sich schon mehrfach von ihm Geld geliehen hat, ist verbittert darüber, dass May sich geweigert hat, für ihn eine Ehrenschuld zu begleichen (jbkmg 1989, 72).

Frau Pollmer 934: *In ganz ähnlicher Weise verfuhr* [Emma] *gegen einen armen Schriftsteller Namens Lilie, den ich einige Jahre lang unterstützte, ohne daß ich andere Leute Etwas davon merken ließ. Da kam die Zeit, wo er fest darauf gerechnet hatte und es höchst nothwendig brauchte. Es handelte sich um seine Ehre. Aber grad da war sie gegen alle weiteren Gaben und griff derart in die Kasse ein, daß es mir unmöglich war Lilie's Erwartungen zu entsprechen. Es kam zwischen ihm und mir zu einer höchst aufgeregten Scene, deren Folgen dann nur ich zu tragen hatte. Lilie rächte sich in genau derselben Weise, wie er beleidigt worden war, das heißt, gemein, und war dann Derjenige, der Herrn Adalbert Fischer verführte, meine Werke von Pauline Münchmeyer zu kaufen und mich* [...] *dann auszubeuten.* Fischer wird am 5.7.1905 dem Rechtsanwalt Felix Bondi mitteilen: "May soll [im Klub "Kegelei"] einem gewissen Dr. Lilie ein Schriftstück gegeben haben, worin er bekennt, daß er ein Verleumder ist" (*Buch der Liebe* 223).

03. "Deutscher Hausschatz": "Jos. Br. Ueber den Henrystutzen des Hrn. Dr. Karl May Folgendes: Der berühmte Mechanicus Henry in St. Louis construirte ein Repetirgewehr, dessen Schloß aus einer sich excentrisch bewegenden Kugel bestand, in deren Löcher 25 Patronen Platz fanden. May hatte es zu prüfen, erklärte es für ein Unicum, machte aber darauf aufmerksam, daß, falls es in vielen Exemplaren hergestellt und verkauft werde, eine rapide Ausrottung der Indianer und des Wildes die unausbleibliche Folge sei. Daraufhin entschloß sich Henry, ein alter aber braver Sonderling, nur zwölf Stück anzufertigen, welche er, allerdings zu äußerst hohen Preisen, an zwölf berühmte Westmänner verkaufte. Elf von ihnen wurden im Laufe der Jahre 'ausgelöscht'; sie verschwanden im wilden Westen und ihre Gewehre mit ihnen. May ist der einzige, welcher noch lebt, und sein Stutzen der einzige, welcher noch existirt. Man hat ihm sehr hohe Summen für denselben geboten, er verkauft ihn aber nicht und gewährt auch keinem Menschen Einblick in die Construction desselben. – – Ihr Wunsch kann also leider nicht erfüllt werden. Uebrigens hat dieser Henrystutzen nichts gemein mit anderen Gewehren, welche ähnliche Namen tragen" (mkmg 18, 19; hoff3 9).

04.06. 17 Uhr. Heinrich Gotthold Münchmeyer stirbt in Davos-Platz (Schweiz), wo er seine Lungenschwindsucht auszuheilen versuchte. Wahrscheinlich ist er erst vor wenigen Tagen, zwischen dem 26.3. und 1.4., im Kurhaus Davos als Gast Nr. 19 abgestiegen (mkmg 109, 26-28). Seine Witwe Pauline, die Freundin Emma Mays, übernimmt die Geschäftsführung des Kolportageverlags in Dresden; testamentarisch hat Münchmeyer verfügt, dass die Firma nicht verkauft werden soll (plaul3 434; hoff1 2629). Rudolf Bernstein (May) an das Amtsgericht Dresden 7.10.1904: *"Er hat gelebt wie ein Hund und ist gestorben wie ein Hund", erklärte ein guter Kenner dieser Ehe.* [...] *Noch kurz vor seinem Tode sagte er: "Jetzt mache ich nach Davos, nachher nach Kairo. Wiederkommen werde ich nicht, wegen meiner Alten." – Schundverlag 05*, 358: *Dann wurde mir gesagt, dass Münchmeyer nicht mehr lebe, sondern gestorben sei, in Südtirol, fast sterbend von fremden Leuten hingeschafft und von fremden Leuten behandelt. Als er starb, weder Frau noch Kind bei ihm, für die er doch gearbeitet hatte, ich möchte fast sagen, Tag und Nacht!* [...] *Man sagte mir, dass die Witwe die Universalerbin sei und das Geschäft weiterführen werde.* [...] *Sodann erfuhr ich, dass ihr* [aus Berlin zurückgekehrter] *Schwiegersohn Jäger in Prokura bei ihr stehe.* [...] *Er wurde später geisteskrank und in eine Heilanstalt für Trinker gebracht.* [...] *Also die "Pauline" als Besitzerin! Dieser ganz gewiss schon als Prokurist nicht mehr gehirngesunde Mann als Leiter des Geschäftes! Und jener geheimnisvolle Herr Walter als sogenannter "Redakteur"!* [...] *Diese drei Personen waren es, in deren Hände das fernere Wohl oder Wehe der Firma Münchmeyer lag. Ich hielt es unter diesen Umständen für sicher, dass es mit ihr nicht anders als bergab gehen werde. Ich erkundigte mich von Zeit zu Zeit und hörte, es gehe schlecht. – Frau Pollmer* 856: *Als Münchmeyer von seiner letzten Krankheit befallen* *wurde, schickte seine Frau ihn fort, damit er nicht bei ihr, sondern in der Fremde sterbe. Als ihr Schwiegersohn vom nahenden Tode ergriffen wurde, pflegte man ihn nicht etwa daheim, sondern ließ ihn nach dem Spitale schaffen, wo er mit ganz gewöhnlichen Arbeitern zusammenlag.*

04. "Deutscher Hausschatz": "Die in früheren Jahren im 'Deutschen Hausschatz' erschienenen Reiseromane von Karl May werden nunmehr auch in Lieferungen bei Fehsenfeld in Gießen herausgegeben" (mkmg 18, 19).

04. "Deutscher Hausschatz": "R. B. Das Porträt des Herrn Dr. Karl May finden Sie in der ersten Nummer dieses Jahrgangs zu Anfang des Romans: 'Der Mahdi'. Der beliebte Schriftsteller ist jetzt 50 Jahre alt und lebt, von seinen Reisen ausruhend, in glücklicher Ehe in Oberlößnitz bei Dresden" (mkmg 18, 19).

04.09. Mit der zehnten Lieferung wird *Durch Wüste und Harem* abgeschlossen. Mit der elften Lieferung beginnt *Durchs wilde Kurdistan* (may&co 94, 6).

04.15. Heinrich Gotthold Münchmeyer wird zunächst auf dem Annenfriedhof in Löbtau beigesetzt. Am 14.10.1908 wird er seine letzte Ruhestätte auf dem Dresden-Tolkewitzer Johannisfriedhof finden.

04.26. In Kötzschenbroda, Grenzstraße 40 (heute Heinrich-Zille-Straße 39), stirbt nach kurzer und schwerer Krankheit Louise Hübners Mann, der frühere Baumeister Hermann Wolfgang Hübner. Die Beerdigung findet am 28.4. in Zeitz statt.

04.27. Fehsenfeld sucht im "Börsenblatt" "Clichés über orientalische Landschaften, Staffagen, Portraits" für die Einbände der Buchausgabe der "Gesammelten Reiseromane" (may&co 94, 6).

04.28. Fehsenfeld meldet im "Börsenblatt": "Die Einbanddecken zu Karl May's Reiseromanen Bd. I, sowie die gebundenen Exemplare können leider erst am 30. April fertig gestellt werden und kommen dann sofort zur Versendung. Die Leinwanddecken sind nur in grüner Farbe zu haben" (may&co 94, 6).

05. Oberlößnitz. Im Garten der "Villa Agnes" fällt ein Finkenpaar dem starken Frost zum Opfer. Zusammen mit der kleinen "Lotte" hebt May unter Tannenbäumen zwei Gräber aus und schreibt für jedes eine Tafel mit einem vierzeiligen Vers: *Hier ruht Herr Finke Dix / Er starb einmal sehr fix / Und ward in dieser Grotte / Begraben von der Lotte. // Hier ruht Frau Finke Dix / Der Frost gab ihr den Knicks. / Im vorigen Jahr geboren, / Ist sie im Mai erfroren.* Die Gräber werden mit Vergissmeinnicht bepflanzt und von "Lotte" liebevoll gepflegt (masch 51).

05. Im Freiburger Fehsenfeld-Verlag erscheint die Buchausgabe von *Durch Wüste und Harem* als Bd. I der "Gesammelten Reiseromane" im später klassisch gewordenen grünen Leineneinband mit goldenem Schild und schwarzen Arabesken auf dem Rücken und farbigen Deckelbildern (plaul1 147; daneben wird es Einbandvarianten in Halbfranz, Kalbleder, Saffianleder und rotem Leinen geben, weitere Varianten folgen 1904 und 1907). Preis der gebundenen Ausgabe 4 Mark (Heftausgabe 3 Mark). Fehsenfeld liefert in Freiburg direkt aus; zu den Kommissionären gehören Friedrich Ludwig Herbig (Johannes Grunow) in Leipzig und die Rieger'sche Verlagsbuchhandlung in Stuttgart. Das angeblich von Fehsenfeld stammende *Vorwort*, in dem May als *Prediger der Gottes- und der Nächstenliebe* bezeichnet wird, hat dieser selbst geschrieben. Karl May wird durch die Fehsenfeld-Ausgabe in kurzer Zeit ein wohlhabender Mann. Fehsenfelds Honorarzahlungen beginnen 1892 mit 5000 Mark, erreichen aber 1895 und 1896 schon jeweils mehr als 60.000 Mark. Durchschnittlich erzielt May mit den bei Fehsenfeld erschienenen Werken eine jährliche Einnahme von 30.000 Mark (ued 94).

05. Im "Deutschen Hausschatz" erscheint eine Werbeanzeige Fehsenfelds für "Karl May's Reiseromane": "Das ganze Werk wird 10–12 Bände umfassen" (mkmg 134, 38). Tatsächlich werden bis 1910 33 Bände erscheinen. Die "Hausschatz"-Redaktion teilt mit: "Einem vielfach aus dem Kreise seiner Verehrer an ihn gelangten Wunsche entsprechend, hat Dr. Karl May sich entschlossen, die im Deutschen Hausschatz von ihm veröffentlichten Reiseromane auch in Buchform erscheinen zu lassen. Den Verlag hat Fr. Ernst Fehsenfeld in Freiburg im Breisgau übernommen [...]. Zur Empfehlung der Reiseromane unseres beliebten Erzählers haben wir kein Wort zu verlieren, unsere Leser kennen und schätzen sie ja" (mkmg 18, 19).

05.30. Heiligenstadt. Der Verlagsbuchhändler Friedrich Wilhelm Cordier fragt an, ob es May "möglich ist, mir für meinen Eichsfelder Marien-Kalender eine kleine Skizze zu liefern. Ein kurzes Bild aus dem Leben Africas, etwa das Wirken kath. Ordensleute dort, wäre mir sehr genehm."

06. May beginnt für den "Guten Kameraden" seinen siebten, im Wilden Westen spielenden Jugendroman *Der Oelprinz*.

06.04. May teilt Fehsenfeld mit, dass er *leider mit widerwärtiger Wonne beim Tintenfasse* sitzt, um *1400 Seiten für meinen vielgeliebten Spemann zu schreiben*: *Läßt mich dieser coulante Herr mit dem Honorare sitzen! Wie gewöhnlich!* [...] *Ich bekomme 2 Herren mit ihren Damen auf Feiertagsbesuch, sitze hier, Sonnabend Nachmittags 2 Uhr mit noch 3 Mark 50 Pf. in der Kasse und soll mit dem Besuche auch noch in die sächs. Schweiz! Trotz aller Mahnung schickt Spemann das fällige Honorar nicht, bombardirt mich aber mit Telegrammen nach weiterem Manuscript. Habe ihm wieder telegrammophizirt, daß kein Manuscript ohne Geld folgt und daß ich mich als aus unserm Contracte entlassen betrachte.* – May antwortet auf Cordiers Anfrage vom 30.5.

06.05. Pfingstsonntag. Verwandtenbesuch.

06.06. Pfingstmontag. Mit den Verwandten in Dresden.

06. "Deutscher Hausschatz": "G. H. in E. Herr Dr. Karl May ist katholisch" (mkmg 18, 19).

06.12. Sonntag. Letzter Tag eines Besuchs aus Leipzig.

06.13. May an Fehsenfeld, der einen Vorschuss geschickt hat: *Emma brachte einen Nothpfennig herbei, und das war ein Glück, denn am 1ten Feiertage kamen vier Verwandte auf Besuch; wir waren am 2ten Feiertage mit ihnen in Dresden, also nicht daheim, weshalb bei den hiesigen Postverhältnissen Ihre Anweisung erst am dritten zu Mittag in meine Hände kam. Dann überraschten uns drei Leipziger, welche bis Sonntag hier blieben und mich zu keiner Zeile kommen ließen. Erst heut kann ich Ihnen danken. Sie sind, das bezeuge ich hiermit, ein nobler Verleger!!!*

06.15. Heiligenstadt. Friedrich Wilhelm Cordier erbittet Mays Erzählung für den nächsten Jahrgang des "Eichsfelder Marien-Kalenders" spätestens in 14 Tagen. May wird daraufhin das "Reiseerlebnis" *Eine Ghasuah* liefern.

06.-07. May schreibt die Marienkalender-Geschichte *Eine Ghasuah* (XXIII A40).

06. Im Fehsenfeld-Verlag erscheint die Buchausgabe von *Durchs wilde Kurdistan* als Bd. II der "Gesammelten Reiseromane" (plaul1 151). – Nachdem das Geschäft mit den "Reiseromanen" gut angelaufen ist, stellt Fehsenfeld seinem Autor eine größere Orientreise in Aussicht (masch 53).

06.22. May an Fehsenfeld, abgeschlossen 16 Uhr: *Ich bin außer mir, außer mir über diese Gemeinheit Spemanns! Gleich nachdem ich heut früh Ihren Brief bekommen & gelesen hatte, fuhr ich nach Dresden zum Advokaten, um ihm den Contract zu zeigen und mich zu erkundigen. Als ich ihm Alles erklärt hatte, meinte er, daß Spemann mich nicht loslassen und es zum Prozeß kommen lassen werde, den ich aber gewinnen müsse, da Spemann nicht nach Vereinbarung zahle. Er gab Ihnen Recht, daß ich keine Sylbe mehr für ihn schreiben solle. Das werde ich thun; es ist die beste, ja die einzige Antwort auf eine solche Ordinärität, und ich weiß, daß ich ihm damit den größten Scha-*

den bereite, denn der "Kamerad" wird, wenn ich aufhöre, viele tausende von Abonnenten verlieren. Aber die Leser desselben sollen Spemanns Verfahren erfahren. Ich kenne viele, viele Adressen und gehe noch heut in die Kötzschenbrodaer Druckerei, um mir Briefe an dieselben drucken zu lassen. [...] *Wenn ich so vorgehe, dann ist mir für den Augenblick jedes Einkommen abgeschnitten* [...]. *Die Frage ist also: Spemann oder Sie!!! Bitte, telegraphiren Sie mir sofort nach Empfang dieser Zeilen, ob Sie können. "Vom Wollen" bin ich überzeugt. Es handelt sich nur um kurze Zeit. Wenn nicht, so muß ich noch bei Spemann bleiben. Wenn ja, dann erhalten Sie noch in diesem Monate Manuscript für 2 Bände* [Orientzyklus] *und im Juli 2 Bände "Winnetou", den wir recht bald bringen müssen.* Nachtrag auf einer Karte: *Hatte schon Brief geschlossen, da kam ein Schreiben aus Wien. Ich soll als Leiter einer gut ausgerüsteten Expedition nach dem Sudan, um beim Mahdi gefangene Mönche und Nonnen zu befreien. Was sagen Sie dazu?*

06.23. Die Cigarren-Fabrik und Tabak-Handlung C. Friedrich Kleeberg (W. Wolff) in Meißen teilt May mit, man sei so frei, zur "Gleichstellung" eines "verfallenen Guthabens" vom 13.11. 1891 90 Mark per 30.6. auf ihn zu entnehmen, wenn er nicht bis zum 28.6. bar zahle.

06.24. In der "Kölnischen Volkszeitung" veröffentlicht Hermann Cardauns, ab 5.7.1899 einer der erbittertsten May-Gegner, eine positive Besprechung der "Reise-Romane": "Wir haben seit Jahren diese ganz eigenartigen Schöpfungen, die namentlich im Regensburger Deutschen Hausschatz erschienen, mit wirklichem Vergnügen verfolgt [...]. May's Reiseheld verbringt allerdings etwas unglaubliche Thaten, aber er steht thurmhoch über den Skalp-, Büffel- und sonstigen Jägern, für welche sich unsere Jugend oft mehr als wünschenswerth begeistert. [...] Alles für die Jugend Anstößige ist sorgfältig vermieden" (kos 1; vgl. *Der dankbare Leser* 30f., 146).

06.25. May an Fehsenfeld: *Ich will und muß von Spemann los. Er ist nicht Der, als welcher er mir erschien; er beutet mich aus. Ich habe Honorare bei ihm stehen und schreibe für den "Guten K." gegenwärtig eine neue Erzählung, betitelt "Der Oelprinz".* [...] *Pustet würde sich freuen, wenn ich für ihn wieder frei würde. Benziger sendet mir Aufträge, und kein Mensch wäre so froh wie Prof. Kürschner, der mir 5 mal mehr Honorar als Spemann bezahlen würde.* [...] *Um die Zukunft ist mir also nicht im mindesten bange; aber die Gegenwart, die Gegenwart!!! Ich habe große Zahlungen, und der liebe Herr läßt mich im Stich. Darum die Frage an Sie und an Ihren sehr geehrten Feuerfesten. Sie schreiben von 2 Bänden in diesem und zwei im nächsten Monate; sollen Sie haben. Aber könnten Sie mir nicht sofort nach Empfang dieses Briefes von dem hierauf entfallenden Honorare so viel senden, wie Ihre Kasse jetzt zu entbehren vermag, aber auch sofort!!! – ? Ewige Dankbarkeit u.s.w. etc. etc.!!* [...] *Können Sie mir so viel senden, daß ich meine jetzigen Ausgaben bestreiten und dann noch etwas leben kann, so schicke ich sofort "Winnetou" und schreibe Ihnen dazu mehrere Original-Capitel umsonst, nicht gegen Honorar. Diese richte ich so ein, daß sie ziehen. Photographie bis 3ten Juli. Meine Frau sagt zum Sudan nicht quod non. Sie möchte sogar mit und will in Kairo bleiben und auf mich warten; ich soll mich bald entscheiden. Die Briefe an Abonnenten des "Guten Kameraden" gehen nächste Woche ab und werden wirken.* [...] *Und bitte, wenn Sie senden, dann ja gleich! Und declariren Sie auf dem Couvert 200 Mark weniger – auf meine Gefahr. Ich muß sie heimlich wegnehmen für arme Verwandte, die ich unterstütze, ohne daß meine Frau es wissen darf.*

07. Joseph Kürschner scheidet aus der Deutschen Verlags-Anstalt aus. Als Direktor des Richard-Wagner-Museums und des Fritz-Reuter-Museums wird er künftig in Eisenach (Hohenhainstein) leben.

1892. "Meine Erinnerungen aus der Zeit, wo ich bei meinem Onkel in Oberlößnitz war" von Clara Cupak: "Dem Onkel erzählte [Tante], sie ginge mit mir spazieren, dabei sind wir zwar nach Kötzschenbroda gelaufen, aber meistens ließ sie mich bei Frau [Louise] Spranger [Niederlößnitz, Mittlere Bergstraße 39], dort mußte ich warten, bis sie allein zurück kam, und mich wieder dort abholte. Nebenbei noch bemerkt, sobald ich im Hause der Frau Spranger war und die Tante dann weiter ihrer Wege ging, mußte ich ihr Kußhände zuwerfen, aber dies war ja nur Etikette, weil ich mußte, der Leute wegen, damit sie immer glaubten, wie lieb die Tante zu mir sei; oh, ich habs ungern getan. Verreiste der Onkel, nach Dresden, so brachte er mir immer etwas mit, da mußte ich ihr stets das Erste geben, aber meistens nahm sie mir die Tüte ganz weg und sagte, das nütze mir nichts, sie will mirs aufheben. Ich soll es bis heute noch bekommen. Sogar in meiner Krankheit, wo mich Lehrer und Lehrerin besuchten, hat sie mirs weggenommen, was die mir schenkten, auch das soll ich heute noch bekommen. Auf eins kann ich mich noch besinnen, der Onkel brachte mir Kirschen mit zu einer Zeit, wos im Garten noch keine gab, ich sah Onkel kommen, da ich zufällig im Garten war und eilte an die Pforte, der Onkel schenkte mir die Kirschen, ich legte sie schnell in meinen Puppenwagen, um sie im Gemüsegarten zu verzehren, dort glaubte ich mich sicher, aber die Tante mußte es doch bemerkt haben, kaum hatte ich einige gegessen, so kam sie auch schon und nahm sie weg und zur Strafe wurde ich in den Keller gesperrt und bekam Schläge. Davon wußte der gute Onkel nichts, wie sie mich behandelte. Sie sagte immer ich solle ihm nichts sagen und aus Furcht, daß ich noch mehr Schläge bekam, habe ichs auch unterlassen. Einmal habe ichs aber doch getan, habe Onkel doch davon gesagt, natürlich machte er ihr Vorwürfe – und sie wurde dann noch strenger. Ja, ich weiß, sehr oft gab es hinter zugemachten Türen laute Auseinandersetzungen, um was sichs gehandelt hat, weiß ich zwar nicht, aber geschäftlich war es nicht. Daraus schloß ich auch, daß Onkel und Tante nicht gut zusammen lebten, auch aus noch etwas. Einmal ging ich mit Onkel spazieren, in die Weinberge, und Tante ging nach Kötzschenbroda, als wir oben am Berge waren, sahen wir Selbige auf der Landstraße gehen, da sagte der Onkel, 'Lotte winke ihr mit dem Taschentuch'. Als ich mich umdrehte saß Onkel auf der Bank und war sehr traurig, ich frug ihn, was ihm fehle, da sagte er: 'Ach Lotte, wenn ich jetzt Dich nicht hätte, ich wüßte nicht was werden sollte. Es ist schwer', und dabei zeigte er mit der Hand nach der Landstraße. – Daraus merkte ich, daß der gute Onkel unglücklich war, und ich schloß mich immer mehr an ihn. Ich habe ihn wirklich gern gehabt und habe ihn als Vater geliebt und geachtet, aber die Tante haßte ich von der Zeit ab. Wenn ich in die Schule ging machte mir der Onkel gern eine Freude und steckte mir Obst in die Schultasche, merkte es aber die Tante, so nahm sie es wieder fort, trotzdem wir einen ganzen Boden voll Obst hatten, ich durfte mir aber nie ungefragt ein Stück nehmen, obgleich der Boden ganz frei war und die Dienstmädchen an den Haufen vorübergingen, wenn sie in ihre Kammer wollten. Stand die Tür nach dem Garten offen vom Speisezimmer aus, und die Sonne schien so herrlich, durfte ich nicht hinaus, bis ich frug und war sie schlecht gelaunt, was sehr oft der Fall war, erlaubte sie es mir nicht einmal, auch traute ich mich oft auch gar nicht zu fragen und blieb lieber im Sessel am Fenster sitzen und schaute sehnsüchtig hinaus, kam dann der Onkel dazu, daß er fertig mit seiner Arbeit im Studierzimmer war, dann gabs nicht erst Fragen, dann hieß es komm Lotte wir gehen hinaus. Dann hatte ich auf einmal Schweißfüße und die wollte mir die Tante wegschaffen. Was machte sie da, ich mußte jeden Morgen vom Bett weg, mit den armen Füßen vom Bett, ins eiskalte Wasser, um den Schweißfuß los zu werden. Ich wollte natürlich nicht, da hielt sie mir die Beine selbst hinein, aber schreien durfte ich nicht dabei, sonst hätte es doch Onkel gehört und das wollte sie nicht. Er würde es auch nicht zugegeben haben. Davon habe ich Reumatismus in den Fuß bekommen. Sie sagte zwar später zum Arzt, es wäre von einer Dampferfahrt, die wir unternommen hätten, aber das ist nicht wahr, es waren nur die kalten Fußbäder. Natürlich habe ich in meiner Krankheit oft gejammert und Nächte nicht geschlafen, was sagte sie da einmal zu mir: 'Hätte ich gewußt, daß es so kommt, hätte ich mir nie ein Kind ins Haus genommen.' Daraus sieht man, wie herzlos diese Frau war."

07.(?) Die kleine "Lotte" verlässt nach Reibereien mit Tante Emma die Mays. Ihre Mutter Karoline Selbmann, die gerüchtweise gehört hat, ihre Tochter werde schlecht behandelt, und deshalb unangemeldet nach Oberlößnitz gereist ist, bringt sie nach Ernstthal zurück. Hintergrund ist u. a., dass Emma "Lotte" bei Spaziergängen oder Einkäufen oft bei Bekannten wie Louise Spranger oder Louise Hübner zurückgelassen hat, um sich heimlich mit Louise Dietrich und anderen Freundinnen, angeblich auch mit Offizieren, zu treffen. May hat durch das Kind davon erfahren und eifersüchtig reagiert. Emmas Verhältnis zur Nichte ist dadurch immer unfreundlicher geworden (plet 78; masch 50-52). Karl und Emma begleiten das Kind und seine Mutter zum Zug, ohne zu wissen, dass es ein endgültiger Abschied sein wird. Karoline Selbmann an Klara May 27.2.1904: "9 volle Monate hatten Dr. May's eine kl. Lotte wie Sie sie nannten, wer wars? wer war schuld das ich sie holen mußte? [...] Wie habe ich [...] meinen lieben Bruder bemitleidet, denn Er muß heute noch gestehen, das Er mit großer Liebe an dem Kinde hing. Mein Bruder hat mich ganz bestimmt damals beurtheilt als undankbar, aber Er hat keine Ahnung gehabt, wie unliebsam die Tante das Kind behandelt hat". *An die 4. Strafkammer* 137: *Das Kind wurde geschlagen, mit Hunger bestraft, in den Keller gesteckt, mußte zur Strafe die kleinen nackten Füßchen stundenlang in kaltes Wasser halten, kurz es mußte sich ganz à la* [Donatien Alphonse François] *Marquis de Sade* [1740–1814] *behandeln lassen, ohne daß ich eine Ahnung davon hatte, denn hätte es sich bei mir beschwert, so wäre noch Schlimmeres zu erwarten gewesen. Damals verkehrte die mich liebende "Löwin"* [Louise Hübner] *und die Witwe mit dem "glücklichsten Lebenstage"* [Louise Dietrich] *bei der Pollmer, ohne daß ich es zu ändern vermochte, und ich hatte es fast noch schlimmer als das Kind. Da plötzlich erschien meine Schwester und erklärte* *mir zu meinem Erstaunen, daß sie gekommen sei, ihr Töchterchen wiederzuholen. Das Dienstmädchen hatte es verraten, wie sehr das Kind zu leiden hatte, ohne daß ich es wußte. Ich gab es hin, der Sonnenschein war verschwunden.* Karoline Selbmann an Klara May 13.10.1910: "Auf einmal Nachts im Schlafe spricht mein Mann: Du gutes Kind hätte ich Dich nicht fortgelassen, wer weiß wie Dirs dort geht und kannst es Niemanden klagen, und so immer weiter. Da dachte ich, Dein Mann muß doch auch etwas erfahren haben, ja es war so, eine Handelsfrau war dort in Lößnitz hausiren gewesen, wie diese hier verbreitet hätte, hätten Ihrs die Dienstmädchen erzählt, das die Frau das kleine Mädchen so schlecht behandelte. Nächste Nacht machte mein Mann wieder denselben Aufzug. Nun wars mit mir aus. Trotzdem mir mein Bruder geschrieben, 'wenn Du uns einmal besuchen willst, so melde Dich nur vorher erst an, denn wir sind öfters verreißt, und Du träfst uns dann nicht an', aber dieses unterlies ich trotzdem. Ich stand auf und fuhr morgens mit dem ersten Zug nach Oberlößnitz, um alles zu überraschen und um mich zu überzeugen ob das ganze Gerede wahr sei. Ich kam, ich war da, meine erste Frage war was das Kind mache, wurde mir erzählt, das das Kind jetzt nicht könne in die Schule gehen es hätte Reumatismus fragte ich Schwägerin Ema warum Sie mir als Mutter das nicht geschrieben hätten, meinte Sie, Sie hätten mir keine Angst machen wollen, da der Arzt gesagt hätte, es würde bald wieder gut. Darauf führten sie mich in die Küche. (Das Kind nante Onkel u. Tante nicht Clara sondern Lottchen.) aber wie sah das Lottchen aus?, es schälte mit dem Dienstmädchen Spargel, weiß, traurig, unglüklich, das Auge einer Mutter sieht scharf. ich reichte Ihr zum Gruß die Hand, Lottchen machte ein Knixchen und setzte sich wieder um weiter zu schälen sagte Onkel, mein Kindchen kome jetzt, Deine Mutter komt zu Besuch zu Dir da hast Du einen Ehrentag – aber mein Schreck, das Kind lief lahm. ich suchte einen Augenblick das Kindchen allein zu haben, aber vergebens, immer war Tante zur Seite, darauf befahl Tante, Lottchen solle in die nächste Villa, mir Erdbeeren holen die Ihrigen waren noch nicht reif, wir saßen in der

Laube, oder wars Veranda, das weiß ich nicht genau, als das Kindchen die Beeren brachte, meinte die Tante, sie solle einstweilen bischen in Garten gehen die Beeren wären für die Mutter bestimt, gab ich zurük, nein Ema, wie kanst Du verlangen das mir eine Beere schmecken soll wenn Du dem Kindchen nicht welche davon giebst, war die Antwort, Kinder brauchen nicht von Allem zu bekomen, überhaupt wäre Lottchen ganz verwöhnt gewesen, aber jetzt wäre Sie schon ganz anders, und wenn Sie einmal garnicht folgen wolle, sperrte Sie Sie ganz einfach im Keller. nun hatte ich genug. Darauf ging Ema einen Augenblick fort um etwas zu besorgen, dieses benutzte ich, drehte mich um, sagte Lottchen, geschwind, sag mirs hast Dus gut oder schlecht, die Antwort der Onkel ist sehr gut aber die Tante ist so schlecht. Mutter sag nichts mehr Sie komt. ich hatte genug, der Entschluß war fest, ich nehme das Kind mit sei es in Bösen oder Guten. – – Der gegen Abend war ziemlich da, wo ich wieder zurük wollte, wie anfangen, mir that mein Bruder so leid aber ich konnte nicht anders, endlich war die Zeit zur Heimkehr da, bad ich meinen Bruder das Lottchen doch mich zur Bahn begleiten möge, da Lottchen nicht gut laufen konnte fuhren wir mit Geschirr zur Bahn, Onkel, Tante, Lottchen u. ich. wir waren im Wartesaal. als der Zug durch klingeln angekündigt wurde, springt Lottchen auf fällt Onkel um den Hals und bittet ihm doch einmal zu Hause zu Ihrer kleinen Schwester Elisabeth mit der Mutter fahren zu dürfen, Sie könne doch einmal jetzt nicht zur Schule gehen und Er hätte Ihrs auch immer versprochen, Sie käme in bar Tagen wieder zurük, Onkel wollte nicht so schwers Ihm auch fiel abschlagen zu wollen, da sagte ich, schnell der Zug komt ich hole ein Kinder Billet, sagte Er nein, das ist meine Sache, das Kindchen ist doch jetzt mein. Wir stiegen ein, ich setzte mich ans Fenster, Lottchen stand vor dem Fenster, Taschentuch in der Hand, jetzt bewegte sich der Zug, ich sah nochmals hin und hörte noch laut sagen, Du Ema, wir haben ein Kindchen gehabt, die komt nicht wieder, dabei troknete Er sich die Thräne aus dem Augen. unter der Zeit hat Lottchen fortwährend mit Ihrem Taschentuch gewedelt, bis gar nichts mehr sichtbar war, dann drehte Sie sich zu mir, umfaßte mich und schrie, nun sind wir allein, ach schaff mich nicht wieder zurük zu der herzlosen Tante, Mutter, und wenn Du auch mal keine Arbeit hast, ich esse lieber eine Salzbemme bei Dir; das Herz war mir zum zerspringen, ich konnte nichts sagen wir haben uns Beide ausgeweint, aber den ganzen Hergang haben im Còpee zwei bessre Damen mit angesehen die mit uns fuhren, die fragten mich wo das Kindchen gewesen wäre, den standen auch die Thränen im Augen und baten mich, das Kind doch bei mir zu lassen, es müße Ihm doch zu traurig gegangen sein. Spät Abends in Hohenstein angekomen, hat uns eine größere Tochter abgeholt und Lottchen nach Hause getragen. Sie klagte die ganze Nacht über fürchterliche Schmerzen im Bein, so sind wir andern Tags zur Frühe zu Herrn Dr. [Richard] Rubin [Dresdner Straße 7] gegangen und Ihm gebeten zu komen. Herr Dr. konstatirte schreklichen Reumatismus, hat denselben aber sehr gewissenhaft beobachtet und geheilt, es war eine sehr schwer Cur, warmes Fußbad, immer wärmer, immer wärmer, bis die Haut richtig roth sah, dann geriebenen Meerrettig auflegen, in bar Minuten abspülen und bischen Senfspiritus aufstreichen. es war eine sehr schwere Arbeit für mich, denn so lange ich um sie herum arbeitete, schrie Sie schrecklich. [...] Herr Dr. meinte dieses wäre Alles durch eine Erkältung. Nun war das Kind und ging nicht wieder zurük, einmal sagte ich, ich schaffe Dich doch wieder fort, fing Sie an zu weinen und sagte, Mutter wenn Du mich wieder zur herzlosen Tante schaffst, springe ich in die Elbe, da ich aber zankte wegen diesen schlechten Ausdruk, sagte Sie, ja Mutter zum guten Onkel ginge ich ganz gerne wieder, der war mir wie ein Vater und war stets so lieb und gut mit mir, aber zur Tante nicht. Nach alledem habe ich mein Kind wieder hier behalten und es wieder hier zur Schule gebracht, es von Neuem gekleidet, da mir Tante weder Wäsche noch Kleider retour gab. – – Da nun nach und nach das Kind alles erzählte wies Ihm ergangen, frug ich, warum Sie dieses Alles dem Onkel nicht geklagt hätte, der hätte doch gewiß der Tante Einhalt gethan, meinte Sie, ich habe es einmal gethan, Onkel hatts Tante vor gehalten, und dann ist mirs noch schlechter ergangen. Nach alledem hat mir mein Bruder sehr leid gethan, und das ich Ihm dadurch sehr kränkte, das ich Ihm sein Kindchen wieder genomen hatte, fühlte ich selbst." Karoline Selbmann an Klara May 27.2.1904: "es steht mir noch erinnerlich vorm Auge als ich mit dem Kinde am Dresdner Bahnhof abfuhr. Der Onkel thränenden Auges, und habe noch gehört, wie Er leise zu seiner Frau sagte, Du weißt Du Emma, wir haben ein Kindchen gehabt, die kommt nicht wieder. Als der Zug abfuhr, wedelte seine kleine Lotte ihrem lieben Onkel mit dem Taschentuch noch einmal zu, dann war Alles vorbei. Mein Kindchen damals drehte sich um, fiel mir um den Hals und sagte: Meine liebe Mutter, laß mich wieder zu Hause, ich will nicht wieder zur herzlosen Tante, und wenn du nichts verdienst, so will ich lieber eine Salzbemme essen, ich kann nicht wieder zurück, und schaffst du mich retour, so spring ich in die Elbe. Was wollte ich thun, Mutterliebe siegte. Dem guten Onkel hat Clara heute noch nicht vergessen. ["Meine Erinnerungen aus der Zeit, wo ich bei meinem Onkel in Oberlößnitz war" von Clara Cupak: "Vom Onkel bin ich ungern geschieden und zu ihm wäre ich zu jeder Zeit zurückgekehrt, aber nur zu ihr nicht. Ich wollte lieber mit meinen Geschwistern eine Salzbemme essen, anstatt zu dieser herzlosen Frau zurückkehren"] [...] Ich habe nach dem wiederhernehmen meines Kindes dem Bruder um Verzeihung gebeten, habe es Ihm ans Herz gelegt, nicht böse auf mich zu sein, habe mich bedankt für Alles Gute was Er mir und meinem Kinde hat angedeihen lassen, 5 Briefe nach einander geschrieben, später jedes Neujahr u. Geburtstag gratulirt, dieses nach einander mehrere Jahre, aber niemals eine Antwort erhalten, so waren wi[r] denn gestrichen." (Anmerkung Klara Mays: "Emma gab Kar[l] keinen dieser Briefe, sie sagte es mir selbst.") Karoline Selb[-]mann an Klara May 13.10.1910: "Habe mir auch späterhin, d[a] gar kein Brief mal von Ihm eintraf, ein Herz genomen und Ih[m] Abbitte gethan, jedoch vergebens, ich bekam keine Antwor[t.] Habe aber meine Bitten nicht eingestellt, jeden Geburtstag gratulirt, immer wieder gebeten, Er soll mir doch nicht mehr bös[e] sein, auch geschrieben, Er hätte kein eignes Kind gehabt, Er köne nicht fühlen was Mutterliebe wär, aber nie eine Antwort retour, so habe ich denn mein Schreiben eingestellt." Karl Mays Schmerz über den Verlust seiner "Tochter" ist so groß, dass er jeden Kontakt mit seiner Schwester Karoline abbricht; erst 1904 kommt es durch Vermittlung seiner zweiten Frau Klara wieder zu einer vorsichtigen Annäherung.

07. "Deutscher Hausschatz": "Eine Biographie Karl May's gibt es noch nicht" (mkmg 18, 19).

07.-08. In "Benziger's Marien-Kalender" für 1893 (Einsiedeln, Waldshut, Benziger & Co.) erscheint das Reiseerlebnis *Nûr es Semâ. – Himmelslicht*, mit Illustrationen von Ludwig Traub (plaul1 155).

08. Im Fehsenfeld-Verlag erscheint mit einem zivilen "Porträt des Verfassers" die Buchausgabe *Von Bagdad nach Stambul* als Bd. III der "Gesammelten Reiseromane" (plaul1 153).

09.14. Brief an Pauline Münchmeyer.

09.19. Der Osnabrücker Verleger Bernhard Wehberg, mit dem May 1885 einen Vertrag über *Deadly dust* abgeschlossen hat, teilt nach sieben Jahren Schweigen mit, dass er den Roman nun doch veröffentlichen will. May wird ihm den Druck verbieten.

09. Der "Deutsche Hausschatz" kündigt *Im Sudan* an: "Auch dieser Band ist in sich abgeschlossen, obgleich dieselben Personen wie im ersten Band auftreten" (mkmg 18, 19).

09. Im "Deutschen Hausschatz" erscheint der Schluss von *Der Mahdi* mit der redaktionellen Anmerkung: "Der zweite Theil des Romans [...] bringt den Mahdi selbst auf den Schauplatz und zeigt den berühmten Erzähler im Kampfe mit diesem fanatischen Muhamedaner und dem Sklavenhändler Ibn Asl" (mkmg 18, 20).

1892.09.-1893.09. Im "Deutschen Hausschatz" erscheint *Im Sudan*, der zweite Teil des Romans *Der Mahdi* (plaul1 158f.).

09. Im "Regensburger Marien-Kalender" für 1893 (Pustet) erscheint das Reiseerlebnis *Der Verfluchte*, mit Illustrationen von Theodor Volz (plaul1 157).

09. Im "Eichsfelder Marien-Kalender für das katholische Volk 1893" (Heiligenstadt, F. W. Cordier) erscheint das Reiseerlebnis *Eine Ghasuah* (plaul1 157).

10. "Deutscher Hausschatz": "In den uns soeben zugehenden Lieferungen 31–35 von Karl May's Reiseerzählungen werden wir in 'Die Schluchten des Balkan' geführt, wo der Verfasser mit den räuberischen Arnauten in die gefährlichsten Konflikte gerät und um ein Haar sein Leben einbüßt. Wir hören von der Verlagsbuchhandlung [...], daß zum Weihnachtsfeste außer diesem vierten Bande auch noch der fünfte und sechste 'Durch das Land der Skipetaren' und 'Der Scout' [*Der Schut*] für alle Freunde und Verehrer Karl May's fertig gestellt werden sollen, so daß die erste Serie dieser einzig dastehenden Erzählungen dann fertig vorliegt. Dieselbe wird den Gesamttitel 'Im Schatten des Großherrn' führen und mit in erster Reihe stehen, wenn es zum Weihnachtsfeste gilt, ein schönes Werk für Haus und Familie anzuschaffen" (mkmg 18, 20).

10. Im Fehsenfeld-Verlag erscheint die Buchausgabe *In den Schluchten des Balkan* als Bd. IV der "Gesammelten Reiseromane" (plaul1 156).

10.10. May an Fehsenfeld: *Ich konnte mir nur 8 Tage Erholung im Erzgebirge gönnen, arbeite an einer Oper.* [...] *Besten Dank für das, was Sie für unser Werk thun. Werde für Weihnachten das Meinige auch nicht versäumen. Könnte mir Ihr Hoffmann* [Felix Krais] *nicht einen Aufruf an die kathol. Geistlichen & Lehrer Deutschlands drucken? Ich will es bezahlen, da Sie schon genug Auslagen haben.* [...] *Was Winnetou betrifft, so bin ich zu der Ueberzeugung gekommen, daß wir 3 Bände machen müssen. Diese vornehme Gestalt mit ihren außerordentlichen Erlebnissen ist nicht kürzer zu zeichnen. Geben wir nur das was bisher von ihm erschienen ist, so kaufen die Leser de*

"Hausschatzes" nicht, weil sie es schon kennen. Darum muß ich einen ersten Band vollständig neu schreiben, was unbedingt ziehen wird; Bd. II & III werden, wie ich Ihnen versprochen habe, durch neue Kapitel, für die ich kein Honorar verlange, vervollständigt. Dann bildet das Ganze ein auch künstlerisch gut abgerundetes und von A. bis Z. hochspannendes Lebensbild des "berühmtesten Indianers" und zugleich eine Tragödie des Unterganges seiner Nation. Von diesem Werke verspreche ich mir viel. Ist es Ihnen recht, so könnte ich Ihnen Band II baldigst senden, damit Sie setzen lassen können, und indessen den ersten Band schreiben. [...] *Wie ich mit Spemann stehe? Er schweigt sich aus, habe aber alle Hoffnung, loszukommen; kann aber den letzten, entscheidenden Schritt erst dann thun, wenn ich anderweit gesichert bin. Der Mensch braucht Brod und auch ein Wenig Butter dazu. Jetzt schreibe ich für ihn eine 1500 Seiten lange Erzählung "Der Oelprinz".* [...] *Ein hiesiger Arzt, Dr.* [Karl Julius] *Büttner, war kürzlich in Constantinopel und hat dort in der "Orientalischen Correspondenz" einen langen, außerordentlich günstigen Artikel über unser Unternehmen gefunden. Sie wurden sehr anerkannt, und ich hatte die Ehre, einer der ersten Kenner des Orientes genannt zu werden. Das erfreut. Nicht?*

10.16. May an Fehsenfeld: *Es freut mich, daß Sie mit drei Bänden einverstanden sind; ich könnte mit dem Apachen zwanzig füllen.* [...] *Sie werden diesen ersten Band noch eher als "im Januar" erhalten. Der zweite wird wahrscheinlich schon diese Woche von hier abgehen. Am Liebsten schriebe ich alle 3 Bände neu. Es müßte ein ethnographisch-novellistisches Meisterstück werden, nach welchem 100,000 Hände griffen, noch ganz anders als Lederstrumpf und Waldläufer, viel gediegener, wahrer, edler, eine große, verkannte, hingemordete, untergehende Nation als Einzelperson Winnetou geschildert. Es würde ein Denkmal der rothen Rasse sein und sollte eigentlich in einem Kiosk der Ausstellung zu Chicago verkauft werden. Das, was bis jetzt über Winnetou erschienen ist, könnte später in irgend* einem Gewande erscheinen. Es ist wirklich nicht leicht, diese zusammenhanglosen Einzelerzählungen, welche grad nur für den Hausschatz berechnet waren, so zusammenzufassen, daß sie als ein einziger Guß und Fluß erscheinen. Doch Allah will es, und so wird es gehen! Den Operntext wollen Sie verlegen? Well, Mr. Fehsenfeld; with all my heart! Sie werden sich da wundern, was für ein Dichter Ihr Kara Ben Nemsi ist, denn das Libretto ist natürlich auch von mir. Ich verfolge mit dieser Oper einen großen Zweck, und ich hoffe, daß es mir gelingen wird: deutsche, deutsche und abermals deutsche Musik! Vorher aber wird eine dreiaktige Posse fertig, deren Hauptheld der alte Dessauer ist. Dieses ächt deutsche, zwergfellerschütternde Stück will ich dem französischen Schunde entgegensetzen, der mit seinen Ehebruchssünden und Unwahrscheinlichkeiten alle unsere Bühnen moralisch versumpft. Wir brauchen deutsche Zugstücke und haben keine; ich weiß genau, daß diese meine Posse rasch über alle Bretter gehen wird. Ich schreibe nie eher etwas, als bis ich weiß, daß es seinen Weg macht. Es wird in diesem Stücke geweint und gelacht, meist aber gelacht. Denken Sie sich, der alte Dessauer, der kein Gehör hatte und nur die eine Melodie "So leben wir etc." singen konnte, kommt, um ein adeliges Altfräuleinstift zu inspiciren; da kommen die sechs ältesten demoiselles mit Ziehharmonika, Brummeisen, Cello und Guitarre zu ihm herein, um ihm zu zeigen, was sie in musikalischer Beziehung leisten, und singen ihm vor, was die eine von ihnen selbst gedichtet hat: (Nach der Melodie: "Aennchen von Tharau ists, die mir gefällt") // Sitz ich im traurigen Mondenschein / Mit meiner trauernden Trauer allein, / Lächeln so traurig die Sterne mir zu: / Traurige Jungfrau, wie traurig bist du! / Trauernde Trauer im traurigen Sinn, / Sink ich in trauernde Traurigkeit hin. // Gäb mir ein Trauter vertrauend sein Herz, / Ach, ich vertraute ihm all meinen Schmerz. / Traulich vertrauend in traulicher Lust / Sänk ich an seine vertrauliche Brust. / Traulich vertrauend im trauten Vertraun, / Ließen vertrauend wir traulich uns traun! // Womit ich unter traulichen Grüßen an Ihre traute Frau Gemahlin und vertraulichen Kin-

derchens verbleibe Ihr in trauriger Traurigkeit trauernder und in Beziehung auf verdauende Verdaulichkeit vollständig unverdaulicher May.

10.25. May an Fehsenfeld, nachdem er am 22. einen Brief von Bernhard Wehberg bekommen hat: *Zunächst lege ich Ihnen eine Karte bei. Sie ist nicht die einzige Zuschrift, aus welcher ich ersehe, daß der "Held" Selim* [aus der "Hausschatz"-Erzählung *Im Sudan*], *den Sie der Beschneidung unterwerfen wollen, sich bei zahlreichen Lesern doch einer freundlichen Zuneigung erfreut.* May teilt mit, dass Wehberg trotz Klageandrohung *Deadly dust* veröffentlichen will: *Meine Einwände sind vergeblich; er bleibt auf seinem Pferde sitzen.* May legt die Korrespondenz bei und bittet um Rat. Als Druckvorlage schickt er eine *Offerte an die kathol. Geistlichen und Lehrer Deutschlands.*

10.26. Fehsenfeld rät May, Wehberg zu verklagen und empfiehlt ihm den Osnabrücker Anwalt Joseph Dyckhoff. Zugleich schickt er ihm eine für Reklamezwecke bestimmte "litterarische Skizze" von Hermann J. Frenken ("Die Reiseromane Karl May's", noch 1897 in Prospekten verbreitet; 1909 wird Frenken Adolf Droops Monographie "Karl May. Eine Analyse seiner Reise-Erzählungen" verlegen) und kündigt für Mitte November 1000–1500 Mark Honorar für *Winnetou* an. Auf Frenkens Skizze bezieht sich ein Brief, der von May vermutlich fälschlich auf den 27.10.1891 datiert ist: *Hatte im letzten Brief doch ganz vergessen, die litterarische Skizze von H. J. Frenken zu erwähnen. Habe mich über dieselbe sehr gefreut. Könnten Sie mir nicht noch einige Exemplare zukommen lassen? Uebrigens, wer und was ist Frenken? Kenne ihn nicht, weiß nicht, wo er wohnt, habe ihn in keinem Verzeichnisse gefunden und möchte doch gern seine Adresse wissen. Bitte, bitte! Mit Gruß von Haus zu Haus Ihr Nachts ½ 3 Uhr arbeitender May.* – Der Verlag Benziger & Co. fragt an, ob May bereit wäre, für nächstes Jahr "wiederum eine abenteuerliche Erzählung für unsern Kalender zu schreiben". Das Manuskript müsse bis zum 8.12. in

Einsiedeln sein. May wird daraufhin die Erzählung *Christ ist erstanden!* liefern.

10. Im Verlag der Union Deutsche Verlagsgesellschaft (Stuttgart, Berlin, Leipzig) erscheint die Buchausgabe des Jugendromans *Kong-Kheou, das Ehrenwort* unter dem neuen Titel *Der blau-rote Methusalem* (Arbeitstitel der Union vermutlich: *Der rothblaue Methusalem*), mit Illustrationen von Oskar Herrfurth (1862–1934) (plaul1 159; ued 275-279).

11.03. May an Fehsenfeld, mit Dank für das versprochene Honorar: *Ich habe sofort nach Empfang dieses Briefes dem Rechtsanwalte* [Joseph Dyckhoff, Osnabrück] *geschrieben.* [...] *Da bekomme ich Geld in die Hände, brauch nicht für Spemann zu schreiben sondern kann fest an Winnetou arbeiten und – – meiner Frau, deren Geburtstag um diese Zeit ist, eine Freude bereiten.* Wehberg soll als Entschädigung (weil May *Deadly dust* sieben Jahre nicht verkaufen konnte) 8000 Mark zahlen. *Nächste Woche bekommen Sie Winnetou Band II, gänzlich umgearbeitet und verbessert. Dann bald Band I, vollständig neu und endlich Bd III so, daß Sie Ende Januar das Ganze haben. Von diesem Werke verspreche ich mir sehr viel, denn ich werde mir mit der Neu- und Umarbeitung alle Mühe geben.* [...] *Emma schläft noch; es ist ½ 4 Uhr früh.*

11.05. Der Stuttgarter Union-Verlag bestätigt den Erhalt de Manuskriptseiten 801-850 des *Oelprinz* (Gesamtumfang 147(Seiten) (XXII N4).

11.11. In der "Allgäuer Zeitung" (Kempten) erscheint die "litte rarische Skizze" "Die Reiseromane Karl Mays" von Herman J. Frenken (als Flugblatt auch unter dem Titel "Dr. Karl May' Reise-Erzählungen" verbreitet; mag 20, 67f.).

11.14. Im "Börsenblatt" veröffentlicht Fehsenfeld eine fehler hafte Vorankündigung: "Der 6. Band Der Schüt wird leider ers Anfang Dezember fertig."

11.19. Felix Krais teilt Fehsenfeld mit, er habe für Bd. VI von May 54 Seiten Manuskript erhalten und die Ankündigung weiterer 100 Seiten (*Anhang*). Da die Einbanddecken bereits fertiggestellt sind, muss der Band 38 Bogen umfassen.

11.21. Im Fehsenfeld-Verlag erscheint die Buchausgabe *Durch das Land der Skipetaren* als Bd. V der "Gesammelten Reiseromane" (plaul1 160).

11.22. Emma Mays 36. Geburtstag. Emma erhält vermutlich an diesem Tag erstmals von ihrem Mann einen Tausendmarkschein auf den Geburtstagstisch gelegt (masch 53).

12.09. May an Unbekannt: *Sie haben ganz richtig vermuthet; ich erzähle nur wirklich Geschehenes, und die Männer, von denen ich erzähle, haben existirt oder leben sogar noch heut. Old Shatterhand z. B. bin ich selbst* (kmjb 1978, 47, 49).

12.10. "Die Gegenwart": "May ist der geborene Erzähler voll Phantasie und Fluss, volksthümlich und gesund, lebensfroh und humorreich, in farbigen Schilderungen und in allen Künsten des Vortrags erfahren. Es sind Reiseskizzen in novellistischem Gewand, vornehmlich aus Afrika und der Türkei; und man merkt überall, dass der Verfasser Alles selbst gesehen und Manches erlebt hat. Seit [Friedrich] Gerstäcker [1816–1872] und [Charles] Sealsfield [d. i. Karl Postl, 1793–1864] hatten wir keinen so interessanten ethnologischen Plauderer mehr" (mkmg 7, 31).

12.14. May hat erfahren, dass der Reutlinger Verlag von Robert Bardtenschlager seit August 1889 Neuauflagen der Ferry-Bearbeitung *Der Waldläufer* und des Bandes *Im fernen Westen* (*Jenseits der Felsengebirge*) vertreibt. Er fordert bei Bardtenschlager seine Rechte ein (*Der Waldläufer* N21).

12.19. Reutlingen. Robert Bardtenschlager teilt May mit, er besitze "mit Vertrag v. 26. April 1887 unter anderem auch das Verlagsrecht bezüglich der beiden Bücher 'Waldläufer' und 'Im fernen Westen'": "Von einer Schranke dieses Verlagsrechts, von welcher Sie mir zu meinem nicht geringen Erstaunen Mitteilung machen, wonach das Verlagsrecht auf obengenannte Werke sich nur auf eine Auflage erstreckt hätte, ist in diesem Vertrage nichts enthalten" (*Der Waldläufer* N21).

12.25. Erster Weihnachtstag. Im "Katholischen Kirchenblatt für Sachsen" erscheint eine Besprechung von *Durch das Land der Skipetaren*: "Neben dem bezaubernden Inhalt, der krystallhellen, natürlichen Sprache, ist es vor allem die absolute sittliche Reinheit in allen Werken Karl May's, die ihn mit Recht zum Liebling des deutschen Hauses, der deutschen Frau und der ganzen deutschen Jugend gemacht hat" (hoff2 25).

12.27. Als Antwort auf Bardtenschlagers Brief vom 19.12. setzt May einen *Verlags-Contract* auf. Danach gestattet May *nachträglich, daß Herr R. Bardtenschläger den Buchverlag seiner beiden Werke "Der Waldläufer" und "Jenseits der Felsengebirge" übernommen hat*, fordert jedoch *ein Honorar, welches ein Zwanzigstel des Ladenpreises beträgt.* Eine Nachzahlung soll bis zum 31.12. erfolgen. Bardtenschlager wird den Vertrag nicht unterzeichnen (*Der Waldläufer* N21-29).

1893

01. Im Fehsenfeld-Verlag erscheint verspätet die Buchausgabe *Der Schut*, für die May einen *Anhang* (Rihs Tod) hinzugeschrieben hat, als Bd. VI der "Gesammelten Reiseromane" (plaul1 162).

01.-04. Eigens für die Buchausgabe bei Fehsenfeld schreibt May den ersten Band *Winnetou*, der zu seinem berühmtesten und gelesensten Roman werden wird (XXIII A40). Der Anfang geht noch im Januar nach Freiburg, weitere Lieferungen erfolgen aber nur stockend (VII o.S.).

01. Der Berliner Lehrer, Germanist, Folklorist und Historiker Prof. Dr. Ludwig Freytag (1842–1916; kmw VIII.6, 208f.) veröffentlicht im von ihm mitherausgegebenen "Central-Organ für die Interessen des Realschulwesens" eine Rezension der ersten drei Fehsenfeld-Bände. Er wird auch künftig nahezu sämtliche Neuerscheinungen Mays positiv besprechen.

01.01. Sonntag. Neujahr.

01.03. May an Fehsenfeld: *Zunächst innigsten Dank für die 500 Neujahrsüberraschungen! Nobel, nobel, nobel!* [...] *Sie fragen nach Winnetou. Warum telegraphisch? Kostet Geld. Bin fest darüber her, kann nur jetzt noch nichts senden, da ich noch häufig zurückschlagen muß. Sonnabend aber geht die erste Rate ab.*

01.05. Statt Mays Vertragsentwurf vom 27.12.1892 zu unterzeichnen, hat Robert Bardtenschlager seinen Prokuristen Oskar Richter nach Oberlößnitz geschickt. In einem neuen Vertrag wird vereinbart, *daß die Firma Robert Bardtenschlager in Reutlingen für den bisherigen Nachdruck der beiden Bücher "Jenseits der Felsengebirge" und "Der Waldläufer" eine Honorarabfindungssumme von zusammen Mrk. 250* [...] *an Herrn Dr.*

May in Oberlößnitz augenblicklich zahlt. Das Verlagsrecht fällt an May zurück (*Der Waldläufer* N32-35).

01.08. Sonntag.

01.12. May an seine Nichte Anna Selbmann, verbittert darüber, dass seine Schwester Karoline die kleine "Lotte" wieder nach Hause geholt hat: *Unsern Dank für Eure Geburtstags- und Neujahrsgratulationen! Ich habe nicht sofort geantwortet, weil ich für Privatbriefe keine Zeit hatte, denn ich mußte für meine neuen Werke 8000 Adressen schreiben. Wir hätten Dir und der Lotte gern ein Weihnachtsgeschenk geschickt, aber Ihr habt ja, wie wir wissen, selbst Alles viel besser, theurer und schöner als wir. Was hätten wir da geben können!* (masch 213)

01.15. Sonntag.

01.16. Reutlingen. Bardtenschlagers Prokurist Oskar Richter teilt mit, er werde verabredungsgemäß im Lauf der Woche "restliche 50 Mark" senden, und macht Vorschläge zur Übernahme der vorliegenden Illustrationen zum *Waldläufer* und zu *Jenseits der Felsengebirge*: "Es würde mich freuen, ich wünsche es Ihnen auch, daß Sie recht bald einen Verleger für obige Bücher finden möchten und bitte ich Sie höflich nicht zu unterlassen auf den Ankauf der Illustrationen mit hinzudeuten" (*Der Waldläufer* N30).

01.18. Oskar Richter dankt "für gütige Uebersendung der [bei seinem Besuch am 5.1.] zurückgelassenen Gegenstände": "Was die Verabmachung zwischen Ihnen und mir anbelangt, so gebe ich Ihnen mein Wort, daß darüber in keiner Weise gesprochen, noch vielweniger einem Dritten gegenüber Äußerungen gemacht werden, in welcher Weise resp. mit welchem Betrage wir uns verständigt haben; ich bin ganz Ihrer Meinung, daß über den Fall gar nicht mehr gesprochen resp. sonst irgendwie korrespondiert wird, der Fall ist erledigt, lassen wir Gras darüber wachsen" (*Der Waldläufer* N31).

01.19. May an Fehsenfeld, der einen Deckelbildentwurf für die *Winnetou*-Trilogie von Max Mandl (1864–1937) geschickt hat: *Ja, diese Skizze können wir unmöglich nehmen. Dieser Max Mandl muß eine Stunde vorher drei Fässer voll Kefir gesoffen haben! Ich werde ihm augenblicklich schreiben und sagen, was und wie wir es wollen. Die Annonce für den Hausschatz werden Sie mit nächstem Briefe bekommen. Ich werde außerdem für eine gute Notiz im "Briefkasten" sorgen, so, wie Sie es wünschen. Zur Probe sende ich Ihnen das erste Kapitel von "Winnetou". Es ist wenig, aber ich brauche das Andre noch wegen dem Zurückschlagen. Sie können dieses Kapitel aber getrost in Satz geben, denn von jetzt an werden einen Tag um den andern je 100 Seiten kommen, und zu den 3 ersten Lieferungen, die am* 15ten *Februar ausgegeben werden sollen, sind nicht ganz 300 Seiten nöthig.*

01.22. Sonntag.

01.26. May an Jaskowiak, deutschbaltischer Verwalter auf Gut Rosen in Mitau: *Ihr freundliches Schreiben vom 28/12. 92 habe ich heut erhalten. Sie brauchen keinen "Deutschen Hausschatz" zu kaufen, denn es erscheinen jetzt meine Werke* [...] *in Buchform bei F. E. Fehsenfeld, Freiburg in Baden.* [...] *Bis jetzt sind die ersten sechs Bände erschienen. Wenn Sie diese gelesen haben, werden Sie beurtheilen können, ob sie sich zur Uebersetzung in das Russische eignen. Es ist noch keines meiner Werke in diese Sprache übersetzt worden, und bin ich recht gern erbötig, mit Ihnen darüber in Unterhandlung zu treten.* [...] *Vielleicht ist es mir möglich, Ihrer gütigen Einladung Folge zu leisten und mich Ihnen persönlich vorzustellen, und werden wir dann gewiß einen Auerochsen schießen* (kma 6, 4-8).

01.29. Sonntag.

02. "Deutscher Hausschatz": "J. R. in W. Sie belieben wohl zu scherzen; Herr Dr. Karl May ist, wie wir selbst uns zu überzeugen das Vergnügen hatten, mit einer Europäerin verheiratet" (mkmg 18, 20).

02. "Deutscher Hausschatz": "N. N., Rhein. Die Verlagsbuchhandlung von Fehsenfeld in Freiburg in Baden ist gern bereit, Ihnen einen Prospektus über die Bandausgabe von Karl Mays Reiseromanen zugehen zu lassen" (mkmg 18, 20).

02.04. May an Fehsenfeld: *Anbei weiteres Manuscript. Ich laure auf Correcturen aus Stuttgart, von denen schon längst welche hier sein müßten, wenn Sie Ihren Termin (15te Februar) einhalten wollen.*

02.05. Sonntag.

02.12. Sonntag.

02.19. Sonntag.

02.24. May an Fehsenfeld: *Ich habe jetzt kein Manuscript geschickt, weil H. Krais eben nicht gesetzt hat, und er wieder will nicht eher anfangen, als bis er alles Manuscript hat. Es ist das für mich eine schwierige Geschichte.* [...] *Dazu kommt, daß meine Amtsgeschichte mit Wehberg erst jetzt beendet ist. Er hat "Dêadly dust" herausgeben müssen. Also kann ich mich nun erst arrangiren. Vom ersten Bande sind 750 Manuscriptseiten fertig, die Sie allerdings noch nicht ganz erhalten haben, weil ich das Uebrige noch zum Zurückschlagen brauchte.* Krais hat inzwischen erste Korrekturbögen geschickt. *Bitte, lassen Sie ihn nur immer weiter arbeiten!* [...] *Die Skizze ist sofort an den Zeichner* [Max Mandl] *zurückgegangen. Der gute Mann kann nichts. Ich habe ihn noch einmal ausführlich unterwiesen. Winnetou trägt sein Haar in einen Schopf gebunden und dann lang herabhängend, stets ohne Kopfbedeckung. Trotzdem braucht er doch keiner alten Frau zu ähneln. In Dresden giebt es leider keinen passenden Zeichner. Vor Kurzem war ein tüchtiger Künstler bei mir auf Besuch. Geborener Deutscher, wohnt aber in New-York, also etwas umständlich. Das wäre ein Mann für uns.* Mays *Freund* Hofrat Dr. Emil W. Peschel (1835–1912), Gründer und Direktor des Dresdner Körner-Museums (*Ich bin der Einzige, mit dem er verkehrt*) will *ein Epoche machende*

Werk über sein Museum veröffentlichen: *Nun ist es mir gelungen, Herrn Hofrath zu bewegen, es in Ihrem Verlage herauszugeben.* [...] *Bitte, teilen Sie mir mit, ob Sie gesinnt sein würden, darauf einzugehen.* Nachtrag: *Meine Frau bäckt soeben Kuchen, weil morgen mein Geburtstag ist. Da giebt es Abendgesellschaft mit Sang und Tanz bei mir. Könnten Sie doch dabei sein! Werde in Ihrem Namen mit Emma einen feschen Walzer schwenken.*

02.25. Karl Mays 51. Geburtstag.

02.26. Sonntag.

03. Ludwig Freytag veröffentlicht im "Central-Organ für die Interessen des Realschulwesens" eine Rezension der letzten drei Orient-Bände.

03.05. Sonntag.

03.09. May teilt dem Priester Edmund Kirschanek im ungarischen Szajk mit, dass seine *Werke noch nicht in das Ungarische übersetzt worden sind*: *Sie wissen wohl, welche weite, lange und kostspielige Reihe von Reisen ich unternommen habe und auch noch machen werde. Ich habe dieselben von den Honoraren zu bestreiten, welche ich erhalte, und muß also auch bei Uebersetzungen darauf sehen, daß dieselben für mich von pecuniärem Erfolge sind* (beob 1, 25f.).

03.(?) May an Fehsenfeld: *Habe heut erst Bogen 11 und 12 Correctur erhalten und sofort erledigt, mir auch erlaubt, Manuscript mitzugeben, ohne es Ihnen erst zur Einsicht zu senden. Morgen geht wieder welches fort. Bin also nicht schuld. Herr Krais hat bisher Manuscript gehabt und wird auch ferner nicht darauf zu warten brauchen. Die Fragen nach "Winnetou" mehren sich auch bei mir.*

03.12. Sonntag.

03.16. May rechtfertigt sich bei Fehsenfeld für die Verzögerung der *Winnetou*-Lieferungen: *Die Schuld liegt doch daran,* *daß sich unser Programm verändert hat. Da ich den ersten Band vollständig neu zu schreiben hatte, so muß ich ihn dem Inhalte von Bd. 2 und 3 anpassen, der schon gedruckt ist. Darum kamen wir vor Weihnachten überein, daß Bd. 2. zuerst in Angriff genommen werden solle, damit ich Bd. 1. nicht zu überhasten brauche und mich damit nach Bd. 2 und 3 richten könne. Das ist aber nicht geschehen und macht mir viel Kopfzerbrechens. Es ist nicht nur, daß ich mich hersetze und Bd. 1. schreibe. Das Ganze muß ein Guß sein. Der Inhalt von Bd. 2 und 3 setzt sich aus einzelnen Erzählungen zusammen, welche ohne innere Verbindung sind. Diese muß ich erst herstellen. Es giebt da viel hinwegzunehmen, zu ändern und hinzuzusetzen. Es sind da ganze Kapitels auch neu zu schreiben, was am Besten dann gelingt, wenn ich es vornehme, während ich noch am ersten Bande schreibe. Ich habe also an allen 3 Bänden zugleich arbeiten müssen und das, was ich von Bd. 1 fertig hatte, nicht ganz aus der Hand geben können. Darum schrieb ich einige Male vom Nachschlagen, was Sie aber anders gedeutet zu haben scheinen. Es ist also nicht so, wie Sie mir einmal schrieben, daß Bd. 2 und 3 schon fertig vorliegen. Ich versichere Ihnen vielmehr, daß sie mir viel Kopfarbeit bereiten; nun wird der Roman aber auch sehr gut.* Fehsenfeld hat geschrieben, dass der erste *Winnetou*-Band am 1.4. erscheinen muss: *Gut, wenn er muß, so wird er, und wenn ich dabei körperlich und geistig zu Grunde gehen sollte!* Auch Spemann drängt May: *Ich brauche für mich und meine armen Verwandten* [...] *jährlich 8–9000 Mrk. Das giebt wöchentlich 160–180 Mark. Folglich muß ich für Spemann jetzt wöchentlich 160–180 Seiten schreiben.* [...] *Auch er braucht den Schluß des Manuscriptes von "Der Oelprinz" bis zum Schlusse dieses Monates.* [...] *Ich muß für ihn und auch für Sie schreiben und werde Tag und Nacht dazu nehmen. Liebe Ostern! Daß Sie kommen wollen, und sogar mit Ihrer werten Frau Gemahlin, entzückt uns wirklich.* [...] *Herr Hofrath Peschel freut sich auch darauf, mit Ihnen über sein Werk zu sprechen. Sie werden sein Museum sehen und ganz wonnig darüber sein.*

03.19. Sonntag.

03.26. Sonntag.

03. May beendet die *Oelprinz*-Niederschrift (*Die Helden des Westens* A53).

04. May schreibt für Pustet die Marienkalender-Geschichte *Blutrache* (XXIII A40).

04. Der "Deutsche Hausschatz" teilt den Abschluss der Serie "Im Schatten des Großherrn" mit: "Der vorliegende sechste Band bildet gewissermaßen den Höhepunkt der Erzählung und mit der höchsten Befriedigung legen wir den schönen Band zur Seite, nur bedauernd, daß wir den Reisenden und seinen Hadschi Halef, den phlegmatischen Lindsay und alle die andern treuen Begleiter nunmehr verlassen müssen" (mkmg 18, 20).

04.02./03. Ostern.

04.09. Sonntag.

04.16. Sonntag.

04.21. May an Fehsenfeld: *Meine Frau freut sich ganz riesig auf Sie, Ihre Frau Gemahlin und das liebe Töchterchen; sie hofft, Sie mehrere Tage bei sich zu haben, doch nicht bei mir, denn da Sie nicht zu mir kommen, ist meine Frau für die Zeit Ihrer Anwesenheit von mir fortgezogen.*

04.23. Sonntag.

04.26. Einsiedeln. Der Verlag Benziger & Co. bittet um Mays Zustimmung für eine spanische Bearbeitung der Novelle *Nûr es Semâ. – Himmelslicht*, die im "Almanaque 1894" erscheinen soll.

04.30. Sonntag. May an Fehsenfeld: *In Folge der letzten Karte habe ich Herrn Krais sogleich Winnetou Bd. II geschickt. Hatte mir vorgenommen, Montag, also morgen, nach Leipzig zu kom-*

men, um Sie schon dort zu begrüßen. Ist mir aber unmöglich. Bd. III hält mich am Schreibtische fest.

05. Besuch von Fehsenfeld in Oberlößnitz. Bei dieser Gelegenheit wird mit Emil Peschel die Herausgabe von Tagebuchaufzeichnungen Theodor Körners (1791–1813) vereinbart, die noch im selben Jahr in Freiburg erscheinen.

05.07. Sonntag.

05.11. May an Fehsenfeld: *"Winnetou" Bd. III werden Sie erhalten haben. Hier sende ich Ihnen einige Humoresken und Erzgebirgische Dorfgeschichten zur Ansicht, ob Ihnen die vielleicht passen werden. Nun wollten Sie gern vor Weihnachten noch 2 Bände haben. Es wird aber wohl nur einer werden, nämlich der Kiang-lu* [*Am Stillen Ocean*], *den ich zu einem 2 oder 3 Mark-Bande (640 oder 420 Seiten) erweitern würde, ganz wie Sie es wünschen.*

05.14. Sonntag.

05.16. May an Fehsenfeld: *Winnetou Bd. II ist vollständig, außer dem Schluß, der den 3ten Band einzuleiten hat; der ist schnell fertig und braucht Herrn Krais keine Sorgen zu machen.* Fehsenfeld hat 1000 Mark in zwei Raten zugesagt, die May dringend bis zum 20. erwartet, da er einen Wechsel über 400 Mark einlösen muss.

05.18. Fehsenfeld, der 500 Mark überweist, mahnt Manuskript zu *Winnetou II* (240 Druckseiten) an: "(Uebrigens hatte ich keine Ahnung, daß soviel neu am 2ten Band zu schreiben sei.) Nach meinen bisherigen Erfahrungen sind Sie ein liebenswürdiger Autor, sobald Sie wollen. Aber wenn Sie keine Lust haben, so lassen Sie den armen Verleger sitzen, bis er wild oder halb närrisch wird. [...] Schreiben Sie mir bis zum 25ten Mai den Schluß von Band II nicht, so werde ich mich an Ihnen blutig rächen. Ich antworte Ihnen nicht mehr, schicke nichts mehr kurz ich bin & bleibe unversöhnlich. Bekomme ich jedoch bis zum 25ten Mai das vollständige fehlende Mscpt, so erhalten Sie, wenn Sie nach Freiburg kommen, weitere 500 Mk".

05.20. May bestätigt Fehsenfeld den Erhalt von 500 Mark und mahnt das noch ausstehende Honorar an: *Hätten Sie Ihr wiederholtes Versprechen erfüllt, so wären wir Pfingsten bei Ihnen gewesen, so aber müssen wir verzichten.* [...] *Was Winnetou Bd. II betrifft, so muß ich als der Autor wissen, woran ich bin. Ist Herr Krais anderer Meinung, zum Donnerwetter, ist es mir Schnuppe! Ich habe mich beim ersten Bande genug geärgert und habe keine Lust, mich fortwährend attaquiren zu lassen.* [...] *Wenn ich behaupte, daß Manuscript vorhanden ist, so weiß ich, was ich sage; Karl May ist kein Kind!* May ist so verärgert, dass er droht, es bei den bisherigen 9 Bänden bewenden zu lassen: *Der 10te erscheint also nicht. Ich habe keine Zeit auf ihn zu verwenden und muß, da Sie nicht Wort gehalten haben, schleunigst für Spemann schreiben und hernach meine Oper vollenden; das wird dann besser fluschen.*

05.21./22. Pfingsten.

05.28. Sonntag.

05.-10. Die *Winnetou*-Trilogie (Bd. VII-IX der Fehsenfeld-Reihe) erscheint unter dem Titel *Winnetou der Rote Gentleman* (ab 1904 *Winnetou. 1.-3. Band*). Die Bände II/III sind, abgesehen von den Schlusskapiteln, aus früheren, überarbeiteten Erzählungen (*Der Scout*, *Deadly dust*, *Im "wilden Westen" Nordamerika's* resp. *Ave Maria*, *Old Firehand*) zusammengesetzt (ued 174-183).

05. Im Fehsenfeld-Verlag erscheint *Winnetou I* als Bd. VII der "Gesammelten Reiseromane" (plaul1 165).

05. In der Zeitschrift "Ueber Land und Meer" (Stuttgart, Leipzig, Berlin, Wien, Deutsche Verlags-Anstalt) erscheint anonym und ohne die ursprünglich vorgesehenen Illustrationen Frederic Remingtons die Erzählung *Der erste Elk* (plaul1 166; jbkmg 1988, 364; *Der Krumir* 128f.). Offenbar hat der neue Redakteur Dr. Wilhelm Lauser nicht gewusst, dass sein Vorgänger Joseph Kürschner die Erzählung Ende 1889 als Illustrationstext angefordert hat.

06.(?) *Der Pedlar*, das Schlusskapitel von *Winnetou II*, entsteht (XXIII A40).

06.04. Sonntag.

06. Karl und Emma May unternehmen erstmals eine längere Reise nach Süddeutschland, die der Erholung und Leserbesuchen gilt und sie über Freiburg auch in die Schweiz führen soll.

06.09. Titisee. Auf einer Karte des Schwarzwald-Hotels (Friedrich Jäger) schreibt May an Ferdinand Schöne (abgestempelt am 19.6. in Freiburg, möglicherweise von May falsch datiert): *Gruß aus dem schönen Schwarzwalde. Heut sind wir an diesem See gewesen. Morgen fahren wir in die Schweiz* (mkmg 66, 16; gus 219).

06.10. Abends Ankunft in Freiburg i. Br. "Freiburger Zeitung" 14.6.: "Karl May, der vielgereiste, liebenswürdige Erzähler, verehrt von vielen Tausenden wegen des köstlichen Humors in seinen bekannten Reiseromanen (gegenwärtig erscheint: 'Winnetou, der rothe Gentlemann'), ist zu längerem Aufenthalte am Samstag Abend hier eingetroffen." – Erster Besuch bei dem Verlegerehepaar Friedrich Ernst und Paula Fehsenfeld, Wallstraße 10. Gemeinsam werden die beiden Ehepaare bald in die Schweiz weiterreisen, wo Fehsenfeld einen Ferienaufenthalt gebucht hat (mkmg 39, 11; gus 31, 219). Fehsenfeld (Ekke Guenther/Roland Schmid): "Zu scherzen liebte er, wie alle Sachsen, und als er zum erstenmal nach Freiburg kam, und wir ihn und seine Frau am Bahnhof abholten, versteckten sie sich, und wir gingen enttäuscht heim. Wir waren aber kaum eine Viertelstunde zu Hause, da schellte es, die Tür ging auf, in ihrem Rahmen standen die beiden Vermißten, und die Freude war groß!" (XX A25) Erinnerung Paula Fehsenfeld 1942: "Nach einer Viertelstunde unseres Heimkommens, klingelte es, u. K. M. stand lächelnd u. selbstbewusst in der Thür. Einen Moment hatte ich das Gefühl, [...] dass der, der da steht, nicht der ist, der er scheinen möchte, so als ob er eine Rolle spielte, u. der richtige K. M. darunter versteckt sei." Mays bleiben gut eine Woche in Freiburg und fühlen sich ersichtlich wohl. Besonderen Spaß macht es May, dass Fehsenfeld, wenn er zur Post fährt, um Geld abzuholen, seine kleine Tochter Dora auf das Rad vor sich setzt und immer auch gleich Fleisch für seine Frau einkauft (XX A25).

06.11. Sonntag. Freiburg.

06.13. Freiburg. May an Hofrat Emil Peschel, der in seiner Abwesenheit die "Villa Agnes" beaufsichtigt: *Meine Reise durch Süddeutschland brachte mich mit vielen meiner Leser zusammen, und es war wirklich rührend, wie ich überall empfangen wurde. Hier z. B. ist meine Ankunft in allen Blättern verkündet worden, und für heut Abend bin ich zu einer Versammlung meiner begeisterten Leser eingeladen worden, wo es hoch hergehen wird. Unser Empfang bei Fehsenfeld war förmlich großartig: am Bahnhofe mit Rosen, und der Eingang zu unserm Zimmer war mit einer Guirlande bekränzt.* [...] *Wir wollten die Schweiz nur über Basel, Luzern, Zürich und den Bodensee berühren, müssen aber mit Fehsenfelds mit nach Interlaken.* [...] *Wir sind noch bis Sonnabend früh hier; dann geht es über Luzern nach Interlaken, wo wir uns vielleicht eine Woche aufhalten werden.* [...] *Heut geht es noch mit der Höllenthalbahn nach dem Titisee hinauf, doch senden wir Ihnen schon von unten die herzlichsten & aufrichtigsten Grüße.* Paula Fehsenfeld 1942: "Einmal waren wir auch mit M. am Titisee. Wir nahmen ein Boot, um eine kleine Fahrt auf dem See zu machen. M., der sein Canoe über die Flüsse u. Stromschnellen Amerika's steuerte, sollte selbstverständlich uns rudern. Aber der Titisee ist heimtückisch. Es erhob sich ein Wind, schwarze Wolken ballten sich zusammen u. das kleine Boot tanzte auf den Wellen u. schaukelte bedenklich. Mir wurde Angst um meine Kinder, mein Mann u. ich konnten schwimmen. M. war nicht im Stande, das Boot zu regieren, er konnte überhaupt nicht rudern. Mein Mann ergriff die Ruder u. brachte uns sicher zum Ufer."

06.17. Vermutlich an diesem Tag Weiterreise in die Schweiz. Paula Fehsenfeld 1942: "Wir waren damals gerade im Begriff, mit unsern Kindern nach der Schweiz zu reisen, hatten schon lange vorher bestellt u. May u. Frau schlossen sich uns an. So lange wir noch in Freiburg waren, ging Alles friedlich zu, doch schon auf der Reise war M. launisch u. reizbar."

06.18. Sonntag.

06. Schweiz. Gemeinsam sind Mays und Familie Fehsenfeld nach Bönigen am Brienzersee, einem dörflichen Kurort östlich von Interlaken, gereist, wo sie im (1944 abgebrochenen) Hotel Belle-Rive (Pächter sind Friedrich und Daniel Vogel) wohnen ("Schweizer Fremdenblatt" 25.6.; gus 31; elbs 5; Gruppenaufnahme XX A44f.; Auskunft von Peter Michel, Bönigen, 2004). Paula Fehsenfeld 1942: "Wir hatten schöne Zimmer im ersten Stock mit Blick auf den See, für M. u. Frau, da sie unerwartet kamen, waren weniger gute Zimmer da. Auch dieses hatte M.'s Eitelkeit gekränkt u. ihn verstimmt. War er guter Laune, dann war er der Liebenswürdigste, der unterhaltendste, witzigste Gesellschafter, so sprachen er u. mein Mann oft nur in Versen miteinander". Erinnerung Fehsenfeld 1933: "Glänzender Gesellschafter, fabelhaft witzig u. amüsant, ganze Tage unterhielten wir uns in witzigen Knittelversen." Der nette Gastwirt gibt den dritten Mann beim allabendlichen Skatspiel ab. Angeblich spielt May einmal drei Tage und drei Nächte Skat, bis die andern vor Müdigkeit unter den Tisch sinken (XX A25). Paula Fehsenfeld: "Der Wirt war auch ein eifriger Skatbruder, wie M. u. mein Mann. Allabendlich sassen sie zusammen u. klopften ihren Skat oder L'Hombre in grösster Gemütlichkeit." Paula Fehsenfeld hat auch eine Schilderung überliefert, die das private Verhältnis zwischen Karl und Emma charakterisiert: "Frau Emma, eine so gute sparsame Hausfrau sie auch war, verstand nicht, ihren Mann zu nehmen, so wie er war, und seine Psyche war ihr vollständig verschlossen. Sie wusste nicht zu schweigen am richtigen Platz, sie war kleinlich sparsam, er grosszügig u. verschwenderisch. In Bönigen [...] kaufte M. viele schöne Ansichts-Postkarten. Darüber machte ihm Frau Emma eine Scene. Er stürmte im Zorn davon, rannte in der Gegend umher u. kam erst spät Nachts zurück. Ich glaube, dass Frau May viel unter den unsicheren Verhältnissen in den ersten Jahren ihrer Ehe gelitten hat, ehe M. als Schriftsteller Erfolg hatte, u. sich in die spätere gute pecuniäre Lage nicht finden konnte." Insgesamt ist diese Reise dem Hausfrieden der Mays nicht förderlich, sodass der Schriftsteller nach der Rückkehr in keiner guten Verfassung ist (mkmg 39, 11f.; plet 79).

06.25. Sonntag. Bönigen.

07. "Deutscher Hausschatz": "Mit den uns soeben zugehenden Lieferungen 61–64 von Karl May's gesammelten Reiseromanen erhalten wir den Anfang der dreibändigen Erzählung: 'Winnetou, der rote Gentleman'. Das ist keine gewöhnliche Indianererzählung, sondern die aus dem wirklichen Leben gegriffene Personifikation einer dem Untergang geweihten Menschenrasse. Dieselbe lebendige Anschaulichkeit, derselbe köstliche Humor bei allem Ernst der gefahrvollsten Abenteuer, wie wir sie in den früheren Werken des Verfassers kennen lernten, zeichnet auch diese Erzählung aus, deren Fortsetzung wir mit Ungeduld erwarten" (mkmg 18, 20).

07.02. Sonntag. Bönigen.

07.09. Sonntag. Mays verlassen das Berner Oberland. Zum Abschied hat der Wirt ihnen ein leckeres Bohnengericht vorgesetzt. Paula Fehsenfeld: "beim Abschied – er reiste vor uns ab – rief er vom Schiff aus dem Wirt zu: 'Ich dank' auch für die Bohnen, der Himmel wird's Euch lohnen.' [...] Als M.'s abgereist waren, fühlten wir uns erleichtert, denn das Verhältnis der Eheleute passte nicht in unsere friedliche Stimmung." Fehsenfelds bleiben noch bis zum 16.7. in Bönigen.

07.16. Sonntag.

07.23. Sonntag.

07.30. Sonntag.

07. "Deutscher Hausschatz": "H. U. 1) Der Reiseroman von Karl May, welcher im nächsten Jahrgang erscheinen wird, betitelt sich: Die Felseninsel" (mkmg 18, 20).

07.-10. Die im Wilden Westen spielende spätere *Einleitung* zu *Im Reiche des silbernen Löwen* ("To-kei-chun-Episode") entsteht; sie wird aber erst 1896/97 im "Deutschen Hausschatz" erscheinen (*Die Rose von Schiras*) und ist wohl ursprünglich als Schluss der *Winnetou*-Trilogie gedacht (XXIII A40; XXV N26-N28).

08. Ludwig Freytag veröffentlicht im "Central-Organ für die Interessen des Realschulwesens" eine Rezension des *Waldläufers*.

08. Im Fehsenfeld-Verlag erscheint *Winnetou II* als Bd. VIII der "Gesammelten Reiseromane" (plaul1 167).

08. In "Benziger's Marien-Kalender für das Jahr 1894" (Einsiedeln, Waldshut, Benziger & Co.) erscheint die Reiseerzählung *Christ ist erstanden!*, mit Illustrationen von Ludwig Traub (plaul1 169; ued 422f.).

08.06. Sonntag.

08.11. Der Pustet-Verlag erhält den Anfang der "To-kei-chun-Episode" (XXV N32f.).

08.13. Sonntag.

08.20. Sonntag.

08.25. Köln. Der Verlag Bachem zahlt für eine Zweitauflage der Dessauer-Geschichte *Die drei Feldmarschalls* 12 Mark (*Hausschatz-Erzählungen* 14).

08.27. Sonntag.

08.30. May an den Verlag Bachem: *Gestatten Sie mir die gehorsame Mittheilung, daß meine in Ihrer Novellensammlung erschienene Erzählung "Die Wüstenräuber" jetzt in meine gesammelten Werke aufgenommen wird und sich schon im Satze befindet.* Im *Dankbaren Leser* wird May 1902 behaupten, hierdurch den Vertrag gekündigt zu haben (kos 9, 99, 108).

09.03. Sonntag.

09.04. Einsiedeln. Der Verlag Benziger & Co. fragt an, ob May für den nächstjährigen Marienkalender wieder einen Beitrag aus seiner "gewandten Feder" liefern könne.

09.06. Die Expedition des "Montjoie'r Volksblattes" (J. G. Salzburg, heute Monschau), die eine "kleinere Erzählung" Mays bringen will, hat am 1.9. um eine "Auswahlsendung" gebeten. Notiz Mays: *abgesandt 6/9 93* (bisher nicht ermittelt).

09.07. May stellt Benziger & Co. einen Beitrag in Aussicht.

09.10. Sonntag.

09. May verfasst *Das Testament des Apachen*, das Schlusskapitel von *Winnetou III* (XXIII A40).

09.17. Sonntag. May an Fehsenfeld, der Manuskript angemahnt hat: *Ihr Zorn ist gerechtfertigt, doch bin ich nicht so sehr schuldig, wie Sie denken. Der Hauptgrund, daß ich nichts fertig brachte, ist meine gegen früher hochgradig gesteigerte Nervosität, auf welche meine Frau nicht die mindeste Rücksicht nimmt, und dann ein familiärer, über den ich nicht schreiben kann. Meine Frau ist seit der unglückseligen Reise eine ganz andere geworden. Sodann wußte ich nie so recht, woran ich mit Ihnen war. Meinen Brief über "Halefband" und "Sendador" beantworten Sie mir ja erst jetzt in deutlicher Weise! Winnetou III geht morgen wieder Manuscript ab und Mittwoch Schluß* [...]. *Halef empfingen Sie noch nicht, weil es anders werden mußte. Das vorhandene Material, welches nur von Halef han-*

delt, hätte 18 Bogen ergeben; das war nichts. Dafür geben wir nun den Weihnachtsband unter dem Titel: "Orangen und Datteln, Reisefrüchte aus dem Oriente" heraus. [...] *Ferner soll ich Ceylon, Südsee, China bringen. Du lieber Gott!* [...] *Ich bin in Folge häuslicher Zerwürfnisse jetzt immer so niedergeschlagen, daß ich wie oft nach der Wand über meinem Schreibtische sehe, wo der geladene Revolver hängt. Man bedarf doch der Ruhe, so oder so!*

09.22. May hat vom Verlag Velhagen & Klasing in Leipzig eine Abschrift seiner im Frühjahr 1882 in der "Belletristischen Correspondenz" erschienenen Erzählung *Der Krumir* erbeten, die in dem Sammelband *Orangen und Datteln* erscheinen soll. Da der Schreiber nur langsam voran kommt, schickt der Verlag die begonnene Abschrift (36 Seiten) und leihweise das einzige Verlagsexemplar des Abdrucks.

09.24. Sonntag. May an Fehsenfeld: *Hier haben Sie "Orangen und Palmen".* [...] *Ich beginne mit der "Gum" als meinen ersten Schritt nach Africa. Bachem, wo ich anfragte, hat mir diese Erzählung freigegeben, weil sie längst nicht mehr ihm gehört. Von den andern wird Sie besonders "Der Krumir" interessiren; Sie kennen ihn noch nicht, und er ist eine meiner besten Arbeiten, sonst hätten ihn Velhagen & Klasing nicht gedruckt.* May schickt die begonnene Abschrift des *Krumir* und das Verlagsexemplar der "Belletristischen Correspondenz" nach Freiburg. Fehsenfeld wird daraufhin auf Mays Kosten seinen Mitarbeiter und späteren Prokuristen Sebastian Krämer (kmw VIII.6, 146f.) mit der Abschrift beauftragen. *Uebrigens ist das Stück in der Prager "Politik"* [4.8.–12.10.1882, mkmg 66, 30f.] *erschienen, und ich habe hingeschrieben. Vielleicht bekomme ich es von dort. Winnetou, Bd III ist fertig.* [...] *Herzl. Dank für Ihren gütigen Vorschlag, "and come to us etc."! Wie gern, wie sehr gern möchte ich bei Ihnen sein, für einige Zeit; ich würde hier aber das Gegentheil erreichen! Ausreißen vor dieser Squaw darf Old Shatterhand nicht!*

09. Der "Deutsche Hausschatz" kündigt die Reiseerzählung *Die Felsenburg* an: "Ist es nötig zum Lobe Karl Mays noch etwas zu sagen? Was er schreibt, packt unfehlbar vom Anfang bis zum Ende" (mkmg 19, 17).

09. Im "Eichsfelder Marien-Kalender" für 1894 (Heiligenstadt, F. W. Cordier) erscheint das Reiseerlebnis *Maria oder Fatima*, mit Illustrationen von Ludwig Traub (plaul1 172).

1893.09.-1894.09. Im "Guten Kameraden" erscheint der siebte und umfangreichste Jugendroman *Der Oelprinz*, mit Illustrationen von Oskar Herrfurth (plaul1 172f.). Während die Verfasserangabe im ersten Heft noch schlicht "Karl May" lautet, heißt es ab dem zweiten Heft (vermutlich auf Mays Weisung hin) "Dr. Karl May" (*Der Ölprinz* 13, 19). Im 9. und 10. Jahrgang (1894/95 und 1895/96) werden keine May-Romane erscheinen; stattdessen bringt der "Gute Kamerad" im 9. Jahrgang die Romane "Der König der Miamis" von Edmund Walden (d. i. Franz Treller) und "Die Söhne Arimunds" von Franz Treller und im 10. Jahrgang Trellers "Der Letzte vom 'Admiral'".

1893.09.-1894.09. Im "Deutschen Hausschatz" erscheint die Reiseerzählung *Die Felsenburg* (plaul1 173f.).

10. Ludwig Freytag veröffentlicht im "Central-Organ für die Interessen des Realschulwesens" eine Rezension der ersten beiden *Winnetou*-Bände.

10.01. Sonntag.

10.03. Einsiedeln. Der Verlag Benziger & Co. mahnt Mays Beitrag für den nächsten Marienkalender an.

10. May schreibt für Benziger & Co. die Marienkalender-Geschichte *Der Kutb* (XXIII A40).

10.08. Sonntag.

10.11. In der "Neuen Würzburger Zeitung" ist zu lesen, dass als Bd. X von "Karl May's Reiseromanen" ein Werk *Halef* mit den "ferneren Schicksalen des liebenswürdigen 'Freundes und Dieners seines Effendi'" folgen werde (mkmg 108, 50).

10. Im Verlag der Union Deutsche Verlagsgesellschaft (Stuttgart, Berlin, Leipzig) erscheint die Buchausgabe des Jugendromans *Die Sklavenkarawane*, mit Illustrationen von Gustav Adolf Closs (1864–1938) (plaul1 174; ued 279-283).

10.15. Sonntag.

10. "Deutscher Hausschatz": "Von Karl May's Reiseromanen gehen uns soeben Lfg. 80–87 zu, die den Schluß des II. und Anfang des III. Bandes von 'Winnetou' bringen. Wir können bei dieser Gelegenheit wiederholt nur darauf hinweisen, daß auch diese Bände wie alle früheren des berühmten Verfassers das allergrößte Interesse des Lesers in Anspruch nehmen, und an farbigen Scenen, köstlichen Bildern und spannenden Abenteuern hinter keinem uns bekannten Buche dieser Richtung zurückstehen" (mkmg 19, 17).

1893. May klagt seit einiger Zeit über eine Augenentzündung, verursacht durch die Überanstrengung beim nächtelangen, von Zigarrenqualm begleiteten Schreiben.

10.18. Freiburg. Fehsenfelds Mitarbeiter Sebastian Krämer quittiert dem Verleger ein Honorar von 28,70 Mark für die Abschrift des *Krumir*. May wird die Quittung erhalten und mit dem Bemerken zurückschicken: *Haben Sie doch die Güte, Herrn Geheimkomiker Krämer für die Abschrift, an der doch seine liebe, junge Frau mitgearbeitet hat, wie er mir schrieb, anstatt 28,70 lieber 50 Mark auf mein Conto zu zahlen und 100 Mark* [...] *dazu als Hochzeitsgeschenk.* Als Emma später bei einem Besuch Fehsenfelds von dieser vor ihr verheimlichten Ausgabe erfährt, reagiert sie mit heftigen Vorwürfen (*Der Krumir* 11).

10.22. Sonntag.

10. May an Fehsenfeld: *Ich bin noch sehr augenleidend.* May erinnert an die 150 Mark für Krämer.

10. Im Fehsenfeld-Verlag erscheint *Winnetou III* als Bd. IX der "Gesammelten Reiseromane" (plaul1 170). In einem *Nachwort* (628-631) bekennt May sich als *gläubiger Christ*, begründet Widersprüche zwischen Zeitschriften- und Buchfassung mit früheren Eingriffen der Redakteure (*Es ist mir vorgekommen, daß der höchst pfiffige Besitzer einer Zeitung eine meiner chinesischen Erzählungen nach Nordamerika verlegte und den langen San-fu einfach in Old Shatterhand, den dicken Ti-pin aber in Winnetou verwandelte*) und kündigt weitere Winnetou-Geschichten an: *Denjenigen meiner Leser und Leserinnen, welche sich darüber beklagen, daß sie nun von Winnetou nichts mehr hören sollen, kann ich sagen, daß dies keineswegs der Fall sein wird. Zwar bilden die vorliegenden drei Bände ein in sich abgeschlossenes Werk, welches aber nur eine Auslese der Thaten und Erlebnisse des Apachen enthält. Der, welcher über ihn schrieb, um ihm ein Gedenken zu bewahren und für seine hinsterbende Nation Teilnahme zu erwecken, kann noch viel von ihm erzählen.*

10.28. Lyon. Der an der Afrikanischen Goldküste (Benoué) tätige Missionar L. Martin, der sich vorübergehend im Mutterhaus seines Ordens aufhält, fragt May, wo er "in leichtester und meine schwindsüchtige Kassa berücksichtigender Weise, alle Ihre Werke erhalten könne" (vgl. *Der dankbare Leser* 75).

10.29. Sonntag.

10.30. May an Fehsenfeld: *Also Winnetou III ist heraus, habe ihn aber noch nicht!* [...] *Bd. XI bearbeite ich trotz meiner noch nicht geheilten Augenentzündung. Bis zum 10ten sollte das Manuscript bei Ihnen sein. Darf ich sagen, bis zum 15ten? Es geht nicht anders, denn ich habe viel zu ändern und über 500 Seiten dazu zu schreiben. Sie wollen Titel und Inhalt wissen. Bin selbst noch nicht im Klaren. Titel muß gut werden, muß ziehen. Werde es Ihnen in den letzten Tagen dieser Woche mittheilen. Dann Band XII bis XIV, also drei Bände von den kleinen Sachen?* [...] *Jedenfalls erhalten Sie bis 15 Novbr Bd XI und noch vor*

Weihnachten Bd. XII. Uebrigens werde ich Sie noch mit etwas Gutem überraschen. Sie haben nämlich noch nicht Alles von mir gelesen. [...] *P. Monsignore* [Alois J.] *Klein, der Beichtvater unsers Königs war bei mir und hat sich außerordentlich beifällig über unsern Verlag ausgesprochen; er will sich zur Verbreitung alle Mühe geben* [...]. *Uebrigens ist Monsignore der Herausgeber der kathol. Kirchen- und auch der Schulzeitung und will uns in beiden Blättern empfehlend besprechen.* Emil Peschels Edition "Theodor Körner's Tagebuch und Kriegslieder aus dem Jahre 1813" ist bei Fehsenfeld erschienen, jedoch ohne eine mit May vereinbarte Anzeige der "Gesammelten Reiseromane", während in *Winnetou* für Peschel geworben wird. *Hat Herr Krämer die Mrk 50 für Abschrift und Mrk. 100 als Hochzeitsgeschenk erhalten? Meine Gattin braucht nichts davon zu wissen.* – Der Pustet-Verlag erhält die Fortsetzung der "To-kei-chun-Episode" und die ersten Seiten des anschließenden Orient-Teils (XXV N32f.).

11.02. May an den Missionar L. Martin: *Herzlich gern würde ich Ihnen meine Werke gratis senden; aber ich habe selbst keine Freiexemplare mehr, sondern 225 Bände an arme Leser verschenkt.*

11.04. May sendet das Manuskript der Erzählung *Der Kutb* an Benziger & Co. in Einsiedeln.

11.05. Sonntag.

11.07. Einsiedeln. Der Verlag Benziger & Co. bestätigt den Erhalt der Erzählung *Der Kutb*, schickt aber den ersten Teil zurück "mit der Bitte, die Eingang vorkommende Geschichte mit dem Ungeziefer zu streichen & dafür etwas anderes zu schreiben". May hat außerdem eine Humoreske versprochen.

11.12. Sonntag.

11.14. May an L. Martin: *Ja, ich bin auch Missionar, wenn auch mehr der That als des Wortes. Ich bereiste 24 Jahre lang Amerika, Asien und Afrika, nicht auf breiten Wegen sondern* *da, wo noch Niemand war, und bemühte mich hülfreich zu sein und den Eindruck zu hinterlassen: "das war ein guter Mensch, denn er war ein Christ." Nun schreibe ich meine Erlebnisse nieder, denn wenn es auch wahr ist was Sie sagen, daß "jeder Autor seine Feder putzt" so schildere ich doch wirkliche Ereignisse, und alle Personen, welche ich erwähne, haben mit mir gelebt. Ich bin mit Narben bedeckt wie ein Soldat der alten Garde Napoleon I. Innig freue ich mich über die Erfolge meiner Werke. Ich erhalte täglich ca. 40–50 Briefe von meinen Lesern, die alle Antwort haben wollen. Da giebt es zu schreiben, nicht? und meine Hand ist doch die Waffe mehr gewohnt als die Feder. Später werden Sie lesen daß ich auch ganz nahe Ihrer Station in Afrika gewesen bin. Wie oft bin ich auf meinen Reisen von den Herren Missionaren freundlich aufgenommen und durch Belehrung unterstützt worden. Gott der Herr segne Sie allezeit; er erhalte Ihnen Ihre Gesundheit und lasse den Samen, den Sie in Ihrem frommen, schweren Berufe säen, zu reichen Früchten aufgehen.*

11.17. Einsiedeln. Der Verlag Benziger & Co. überweist 300 Mark für die Erzählung *Der Kutb.*

11.19. Sonntag.

11.22. Emma Mays 37. Geburtstag.

11.26. Sonntag. May an Fehsenfeld: *Vorige Woche war Herr* [Theodor] *Freund, der Director der "Union", Stuttgart bei mir. Ich soll, um das "Buch für Alle" emporzubringen, an Stelle von Balduin Möllhausen* [1825–1905] *Reiseerzählungen schreiben.* Wegen seines Augenleidens ist May *kürzlich 2 mal in Leipzig gewesen.* Ein Vorwurf Fehsenfelds ist für May die *Hauptsache*: *Sie warfen mir Fehler vor, mir völlig unbegreiflich! Es kann mir doch kein Verleger und kein Leser zumuthen, in chronologischer Reihenfolge zu schreiben! Ich bin doch keine Chronometeruhr und schreibe nicht Kalendarien sondern Novellen. Es kann mir Niemand verbieten, heut Etwas zu beschreiben, was vor zwei Monaten passirte, und in fünf Jahren Etwas, was vor* *zehn Jahren geschah! Soll ich etwa Halef, Amad el Ghandur, Rih etc. gar nicht mehr bringen dürfen?* [...] *Sie werden übrigens zugeben, daß "Der Ehri", der "Kiang-lu", der "Brodnik" und der "Girl-robber" nicht getrennt werden können sondern zusammen gehören.* [...] *Darum erhalten Sie diese Erzählungen jetzt zusammen, in Band XI, unter dem Titel "Am stillen Ocean", weil die Schauplätze an den Küsten desselben liegen.* [...] *Der nächste Band würde der "Sendador" sein, und dann könnten wir einige Bände von Ihnen noch unbekannten Erzählungen füllen, obgleich die Bearbeitung dieser Reisesachen mir große Mühe machen würde.* [...] *Also ich habe genug geliefert und wohl auch gut, wenigstens nach den ca. 1200 Briefen, die ich schon über "Winnetou" erhalten habe. Mußten Sie einmal warten, so war es da, wo ich neu schreiben mußte, wozu ich nicht verpflichtet war.*

12. "Deutscher Hausschatz": "Mit den uns soeben zugehenden Lieferungen 88 bis 95 der im Verlage von Fr. Ernst Fehsenfeld in Freiburg (Baden) erscheinenden Karl Mays gesammelten Reise-Romane erhalten wir den Schluß von Winetou und die erste Hälfte des zehnten Bandes, der den Titel 'Orangen und Datteln' führt. Im letzteren führt uns der liebenswürdige Schriftsteller und Reisende wiederum in den Orient, nämlich in die Sahara, an den Nil und zu den wilden Kurdenstämmen und zwar in kleinen, ungemein spannenden Erzählungen. Besonders die dritte Erzählung: 'Der Krumir' ist von allerhöchstem Interesse, sie gehört zu dem besten, was uns Karl May bisher geboten hat und das will viel sagen" (mkmg 19, 17).

12. Im "Guten Kameraden" werden in einem Aufsatz "Vom Weihnachtsbüchertisch" *Der Sohn des Bärenjägers*, *Der blaurote Methusalem* und *Die Sklavenkarawane* empfohlen (*Der Ölprinz* 73).

12. Im Fehsenfeld-Verlag erscheint *Orangen und Datteln. Reisefrüchte aus dem Oriente*, eine Sammlung früher schon publizierter orientalischer Kurzgeschichten, als Bd. X der "Gesammelten Reiseromane" (plaul1 176; ued 183-187). Das Deckelbild stammt von Fritz Bergen (1857–1941), dessen Sohn Claus ab 1907 einer der wichtigsten May-Illustratoren sein wird.

12.03. Sonntag.

12. Im Osnabrücker Verlag von Bernhard Wehberg erscheint als Äquivalent für *Deadly dust* der Sammelband *Die Rose von Kaïrwan. Erzählung aus drei Erdtheilen*, mit den lose verknüpften Abteilungen *Ein Kaper* (*Robert Surcouf*), *Der Pfahlmann* (*Ein Dichter*) und der neuen Erzählung *Eine Befreiung* (im Manuskript: *Eine Steinigung*, mit Motiven aus *Die Rose von Sokna*). Das Buch ist schon bald vergriffen (Ermittlung Hainer Plaul; plaul1 178; ued 404-406; mkmg 54, 2; *Hausschatz-Erzählungen* 32f.; may&co 98, 24-26).

12. Fehsenfeld ist zu einem kurzen Besuch in Oberlößnitz.

12.10. Sonntag. May an Fehsenfeld: *Anbei sende ich Ihnen das Manuscript zu Bd. 12 u. 13* [*Am Rio de la Plata / In den Cordilleren*]. [...] *Vielleicht schreiben Sie mir, wann Bd. 14 bei Ihnen sein muß. Er wird "Aus allen Zonen" betitelt sein und, ebenso wie die 2 oder 3 nächsten Bände, diejenigen ausgewählten Reiseerzählungen enthalten, welche Sie noch nicht kennen und die Ihnen sehr gefallen werden.*

12.17. Sonntag.

12. Der Deidesheimer Weingutsbesitzer Kommerzienrat Emil Seyler (1845–1926), zu dem sich eine engere Freundschaft entwickeln wird, schickt "Herrn Dr. Carl May in Verehrung u. in treuer Anhänglichkeit" ein Porträtfoto, wahrscheinlich mit einer Weinsendung (kmw VIII.6, 202f.).

12.24. Sonntag. Heiligabend.

12.31. Sonntag. Silvester.

1894

1894. Erstmals bezeichnet "Kürschner's Litteratur-Kalender" Karl May durch ein Kreuz (ab 1897 bis 1904 durch ein "k.") als katholischen Schriftsteller (jbkmg 1976, 201; kmv 75, 88, 92).

01. Der "Deutsche Hausschatz" bringt die Anfrage eines H. M.: "Ist einem von den geehrten Lesern bekannt, von wem der Roman 'Deutsche Herzen, deutsche Helden' geschrieben ist? Von demselben Verfasser soll auch 'Waldröschen' und 'Der Fürst des Elends' stammen" (mkmg 19, 17; sokmg 1, 34). Dass May der pseudonyme Verfasser ist, scheint dem Pustet-Verlag noch unbekannt zu sein, obwohl der Münchmeyer-Verlag bereits 1892 in Werbeanzeigen "Carl May" als Autor dieser Kolportageromane genannt hat; der letzte Roman *Der Weg zum Glück* verriet um 1888 sogar im Band-Untertitel seinen Namen.

01. Ludwig Freytag veröffentlicht im "Central-Organ für die Interessen des Realschulwesens" eine Rezension von *Winnetou III* und *Orangen und Datteln*.

01.05. May an Babette Hohl (1868–1934; kmw VIII.6, 148f., 312f.), Hausdame bei Kommerzienrat Pohl in Gams bei Buchs (Schweiz), die um Unterstützung bei der Baufinanzierung einer katholischen Kapelle gebeten hat: *Ich war Ihnen gar nicht bös darüber, daß Sie sich wegen des Kapellenbaues an mich wendeten; ja, ich war sogar willens, Ihren Wunsch zu erfüllen. Als ich im vergangenen Sommer 4 Wochen in Interlaken war, wollte ich Sie aufsuchen, um mit Ihnen mich persönlich zu besprechen; da kam Ihr Brief nach, in welchem Sie verzichteten; ich unterließ also den Abstecher nach Buchs, obgleich ich Sie so gern gesehen hätte. Es wäre mir eine Freude gewesen, Ihnen dienen und Sie kennen lernen zu können. Bitte, haben Sie nicht eine Photographie von sich, die Sie mir schenken könnten? Da ich Sie nicht persönlich sehen konnte, möchte ich Sie so gern im Bilde sehen. Verzeihen Sie, daß ich nicht mehr schreibe! Ich* *habe über 1100 Weihnachts- und Neujahrsbriefe zu beantworten* (jbkmg 1997, 27). – May an Fehsenfeld: *Habe leider erst durch Ihre Karte erfahren, daß noch Manuscript* [zu *Am Stillen Ocean*] *fehlt. H. Krais konnte mir eine Karte senden. Ich habe hin und her überlegt. Boer van het Roer paßt nicht. Der Schauplatz liegt nicht am stillen Meere. Habe also eine vollständig neue Erzählung begonnen, was auch deshalb besser ist, weil sie den Lesern mehr gefallen wird als etwas Altes. Bin fast fertig damit; habe nur noch eine Nacht daran zu arbeiten.* Die neue Erzählung *An der Tigerbrücke* wird jedoch erst im März fertig werden. – Heinrich Keiter an May: "Seit Wochen haben wir nichts von Ihnen gehört." Er erwartet offenbar die Fortsetzung des *Silberlöwen*-Textes vom 30.10.1893.

01.07. Sonntag.

01.09. Einsiedeln. Der Verlag Benziger & Co. schickt Korrekturabzüge der Erzählung *Der Kutb*.

01.14. Sonntag.

01.21. Sonntag.

01.24. Der Verlag Benziger & Co. fragt an, ob May "nicht die Freundlichkeit hätte, uns eine Erzählung aus dem 'Kabylenkriege' [Aufstand algerischer Berber gegen die französischen Eroberer, 1871 blutig niedergeschlagen] zu schreiben".

01.28. Sonntag.

01.30. May verspricht dem Verlag Benziger & Co. eine Erzählung aus dem Kabylenkrieg für den nächsten Marienkalender.

01. Wilhelm Spemann bittet dringend um eine Erzählung im Umfang von ca. 680 Seiten (*Die Helden des Westens* A64).

01. "Deutscher Hausschatz": "E. B. Karl May ist Dr. phil." (mkmg 19, 17).

02. "Deutscher Hausschatz": "A. W. Die Reiseromane von Gerstäcker sind gewiß recht interessant, aber gewiß nicht interessanter als die von Karl May. Außerdem geht ihnen das religiöse Element ganz ab" (mkmg 19, 18).

02.01. Kalksburg bei Wien. Die begeisterte Leserin Anna Elisabeth Gräfin Jankovics von Daru-Vár (1859–1937) lässt einer ersten, von May beantworteten Karte einen Brief folgen, in dem sie sich für den "Genuß" bedankt, den ihr seine "prächtigen Bücher" bereiten: "Bei mir hat Winnetou verschiedene Gedanken u. Pläne angeregt die hoffentlich einmal seinen armen Stammesgenossen zu gute kommen sollen! [...] Zum Schluße eine Bemerkung – sollten Sie einmal zur Abwechslung eine europäische Wanderung antreten u. dabei nach NordTyrol gerathen, so lenken Sie doch Ihre Schritte an den viel schönen Achensee, an dessen Ufern wir ein bescheidenes Bauernhaus – den 'Kreuzhof' unser eigen nennen u. des Sommers bewohnen! Es dürfte Sie an Helldorf settlement erinnern, fehlt ja selbst das Kapellchen nicht; nur freilich das Ave Maria müßte erst einstudirt werden!" Im Juni 1897 wird May tatsächlich mit Emma an den Achensee reisen und dort mit einem gesungenen *Ave Maria* verabschiedet werden.

02. Dessau. Hotel Drei Kronen am Großen Markt (nicht mehr existent; mkmg 94, 18; hall 44). Mehrere Tage, angeblich um Studien zu einem Stück über den "alten Dessauer" zu machen, weilt May mit Emma in der Stadt. Kustos Paul Lattolf (1860–1939) führt die Mays in die fürstliche Gruft unter der Schlosskirche St. Marien an den Sarkophag des Fürsten Leopold I. (mkmg 94, 16; hall 43, 45f.; heer2 63-67; heer4 314).

02.02. Der Verlag Benziger & Co. dankt für Mays Zusage zu einem neuen Marienkalender-Beitrag und ergänzt: "Freilich hatten wir dabei die kürzlich in Aufruhr gewesenen Riffpiraten im Auge und in Anbetracht, dass diese mit den übrigen Kabylenstämmen verwandt sind, wird es Ihnen gewiss keine Schwierigkeiten bieten, Ihre Erzählung des actuellen Interesses wegen auf diesem Gebiete handeln zu lassen."

02.04. Sonntag. Dessau. Ein gereimter Kartengruß geht im Namen Emmas an Klara Plöhn: *Es grüßt Dich Deine Heimathsstadt, / Mein liebes, gutes Klärchen! / Wir sitzen hier ganz reisematt, / Als müdes Schwalbenpäärchen. / Bald werden wir die Flügel schwingen, / Die uns nach Hause zu Dir bringen. / Grüß uns inzwischen Deine Lieben, / Denn dies ist auch für sie geschrieben!* (hall 42; heer2 90f.; heer4 315; jbkmg 1990, 143f.)

02.11. Sonntag.

02.18. Sonntag.

02. Briefkastenantwort im "Guten Kameraden": "Die berühmten Westmänner Old Firehand, Old Shatterhand, dann der rote Gentleman Winnetou u.s.w. haben wirklich gelebt oder leben noch" (*Der Ölprinz* 138).

02.25. Sonntag. Karl Mays 52. Geburtstag.

02.26. Der Leipziger Kolportagebuchhändler Otto Maier bittet den Münchmeyer-Verlag, ihm "die Auflagenhöhe derjenigen Romane mitzuteilen, mit denen Sie einen ganz besonderen Er folg erzielt haben, ebenso, wo das Gegenteil der Fall war".

02.27. Der Münchmeyer-Verlag teilt Otto Maier mit, der Umsatz des *Waldröschens* belaufe sich auf 80.000 Exemplare bei über einer Million Sammelmaterial. – Emma May ist (vermutlich an Influenza) erkrankt. Besuche ihrer Freundinnen sieht May ungern. Albertine Jahn aus Serkowitz schreibt ihm: "Was haben Sie nur gegen mich, daß Sie so ostentativ Ihre Behausung verlassen, sobald ich mich in derselben befinde? [...] Das Befinden Ihrer Gattin war heut ein sehr Besorgnis erregendes, und nur der Gedanke, durch mein Fortgehen Ihre Heimkehr zu beschleunigen konnte mich veranlassen Ihre Gattin den lieblosen Händen des Mädchens zu überlassen."

02. May erkrankt selbst an einer schweren Influenza mit Rückenfellentzündung, die ihn aufs Krankenlager wirft. Wochenlang muss Emma ihn pflegen. Auch sein Augenleiden setzt ihm noch zu (mkmg 39, 12; plet 81; wohl 762). May an Carl Jung 2.11.: *die Influenza, welche mit Lungenentzündung verbunden war, brachte mich dem Tode nahe und knickte meine sonst so eiserne Gesundheit so zusammen, daß ich fast ein halbes Jahr gerungen habe, um wieder aufzukommen* (mkmg 71, 26).

03. "Deutscher Hausschatz": "An Mehrere. Ihre Anfrage, ob Dr. Karl May auch in der That jene Länder bereist habe, in denen er seine Romane spielen läßt, hat uns sehr lebhaft an das Schicksal Gerstäcker's erinnert. Die Reiseromane dieses Erzählers, welche meist Amerika zum Schauplatz hatten, erregten ein ungeheures Aufsehen, aber viele behaupteten, der Verfasser habe niemals auch nur die Küste der neuen Welt gesehen. Und doch hatte Gerstäcker jahrelang in Amerika gelebt! So geht es auch Karl May: Die Kenner von Land und Leuten behaupten, so naturgetreu wie er könne nur jemand schildern, der dort gewesen sei – aber die Zweifelsüchtigen, die bekanntlich niemals alle werden, bleiben bei ihrem 'aber, aber!' Lassen wir ihnen das Vergnügen, zu bekehren sind sie doch wohl nicht" (mkmg 19, 18).

03.04. Sonntag.

03.11. Sonntag.

03.12. Fehsenfeld schreibt einen Brief an Emma May, der in Mays Hände kommt. May an Fehsenfeld 21.3.: *Sie haben bei Ihrem letzten Hiersein meiner Frau hinter meinem Rücken gesagt, daß ich Ihnen Geld schuldig bin (das für den Geheimkomiker* [Sebastian Krämer]*). Ich gab Ihnen die 150 Mrk. heimlich. Das hat mir über Weihnacht hinaus Zank, Verdruß und schlechte Zeit gemacht.* [...] *Und jetzt, am 12ten März, richten Sie wieder einen Brief an sie, in welchem Sie ihr mein ganzes Soll und Haben mittheilen, so daß mir alle Hände gebunden sein würden und ich in pecuniärer Beziehung gradezu auf lange Zeit hinaus ihr Sklave wäre, wenn das Hausmädchen nicht so gnädig gewesen wäre, den Brief mir statt meiner Frau zu geben!*

03.18. Sonntag.

03.21. May an Fehsenfeld: *Sie scheinen unsere Krankheit nicht ernst zu nehmen. Soll ich Ihnen ein ärztliches Zeugniß einsenden, daß ich eine Zeitlang mit dem Tode gerungen habe und noch jetzt fiebere?* [...] *Ich kann den Schluß des XI*[ten] *Bandes nur mit Anstrengung zusammenbringen.* [...] *Ich habe Ihnen mitgetheilt, daß ich arme Verwandte unterstütze, was meine Frau nicht will. Ich bin also gezwungen, zuweilen eine Einnahme oder Ausgabe vor ihr geheim zu halten. Ein Mann hat ja überhaupt oft Ausgaben, für welche die Frau kein Verständniß hat. Wie oft z. B. kaufe ich mir theure Bücher, deren Preis ich meiner Frau auf das Viertel oder Fünftel angeben muß, damit sie nicht zankt!* [...] *Meine Frau hat nun einmal kein Verständniß für Schriftstellerleben und Schriftstellernoblesse.* May will, dass sein Verleger Honorare gelegentlich auch unbemerkt von Emma an ihn direkt bezahlt. (Erinnerung Paula Fehsenfeld 1942: "Frau Emma durfte nicht wissen, wieviel er von Freiburg bekam. So versteckte er einmal ein Couvert mit 5000 Mk in Scheinen im Ofen. [...]. Als May's zurückkamen, befahl Frau Emma dem Dienstmädchen im Ofen ein Feuer anzuzünden. Als das Feuer lustig brannte, bemerkte es M. mit Schrecken u. rief: 'Das Geld ist verbrannt.' Da brachte das Mädchen einen Briefumschlag mit den Worten: 'Das war im Ofen'.") Der Schluss von Band XI liegt mit *An der Tigerbrücke* endlich vor. *Was Band XIV "Aus allen Meeren"* [ursprünglich *Aus allen Zonen*] *betrifft, so ist der Inhalt zwar hochinteressant, aber er muß mühsam zusammengesucht und umgearbeitet werden. Da mir nun der Arzt für die nächste Zeit die größte Schonung auferlegt, so möchte ich Sie fragen, ob es Ihnen aus diesem Grunde recht sein würde, daß wir zunächst den "Mahdi" bringen. Inzwischen würde ich mich wahrscheinlich erholen. Jetzt vergehen mir die Gedanken so, daß ich pro Stunde 2 Seiten fertig bringe.*

03.25. Ostersonntag.

03. Nach relativ unproduktiven Monaten (nur wenige Seiten hat May seit November 1893 geschrieben) entsteht für den "Guten Kameraden" die Anfangspartie des achten und letzten Jugendromans *Der schwarze Mustang*. Obwohl May zugesagt hat, den Roman noch im Sommer zu vollenden, tritt wieder eine Schreibpause von mehreren Monaten ein; den *Schwarzen Mustang* wird er trotz zahlreicher Mahnungen aus Stuttgart erst im November 1895 fortsetzen (wohl 762; XXIII A41; *Die Helden des Westens* A53, A64).

03.31. Wien. Prälat Josef Heidenreich an May: "Unter Berufung auf das im Briefe vom 5. Jan. l. J. mir gütigst gemachte Versprechen für unsere hiesige 'Reichspost' ein Reiseerlebniß 'El Jehŭdi' zu schreiben erlaube ich mir die ganz ergebene Anfrage, ob ich bald das Heißersehnte erhalten werde".

04.01. Sonntag.

04. Im Fehsenfeld-Verlag erscheint *Am Stillen Ocean*, eine weitere Sammlung früher schon publizierter Kurzgeschichten, als Bd. XI der "Gesammelten Reiseromane" (plaul1 179; ued 188-192). Ein Exemplar wird May dem befreundeten Arzt und Spiritisten Dr. Carl Heinrich Schurtz (1834–1900; kmw VIII.6, 436f.) in Loschwitz widmen (kmhi 12, 42; kmhi 18, 22).

04. Als Bd. XII der "Gesammelten Reiseromane" erscheint *Am Rio de la Plata*, der erste Teil des "Hausschatz"-Romans *El Sendador* (plaul1 180f.; ued 192-196).

04.08. Sonntag.

04.15. Sonntag.

04.16. Heiligenstadt. Friedrich Wilhelm Cordier wiederholt eine Bitte um einen Beitrag für seinen "Eichsfelder Marien-Kalender": "Es wäre mir sehr lieb, wenn Sie mir eine kurze Erzählung, etwa 3 Druckseiten Umfang liefern würden. Thema: 'Maria, Meeresstern.' Kurze packende Skizze; Seegeschichte."

04.22. Sonntag.

04.29. Sonntag.

05. Erholungsreise mit Emma in den Harz. May, der kein festes Quartier hat, will auf Waldwanderungen die Folgen seiner Influenza auskurieren. – Während der Harzreise besuchen die Mays das romantische Bodetal in der Nähe von Blankenburg und vielleicht die Roßtrappe (gus 29f.).

05.06. Sonntag.

05.09. Blankenburg am Harz. May an Fehsenfeld: *Was die nächsten Bände betrifft, so werde ich vor dem Mahdi versuchen, Etwas zu sammeln; nur muß es umgearbeitet werden, wozu ich mich bei meinem jetzigen Gesundheitszustande eines Schreibers bedienen muß.*

05.13. Sonntag.

05.20. Sonntag.

05.27. Sonntag.

06. Ludwig Freytag veröffentlicht im "Central-Organ für die Interessen des Realschulwesens" eine Rezension von *Am Stillen Ocean*.

06.03. Sonntag.

06.10. Sonntag.

06.17. Sonntag.

06.24. Sonntag.

06. Im Fehsenfeld-Verlag erscheint *In den Cordilleren*, der zweite Teil des "Hausschatz"-Romans *El Sendador*, als Bd. XIII der "Gesammelten Reiseromane" (plaul1 183f.; ued 196-200).

06.-12. Unmittelbar für Fehsenfeld schreibt May die Reiseerzählung *Old Surehand I*, in der er Old Shatterhand zum ersten Mal von seiner Kindheit und Jugend erzählen lässt: dreimal sei er blind gewesen und dreimal operiert worden (XXIII A40).

07. "Deutscher Hausschatz" (Antwort auf die Frage von H. M. im Januar): "Der Verfasser von 'Waldröschen' und 'Der Fürst des Elends' ist: Kapitän Diaz de la Escosura. Es dürfte Ihnen also auch der Verfasser von 'Deutsche Herzen, deutsche Helden' bekannt sein, vorausgesetzt, daß dieser Roman denselben Verfasser hat" (mkmg 19, 18; sokmg 1, 34).

07. Ludwig Freytag veröffentlicht im "Central-Organ für die Interessen des Realschulwesens" eine Rezension von *Am Rio de la Plata*.

07.01. Sonntag.

07.08. Sonntag.

07.15. Sonntag.

07.17. May an Fehsenfeld: *Schrecklich, daß dieser May nicht antwortet! Nicht wahr? Ueber 2 Wochen ist es her, und Sie wollten umgehend Nachricht haben! Aber das ging nicht, denn ich mußte erst selbst erfahren, was und wann ich es leisten konnte. Die "Union" drückt mich nämlich außerordentlich mit "Der schwarze Mustang" und "El Mumija". Zugleich bittet Pustet mich inständigst um eine Arbeit von ca. 4000 Seiten. Ich will diese letztere liefern (natürlich hinter Spemanns Rücken) weil wir, Sie nämlich, dadurch dann drei neue Bände bekommen. Das hat den Titel "Im Reiche des silbernen Löwen" und spielt* [*in*] *Persien.* Die Erzählung *Der schwarze Mustang* soll am 1.10., *El Mumija* am 1.11.1894 und der *Silberne Löwe* am 1.1.1895 fertig sein. *Sie sehen, daß es leider so ist, wie Sie in Ihrem Briefe sagen: Andre Arbeiten hindern mich sehr. Ich glaubte, diese Termine hinausschieben zu können, es ging aber nicht, weil diese Arbeiten für Journale bestimmt sind und also fertig sein müssen. Ich schrieb an Pustet und die Union, habe erst jetzt Antwort erhalten und kann Ihnen also heut erst welche geben. Ich freue mich sehr über die coulanten Honorarvorschläge, die Sie mir machen und bin Ihnen außerordentlich dankbar dafür, muß aber doch einige Fragen aussprechen. Ich* *beabsichtige, nicht 2 sondern 3 Bde "Old Firehand"* [*Old Surehand*] *zu schreiben. Muß da Bd. II noch dieses Jahr fertig sein? Die Termine, die Sie mir angeben, sind zu kurz. Ich habe "Schwarze Mustang", "El Mumija", "Silb. Löwe" und "Firehand" neben einander zu schreiben, kann also Firehand Bd. I unmöglich bis 1. Sptbr. fertig machen.* Als Manuskripttermine für *Old Firehand* schlägt May den 1.8. (Bd. I, 8 Druckbogen), 20.8. (20 Bogen), 1.10 (Schluss), 15.10. (Bd. II, 8 Bogen), 10.11. (20 Bogen), 1.12. (Schluss) und Januar/Februar (Bd. III) vor. *Ich kann diese Arbeit nicht so schnell herunterfluschen, weil sie uns Ehre machen und wo möglich noch besser werden soll als "Winnetou".* [...] *Mein Befinden ist, Gott sei Dank, nun endlich wieder so, daß ich überzeugt bin, die oben angegebenen Termine einhalten zu können. Bitte, verhandeln Sie wegen "Firehand" mit keinem Zeichner. Ich habe einen ersten Ranges und werde Ihnen denselben vorschlagen. Sehen Sie sich einmal die beifolgende Karte an, welche ich bitte, mir zurückzusenden. Der Künstler ist Albert Richter* [Jagdmaler in Langebrück bei Dresden, 1845–1898], *der "deutsche Doré", unstreitig der beste Illustrateur Deutschlands.* Richter wird den Auftrag erhalten, das Deckelbild für *Old Surehand* zu gestalten (XIV N4f.).

07.22. Sonntag.

07.27. May an Fehsenfeld: *Anbei, damit Sie mit dem Setzen beginnen können, die ersten 60 Seiten, welche über 2 Bogen ergeben. Sonntag geht Bogen 3–5 und Dienstag Bogen 6–8 ab, wie ich es versprochen habe. Ich habe den Titel geändert, nicht Old Fire- sondern Old Surehand, weil Surehand als Westmann und Mensch noch bedeutend höher steht als Firehand, den wir später bringen können. Surehand ist unter den Weißen das, was Winnetou unter den Rothen war, die Verkörperung des Rassenideales. Haben Sie keine Sorge; diese drei Bände werden mehr wie Winnetou gefallen und uns Ehre machen.*

07.29. Sonntag.

07.31. May an Fehsenfeld: *Dieses verdammte Dresdener Vogelschießen hat mir Gäste gebracht, die vom Sonnabende bis zum Dienstag bei mir gesessen haben, so daß ich nicht arbeiten konnte.* Mit dem Illustrator Albert Richter ist May sich über das Deckelbild von *Old Surehand* einig geworden: *Ueber das Sujet haben wir uns besprochen: Ein Tomahawkkampf zu Pferde; nur zwei Personen; ein Indianerhäuptling hoch im Sattel, zum Schlage ausholend, und die prächtige Gestalt Old Surehands siegreich noch höher über ihm.*

08. Im Berliner Verlag von Hugo Liebau erscheint (vermutlich ohne Mays Wissen) der Sammelband *Der Karawanenwürger und andere Erzählungen. Erlebnisse und Abenteuer zu Wasser und zu Lande*, mit den "Frohe Stunden"-Texten (teils unter dem Pseudonym Emma Pollmer) *Der Karawanenwürger* [*Die Gum*], *Im wilden Westen* [*Ein Self-man*], *Ein Abenteuer in Südafrika* [*Der Africander*], *An Bord der Schwalbe* [*Ein Abenteuer auf Ceylon*], *Der Brand des Ölthals* [*Der Oelprinz*] und *Die Rache des Ehri.* Die Erzählungen *Der Karawanenwürger*, *Ein Abenteuer in Südafrika* und *Der Brand des Ölthals* erscheinen außerdem in einem Sammelband *Aus fernen Zonen. Erzählungen für die Jugend.* Beide Bände werden ab Jahresende von August Weichert (1854–1904) weiterverlegt (plaul1 185f., 191f., 194; mkmg 45, 26-32; *Hausschatz-Erzählungen* 5f.; beob 2, 4f.).

08.05. Sonntag.

08.09. May an den Zoologen und Hygieniker Prof. Dr. Gustav Jäger (1832–1917; kmhi 18, 36) in Stuttgart: *Ich habe jene Länder wirklich besucht und spreche die Sprachen der betreffenden Völker. Auch ohne dies zu wissen, muß und wird jeder Fachmann aus meinen Werken ersehen, daß ich solche Studien unmöglich in der Studierstube gemacht haben kann. Die Gestalten, welche ich bringe (Halef Omar, Winnetou, Old Firehand etc.) haben gelebt oder leben noch und waren meine Freunde. Hunderte von Lesern, vom Herzoge bis zum Arbeiter herab, besuchen mich persönlich, um meine Waffen (Bärentödter*

Henry Stutzen) und Sammlungen zu sehen und gehen stets befriedigt fort. Auf deutschen Universitäten sind "May-Clubbs" gegründet worden, die mir Fackelzüge bringen, wenn ich einmal anwesend bin. [...] *Kurz, ich bin wirklich Old Shatterhand und Kara Ben Nemsi und lege ihnen einige Zeitungsstimmen bei. Würden diese Blätter wohl so über mich schreiben, wenn ich nur "Romancier" wäre?* (kmhi 18, 37)

08.12. Sonntag.

08.13. Dritte Honorarzahlung (24 Mark) des Bachem-Verlags für eine dritte Auflage der *Wüstenräuber* (1885) (*Hausschatz-Erzählungen* 14).

08.16. May schickt Fehsenfeld Albert Richters Zeichnung für *Old Surehand.*

08.17. Schloss Kettenburg. Clemens (Maria Adolf Johann Franz Hubert) Freiherr von der Kettenburg (1876–1941; kmw VIII.6, 212f.), der jüngere Bruder von Philipp von der Kettenburg, erinnert May an einen versprochenen Zigarrentausch.

08.18. In der Leipziger "Illustrirten Zeitung" (Johann Jacob Weber) erscheint zu einem Holzstich von Albert Richter der Sachtext *Die Todeskaravane* [*auf dem Wege nach Kerbela*] (may &co 91, 8-13). – Einsiedeln. Der Verlag Benziger & Co. fragt an, "bis wann wir die Erzählung aus dem 'Kabylenkriege', welche Sie uns durch Ihr Geehrtes vom 30. Januar dieses Jahres für den 1896 Marienkalender zugesagt haben, erhalten können".

08.19. Sonntag.

08.26. Sonntag.

08. In "Benziger's Marien-Kalender für das Jahr 1895" (Einsiedeln, Waldshut, Benziger & Co.) erscheint die Reiseerzählung *Der Kutb*, mit Illustrationen von Ludwig Traub (plaul1 187).

08. Im "Regensburger Marien-Kalender" für 1895 (Pustet) erscheint *Blutrache. Reiseerlebnis auf der Karawanenstraße nach Mekka*, mit Illustrationen von Eduard Wolf (plaul1 187).

09. Der "Deutsche Hausschatz" kündigt "Krüger-Bey, der Herr der Heerscharen" als Mays neuen "Reise-Roman" an (mkmg 19, 18).

1894.09.-1895.05. Im "Deutschen Hausschatz" erscheint der Reiseroman *Krüger-Bei*, die Fortsetzung der *Felsenburg*, jedoch ohne das autobiographische Kapitel *In der Heimath* (444 Manuskriptseiten), das der Redakteur Heinrich Keiter eigenmächtig gestrichen hat (woll 76; plaul1 189f.).

09.02. Sonntag.

09.08. May an Fehsenfeld: *Ich habe der Kürze wegen das Manuscript direct an H. Krais gesandt. Haben Sie die Correctur erhalten? Gefällt es Ihnen? Es wird hoch-, hochinteressant.* [...] *Sie erhalten den Schluß von Bd. I noch vor dem 1. October, also eher, als ich es versprochen habe. Bd II sicher bis 1. Dezember. Bd. III wird bis Ende Februar fertig. Dann nehmen wir die Sklavenkaravane vor.*

09.09. Sonntag.

09.16. Sonntag.

09.23. Sonntag.

09.30. Sonntag.

Herbst. Das Ehepaar Fehsenfeld besucht die Mays in Oberlöß-nitz. Paula Fehsenfeld erinnert sich noch 1942: "wir wurde sehr gut u. gastlich aufgenommen. Sie überliessen uns ihr eige nes Schlafzimmer, was uns peinlich war. Es trat Regenwette ein, das Haus war kalt u. feucht, u. die wechselnde Stimmun des Hausherrn trug nicht zum Wohlbehagen bei. Frau Emm erzählte mir Manches aus ihrem Eheleben, unter anderm, das M. einmal [vermutlich Herbst 1893] davon gesprochen habe ein Kind, ein Bübchen an Kindesstatt anzunehmen, da sie kinderlos seien. Mit weiblicher Schlauheit, u. indem sie so tat, als ob sie mit seinem Vorschlag einverstanden sei, und dann mit vielen Kreuz- u. Querfragen quetschte sie schliesslich aus ihm das Geständnis heraus, dass das fragliche Kind sein Kind sei, u. die Mutter ein früheres Dienstmädchen. 'So, diese dreckige Person, deren Kind will ich nicht' sagte Frau Emma."

10. "Deutscher Hausschatz": "R. A. Obgleich wir Anfragen dieser Art schon oft im Allg. Briefkasten beantwortet haben, geben wir Ihnen doch gern Auskunft. Herr Dr. Karl May steht im 51. Lebensjahr und ist, was seine zahlreichen Verehrerinnen immer mit einer gewissen Wehmut erfüllt, verheiratet. Vor einigen Wochen ist er erst von einer längeren Reise heimgekehrt, auf welcher seine Gattin ihn begleitete. Diesmal führte ihn sein Wandertrieb in den Orient, nach Kahira und Bagdad, wo er reichen Stoff für neue Romane sammelte" (mkmg 19, 189.

1894. Zur Reklame für "Karl May's gesammelte Reiseerzählungen" verbreitet Fehsenfeld ein Flugblatt "Empfehlende Worte Deutscher Bischöfe" (von Breslau, Eichstätt, Freiburg, Culm, Limburg, Mainz, Münster, Osnabrück und Passau) (kos 69-71).

10.07. Sonntag.

10.14. Sonntag.

10. Im Verlag der Union Deutsche Verlagsgesellschaft (Stuttgart, Berlin, Leipzig) erscheint die Buchausgabe des Jugendromans *Der Schatz im Silbersee*, mit Illustrationen von Ewald Thiel (plaul1 190; ued 283-287).

10.21. Sonntag.

10.28. Sonntag.

1894. *Schundverlag 05*, 360: *Frau Münchmeyer kam* [...], *meine Frau zu besuchen. Sie klagte über schlechten Geschäftsgang und fragte mich, ob ich mich vielleicht bestimmen lassen würde, einen Roman für sie zu schreiben. Das war für mich die* *beste Gelegenheit, mir über sie klar zu werden. Ich sagte also, dass so etwas nicht ausgeschlossen sei, doch müsse ich mir in diesem Falle ganz genau dieselben Punkte bedingen, die ich damals mit ihrem Mann vereinbart habe. Ich zählte sie ihr auf; sie nahm sie ohne alle Einwendung hin und bat um meinen sofortigen Entschluss. Da musste ich ihr freilich sagen, dass "gleich jetzt" keine Zeit dazu vorhanden sei; ich werde es mir aber überlegen.* – *Frau Pollmer* 863-865: *Da kam eines schönen Tages Walther, der ganz besondere Vertrauensmann der Frau Münchmeyer, zu mir und theilte mir mit, daß seine Prinzipalin einen neuen Roman von mir wünsche. Ich antwortete ihm, wer Etwas von mir wolle, sei es mir schuldig, selbst zu kommen; mit ihm habe ich nichts zu thun. Er ging, über diese Hintansetzung seiner Persönlichkeit wüthend, fort. Aber schon nach kurzer Zeit meldete sich Frau Münchmeyer brieflich bei mir an. Ich antwortete ihr, daß sie kommen könne* [...]. *Sie kam. Man sah sofort, vor mir hatte sie Angst und Sorge. Es war ein schwerer Schritt für sie. Daß sie ihn that, gab mir den sichersten Beweis, daß es bei Münchmeyers nicht so gut stand, wie man gegen Andere glauben machen wollte. Von meiner Frau wurde sie umso freundlicher empfangen. Die strahlte wie eine Geliebte und gab sich alle mögliche Mühe, ihr den schweren Schritt so leicht wie möglich zu machen. Ich blieb ernst. Ich sagte, es könne doch nicht sehr gut mit ihrer Verlagshandlung stehen, daß sie nach all den Dingen, die geschehen seien, jetzt zu mir komme, um wieder einen Roman von mir bringen zu können. Sie gab kleinlaut bei und klagte über die Spekulationen und Unzuverlässigkeiten ihres Mannes* [...]. *Man müsse unbedingt wieder einen Roman von Karl May haben.* [...] [Emma] *war überglücklich, ihre alte, liebe Freundin wieder bei sich zu haben, und lud sie ein, so bald wie möglich wieder zu kommen; ich aber blieb kalt. Die Münchmeyer kam auch wirklich baldigst wieder, sogar mehrere Male. Einmal war sie magenkrank und konnte zu Mittag nur trockene Semmel genießen. Es wurde spazieren gegangen, nach dem Lößnitzgrund und auch anderswo.*

10. Bei einem Mittagessen im Hause der Verlegerwitwe Pauline Münchmeyer, zu dem May mit Emma eingeladen ist, erinnert er an die längst fällige Abrechnung der fünf Lieferungsromane und verlangt seine Manuskripte zurück, um sie für seine Sammlung der Reiseromane zu verwerten. Statt der angeblich nicht mehr vorhandenen Handschriften erhält May wenig später nur einen Satz vom Buchbinder Arthur Meißner (1848–1904) ledergebundener Belegexemplare der Heftausgabe. Die von Pauline Münchmeyer gewünschte Lieferung eines neuen Romans, für den sie 20.000 Mark pränumerando geben will, kommt nicht zustande (hoff1 2629). *Leben und Streben* 240f.: *Frau Pauline Münchmeyer schickte mir einen Boten, der den Auftrag hatte, mich auszuforschen, ob ich vielleicht geneigt sein werde, ihr einen neuen Roman zu schreiben.* [...] *Ich ließ ihn unverrichteter Sache wieder gehen, ohne über die Ursache seiner Entsendung besonders nachzudenken. Ich wußte* [...] *nicht,* [...] *daß es mit Münchmeyers nicht so glänzend stand, wie ich dachte. Man hatte einen Familienrat gehalten und war zu dem Entschluß gelangt, durch einen neuen Roman von Karl May die Lage zu verbessern. Ich hatte weder Zeit noch Lust, ihn zu schreiben, beschloß aber für den Fall, daß man den Versuch erneuern werde, trotzdem in Verhandlungen einzutreten, um über die Erfolge meiner bisherigen Romane etwas Bestimmtes zu erfahren. Und die Wiederholung des Versuches kam. Frau Münchmeyer stellte sich selbst und persönlich bei uns ein. Sie besuchte uns wiederholt. Sie bot sogar Vorausbezahlung des Honorars. Sie schickte auch das Faktotum Walter und ließ Briefe durch ihn schreiben. Ich gab den Bescheid, daß ich nicht eher etwas Neues liefern könne, als bis über das Alte volle Klarheit geschafft worden sei. Ich müsse unbedingt erst wissen, wie es mit der Abonnentenzahl meiner fünf Romane stehe; die Zwanzigtausend müsse doch schon längst erreicht worden sein. Frau Münchmeyer versprach Bescheid. Sie lud mich und meine Frau zum Essen zu sich ein. Sie gestand ein, daß die Zwanzigtausend erreicht seien, und zwar bei allen Romanen, nicht nur bei einem; nur müsse es erst noch genau berechnet werden, und das* *sei in der Kolportage so ungemein schwierig und zeitraubend. Ich möge mich also in Geduld fassen. Was meine Rechte betreffe, so fallen diese mir hiermit wieder zu, ich könne die Romane nun ganz für mich verwenden. Da forderte ich sie auf, mir meine Manuskripte zu schicken, nach denen ich setzen und drucken lassen werde. Sie sagte, die seien verbrannt; sie werde mir an ihrer Stelle die gedruckten Romane senden und sie vorher extra für mich in Leder binden lassen. Das geschah. Nach kurzer Zeit kamen die Bücher durch die Post; ich war wieder Herr meiner Werke – – – so glaubte ich! Freilich war es mir unmöglich, sie sofort herauszugeben, weil die Pustetschen vorher zu erscheinen hatten. Ich legte die Bücher also für einstweilen zurück, ohne mich mit der Prüfung ihres Inhaltes befassen zu können. Ich hatte meinen Zweck erreicht, und von der Abfassung eines neuen Romanes war keine Rede mehr. Frau Münchmeyer ließ nichts mehr von sich hören. Ich schrieb das auf Rechnung des Umstandes, daß nun doch die "feinen Gratifikationen" fällig waren, deren Zahlung man mit Schweigen zu umgehen suchte. Ich aber drängte nicht; ich hatte mehr zu tun und brauchte das Geld nicht zur Not. – Schundverlag 05*, 361-365: Das Mittagessen *fand auf dem Jagdweg statt, in ihrer Wohnung. Ein gutes Essen pflegt gutwillig zu stimmen. Man hoffte, bei dieser Gelegenheit die von mir gewünschte Arbeit nicht nur fest zugesagt, sondern dann auch recht bald in Manuskript zu erhalten. Das wusste ich gar wohl. Natürlich konnte es mir nicht einfallen, selbst gegen die sofortige Zahlung von 20 000 Mark nicht, den steckengebliebenen Karren wieder einmal herauszuholen, damit die alte Leier von neuem beginnen könne. Ich folgte der Einladung aber trotzdem mit meiner Frau, weil ich hoffte, hierbei doch endlich einmal die so lange vergeblich gesuchte Auskunft zu erhalten, wieviel von meinen Arbeiten gedruckt worden sei. Frau Münchmeyer hatte sich angestrengt, uns etwas wirklich gutes vorzusetzen. Das bedienende Mädchen servierte in weissen Handschuhen. Ich weiss noch heut, was es zu essen gab, und ich weiss auch ganz genau, an welchem Platze ich sass. Dieses Mittagsessen und diese Unterre-*

dung war für mich von grösster Wichtigkeit; darum richtete ich meine Aufmerksamkeit sogar auf Kleinigkeiten, die ich sonst wohl nicht zu achten pflege. [...] *Ich lenkte von dem Thema der Frau Münchmeyer auf das meinige herüber, nämlich von dem Roman, den sie von mir wünschte, auf die Romane, die ich schon früher geschrieben hatte. Ich zählte die Bedingungen wieder auf, unter denen ich sie ihrem Manne überlassen hatte. Sie widersprach auch jetzt mit keinem Wort, war also einverstanden. Ich ging also weiter, und sagte ihr, dass die Zeit nun wohl gekommen sei oder wenigstens bald kommen werde, diese Arbeiten in meine Fehsenfeldschen Bücher aufzunehmen. Da müsse ich aber um die Zurückgabe meiner Originalmanuskripte bitten. Da versicherte sie, dass sie das nicht könne, weil sie nicht mehr vorhanden seien, wahrscheinlich verbrannt, weil es mit der Zeit an Platz für sie gemangelt habe. Ob sie mir denn nicht an Stelle dieser Manuskripte den gedruckten Text für diese meine Zwecke liefern könne. Das bejahte ich. Da versprach sie mir, diese Texte extra für mich einbinden zu lassen, recht schön und gut; sie werde sie mir sofort schicken, sobald sie fertig seien. Nach dieser offenbaren und rückhaltslosen Bestätigung aller meiner Rechte fragte ich sie auch nach der erreichten Abonnentenzahl. Sie geriet hierdurch ganz sichtlich in Verlegenheit.* [...] *Sie sagte es zwar nicht offen heraus, aber sie konnte doch nicht umhin, es anzudeuten, dass diese Ziffer vielleicht erreicht worden sei, doch ohne dass man es schon jetzt bereits wissen könne.* [...] *Nach ungefähr zwei Wochen trafen die acht Bände ein.* [...] [Frau Münchmeyer] *kam auch nach jenem Mittagessen noch einige Male in die Lössnitz zu uns heraus. Sie ass da einmal nur ganz trockene Semmel und klagte mehr als vorher über schlechte Zeiten.* [...] *Leider konnte ich aber auch während dieser ihrer letzten Besuche nichts gewisses über die stipulierte Abonnentenzahl erfahren. – Frau Pollmer* 866: *Während des Mittagsessens waren wir zunächst allein mit ihr; dann stellte sich* [Paul Richard Alwin] *Eichler* [Münchmeyers Vertreter in Amerika, 1859–1912] *ein, der mir hierzu ganz besonders bestellt zu sein schien, um meine Worte und Ausdrücke zu fangen. Nach einiger Zeit, vielleicht zwei Wochen, erschienen die Manuscripte in gebundenen Büchern; die "genauen Abrechnungen" aber blieben aus. Die konnte und durfte sie mir ja nicht geben, weil da gleich der ganze Betrug mit seinen großen, erstaunlichen Unterschlagungen an den Tag gekommen wäre! Lieber verzichtete sie auf den so warm ersehnten Roman und auch auf den so schön wieder neubegonnenen Verkehr, der nun infolge der mir gemachten Geständnisse sehr leicht für sie gefährlich werden konnte.* Pauline Münchmeyer wird in den späteren Prozessen leugnen, dass dieses Mittagessen überhaupt stattgefunden hat. Rudolf Bernstein (May) an das Amtsgericht Dresden 7.10.1904: *Wie dieses höchst wichtige Mittagessen, so hat Frau Münchmeyer auch die Besprechung und Anfertigung der 8 Buchmanuscripte in Abrede gestellt. Es ist aber durch den Verfertiger dieser Bände, den Zeugen Meissner* [...], *eidlich erhärtet worden, dass sie selbst ihm den Befehl hierzu gab und den Auftrag dann durch ihr Faktotum Walter wiederholen liess.*

11.-12. Parallel zum Abschluss der Niederschrift von *Old Surehand I* entstehen die wenigen neu verfassten Teile von *Old Surehand II* (XXIII A40).

11. Ludwig Freytag veröffentlicht im "Central-Organ für die Interessen des Realschulwesens" eine Rezension von *In den Cordilleren.*

11. Vergeblich wartet Wilhelm Spemann auf den Schluss des *Schwarzen Mustangs* (*Die Helden des Westens* A64).

11.02. Die "Shatterhand-Legende" nimmt groteske Formen an. An Carl Jung (1878–1965) aus Lorch am Rhein, Sohn des Winzers und Weinhändlers Carl Jung und Schüler des Konvikts zu Montabaur, schreibt May, einen langen Fragenkatalog beantwortend, den die *gute Frau Mama* Maria Jung persönlich in Oberlößnitz übergeben hat: *1. Der Bärentöter ist ein doppelt Vorderlader mit 2 lötigen Kugeln, Treffsicherheit 1800 m. Gewicht 20 alte Pfund; es gehört also ein sehr kräftiger Mann da-*

zu. Verfertigt von der berühmten Firma M. Flirr, San Francisko. Er ist das einzige Gewehr nach dieser Art. 2. Der Henrystutzen ist gezogen; der Lauf wird nicht warm, was eben sein größter Vorzug ist. Treffsicherheit 1500 m. Die Patronen sind in einer exzentrisch sich drehenden Kugel enthalten. 3. Winnetou, der Häuptling der Apachen, war 32 Jahre alt, als er starb. Sein Name wird ausgesprochen Winneto-u, das o-u sehr schnell hintereinander als Diphtong. 4. Ich spreche und schreibe: Französisch, englisch, italienisch, spanisch, griechisch, lateinisch, hebräisch, rumänisch, arabisch 6 Dialekte, persisch, kurdisch 2 Dialekte, chinesisch 2 Dialekte, malayisch, Namaqua, einige Sunda-Idiome, Suaheli, Hindostanisch, türkisch und die Indianersprachen der Sioux, Apachen, Komantschen, Snakes, Uthas, Kiowas nebst dem Ketschumany 3 südamerikanische Dialekte. Lappländisch will ich nicht mitzählen. Wieviel Arbeitsnächte wird mich das wohl gekostet haben? Ich arbeite auch jetzt noch wöchentlich 3 Nächte hindurch. Montag nachmittag von 6 Uhr bis Dienstag mittag 12 Uhr und ebenso von Mittwoch bis Donnerstag und von Freitag bis Samstag. Wem der Herrgott 1 Pfund Verstand verliehen hat, der soll damit wuchern, denn er hat dermaleinst Rechenschaft abzulegen. 5. Mein bestes Pferd war Hatatitla, den Winnetou mir schenkte, nämlich in Amerika. Rih war wertvoller. 6. Halef ist jetzt Oberscheik aller Schammarstämme, zu denen auch die Haddedihn gehören. Lindsay hat soeben eine großartige Expedition durch Australien vollendet und bedeutende Goldfelder entdeckt. Haben Sie in den Zeitungen nicht davon gelesen? Hobble lebt noch, Hawkens, Firehand, Hawerfield sind tot. 7. Buffalo Bill kenne ich persönlich; er war Spion und guter Führer, weiter nichts. Zu den Westmännern à la Firehand wurde er nicht gerechnet. Sein eigentlicher Name ist Cody. Konkret heißt es weiter in dem Brief: *Es sollen zu Weihnachten noch drei Bände "Old Surehand" erscheinen und vor mir liegen 600 Briefe, welche zu beantworten sind. Meine lieben Leser scheinen anzunehmen, daß bei mir das Jahr 24 Monate und der Tag 48 Stunden habe. Um Ihnen eine kleine Freude zu bereiten, schicke ich Ihnen den Federhal-*

ter, mit welchem ich den ersten Band meines neuen Werkes "Old Surehand" geschrieben und gestern vollendet habe (mkmg 71, 25f.; mkmg 75, 15f.; böhm 218f.; seul4 232f.; may&co 73, 46f.). Jung im "Wiesbadener Tagblatt" 31.3./1.4.1962: "Der [...] Federhalter bestand aus einem einfachen, die Fabrikmarke der Gebr. [Max und Reinhard] Mannesmann tragenden Rohr aus Aluminium. Aber auch der geistliche Direktor unseres Konvikts erhielt bei dieser Gelegenheit eine Spende: einige in einem Glasröhrchen sorgfältig verschlossene tiefschwarze Haare aus Winnetous Haarschopf" (mkmg 75, 16). Eine Anzahl der von ihm gern benutzten nahtlos gewalzten Rohrfederhalter, hergestellt im Mannesmannröhren-Werk in Komotau, hat May von Reinhard Mannesmann (1856–1922) persönlich geschenkt bekommen.

11.04. Sonntag.

11.11. Sonntag.

11.18. Sonntag.

11.22. Emma Mays 38. Geburtstag.

11.25. Sonntag. Im "Katholischen Kirchenblatt für Sachsen" erscheint eine Besprechung von *Old Surehand I*: "Wie wir vernehmen, ist dem bekannten Verfasser Carl May in Folge einer schweren Influenza-Erkrankung von seinen Aerzten gerathen worden, wieder nach dem Süden zu gehen; er gedenkt deshalb im Januar sich zuerst nach Aegypten und dann nach dem Tigris zu seinem Freunde Hadschi Halef Omar zu begeben. Hoffen wir, daß ihm dort die alte Gesundheit und Frische wiederkehren möge" (hoff2 25).

11. Pauline Münchmeyer bittet durch August Walther May erneut, einen Roman in 100 Lieferungen für den Kolportageverlag zu schreiben. *Schundverlag 05*, 365f.: *Dieser suchte mich* [...] *eines Tages an ihrer Stelle und in ihrem Auftrage auf, um mit mir über den gewünschten, neuen Roman zu verhandeln.* [...] *Da ich gern näheres über meine Werke erfahren wollte,* *war ich mit ihm so höflich, wie ich es fertig brachte, zeigte mich abermals nicht abgeneigt und zählte ihm die alten, mit Münchmeyer vereinbarten Bedingungen auf.*

11.27. Walther bietet May brieflich im Auftrag der Prinzipalin "pro Heft zu 24 Seiten Oktav wie 'Waldröschen' 50 Mark festes Honorar und nach 20 000 Auflage von 20 001 an 2 % Tantième" an (hoff1 2629f.; plaul3 434; kmhi 14, 24). *Schundverlag 05*, 366: *Er spricht da von keiner "feinen Gratifikation", sondern von einer zweiprozentigen Tantième von 20 000 an.* [...] *Nun gab es in meinem Verhältnisse zur Firma Münchmeyer wieder einen jener toten Punkte, in denen die Kraft zwar vorhanden ist, doch ohne in Wirkung zu kommen. Die Ursache lag teils in dem Widerstreben meiner Frau, teils in der Ueberhäufung mit Arbeit und endlich auch in der Ueberzeugung, dass mir das, was ich zu fordern hatte, auf alle Fälle sicher sei.*

11.28. Im Beiblatt "Mnemosyne" zur "Neuen Würzburger Zeitung" ist zu lesen, dass May sich im Januar "nach Aegypten und dann nach dem Tigris zu seinem Freunde Hadschi Halef Omar" begeben will.

12.02. Sonntag. May an Fehsenfeld, dessen Frau ein Geschenk an Emma geschickt hat: *herzlichen Dank für Ihr hübsches Geschenk an meine Frau! Ich habe es ihr erst am 22/11 gegeben, der ihr Geburtstag war, und sie freute sich riesig darüber. Sie wird selbst an Ihre werthe Frau Gemahlin schreiben, was sie in diesen Tagen nicht thun konnte, weil Besuch, große Wäsche etc. ihre Zeit ganz in Anspruch nahm. Sie wissen ja, wie die weiblichen Femininums sind!* May sendet den Schluss des ersten *Surehand*-Bandes. *Was Band II betrifft, so geht schon Dienstag Manuscript für volle acht Bogen nach Stuttgart ab.*

12.06. May teilt Fehsenfeld mit, dass *Old Surehand I* auf 40 statt auf gewünschte 33 Bogen berechnet sei; das Werk soll *wo möglich noch besser sein als "Winnetou": Der erste Band mit vollen 40 Bogen wird jeden Leser hoch befriedigen. Wird er aber bei Bogen 33 abgebrochen, so taugt er gar nichts; er ist* *ein Champagner ohne Moussaux, ein Calummet ohne Pfeifenkopf, und das ganze Werk wird verdorben.* Seit November hat May *20 Bogen geschrieben, trotzdem mir die Krankheit noch schwer in den Gliedern liegt. Gut bekommen ist mir das nicht. Mein Arzt raisonnirt sehr darüber!*

12.09. Sonntag.

12.15. May an Fehsenfeld: *Von Bd. II sind 3 Kapitel, 850 Manuscriptseiten fertig und zu Herrn Krais geschickt. Das 4*[te] *Kapitel mit dem Schlusse des Bandes werden Sie Mittwoch bekommen. Sie sehen, daß es jetzt schnell vorwärts geht. Ich bat Sie, es mir umgehend mitzutheilen, wenn Bd. II kürzer werden soll. Da keine Weisung erfolgt ist, habe ich es so eingerichtet, daß auch er 40 Bogen füllt.* [...] *Auch in Braunschweig giebt es nun einen "May-Verein". Diese "May-Clubs" ernennen mich stets zum Ehrenmitglied, wofür ich mich mit einer "großen, schönen" Photographie abzufinden habe. Ich glaube, eine Vergnügungsreise darf ich nicht mehr machen, wenigstens nicht unter meinem Namen. Ich würde überall bei der Parabel genommen und ohne Gnade und Barmherzigkeit in den Club geschafft. In Leer giebt es sogar zwei May-Vereine, einen männlichen und einen weiblichen. Meine Emma sagt, sie würde den männlichen vorziehen; mir aber wäre wahrscheinlich der weibliche lieber, denn Dick Hammerdull (siehe Bd. II) sagt: "Was sich abstößt, das zieht sich an!"*

12.16. Sonntag. May an Lisbeth Felber geb. Lechner (kmw VIII. 6, 205, 216f.), die Frau des aus Österreich stammenden Hamburger Caféhausbesitzers Carl Felber (1853–1917; kmw VIII.6, 207): *Ja, ich habe das Alles und noch viel mehr erlebt. Ich trage noch heut die Narben von den Wunden, die ich erhalten habe. Ich unternehme meine Reisen ja ganz anders als Diejenigen, welche auf den großen, breiten Straßen und Karawanenwegen bleiben, wo es keine Gefahr giebt, wo man aber auch nichts leisten kann und Land und Leute niemals richtig kennen lernt. Von den kleineren Beschwerden, Entbehrungen und Ent-*

sagungen, die man zu erdulden hat und die in ihrer Gesamtheit viel schwerer zu ertragen sind als einzelne schwerere Schicksalsstreiche, kann man freilich in keinem Buche erzählen (kma 3, 42).

12.18. May sendet den *Schluß des II^{ten} Bandes* nach Freiburg: *Nun wird Bd. III begonnen.* Mays Schaffenskraft für Fehsenfeld versiegt jedoch nach dieser Ankündigung.

12. Im Fehsenfeld-Verlag erscheint *Old Surehand I* als Bd. XIV der "Gesammelten Reiseromane" (plaul1 188; ued 200-202; kms 3, 10).

12.23. Sonntag.

12. Um die Weihnachtszeit erfahren die "Hausschatz"-Leser in *Krüger-Bei* vom Besuch Winnetous beim Dresdner Gesangsverein. Noch kommt niemand auf die Idee, den Realitätsgehalt solcher Berichte öffentlich in Frage zu stellen (wohl 763).

12.24. Heiligabend. Oberlößnitz. May erhält zahlreiche Weihnachtsgrüße und Geschenke seiner Leser, darunter ein Paket des Deidesheimer Weingutsbesitzers Kommerzienrat Emil Seyler mit einigen Flaschen seines besten Weines ("Perle von Deidesheim"). May an Emil Seyler 3.1.1895: *Am 24ten Dezember Abends hatten wir liebe Gäste zur Bescheerung geladen. Schon brannten die Lichte an den Bäumen, und eben wollte ich mich an das Instrument setzen, um die Feier einzuleiten, da kam der Postmann und brachte Ihre Gabe. Welche Freude! Und wie grad im richtigen Augenblicke! Die Freunde und Freundinnen freuten sich mit uns, denn sie kennen Sie und die lieben Ihrigen schon längst alle. Ihre Flaschen kamen auf die Festtafel und Ihre Photographien dazu. Ihrem Wunsche gemäß öffnete ich die erste Flasche; sie wurde probirt und für "est, est, est!" befunden; die andern aber lehnte man ab, denn sie sollten mir, dem Reconvalescenten, gehören. Es war ein wunderbar schöner, weihevoller Abend, und wir haben Ihrer oft gedacht* (mag 17, 38; masch 228).

12.25./26. Weihnachten. May an Fehsenfeld 10.1.1895: *Das war eine Hatz! Solche Feiertage! Denken Sie, ich habe zum Feste über 3000 Briefe und Karten von Lesern resp. Leserinnen erhalten.* [...] *Auch viele Weihnachtsgeschenke habe ich von Lesern bekommen, unter Anderem ein Kunstwerk aus Marzipan von einer Leserin in Hamburg* [vermutlich von Lisbeth Felber].

12.30. Sonntag.

12.31. Silvester. May an Emil Seyler 3.1.1895: *Auch am Sylvester wurde – wir hatten wieder Gäste – ein Glas Champagner auf Ihr Wohl geleert. Haben Ihnen nicht die Ohren geklungen?* (masch 228)

1895

1895. Spätestens in diesem Jahr erscheint unter Mays Namen in Barcelona (Gebr. Rubinstein) eine zweibändige spanische Übersetzung des *Waldröschens* unter dem Titel *El Secreto del Mendigo* (Das Geheimnis des Bettlers) (Ermittlung Hainer Plaul).

01.03. May an Emil Seyler: *Haben Sie nicht im "Hausschatze" gefunden, daß ich in Arabien und Persien gewesen bin? Bei meiner Rückkehr lagen Briefe massenhaft zur Beantwortung da, außerdem hatte ich 3 Bände "Old Surehand" zu schreiben. Der Weg über die kalten Alpen zurück zeigte sich mir nach der persischen Hitze so schädlich, daß mich die Influenza abermals packte; ich hatte keine Zeit gehabt, mich wochenlang zu reacclimatisiren. Trotz dieser Influenza mußte ich im Fieber vor Weihnacht wöchentlich vier Nächte durch arbeiten, und wenn ich das gutmachen will, bin ich gezwungen, wieder nach dem Süden zu gehen. Das wird durch Frankreich (Paris, Marseille) geschehen, und da werde ich mir die Ehre geben, bei Ihnen im lieben Deidesheim vorzusprechen.* [...] *Es ist jetzt Nachts 2 Uhr und ein ganzer Schreibtisch voll Briefe & Karten soll noch beantwortet werden* (masch 228f.). – May an Unbekannt: *Ich habe diese Reisen wirklich gemacht und spreche die Sprachen der Völker, bei denen ich gewesen bin. Keine der Personen und keines der Ereignisse welche ich beschreibe, ist erfunden. Wenn Sie im "Deutschen Hausschatze" gelesen haben, werden Sie gefunden haben, daß ich erst kürzlich in Arabien und Persien und bei meinem braven Hadschi Halef Omar gewesen bin. Jeder gebildete Mann weiß, daß der Maler nicht mit dem leeren Pinsel malen kann; so braucht auch der Schriftsteller Farben, wenn seine Arbeit nicht ein nacktes, kahles Referat sein soll. Muß man das wirklich erst erklären? Ich soll Ihnen über Winnetou, Old Firehand, meinen Henrystutzen und Bärentöter genauere Mittheilungen machen? Wissen Sie, was Sie da ver-*

langen? Das ist ja Alles in meinen gesammelten Werken gedruckt! Was nennen Sie "genauere Mittheilung"? Soll ich Ihnen zehn Ries Papier vollschreiben? Ich habe weit über 100 000 Leser, bin 11 Monate lang verreist gewesen und habe von meiner Rückkehr an bis heut mehrere Tausend Briefe bekommen. Wenn da Jeder "genauere Mittheilungen" über irgend einen beliebigen Gegenstand haben wollte, so müßte ich 50 Schreiber besolden und 50 Zungen haben, um ihnen dictiren zu können, dabei meine eigentliche Arbeit liegen lassen und noch extra Bankerott machen, weil mir kein Mensch eine Marke beilegt und ich also für jede Gefälligkeit, die ich erweise, nicht nur meine kostbare Zeit, sondern auch noch 10 Pfennige hergeben muß. Zu "genaueren Mittheilungen" habe ich keine Zeit! (jbkmg 1976, 283)

01.06. Sonntag.

01.07. May schickt ein Porträtfoto an Lisbeth Felber: *Wenn Sie genau hinsehen, bemerken Sie unter der Kinnlade die Spur von dem Messerstiche, den ich von Winnetou erhielt* (jbkmg 1970, 164).

01.10. May teilt Fehsenfeld mit, dass er *immerfort Besuch* gehabt habe, *und dann mußte ich einer wichtigen Familienangelegenheit* [*wegen*] *in die Heimath und hierauf zum Begräbnisse eines sehr lieben Freundes nach Zeitz.* [...] *Sie sollten die Briefe lesen, welche ich bekomme! Meine Werke haben ja geradezu eine geistige Aufregung in Deutschland hervorgebracht.* Eben komme *wieder Besuch, eine Dame aus Lorch am Rhein* [Maria Jung]. – Hamm. Der Verlag Breer & Thiemann bittet May um eine "paßende Erzählung" für den "Kinderfreund".

01.13. Sonntag.

01.16. Heinrich Keiter an May: "Mit inniger Betrübniß erfahre ich, daß Sie lange leidend und arbeitsunfähig waren und es zum Theil noch sind." Keiter wartet auf Manuskript.

01.20. Sonntag.

01.21. Ludwig Auer (1839–1914), Schriftsteller, Verleger und Direktor des Donauwörther Cassianeums (Anstalt zur Hebung und Verbesserung des katholischen Erziehungs- und Unterrichtswesens), schreibt erstmals an May und schlägt ihm die "Herausgabe einer Jugend-Bibliothek" vor: "Sie hätten dazu das Zeug, die Erkenntniß, die Erfahrung, die Sprache wie sonst keiner" ("Mitteilungen des Historischen Vereins für Donauwörth und Umgebung" 2002, 122-124).

01.25. May an Emil Seyler: *Die beabsichtigte neue Reise muß wegen des jetzt in Egypten grassierenden Fiebers und weil ich außerordentlich nothwendig zu arbeiten habe, aufgeschoben werden; dadurch aber gewinne ich Zeit zu einer Reise nach der Schweiz und dem Rhein. Meine Frau wird mich begleiten, und wenn Sie gestatten, machen wir da einen Abstecher nach dem lieben Deidesheim, um für ein Stündchen bei Ihnen vorzusprechen* (masch 229). – Der Ernstthaler Lehrer Theodor (Theo) Anton Arnhold (*1865) teilt May mit, der (offenbar unbeliebte) Textilfabrikant Karl Robert Pfefferkorn (1849–1934) sei "sehr unwillig" über ihn, weil er "in einem Kinde Ihrer Muse seinen Namen wie gewisse seiner Handlungen in poetischer Verklärung so benützt haben [soll], daß eingeweihte Kreise, die das mysteriöse stadtpolitische Treiben dieses Dunkelmannes kennen, doch eine Freude an Ihrem Werke haben". Arnold bittet um den Namen der Zeitschrift, "welche ein Konterfei dieses Helden enthält". Gemeint sein dürfte Jakob Pfefferkorn, der "dicke Jemmy", der in den Jugenderzählungen *Die Helden des Westens* und *Der Schatz im Silbersee* begegnet; sein eigentliches Vorbild ist Mays Schulfreund Ferdinand Pfefferkorn, ein Verwandter Robert Pfefferkorns.

01.27. Sonntag.

02.01. Friedrich Pustet an May: "Der Monat Januar ist zu Ende gegangen, ohne daß er uns die so sehr ersehnte Kalendererzählung gebracht hätte, hoffentlich hat nicht erneutes Kranksein Sie von der Fertigstellung des Manuscriptes abgehalten."

02.03. Sonntag.

02.10. Sonntag.

02.17. Sonntag. Zu Mays Geburtstag schickt Emil Seyler "dem lieben u. hochverehrten Freunde des Hauses" eine Gruppenaufnahme, die ihn mit seiner zweiten Frau Agnes geb. Maibücher (1854–1932; kmw VIII.6, 201) und den fünf Töchtern Tony (aus erster Ehe mit Antonie Julie Mathilde Plaeschke, 1853–1876), Gerta, Magda, Else und Hedwig (den *Orgelpfeifen*) zeigt (masch 63, Bildteil 10; vgl. kmw VIII.6, 688f.: Tony, Else und Magda, 796f.).

02.18. 17.40 Uhr. May dankt Emil Seyler telegraphisch für das *hochwillkommene Bild* und gratuliert zum Geburtstag.

02.21. Paris. Mademoiselle J. Guirsch bittet May um die Genehmigung zur Übersetzung der "Hausschatz"-Erzählung *Robert Surcouf*. Sie hat Pustet nach dem angeblichen Verfasser Ernst von Linden gefragt und zu ihrer Überraschung erfahren, dass dies Mays Pseudonym ist. Die frühere Übersetzerin Juliette Charoy habe nichts dagegen, wenn sie ihre Nachfolgerin werde. Mademoiselle Guirsch möchte wissen, welche Quellen May für seine Darstellung Surcoufs benutzt hat.

02.24. Sonntag.

02.25. Karl Mays 53. Geburtstag.

02.26. Einsiedeln. Joseph Benziger fragt telegraphisch an, wann er das wiederholt versprochene Manuskript für den nächsten Marienkalender erhalten werde.

03. May schreibt für Pustet die Marienkalender-Geschichte *Er Raml el Helahk* (XXIII A40).

03. Ludwig Freytag veröffentlicht im "Central-Organ für die Interessen des Realschulwesens" eine Rezension von *Old Surehand I*.

03.03. Sonntag.

03.09. Benziger mahnt wiederholt die versprochene Marienkalender-Geschichte an.

03.-04. May schreibt für "Benziger's Marien-Kalender" die Erzählung *Der Kys-Kaptschiji* (XXIII A40; *Christus oder Muhammed* 19).

03.10. Sonntag.

03.17. Sonntag.

03.24. Sonntag.

03.31. Sonntag.

03. Im Fehsenfeld-Verlag erscheint *Old Surehand II* als Bd. XV der "Gesammelten Reiseromane". Der Text ist wie *Winnetou II/III* aus früheren, überarbeiteten Novellen (*Three carde monte*, *Vom Tode erstanden*, *Auf der See gefangen*, *Unter der Windhose*) zusammengestellt; im Bewusstsein, über die Münchmeyer-Romane frei verfügen zu können, hat er unter der Überschrift *Der Königsschatz* auch das Kapitel *Die Höhle des Königsschatzes* und die erste Hälfte des Kapitels *Lebendig begraben* aus dem *Waldröschen*-Roman aufgenommen (plaul1 200f.; ued 202-204; XV A2; kms 3, 10; hoff1 2677).

04. "Deutscher Hausschatz": "Gr. H. Herr Dr. Karl May ist wieder in Oberlößnitz bei Dresden eingetroffen" (mkmg 19, 19).

04.01. Fürst Otto von Bismarck, der Gründer und von 1871 bis 1890 erste Kanzler des Deutschen Reiches, begeht seinen 80. Geburtstag. Der Bismarck-Verehrer May hat aus diesem Anlass dem *Heldengreis* ein 14strophiges patriotisches Gedicht (*Es klingt ein Ruf durch alle Gauen: / Auf, Deutschlands Männer, Deutschlands Frauen, / Zum heutgen Pflicht- und Ehrentag!*) gewidmet, das er vermutlich selber als Prolog zur Bismarck-Feier in Radebeul vorträgt.

04.07. Sonntag.

04. "Deutscher Hausschatz": "Karl May, Old Surehand. Mit den uns soeben zugehenden Lieferungen 4–7 seines neuesten Werkes führt uns Karl May bis in die amerikanische Sahara, die Llano Estaccado. Winnetou und Old Shatterhand führen zusammen mit Old Surehand einen meisterhaften Streich aus, indem sie ein ganzes Heer der Komantschen in der Kaktusfalle fangen, ohne daß ein Tropfen Blut fließt. Der greise Cow-boy Old Wabble, der an keinen Gott glaubt, und jede fromme Regung bei einem andern als feige verspottet, fällt den Indianern in die Hände, die ihn mit sich in die Wüste schleppen. Die Leser werden sehr gespannt sein auf die Fortsetzung dieser ungemein fesselnden Erzählung. Gleichzeitig machen wir noch besonders auf Band 10 und 11 der gesammelten Reiseromane, betitelt: Orangen und Datteln, sowie Am stillen Ozean [aufmerksam]. Dieselben enthalten eine Anzahl kleinerer Erzählungen, die das Talent des Verfassers gleichsam in kondensierter Form zeigen, und die glänzenden Eigenschaften des beliebten Erzählers im hellsten Lichte erstrahlen lassen" (mkmg 19, 19).

04.14./15. Ostern.

1895.(?)04. Angeblich beobachtet der Radebeuler Hilfslehrer Ernst Kurt Rudolph (*1870), wie May in der Weinstube des Hotels Lechla (Sidonienstraße 6, Friedrich Lechla, 1848–1902), das zu seinen Lieblingsrestaurants gehört, eine Rotweinflasche leert und dabei genussvoll eine Zigarre raucht. Beim Bezahlen nimmt er ein dickes Bündel zusammengeschnürter 100-Mark-Scheine aus der Rocktasche, durchblättert es ausgiebig vor den Augen der Kellnerin und gibt ihr einen 50-Mark-Schein; er hat nur etwas über 20 Mark zu bezahlen, schiebt der Kellnerin das Wechselgeld aber wieder als Trinkgeld zurück (grie2 281).

04.21. Sonntag.

04.25. Der Berliner Kunstverlag M. Bauer & Co. bittet May für ein Porträtwerk bekannter Künstler um ein Foto (grie1 45).

04.27. Erbprinzessin Lucie von Schönburg-Waldenburg geb. Prinzessin zu Sayn-Wittgenstein-Berleburg (1859–1903), die Witwe des Erbprinzen Otto Karl Viktor von Schönburg-Waldenburg (1856–1888), hat am Nachmittag mit einigen anderen Verehrern, darunter ihren Kindern Prinzessin Sophie (1885–1936) und Prinz Günther (1887–1960), vergeblich versucht, "Old Shatterhand" in der "Villa Agnes" zu "beschleichen"; sie kündigt May einen baldigen Wiederbesuch an (patsch).

04.28. Sonntag.

05. Im "Deutschen Hausschatz" endet *Krüger-Bei* mit dem Satz: *Nun begann für uns die Jagd auf den Millionendieb, die ich in einem weiteren Roman erzählen werde*. Die Redaktion ergänzt: "Die Handschrift dieses neuen höchst spannenden Romans unseres verehrten Herrn Mitarbeiters liegt uns bereits vollständig vor; sie ist so umfangreich, daß der Abdruck sich durch den ganzen Jahrgang ziehen wird" (mkmg 19, 19).

05.05. Sonntag.

05.12. Sonntag.

05.15. Erbprinzessin Lucie von Schönburg-Waldenburg, die inzwischen mit ihren Kindern in der "Villa Agnes" "schöne Stunden" verbracht hat, lädt Mays für den 17.5., 13 Uhr, zum Mittagessen nach Waldenburg ein. Sie hofft, Mays Fieber sei inzwischen vorbei. Der Besuch muss dann verschoben werden, weil die Prinzessin verreist (patsch).

05.19. Sonntag.

05. In diesen Tagen (nach dem 22.5.) besuchen Mays Erbprinzessin Lucie von Schönburg-Waldenburg im Schloss Waldenburg. "Der Bund" 19.12.1909: "Die Prinzessin von Waldenburg, eine fromme Dame, lud ihn mehrmals [vermutlich noch einmal 1897] auf ihr Schloß ein, wobei er dann im fürstlichen Wagen von der Bahn abgeholt wurde" (jbkmg 1980, 147).

05.26. Sonntag.

06. Ludwig Freytag veröffentlicht im "Central-Organ für die Interessen des Realschulwesens" eine Rezension von *Old Surehand II*.

06. "Deutscher Hausschatz": "Stud. B. Sie möchten jetzt schon gern Näheres wissen über den im nächsten Jahrgang erscheinenden großen Roman von Karl May: Die Jagd auf den Millionendieb? Verzeihen Sie, aber der Inhalt ist noch 'Redaktionsgeheimnis'. Verraten wollen wir Ihnen nur, daß der Roman nach unserer Ansicht der spannendste ist, den wir aus der Feder des beliebten Erzählers besitzen. Neue Reisen hatten ihn erfrischt, als er den Roman niederschrieb, und der Einfluß einer glücklichen Gemütsstimmung macht sich überall geltend" (mkmg 19, 19).

06.02. Sonntag.

06.09. Sonntag.

06.16. Sonntag.

06.22. May an Jacques Martini in Mühlhausen im Elsass: *Verzeihen Sie, daß ich nicht eher antworten konnte. Ich war zur Auerochsenjagd in den Kaukasus geladen, wo man Old Shatterhand (also mich) schießen sehen wollte. Und nun liegen hier daheim ca. 4000 Briefe von Lesern welche alle Antwort haben wollen. Auf den "Mahdi" werden 2 Bände Mara Durimeh folgen. Nächsten Januar gehe ich nach Egypten und Arabien, um dann mit meinem Hadschi Halef Omar nach Persien zu reiten. Wie es den anderen Hauptpersonen ergangen ist, werden Sie später lesen. Mein Henrystutzen hat mit den erwähnten Winchester nichts gemein. Ein Winchester à 25 coups ist Schwindel, hat es nie gegeben, und selbst das verbesserte "Henry" Winchester (Schweizer Vetterligewehr) führt nur 7 Patronen. Mein Henrystutzen ist <u>das einzige</u> Gewehr der Welt welches 25 Schüsse hat. Ich ziehe natürlich die Araber der englischen Pferderasse vor, freilich muß der Araber radschi pak d. i. ächtes Blut sein. Das englische Vollblut ist nicht Natur- sondern Kunstrasse* *und durch Hinführung arabischer und türkischer Hengste entstanden. Sie fragen ob mein Rih Dolma Bagdsche in etwas gewachsen gewesen wäre? Hm, gestatten Sie daß ich lache. Gesetzt der beste Jokey auf Dolma Bagdsche und ich auf meinem Rih. Jetzt los, in 4 Minuten würde uns der Jokey nicht mehr sehen, und zwar ohne daß ich nöthig hätte das "Geheimnis" anzuwenden. Nächsten Januar werde ich wieder auf Ben Rih reiten.* [...] *Ich spreche: Deutsch, französisch, englisch, spanisch, italienisch, lateinisch, hebräisch, aramäisch, arabisch, persisch, türkisch, kurdisch, chinesisch, Namaqua, Suaheli, lappländisch, holländisch, Durka, Nuehr und sechs Indianersprachen, von Arabisch und Kurdisch mehrere Dialecte. Ist Ihnen das genug?* – May an den Professorensohn Wilhelm Matthäi in Darmstadt: *Leider ist meine Zeit viel, viel kostbarer, als Sie denken. Nur in der letzten Weihnachtswoche gingen bei mir <u>über</u> 3000 Briefe von Lesern ein, welche <u>alle</u> Antwort haben wollten. Jetzt war ich zur Auerochsenjagd im Kaukasus eingeladen, wo man Old Shatterhand schießen sehen wollte, und nun, da ich heimgekehrt bin, liegen wieder ganze Berge von Briefen vor mir, die ich schnell erledigen soll.* [...] *Also eine Geschichte für den guten Kameraden wollen Sie schreiben? Ich freue mich sehr darüber, daß Ihnen das so leicht wird. Sie sind also mein lieber Kollege von der Feder, und ich ertheile Ihnen sehr gern die Erlaubniß, mich (Old Shatterhand) und Winnetou mit anzubringen. Nur bitte ich Sie, mich von den feindlichen Indianern nicht ermorden zu lassen, denn alle meine Leser wissen, daß ich noch lebe* (kma 6, 9-13).

06.23. Sonntag.

06.30. Sonntag. Louise verw. Hübner, die inzwischen in dritter Ehe mit Heinrich Haeußler verheiratet ist und in Berlin lebt, an Emma May: "O, Emma was muß ich alles für Dich thun! sogar sehr eilig einen Brief schreiben, so viel habe ich Dir zu erzählen. Grüße u Küsse mir hernach das Mausel [Klara Plöhn] u Frau Beibler behalte lieb Dein altes treues Kaninchen". Ihr Mann ergänzt: "Viele Grüße von Ihrem lieben Drickes."

06.-07. May schreibt die Marienkalender-Geschichte *Old Cursing-Dry* (XXIII A40).

07.07. Sonntag.

07.14. Sonntag.

07.21. Sonntag.

07.28. Sonntag.

07. "Deutscher Hausschatz": "Nes 143. Es gibt nur einen Karl May, und das ist der unsere. Aus seiner Feder stammen auch die von Ihnen genannten Romane" (mkmg 19, 19).

07. In "Benziger's Marien-Kalender" für 1896 erscheint der erste Teil des Reiseerlebnisses *Der Kys-Kaptschiji*, mit Illustrationen von Oskar Herrfurth (plaul1 202).

07.-08. May schreibt für Pustet die erst 1897 erscheinende Marienkalender-Geschichte *Scheba et Thar* (*Christus oder Muhammed* 17; XXIII A40).

08.04. Sonntag.

08.11. Sonntag.

08.18. Sonntag.

08.22. Reutlingen. Robert Bardtenschlager möchte die Bücher *Im fernen Westen* und *Der Waldläufer* zu Mays Bedingungen neu herausgeben, obwohl die Verlagsrechte am 5.1.1893 an diesen zurückgefallen sind: "Unter dem pseudonymen 'Carl May', der mir einige 25 Pf. Bändchen schrieb, wird doch sicherlich Niemand den Herrn Dr. vermuthen; es war ein voriges Jahr verstorbener Lehrer, der auf diese Idee kam". Offenbar ist May verärgert über Heftromane unbekannter Autoren, die Bardtenschlager mit den Verfasserangaben "Carl May" oder "Eduard May" vertreibt (*Der Waldläufer* N38f.). May wird seine Zustimmung zu Neuausgaben verweigern.

08.25. Sonntag.

08. Im "Regensburger Marien-Kalender" für 1896 (Pustet) erscheint das Reiseerlebnis *Er Raml el Helahk*, mit Illustrationen von Eduard Wolf (plaul1 202).

1895. Im Spätsommer oder Herbst besucht Karl Ludwig Ferdinand Pfefferkorn M. D., Mays Schulfreund aus Ernstthal, der 1866 als Barbier nach Amerika ausgewandert ist und jetzt als Arzt in Lawrence, Mass. lebt, mit seiner zweiten Frau Therese (kmw VIII.6, 694f.) das Ehepaar May in Oberlößnitz. Pfefferkorns sind dem Spiritismus völlig ergeben und veranlassen Séancen im Hause May, an denen auch das Ehepaar Plöhn teilnimmt. Bei diesen Sitzungen tun sich vor allem Emma und Klara Plöhn als Medien hervor. May verhält sich interessiert und distanziert zugleich; als Medium stellt er sich nie zur Verfügung. Seine Teilnahme an Séancen darf nicht an die Öffentlichkeit dringen, weil dies dem Ansehen schaden würde, das er als vermeintlich katholischer Schriftsteller genießt. In den folgenden Jahren werden dennoch regelmäßig Séancen bei Plöhns und Mays abgehalten (plet 82f.; wohl 764). *Frau Pollmer* 867-869: *Wir bewohnten auf der hiesigen Nizzastraße eine Villa, als mich ein sehr lieber, ferner Freund, ein Arzt aus Amerika, besuchte und mit seiner Frau einige Wochen als mein Gast bei mir wohnte.* [...] *Es wurden sofort spiritistische Sitzungen veranstaltet, und zwar nahmen sechs Personen daran Theil, nämlich der Amerikaner und seine Frau, Herr Plöhn und seine Frau und ich und meine Frau.* [...] *Der Amerikaner und seine Frau waren als Spiritisten gläubig im höchsten Grade; da drüben sind die Ansichten über diesen Punkt ja ganz andere als bei uns.* [...] *Als* [Emma] *hörte, daß die Amerikaner enragirte Spiritisten seien, war ihr Jubel groß. Sie warf sich ihnen schleunigst in die Arme* [...]. *Sie war es, deren "Geister" sogleich erschienen und mit Hülfe der Tischbeine zu sprechen begannen, ihr Großpapa, ihr Onkel Emil, ihre Mama und ihre Mutter! Und die waren auch jetzt noch alle im Himmelreich und kamen jetzt zu uns, um uns zum Himmelreich zu führen. Als ich sehr gute*

Worte gab, kam auch für mich ein Geist. Der war mein Vater, wohnte in der Hölle und sagte, er könne nur durch uns gebessert werden. Für Herrn Plöhn kam Niemand, weil der lachte, und für Frau Plöhn kam ein gewisser Gottlieb oder Gottfried, der mit dem Tische die tollsten Sprünge machte und ein wahrer Harlekin von Pollmers Gnaden war. Das gab einen Jux, der Allen wohlgefiel, sogar dem ernsten Herrn Plöhn, der nicht mit am Tische saß und nur von Weitem zuschaute. Darum wurden die gespaßigen Sitzungen wiederholt, so lange die Amerikaner bei uns waren. Ich mußte ihnen versprechen, die Sache durch und durch zu prüfen, und ich hielt Wort. Sie schickten mir, um mir Gelegenheit hierzu zu geben, zwei weibliche Medien von drüben herüber, die aber meine Prüfung so schlecht bestanden, daß ich ihnen die Wiederkehr verbot. Zeugenaussage Selma vom Scheidt 21.9.1909: "Frau May hat mir oft erzählt, daß im Hause ihres Gatten ständig jede Woche etwa zweimal spiritistische Sitzungen stattgefunden hätten, vor denen jedesmal die Dienstmädchen und Hunde aus dem Hause geschafft werden mußten. Ein Herr Pfefferkorn aus Amerika habe diese Sitzungen eingeführt" (leb 135). Emma Pollmer an das Amtsgericht Weimar 6.9.1909: "Erst als Dr. Pfefferkorn aus Amerika bei uns Besuch machte, brachte er das Gespräch wieder auf den Spiritismus und seit dieser Zeit ergaben wir uns alle dieser Lehre und haben eigentlich keinen wichtigen Entschluß in unserem Leben mehr gefaßt, zu dem wir uns nicht vorher Rat von den Geistern erbaten. Die jetzige Frau Klara May bildete die Vermittlung zwischen dem Geisterreich d. h. den Seelen unserer verstorbenen Verwandten und uns" (leb 157).

09. Stuttgart. Wilhelm Spemann stellt die resignierte Frage: "Bis wann dürfen wir den 'Schwarzen Mustang' erwarten?" (*Die Helden des Westens* A64)

09.01. Sonntag.

09.08. Sonntag.

09.11. Wie aus einem Brief Adolf Spemanns hervorgeht, hat May für die Buchausgabe des Jugendromans *Das Vermächtnis des Inka* größtenteils die Fahnen gelesen, nicht aber die Schlussbogen (kmw III.5, 561).

09.15. Sonntag.

09.22. Sonntag.

09.29. Sonntag.

1895.09.-1896.08. Die schon 1892 verfasste Reiseerzählung *Die Jagd auf den Millionendieb*, die Fortsetzung von *Krüger-Bei*, erscheint im "Deutschen Hausschatz" (plaul1 202f.).

10. May reist mit Emma nach Freiburg, weil man ihm *in Stuttgart sagte, es seien viel mehr Bände verkauft worden* als von Fehsenfeld angegeben: *Ich habe mich aber überzeugt, daß der Mann, der es übrigens gut mit mir meinte, sich getäuscht hat* (May an Fehsenfeld 3.11.). Erinnerung Paula Fehsenfeld 1942: "Er war sehr misstrauisch u. zweifelte an der Ehrlichkeit seines Verlegers. So reiste er einmal apart nach Stuttgart, um bei unserem Verwandten Commerzienrath Krais, [...] zu sondiren, ob auch nicht mehr gedruckt worden sei, als man ihm bezahlt hätte. [...] M. war der Meinung, Fehsenfeld verdiente zu viel. Er wollte seine Werke in Selbstverlag nehmen. Er kam, ohne uns zu benachrichtigen, nach Freiburg, suchte unsern langjährigen Gehilfen u. Mitarbeiter Krämer im Verlag auf, u. machte ihm den Vorschlag, in seine Dienste zu treten, u. für ihn in Radebeul den Verlag zu führen. Krämer, der treu an meinem Mann hing, lehnte ab."

10. May schreibt von Nürnberg aus an Heinrich Keiter.

10.05.(?) May an Joseph Kürschner in Eisenach: *Leider komme ich in diesem Jahr recht spät, ich war bis gestern verreist* (jbkmg 1992, 148f.).

10.06. Sonntag.

10.12. Lawrence, Mass. Nach der Rückkehr aus Europa schickt Ferdinand Pfefferkorn ein Doppelporträt von sich und seiner Frau Therese an "Dr. Chem. Plöhn" (kmw VIII.6, 966f.).

10.13. Sonntag.

10.20. Sonntag.

10.27. Sonntag.

10. May im "Deutschen Hausschatz", Rubrik "Eingesandt": *Sie schreiben Seite 688 Nr. 43 Jahrgang XXI. von mir: "Es gibt nur einen Karl May, und das ist der unsere." Sie haben Recht; aber ich ersuche dennoch Ihre lieben Leserinnen und Leser, ja nicht anzunehmen, daß alles, was unter dem Namen Karl May veröffentlicht wird, auch wirklich aus meiner Feder geflossen sei. Es gibt nämlich Verfasser allerniedrigsten litterarischen und moralischen Ranges, welche sich meines ehrlichen Namens bedienen, um das Publikum zu täuschen, und diese Herren finden leider auch Verleger, welche, um gute Geschäfte zu machen, sich an diesem Betruge beteiligen. Ich kann nichts dagegen thun, weil mir kein Paragraph des Strafgesetzes gegen solchen Mißbrauch zur Seite steht. Es ist sogar wiederholt vorgekommen, daß Subjekte sich bei meinen Lesern, in Klöstern u.s.w. als Karl May vorgestellt haben, um zu betteln, zu borgen oder gar noch Schlimmeres zu thun. Man sollte solche Menschen sofort arretieren lassen, anstatt ihnen, was mir vollständig unbegreiflich ist, Glauben zu schenken. Bitte, haben Sie die Güte, diese Zeilen als Warnung in Ihren lieben "Hausschatz" aufzunehmen* (klußß2 117; mkmg 15, 15; mkmg 19, 20).

11. Im "Deutschen Hausschatz", "Beilage für die Frauenwelt", erscheint eine Anzeige des Fehsenfeld-Verlags mit einem allgemeinen Hinweis auf "Empfehlende Worte Deutscher Bischöfe" (1894) und einem Zitat von Dr. Franz Joseph von Stein, dem Bischof von Würzburg, vom 9.12.1894: "Der sprachgewandte Verfasser besitzt in hohem Grade die Gabe, frisch, packend und volkstümlich zu schreiben. Seine in weiteren Kreisen so beifällig aufgenommenen 'Reiseerzählungen' haben einen vielseitig belehrenden, sittlich anregenden, stetig interessanten Inhalt, in welchem auch der gesunde Humor zu seinem Rechte kommt. Was dabei besonders zu betonen ist, das ist die christliche Grundlage, auf welcher sie ruhen. Frei von allem sittlich Bedenklichem kommen sie dem Lesebedürfnisse der Zeit entgegen und verdienen so einen Platz in dem Hause der christlichen Familie" (mkmg 19, 20).

11. Im Familienblatt "Alte und Neue Welt" (Einsiedeln: Benziger) erscheint *Die Todeskarawane. Ein orientalisches Sittenbild*; der Sachtext zu einem Holzstich von Albert Richter ist zuerst am 18.8.1894 in der "Illustrirten Zeitung" in Leipzig erschienen (plaul1 204; mkmg 24, 2-7; ued 465f.).

11. Im Verlag der Union Deutsche Verlagsgesellschaft (Stuttgart, Berlin, Leipzig) erscheint die Buchausgabe des Jugendromans *Das Vermächtnis des Inka*, mit Illustrationen von Ewald Thiel (plaul1 204; ued 288-292).

11.03. Sonntag. May an Fehsenfeld. *Herr Krais hat den Anfang von Bd. III "Surehand" erhalten, und werde ich so schnell Manuscript liefern, wie er setzen lassen kann. Da er sehr wünscht, den "Mahdi" zu gleicher Zeit in Arbeit zu nehmen, sende ich Ihnen die 2 fertiggestellten Bände desselben. Da Sie einen andern Titel wünschten, habe ich ihn "Der Sklavenjäger" benamst. Das Honorar dafür (3000 M.) bitte ich, baldigst an mich gelangen zu lassen.*

11. Fortsetzung der Arbeit am letzten Jugendroman *Der schwarze Mustang* für den "Guten Kameraden", die May jedoch bald wieder liegen lässt und erst im Sommer 1896 wieder aufgreift (XXIII A41; *Die Helden des Westens* A53).

11.05. May teilt Fehsenfeld mit, er habe einen Brief erhalten, der nur mit *An !!! Ihn !!! in der Dresdener Lössnitz* adressiert war: *Denken Sie, vor einigen Tagen habe ich aus Norderney von einer Dame einen Brief mit der umstehenden Adresse er-*

halten! Die Post hat gleich gewußt, wer gemeint ist und ihn, ohne erst zu fragen, mir in den Kasten gesteckt. – Die Union Deutsche Verlagsgesellschaft teilt May mit, "daß die Erzählung [*Der schwarze Mustang*] sich nur über einen halben Jahrgang erstrecken soll" (*Der schwarze Mustang* 3).

11.10. Sonntag.

11.11. Da May noch nicht genug Manuskript für *Old Surehand III* geliefert hat, muss Fehsenfeld im "Börsenblatt" (wiederholt am 12.11.) mitteilen, dass er den Band "in diesem Jahr nicht mehr liefern" kann.

11.12. Beirut. Der Apotheker H. Heine widmet May ein Foto von sich und seiner Frau "zur freundlichen Erinnerung an angenehme Stunden in Radebeul" (kmw VIII.6, 902f.).

11.15. Oberlößnitz. Der große Erfolg der "Gesammelten Reiseromane" macht einen *Nachtrag zum Verlags-Vertrag vom 17ten Novbr. 1891* möglich, laut dem May *das Honorar für jede Auflage von fünftausend Exemplaren im Voraus zu erhalten hat, sobald er die Genehmigung zur Auflage ertheilte* (XXI A10f.; olen 13).

11.17. Sonntag. Oberlößnitz. May schließt mit der Baumeisterfirma Gebr. (Moritz Gustav Ferdinand, 1838–1895, und Gustav Ludwig, 1842–1901) Ziller einen Kaufvertrag (37.300 Mark) über ein 1893/94 bebautes Villengrundstück in Radebeul, Parzelle 570 (Kirchstraße 5, ab 25.2.1932 Karl-May-Straße 5, ab 24.7.1945 Hölderlinstraße 5, nach 1949 Nr. 15; ab 1.12.1928 Karl-May-Museum, 1956-85 Indianer-Museum, seit 9.2.1985 wieder Karl-May-Museum, Karl-May-Straße 5), ab, "mit allem was darauf und daran Erd- Wurzel- Mauer- Wand- Brand-, Niet- und Nagelfest ist" (Karl-May-Museum, Radebeul). May zahlt 10.000 Mark bar und sofort, 7.300 Mark spätestens am 1.5.1896; 20.000 Mark werden zum 1.1.1896 als Hypothek auf seinen Namen eingetragen. Bis zur Übergabe am 1.1.1896 verpflichten sich die Verkäufer noch zu verschiedenen "Baulichkeiten und Vollendungsarbeiten", darunter dem Bau einer offenen Veranda an der Hinterfront. Die Firma Ziller erhält auch den Auftrag, an der Fassade den goldenen Schriftzug "Villa 'Shatterhand.'" anzubringen (jbkmg 1981, 309f.; hoff2 56f.).

11.18. Einsiedeln. Der Verlag Eberle & Rickenbach wendet sich erstmals an May: "Anbei Mk. 100,- für eine (wenn möglich marianische) Reisegeschichte von etwa 4 Druckseiten unseres mitfolgenden 'Einsiedler Marienkalender'. Verlangen Sie mehr, so bezahlen wir mehr! Unsere Leser, besonders die Amerikaner, welche unseren Kalender viel kaufen, wollen Sie einfach haben!" May wird daraufhin für 150 Mark die Reiseerinnerung *Ein amerikanisches Doppelduell* schreiben.

11.22. Emma Mays 39. Geburtstag.

11.24. Sonntag.

11.30. Heinrich Keiter an May: "An der Felsenburg [...] habe ich nur wenige Blätter, dagegen in Krüger-Bei die ersten 300 Seiten [recte 444 Seiten] mit Ihrer gütigen Erlaubnis ausgelassen; ich habe alles zurückgelegt, um es Ihnen gelegentlich wieder zugehen zu lassen. Durch baldige Zusendung der Fortsetzung des neuen Romans [*Im Reiche des silbernen Löwen*] würden Sie mich sehr verbinden." May erfährt vermutlich erst jetzt von der Streichung des Kapitels *In der Heimath*. Es entwickelt sich eine ernste, chronologisch nicht genau zu datierende Auseinandersetzung mit dem Pustet-Verlag. *Leben und Streben* 234f.: Keiter *hatte mir eine meiner Arbeiten ganz bedeutend gekürzt, ohne mich um Erlaubnis zu fragen. Ich habe Korrekturen und Kürzungen nie geduldet. Der Leser soll mich so kennenlernen, wie ich bin, mit allen Fehlern und Schwächen, nicht aber wie der Redakteur mich zustutzt. Darum teilte ich Pustet mit, daß er von mir kein Manuskript mehr zu erwarten habe.* Glaubt man einem Brief Klara Mays an Euchar Schmid (25.8. 1926), dann sieht May in Keiters Frau Therese die eigentlich Schuldige: "Sie können freilich nicht wissen, welches Drama mit diesem Keiterstreich zusammen hängt und wie mein Mann grad unter dieser Sache gelitten hat. Keiter handelte mit voller Absicht als er die Sachen Mays verschandelte und es war keineswegs nur seine Absicht Weitschweifigkeiten zu beseitigen, nein, er tat es, um seine Frau als führende Schriftstellerin in den 'Hausschatz' zu bringen, wogegen sich Pustet wehrte und wie er K. M. darüber klagte. P. hatte einen schweren Stand mit K. weil der vor Brodneid umkam" (dia 178; may&co 94, 8f.). Friedrich Pustet jun. ("Meine Erinnerungen an Karl May"): "Karl May war viel unterwegs und hiedurch die Manuskriptsendung aus fernen Ländern sehr erschwert. Eine Lesung von Korrekturbogen war infolgedessen unmöglich. Karl May schenkte uns in Bezug auf die richtige Wiedergabe seiner Manuskripte vollstes Vertrauen. [...] Heinrich Keiter, unser damaliger Schriftleiter, war als feinfühliger Literat nie ein besonderer Freund dieser Reiseerzählungen, weil er sie für wenig wertvoll und die Echtheit ihrer Schilderungen für zweifelhaft hielt. Auch das Sprachgefühl Karl Mays, hauptsächlich bei Anwendung von Relativ-Pronomina, wurde von Heinrich Keiter nicht geteilt. Infolgedessen hatte Keiter, ohne daß einer der Herren der Geschäftsleitung jemals dieses Vorgehen beachtete, für die Hand des Setzers jeweils eine Überarbeitung der Originalmanuskripte vorgenommen, nach welcher tatsächlich gesetzt wurde. Eines Tages überraschte uns die telegraphische Bitte Karl Mays, ihm zum Zwecke der Nachlesung die letzten 100 Manuskriptseiten der eben im Hausschatz laufenden Reiseerzählung unverzüglich zuzusenden. Dies geschah natürlich vollständig ahnungslos. Schon in den nächsten Tagen erreichte uns ein geharnischter Brief Karl Mays, welcher uns klipp und klar erklärte, den Verlag mit bewußter Absicht in eine Falle gelockt zu haben. Ein guter Freund, Gymnasialrektor in der Rheinprovinz, habe ihm nämlich geschrieben: 'Lieber Freund May, ich kenne als Leser des Deutschen Hausschatzes nun auf einmal Deinen Stil nicht mehr. Das Deutsch, das ich in jedem Heft vor mir habe, entspricht nicht mehr der Ausdrucksweise, wie Du sie früher gepflogen hast. Gib mir doch die Gründe hiefür an, damit ich versuche, mich Deiner neuen, gänzlich ungewohnten

Schreibweise anzupassen!' Mit den von uns übersandten 100 Seiten Manuskript hatte Karl May den Beweis an der Hand, daß Heinrich Keiter, ohne den Verfasser jemals zu befragen, ganz eigenwillige Korrekturen oder, wie er meinte, stilistische Verbesserungen vorgenommen habe. Karl Mays Brief wollte uns in großer Erregung die Freundschaft kündigen und verlangte volle Aufklärung und Genugtuung für das ihm angetane Unrecht, nachdem sogar, wie der Brief des rheinischen Gymnasialrektors beweise, nun schon auch der Leserkreis des Deutschen Hausschatzes auf diese bedauerlichen Vorkommnisse aufmerksam geworden sei. Mit Karl Mays Brief in der Hand wurde sofort Heinrich Keiter von meinem Onkel [Karl Pustet] interpelliert und um Aufklärung gebeten. Diese erfolgte in dem oben bereits angedeuteten Sinn, wobei Keiter sich anscheinend der Tragweite seiner selbständigen Handlungsweise nicht bewußt geworden ist" (kmg-Tagungsprogramm 1983).

12. May schreibt die Marienkalender-Geschichte *Ein amerikanisches Doppelduell* (XXIII A40).

12.01. Sonntag.

12.06. Brief an Pauline Münchmeyer.

12.08. Sonntag.

12.12. "Die Grenzboten" (Leipzig): "Da Karl May mit Vorliebe derbe, einfache Figuren zeichnet, wie sie in unkultivierten Verhältnissen heranwachsen, und die, Gute, Böse und Mittelmässige, mehr durch ihre Thaten und Zustände als ihre Worte und Gedanken interessiren, wird er am meisten von der Jugend gelesen. Doch können wir aus eigner Erfahrung bestätigen, dass auch Aeltere, Vielgewanderte an der einfachen, natürlichen Kost dieser Reise- und Abenteuergeschichten Geschmack gefunden haben" (mkmg 7, 31). – Einsiedeln. Der Verlag Eberle & Rickenbach schickt weitere 50 Mark für die zugesagte Marienkalender-Geschichte (*Ein amerikanisches Doppelduell*).

12.15. Sonntag.

12.20. Eva und Dora Fehsenfeld widmen ihrem "lieben Onkel May" ein Atelierfoto, das sie auf Fahrrädern mit ihrem Vater zeigt (kmw VIII.6, 832f.).

12.22. Sonntag.

12. May sucht in Dresden-Neustadt, Schanzenstraße 7^I (1945 zerstört), den Büchsenmacher Oskar Max Fuchs (1873–1954) auf, der für ihn heimlich die *berühmtesten Gewehre der Welt*, die "Silberbüchse" und den "Bärentöter", herstellen soll. Nach der Erinnerung (Januar 1959) von Emma Fuchs (1873–1964) fährt May in einer "Kutsche erster Güte" vor und fragt: "Kennen Sie meinen Winnetou?", was Fuchs verneint. May gibt dem Büchsenmacher nur wenige Instruktionen und verweist auf die mitgebrachten drei Bände *Winnetou*. Er wird Fuchs großzügig entlohnen und ihn öfters besuchen; dabei bringt er ausgewählte Lebensmittel mit (jbkmg 1974, 90f.; hoff3 28f., 30).

12.23. May an den Hamburger Caféhausbesitzer Carl Felber: *Lange Reise! Schwere Krankheit! Kauf einer neuen Villa! Gestern Umzug und neue Einrichtung! Tag und Nacht Manuscript schreiben!* [...] *Wahrscheinlich komme ich Februar nach Hamburg*. Die Absenderangabe lautet bereits *Villa "Shatterhand"* (hoff2 60).

12.29. Sonntag.

12.30. Grundbuch-Eintrag der Villa Kirchstraße 5 in Radebeul.

1896

1896. Die Auflagenzahlen bei Fehsenfeld steigen in unerwartete Höhen. Allein im Jahr 1896 werden 147.000 Bände produziert. Für je 5000 Bände erhält May 2000 Mark. Für Karl und Emma sind es jetzt die glücklichsten Jahre ihres Lebens. Das neue Domizil wird Villa "Shatterhand" genannt; alsbald ziert eine goldene Aufschrift das Haus (plet 85; rich 222-224, 233; hall 193-201).

01.01. Neujahr. Übergabe des Grundstücks in der Kirchstraße laut Kaufvertrag vom 17.11.1895.

01.04. Fehsenfeld an May: "Was macht Surehand III?"

01.05. Sonntag.

01.11. Jena. Der Verlagsbuchhändler Hermann Wilhelm Costenoble (1826–1901), zu dessen Autoren Friedrich Gerstäcker gehört, versucht vergeblich, May für seinen Verlag zu gewinnen.

01.12. Sonntag.

01.14. Gemeindeamt Radebeul (Sidonienstraße 3). Polizeiliche Anmeldung in der Kirchstraße 5 (kmjb 1932, 30; jbkmg 1981, 309). Nach dem Einzug staffiert May die Villa "Shatterhand" mit exotischen Requisiten seiner angeblichen Reiseabenteuer aus (woll 83). Hinter der Villa legt er im Frühjahr und Sommer einen Hausgarten an, mit Rosenstöcken, Rhododendren, Obstbäumen und Beerensträuchern (kmlpz 50, 5). Durch die Firma Ziller lässt er dort auf einem "künstlichen Gebirge" einen kleinen chinesischen Pavillon errichten (1974 abgerissen; hall 194; heer4 322; hoff2 56f.; mkmg 72, 1f.). Emma Pollmer an Louise Achilles 12.9.1910: "zu dieser Zeit stand unser Glück auf der Höhe. [...] Es verging kein Abend, wo wir uns nicht beim gute Nacht sagen, in voller Glückseligkeit die Worte zuriefen: 'Hühnelchen, die Villa ist unser. Kein Mensch kann sie uns rauben.' Wir freuten uns wie ein paar Kinder über ihre Puppenstube. Ja, ja das waren selige goldene Zeiten" (leb 226). May an seinen Schwager Heinrich Selbmann 1897: *Meine Villa, welche wir natürlich ganz allein bewohnen, hat 1 Salon, 1 Musikzimmer, 1 Speisezimmer, 1 Studier- und 2 Bibliothekzimmer, 1 Schlafzimmer, 2 Gastzimmer, Stube für das Hausmädchen, Garderobe, Küche mit großem Herde, Obst- und andere Kammer, Waschhaus, Holz- und Kohlenhaus, Keller für Wein, Keller für Speisen, Wasserleitung für alle Zimmer und einen prächtigen Garten mit edlen Birnen, Äpfeln, Pflaumen, Pfirsichen, Aprikosen u.s.w. Spalierwein und Erdbeeren habe ich sehr viel erbaut. Nur an Stachelbeeren habe ich 34 große Stöcke. Kommt doch einmal, und seht es Euch an!* (masch 213) – *An die 4. Strafkammer* 68: *Ich kaufte nur deshalb, weil* [Emma] *es wünschte, ein Haus, welches in keiner Weise für mich paßte. Ich stattete es ganz nach ihren Wünschen aus. Sie durfte es sich so einrichten, wie es ihr beliebte.*

01.15. Im Fehsenfeld-Verlag erscheint *Im Lande des Mahdi I* als Bd. XVI der "Gesammelten Reiseromane". Der Text entspricht dem ersten Teil des *Mahdi*-Abdrucks im "Deutschen Hausschatz" (plaul1 206; ued 210-212). Fehsenfeld hat es zu Mays Ärger versäumt, die Bandnummer XVI für *Old Surehand III* zu reservieren.

01.17. Zu den ersten Besuchern in der Villa "Shatterhand" gehört der ungarische Pfarrer und Übersetzer Lajos (Ludwig) Szekrényi (1858–1915; klußß2 151), seit dem 1.10.1895 Vertreter des Pfarrers in Simánd, ab dem 10.2.1896 Pfarrer in Magyar-Bánhegyes. Szekrényi widmet May als "Zeichen seiner tiefen Verehrung und Liebe" ein Exemplar seiner Übersetzung des Romans "Ben Hur" (Budapest 1895) von Lewis Wallace (1827–1905) (Karl-May-Museum, Radebeul). Ab 1898 wird Szekrényi auch Werke Mays übersetzen; erste Vereinbarungen werden bereits jetzt getroffen.

01.19. Sonntag.

01.26. Sonntag.

01. Deidesheim. Die "Seyler'schen Orgelpfeifen" Tony, Gerta, Magda, Else und Hedwig widmen "dem lieben Herrn Dr. Karl May zum Namenstage" am 28.1. ein Gruppenbild (kmw VIII.6, 796f.).

02.02. Sonntag.

02.05. Fehsenfeld an May: "Soeben erfahre ich von Herrn Krais, daß Mahdi II [*Im Sudan*] 48 Bogen giebt. Was machen wir da? Das ist doch arg viel für den billigen Preis von 3 Mk. Und theurer können wir ihn nicht verkaufen. Könnten Sie nicht noch z. B. die südafrik. Geschichte noch als Erzählung einflechten, daß es dann 3 Bände Mahdi gäbe? [...] Bis wann wird Surehand III fertig?"

02.08. Eisenach. Joseph Kürschner, der dabei ist, "mehrere neue Unternehmungen [u. a. "Kürschner's Bücherschatz"] ins Leben zu rufen", bittet May um seine Mitarbeit: "Was ich benötige sind vor allen Dingen kurze, spannende Erzählungen [...]. Vielleicht könnte ich auch einmal einen größeren Roman verwerten". May antwortet nicht (jbkmg 1992, 150).

02.09. Sonntag.

02.12. May an Fehsenfeld: *Eine längere Reise nach Ungarn, wo meine Werke jetzt ungarisch erscheinen sollen, ein Umzug mit Neueinrichtung, dem unvermeidlichen Troubel, Unordnung etc. haben mich nicht zur Feder kommen lassen.* [Eine tatsächliche Reise nach Ungarn (angeblich im November oder Dezember 1895; mkmg 33, 17) ist auszuschließen; May bezieht sich auf den Besuch Szekrényis in Radebeul.] *Was Bd. III Mahdi betrifft, haben mich die von Ihnen angegebenen Schwierigkeiten nachträglich bestimmt, ihn zu schreiben, falls Sie mir dafür das Honorar für nachfolgende Auflagen, also 2000 Mrk. gewähren. Sind Sie einverstanden, so telegraphiren Sie mir sofort, damit ich beginnen kann, und geben Sie Herrn Krais, dem ich auch heut schreibe, folgende Weisung: Er soll mir Correctur von den Bogen 34 bis 37 schleunigst senden (Band II.), damit ich* *da an passender Stelle schließen kann; der Ueberschuß geht nach Bd. III über. Es wird eine sehr schwierige Arbeit für mich, doch denke ich, daß ich sie schnell bewältigen werde. Dann folgt Surehand III. Ihr Vater* [Johannes Fehsenfeld, 1883 gestorben, gemeint ist sein Geist] *besucht uns sehr häufig, und wir sprechen sehr viel mit ihm.*

02.16. Sonntag.

02.18. 16.10 Uhr. May gratuliert Emil Seyler telegraphisch zum Geburtstag.

02.23. Sonntag.

02.25. Karl Mays 54. Geburtstag.

02. Im "Litteraturblatt für katholische Erzieher", herausgegeben von Ludwig Auer in Donauwörth, erscheint ein Aufsatz des Pfarrers Johannes Riotte (Zemmer bei Trier) "Ueber Karl May und Jules Verne [1828–1905]": "Jeder ist in seiner Art Meister und zwar bis jetzt unübertroffener Meister." In der Folgenummer (kmg-n 139, 35-38) bringt Auer positive "Volksstimmen über Karl May".

03. Ludwig Freytag veröffentlicht im "Central-Organ für die Interessen des Realschulwesens" eine Rezension von *Im Lande des Mahdi I.*

03.01. Sonntag.

03.08. Sonntag. May an Fehsenfeld: *Beziehentlich "Mahdi" III warte ich auf Correctur der ersten Bogen, um mit der Lieferung des Manuscriptes zu beginnen.*

03.15. Sonntag.

03.22. Sonntag.

03.29. Sonntag.

03.30. Radebeul. Einem *Versprechen gemäß*, das er dem Lehrer Ernst Kurt Rudolph gegeben hat, schenkt May der in der Ortsschule (Bahnhofstraße 16, heute Hauptstraße 10) untergebrachten Volksbibliothek über den Gemeindevorstand Ernst Robert Werner (1862–1932) *als einen gern gegebenen und später fortzusetzenden Beitrag* alle bisher erschienenen 16 Bände seiner Reiseromane (StA Rad 1163/1, 37a; kmhi 17, 55f.).

03. Der Dresdner Büchsenmacher Oskar Max Fuchs überreicht May die Ende 1895 in Auftrag gegebene "Silberbüchse", einen gewöhnlichen Vorderlader (ohne Ladestock) mit zwei Läufen und Perkussionsschlössern, dessen Kolben und Schaft dicht mit Messingnägeln beschlagen sind (jbkmg 1974, 91f.; hoff3 29).

1896. Als Geburtsort Mays nennt der "Kürschner" das fiktive "Hohenburg" (jbkmg 1976, 198f.; kmv 75, 89, 91). May an Paul Schumann 18.11.1904: *Als die beiden Städtewesen Hohenstein und Ernstthal in eines vereinigt werden sollten, war die Frage, unter welchem Namen. Man sprach von Ernststein, Hohenthal, Hohenburg usw. Ich erfuhr, daß man sich für das letztere entschlossen habe, und meldete dies an Kürschner zur Berichtigung* (jbkmg 1972/73, 138).

04.(?) Reise nach Berlin.

04.01. Der Radebeuler Ausschuss für die Volksbibliothek dankt May für das "werthvolle Geschenk" seiner Reiseromane (StA Rad 1163/1, 37b, 39a; kmhi 17, 56).

04. Radebeul. Von dem aus Linz (Oberösterreich) stammenden Rechnungspraktikanten und Amateur-Fotografen Alois Schießer (1866–1945), der auf Einladung Mays seine Osterferien in Radebeul verbringt, lässt der Schriftsteller 101 Aufnahmen anfertigen, die ihn im "Original-Kostüm" Old Shatterhands und Kara Ben Nemsis, in "Zivil" und in seinen Arbeitsräumen zeigen. Der in Linz-Urfahr (Fischergasse 13) ansässige, mit Schießer befreundete Fotograf und Atelierinhaber Adolf Nunwarz (1868–1931, Firma Franz Nunwarz; kmw VIII.6, 446f., 828f.), der seinem "lieben, lieben 'Old Shatterhand'" bereits am 25.1. 1895 Porträts von sich und seiner Frau Maria geschickt hat (kmw VIII.6, 826-829), soll die Bilder in alle Welt verkaufen (kmjb 1978, 115f.). Andere Aufnahmen bleiben privat: Ein Foto zeigt Mays und Plöhns beim Skatspiel mit Schießer (kmhi 14, 47). Scherzaufnahmen zeigen Emma in (Mays) Männerkleidung (*Frau Pollmer* 946; heer4 330) und im Kostüm Old Shatterhands (plet 74; heer4 330). Zu einem Foto, auf dem May in seinem Arbeitszimmer am Schreibtisch zu sehen ist (kluß2 142), liefert er eine handschriftliche *Erklärung*: *Ueber meinem Kopfe Winnetous Silberbüchse, links am Fenster der doppellaufige Bärentödter, am andern Fenster der kleine Henrystutzen; das sind die 3 berühmtesten Gewehre der Welt. Vom Schreibtisch hängt herunter meine Häuptlingsflagge, ein einziges Stück Baumbast, mit Menschenblut bemalt, jedes Viereck mit dem Blute eines Feindes, den ich im Nahekampf mit dem Messer erlegt habe. Darunter ein von mir nur mit dem Messer genickter wilder Büffel. Links unten ein selbstgeschossener Grizzlybär. Oben der selbsterlegte afrikanische Löwe; über demselben der Fuß eines Rhinoceros, auch selbst geschossen; darüber ein Panther, welcher mich während des Schlafes überfiel. Hoch oben über mir der Kopf des Elks* [ein Geschenk des Fürsten Hugo Alfred Adolf Philipp von Windisch-Grätz, 1823–1904; kmjb 1921, 82], *aus dessen Fell dann mein Prairie-Anzug gefertigt worden ist.* Den "uralten Mahagonischreibtisch" hat May laut Klara May ("Der Tagesspiegel" 20.9.1959) einst "aus zweiter, dritter Hand" gekauft, "als er noch ziemlich arm war", dazu den Arbeitsstuhl: "Den Tisch ließ er sich zehn Zentimeter höher und den Stuhl zehn Zentimeter niedriger machen, weil er es liebte, beim Arbeiten immer kerzengerade zu sitzen. Er liebte diesen alten Tisch über alles und wollte sich um keinen Preis der Welt von ihm trennen."

04. Der ehemalige Dresdner Stadtverordnete Dr. Paul Scheven (1852–1929) ist mit seinem Sohn Wilhelm (1884–1966; kmw VIII.6, 50f.) und zwei von dessen Schulfreunden, darunter Johannes Schütze, zu Gast in der Villa "Shatterhand". Erinnerung Wilhelm Scheven 21.12.1927: "Ich entsinne mich, daß in der Nähe seines Schreibtisches ein ausgestopftes Prachtexemplar von Löwe stand. Er erzählte mir, daß er ihn selbst erlegt habe. [...] Hinter dem Schreibtisch erschien eine große hirschlederne Decke, die mit dunkelroten Streifen gezeichnet war. Er erzählte uns, die habe ihm Nscho-tschi, Winnetous Schwester, gearbeitet und geschenkt [...]. Er versprach mir zum Abschied, ein Haar Winnetous zu schicken, was er aber nie getan hat." Erinnerung Schütze 31.12.1927: "Wir wollten gern seine berühmten Büchsen, den Bärentöter und den Henrystutzen, sehen, aber jener war eben zur Ausbesserung fortgegeben, da eine Feder gesprungen war, und dieser wurde verborgen gehalten, da May nach seinem Vorbild ein 25-schüssiges Infanteriegewehr für die deutsche Armee konstruieren wollte. Jemand sprach von den Bärenkräften seiner Hand. Ja, damit hätte er jüngst einem Fürwitzigen beinahe die Hand zerquetscht. Verschiedenerlei Kuriositäten wurden erklärt. Die Zeichnung des Pergamentpapiers am Schreibtisch war mit Menschenblut hergestellt, wohl Negerblut. Jedenfalls machte jemand dabei eine etwas abfällige Bemerkung über die Neger: 'Also die Neger sind doch auch Menschen', brauste er auf!" (jbkmg 1974, 30f., 85f.; hoff3 22)

04.05./06. Ostern.

04.09. Leipzig. May an Fehsenfeld: *Dringende Geschäfte führten mich erst nach Berlin und dann nach hier; daran bin ich nicht allein schuld. Sodann schüttelt man sich die Bände nicht so aus den Aermeln, wie die Herren Verleger denken. Zwischen meiner Reise nach Berlin und nach hier gab es wieder fünf Tage, in denen ich einen Photographen aus Linz bei mir hatte, welcher 9 Dutzend Platten von mir und meiner Wohnung bebildet hat, weil der "Hausschatz" entweder eine ganze "Maynummer" oder den illustrirten "Besuch bei unserm May" in drei Nummern bringen will. Sie sehen, daß ich auch ohne mein Verschulden abgehalten werden kann. Doch werde ich von nächsten Montag an unausgesetzt an Bd. III "Mahdi" arbeiten* *und mich durch nichts stören lassen.* [...] *Ich bin überzeugt, daß "Mahdi" III bis 6–10 Mai in Ihren Händen sein wird, und dann geht es gleich an "Old Surehand III." Um mich zur Arbeit zu zwingen, habe ich sogar einen Stenographen engagirt, dem ich jährlich 2000 Mrk. zahle.* [...] *Alle Welt klagt darüber, daß Sie in der Bandirung keinen Raum zwischen "Surehand" II und "Mahdi" I gelassen haben; ich kann nicht dafür.*

04.10. Richard und Klara Plöhn schicken Grüße aus Warschau.

04.12. Sonntag.

04.-06. Für den Schlussband der *Mahdi*-Trilogie schreibt May zwei neue, umfangreiche Kapitel: *Thut wohl Denen, die Euch hassen!* und *Die letzte Sklavenjagd.*

04.19. Sonntag.

04.25. May an Alois Schießer: *Der Frühling treibt sie in das Land, / Nun kommen alle hergerannt, / Mich, bin ich früh kaum aus den Daunen, / Schon bei dem Kaffee anzustaunen. / Und glauben Sie mir auf mein Wort: / Sie geh'n nicht etwa wieder fort! / Ich mag vor Ärger noch so schwitzen, / Sie bleiben bis zum Abend sitzen. / Ich muß bei ihnen kleben bleiben, / Kann weder lesen, weder schreiben. / Geht das so fort in meinem Haus, / Werf' ich sie allesamt hinaus / Und laß von allen ganz allein / Nur Schießers Aloisel ein!* May bietet Schießer, der in Innsbruck und Wien (ohne Abschluss) Jura studiert hat, Geldmittel für ein Studium in Dresden an (kmjb 1978, 115; braun 77f.).

04.26. Sonntag.

04. Der Büchsenmacher Oskar Max Fuchs überreicht May den Ende 1895 in Auftrag gegebenen "Bärentöter". Den "Henrystutzen" wird May erst 1902 durch Vermittlung von Fuchs erwerben; Besucher vertröstet er bis dahin damit, dass die Waffe "gerade zur Reparatur" sei. Die Gewehre dienen ihm zum Realitätsbeweis seiner Abenteuer als Old Shatterhand und Kara Ben Nemsi (jbkmg 1974, 86, 92; hoff3 29).

04. Im Fehsenfeld-Verlag erscheint *Im Lande des Mahdi II* als Bd. XVII der "Gesammelten Reiseromane". Der Text entspricht weitgehend dem zweiten Teil des *Mahdi*-Abdrucks im "Deutschen Hausschatz" (plaul1 207; ued 212).

04.30. May schickt Fehsenfeld für *Mahdi III* ein Bild von sich als Kara Ben Nemsi.

05.03. Sonntag.

05.07. Joseph Kürschner an May: "Zu meinem Bedauern bin ich heute noch ohne Antwort auf meine Zuschrift vom 8. Februar." May antwortet wieder nicht (jbkmg 1992, 150f.).

05.10. Sonntag.

05.17. Sonntag.

05.24. Sonntag.

05.31. Sonntag.

Frühsommer. Zur summarischen Beantwortung der seit Jahren schon zahllosen Leserbriefe und Verehreranfragen verfasst May für den *Deutschen Hausschatz* die *Freuden und Leiden eines Vielgelesenen*, einen pseudobiographischen Text, der die Identität des Ich-Erzählers in den Reiseromanen mit dem bürgerlichen May unterstreicht (wohl 765). *Der dankbare Leser* 28: *Der Verleger dieses Journales hatte* [May] *wiederholt darum ersucht, und May hatte ihn nur halb gezwungen geschrieben, um die vielen Anfragen seiner Leser zu befriedigen.*

06. Ludwig Freytag veröffentlicht im "Central-Organ für die Interessen des Realschulwesens" eine Rezension von *Im Lande des Mahdi II*.

06. "Deutscher Hausschatz": "A. A. E. Th. Der Titel des höchst spannenden Romans von Karl May, den wir im nächsten Jahrgang zum Abdruck bringen werden, lautet: Im Reiche des silbernen Löwen" (mkmg 20, 17).

06.04. May hat Alois Schießer, der in Dresden studieren will, ein *Logis* in Radebeul vermittelt: *Sie bedürfen zum Studium einer angenehmen Häuslichkeit, in der Sie sich wohl fühlen, störungslose Ruhe und Stille usw., das alles werden Sie finden. Sie haben einen kleinen Salon mit Schlafcabinet, sehr hübsch möblirt, schönen Balkon nach der Straße, Laube, vollständigen Gartengenuß, die beiden Damen – ca. 45 und 70 alt – sind gebildet, bescheiden, rücksichtsvoll. Der Preis der Wohnung beträgt monatlich 35 Mark. Das ist für das Gebotene nicht zu viel. Meine sparsame Frau weiß, daß Sie bis 20 Mark gehen wollen; lassen wir sie dabei! Die 15 Mark nehmen Sie von meiner Freundschaft an. Sollten Sie sich aber davon bedrückt fühlen, gut, so richten Sie mir dafür in Ihren Freistunden die Bibliothek ein. Pasta, howgh! So können Sie von früh bis Abends ungestört Ihren Studien obliegen, zu denen Ihnen die Dresdner Bibliotheken mehr als genug Material bieten; Sie sind in der Nähe derer, in deren Händen Ihre spätere Anstellung liegt; die Linzer Bekanntschaften und Linzer Torten halten Sie nicht ab; Sie haben keine Sorgen; Ihr Gemüth ist frei, und so müßte es mit dem Schejtan zugehen, wenn Sie nicht rasch das Ziel erreichten, welches Sie sich gesteckt haben! Nur dann stehe ich für nichts, wenn Sie Ihre Apparate nicht mitbringen! Ohne Photographie kein Doktorhut! Verstanden? Den Mammon, den Sie brauchen, beziehen Sie ganz nach Belieben aus der Nuggettasche Ihres Old Shatterhand. Herz, was willst du mehr? Die Reisekosten erhalten Sie dieser Tage. – Meine Geschäftsreise trete ich erst morgen an. Wie lange sie währt, kommt ganz darauf an, wann sie zu Ende geht. Finde ich die Verhältnisse vorbereitet, bin ich schon in 3 Tagen wieder da, sonst aber vor dem 12ten nicht. Warum senden Sie mir die "intimen" Photographien nicht, die Sie H. Nunwarz vorenthalten haben? Es sollen auch Intimitäten veröffentlicht werden. Die fertigen liegen alle noch bei mir, ich habe trotz alles Drängens* *seitens Pustet, der sogar deshalb persönlich bei mir war, nichts fortschicken können, weil ich erst dann, wenn ich alle, hören Sie, alle Bilder in den Händen habe, die richtige Auswahl treffen kann.* [...] *Übrigens geht heut' ein Brief an* [Nunwarz] *ab, in welchem ich ihn bitte, mich in geschäftlicher Beziehung hier zu besuchen, doch vor dem 15ten nicht, aber gewiß zwischen dem 15ten und dem 20ten. Sie können die Reise dann zusammen machen und mich noch einmal photographisch belinsen.* Schießer wird Mays Angebot annehmen und etwa ein Jahr lang in seiner Nähe wohnen. Statt zu studieren, wird er als Stenograph im sächsischen Landtag arbeiten (mkmb 190f.; kmjb 1978, 116f.; braun 78f.). – May an Fehsenfeld: *Meine Leser drängen nach Photographien; ich ließ mir darum einen Verehrer (natürlich Photograph) kommen, der 101 Aufnahmen von mir gemacht hat. Er will die Sache in eigenen Verlag nehmen* [...]. *Es versteht sich ganz von selbst, daß ich, ehe ich zusage, erst Sie, meinen Verleger, darüber höre. Was sagen Sie dazu? Aber bitte, bald Antwort! Der Mann drängt; er will sogar herkommen, um den Vertrag abzuschließen.* [...] *Wenn es zu einem Bilde in Mahdi Bd. III zu spät ist, können wir vielleicht Old Shatterhand in "Surehand" III bringen.*

06.05. Vermutlicher Antritt einer *Geschäftsreise* (kmjb 1978, 116f.).

06.07. Sonntag.

06.13. May als *Old Shatterhand* an die Schüler Ernst (1885–1940) und Franz-Conrad Wolff-Malm in Wiesbaden: *Was ich in "Winnetou" erzählt habe, ist Alles erlebt; ich erfinde überhaupt nichts. Die Ueberschrift meiner Bücher "Reiseromane", ist falsch; sie wird nächstens in "Reiseerlebnisse" umgeändert werden. Wenn Sie mich besuchen könnten, würden Sie Winnetous Silberbüchse, die Haarsträhnen, welche ich ihm damals abgeschnitten habe, den Anzug aus Elkleder und den Lasso, beides von seiner Schwester für mich gemacht, in meiner Sammlung finden, und noch vieles Andere* (jbkmg 1992, 348).

06.14. Sonntag.

06.21. Sonntag.

06.24. Adolf Nunwarz (der vermutlich mit Alois Schießer nach Radebeul gereist ist) erhält das vertragliche Recht, die Fotografien Mays zu vertreiben (woll 82). Neben Nunwarz wird sich auch der Linzer Buchhändler Fidelis Steurer (1853–1907) am Vertrieb beteiligen (jbkmg 1974, 82). In einem Prospekt wird Nunwarz mitteilen: "Die Aufnahmen Nr. 1–6 sind in den Original-Kostümen, die Old Shatterhand und Kara Ben Nemsi auf seinen gefahrvollen Weltreisen trug, angefertigt. Jedes Bild trägt die eigenhändige Unterschrift des allverehrten Schriftstellers."

06.28. Sonntag.

07.05. Sonntag.

07.12. Sonntag.

07.13. Karl Pustet ist im Auftrag seines Bruders Friedrich in Radebeul gewesen, um May wieder für den "Deutschen Hausschatz" zu gewinnen, aber erfolglos zurückgekehrt: "Mein guter Herr Keiter ist ganz unglücklich und sieht sehr schwarz; er schreibt mir eben aus Berchtesgarden, daß er sich in seinen Nerven absolut nicht erholen könne, bevor sein Gemüth bezüglich Karl May nicht beruhigt ist. [...] Ich bitte Sie um das Mittel, das unserm armen Freunde Keiter helfen kann; auch für den Hausschatz bitte ich, laßen Sie uns nicht im Stiche; das Publikum müßte an uns irre werden, wenn Heft 1 ohne Sie erscheint. [...] Das waren doch wirklich liebe Stunden, die wir miteinander leider nur kurz verlebten."

07.19. Sonntag.

07. Die Arzttochter Marie Rosette Dolly Auguste Hannes ("Mariechen", 1881–1953) aus Wernigerode, die an einer unfallbedingten Verkrümmung der Wirbelsäule leidet, liest während eines Kuraufenthalts (Ende Juni bis Herbst) auf der ostfriesischen Nordseeinsel Borkum *Winnetou.* Ende 1902 wird sie über dieses Erlebnis und ihre weiteren Begegnungen mit May in ihrem Manuskript "Allerlei von Karl May" berichten (stein1 11, 75-79; mkmg 69, 8).

07.-08. May schließt nach zahlreichen Mahnungen endlich die Niederschrift des letzten Jugendromans *Der schwarze Mustang* für den "Guten Kameraden" ab (XXIII A41).

1896. Heinrich Keiter muss in Radebeul antreten, um May wegen der *Heimath*-Affäre um Verzeihung zu bitten (woll 76; wohl 765). *Leben und Streben* 235: Keiter *versprach mir, daß es nie wieder geschehen solle, und daraufhin nahm ich meine Absage zurück. Man* [vermutlich Keiters Frau Therese] *hat mir das von gewisser Seite bis heut noch nicht vergessen. Man drückt das folgendermaßen aus: "Heinrich Keiter hat Kotau vor Karl May machen müssen." Ich besitze hierüber Zuschriften aus nicht gewöhnlichen Händen. Aber er trug selbst die Schuld, nicht ich. Ich habe Heinrich Keiter geachtet, wie Jedermann ihn achtete. Ich erkenne alle seine Verdienste an, und es tut mir noch leid, daß ich damals gezwungen war, Charakter zu zeigen. Es ging nicht anders. Ich mußte die Buchform meiner "Reiseerzählungen" nach dem Texte des "Hausschatzes" drucken lassen und durfte darum nicht zugeben, daß an meinen Manuskripten herumgeändert wurde.* May begleitet Keiter beim Abschied zum Bahnhof, wo wiederholt vereinbart wird, dass der Jahrgang 1897 des "Hausschatz" 1800 Manuskriptseiten Mays enthalten soll.

07.26. Sonntag.

1896. Das Ehepaar Theresie Marie Grund geb. Ernesti (1851–1938) und Gewerbeinspektor Wilhelm Hans Grund (1852–1910; kmw VIII.6, 898f., 978f.) aus (Annaberg-)Buchholz im Erzgebirge ist vermutlich erstmals zu Gast in der Villa "Shatterhand". Mays haben Grunds, die bis 1894 in Dresden lebten, durch Plöhns kennen gelernt (kmhi 11, 48).

08. In "Benziger's Marien-Kalender" für 1897 erscheint der zweite Teil des Reiseerlebnisses *Der Kys-Kaptschiji*, mit Illustrationen von Oskar Herrfurth (plaul1 211).

08.01. May schenkt der Volksbibliothek Radebeul die Bücher *Die Rose von Kaïrwan*, *Die drei Feldmarschalls*, "Ein stolzes Herz" (Köln, Bachem, 1885, enthält neben dem genannten Roman von Cuno Bach auch Mays *Wüstenräuber*), *Der Waldläufer*, *Jenseits der Felsengebirge* und "Liebe zur Tierwelt" von Eliza Brightwen (Stuttgart 1892) (StA Rad 1163/1, 39a; kmhi 17, 56).

08.02. Sonntag.

08.04. Der Radebeuler Ausschuss für die Volksbibliothek dankt May für seine Schenkung (StA Rad 1163/1, 40a; kmhi 17, 57).

08.05. Kartengruß aus der Meierei (Franz Ernst) im Lößnitzgrund (heute Lößnitzgrundstraße 82), einer Restauration mit Mühle und Gondelteich, an Familie Carl Felber in Hamburg: *In Café Felber, / Da trinkst Du selber; / Drum brauche ich nicht dort zu sein / Und trinke hier mein Gläschen Wein, / Doch schmeckt er ganz und gar nicht hier; / Es schmeckt und trinkt sich nur bei Dir!!! // Grüße an Lisbeth, Dr.* [phil. C. F.] *Roth und sein ganzes Haus. Gruß an H. Ronacher u. Cousin Hoffmann* (jbkmg 1994, 12, 27; rich 218-221; hall 204f.).

08.08. Borkum. Marie Hannes schreibt einen begeisterten Brief an May ("Allerlei von Karl May"): "Teurer, prachtvoller Old Shatterhand! – Ich weiß gar nicht, ob Sie schon lange tot sind oder doch noch leben – das stand nicht drin [Nachwort *Winnetou III*] – nur Ihre Adresse war im Vorwort angegeben – aber der Band ist schon alt. – Auf jeden Fall muß ich Ihnen mal schreiben – ich kann's so nicht mehr aushalten – und wenn Sie also noch da sind – antworten Sie bitte schnell – – – – und nun folgte eine wahre Fülle – eine Sturmflut von sich überstürzenden Fragen – von denen mir die Beantwortung einer jeden Lebensbedingung schien – die aber der arme Karl May schon hundert- u. tausendmal hat beantworten müssen – – Fragen über ihn, Winnetou, Halef und andere Gestalten seiner Schriften – – – – Rückporto hatte ich vorsichtshalber beigelegt und zwar, weil ich wußte, wie arm echte Dichter immer sind – das gehörte sich ja nun mal nicht anders." Die Korrespondenz geht bald über die übliche Leserpost hinaus (stein1 11, 79).

08.09. Sonntag. Ahlbeck (Usedom). Hans und Marie Grund senden Urlaubsgrüße und bedanken sich für "angenehme Stunden".

08.16. Sonntag. Karl May an Marie Hannes ("Allerlei von Karl May"): *Wie Sie sehen, lebt Ihr Old Shatterhand noch und freut sich sehr darüber, daß Sie ihm geschrieben haben. Ich bekomme von meinen Lesern soviel Briefe, daß jetzt gegen 3000 hier liegen, welche ich alle der Reihe nach, wie sie eingehen, beantworten muß. Sie aber will ich nicht monatelang warten lassen, da Sie indessen von B. fort sein würden, und dann wäre mir Ihre wirkliche Adresse unbekannt.* [...] *Zu Ihrer Beruhigung will ich Ihnen sagen, daß alles wahr ist, was ich von Winnetou schreibe; er war zwar Indianer, aber der edelste Mensch, den ich kennen gelernt habe, und ich liebe und verehre ihn noch heut. Seine Silberbüchse hängt neben meinem Bärentöter in meiner Waffensammlung. Auch die Locke habe ich noch, die ich ihm damals abschnitt. Sie wollen "ein Stückchen" davon haben? Liebes Mariechen, diese Locke ist unter den vielen Trophäen, welche ich mitgebracht habe, mein teuerstes Heiligtum und obgleich mich schon Viele, sehr Viele nur um ein Haar davon gebeten haben, habe ich doch erst zwei verschenkt, weil diese beiden Personen eine deutsche Fürstin und eine österreichische Prinzessin waren. Doch, weil Sie so lieb bitten können, so bitte ich, mir Ihre Photographie zu senden, wofür ich Ihnen ein Haar von meinem herrlichen Winnetou schicken werde.* [...] *Da Sie meine Bücher wissen wollen, lege ich Ihnen ein Verzeichnis bei – Auch sende ich Ihnen noch das jetzige 18. und dann im Oktober das 1. Heft des neuen Jahrganges "Deutscher Hausschatz", worin Sie 10 Bilder von Old Shatterhand finden* *werden. Gute Photographien sind zu haben bei dem Photographen Franz Nunwarz in Linz-Urfahr, Oberösterreich. Nun sind Sie wohl befriedigt* (stein1 80f.).

08.17. May an Fehsenfeld: *Lassen Sie doch endlich einmal das Titelwort "Reiseromane" in "Reiseerzählungen" umändern! Tausende stoßen sich an das Wort Roman, und wenn Sie, ohne mich zu fragen, beim ersten Bande die Worte "und Harem" wegfallen ließen, denke ich, daß Sie nun auch diese meine Bitte berücksichtigen können. Es ist auch geschäftlich besser; es werden sich mehr Käufer einstellen, welche Romane partout nicht wollen.* May hat erfahren, dass Fehsenfeld eine ähnlich wie die Reiseerzählungen ausgestattete Reihe "Die Welt der Fahrten und Abenteuer" herausgeben will (Anzeige im "Börsenblatt" am 24.7., mit Datum vom 20.7.), und erhebt massiven Einspruch dagegen, *die Erfolge meiner Feder einem Andern zu gute kommen zu lassen*: *Ich befinde mich keineswegs in einer feindlichen Stimmung gegen Sie, denn ich bin von Ihrer Coulanz und Ehrenhaftigkeit vollständig überzeugt.* [...] *Da ich nächstes Jahr unbedingt wieder einmal nach Amerika gehen werde, wo meine Frau bei Freunden in Lawrence bleibt, während ich über die Felsenberge bis Californien streifen will, war es meine Absicht, Ihnen soviel Stoff, daß er bis zu meiner Rückkehr ausreicht, zu übermitteln* [...]. *Also heraus mit den "Fahrten und Abenteuern"! Ich sage: "Glück auf den Weg, mein Feldherr!" Aber geben Sie Haggards Bänden nicht die Ausstattung meiner Werke sondern eine solche, welche diesem bekannten Verfasser wundersamer und wunderbarer Geschichten angemessener ist!* Auf Mays Drängen hin wird Fehsenfeld der Reihe eine andere Ausstattung (brauner Untergrund mit schwarzer Vignettenzeichnung und Titel in Silberdruck) geben und das ursprünglich für den ersten Band, Henry Rider Haggards (1856–1925) "Das unerforschte Land" ("Allan Quatermain", Übersetzung Emil Albert Witte), vorgesehene farbige Deckelbild von Adolf Wald 1897 für Mays *Auf fremden Pfaden* verwenden. May wird Anfang Oktober ein Widmungsexemplar von Haggards Roman erhalten: "Ehrfurchtsvoll überreicht vom Verleger". Bis 1912 wird Fehsenfeld in der Reihe "Die Welt der Fahrten und Abenteuer", in der vor allem englische und amerikanische Autoren erscheinen sollen, acht Romane in neun Bänden herausgeben: I. "Das unerforschte Land" von Henry Rider Haggard (1896), II. "Die Schatzinsel" von Robert Louis Stevenson (1897, recte 1896), III./IV. "Die Erbin von Nevers" (2 Bde.) von Paul Féval (1897), V. "Der Zauberer im Sululande" von Henry Rider Haggard (1898, recte 1897), VI. "Im Dschungel" von Rudyard Kipling (1898, ab 1912 unter dem Titel "Das Dschungelbuch"), VII. "Der Hexenmeister" von Stanley John Weyman (1900), VIII. "Der Spion am Yalu. Eine Geschichte aus dem russisch-japanischen Kriege" von Herbert Strang (Pseud. für George Herbert Ely und Charles James L'Estrange) (1910), IX. "Wolfsblut" von Jack London (1912, recte 1911).

08.19. May an eine 13-jährige Leserin in Eisleben (Kitty; kmw VIII.6, 816f.): *Der dritte Band von Old Surehand wird bald erscheinen. Dann kommen einige Bände, welche über meinen Aufenthalt bei den Kaffern und Hottentotten berichten. Auch Du, Liebling, hast über den Tod meines Rih geweint? Das haben mir schon Viele, sehr Viele geschrieben, und Du brauchst dich dessen nicht zu schämen, denn ich selbst habe damals bittre Tränen vergossen* (mkmg 53, Inform 7; mkmg 115, 34).

08.23. Sonntag.

08.25. Borkum. Marie Hannes schickt ein Porträtfoto (kmw VIII.6, 76f., vgl. 465-469, 535, 744f.) an den "lieben lieben wonnigen Old Shatterhand!": "Sie haben gewiß schon lange auf diese Photographie gewartet, aber ich habe sie eben erst bekommen (Sie ist leider etwas düster, ich lache natürlich sonst immer). [...] Wann starb [Winnetou] eigentlich und wie alt war er? Das wissen Sie gewiß noch genau. Reisen Sie jetzt noch viel? Und auch noch nach den Indianern? [...] Ich frage so viel und weiß doch garnicht ob Sie Zeit und – Lust haben meine Fragen zu beantworten. Wenn Sie mir auch nun nicht wiederschreiben können, ich werde Sie immer lieb haben und niemals nie vergessen! Ich wollte, ich wäre ein Mann, dann würde ich so wie Sie! Umherreisen und überall Gutes thun, das muß herrlich sein, aber schwer! [...] Wenn ich einmal groß bin, gehe ich nach Dresden und komme zu Ihnen und drücke Sie mal recht fest ab. Hoffentlich leben Sie dann noch; alt sind Sie doch noch nicht. [...] Bitte grüßen Sie Ihre liebe Frau, wenn Sie eine haben. Ich glaube aber beinahe nicht, die würde sich ja tot weinen wenn Sie [...] immer fortreisen" (stein1 151-153). – Einen ihrer folgenden Briefe adressiert Marie nach eigener Angabe nur "An 'Ihn', Radebeul" (stein1 81).

08.30. Sonntag.

08. Im Fehsenfeld-Verlag erscheint *Im Lande des Mahdi III* als Bd. XVIII der "Gesammelten Reiseerzählungen". Auf Mays Anordnung hin muss es von jetzt an (in der Lieferungsausgabe bereits seit Juni) "Reiseerzählungen" heißen und nicht mehr "Reiseromane" (plaul1 209; ued 213-216). In einem *Nachwort* (XVIII 567-571) geht May auf die *unangenehmen Schattenseiten* seiner Leserkorrespondenz und die täglichen Leserbesuche *besonders zur Ferienzeit* ein: *Es geschieht häufig, daß Herrschaften sich wochenlang in Dresden und Umgebung befinden und dann erst ganz kurz vor der Abreise zu mir kommen. Bin ich dann zufälligerweise nicht da, so ist die Enttäuschung groß, und man beklagt sich darüber, daß ich grad jetzt, vor fünf Minuten, auf den dummen Gedanken gekommen bin, fortzulaufen, ohne zu sagen, wann ich wiederkommen werde. Diese guten Leutchen haben eine ganze Woche Zeit gehabt, sich mit Hilfe einer Postkarte, also durch ein Opfer von fünf Pfennigen, zu vergewissern, ob und wann ich zu sprechen bin; nun ärgern sie sich. Und ich? Nun, ich als guter Papa ärgere mich pflichtschuldigst auch, daß meine Kinder mich nicht angetroffen haben, und bitte hier an dieser Stelle dringend, die kleine Mühe nicht zu scheuen, sondern vorkommenden Falles sich und mir den Gefallen zu thun, durch einige anfragende oder benach-*

richtigende Worte dafür zu sorgen, daß der Besuch kein vergeblicher wird!

1896. Im "Einsiedler Marien-Kalender" für 1897 (Einsiedeln/Schweiz, St. Ludwig/Elsass, Eberle & Rickenbach) erscheint die Reiseerinnerung *Ein amerikanisches Doppelduell*, mit Illustrationen von Fritz Bergen (plaul1 210).

08.(?) Im "Regensburger Marien-Kalender" für 1897 (Pustet) erscheint die Reiseerinnerung *Old Cursing-Dry* (plaul1 210). Die Illustrationen von Emil Reinicke (*1859) zeigen Old Shatterhand mit den Zügen Mays, worauf Karl Pustet den Schriftsteller besonders hinweist (*Christus oder Muhammed* 17).

08.-09. Lorch am Rhein. Nach einem seit November 1894 andauernden Briefwechsel sind Mays nahezu drei Wochen zu Gast im Haus des Weinhändlers Carl Jung. Der Sohn Carl Jung jun. im "Wiesbadener Tagblatt" 31.3./1.4.1962: "Ausflüge in die nähere und weitere Umgebung mit Besichtigung von Burgen und Besuch von bekannten Ausflugsorten verschafften dem in lebhaftem Gespräch unentwegt sächselnden Ehepaar vielerlei Erlebnisse und entsprechenden Stoff zur Unterhaltung. Sehr viel Gefallen fand Karl May an den Rheingauer Weinen, mit denen er im häuslichen Kreise oder bei abendlichem Zusammensein in der Weinlaube des benachbarten Gasthauses 'Zur Krone' Bekanntschaft machte. Der damals reichlich und preiswert angebotene 1893er, ein Spitzenwein des Jahrhunderts, hatte es ihm angetan, und in aufgelockerter Weinstimmung erzählte er dann witzige Schnurren, z. B. aus dem sächsischen oder bayerischen Sprachbereich, jedoch niemals aus der Erlebniswelt seiner Reisen. Meinen ihn wiederholt bedrängenden Fragen nach weiteren Einzelheiten über seine Reiseerlebnisse wich er gewöhnlich mit einer kurz abfertigenden Antwort aus, so daß ich bald erkannte, daß er in diesen Dingen nicht besonders mitteilsam sein wollte. Andererseits bot sein Verhalten im persönlichen Umgang keinen Anlaß, den Wahrheitsgehalt seiner Reiseschilderungen anzuzweifeln. Beim Abschied überraschte er mich mit einer Einladung zu einem längeren Aufenthalt in seinem Heim in Radebeul. Es wurde ausgemacht, daß ich diesen Besuch erst nach erfolgreichem Abschluß meiner Gymnasialzeit ausführen dürfte" (mkmg 75, 17).

09.-12. May greift nach zweijähriger Unterbrechung den *Surehand*-Stoff wieder auf, um in großer Eile den dritten Band fertig zu stellen (XXIII A40).

09.03. Karl Pustet bittet May dringend um Manuskript zum bereits angezeigten *Silberlöwen*, dessen Fortsetzung May angekündigt hat: "Ich weiß, daß Sie, einmal im Zuge, rasch arbeiten, und riskire ich dann den Anfang des Abdruckes. Die 448 Seiten [*Die Rose von Schiras*] behalte ich noch hier".

09.05. Borkum. Marie Hannes an May: "Heute habe ich große Sehnsucht nach Ihnen! Vielleicht kommt das daher, daß ich heute zum ersten male kein Buch von Ihnen habe. [...] Ich habe sie fast alle die letzten Tage gelesen und [...] mich dadurch über das Ausbleiben eines Briefes von Ihnen getröstet. Es war mir dann als sprächen Sie mit mir u. erzählten mir das alles! [...] Ich möchte jetzt bei Ihnen sein, Ihnen einmal die Hand geben und Ihr liebes Gesicht ansehen! Dann würde ich ganz gerne wieder fortgehen! Aber es geht ja nicht! Ich komme nicht dorthin und Sie –? Sie sind jetzt wahrscheinlich schon wieder auf Reisen u. bekommen also auch meinen Brief garnicht! [...] Hoffentlich sind Sie nicht böse, daß ich nochmal geschrieben habe! Ich mußte aber! Ich konnte es wirklich nicht mehr aushalten!!! Sicher!!! Gleich kommt wieder die Post und kann mir einen Brief bringen!" (stein1 153-155) Mays Antwort ist nicht überliefert; laut "Allerlei von Karl May" erhält Marie "nach einiger Zeit" einen "zweiten liebenswürdigen Brief", "der mit 'Mein gutes, herzallerliebstes Mariechen' begann und mit der Bitte schloß, ihn 'Onkel' und seine Frau 'Tante' zu nennen. Zugleich ernannte er mich zu seinem 'Lieblinge' [...]. Auch sonst enthielt der Brief noch sehr viel Liebes und Schönes [...]. Die Hauptsache aber bei diesem war: er barg 2 Haare von Winnetou, zwei schöne, lange blauschwarze Haare, die ich lange Zeit in einer kleinen Silberkapsel unter meinem Kopfkissen barg, aus Angst vor Dieben – und dann noch eine Stahlfeder, mit welcher 'Onkel Karl' 'Winnetou III' geschrieben hat" (stein1 81f.).

09.06. Sonntag.

09.08. Trier. Nach der Lektüre des dritten *Mahdi*-Bandes erbittet Nikolaus Disteldorf (Loewenberg'sche Buchhandlung) für den "Afrika-Boten" einen Reiseroman, welcher der "Mission gegen die Sklaverei" dienen soll.

09. Nach einer schweren Erkältung, die sie einen Monat lang ans Bett gefesselt hat, erhält Emma May eine Kur verordnet und sucht für vier Wochen die Oberlößnitzer Naturheilanstalt "Schloss Lößnitz" (Kurhaus No. 2, Strakenweg 86, heute Radebeul, Eduard-Bilz-Straße 53; mkmg 67, 1f.; rich 226f.; hall 186-188; gus 175; heer4 343) von Friedrich Eduard Bilz (1842–1922; kmw VIII.6, 604f.) auf (Kosten: über 600 Mark) (masch 67, 213; mkmg 67, 2). Emma May an Agnes Seyler 19.5.1898: "Ich war vier Wochen oben u. kam so frisch u. gestärkt heim, daß ich die Kur jedem Menschen aufs Wärmste empfehlen kann. Unsere Anstalt [...] liegt reizend auf halber Bergeshöhe 10 Minuten von unserer Villa" (masch 224). Im Sanatorium lernt Emma die *hochgebildete Russin* Julie Vitali (kmw VIII.6, 72f., 494f., 524f.) aus Warschau kennen, die später noch *einige Male mehrere Wochen lang* in Radebeul zu Besuch ist (*An die 4. Strafkammer* 82), auch mit ihrer Tochter Elisabeth (Elise, "Lieschen", kmw VIII.6, 74f., 334f., 494f., 524f., 586-589). Ein undatiertes, von Klara beschriftetes Foto zeigt die "3 'Grazien'" Klara, Julie Vitali und Emma mit Spitz, dem Hund.

09.13. Sonntag.

09.14. May an Emil Seyler: *Ich war zweimal verreist, und dann daheim diese Ueberschwemmung von Arbeit! Tausende von Briefen zu beantworten – nach Regensburg, Stuttgart, Breslau* *und Kairo lange Manuscripte schreiben, letzteres sogar in arabischer und türkischer Sprache! Dann "Mahdi" III und "Old Surehand" III schreiben, "Im Reiche des silbernen Löwen" 5000 Seiten – dazu hunderte von Leserbesuchen, schrecklich, schrecklich, schrecklich! Ich habe Tag und Nacht arbeiten müssen und in mancher Woche nur dreimal schlafen können. Besäße ich nicht eine solche unverwüstliche Nilpferdnatur, so könnte ich das gar nicht aushalten.* [...] *Ich bewohne mein Haus "Shatterhand" jetzt mit den dienstbaren Geistern allein. Meine gute Frau befindet sich in einer Naturheilanstalt, um die Folgen der Influenza fortzujagen. Ich sage Ihnen, es ist entsetzlich, verheirathet und doch ohne Frau zu sein, nämlich wenn man sie so lieb hat, wie ich die meinige* (masch 229f.). – Der Lehrer Ernst Reinhold Flammiger (*1871), Bibliothekar der Volksbibliothek Serkowitz, hat von Mays Bücherspenden für die Radebeuler Volksbibliothek (30.3. und 1.8.) und einer Spende für die Lehrerbibliothek in Oberlößnitz (über Lehrer Heinrich Eduard Lien, *1840) gehört und bittet ihn um eine Schenkung seiner "gern gelesenen Schriften", "um ihren bildenden Einfluß auch auf unsere Leser wirken zu lassen" (StA Rad 215, 20a; kmhi 17, 57).

09.15. May an Reinhold Flammiger: *Unter den hunderttausenden meiner Leser giebt es sehr, sehr viele, welche sich die Bücher nicht kaufen können, weil sie wirklich gar zu arm dazu sind; da bekomme ich eine Menge von Briefen des Inhaltes, <u>einen</u> Band zu schenken. Sodann giebt es mittellose Corporationen und Vereine, besonders der Deutschen im Auslande, welche mich gleich um <u>alle</u> Bände bitten. So kommt es, daß die wenigen Freiexemplare, welche ich erhalte, schon versprochen sind, noch ehe die neue Auflage ausgegeben wird. Was ich darüber hinaus verschenke, muß ich mir ebenso wie jeder Andere für 4 Mark pro Band kaufen. Ich habe die Bücher schon den Bibliotheken von Oberlößnitz und auch von Radebeul dedicirt und besitze grad jetzt kein einziges Freiexemplar mehr; aber Sie sollen die 18 Bände trotzdem haben; ich werde sie in Dresden bestellen und Ihnen zuschicken, sobald ich sie erhalte;*

ich glaube, sie werden da wohl vorräthig sein (StA Rad 215, 21, 25a; kmhi 17, 57-59).

09.-10. Die zweiteilige autobiographische Skizze *Freuden und Leiden eines Vielgelesenen* erscheint im "Deutschen Hausschatz", illustriert mit Alois Schießers Kostümfotos von Dr. Karl May = Old Shatterhand = Kara Ben Nemsi (plaul1 212; ued 436f.; *Hausschatz-Erzählungen* 35f.): *Es ist Dienstag früh punkt sieben. Ich werde um Manuskript gedrängt, habe seit gestern nachmittag drei Uhr, also sechzehn Stunden lang, am Schreibtische gesessen und kann, auch wenn ich nicht gestört werde, vor abends acht Uhr nicht fertig werden. Die Nacht, oft zwei, drei Nächte hintereinander, ohne dann am Tage schlafen zu können, ist überhaupt meine Arbeitszeit, der vielen Besucher wegen, welche täglich kommen, um "ihren" Old Shatterhand resp. Kara Ben Nemsi persönlich kennenzulernen.* [...] *Acht Uhr! Die erste Post wird abgegeben; dreißig Briefe von Lesern, darunter vier mit zusammen achtzig Pfennigen Strafporto, ein fast tägliches Vorkommnis; ferner drei Pakete und eine Kiste.* [...] *Ich kann dreist behaupten, daß noch nie jemand so viele Bierkarten erhalten hat wie Karl May. Wer kennt alle die May-Klubs, deren Ehrenmitglied ich bin?* [...] *Wer zählt die Verbindungen, die akademischen und unakademischen Gesangsvereine, die Lese-, Fecht-, Turn- und anderen Vereine, die Stamm-, Skat- und Kaffeetische, welche mir durch Depeschen, Briefe, Karten, Blumen und sonstige Spenden beweisen, daß ich jährlich etwa zwanzig Geburts- und dreißig Namenstage habe?* (gwb 79, 555f., 574) Erstmals teilt May in der Skizze die zweite Strophe des *Ave Maria* mit.

1896.09.-1897.03. Im "Guten Kameraden" erscheint nach zweijähriger Veröffentlichungspause der achte, letzte und kürzeste Jugendroman *Der schwarze Mustang*, mit Illustrationen von Oskar Herrfurth (plaul1 211f.).

09.20. Sonntag.

09.24. May an Reinhold Flammiger in Serkowitz: *Nachdem die Werke* [18 Reiseromane] *heut aus Dresden bei mir eingegangen sind, gebe ich mir die Ehre, sie Ihrer Volksbibliothek hiermit einzuverleiben* (StA Rad 215, 22a; kmhi 17, 59).

09.26. Flammiger bedankt sich bei May für seine "hochherzige und reiche Sendung" (StA Rad 215, 23a; kmhi 17, 59).

09.27. Sonntag.

10. Ludwig Freytag veröffentlicht im "Central-Organ für die Interessen des Realschulwesens" eine Rezension von *Im Lande des Mahdi III.*

10.01. May quittiert, von Fehsenfeld am 15.9. 2000 Mark und am 1.10. 10.000 Mark Honorar erhalten zu haben. Er kann jetzt die Villa abzahlen.

10.04. Sonntag. "Hausschatz"-Redakteur Heinrich Keiter bekräftigt, dass der Jahrgang 1897 1800 Manuskriptseiten Mays enthalten soll; er ist überzeugt, "daß Sie, wenn Sie einmal im Zuge sind, 1350 Seiten rasch zu liefern vermögen".

10.06. May teilt Fehsenfeld mit, dass der Anfang von *Old Surehand III* morgen an Felix Krais abgehe: *Hierauf sollte "Marah Durimeh" kommen, 3 Bände, mein Hauptwerk, welches meine ganze Lebens- und Sterbensphilosophie enthalten wird. Ich habe aber eingesehen, daß es ein großer Fehler wäre und schädlich für uns Beide, dies schon jetzt zu bringen, denn es würde möglicher Weise die folgenden Bände in Schatten stellen, und ein Autor soll doch nicht zurückgehen sondern sich steigern. Deshalb bitte ich Sie um die gütige Erlaubniß, diese 3 Bände später bringen zu dürfen! Dafür werden wir jetzt "Satan und Ischarioth" in Angriff nehmen, 3 Bände, also Band 20–22. Sie glaubten, das könne noch nicht geschehen; aber der Anfang ist schon vor 3 Jahren erschienen, und der Redacteur des "Hausschatz" hat die Herausgabe ganz eigenmächtig so verzögert, daß Pustet mir bei seinem letzten Besuche erklärte, gegen die schon jetzige Buchausgabe weder Etwas haben zu können noch* *zu wollen, zumal Keiter mir Bd. III so verdorben hat, daß ich ihn umarbeiten muß.* May wird den Text aus Zeitgründen trotz dieser Ankündigung fast unverändert übernehmen. *Ich sende Ihnen hiermit Bd. I. Der zweite Band wird in einigen Tagen folgen, und den dritten können Sie, wenn Sie wollen, bis zum 20ten d. M. haben.* Fehsenfeld hat eine illustrierte Ausgabe der Reiseerzählungen vorgeschlagen.

10. In der Rubrik "Fragen und Antworten" des "Guten Kameraden" erhält ein "Verehrer von Dr. Karl May in Breslau" den Hinweis, dass sein "Bild als Old Shatterhand oder Kara Ben Nemsi" beim "Photographen Adolph Nauwarz [sic] in Linz-Urfahr, Ober-Oesterreich" zu erhalten ist: "Auf demselben ist auch der Henrystutzen abgebildet" (*Der schwarze Mustang* 183). – Auch der "Deutsche Hausschatz" wirbt für die "photographischen Aufnahmen": "Das Kostüm ist dasselbe, wie Karl May es auf seinen Reisen getragen hat" (mkmg 20, 17).

10.11. Sonntag.

10.13. May überweist zur Unterstützung 100 Mark an seinen Schwager Julius Ferdinand Schöne und hinterlegt den Post-Einlieferungsschein in seinem Brockhaus unter dem Stichwort "Schöne". Emma soll nichts erfahren (mkmg 110, 51).

10. Radebeul. Um sich die freie Aussicht nach Süden zu erhalten und einen Obstgarten anzulegen, kauft May von der Firma Gebr. Ziller fünf Parzellen Bauland auf der gegenüberliegenden Seite der Kirchstraße; für 8.417 Mark erhält er eine Fläche von 4.086 m^2, auf der drei Villen hätten errichtet werden können. Den Garten hinter der Villa "Shatterhand" gestaltet er in der Folgezeit zu einem kleinen Park um (kmlpz 50, 5; rich 223; hall 201-204; hoff2 57-59).

10.16. Radebeul. Langes Scherzgedicht an die Deidesheimer *Orgelpfeifen* (*Was sind das für Accorde doch, / Die draußen jetzt erklingen / Und heimlich durch das Schlüsselloch / In meine Stube dringen?*) (masch 247-249).

10.17. May an die Deidesheimer *Orgelpfeifen*: *Meinen Lieblingen den lieben Obstspenderinnen in Deidesheim. Welch eine freundliche Ueberraschung! Da ich selbst ein großer Obst-Fex bin, ist mir diese Sendung im höchsten Grade interessant. Herzlichsten Dank dafür! Wären doch die Namen dabei! Man kennt mich hier als denjenigen Pomologen, welcher die edelsten Sorten zieht. Ich lege mir eben jetzt einen neuen Garten an, ca. 5000 □ Meter. Da wage ich es denn, eine große Bitte auszusprechen. Darf ich vielleicht erfahren, wie diese herrlichen Sorten heißen und aus welcher Gärtnerei resp. Baumschule sie stammen? Giebt es einen Katalog, der sie enthält? Ich möchte sie mir so gern anschaffen, und grad jetzt ist die richtige Zeit zum Einpflanzen* (masch 249f.). – May an Hedwig (Hadewig, Hadwig, Heddy) Seyler (*25.5.1891), die jüngste Tochter der Seylers: *Ich schreibe an Dich, und Tante Emma führt mir dabei die Hand, weil Du Dir Dein Händchen auch hast führen lassen, als Du an mich schriebst. Wie freut es mich, daß Du Dein Pferdchen "Rih" genannt hast! Hoffentlich geht es Dir nicht durch, denn mein Rih ist mir auch nie durchgegangen, sondern mir stets sehr gehorsam gewesen, wie alle guten Pferdchen und Kinder sein müssen. Ich danke Dir herzlich für die schönen Birnen und Äpfel, welche ich erhalten habe! Du hast sie ganz gewiß auch mit eingepackt; das merke ich daran, weil sie so gut schmecken. Sie sind herrlich, fast so groß wie Du, nicht wahr? Ich sende Dir einen Kuß und drücke ihn auf das Papier; die Tante auch. Der meinige ist links, der Tante Emma ihrer rechts. Bitte, nimm sie beide mit Deinem kleinen Mäulchen weg, wenn sie auch nach Papier schmecken! Wenn wir nach Deidesheim kommen, brauchen wir kein Papier dazu.*

10.18. Sonntag. Postkarte mit einem Scherzgedicht an Hedwig Seyler (*Liebe Post, thu Dich beeilen, / Schicke schnellstens diese Zeilen / Zu der kleinen Hadwig hin, / Der ich gut von Herzen bin*) (masch 250).

10.20. Oberlößnitz. "Kostenanschlag" der Firma Gebr. Ziller "über Herstellung von Grundstückseinfriedigungen auf den von

Herrn Dr. Karl May jüngst erworbenen Feldparzellen 569[a], 570[a], 571[a], 573 u. 574".

10.25. Sonntag.

11. "Deutscher Hausschatz": "Die in Nro. 1–2 abgedruckten 9 Porträts unseres hochverehrten Mitarbeiters, des Herrn Dr. Karl May, sind uns von ihm selbst zum Zwecke des Abdruckes im Hausschatz übergeben worden. Nachdem wir nachträglich erfahren, daß Herr Photograph Adolf Nunwarz in Urfahr-Linz a. D. Eigentümer der Originalaufnahmen ist, konstatieren wir das hiermit ausdrücklich, warnen vor Nachbildung und verweisen auf seine Ankündigung der Photographieen, wornach dieselben und auch noch andere Darstellungen Dr. Karl May's durch alle Buchhandlungen bezogen werden können" (mkmg 20, 17).

11.01. Sonntag.

11. "Deutscher Hausschatz": "Auf mehrere Anfragen teilen wir mit, daß der Abdruck des höchst spannenden Reiseromans von Dr. Karl May: Im Reiche des silbernen Löwen, voraussichtlich in einem der nächsten Hefte beginnen wird. Wir haben vom Herrn Verfasser die feste Zusage erhalten, daß wir in der Lage sein werden, den Roman, von dem uns bereits ein Teil vorliegt, im Januar veröffentlichen zu können" (mkmg 20, 18).

11.08. Sonntag.

11.15. Sonntag.

11.19. May erlaubt dem Volksschulleiter Franz Langer (1864–1939) (kmw VIII.6, 108f., 116f., 806f.; weh 68, 70, 73) in Waldamt bei Gresten (Niederösterreich), die von ihm herausgegebene monatliche Jugendbeilage zur katholischen "St. Pöltner Zeitung" von 1897 an "Onkel Franzens Dr. Karl May-Jugendblatt" zu nennen.

11.22. Sonntag. Emma Mays 40. Geburtstag.

11.28. May an den Buchhändler Fidelis Steurer in Linz: *Da ich zu meiner Freude gehört habe, daß in Linz ein literarisch-pessimistisch-optimistisch-loyal-social-interimistisch-kaukasisch-afrikanisch-pomologisch-metaphysisch-materiell-carousellistisches Journal erscheint, welches von den weltberühmten Herren Robert Steyrer, Alexander Heinze u.s.w. redigirt, verlegt, verfaßt und in die Welt geworfen wird, so ersuche ich Sie ganz ergebenst um die gütige Mittheilung, unter welchen Bedingungen ich auf dieses Blatt abonniren könnte. Ich würde auch nicht abgeneigt sein, Mitarbeiter desselben zu werden, falls mir die nöthige Tinte nebst den gewünschten Gedanken gratis geliefert würden* (Karl-May-Museum, Radebeul). – Laut einem Aktenvermerk des Radebeuler Gemeindevorstands Robert Werner zeigt Baumeister Gustav Ludwig Ziller an, dass er den Auftrag erhalten habe, das von May "erworbene Areal an der Kirchstraße [Obstgarten] einzufriedigen". Zuvor muss May jedoch dem Gemeindeamt nachweisen, dass er die anteiligen Straßenbaubeiträge an die Kirchengemeindekasse bezahlt hat; das Gelände gehört zu einem Teil der Kirchstraße, der beim Bau der nahen Lutherkirche 1891/92 auf Kosten der Kirchengemeinde erschlossen worden ist (kmlpz 50, 5).

11.29. Sonntag.

11. May an Emil Seyler 22.12.: *Eine Aebtissin aus Belgien blieb Ende November gleich 4 Tage bei mir* (masch 231).

12. Im "Guten Kameraden" werden in einem Aufsatz "Vom Weihnachtsbüchertisch" *Der Sohn des Bärenjägers*, *Der blaurote Methusalem*, *Die Sklavenkarawane*, *Der Schatz im Silbersee* und *Das Vermächtnis des Inka* zusammen mit Franz Trellers Roman "Verwehte Spuren" empfohlen (*Der schwarze Mustang* 80).

12.01. May leiht Adolf Nunwarz als "Geschäftsbeihilfe" 2700 Mark gegen Zinsen (woll 82). – Gemeindevorstand Werner fordert May auf, "bis längstens Ende dieses Monats hier nachzuweisen", dass er die Straßenbaubeiträge für sein Gartengrundstück an die Kirchengemeindekasse (Kirchenrechnungsführer Oskar Theodor Schaale) gezahlt hat (kmlpz 50, 5).

12.03. Der Dendrologe (Baumkundler) Friedrich (Fritz) Kurt Alexander Graf von Schwerin (1856–1934) und seine zweite Frau Anna geb. Steppes (1868–1935) aus Wendisch-Wilmersdorf bei Ludwigsfelde sind zu Gast in der Villa "Shatterhand".

12.04. Widmungsfotos von Adolf und Maria Nunwarz (kmw VIII.6, 860f., 868f.).

12.05. Dresden. Graf Friedrich von Schwerin dankt May für die *Freuden und Leiden eines Vielgelesenen*: "Vieles hörten wir davon ja schon aus Ihrem eigenen Munde, Sie armer Vielgequälter." Gräfin Anna dankt für eine vermeintliche Haarlocke Winnetous: "Sie schreiben, 'Sie gäben mir die heilige Versicherung, daß die Haare wirklich von Winnetou stammen', und bin ich dessen sicher, denn ich weiß, daß gerade Sie mir dies sonst nicht versichern würden."

12.06. Sonntag.

12.13. Sonntag.

12.20. Sonntag.

12.22. May an Emil Seyler, dem er ein großes Porträtfoto von sich im Frack schickt: *Ich hatte "Old Surehand" III und 2000 Seiten "Im Reiche des silbernen Löwen" zu schreiben – eine Riesenaufgabe! Vorige Woche habe ich nicht eine Nacht schlafen können sondern nur zu weilen am Tage ein Stündchen halb schlummern dürfen. Noch heut weiß ich nicht, wo mir der Kopf steht. Dabei diese Briefe! Jeder denkt, er sei ganz besonders derjenige, welcher gleich Antwort haben muß. Und die Besuche! Herrschaften wie Graf und Gräfin von Schwerin, Feldmarschall-Lieutenant Baron* [Otto Karl] *v. Scholley* [Lehmann, 1823–1907] *u.s.w. kann man doch nicht abweisen. Und diese Herrschaften kommen früh, laden sich zum Essen ein, lassen sich tausend Fragen beantworten und gehen erst Abends wie-*

der fort. [...] *Dabei ersticke ich fast unter einem Berge von Arbeit, und meine arme Frau, die sich übrigens die Hand verbrüht hat, kommt auch für keinen Augenblick zur Ruhe. Wenn es so fortgeht, reiße ich vor meinen lieben Lesern aus und verstecke mich in einem Winkel des Sudahn oder der Prairie!* [...] *In der letzten Zeit war es mir ganz unmöglich, zu reisen; aber nach Neujahr muß ich nach Berlin und Hamburg. Vielleicht wagen wir da gleich den kleinen Sprung nach Deidesheim und bleiben nicht unterwegs in einer Schneewehe stecken.* Dem Brief ist ein langes Scherzgedicht an Seylers Töchter, die *Orgelpfeifen*, beigefügt (*Meine lieben Orgelpfeifen*) (masch 231-233). – Emma May, die sich "heißes Wasser auf die Hand gegossen" hat und auch jetzt noch "mit verbundener Hand" schreiben muss, in ihrem Weihnachtsgruß an Agnes Seyler: "Meinem Manne konnte ich nicht zumuthen, Ihnen an meiner Stelle zu schreiben, denn der Ärmste hatte in der letzten Zeit zu arbeiten wie in seinem ganzen Leben noch nie. Dazu täglich Besuche von auswärtigen Lesern, die man nicht gut abweisen kann und die nicht einsehen wollen, wie kostbar jede Minute für ihn ist. Es war oft zum wirklich zornig werden!" (masch 214) – May schickt alle 18 bisher erschienenen Bände seiner Reiseerzählungen an Franz Langer, der sie in seinem "Dr. Karl May-Jugendblatt" rezensieren wird.

12. Im Fehsenfeld-Verlag erscheint die Buchausgabe *Satan und Ischariot I*, die den "Hausschatz"-Text *Die Felsenburg* enthält, als Bd. XX der "Gesammelten Reiseerzählungen" (plaul1 214; ued 216f.). Vergebens hat der Verleger einen anderen Titel gewünscht.

12.24. Heiligabend. 20.20 Uhr. Telegramm an Emil Seyler: *Alle um meinen Baum versammelten Gäste senden Ihnen herzl. Gruß. Hoch Seyler und alle seine Lieben. Wir kommen nächstens, wenn der Baum geleert ist.*

12.27. Sonntag.